邁向智識世界主義

洛克菲勒基金會在中國（1914-1966）

胡成　著

那段「中」「外」之間的苦澀磨合
那些參與之人的悲愴命運
那個「科學無國界」的高尚夢想

目次

自序

我們應「有一個共同的光明」

尼采於1882年撰寫《快樂的科學》時，正深戀著美麗、聰慧、高雅的俄羅斯貴族女作家莎樂美（Lou Andreas-Salomé, 1861-1937）。倆人情投意合的心靈交往，致使多年來曾讓他痛苦不堪的偏頭痛、胃痙攣得到了暫時的緩解，是其飽受挫折、充滿悲傷的人生中最感愜意的一段時光。然而，在他談及寫作之時，卻說總感到「煩惱和羞愧；但寫作於我又是必不可少的事務」。[1]後來錢鍾書先生在〈詩可以怨〉一文中，提及這位偉大思想家將母雞下蛋的啼叫和詩人的歌唱相提並論，以論證「寫作都是痛苦使然」[2]。

既然寫作絕非輕鬆愉悅，那麼寫作者為何還欲罷不能、無法放棄呢？作為一個解釋，或在於為「詩者，志之所之也」，如尼采乃為了「重估一切價值」，[3]情感鬱勃於胸中而不得不發也。錢鍾書先生於1939年冬撰寫《談藝錄》時，也說其時戰火連天，生靈塗炭，該書「雖賞析之作，而實憂患之書也。」[4]至於史學著述，從司馬談、司馬遷的「廢天下之史文，餘甚懼焉」，到較晚近陳寅恪先生撰《柳如是別傳》，稱「蓋藉以察出當時政治（夷夏）道德（氣節）之真實情況，蓋有深意存焉。絕非消閒風趣之行動」；[5]都可以說但凡偉大學術著述「大抵是聖賢發憤之所作也 」。

1　（德）尼采著，黃明嘉譯，〈你為何要寫呢？〉，《快樂的科學》（上海：華東師範大學，2007），頁67。

2　錢鍾書，〈詩可以怨〉，《文學評論》，1981年第1期，頁16。

3　〈毛詩序〉，（清）阮元校刻，《十三經註疏》（北京：中華書局，2009），頁563。

4　錢鍾書，《談藝錄》（北京：生活‧讀書‧新知三聯書店，2003），頁1。

5　蔣天樞，《陳寅恪先生編年事輯》（上海：上海古籍出版社，1981），頁165。

「高山仰止，景行行止」，本書作者怎敢不時常捫心自問：「是書何以作」。畢竟從1914年至1950年，洛克菲勒基金會（Rockefeller Foundation，以下簡稱基金會）在華投入了近五千萬美元，是其向全球九十六個國家或地區，即除美國之外資助最多，且也是中國百年來收到來自單一機構數額最大的慈善捐款。尤其是該會創辦了東亞設備最先進、條件最優渥，最具國際影響的北京協和醫學院（以下簡稱協和）；人類有史以來在世界範圍內持續時間最長、規模最大的一項跨國學術合作與交流。就以往研究來看，華文世界除資中筠先生於1996年刊發的一篇四萬餘字的長文之外，[6]至今還沒有出版過一部由在地、或本土學者撰寫的系統性學術專著。

當然，這些年來就此專題也有若干論文發表，卻都沒有超過萬餘字，大多只能看成是對某一個人、某一件事的片斷性研究。讓人有點扼腕長嘆的，是幾乎所有研究者都是一次性「客串」，來也匆匆，去也匆匆，沒有人持續專注於此，抽絲剝繭，順藤摸瓜地做一些更細緻和深入的論述。這就猶如「一瞥驚鴻」，雖有「拾遺補闕」之功，卻最多只是做了一份「添磚加瓦」的工作，就事論事而多未上升至更高思想或精神層面，探尋其在世界歷史上更為長久的文化意義。畢竟，不論對於華文世界，抑或對於英文世界，乃至對於更多的人文學者來說，該研究都涉及到究竟當如何評估此類跨國學術合作——是一個陰謀、一種陷阱；或是一份情懷、一片善意？

就華文世界來看，原因或在於源遠流長的史學傳統，頗多「向內」（inside）的深入開掘；較少「向外」（outside）的廣博探索，一直不太注重在地、本土社會與外部世界的交往及互動問題。[7]如司馬遷撰寫的《史記》，資料主要採用漢文典籍，沒有廣泛遊歷周邊地區及毗鄰國家，雖矢志於「究天人之

6　資中筠，〈洛克菲勒基金會與中國〉，《美國研究》，1996年第1期，頁58-89。

7　香港中文大學中國文化研究所創始所長陳方正教授認為：中國近數十年最重要的許多文史研究者絕少有能跳出中土傳統的經史、制度、詞章、思想範疇之外。這就和歐美、日本許多學者如飢似渴地終生鑽研異域文物、典章、思想、樂而忘返，恰好形成強烈對比。他聲稱：「這一現像已經存在大半個世紀了，它恐怕並非由個人或者偶然因素使然，而是與根深蒂固的傳統文化觀念有密切關係的。」陳方正，〈「現代化衝擊下的世界」叢書總序〉，收入戴維森（Rodirc H.Davison）著，張增健等譯，《從瓦解到新生：土耳其的現代化歷程》（上海：學林出版社，1996），頁1-2。

際，通古今之變」，但其關於周邊族裔的〈匈奴列傳〉、〈南越列傳〉、〈東越列傳〉、〈朝鮮列傳〉等六篇相關記載，不僅比漢地中原的歷史記述省略了許多（沒有世家、本紀，以及記載天文地理等變遷的「志」等），且還沒有完全擺脫「欲知強弱之時，設備征討」那種以華夏為中心的大一統理念。[8]

與之不同，古希臘希羅多德撰寫《歷史》之時，作為商販曾向北到了黑海北岸，向南到達埃及最南端，向東至兩河流域下游一帶，向西抵達義大利半島和西西里島，對希臘周邊的族群和國家進行過細緻的考察。儘管當時希臘人普遍排外——稱外族人為「野蠻人」，但希羅多德則從不人云亦云。甚至在希臘和波斯發生爭戰之時，他雖堅定地站在希臘一邊，卻並不刻意敵視或矮化波斯人。除了如實記述波斯人的勇敢、俠義、誠實，他還稱自己在腓尼基和埃及的見聞，都值得欣賞和讚歎——即使在文化確較為落後的賽西亞和利比亞地區，認為也有不少令人神往的美妙傳說。[9]

十九世紀中葉以降，隨著邊疆危機的不斷加深，魏源等一批經世學派逐漸開始關注漠北及西北的歷史演化，華文世界的在地史、本土史，遂形成了某種「向外」的拓展意識，並有一些開創性的研究成果問世。尤其在1906年法國漢學家伯希和（Paul Eugène Pelliot, 1878-1945）受該國金石和古文字科學院及亞細亞學會的委派，前往中亞考察的兩年多時間裡，搜尋到包括在敦煌石室中發現的一批古梵文、印度文、波斯文、回鶻文、粟特文、突闕文書寫的經卷古書，再至1909年9月4日他在北京邀請包括王國維在內的一批頂級文史研究者，到六國飯店觀看自己蒐集到的文獻珍品，現場「人人都為之動容。」[10]

概括說來，作為現代學術意義上「向外」研究的開創者，是王國維、陳垣和陳寅恪諸先生對「塞外之史、殊族之文」的探索。堪稱經典的，是王國維針對伯希和所說吐魯番地下水道受到波斯影響，認為「實則我國古代井渠之法始漢武帝用以引洛水，後之用之敦煌塞外，其發明在通西域之前，後車師等處用

8　司馬遷，《史記・太史公自序》（北京：中華書局，2011），卷120，冊4。

9　（古希臘）希羅多德著，王以鑄譯，《歷史》（北京：商務印書館，2009），上冊，頁1；徐松岩，〈希羅多德Historia諸問題芻議〉，《史學史研究》，2014年第3期，頁71-72。

10　神田喜一郎著，高野雪、初曉波、高野哲次譯，《敦煌學五十年》（北京：北京大學出版社，2004），頁9。

之，遂傳之波斯」[11]；還有陳垣先生令人信服地論證出蒙古語的「也裡可溫」，實為「元時基督教之通稱」；以及陳寅恪將隋唐史演化路徑精闢地概括為：「李唐一族之所以崛興，蓋取塞外野蠻精悍之血，注入中原文化頹廢之軀，舊染既除，新機重啟，擴大恢張，遂能別創空前之世局。」[12]

如果要鑽點牛角尖的話，那個年代所謂的「塞外野蠻精悍之血」，同時也意味著蠻族鐵騎所到之處，生靈塗炭、哀鴻遍野，還有「千里無煙爨之氣，華夏無冠帶之人」的血腥另一面；然終其這些大師們的一生，卻沒有一篇文字論及於此，而是更多關注了「遂能別創空前之世局」宏大歷史演化，也就是歷史積極和光明的那一面。這就有點像當年歌德（Johann Wolfgang von Goethe, 1749-1832）眼中的德意志，雖飽受法國路易十四世，以及拿破崙所發動的戰爭之蹂躪，但他在私下裡說：「我並不恨法國人，不過感謝上帝，我們趕走了他們了。對於我這個認為文化和原始風尚都很重要的人，怎麼能仇恨世界上最有素養的國家呢？我自己的許多素養也要歸功於他們呢」。[13]

自十九世紀上半葉以來，專制的普魯士致力於德意志統一，並最終將之打造成歐洲最強大的國家；同時期的海涅（Harry Heine, 1797-1856）則擔心隨之興起的極端「愛國主義」，將導致憎恨外國的一切，鼓惑民眾不再想成為歐洲人，自然也不再想成為世界公民，而僅僅想做一個心胸狹窄的德國人。[14] 結果進入二十世紀之後的兩次世界大戰，德意志民族為此付出了最為慘痛的代價；以至雅斯貝爾斯（Karl Theodor Jaspers, 1883-1969）於1947年在法蘭克福舉行的歌德獎（Goethe Prize）頒獎儀式上，痛定思痛地聲稱德國應與歌德為伴，方不再會窮兵黷武，民眾也才可能成為真正德國人和人類的一員。[15]

如果要問歌德何以推崇那個時代的法國文化，關鍵在於擁有「豐富的精神

---

11 王國維著，劉寅生、袁英光編，《王國維全集・書信》（北京：中華書局，1984），頁292-293。

12 陳寅恪，〈李唐氏族之推測後記〉，《金明館叢稿二編》（上海：上海古籍出版社，1980），頁303。

13 「1830年3月14日，星期日」（德）愛克曼輯錄，吳象嬰、潘嶽、消芸譯，《歌德談話錄》（上海：上海社會科學出版社，2001），頁489。

14 海涅著，孫坤榮譯，《論德國》（南昌：江西教育出版社，2016），頁30。

15 Sean A. Forner, *German Intellectuals and the Challenge of Democratic Renewal: Culture and Politics After 1945*（Cambridge: Cambridge University Press, 2014）, p. 139.

生活和高度的文化教養」，即更多「自由」、「平等」、「博愛」的普世價值，而「我們德國人還生活在昨天」。[16]雖則，我們並不能斷定王國維、陳垣和陳寅恪諸先生關注「遂能別創空前之世局」，是受到了歌德等人的影響；卻可以肯定沒有讀過歌德的魏源早已說過：「聖人以天下為一家，四海皆兄弟，故懷柔遠人，賓禮外國，是王者之大度；旁諮風俗、廣鑑地球，是智士之曠識。」[17]倘若往前追溯，更早還有孟子所說的「天下之善士，斯友天下之善士」的至理名言，[18]即中國文化中似也有這樣類似開放和包容的文化胸襟。

本書正文部分談及在1943年6月—1944年7月期間，著名社會學家費孝通先生接受美國國務院對華關係處的邀請，先在哥倫比亞大學，後在芝加哥大學訪問，與基金會有過密切接觸。他回國後寫下了《初訪美國》的隨筆，認為「每一個認真為中國文化求出路的人，說得更狹小一點，每一個認真要在現代世界裡做人的中國人，多少會發生的一個徬徨課題，我們是維持著東方的傳統呢？還是接受一個相當陌生的西方人生態度？」[19]當1945年8月結束了此次訪問，回到雲南後的他又寫道：「若是溝通文化是可以消弭國際誤會的話，這無疑是我們不應再事延緩的工作了。」[20]

就在最初寫下這些文字時，費先生稱中美兩國的歷史不同，文化不同，制度不同，地理環境也不同——其白天是我們的黑夜，其黑夜是我們的白天；其黑暗時代是我們的唐宋文采，其俯視宇內的雄姿是我們屈辱含辛的可憐相；並進而問道：「我們有沒有一個共同的光明？」[21]就此後的歷史演化來看，費先生絕對算不上「親美」人士，因為在接下來的國共內戰中，他屢次擬文批評美國政府支持國民黨打內戰，[22]逮至1949年解放軍進駐北平，他又是一位積極擁護新政權的「進步」教授。[23]只是在1957年「反右」時，不幸被人落井下石，

16　「1827年5月3日，星期四」《歌德談話錄》，頁285。

17　〈西洋瑪起士地理備考敘〉，《魏源全集》（長沙：嶽麓書社，2004），第7冊，頁1866。

18　〈孟子・萬章下〉，卷21，（清）焦循，《孟子正義》（南京：鳳凰出版社，2015），頁1619。

19　費孝通，〈初訪美國〉，《美國人的性格》（北京：聯合出版公司，2018），頁5-6。

20　費孝通，〈初訪美國〉，《美國人的性格》，頁164。

21　費孝通，〈初訪美國〉，《美國人的性格》，頁6。

22　費孝通，〈美國對華政策的一種看法〉，《觀察》，第2卷，第16期（1947），頁21-22。

23　費孝通，〈我這一年〉、〈解放以來〉，《人民日報》，1950年1月3日、2月2日，第5版、

羅織了一個罪名是「與哈佛大學的費正清夫婦（美國特務）來往很密」。[24]

1980年費先生完全恢復了名譽，赴美一個多月——參加會議、訪問和考察，此前的1979年5月他已經隨中國社會科學院代表團訪問過美國；故其時撰寫了題為《訪美掠影》的小冊子，對美國社會、制度和文化更沒有多少讚美之詞，談不上有什麼「親美」傾向。1990年在他八十歲生日聚會之時，其提出「各美其美、美人之美、美美與共、天下大同」的構想，雖說可能有更廣泛的意涵，但肯定也試圖回答自己當年提出那個中美「有沒有一個共同的光明」的問題。因為他接下來還說只有不同文化之間的相互理解、相互寬容，方能「確立世界文化多元共生的理念，促進天下大同的到來」。[25]

職是之故，面對當下「外來／本土」、「西方／中國」、「全球／在地」之間的極度緊張和對立；費先生的期盼猶如在此至暗時刻透射出來的一束光亮，或能引導我們華文世界涵詠出更多「世界公民」的胸襟和格局——說到底就是要學會理解和尊重遠方之人、陌生之人。畢竟，今天華文世界中的中國大陸已經是世界第二大經濟體，如果「向外」的在地史、本土史仍糾纏於過去，耿耿於懷於百年來我們所遭受的種種屈辱和挫敗，勢必會帶來太多怨恨、猜忌、對抗和毀滅；倘若面對未來，稍微多一點關注近代百年來「向外」發展的開放、交流、融合及匯通，以及近三十年來在經濟發展方面取得的偉大成就，那麼就會用感恩之心、包容之心、理解之心和仁愛之心去擁抱這個世界——相信就更可能阻止未來的區域衝突或新的世界大戰之爆發。鑑於此，本書討論的核心問題是：如何「美美與共」，怎樣「天下大同」？

作者謹識

新疆伊犁師範大學文苑小區

2022年6月5日

第3版。

24　劉榮焌、餘勝椿，〈費孝通反動活動的面面觀〉，《人民日報》，1957年8月19日，第7版。

25　費孝通，〈經濟全球化和中國「三級兩跳」中對文化的思考〉，《文化與文化自覺》（北京：群言出版社，2010），頁337。

致謝

相對於前人的卓越研究，作者不敢自詡本書更為全面和深入，然稍微能夠有一點自信的，是本書採用的資料，尤其是檔案資料方面可能更為豐富、完備和多元。在本書近二十年的寫作過程中，首先要感謝洛克菲勒檔案中心（Rockefeller Archive Center）於2008年、2018年兩次提供的訪問資助，使作者能夠如願前往該中心查訪資料。去過該中心的人都知道，那裡不僅收藏了數以百萬計基金會當年在華事務的來往書信、會議紀錄、種類文稿、照片及出版物；且還為查閱者提供了最便利的工作條件。如每天早上、下午都有前往大都會北方鐵路哈德遜線（Hudson Line）樞紐站塔里墩（Tarrytown）的往返通勤車，接送來自紐約或周邊住宿的查檔者。

檔案中心座落在風景優美的波坎蒂科小山（Pocantico Hills）上，是一棟二層樓的典雅建築。一進去是間大廳，正面懸掛著老洛克菲勒的巨幅畫像，左邊則是一間公共休息室，裡面有冰箱、微波爐、咖啡機和一張大餐桌，查檔者可以在這裡用自帶的方便午餐。週二通常舉行研究午餐（research simmer）會，查檔者和若干中心專職研究人員，邊享用中心提供的簡單午餐，邊交流彼此的研究心得。查檔閱覽室在二樓，有六張寫字檯，看完了手上的文獻，隨時可請工作人員調檔，並還允許無限制地拍照。最值得珍視的，是中心研究顧問Lee Hiltzik先生不時來到查檔者的工作臺前，貼心地詢問我們每個人還需要什麼幫助。

這裡還要表示感謝的，是哈佛—燕京學社於2008年春季給作者提供了為期三個月的訪問獎學金，使本人能夠在該校查閱了曾於1914-1936年期間參與基金會創辦羅氏駐華醫學會，並還擔任過協和校長顧臨（Roger Sherman Greene, 1881-1947）的個人檔案。此外，作者還利用這筆研究經費，前往耶魯大學神學院檔案室查閱了一樓地下室收藏的在華教會的檔案，因為當年基金會在華事務在傳教士的基礎之上展開，兩者關係十分密切。作者後來也還前往了位於馬裡蘭州大學公園市的美國國家檔案館（National Archives at College Park, Maryland），查詢了基金會與美國政府之間到底有什麼關係的外交檔案。

就中國國內檔案的查閱來說，作者非常感謝協和醫學院檔案室的張霞女士，以及時在該校國際合作處任職的蔣育紅女士。儘管包括著名學者資中筠先生都曾批評過中國大陸的檔案開放制度，稱存在著各種各樣的限制，目錄上的資料很多時候無法看到，致使研究者們，「特別研究中外關係的，只能聽人家一面之詞」。然讓作者感到格外幸運的，是那時中美關係尚還平穩，新一波的學術管控尚未完全啟動，多虧這兩位對重寫老協和歷史懷有深切期待的敬業之人，盡可能給作者提供了那時政策還未完全禁止查閱的相關資料。值得一提的，是在作者去過包括北京大學檔案館、南京第二檔案館在內的諸多中國國內檔案館的經歷中，該檔案室是唯一允許拍照的機構，故可在較短時間裡有最多收穫。

除此之外，作者還非常感謝在這些年裡幫助本人申請前往海外訪學的學者，在此充滿敬意地列出他／她們的名字：東京大學人文社會學部的吉澤誠一郎、加州戴維斯分校歷史系的曼蘇恩（Susan L. Mann）、加州聖克魯斯校區的歷史系賀蕭（Gail B. Hershatter）、中華醫學基金會的布洛克（Mary Brown Bullock）、喬治城大學歷史系的班凱樂（Carol Benedict）、哥倫比亞大學歷史系的林鬱沁（Eugenia Lean）、美國俄勒岡大學歷史系的顧德曼（Bryna Goodman）、霍浦金斯大學歷史系的梅爾清（Tobie Meyer-Fong）、劍橋大學亞洲和中東學院的顧若鵬（Barak Kushner）、新加坡國立大學中文系的黃賢強、哈佛藝術與建築史系的汪悅進（Eugene Y. Wang）、哥廷根大學東亞系夏多明（Dominic Sachsenmaier）、俄國科學院西伯利亞蒙古、藏傳佛教研究所的伊琳娜（Carri Irina）、韓國首爾大學、成均館大學東洋史系的金衡鍾（Kim Hyoung-Chong）、河元洙（Ha, Wonsoo），捷克查理大學中文系羅然（Olga Lomova）和傑瑞（Jiri Hudecek）、香港中文大學中國文化研究所的陳方正，鄭會欽，以及台灣中央研究院史語所的王汎森、梁其姿、李尚仁，近史所的胡國台、張哲嘉、雷祥麟諸教授。

這些樂於助人的學者，有幫作者申請在地獎學金的，也是幫作者申請訪學簽證的，都需要花費不少時間和精力，然對於作者來說，這些學術出訪，助莫大焉。一方面是了解中文世界之外的學術發展動向，領略那些全球頂級學術機構和研究者的風采，最大程度地防止自己「閉門造車」和「妄自尊大」；另一方面則是作者還期望能夠蒐集一些相關的外文研究文獻。畢竟，亞馬遜在中國大陸沒有圖書進口權，購買外文書籍只能通過官方管道，不僅費時、費力、費錢，且還可能因為「政治敏感」而被禁止輸入。百般無奈，作者只能在訪學期間，不惜冒犯知識產權，辛辛苦苦地掃描那些不可或缺的專業研究文獻。

在作者有幸訪問過的那些學術機構中，較方便的如哈佛—燕京圖書館、劍橋李約瑟研究所圖書館，都有為訪問學者準備的專用複印—掃描設備，其他機構則需要與其教職員們共用。作者雖主要利用了早晚及公休日掃描，但還是給這些學術機構的同仁們帶來諸多了不便。讓作者難以忘懷，在台灣中央研究院近代史所訪問期間，羅久蓉教授做了一些疏通工作；在新加坡國立大學中文系訪問期間，黃賢強教授則與相關方面進行協調，盡可能提供方便。此外，作者還要感謝協和首位華人校長李宗恩的孫女李維華教授，發來其編纂的《李宗恩編年事輯》之電子版，以及台灣師範大學吳翎君教授、香港嶺南大學杜春媚教授多次饋贈相關研究文獻和提出寫作建議。

一個人在外訪學，難免不時有「獨在異鄉為異客」的寂寞感受，作者非常感謝諸位接待教授們的古道熱腸。令人格外難忘的是在劍橋、新加坡、哥廷根訪問期間，顧若鵬、黃賢強、夏多明教授三天兩頭請吃飯，或是墨西哥餐、或是猶太餐，讓作者感到賓至如歸。另外在台灣中央研究院近代史所訪問期間，翟志成教授也是如此——要麼在研究院接待中心的西餐廳請德式烤豬蹄，要麼開車到台北市中心請海鮮自助餐。當然，這可能也與翟兄的傳奇經歷有關。因為曾是廣州紅衛兵的他，1970年代在農村插隊時抱著一個藍球，經歷了三次失敗，終於游泳「偷渡」到香港，故對來訪的中國大陸學者有一份特別的照顧和呵護。

最重要的是感謝中國大陸的學術同仁們在這些年來給作者的支持和幫助。當年，復旦大學歷史系的金光耀、章清教授，上海交通大學歷史系的曹樹基教授，北京大學歷史系的牛大勇教授，在擔當系領導任上曾為接納本人出過力；還有羅志田教授幫助穿針引線；雖由於種種原因都未獲成功，卻讓作者由此感到自己還有那麼一點點學術價值。此外，作者還需要感謝的，是北京大學醫學史教授甄橙就醫學專業知識的悉心指教、南開大學歷史學院余新忠教授幾次邀請本人演講；以及南京大學學術研究院的孫江、歷史系的劉迎勝、華濤、顏世安諸教授；老同學梁侃、楊西雲等給作者的啟示和鼓勵；再有以前的學生王燕、徐燕、葉敏磊、蘇陽楊、李亞琴、童玉汝、劉承軍、李燦、楊笛、劉瓊、丁祥利、沈宇斌、劉瓊、李燦、李洋、胡藝澤、山口領也、黃佳等幫助查找資料、翻譯文獻所付出的努力，都讓作者深切地感受到「未嘗侮食自矜，曲學阿世，似可告慰友朋」，這句話的分量重似千斤。

緒論

「在世界造福全人類」

第一節 點燃中國的油燈

繼賽珍珠（Pearl Buck, 1892-1973）於1931年出版《大地》（*The Good Earth*）之後，又一部關於中國的小說——《點燃中國的油燈》（*Oil for the Lamps of China*）於1933年由美國著名的鮑勃・斯美林（Bobbs Merrill）出版公司推出，並迅速在英美走紅。小說講述了洛克菲勒旗下的美孚石油（Standard Oil Co. Inc，以下簡稱美孚）如何在華拓展市場，並如何迅速取得成功的故事。翌年，華納大都會製片公司（Warner Bros.／Cosmopolitan）決定著手拍攝該書的同名電影。一篇中文報導說：此片導演在中國實地考察了近半年，僱傭了多達一千餘人參與拍攝，讓人期待「片中的一切東方景物，均曾經過相當的考據，沒有一處是潦草從事的」。[1] 尤其能表明該書在英語世界暢銷，是第二次世界大戰爆發後，德國派往英國的間諜，一度將此書作為拍發情報的密碼，關鍵詞取自發送日對應頁碼的內容。這是因為利用新近出版的流行小說，間諜們可以方便地在目標國的圖書館或書店得到副本，「使他們不必冒著風險帶一本可能會引起懷疑的書過邊境，接受檢查。」[2]

該書作者霍巴特（Alice Tisdale Hobart, 1882-1967）出生於紐約州的洛克波特（Lockport），雖就讀過芝加哥大學，卻沒有畢業而找了份工作。1908年，她首次來到中國，探訪在杭州美國浸禮會（Baptist missionary）創辦的蕙

1 〈華納公司根據世界名著改拍的「煤油燈」一片〉，《國光影訊》，第26期（1938），頁3。

2 約翰・布萊登（John Bryden）著，沈耳、劉亦覺譯，《為失敗而戰：納粹情報機關如何幫助盟軍取得勝利》（杭州：浙江大學出版社，2016），頁70。

蘭中學（Wayland Academy）任教的姐姐瑪麗（Mary Augusta Nourse, 1880-1971）後就返回美國。1914年，她結識了一位美孚在華高管，婚後來到中國，並一起去了東北，丈夫在外面做銷售，她則在家裡埋頭寫作。兩年後的1916年，她在美國著名文學和評論雜誌《大西洋月刊》（*The Atlantic Monthly*）上發表了首篇講述東北那些每當農忙之際，就在田裡耕作；農閒之時，聚眾呼嘯山林的「馬賊」們生活之箚記，後又將之增補寫成了《滿洲日記》（*Manchurian Diary*），並撰寫了一部題名為《開拓古老的世界》（*Pioneering Where the World is Old*, 1917）的小說。在《點燃中國的油燈》出版之前，她於1926年、1928年還出版了另外兩部關於在中國生活的小說，銷路都不錯。[3]

《點燃中國的油燈》的男主人公礦業學院畢業之後，偏逢1908年美國國內的經濟大蕭條，無法找到合適工作，不得已受聘於美孚。經過簡短培訓之後，他被派往中國東北做推銷。其時，日本在遼東半島的南滿、俄國在長春以北的北滿，大力修築鐵路；清朝政府不得不被迫在此地開放了占全國商埠五分之三的商埠，並全面開禁數以百萬計關內農民前來屯墾，東北遂也成為不僅是當時中國，也是東亞經濟發展最迅速的地區。於是就有男主人公與當地合夥人一起，每天乘坐顛簸不堪的馬車，從早到晚，由一個屯墾地到另一個屯墾地去做推銷。一天傍晚，在鄉間簡陋的客棧歇腳，他躺在十多個人擠在一堆的大坑上，強忍臭蟲叮咬，窗外北風呼嘯，忽然想到如果出售煤油時，附送一盞帶有玻璃罩、用鍍錫鐵製成燈碗的油燈，那麼屯墾人家就願意購買煤油。畢竟，東北冬季天黑的早，漫漫長夜，致使美孚很容易進入到鄉村小屋；由此想到中國其時有四億人口，如果每戶點燃一盞燈，那至少也是一個擁有上千萬盞燈的龐大市場。[4]

---

3 David Shavit, *The United States in Asia: A Historical Dictionary*（New York: Greenwood Press, 1990）, p. 239.

4 Alice Tisdale Hobart, *Oil for the Lamps of China*（Indianapolis: The Bobbs-Merrill company, 1933）, p. 82；按照吳翎君教授的研究，1910年左右，美孚委派美籍推銷員進入中國。公司要求這些人三年內不許結婚，也不得任意離職，必須學習華語，程度須足以應付商務。這就使得他們中很多人擁有大學學位，美孚以契約保證，三年任滿即可回國等條件。他們經常與中國官員打交道，並處理地方稅收方面的各種問題。重要的是：「他們如同富進取心的傳教士一般深入中國各地社會。」吳翎君，《美孚石油公司在中國（1870-1933）》（台北：稻鄉出版社，2001），頁24。

由於工作出色，男主人公在幾年後被調往長江下游的一個通商口岸負責市場行銷。為了讓每戶中國家庭擁有一盞美孚油燈，他還是那樣不畏勞苦、兢兢業業，依然取得了非凡的銷售業績。當然，他知道這些成功並非完全出自於自己的努力，關鍵在於美孚和華人經理之間的良好合作關係，以及由他們發展出來那個暢通無阻的銷售網路。尤其讓他感到極有成就感的，是經銷商每天報告的銷售數字節節升高，市場規模不斷擴大。一天，他吩咐僕人幫助購買一盞舊式燃用花生油的油燈，作為一件古董，以便將來帶回美國讓親友們觀看。幾天後，僕人沮喪地稟告他，說找遍了全城每一個角落，也沒有看到那種油燈，如果想要購買，只能去更遠、更偏僻的鄉下尋找。這就更讓男主人公心潮澎湃，正是自己多年來的辛苦打拼，終於使整座城市沒有那種煙薰火燎的舊式豆油燈了，而是順利進入了一個便捷、高效的美孚新時代！小說就此這樣生動描述道：他坐在轉椅上，雙手放在頭後面，「那一刻，他看上去很年輕，就像當年剛剛抵達中國的那位年輕人一樣。」[5]

男主人公的經歷是美孚在中國市場的成功縮影，其成長速度在那個時代並不多見。1870年1月，美孚石油公司總部在克利夫蘭成立，1880年就擁有了美國全國石油產量的90%。1882年，美孚派出了利比（William Herbert Libby, 1845-1917）前往東亞開拓市場。不論在日本、印度，抑或在中國，利比都是通過大力扶持當地經銷商，廣泛分發介紹美孚油燈的安全、便利性小冊子，再輔以現場展示和購買煤油後，隨即贈送油燈等多種促銷手段，短時間裡獲得了巨大的市場份額。就深入中國社會的程度來看，美孚不僅在通商口岸，且還通過手推車、小舢板而進入了內陸鄉村，銷售網絡遍及各地，無人不知，以至於美孚裝油的鍍錫鐵罐和木箱，成為各地貧苦農民家中最常見的一種裝雜物的容器。[6] 統計數據也表明在1882-1891年期間，美孚產品已經占到美國煤油出口的90%，占世界市場銷售額的70%以上，[7] 至1900-1910年的十年中，美孚售出的

5　Alice Tisdale Hobart, *Oil for the Lamps of China*（Indianapolis: The Bobbs-Merrill company, 1933）, pp. 304-305.

6　Noel H. Pugach, "College Standard Oil and Petroleum Development in Early Republican China," *The Business History Review,* Vol. 45, No. 4（Winter, 1971）, pp. 452-473.

7　Walter LaFeber, *The New Empire: An Interpretation of American Expansion, 1860-1898*（Ithaca, N.Y., Cornell University Press, 1967）, pp. 23-24.

煤油約占中國市場的一半，1910年占有美孚在北美大陸以外售出的15%。[8]

傳統舊式油燈多為粗瓷燈碗所制，沒有燈嘴、燈罩，點燃起來，昏暗蒙晦，且不停地冒著黑煙，甚或迸出火花。還由於夜晚沒有路燈照明，許多城市日落之後一片黑暗，外出通常持手燈內燃以蠟燭，或以油碟注落花生之油，用木棉作心點之，極不方便，故民眾「如水鳥之歸巢，晚歸家屋，至次早清晨即起，出而工作。」[9] 最初是1880年代，在上海通商口岸的鋪戶人家，大半使用洋燈，蓋「取其油既便宜，燈光明亮，懸掛一盞，滿室皆明。」[10] 另一份上海周邊的地方性文獻，記載了舊式油燈被逐漸取代的過程，稱先使用火油燈，明亮雖遠勝舊式油燈，然煤灰飛揚，用者厭之；只是到了有玻璃罩後，使用起來光益盛而無煙，「於是上而縉紳之家，下至蓬戶甕牖，莫不樂用洋燈，而舊式之油盞燈淘汰盡矣。」[11] 到了二十世紀初，蔣夢麟回憶幼時成長的浙江餘姚鄉村，稱人們出於好奇，購買來自西洋的火柴、時鐘，生活需要則購買美孚煤油。他說因為「煤油燈可以把黑夜照得如同白晝，這與菜油燈的昏暗燈光比起來真有天淵之別。」[12]

此時美孚在各地廣泛銷售，如同英美煙草公司的香煙（British-American cigarettes）那樣，成為中國民眾大宗日用消費品，[13] 確也極大改變了民眾的日常生活和工作習慣。1914年，時任美孚副總裁的貝米斯（William Edward Bemis, 1863-1915）在接受訪談時，談及美孚對中國社會經濟發展的推動時，稱以往在天黑較早的冬季，江浙一帶的絲綢業工場通常下午四點收工；然有了價廉物美的美孚油燈後則可勞作到深夜。[14]《點燃中國的油燈》也有這樣的描述，男主公之所以那麼忘我地開拓市場、除追求豐厚的利潤之外，且還有將美

---

8 吳翎君，《美孚石油公司在中國（1870-1933）》頁24-25。

9 譯日本桑弓生論文〈過渡時代之中國〉，*Peking Gazette*, October 22, 1915, p. 8；蘇夫：〈燈〉，《藝文雜誌》第2卷第4期（1944年），頁59。

10 〈洋燈宜慎〉，《申報》1876年7月31日，第2版。

11 嚴偉修、秦錫田等纂，《南匯縣續志風俗志一》，卷8，1926年刊本，頁6。

12 蔣夢麟，《西潮與新潮》（北京：團結出版社，2004），頁49。

13 Lewis S. Gannett, "Is China Being Americanized?" *Millard's Review*, September 18, 1926, Vol. XXXVIII, No. 3, p. 63.

14 "Standard Oil Develops China, A Partnership Agreement Has Been Signed Between Great Nation," *Los Angeles Times*, Feb 22, 1914, p. 9.

國文化，乃至西方文明引入中國的夢想。書中的男主人公希望美孚煤油不僅為工廠女工的夜班提供了照明，且還能讓那些進入現代大學的中國男孩、女孩在美孚油燈下，愜意地閱讀來自西方的書籍，並進而領會「羅素和馬克思的詞句（riding the word of Rousseau and Marx）」。[15] 這一想法大致也來自作者姐姐先在杭州的教會學校任教，後積極參與創始金陵女子大學，試圖通過高等教育而推動中國邁入現代社會。

在《點燃中國的油燈》的扉頁，作者有一段文字稱自己之所以講述煤油行業的故事，是因為油燈點燃後，能產生可被視為文明進步的「光亮」或「光明」。正如男主人公抵達東北之初，感覺彷彿來到其時也到處充滿了機會，正經歷大開發的美國西部，堅信中國不久也同樣將會被美孚所照亮——光明成為他追求「進步的堅定理念」。[16] 這自然也是洛克菲勒基金會的宗旨，將其在華事業喻為驅逐黑暗和愚昧的文明之「光」。最早大概是在1913年，即還是基金會成立之初，秘書格林（Jerome D. Greene, 1874-1959）談及之所以要重點資助遠東醫學教育，說他們「將點燃能夠照亮許多世紀的一盞燈」。[17] 接下來更有不少新聞評論及基金會的文字，都稱是將「光明」帶給了中國。[18] 後來到了1947年1月，基金會決定最後一次性撥款一千萬美元（約相當於2019年的$116,112,455.34），[19] 以便讓曾是其下屬組織的中華醫學會（China Medical Board，以下簡稱醫學會）及協和獨立、自主發展時，董事會決議中也聲稱他們此舉會讓在中國「點燃的現代醫學之燈將生生不息。」[20]

15　Alice Tisdaly Hobart, *Oil for the Lamps of China*, pp. 303-304.

16　Alice Tidally Hobart, *Oil for the Lamps of* China, p. 6.

17　Jerome D. Greene, "Educational and Other Needs in the Far East," Nov. 22, 1913, Frank Ninkovich Source, "The Rockefeller Foundation, China, and Cultural Change," *The Journal of American History,* Vol. 70, No. 4（Mar. 1984）, pp. 802-803.

18　"Rockefeller's Millions to the Relief of China," *Millard's Review,* Feb. 9 th 1918, Vol. III, No. 11, p. 328; "Great Health Work Goes on in Peking," *New York Time*, Feb 12, 1928, pp. 1, 7.

19　1919年，美國紐約地鐵站的單程票價10美分，2019的單程票價2. 75美元。這一通貨膨脹率的數位，是根據www.westegg.com/infation/換算出來的，以下相同。

20　"Mr. Fosdick to the Chairman of the China Medical Board, Mr. Philo W. Parker; the Chairman of the PUMC Trustees, Dr. Hu Shih; Dr. Alfred Sze, recent Chairman; Dr, Houghton; members of the Planning Committee, and others interested in the PUMC." CMB. Inc., folder 41, series 2, box 3, record group 1: IV2A32, Rockefeller Archive Center-Rockefeller Foundation Archive, Sleepy

不過，此時正值中國民族主義情緒日漸高漲，對「洋貨」的各種抵制行動在口岸城市此起彼伏；由於「洋燈」的日益普及，且還意味著「用」與「不用」之間不斷加深的階層差異和文化區隔，從而引來了中國輿論界的不少批評。1920年代中期一首題名〈詠美孚燈〉的小詩，寫道：「案上一盞燈，清淨頗不俗，通體盡琉璃，亭亭似立玉，更妙有靈機，隱現隨所欲，大明奪月光，小明掩華燭。可惜不自知，其中洋氣足。」[21] 作為一個頗多譏諷、嘲弄的負面詞彙，「洋氣」在那個時代已經更多劍指美國消費文化的盛行。一篇文字記述了作者與幾位從美國留學回來的朋友見面，稱這些朋友中有博士、碩士和學士的，「因為太熟了，他們便問：『初回國來應有的態度』，我說『要減少洋氣！』」[22] 那麼何謂「洋氣」？另一篇文章說：「認為凡『華』必劣，非『洋』不采，穿衣必西裝、吃飯必大菜，住居必洋房，舍握手接吻無可為禮，去彈子跳舞無可為樂，電影非外國片不看，署名非外國字不簽、履必高跟，肉必袒露，如是等等，吾則名之堅貞曰：『洋氣』」。[23]

毋庸否認，面對這種多少有點敵視的社會氛圍，且也使那些矢志於「改變中國」的來華外人，猶如《點燃中國油燈》的男主人，遇到一些「外人」總能遇到的尷尬場景時，難免會產生不少失落和沮喪。小說寫到當他看見客棧主人強迫年幼女兒纏足，飽受痛苦，自己挺身力勸而遭到了拒絕；又當女孩後來忽然高燒，他雖估計患了當地常見的急性肺炎，或肺結核，卻不敢把隨身攜帶的救急藥品給孩子用來減輕痛苦。因為他清楚地知道：「萬一孩子不幸走了，迷信的華人一定會以為是他這位洋鬼子帶來了邪氣」。接下來到了北伐前後華南、華中等地民眾受激進民族主義的影響，高喊「打倒列強」的口號，不顧一切地打砸焚燬包括美孚銷售站和儲油庫在內的許多外人財產時，男主人公的外籍同事指著外面大群擁擠一團、憤怒不已的民眾，問道：對這些比動物稍好一點的烏合之眾，「你還指望給他們帶來光明嗎？」男主人公回答道：「是的，

Hollow, New York, U.S.A（以下簡稱RAC-RFA）；福美齡（Mary E. Ferguson）著，閆海英、蔣育紅譯，《美國中華醫學基金會和北京協和醫學院》（北京：中國協和醫科大學出版社，2014），頁183。

21　五古，〈詠美孚燈〉，《崇善月報》，第22期（1926），頁20。

22　捷三，〈洋氣（閒話）〉，《建國月刊》，第3卷，第4期（1930），頁109。

23　重寅，〈青年應戒洋氣〉，《首都學生》，第14期（1935），頁39。

那是我們的市場！」[24]

作為本書作者霍巴特的內心感受，這種感受似可放在當時那個歷史場景之中進行某些還原。實際情況是當1927年3月北伐軍攻占南京之後，隨即發生了亂兵侵犯和洗劫城內、下關的外國領事館、教堂、學校、商社、醫院和外僑住宅，還導致了包括外籍金陵大學副校長在內的若干外人被無端殺害。如霍巴特的丈夫身為美孚高管，從城內倉皇逃向江邊停泊的美國救援軍艦，翻越城牆時過早放開了繩子，跌落在地而導致腳踝扭傷。[25] 再回到小說中描述的情節，說是受到鼓動的暴民們衝擊美孚辦事處，男主人公被蜂擁而上的民眾包圍，打的頭破血流。在一片「打啊！」「殺啊！」的口號聲中，油庫被砸毀，付之一炬。隨著震耳欲聾的爆炸聲，烈焰呼嘯著沖向了天空，人們相互推攘和踩踏，驚恐萬狀地爭相奔逃。這都讓男主人公乍然感到：一切並非像其年輕時初抵中國那樣，滿懷激情和渴望，欲以西方文明照亮愚昧的東方社會，然實際發生的事件，卻猶如新生命出生時痛苦地撕裂和揣破母親的子宮，使其不幸成為「這場大變革的局外之人」。[26]

糟糕的是，這種失落心情被國民政府定性為「辱華」，不僅被視為「局外之人」，甚至還可能被當成了「居心叵測」之人；該小說拍成的電影在中國境內遂被禁止放映發行。法理依據則是在此前的1931年初，國民政府教育部、內政部就已聯合成立了電影檢查委員會，[27] 嚴令電影界「要表現中華民族之尊嚴」。[28] 至於《點燃中國油燈》被禁的理由，時人說：「該片描寫我國各地社會情況，人民生活頗稱細膩，惟書中侮辱我民族之處，實屬不少，尚希政府注

24 Alice Tisdaly Hobart, *Oil for the Lamps of* China, pp. 46-47, 227.

25 司徒雷登著，杜智穎譯，《原來他鄉是故鄉：司徒雷登回憶錄》（南京：江蘇人民出版社，2014），頁108。

26 Alice Tisdaly Hobart, *Oil for the Lamps of* China, pp. 365-369.

27 自1931年初該檢查委員會成立以後，同年6月開始推進，有報導說「凡國產及外國影片均需送審，方准在各埠演映，年餘以來，成績極佳，1932年的成績是：准演影片：總計1555部，國產152，美國863、法國230、英國279、德國37、俄國4，禁演影片：總計51部，其中有損害中華民族之尊嚴者5. 8%，違反三民主義者占8. 824%，提倡迷信邪說者占5. 8%，以妨害善良風俗或公共秩序者占79. 41%，為最多數。」〈電影檢查會去年檢片概況〉，《中央日報》，1933年2月18日，第4版。

28 芳子，〈從辱華片說到『大地』〉，《時代電影》（上海），第1期（1934），頁17。

意而糾正之。」[29] 實際上，為避免國民政府的干預，華納公司拍攝此片時，特意到已被日軍占領的東北取外景。[30] 逮至該片拍成而在美國上映之後，上海的一篇影評文章寫道：該片頻頻出現賣燒餅的老頭、拾大糞的山東漢子、纏足的婦女、土匪式的革命軍人、煙容滿面的鴉片客、奇裝異服的妓女，「凡我國民間敗風惡俗，無不包羅在內。」[31] 另一篇文章則就此引申出了一個結論：「美國雖然是一個對我國表示友好的國家，可是美國電影界喜歡拿我國人民來做影片的材料，結果每部片中，總帶上了一些侮辱的成分。」[32]

第二節 「文化侵略」

國民政府中相當一些高層人士留學英美，雖對來自歐美的文化影響多持一種民族主義的反應，即使有頗多不滿，卻鮮少上升到意識形態高度，採取徹底禁絕的極端措施。與之不同，中國共產黨（以下簡稱中共）早在1922年6月，就由時任中國共產主義青年團機關報《先驅》半月刊主編，也是中共早期宣傳家的蔡和森（1895-1931），撰文在該刊喊出了「打倒帝國主義」的口號。隨後，蔡和森擔任了中共的宣傳部長、中共中央《嚮導》週刊的主編。由於此時的中共還只是一個擁有百餘名黨員的小團體，主張革命的最大政治力量是孫中山領導的國民黨；故蔡和森於1922年9月間在《嚮導》週刊創刊號上發表了題為〈統一、借債與國民黨〉一文，稱當下為中國根本禍患的，是國際帝國主義與封建的舊勢力，三十年來的國民革命運動由此兩種反動勢力刺激而來。他敦促國民黨人如果想使「革命運動貫徹成功，就要一面與民眾親切的結合，一面

29 〈『煤油燈』繼『大地』而來〉，《時事旬報》，第2期（1934），頁12。

30 平凡，〈東三省拍攝辱華影片：華納公司的『煤油燈』〉，《玲瓏》，第4卷，第15期（1934），頁958-957；孤萍，〈辱華影片內容一般：煤油燈（茂文李勞埃導演，第一國家公司出品）〉，《影舞新聞》（上海），第1卷，第1期（1935），頁13。

31 〈一年間外國所攝的辱華版〉，《電聲》（上海），第4卷，第1期（1935），頁23-24；〈辱華片在美受歡迎：「中國燈油」與「中國海」大獲利，兩片均無在我國開映之可能〉，《電聲》，第4卷，第45期（1935），頁981。

32 〈好萊塢又有人籌攝辱華影片：將來華實地攝影〉，《娛樂》，第2卷，第34期（1936），頁682。

與蘇俄為不二的同盟，大著膽子明白的反抗以上兩種惡勢力。」[33]

就蔡和森的個人思想歷程來看，此前並無這樣的認知。即使在接受馬克思主義之後，一段時間裡他還曾是位堅定的世界主義者。1920年8月13日，他致函毛澤東，堅信有兩點不可游移：「一是無產階級專政，二是萬國一致的階級色彩，不能帶愛國的色彩。」[34] 及至1921年1月，他還致函陳獨秀，稱：「勞動解放絕不是一個地方一個國家一個民族的問題，乃是一個世界的社會問題，馬克思社會主義乃是國際的社會主義，我們絕不要帶地域的民族的色彩。」[35] 不過，共產國際於1922年1月至2月召開了遠東民族會議，與會者是作為中共早期領導人的張國燾，回國後傳達了蘇俄布爾什維克及其黨魁列寧所做關於在世界各地大張旗鼓地進行反帝的指示，包括蔡和森等人在內的中共領導層方才有此理論轉向。張國燾後來就此回憶說：「此前中共一向認為社會革命是它的主要任務，反對帝國主義的愛國運動只是一個附帶的要求。經過這次大會，確認了反對帝國主義是應該立刻開始的主要活動。」[36]

作為那個時代最激進的青年革命家，蔡和森早就聲稱不屑於系統的學術訓練，視各種學理知識為思想的枷鎖。1919年7月，蔡和森致函毛澤東，認為他們這些人不但沒有必要進入本國學校，就連外國學校亦不必進入，這樣方能「沖決世界之層層網羅，造出自由之人格，自由之地位，自由之事功。」[37] 接下來在1920-1921年的法國勤工儉學之時，他說自己整天不上課、不看理論書籍，每日生活就是到公園空曠之處，惟飽吃麵包，除去天馬行空的胡思亂想之外，就是「日看法文報一節。」[38] 這自然會影響到他對國際形勢的解讀和判斷，如1923年9月他撰文評論當月發生的日本關東大地震，稱如此巨大的人員

33　蔡和森，〈統一、借債與國民黨〉，《蔡和森文集》（長沙：湖南人民出版社，1979），上冊，頁69。

34　蔡和森，〈蔡林彬給毛澤東：社會主義討論，主張無產階級專政（1920年8月13日〉，《蔡和森文集》，上冊，頁26。

35　蔡和森，〈馬克思主義學說與中國無產階級（1921年5月）〉，《蔡和森文集》，上冊，頁55。

36　張國燾，《我的回憶》（香港：東方出版社，2004），第1冊，頁207-210。

37　〈蔡林彬給毛澤東：大規模的自由研究（1919年7月24日）〉，《蔡和森文集》，上冊，頁13-14。

38　蔡和森，〈蔡林彬給毛澤東（1920年5月28日〉，《蔡和森文集》。上冊，頁18。

傷亡和財產損失，勢必導致日本國際地位的跌落、蘇俄在太平洋地位之增高，並認為此後成為中國大患的只有英美。更荒腔走板的，是他鼓吹：「務期早日完成中俄二大民族的聯會；然後在適當限度內，聯合日本以排除盎格魯薩克遜帝國主義於東亞之外；那時候中華民族才能得到獨立與解放。」[39]

雖說蔡和森認定其時禍害中國的「帝國主義」主要是英美，然英國在第一次世界大戰之後趨向衰敗，很多方面力不從心，自顧不暇，其矛頭所指自然為國力日興強盛，對華影響也正日益加深的美國。在蔡和森看來，作為後起的帝國主義，美國雖不像此前的沙俄及英、法、德、日那樣，妄圖通過武力征服和殖民入侵而奴役中國，而是更多打著「門戶開放」、「機會均等」的幌子，利用雄厚經濟實力而控制中國發展的經濟命脈。1922年9月，蔡和森就國人關於「美國是中國最好的朋友」的說法，認為換過來說是美帝國主義最會使用掩眼法，「最會用宣傳術以宰割中國的『朋友』」。[40] 具體說來，他認為美國採取了極為陰險的「文化侵略」的措施，拋撒大筆多錢，在各地創辦了許多學校，培養了大批親美知識分子，並說：「這樣鬼巧的政策，不費一兵一卒得插足於宰制中國均勢，別面又濫便宜博得中國人民的好感。從此更專用文化侵略的政策，退回賠款增加留美學生，廣派教士，在中國內部遍設青年會與教會學校，造成幾十百萬的親美派。」[41]

其時站出來反駁這類「文化侵略」宣傳的，主要為一批留美回國的知識人。前述張國燾參加1922年俄共召開的遠東民族大會之後，在七月召開的中共第二次全國代表大會傳達了共產國際的相關指示，會議宣言稱反帝將被視為中國革命的主要任務之後；胡適於當年十月撰文批評，稱這樣的論調猶如鄉下人

---

39 蔡和森，〈日本大災在國際上的意義（1923年9月）〉，《蔡和森文集》，上冊，頁249。

40 蔡和森，〈統一、借債，與國民黨（1922年9月）〉，《蔡和森文集》，上冊，頁68。

41 蔡和森，〈由華盛頓會議到何東的和平會議〉，《蔡和森文集》，上冊，頁201；No. 2848, 69, "American Consulate-General（Shanghai, China）to Secretary of State（Washington）, January 9, 1925," "anti-Christian Movement, *The North China Daily*, January 7, 1925," Records of The Department of State Relation to Internal Affairs of China, 1910-29 Roll 123, 893. 40 Social Matters; 983. 401 People; 893. 402 Language; 893. 403 Fine Arts; 893. 404 Religion, Church; 893. 405 Fine Arts; 893. 404 Manners and Customs; 893. 406 Amusements, Sports, Recreation, National Archives Microfilm Publications Microcopy No. 329, the National Archives National Archives and Records Service Central Services Administration, Washington: 1960.

談海外奇聞，幾乎全無事實上的根據。胡適的基本觀點是：只要中國政治上了軌道，國際帝國主義的侵略，有一大部分是可以自然解除的。他懇摯地規勸張國燾等：「我們的朋友們，努力向民主主義的一個簡單的目標上做去，不必在這個時候牽涉到什麼國際帝國主義的問題。政治的改造是抵抗帝國主義侵略的先聲。」[42] 作為反擊，張國燾隨即撰文，批評胡適向來與美國駐華政治家、輿論家和學者交往親密，於美國「文明」多所介紹，並聲稱「像這樣為英美帝國主義辯護的文章，似乎比美國每年花上三千萬銀子雇派許多牧師、記者、偵探、顧問、學者等向我們所做的親美宣傳，還更明顯而且有力，真是出人意料之外。」[43]

這自然會影響到一些激進人士，將當時對華慈善教育投入最多的基金會、醫學會、協和，視為美帝國主義推行「文化侵略」的邪惡工具。1930年9月2日，協和醫院接待室發現一個無主提包，員工們按照慣例將之送至失物室。翌日，學院正門內東樓外又發現了一枚炸彈，協和當即報告警察局派員查視。4日上午，由於失物室所存提包，逾兩日而無人認領，管理人員將之打開，進行查驗和登記時而發生爆炸，致使該職員身受重傷。[44] 事發第二天《華報》收到一份題名為〈警告協和醫院全體人員〉的匿名揭貼，劈頭第一句話是：「汝等賣身外人，作美帝國主義文化之侵略工具，已屬可恥，更魚肉平民，草菅人命。」[45] 此時的胡適雖在上海，然作為協和董事自然知道此事。實際上在五個多月之前，他已提出所謂中國人的「貧窮」、「疾病」、「愚昧」、「貪汙」和「擾亂」，即「五鬼」鬧中華的說法，不該「把一切我們自己不能脫卸的罪

42　胡適，〈國際的中國〉，《努力週報》，1922年10月1日，頁1-2。

43　國燾，〈中國脫離了國際侵略的危險麼？駁胡適的『國際的中國』〉，《嚮導週報》，1922年10月18日，頁45-48；張國燾回憶道：「當時中國人還不知帝國主義為何物，甚至像胡適這樣著名學者也還認為反帝國主義是海外奇談」。張國燾，《我的回憶》，第1冊，頁209。

44　「警察局檔案」，北京市檔案館，索卷號：J181-020-03899；〈協和醫院發現炸彈〉。《大公報》，1930年9月5日，第4版；"R.S. Greene to M. K. Eggleston, Sept. 12, 1930, Sept 12, 1930," folder 249, box 35, record group IV2B9, Rockefeller Foundation Archives, Rockefeller Archive Center, Sleepy Hollow, New York（以下簡稱RAF-RAC）; "Greene to Faust, October 8, 1930"，北京協和檔案室，文書檔案，數位索卷號：153。

45　〈警告協和醫院全體人員〉，《華報》，1930年9月6日，第2版。

過歸到洋鬼子身上。」[46]

概括說來，不論是張國燾、蔡和森，乃至此後任何一位馬克思主義左派理論思想家，都沒有就此進行過深入細緻的研究，更多是將之作為政治標籤，用來反嗆或抹黑與之意見不同的自由主義者，並未再做進一步的學術梳理。如梁漱溟就「『五鬼』鬧中華」之說，與胡適展開了一場爭論，後者就被視為「帝國主義代言人和民族文化虛無主義的代表」。[47] 實際上，僅就胡適與基金會、醫學社和協和的關係來說，他更看重其「科學」及「濟困扶危」的慈善心懷。他批評傳教士醫生及德國醫生，診療過程中不留病歷，並認為「美國新式醫生最可靠，因為他們對於每一病人皆有詳細記載，留作歷史參考，即此一端，便可效法。」[48] 後來丁文江不幸因煤氣中毒在衡陽搶救無效而辭世；胡適認為是鐵路局的醫生、教會醫生訓練不夠所致，如果送到協和就不至於此。胡適說：「中國不但要注意設備的最新最完善，特別要注意醫學校的教育和訓練，要更嚴格的訓練醫學生，更加深他們的科學態度與習慣，要加強他們的責任心與一絲一毫不可忽略苟且的科學精神。」[49]

這裡還可以進一步引申的，是胡適對基金會、醫學會、協和關愛有加，並盡可能維護其在中國社會中的聲譽。1932年初，胡適因肚子痛而住進了協和，做了盲腸手術，傷口久不癒合，後來發現創口中有紗布留下的一條細紗，取出之後，不幾天傷口就收口了。手術主刀大夫是位美國教授。胡適的傷口沒有癒合，協和院長天天來探望。胡適叮囑不要讓主刀教授得知此事。時隔三十年

46 胡適，〈我們走那條路（1930年4月13日）〉，《新月》（北京），1930年第2卷，第10期，頁6-21；“American Consulate General Shanghai, China to the honorary, the Secretary of State, Washington, August 5, 1930,” “Subject: China’s five great ermines-speech by Dr. Hu Shih,” “The Leader, Thursday, June 12, 1930, “Hu Shih Hits Evils of China, Enemy of Chinese Revolution is not Imperialism, Declares Young Philosophy,” RG 84, Record of Foreign Services Posts, Diplomatic Posts, China, Vol. 1494, National Archives at College Park, Maryland, NARA II, National Archives and Records Administration（以下簡稱NARA）。

47 請參見章清，〈自由主義與「反帝」意識的內存緊張〉，《二十一世紀》，1995年2月號，頁45-49。

48 「1929年12月15日」，曹伯言整理，《胡適日記全編（1928-1930）》（合肥：安徽教育出版社，2001），第5冊，頁575。

49 胡適，〈丁文江的傳記〉，收入鄭大華整理，《胡適全集》（合肥：安徽教育出版社，2003），第19冊，頁559。

後，胡適與秘書胡頌平談及此事，說當時外面已經有人在罵協和了，他「怎麼可以讓外人知道久不收口的原因，我關照他們切莫宣布。」[50] 再當老洛克菲勒於1937年5月23日在紐約家中辭世，協和於9月4日下午在禮堂舉辦了有二百餘人參加的追悼會。會場設置靈台，臺上遮以紫醬色幔幕，正中懸掛洛克菲勒遺像，下置鮮花多籃。當主持人宣布追悼會開始，先奏哀樂，當醫學院畢業生、護校畢業生代表致詞之後，胡適發表主題演講，稱讚老洛克菲勒慷慨出資，創設協和這樣偉大的醫學術機構，培養專門人才，並希望能由此「喚起國人對公益事業之注意與扶助之云云。」[51]

此後又從「文化侵略」的角度，詆毀基金會、醫學會及協和的，是抗日戰爭爆發後日軍占領北平，協和被強行關閉，占領者於1942年2月忽然宣稱在該院解剖室發現了孫中山的肝臟、肝臟切片和臘塊，以及一冊被標識為總理臨床紀錄的病歷報告，並開始藉此大做文章。為了表示莊重，日軍準備了特製的精美容器，將孫中山的肝臟標本畢恭畢敬地安放在其中，然後煞有其事地將之移交給南京汪精衛政府。3月25日十一點，在其御用報紙的鎂光燈下，交接儀式在被日軍占領的協和隆重舉行，出席者有日軍總司令岡村寧次、日本駐華大使等使館官員，以及汪精衛政府的偽外交部長褚民誼等。27日，汪偽府派專車將「國父遺臟」迎送至南京，途經天津、徐州等地，日本占領軍最高指揮官與在地維持政府的偽官員們，紛紛前往車站鞠躬迎接，發表所謂敦促中日和睦的演說。安放儀式則於4月1日在南京中山陵隆重舉行，據說汪偽政府動員了近十萬民眾參加。[52]

從今天醫學倫理的立場來看，協和當年處理孫中山遺體時，的確存在著某種程度上的道德瑕疵。即1924年12月31日，病重的孫中山來到北京，翌年1月26日因病情進一步惡化，送往協和手術，確診為肝癌，且還出現了全身轉移，隨即進行了縫合而進行化療。四十小時之後，見到沒有什麼成效，醫生們決定

50 胡頌平，《胡適年譜長編（三）》，頁1020-1021。

51 〈協和醫學院追悼煤油大王，胡適致弔詞讚美羅氏〉，《華北日報》，1937年6月5日，第6版。

52 "Casket Containing Dr. Sun's Liver Handed to Chu Min-yet, Nanking's foreign minister thanks Japanese Army for Presentation at Impressive Ceremony in Former PUMC," *The Peking Chronicle*, May 27, 1942，北京協和醫學院檔案室藏，文書檔案，數位索卷號：0890。

停止此項療法。家屬原準備讓病人繼續住在協和，接受中醫治療，被院方婉言拒絕，病人只得於2月28日移入到顧維鈞家中療養，先服中藥，仍未見效，「足腫有加，且患腹瀉」，3月6日起改為注射日本藥物，嗣因腹水增加，病勢危急，終於3月12日上午辭世。[53] 根據孫中山的遺願，家屬請協和對病人遺體進行防腐處置，得到了協和校方的同意，由留學哈佛醫學院的劉瑞恆親自操作。整個遺體處理過程歷時兩天，協和對外宣布對病人的內臟進行醫學檢查；雖聲稱隨後就做了火化處理，卻偷偷將之做成了醫學標本，放在一個裝滿酒精的罐子裡，與其他許多標本一起放在解剖學系的理研究室內，並沒有得到家屬的授權同意。[54]

日本駐華使館早就知悉此事，鑑於長時間以來美日兩國的微妙關係，只不過隱而不發。逮至珍珠港事變，太平洋戰爭爆發，日本方面立即將此消息披露，說是為了展示白人如何「偷取中國偉人的內臟做標本」，以證明「美國在華機構對中華民國國父的嚴重冒犯。」[55] 與之相應的輿論宣傳，是連篇累牘的評論稱打開近百年來的中國歷史，簡直是一部英美白人的侵略史；經濟侵略、文化侵略，無所不用其極，甚至連國父的遺體，都敢盜竊以去；並還抨擊說：「美國一向自詡文明國家，文明國家的手段，就是如此的嗎？國父是中華民國的代表，她敢盜竊中華民國的代表的遺體的一部，更有什麼比較更辱華的事，做不出來嗎？」[56] 當然，日本占領軍沒有忘記給自己臉上貼金，發言人齋藤大佐聲稱：孫中山於1924年11月28日在神戶演講時，曾大談中日兩國應共同建立

53　〈孫中山先生病逝略記〉，《新同德》，第1卷，第7期（1925），頁60-61；〈中山先生由協和醫院遷出後之情況〉，《廣濟醫刊》，第2卷，第3期（1925），頁104-106。

54　"Unlawful Removal of Late Dr. Sun Yat-sen Liver, Viscera Bared," *The Shanghai Times,* Tuesday, February, 10, 1942; "Liver of Sun Yat -sen to be Taken to Nanking Mausoleum, Following Discovery in PUM Anatomy Department: Revelation of Flagrant Violation of Medical Ethics, March 26, 1942," 北京協和醫學院檔案室藏，文書檔案，數位索卷號：0890。

55　"Liver of Sun Yat -sen To be Taken to Nanking Mausoleum, Following Discovery in PUM Anatomy Department: Revelation of Flagrant Violation of Medical Ethics, March 26, 1942," 北京協和醫學院檔案室藏，文書檔案，數位索卷號：0890；〈國父孫中山先生的靈臟還京〉，《新中華畫報》，第4卷，第5期（1942），頁5。

56　〈國父遺臟來京感言〉，《民國日報》，1942年3月31日，數位索卷號：0890；"Liver of Sun," 北京協和醫學院檔案室藏，文書檔案，數位索卷號：0890。

「東亞完美和平與秩序」的重要性，七年後他的臟器重新回歸中山陵，這對於東方人來說，意味著他的崇高精神仍能把中日兩國共同致力於大亞洲的偉大理想連結在一起。

第三節 富有成果的合作

如果想要詳細了解基金會、醫學會及協和在華的發展，或需要稍微講述一點同時期美國社會的看法。作為「鍍金時代」最冷酷的一位「強盜大亨」，老洛克菲勒通過商務上的爾虞我詐、巧取豪奪，迅速成為美國，乃至世界首富；然而，頗為矛盾的卻是他十分虔誠，儘管自己過得頗為節儉，卻持之以恆地將大筆錢財投給了慈善事務，是那個時代全球捐贈數額最多之人。1905年，美國全國公理會主持人格拉登（Washington Gladden, 1836-1918）針對老洛克菲勒提供的十萬美元慈善資助，發起了一場聲勢浩大的宣傳運動。他到處演講，指責這些年裡此人無視商業道德，雖說迅速致富後將手中的「髒錢」投入慈善，卻污染了那些為了社會福祉而創辦的宗教機構。由此他大聲疾呼：這些大亨們不論慈善捐贈了多少錢，都無法補償人們在接受款項後被貶損的理想和良心。不過，由於這筆捐助的數目實在可觀，獲得了全國影響的格拉登，卻沒有贏得多少實際支持者——委員會中的大多數人認為沒必要拒收這筆慈善筆款項。[57]

此事影響到洛克菲勒決定不再隨機捐贈，而是創辦一個能像現代企業那樣運營的慈善基金會。1913年5月基金會在紐約州註冊成立，同年又成立了屬下的國際衛生委員會（International Health Commission），將資助投向了美國之外；且也成為歷史上首個跨國慈善機構，及至1914年又成立了專管中國事務的羅氏駐華醫社（China Medical Board）。至1937年5月洛克菲勒辭世之前，其個人的慈善捐獻超過了五點三億美元（約相當於2019年的$9,574,732,020.39），家族慈善捐助超過了十億美元（約相當於2019年的$18,065,532,113.95）。不同於歐陸基金會多屬於國家和教會，主要資助貧困和失業人口；作為私人機構的美國基金會，熱衷於資助高等教育和公共衛生。如1921-1930年，他們投入到

57 David L Seim, *Rockefeller Philanthropy and Modern Social Science*（London: Routledge Ltd, 2013）, pp. 47-49.

教育的金額占總捐贈的43%，公共衛生也占到了32%。具體一點說，教育捐贈的61%投向了高等教育，洛克菲勒等九個美國主要慈善基金會，投到高等教育的捐贈是其他領域所得慈善款項的八倍。[58]

慈善總能引起廣泛爭議，最常見的情況是富人不拿錢出來，就會有人批評為富不仁；反過來，如果把錢拿出來，又會有人質疑動機，從「陰謀論」出發而以為他們「別有用心」。[59] 在美國最先檢視這些善基金會的，是作家、學者，記者的庫恩（Horace Coon, 1897-1961）於1938年出版了以《燒錢：美國大慈善基金會如何使用他們的捐贈》（*Money to Burn: What the Great American Philanthropic Foundations Do With Their Money*）為題的專著，通過回顧慈善基金會的歷史起源，以及洛克菲勒、卡耐基（Carnegie）、福特（Ford）等基金會建立後的諸多運作，具體研究了哪些巨額財富怎麼被轉移至基金會，又通過哪些機制、管道影響到教育和公眾觀念，並由此收割了哪些重要利益。此時正值1930年經濟大蕭條不久，痛定思痛，民眾對自由資本主義充滿了懷疑和抱怨，主張國家全面干預經濟生活的羅斯福新政順勢而興起；該書作者藉此發力，認為基金會作為「半公共機構」，影響日益增加，美國社會則缺乏能夠對其進行制衡和監督的公眾問責。

基金會高層十分在意《燒錢》一書，認真討論了面對如此嚴厲批評，該如何改善自己公共形象的問題。1938年11月9日，曾任基金會副主席，時任羅森瓦爾德基金會（Rosenwald Fund）主席的恩布里（Edwin R. Embree, 1883-1950）以內部通信的方式，向基金會主席福斯迪克（Raymond Blaine Fosdick, 1883-1972），提交了近十頁就該書對基金會批評的摘錄筆記。恩布里聲稱該書指責基金會的所作所為，都被用來改變公眾對洛克菲勒家庭的惡劣看法，運作方式和目標更多考慮如何讓美國資本主義經濟體系「順利運行」，從而不可能持有社會科學應有的客觀性，更不能造福於人類社會。在恩布里看來：該書表面上強調不偏不倚的公正性，實際上卻有意或無意地忽略了不少重要內容，或許作者並非蓄意預設了一些不那麼有說服力，先入為主的想法，卻讓他感到

58 Eduard C. Lindeman, *Wealth and Culture: A Study of One Hundred Foundations and Community Trusts and Their Operations During the Decade 1921-1931*（Piscataway: Transaction Publishers, Inc, 1988）, pp. 23-26.

59 Robert H. Bremner, *American Philanthropy*（University of Chicago Press, 1988）, p. 2.

其批評並不客觀。當然，恩布里承認作為基金會關係密切之人，自己沒有資格評論該書，建議董事會此後在資金使用方面對公眾應當更加透明。[60]

逮至1949年3月，美國最重要的文學、政治、文化、金融和藝術月刊《哈珀雜誌》（*Harper's Magazine*）刊登了恩布里撰寫的〈謙卑的百萬富翁們：基金會能夠各盡其責嗎〉一文，[61] 高度讚揚了戰後美國如雨後春筍般成立的五百多家基金會，擁有資金超過二十億美元，每年投入超過一億美元的美國慈善事業。接著就有了第一部講述洛克菲勒基金會的著述，即福斯迪克於1952年出版的《洛克菲勒基金會的故事》（*The Story of the Rockefeller Foundation*）。作者自1936年擔任該基金會主席，雖難免有不少自我褒獎，然考慮到其時麥肯錫時代（The McCarthy Era）的極右勢力，正對基金會不遺餘力地攻擊，故也可視為基金會高層面對美國公眾的一份解釋和說明。[62] 福斯迪克詳細講述了這些年來的發展，稱自基金會創設的三十五年裡，除對紐約的洛克菲勒醫學研究所資助六千多萬美元之外，且還在美國及海外醫學教育和公共衛生事務等方面投下八億兩千一百多萬美元，是那時涉及國家和地區最多，也是數額最大的慈善捐助行動。[63]

此時又值1950年朝鮮戰爭爆發後，中美兩國政府關係處在極度敵對之中，隨後在1951年1月協和被中共收歸國有，不少協和畢業生接受徵召而參加了救助志願軍的戰場救護隊，協和醫院也收容了不少來自中共軍隊的病患。這讓美國極右勢力大為不滿，聲稱該校一直幫助中共培養醫學人材。在接下來的國會審查過程中，調查委員會反覆質問基金會，為何對中國情有獨鍾，投入如此巨大，是否抱有顛覆美國民主制度的不可告人之目的？當然，此前的《燒錢》一

---

60 Edwin R. Embree, "Memorandum to Mr. Fosdick, Re: 'Money to Burn' by Horace Coon,"（inter-office correspondence, November, 9, 1938,）forlder 879, box 53, sries 3, record group 1, RAF-RAC.

61 "Timid Billions, Are the Foundations Doing Their Job?" *Harper's Magazine*, 180, March 1949, pp. 28-37.

62 Steven Wheatley, "New Introduction," *The Story of the Rockefeller Foundation*,（Routledge, 2017）, pp. 5-18.

63 Raymond Walters, "*The Story of the Rockefeller Foundation* by Raymond B. Fosdick: *Funds and Foundations: Their Policies Past and Present* by Abraham Flexner Review," *The American Historical Review*, Vol. 58, No. 1（Oct. 1952）, pp. 123-125.

書早就明確指出，基金會之所以提供巨額資助，是考慮到美孚公司在華的巨大市場，因為有大批推銷商在當地活動，作者說如果他們及其家人患病後只能受到當地中醫的治療，「那麼很少會有美國年輕人願意前往中國推銷煤油」。[64] 福斯迪克的辯解則是，基金會之所以願意撥出鉅款，重點資助在華高等醫學教育，期望將之作為西方文明送給他們所珍愛的東方文明一個最好禮物，並強調說「除了旨在推進這些人的福祉之外，沒有其他任何動機」。[65]

首部利用了大量檔案資料，系統講述基金會、醫學會及協和歷史的專著，書名為《美國中華醫學基金會和北京協和醫學院》；作者是在協和工作了二十四年，直到該校收歸國有後，方纔不得不辭去校董事會秘書的福梅齡（Mary E. Ferguson, 1897-1989）。她的父親是近代中國最有影響的傳教士、教育家福開森（John Calvin Ferguson, 1866-1945），其本人出生在中國，曾在上海、瑞士和美國接受了中學及大學教育，除英語母語之外，還有良好的法語、中文的聽說能力。[66] 她的這部著作出版於1970年，[67] 此時正值中國大陸的「文化大革命」（以下簡稱「文革」）期間，「協和」早已成為一個必須「批倒批臭」的字眼，幾乎當年所有在那裡任過職的中國教授都受到嚴厲批判，福梅齡及基金會、醫學會同仁對此充滿了焦慮和期待，其書副標題「一項富有成果合作的編年史」（*A Chronicle of Fruitful Collaboration*），刻意強調了洛克菲勒二世（John D. Rockefeller, Jr, 1874-1960）在1921年該校開辦時所許下的那個承諾：「為在中華大地上永久地建立起世界上最好的醫學。」[68]

兩年後出版的另一本相關專著，是鮑爾斯（John Z. Bowers, 1913-1993）撰寫的《中國宮殿裡的西方醫學》。[69] 該書的作者雖沒有到過中國，不通中

64 "Money to Burn, By Horace Coon, Longmans, Green and co., 1938," forlder 897 sries 3, box 53, record group1, RAF-RAC.

65 Raymond B. Fosdick, *The Story of the Rockefeller Foundation*（New York, 1952）, p. 91.

66 "Minutes of the Peking Union Medical College, Administrative Council, November 17, 1927, 2728-7," 北京協和醫學院檔案室，文書檔案，數位索卷號：0135。

67 Ralph C. Croizier, "China Medical Board and Peking Union Medical College: A Chronicle of Fruitful Collaboration, 1914-1951 by Mary E. Ferguson," *The American Historical Review*, Vol. 76, No. 4（Oct. 1971）, p. 1207.

68 「開篇語」，《美國中華醫學基金會和北京協和醫學院》頁1。

69 約翰・齊默樂曼・鮑爾斯（John Z. Bowers）著，蔣育紅、張麟、吳東譯，《中國宮殿裡的

文，也不是專業歷史學家，但受過醫學高等教育，曾任職於美國、日本的一些高等醫學教育機構，且還在洛克菲勒基金會工作過，接觸過大量基金會的檔案，並訪問了不少於五十位曾在協和任教的美國教授、基金會高層和在美國的協和校友。[70] 該書特點在於充分利用了作者的醫學管理經驗，通過相當多的口述資料，生動和詳細地講述了協和從設想到創辦、從學術研究到臨床醫療、公共衛生等多項演化和發展。就書名中的兩個關鍵詞——「中國宮殿」及「西方醫學」來看，是書頗多偏重於在華西方醫學的講述。如果將之與福梅齡的著述進行比較，共同點都在於提供了太多關於協和的重要資訊；不同點在於福美齡之書有較多歷史資料作為支撐，基本上沒有什麼引申發揮，鮑爾斯則採用了相當多口述資料，雖內容生動鮮活，但有些敘述不免有點想當然的借題發揮。[71]

迄今為止，布洛克（Mary Brown Bullock）於1980年出版的《洛克菲勒基金會與協和模式》及2011年出版的《油王：洛克菲勒在中國》，大致代表了英文世界相關研究的最高水準。[72] 先就前一本書來看，是她在1970年申請史丹佛大學博士論文的基礎之上增補而成。其時基金會檔案尚未對外開放，沒有整理，也沒有編目，彷彿沙裡淘金，作者只能在堆放檔案的倉庫裡遍查相關資料。此外，她還利用自己於1974年至1978年在中美學術交流委員會任職的機會，四次隨團訪華過程中對不少協和人所做的口述採訪。關於此書的學術價值，費正清（John King Fairbank, 1907-1991）於1982年撰寫的書評指出，作者超越了其時美國的中國史研究中盛行的「衝擊／反應」之理論框架，率先從中

西方醫學》（*Western Medicine in a Chinese Palace: Peking Union Medical College, 1917-1951*）（北京：中國協和醫科大學出版社，2014）。

70 Wolfgang Saxon, “Dr. John Z. Bowers, 80, Is Dead; Medical Educator and Historian,” *New York Times*, October 19, 1993, p. 10.

71 Mary Brown Bullock, “China Medical Board and Peking Union Medical College. A Chronicle of Fruitful Collaboration, 1914-1951. by Mary E. Ferguson; Western Medicine in a Chinese Palace. Peking Union Medical College, 1917-1951 by John Z. Bowers,” *The Journal of Asian Studies*, Vol. 32, No. 4（Aug. 1973）, pp. 689-691.

72 瑪麗・布朗・布洛克（Mary Brown Bullock）著，張力軍、魏柯玲譯，《洛克菲勒基金會與協和模式》（*An American transplant: the Rockefeller Foundation and Peking Union Medical College*）（北京：中國協和醫科大學出版社，2014）；韓邦凱、魏柯玲譯，《油王：洛克菲勒在中國》（*The Oil Prince's legacy: Rockefeller Philanthropy in China*）（北京：商務印書館，2014）。

美學術交流的角度，悉心研究了在此文化移植過程中，美國現代醫學科學與在地及本土的適應及同化。費先生高度讚揚了該書較多關注了那些在中國醫學現代化過程中發揮了重要領導作用的華人教授，並認為這就是基金會在華事業所能得到的最好回報。[73]

後一本書是作者於2006年秋季在威爾遜國際學者中心（Woodrow Wilson International Center）擔任研究員時，利用此時已對外開放的洛克菲勒檔案中心檔案，加上多次訪問中國時所採集的各種口述資料，[74] 精彩之處是詳細描述了洛克菲勒二世由於癡迷於東方文化，且尤其頗為欣賞中國的瓷器和園林審美情趣，愛屋及烏，故特別關注基金會、醫學會的在華事務。難能可貴的，是書採用了哈佛大學國際史著名教授入江昭（Akira Iriye, 1934-）提出的「文化國際主義」的理論框架，[75] 談及洛克菲勒四世（John D. Rockefeller IV, 1937-）於1970年後期受中國政府之邀，同意基金會重返北京，並重開相關慈善捐助時，認為這表明基金會、醫學會及協和作為非政府機構，對於改善中國兩國政府關係的重要意義。[76] 概言之，本書由此不僅關注此慈善事務對推動中國現代科學

73 J. K. Fairbank, "An American Transplant: The Rockefeller Foundation and Peking Union Medical College by Mary Brown Bullock," *The China Quarterly*, No. 89（Mar. 1982）, pp. 125-126.

74 梁加農："Mary Brown Bullock, *The Oil Prince's Legacy: Rockefeller Philanthropy in China*,"《近代史所研究集刊》，第87期（2005），頁191-195。

75 入江昭把文化定義為「記憶、意識形態、感情、生活方式、學術和藝術作品和其他符號」，並認為「文化國際主義則是通過思想和人員的交流、學術合作或者其他達到國家間相互理解的努力，來承擔國與國和人民與人民之間的相互關係的各種任務。」在他看來，儘管全球對於一戰後的世界新秩序都感到挫敗，但依舊存在所謂「文化國際主義」。1920年代，「教育者，知識分子，藝術家、音樂家等許多人開始跨國合作，推動相互理解。他們對未來的展望，是一個由學生與學者的互相交流，協作的知識產業、藝術展演、時事座談，以及眾人的有志一同，取代軍備競賽與軍事聯盟，為國際事務做出決斷的世界。」Akia Iriye, *Cultural Internationalism and world Order*（Baltimore: Johns Hopkins University Press, 1997）, pp. 1-8.

76 Hongshan Li, "The Oil Prince's Legacy: Rockefeller Philanthropy in China by Mary Brown Bullock," *The American Historical Review*, Vol. 117, No. 2（April 2012）, pp. 500-501; Qinghong Wang, "The First Century of the U.S.-China Philanthropic Partnership: Impetuses, Obstacles, Strategies, and Contributions," *China Review International*, Vol. 19, No. 4（2012）, pp. 513-521; Daniel Worden, "The Oil Prince's Legacy: Rockefeller Philanthropy in China by Mary Brown Bullock," *Journal of American Studies*, Vol. 46, No. 2, Oil Cultures（May 2012）, pp. 522-524; Michael R. Anderson, "The Oil Prince's Legacy: Rockefeller Philanthropy in China by Mary Brown

發展的意義，並還試圖回答：「倘若作為20世紀世界最富庶西方列強的美國，沒有努力將這個世界上最大的東方發展中國家納入國際文化和科學共同體，那會怎麼樣？」[77]

2013年在中國出版，馬秋莎撰寫的《改變中國：洛克菲勒基金會在華百年》一書，原是作者於1996年在美國凱斯西儲大學（Case Western Reserve University）撰寫的博士論文（The Rockefeller Foundation and Modern Medical Education in China, 1915-1951, UMI Number: 9607914），中文版除增加了公共衛生部分之外，還採用了跨文化交流和全球化研究中常用的「混合雜交性」（hybridity）的研究範式，有一定的創新性。[78] 該書的亮點在於，以中美兩個不同文化的衝撞與融合為主線，細緻探討了以傳教士和洛克菲勒為代表的西方文化，如何利用社會進步的理念及現代科學醫學知識來改變中國，並還討論了各種在地政治文化力量，如何通過把握外來影響和資源，以確立政治社會改造的利益訴求。[79] 不過，就在地本土學者的角度來看，大概由於是書最初為英文讀者而作，內容較多聚集在與基金會、醫學會，以及協和相關的美方人士，提及的中國人及在地社會之反應倒不太多，且正文截止在1935-1941年前後的鄉村建設和「中國項目」，並未完全涵蓋書名所說的「在華百年」之時段。

最值得濃墨重彩的，是本書自序中提及的資中筠先生於1996年刊發的那篇長達四萬字的專題學術論文。因為這是基金會自被標籤為「文化侵略」，且在1949年後被列為不可觸及的學術禁區之後，本土學者首次在充分利用基金會相關檔案的基礎之上，指出其「對中國的醫藥衛生、文化教育事業進行了鍥而不捨的廣泛的關注和投資，幾乎在每一個重要的領域都留下了痕跡，在中國走向現代化的半個世紀中的影響難以估量。」[80] 儘管此時中美關係稍有改善，按照時任北京大學國際關係學院教授王輯思的說法：自1989年「中美關係嚴重惡化

Bullock," *The Journal of American-East Asian Relations*, Vol. 20, No. 1（2013）, pp. 97-99.

77 Mary Brown Bullock, *The oil prince's legacy: Rockefeller philanthropy in China*, 2011 p. 204.

78 馬秋莎，《改變中國：洛克菲勒基金會在華百年》（桂林：廣西師範大學出版社，2013），頁7-8。

79 高嵩，〈「混合雜交論」視野下的中西文化碰撞與融合：評馬秋莎《改變中國：洛克菲勒基金會在華百年》〉，《近代史研究》，2014年第1期，頁151-159。

80 資中筠，〈洛克菲勒基金會與中國〉，《美國研究》，1996年第1期，頁58。

之後，中國政界、知識精英和公眾對美國的看法有很大轉變，美國的形象基本上是負面的。」[81] 的確，在1989年後嚴防「和平演變」，官方曾一度大力展開了「清除精神污染」的政治運動，反美老調一時甚囂塵上。主管官員於1994年擬文批評包括洛克菲勒基金會在內的美國文化慈善活動，「始終是為美國開拓海外市場服務的，是其侵略擴張的一個工具。」[82] 就此來看，資先生的此文並不符合主流意識形態的「政治正確」，故也可視為一篇「著書不為稻粱謀」的良心之作。

第四節 「給予」與「獲取」

作為全球首個跨國慈善機構，基金會於1913年5月註冊成立之時，曾雄心勃勃地聲稱要「在世界造福全人類」，[83] 在華事業也被認為是西方文明贈送給中國人民的一個珍貴禮物，故「給予」、「獲取」，「施惠」、「受惠」一直是各方格外在意的歷史演化面相。早在1914年前後基金會派遣高階醫學考察團訪華，決定收購和重建協和，並給相關在華醫學治療機構和醫生提供資助時，中國最具專業性的中華醫學會刊發消息，稱讚：「美國大慈善家（樂格菲拉）捐舍鉅資，設立善會，超度環球人類生命。」[84] 相比之下，當時美國報刊的報導更是誇張，吸引眼球的題目有〈洛克菲勒對中國的瘟疫開戰〉、〈中國人將由洛克菲勒金錢所拯救〉、〈油王基金會購買了中國最大醫學堂〉，以及〈洛克菲勒將幫助中國佬〉等等。[85] 在1921年協和開辦的慶典儀式上，顧臨的演講

81 王輯思，〈對美國研究的幾點淺見〉，《現代國際關係》，2010年第7期，北京：中國現代國際關係研究院，頁2。

82 方立，〈美國對外文化中的政治因素（一）：美國「文化外交」的歷史面目〉，《高校理論戰線》，1994年第3期，頁71。

83 The Rockefeller Foundation, *The Rockefeller Foundation Annual Report* 1919, p. 50.

84 〈資助中國醫務進行之報告〉，《中華醫學雜誌》，1915年第1期，頁31。

85 “Rockefeller Starts War on China Plagues,” “Chinese Will be Cured by Rockefeller Money,” “Oil King’s Found Buys Big Chinese College,” “Rockefeller will Assist Chinamen,” “Publications, Clippings 1914-1951,” China Medical Board, Inc, Historical Record, folder 960, box 133, record groupIV2B9, RFA- RAC.

先強調了他們「創辦協和不只是給予，且還能夠獲取」。[86] 接下來洛克菲勒二世發表演講，也聲稱基金會認識到，「只有中國自己能夠處理應對在全國建立現代科學醫學教育這樣巨大的難題，西方文明所能做的一切就是指明方向。」[87]

概括說來，哪些「給予」、「獲取」，誰的「施惠」、「受惠」，是本書的核心論述主軸。畢竟，當1951年前後基金會在華事業就被認定為美帝國主義的「文化侵略」，重點資助的「協和」被視為「文化侵略的堡壘」，當局稱不僅毒害了中國人民的心靈，在知識人中形塑了「親美」、「崇美」、「恐美」的洋奴心態，且還惡毒地戕害和摧殘了許多中國民眾的身體。1964年，一位《人民日報》的高級記者撰寫了題為〈血淚斑斑的舊協和〉的長篇通訊，大加撻伐協和「是美帝藉辦『慈善』事業為名而設的試驗場和殺人場。在那個時候，勞動人民生了病，除非被選進來，當作試驗品，就根本不能進協和。」那些由她提供的觸目驚心，還被認為證據確鑿的血淚控訴，是協和在那些年裡實行的「人體實驗」。[88] 如關於鈣磷代謝的研究，該項實驗為獲得治療前後的變化數據，會在投藥治療前先對被實驗者，進行一段時間的對照觀察，直到取得治療前的穩定對照資料為止。這自然給病人帶來額外痛苦，甚至不幸導致一名接受實驗的病人跳樓自殺。

諸如此類的案例，還有為了進行回歸熱和斑疹傷寒的實驗，需要飼養大量的蝨子，研究者們僱傭了一批窮人，讓蝨子吸食這些人的血液，每次可獲得一塊銀圓（大約能買三斤牛肉）的報酬。此外，對精神病患者施加的電療，強大的電流讓病人痛苦萬分，大喊大叫，讓人聽的撕心裂肺。[89] 關鍵還在於這些實

---

86 Peking Union Medical College Address by Mr. R. S. Greene at the Dedication Ceremonies, September 1921，北京協和醫院檔案室，公文檔案，索卷號0048；協和學生會，〈美帝文化侵略在協和〉，《新協和》，創刊號（1951年2月20日），頁10，folder 937, box 128 CMB. Inc.RAF-RAC.

87 Addresses & Papers, *Dedication Ceremonies and Medical Conference, Peking Union Medical College*, September 15-22, 1921, Peking, p. 59, folder 937, box 128, China Medical Board, Inc., RF., ARC..

88 醫大紅旗公社鬥批改籌備組，〈血淚斑斑的舊協和〉，1967年7月，頁2，北京協和醫學院檔案室。

89 醫大紅旗公社鬥批改籌備組，〈血淚斑斑的舊協和〉，頁16-48；王台，《協和的政治運動（1951-1976）》，自印本，頁14。

驗留下了不少現場拍攝的照片，一般民眾看到之後，自然會感到毛骨悚然、義憤填膺。然而，那時的醫學倫理學尚未發展到今天這一步，協和的「人體實驗」雖有太多道德上的可指責之處，卻並未被法律明文禁止。正如最早被記載的人體實驗，是詹納（Edward Anthony Jenner, 1749-1823）將取自擠牛奶女孩身上牛痘發炎產生的組織液，接種於自己的兒子身上，藉以驗證他的假設——即牛痘發炎的分泌物可以對抗天花。此後無數的醫療新發現，大多為人體試驗的結果。直到1945年第二次世界大戰結束後，盟軍在紐倫堡對納粹醫生的人體試驗進行司法審判時，法學界提出了試驗參與者的志願與同意是絕對的必要的倫理責任。[90]

只是到了世界醫學會（World Medical Association）於1964年在赫爾辛基大會上通過了「赫爾辛基宣言」（Declaration of Helsinki），方才明確規定了醫師在進行人體試驗過程中必須恪守的倫理規範。[91] 雖然它在法律上仍然沒有什麼約束力，卻是世界醫學會的正式及官方立場，宣示了醫學研究對患者應當持有的謙卑和恭敬。這也就可以理解，1964年當這篇報道寫成之後，原本定於在《人民日報》及《北京晚報》發表，以供全國人民聲討批判之用，不料在審查時卻遭到了時任中共宣傳部長，也可被認為是溫和現實派領導人陸定一、《人民日報》總編輯吳冷西的否決。不讓發表的原因之一，還由於主持者有不少是那些由此而獲得世界學術聲望的華人大牌教授。逮至2002年夏，協和檔案室得到了由協和親屬高價購得的兩份資料，一是《協和醫學堂徵信錄》，另一是這本《血淚斑斑的舊協和》；時任校長，也是協和1942年畢業生的吳階平致函相關校領導，說「前一本我從未見過，很有歷史價值，後一本只是『文革』中大字報蒐集。」[92]

接下來在理論上對相關研究產生重要影響的，是歐美學術界自1980年代以來深受「後現代」、「東方主義」思潮影響，一度居於學術主流的是採用法農（Frantz Omar Fanon, 1925-1961）、傅柯（Michel Foucault, 1926-1984）和薩義德（Edward Wadie Said, 1935-2003）所開啟的批判「後殖民主義」、「文化

90 "Nuremberg Code," https://en.wikipedia.org/wiki/Nuremberg_Code.

91 "Declaration of Helsinki," https://en.wikipedia.org/wiki/Declaration_of_Helsinki.

92 〈吳階平致德培、劉謙（2002年9月17日）〉，協和醫學院檔案室。

帝國主義」的理論範式。[93] 有研究者遂將包括洛克菲勒基金會在內的美國大基金會，視之為進行海外侵略擴張的工具，批判他們貪得無厭地榨取所在國和地區經濟及政治利益。[94] 如斯里蘭卡學者赫瓦（Soma Hewa）於1995年出版了《殖民主義、熱帶疾病和帝國醫學：在斯里蘭卡的洛克菲勒慈善基金會》一書，對於基金會在該地區的慈善行動，使用了「美國工業資本的自私本質」、「與美國資本追求全球和政治控制不可分割」等批判性文字。[95] 不過，一年後被認為是美國科學史、醫學史研究先驅的法利（John Farley, 1936-2015）教授，則在全球醫學史旗艦性刊物《醫療史通報》上，刊文批評是書對基金會的指責，充滿了誇大其詞和教條主義的傾向，且沒有太多堅實史料根據作為此論述的支撐。[96]

由於試圖挑戰或解構所謂由「白人盎格魯—撒克遜新教徒」打造的「歐洲中心」（西方中心）或「西方文化霸權」，這種「後現代主義」、「東方主義」的研究範式於1990年代前後在華語世界的台灣、香港及中國大陸學術界產生了頗具規模的「漣漪效應」。不同於港、台兩地，中國大陸的資訊相對閉塞，加上極端勢力的「反美」意識形態，各種明裡暗裡的推波助瀾，在文化思想界遂發酵成為一股同樣盛氣凌人、不可一世的「中國中心主義」、「華夏中

93　Waltraud Ernst, “Beyond East and West. From the History of Colonial Medicine to a Social History of Medicine（s）in South Asia,” *Social History of Medicine*, Vol. 20, No. 3（2007）, pp. 505-524.

94　相關代表著請參見Richard E. Brown的《洛克菲勒醫學人：美國的醫學和資本主義》（*Rockefeller Medicine Men: Medicine and Capitalism in American*, 1979）, Robert F. Arnove主編的《慈善與文化帝國主義：基金會在國內和海外》（*Philanthropy and Cultural Imperialism: The Foundations at Home and Abroad*, 1982）, Edward H. Berman的《卡內基，福特和洛克菲勒基金會對美國外交政策的影響：意識形態與慈善事業》（*The Influence of the Carnegie, Ford and Rockefeller Foundation in American Foreign Policy: Ideology and Philanthropy*, 1984）。此外，John Z. Bowers還有一篇文章中談及了洛克菲勒基金會在華教育慈善事務，以及協和的帝國主義傾向，請參見氏著“Imperialism and Medical Education in China,” *Bulletin of the History of Medicine, Winter,* Vol. 48, No. 4（Winter 1974）, pp. 449-464.

95　*Colonialism, tropical disease and imperial medicine: Rockefeller philanthropy in Sri Lanka*（Lanham, MD, University Press of America, 1995）, pp. 14, 68.

96　John Farley, “Colonialism, Tropical Disease, and Imperial Medicine: Rockefeller Philanthropy in Sri Lanka（review）,” *Bulletin of the History of Medicine*, Johns Hopkins University Press, Vol. 70, No. 4（Winter 1996）, pp. 723-724.

心主義」。雖說相關研究尚無明顯的跟風之作，但主流意識形態的大肆鼓吹和煽惑，為進一步探討預設了不少關於「自我／他者」，即「中外」、「東西」間的二元對立，過分強調「文化衝突」、「文化對抗」及爭奪「文化霸權」的思維陷阱。在本質化西方的同時，自然也本質化了中國自己。[97] 用一位中國大陸資深學者的話說：自「1990年代，薩義德的『東方學』理論在中國流行為一種單純譴責『文化侵略』的批評學說，導致了東西對立，在某種程度上自我實現了杭廷頓的『文明衝突』預言」。[98]

如果要想實事求是地討論上述問題，我們須盡可能地不預設意識形態立場，力求在具體史事中開掘歷史真相。由於以前已有不少卓越的中英文研究，如基金會、醫學社、協和三者之間的制度設立、資金撥發、運作關係、人事安排以及所獲成就；還有如公共衛生及科學資助項目的展開，以及一些重要人物等等，都有不少以往從制度史、機構史及醫學史、科學史方面的詳盡研究和細緻敘述，似可不必重複論證。[99] 作為一種拾遺補闕，我們或可從至今仍還欠缺的社會文化史或社會心理史的路徑切入，更好地去了解那些相關之人內心深處的所知、所想、所念和所感。當然，這些「相關之人」不是指在以往那些注重結構史和過程史的研究中，多少有些被抽象化、邏輯化的集合名詞，而是一個個有著不同音容笑貌的鮮活個人，採取各自不同應對方式的行動主體。就如錢穆先生1960年訪問耶魯大學時，談及中國傳統史籍分編年、紀事與列傳三體，正史之所以被確定為列傳體，就在於那時的「中國人所認之歷史事件，實即包有人生之全部，非專限於政治經濟軍事外交等事件上。」[100]

---

97 胡成，〈「後現代」之後的史學長時段：關於超越「新文化史研究」的回顧性反思〉，《史林》，第1期（2020），頁68-78；胡成，〈「中國話語」抑或「超越中西」：史學應拒絕研究中的「民族驕矜之氣」〉，《思想》，第40期（2020年6月），頁307-322。

98 李天綱，〈全球——地方化的漢學：對「中國禮儀之爭」研究的回顧與反思〉，《北京行政學院學報》，2020年第3期，頁117。

99 這些卓越的以往研究業在前述中已經列出，如在制度運作方面，或可參閱福梅齡的著述；就醫學教育方面，或可參閱布洛克的著述；就課程設置和精深研究方面，或可參閱鮑爾斯的著述；再就與基金會在華事業密切相關的一些重點人物生平事蹟的講述，如蓋茨、顧臨、蘭安生、林可勝等，或可參閱馬秋莎的著述；若想了解基金會在華事業的總體成就，如其對自然科學、社會科學及人文科學的資助及其影響，或可參閱資中筠先生的著述。

100 錢穆，〈新亞書院（續三）〉，《八十憶雙親、師友雜憶》（北京：生活・讀書・新知三聯

錢穆先生給出的理由，是史學應以「人為主，事為從」，或者說「沒有人，哪來的歷史事件」；也就是說有了人，尤其是大寫的人，史學著述才能有血有肉，神采飛揚。[101] 正如1959年當選美國歷史學會主席的尼文斯教授在其就職講演詞中所说：歷史學家當然應對史實的正確無誤負責，但更應忠實於對歷史真實的體驗，然以往對於西班牙無敵艦隊失敗的研究，「大多數學院式的歷史學家，連幾尊大炮也堅持要非常精確、有史為證。可是他們卻把艦隊描寫得那麼模糊，以致大批不祥的帆船風起雲湧地在英倫海峽上出現時，讀者也不會打個寒噤。」[102] 這都表明史學研究不能不關注歷史過程中那些具體個人的喜怒哀樂、悲歡離合，乃至愛恨情仇。畢竟，誰能否認在那些宏大的歷史結構背後，還有太多人生的艱辛、世事的無常、命運的多舛和自由的無價；誰又能反對在歷史的至暗時刻，那些對理想和信念的恪守、堅持、奉獻和犧牲，當更應為後人恤懷和銘記？如果排除了這些，史家還能自稱開掘了歷史真相及呈現了歷史真理嗎？

如果說「每一座墓碑下，都埋葬著一部世界史」，那麼由此我們還需要立足於全球史、跨國史的視野，討論在此過程中的「中」「外」是如何相知及相處的。錢穆先生提醒我們，這是一個圍困近百年來之全中國人的大問題，並回憶說自己十歲時就深受此問題之震悚，如巨雷轟頂、全心震撼，「七十四年來，腦中所疑，心中所計，全屬此一問題。」[103] 不過，就錢穆先生念茲在茲的志業來看，我們或可認為其所稱的大概是紙面上文化精英們頭腦裡的理念及思想，僅具學術史、文化史及思想史的意義。如果回到本書將要探討的問題上，那麼這裡的「中」「外」就是數量眾多的具體個人。當然，就研究的樣本來看，二十世紀的中國已是「世界之中國」，諸如在廣州、寧波、上海、天津

書店，2005），頁317。

101 王汎森，〈人的消失？——二十世紀史學的一種反思〉，http://www.aisixiang.com/data/110165.html。

102 尼文斯，〈不做卡彪雷特家的人，也不做蒙塔求家的人〉，收入何新等譯，《美國歷史協會主席演說集（1949-1960）》，商務印書館1963年版，頁267；Allam Nevins, "Not Capulets, Not Monatgus," *The American Historical Review*, Vol. 65, Issue 2, January 196, pp. 253-270.

103 錢先生的原話是「東西文化的孰優孰劣」，倘若稍作引申，「東西」或可視為「中外」的一個環節、一個面相。請參閱錢穆，〈果育學校〉，《八十憶雙親、師友雜憶》，頁46。

等通商口岸，頗多屬「中」的買辦、僕人、舌人（翻譯）、職員等等，都曾與「外」有過大量密切的交往及溝通，那些朝夕相處的故事一定生動有趣；遺憾的是，可能由於這些人留下來的資料過於零散、破碎，以致於當下中外史學界都還沒有多少深入研究。

另一個與在此過程中的「外」也有密切交集的「中」，無疑是自二十世紀初就已啟動，至今仍方興未艾的留學大潮。按理說數以百萬計的留學生們，抵達歐美大學之後，此種「中」「西」間的對接，本應當是兩個文化、或兩個文明最高端或最精華之間的密切交往，然實際情況怕並非如此。典型的例子，如1916年畢業於清華留美預備學校高等科，1917-1921年間在美國維珍尼亞大學、哈佛大學研究生院留學的吳宓，晚年自訂年譜時說自己抵達美國之後，最初在維吉尼亞大學英文系就讀時，只有一個學期的九個月中可以稱「身在美國」，其餘皆等於「『身在中國』，終日『與中國人聚處周旋』耳。」至於到了哈佛之後，他除了聽課之外，太多時間都花在會中國朋友、讀中國古書、談論中國事務和吃中國宴席。到了留學的最後一個學年，他說自己更不如以前專心致志，讀書亦不多，而移其注意於中國國內之事實、情況，尤其熱衷參與所謂新文化運動，兼及新教育，自以為「宓雖身在美國留學，實不啻已經回國，參加實際之事業、活動也矣！」[104]

吳宓的經歷或帶有相當的普遍性，由此自然可以認為基金會的在華事業，對於考察哪些「給予」、「獲取」，誰的「施惠」、「受惠」，提供了一個頗為有利的觀察和研究窗口。就如與之密切、捲入其中人群的廣泛性、代表性來看，即有主持者、又有一般參與者；既有白領知識人，又有一般藍領普通人；既有醫護人員，又有病患及其家屬；既有男性、又有女性；既有城裡人，又有鄉下人，諸如此類，不勝枚舉。重要的是，基金會在華事業的核心部分是醫療衛生事務，協和是其最重點資助的機構，從而又使得在此特定時空背景之下的「中」「外」之間的交往，帶來的心靈觸動可能更為深刻、更為敏感，自然也更為強烈。試想即使對於那些目不識丁的貧苦民眾來說，不幸患病而被收治到協和，躺在病房上疼痛難捱、心神不定之時，受到某些外國醫護人員的診療，

104 吳宓著，吳學昭整理，《吳宓自編年譜（1994-1920）》（北京：生活．讀書．新知三聯書店，1995），頁210。

儘管可能只是須臾片刻，但一種刻骨銘心的衝擊，怕不會低於那些在美國頂級大學留學的中國留學生，聆聽教授講課、出席學術會議、以及參加友人聚會時的感受程度。

這裡還需要稍微做些引申的，是那時確有許多歐美外來人士挾持著「不平等條約」抵達，我們卻不能由此一概認定這些人都是「東方主義」者，或都是「歐洲中心主義」、「西方中心主義」的代理人、代言人，具體問題還應具體分析。一方面，對於每一具體個人來說，並非墨水瓶就是墨水瓶，而是可以進行選擇，擁有超越時代的主體性。就像曾就讀於燕京，後畢業於協和護校的周美玉，1930年代中葉曾在河北定縣鄉村衛生實驗區服務，探訪過一位長年在該地行醫的未婚美國女傳教士，見面時此人正吃著其自己做的一碗清湯寡水的麵條，待客也只是一杯白開水。再當這些傳教士們年老體衰，退休後回到美國後，每月只有六十美元的社會救濟；而她作為赴美訪問學者，每月則能得到四百五十美元的獎學金。周美玉說：她為此而深深感動，並終生以其為榜樣。[105] 由此或可認為，那些曾將自己最美好年華奉獻於此的在華西人，雖然有著與中國人不同的膚色和面孔，但在為當地民眾服務方面可能比當時很多中國人更中國。

另一方面，中國在地或本土學者對此深有感觸的，是在1950年代後極「左」思潮盛行的年代裡，當外來的一方被「妖魔化」，不加區別地貼上諸如「殖民主義」、「帝國主義」等標籤的同時；那麼「在地」或「本土」的另一方，隨之也被「污名化」為「漢奸」、「洋奴」、「走狗」的民族敗類。或者說當基金會、醫學會及協和的「外」被打壓、被清除、被遮蔽之際，相關的「中」也一定被揪鬥、被打壓、被唾棄——故本書作者堅決反對本質主義地將「中」「外」視為注定水火不相容的對立面、矛盾體。再就個人傾向而言，本書作者當然十分尊重這些年來後現代、東方主義思潮，以及與之相關批判新殖民主義、文化帝國主義的研究範式，頗為有效地解構了「歐洲中心主義」、「西方文化霸權」的思想史意義；關鍵在於當下我們更需要理性的溝通和對話，如何為「中」「外」之間建構起一些更具建設性、超越性和包容性的研究

105 張朋園、羅久蓉，《周美玉先生訪問紀錄》（台北：中央研究院近代史研究所，2013），頁23-33。

框架，更為平心靜氣探討一些關係到文明未來發展的重大議題。

「會當凌絕頂，一覽眾山小」，我們自然期望由此還能對「邁向『智識世界主義』」（Intellectual Cosmopolitanism）的話題稍作思考。」倘若追溯「世界主義」的辭源，說來自於西元前四世紀古希臘著名犬儒主義學派的第歐根尼（Cynic Diogenes）。當被問道來自哪裡時，他總回答說來自宇宙，并自稱為「我是世界公民」。後來此理念經過古希臘哲學家、早期基督教、以及十五至十六世紀的人文主義思想家，再經康德等人的起承轉合，提萃升華，為設置國際聯邦，世界政府，以維持人類永久和平，提供了頗為堅實的法理根據。至於「智識世界主義」，則由蘇格拉底、柏拉圖、亞裡士多德等人針對知識共同體，圍繞著對永恒「真理」的不懈探索，認為理性學術研究應當超越一時一地，主張把個人同其公民同胞之間的關係，轉向強調個人與人類整體之間的關係。那句耳熟能詳的經典名言，是他們認為：「對於智者而言，整個地球都是開放的；因為一個善良靈魂的故鄉是整個地球。」[106]

毋庸贅述，「智者」（wise man）在西方語彙中泛指那些愛智慧和追求真理之人。留學於美國伊利諾、芝加哥和哥倫比亞大學，任教於南京高等師範學校史地系的徐養秋早在1922年，就撰文談及了「智識世界主義」的真髓，在於「學術無國家界限，有同情者得共求真理，謂之學術共作。」不過，他緊接著加了一句「此十九世紀特具之精神也。」[107] 果不其然，在暴虐的20世紀裡，「世界主義」經歷了最為殘酷的打壓。希特勒的第三帝國，凡被定義為「世界主義」者的猶太人、吉普賽人，被送進了奧斯維辛等死亡集中營。同時期的蘇維埃俄國，「世界主義」則被視為帝國主義奴役世界的「思想」武器，也受到了十分嚴厲的政治批判和清洗。[108] 即使在當時的中國，1949年前的國民政府聲稱：「『世界主義』不是受屈民族所應該講的」；[109] 1949年後緊隨蘇聯的

106 Leigh T. I. Penman, *The Lost History of Cosmopolitanism: The Early Modern Origins of the Intellectual Ideal* ,Bloomsbury Academic, 2020, pp.5-7.

107 徐則陵，〈近今西洋史學之發展〉，《史地學報》第1卷第2號（1922年），南京：南京高等師範學校史地系，頁4。

108 茅冥家，〈世界主義——美帝奴役全世界底「思想」武器〉，《光明日報》，1950年11月21日，第3版。

109 孫中山，〈「世界主義」不是受屈民族所應該講的〉，《新生命》第2卷第11號（1929

執政當局，舉國討伐「世界主義」的頭號標靶，是只寫了和說了「吾輩醉心大同主義者不可不自根本著手」的胡適。[110] 所以，本書將要講述「中」「外」人士參與的此項事業，就還是那代人「知其不可為而為之」的一些心酸和傷感故事。

年），頁136。

110 徐仲勉，〈胡適是怎樣忠實地為帝國主義效勞的〉，《光明日報》1955年1月28日，第3版。

第一章

前往中國

第一節　「美國世紀」

那個時代美國重要的出版巨頭，也被人稱為「美國最有影響力的普通公民」的盧斯（Henry Robinson Luce, 1898-1967），在1941年2月17日《生活》（*Life*）雜誌的社論中提出了「美國世紀」（American Century）的理念。其時，納粹德國、義大利的鐵蹄蹂躪歐洲，日本占領了大半個中國，進而繼續染指法屬印度支那；美國社會充斥著孤立主義情緒，面對咄咄逼人的法西斯極權，大多數人幻想隔岸觀火、袖手旁觀。盧斯憂心忡忡，疾呼作為民主、自由的捍衛者美國，應當積極投入到這場世界大戰之中，幫助正在浴血奮戰的英、中等國。在盧斯看來，美國人先在1919年「巴黎和會」之後，歐洲重建過程中，拒絕了「有史以來前所未有成為世界領導者的機會」，後又因1930年代世界性經濟危機帶來的大蕭條，更多關注國內經濟復興，對國際事務漠不關心；他對此不以為然，認為此時的美國應「全心全意地承擔和利用作為世界上最強大、最重要國家的職責及機會，以自己認為適當目的及妥善方式，更多地影響這個世界。」[1]

盧斯之所以能夠提出「美國世紀」的構想，與其作為在華傳教士的子女，及在中國成長的早年經歷密切相關。1897年9月，他的雙親由美國長老會派遣，乘船横越太平洋而抵達上海，接著被派往山東登州（今蓬萊）的教會學校，講授物理學等自然科學課程。他的父親中文名字「路思義」（Henry

1　Henry R. Luce, “The American Century,” *Life*, 17 February 1941, pp. 63-64.

Winters Luce, 1868-1941），意為「尋求公義，畢生行在正直道路上」，相信更好的世界是要建立在各國人民互相了解，彼此服務的精神之上，故其著眼於興學與宣教並重。在華的三十一年期間裡，路思義最值得稱道的貢獻，是參與創辦了其時中國兩所重要教會大學——齊魯大學和燕京大學。正是成長在這樣一個虔誠和篤信的家庭，盧斯從小意識到一方面中國需要美國推動的現代文明，引入基督教、現代科學、民主制度及美國憲法揭櫫的各種自由理念而獲得拯救；另一方面又認為只有幫助中國步入現代世界，採用美國的經濟發展模式和價值理念，美國的國際地位方能獲得提升和被人認識到，從而成為世界公認的領導者。[2]

作為「美國世紀」的濫觴，二十世紀初的中國就已經是一些美國人放飛夢想的地方。畢竟，自十九世紀末以來，工業化、城市化的快速發展，製造業取代農業而成為了美國社會獲得財富的主要源泉。1900年，美國出口總值中近三分之一是機器製造業的產品，而此時歐陸列強為保護本國市場，對於進口產品課以高稅收或高關稅，從而導致經過美西戰爭而走出孤立的美國，不得不大力開闢拉美、亞洲等不發達國家的市場。中國作為世界上人口最多的國家，自然受到美國政府和商人的高度關注，成為「門戶開放」意義上最大的理想市場。如《紐約時報》於1901年11月刊發一篇文章，批評了義和團事變期間列強火中取栗的野心，強調不同於旨在劃分勢力範圍，占有中國土地的歐洲列強，美國反對肢解中國，希望保持這個巨大的統一市場。文章作者建議：如果美國能讓中國相信其雄心僅在市場，在中國銷售製成品，並誠實地履行自己的貿易義務，那麼美國就能和中國站在一起，「歐洲看上去也就沒有正當的理由，指望美國對瓜分中國持寬容態度。」[3]

如果以在華銷售最旺的美孚石油為例，似可認為美國產品那時在中國市場還有許多不盡人意之處，原因在於中國民眾沒有那麼強的購買力。1920年代末，英國每人每年消費石油產品二百二十六公斤，法國每人每年一百六十公斤，德國每人每年五十公斤；中國每人每年則只有兩點五公斤，且其中燈油、

---

2 Henry R. Luce, "The American Century," *Diplomatic History*, Vol. 23, No. 2（Spring 1999）, pp. 168-169; Michael H. Hunt, "East Asia in Henry Luce's 'American Century,' *Diplomatic History*, Vol. 23, No. 2（Spring 1999）, pp. 321-353.

3 "America And China," *New York Times*, Nov 9, 1901, p. 8.

燃料、汽油的分別占比是60%、25%、10%，瀝青或塗料油占5%，總量「僅占世界石油產量的0.5%。」[4] 原因在於中國民眾太窮，多數家庭用不起來自域外的「洋貨」。有人算過一筆帳，說用美孚煤油照明，一晝夜須銀四角，「若用國產豆油，只需洋一角。」[5] 出身於貧寒家庭，後來成為著名漢語語言學家的王力回憶道：當年他家是菜油燈和煤油燈並用，書房用煤油燈，廚房用菜油燈，至於臥室裡用什麼燈，「就看每月的經濟情形而定了」。[6] 一份對上海市郊農民購買煤油的調查表明：夏季夜短，人們「大半不用燈火。佃農中有五家，長年不用燈火，在非用不可時，以食用油一燃之耳。一百四十家中平均每家每年需六元。」[7]

說到占領中國市場，當時幾乎所有列強都爭先恐後，無所不用其極。1850年-1890年期間，德國以鐵路建設為中心，效應擴散到了煉鐵、煤炭、機器製造以及眾多的相關產業，一躍而成為僅次於美國、英國的世界第三大工業強國。1898年，德國出兵占領山東，租借膠州灣，並於翌年成立了山東鐵路公司；並迫不及待地籌備修築青島—濟南鐵路，目的在於盡快轉移國內與鐵路相關行業的巨大產能。[8] 與其他列強相比，除美孚等極少數日用必要品之外，其他美國貨在華競爭不占優勢。一份統計表明：1911年，美國在中國對外貿易所占比重，僅十分之一。同年在華的外國商人中，美國人不及百分之四。中國繁榮省分，無美國商業之者甚多：如四川一省，其面積相同於德克薩斯，人口相等於德意志，每年輸入外國商品，進口稅付一千四百萬元，貿易機會相等於日

4　陳宗經，〈遠東石油問題〉，《地理學報》，1936年第4期，頁784。

5　〈發明豆油燈抵制舶來品〉，《時時週報》，第12卷，第19期（1931），頁297。

6　原刊《中央日報》增刊，1944年5月14日，轉引自《龍蟲並雕齋瑣語》（北京：商務印書館，2002），頁167。

7　〈上海市百四十戶農家調查（1930年8月-11月）〉，《社會月刊》，第2卷第2-5號，馮和法編，《中國農村經濟資料》（上海：黎明書局，1933），頁242；再據另一份稍早些對北平市郊農村家庭調查表明，農民燈火皆用煤油，在夏季晝長夜短，許多貧家不用燈火，只在冬季天短時每晚用油少許，每月少者約用油一斤，多者約用二斤，每斤價約八分，普通人家在暖季每月用一斤，在冷季每月約用三斤。「百家全年煤油費共計二一七元，每家約二元。全年在一元以下的家庭數量占四分之一。兩元以下，超過家數之半，三元以下者占五分之四。」李景漢，《北平郊外之鄉村家庭》（上海：商務印書館，1929），頁54。

8　（德）漢斯-烏爾裡希・韋勒著，邢來順譯，《德意志帝國》（西寧：青海人民出版社，2009），頁7、159。

本；然美國在該省卻沒有直接商業布局。這份統計稱：此前東北棉布均從美國輸入，然1907年後市場已為日本人所奪，再至1911年的僅三年時間，日本棉布的「銷路已增至百倍矣。」[9]

重要的是，不同於在華其他列強，以基督新教立國的美國除心心念念的中國市場之外，更在於傳播一個試圖用西方文明，或美國文化改造中國的「美國夢」。基於「自由—發展主義」的理念，美國不少重要人物堅信「其他國家可以，且應該複製美國的發展經驗和模式」。[10] 這裡或可與英國作一個比較，頗能顯現二者的不同之處。有歷史學家將1815-1914年的這段期間，稱作英國的「帝國世紀」；更能反映此時大英帝國的東方觀，是著名詩人吉卜林（Rudyard Kipling, 1865-1936）關於「白人的負擔」的詩篇，即認為殖民方的白人種族，同樣受到被殖民方的其他族群之傷害。他的經典名句是「東方是東方，西方是西方，兩者永遠不會有相遇。」然而，盧斯雖承認東方／西方有著完全不同的文化和道德觀念，卻認為兩者可以聯手而謀求共同發展。[11] 他由此呼籲作為世界上最強大的工業化民主國家，美國人有義務與所有人分享美國的權利法案、獨立宣言、憲法，及其優質的工業產品和生產技術，且還「必須是一種民有、民治、民享的國際主義。」[12]

相對熱衷於市場的爭奪，傳播「美國夢」更有利於在華「美國世紀」的啟動。這裡比較「基督教青年會」（Yong Men' Christian Association, Y. M. C. A.）在英、美兩國的不同發展，我們又可以較為清楚地看到兩種不同的發展路徑。該組織最初於1844年由英國商人威廉斯（George Williams, 1821-1905）創建於倫敦，宗旨是改善青年店員的精神生活。1851年一些美國年輕人來到倫敦參加世界博覽會而受影響，回國後隨即創建了美國基督教青年會。接著來自美國和加拿大的二十二個城市青年會的代表在布法羅聯合成立了北美協會，並推

9 George Kennan，〈論美國之對華貿易〉譯外觀報，《東方雜誌》，第10卷第4號（1913），頁16-17。

10 Emily S. Rosenberg, *Spreading the American Dream: American Economic and Cultural Expansion, 1890-1945*（New York: Hill and Wang, 1982）, p. 7.

11 Donald W. White, "The 'American Century' in World History, "*Journal of World History*, Vol. 3, No. 1（Spring 1992）, pp. 105- 127.

12 Henry R. Luce, "The American Century," *Diplomatic History*, Vol. 23, No. 2, p, 169.

動來自大西洋兩岸九個國家的近一百名青年會代表齊聚法國巴黎，宣告成立「基督教青年會世界協會」。與此同時，風靡北美大學校園的「學生志願海外傳教運動」如火如荼，提出的口號是「讓這一代人的世界基督教化」。[13] 作為積極的踐行者，隨後就讀於耶魯大學的盧斯父親路思義，擔任校園刊物《舞步》（*Courant*）的主編，是美國大學生圈子裡鼓吹前往海外傳教的著名「三劍客」。

以下統計資料表明，在華美國傳教士最晚至二十世紀初就已擔當了推進「美國世紀」的主角。一般說來，1880年之前的美國傳教興趣在近東而非遠東；即使到了1890年前後，印度也比中國更能吸引美國傳教士的目光。然而，1900年之後的中國卻成為美國傳教士最關注的地方，派遣人員和投入資金數額都超過了近東各國和印度。[14] 就具體人數來看：1890年，美國在華傳教士總數約五百人，1900年在華基督教傳教士總數中美國人占35%，英國人占45%。1910年，這個數字分別是43%和44%。1912年，兩國傳教士人數大致相當。1914年美國在華傳教士達到四千五百人。1915年，美國在世界各地傳教士超過一萬人，四分之一就在中國。1925-1926年期間，在華傳教士人數達到了最高值，總共八千三百名，美國傳教士多達五千人，占比約60%以上。再至1935-1936年前後，由於西方世界裡世俗消費文化的快速興起，傳教運動在英美大幅退潮，然美國在華傳教士人數仍維持在47%左右，英國則下降至35%。[15]

這裡需要說明的，是美國在華傳教士所占比重的增加，並非僅僅是數量的變化，同時意味著此前傳教模式業已發生了歷史性轉捩。二十世紀之前，來自美國的專職傳教士通常在大學畢業後，還需要用一年，或兩年時間在「聖經學校」（Bible Schools）接受進一步培訓，並還須接受各種技術或商業訓練；非

13　趙懷英，〈基督教青年會的起源：與北美協會的「世界服務」〉，《美國研究》，2010年第2期，頁95；Dwight W. Edwards, “The Chinese Young Men’s Christian Association,” *The Annals of the American Academy of Political and Social Science*, Vol. 39, China: Social and Economic Conditions（Jan. 1912）, pp. 109-123.

14　Lincoln Li, *Student Nationalism in China, 1924-1939*, p. 4.

15　M. Searle Bates, “The Theology of American Missionaries in China, 1900-1950,” John King Fairbank ed., *The Missionary Enterprise in China and AmericaCambridge*（Massachusetts: Harvard University Press, 1974）, pp. 135-136.

專職傳教人員、女性，大多畢業於教會大學，神學作為輔修課程，學習一門或兩門諸如哲學、宗教史和比較宗教學的神學課程。具體說來，受過正規和嚴格神學訓練的美國傳教士不超過四分之一，致使在華德國傳教士的全部，英國傳教士的部分，總是輕蔑地戲稱美國傳教士為社會活動家。再至1900至1910年期間，抵達中國的專職傳教士已不到十分之三，後來人數更少。盧斯的父親路思義此前從耶魯畢業，雖在紐約協和神學院進修了兩年，於1897年抵達山東登州後，勉為其難地被分派到教會學校講授非其專修的物理學，只能邊教邊學，並在回國休假時惡補相關自然科學知識，無暇專研神學教義。

原因在於十九世紀末至二十世紀初，科學取代宗教而居於美國大學教育的中心。諸如哈佛、普林斯頓、耶魯等傳統宗教色彩濃厚的老牌大學，快步追隨新成立或重組的約翰・霍普金斯（以往簡稱霍普金斯）、史丹佛、芝加哥大學的後塵，成為推崇「學術自由」的研究型大學。經過了包括反教條、注重經驗、觀察及事實根據的科學研究方法之洗禮。作為在華美國傳教士主體的各地基督教青年會，轉而強調通過現代文明，而非基督教教義來改造中國。重要代表人物為曾任北洋大學堂教員，後任中國基督教青年會教育主管的饒伯森（Clarence Hovey Robertson, 1870-1960）於1902年抵達中國之後，熱衷於在各地舉行關於「聲光化電」的自然科學演講會，1911年前計有近二十萬聽眾。饒伯森在普渡大學學習過機械工程，沒有太多神學背景，演講特點是輔以立體幻燈和圖像，並利用多種大型科學儀器，當場演示試驗，生動形象，極受歡迎；忠實聽眾不僅有年輕一代的讀書人，且還有諸如孫中山、袁世凱、黎元洪、馮玉祥等重要政治人物。[16]

由此產生的一個問題是，二十世紀作為「美國世紀」的濫觴，何以一代代美國人懷抱「改造中國」的夢想，前仆後繼地抵達中國？1941年，盧斯提出「美國世紀」而非「帝國」的構想，主張美國在國際上承擔更多的人道主義義務，理由是各國利益緊密相聯，世界從根本上已經不可分割而連結成一體；故除非自由，和平與正義得以在各地通行，否則經濟生活不可能只在一個國家繁榮昌盛。盧斯聲稱：正是本著這種自由精神，「我們每個人都被召喚，以自己

16 趙曉陽，〈美國學生海外志願傳教運動與中華基督教學生立志傳道團〉，《宗教學研究》，2008年第3期，頁210-211。

的能力、以自己最寬廣的視野，去創造首個偉大的美國世紀。」[17] 由此往前追溯，作為美國人在華最重要的英文報紙的《大陸報》，於1919年刊文就已談及一些美國知識人準備在中國各地推進教育，同樣也說自由、正義、民主、和平不應只是一個國家的理想，而應是世界所有國家追求的價值。該文寫道：「在過去的一年裡，我們這些知識分子的觀念有了明顯地拓展。重建歐洲、亞洲和非洲作為我們工作的一部分，將會繼續下去。我們給予舊的、草率和殘酷的制度最後一擊。新命運將永遠與我們在當地推動的教育事業密切相關。」[18]

第二節 最好的機會

自1895年的中日甲午戰爭之後，要求變法維新的呼聲在中國讀書人群中不斷升高，這也被當時在華或來華遊歷的西方人，尤其是那些矢志以西方文明改造中國的美國傳教士們所關注。1898年8月，美國美以美公會（The Methodist Episcopal Church）主教喬伊絲（Isaac Wilson Joyce, 1836-1905）結束了在日本、朝鮮和中國為期兩年的訪問，談及對中國「進步」的印象，讚不絕口地說在上海請一位華人裁縫縫製的西服，試穿之後從未有過如此滿意；並列舉中國正修築山海關、天津、漢口鐵路，使用了二十餘輛來自美國費城的鮑爾溫機車廠（Baldwin Locomotive Works）製造的機車。另外該會還在北京、南京、福州設立了三所被稱之為「匯文」的學校，採用中英文教學，在校生有數百人之多。此外在他訪問上海期間，被告知著名華商經元善等人正積極籌畫創辦「中國女學堂」，開設講授包括中文經典，以及英文、算術、地理、圖畫、醫學等課程。這種對女性的教育開放，喬伊絲說：「在世界範圍內也只有一些最先進的文明國家方能做到。」[19]

1899年1月16日，《紐約時報》以「中國的覺醒」為標題，報導了中國正在發生、及其所認為將要發生的一些重大現代變革。受訪者是一位才從廣州回到美國的傳教士，談及了前一年的戊戌變法，及幾乎同時期由孫中山領導革命

17 Henry R. Luce, “The American Century,” *Diplomatic History*, Vol. 23, No. 2, pp. 171.

18 “The Education of China,” *the China Press,* April 26, 1919, p. 8.

19 “Progress in the Orient,” *New York Times*, Aug 22, 1898, p. 3.

黨的「暴動」。這位美國傳教士聲稱維新的領袖是光緒皇帝，對基督教的態度雖不盡相同，對西方現代文明卻都抱有好感和欣賞，聘請在華最有聲望的英國傳教士李提摩太（Timothy Richard, 1845-1919）擔當變革顧問。這位美國傳教士還說：由於變法維新已經啟動，原來被西方認為最「進步」的中國官僚李鴻章，反而淪落至「最保守的人物」。值得注意的是此報道並未談及慈禧太后通過政變而實行了垂簾聽政，光緒皇帝被廢黜於瀛台，以及維新人士或遭殺戮，或被迫流亡日本，大部分變法措施實際已被中止；反而副標題還特意標明在中國「沒有任何力量能夠阻止改革，人民需要文明進步」，[20] 或表明此時美國主流輿論對中國現代變革前景頗為樂觀。

即使到了1899年，雖有義和團興起於華北、山西等地，不少西方傳教士被殺、教民被驅逐、教堂被焚毀，卻依然未讓美國主流輿論對改變中國失去信心。1900年8月，《紐約時報》刊文稱儘管義和團盲目排外，卻不代表所有華人都反對西方。就像居住在紐約唐人街的三千、周邊的五、六千華裔移民那樣，他們大多來自廣東，聽不懂中國北方方言，也不關心發生在北直隸的排外事件。尤其是這篇文章列舉了不久前英國樞密院議員、皇家學會會員，以及牛津、劍橋大學的名譽博士戈爾迪爵士（George Goldie, 1846-1925）的訪華觀感，稱其幾個月旅行的印象是大部分華人對外國旅行者彬彬有禮。作為英國推進奈及利亞（Nigeria）殖民統治的重要人物，戈爾迪告訴美國讀者說：他之所以熱衷鼓吹在非洲傳教，因為在其看來歐美傳教士，不論天主教，抑或新教，都擁有比當地人更高的文明；中國則擁有與歐美相同水準的倫理道德，歐美能夠教授中國人，且讓他們感興趣的，僅僅是十九世紀西方世界快速發展出來的「戰爭術、純科學，機械等其他相關技藝」[21]

義和團之後的「庚子新政」，即1901年「辛丑條約」簽訂後，清政府於當年痛定思痛頒布了一系改革政令，對此後社會發展影響最大的是高調宣揚「興學育才」，內容包括增設文武學堂，改文科，停武科，獎勵遊學等等；逮至1905年清廷驟然宣布廢除科舉制，在受過西式教育的讀書人中徵召官員，各地隨之興起了創辦西式教育的熱潮。1906年一位在漢口的倫敦會傳教士寫道：這

---

20 "The Awakening in China," *New York Times,* Jan 16, 1899, p. 3.

21 From the London News, "The Chinese and Christianity," *New York Times*, Aug 4, 1900, p. 2.

實在令人吃驚，即當地的官員們聞風而動，強行將各種寺廟和宗祠改造成了學校；不久之前他們還對那些偶像畢恭畢敬，此時則將之或公開焚燒、或扔到了街上，或乾脆沉入河中。這也讓很多在華英美傳教士意識到巨大機會已經到來，該傳教士向倫敦差會報告說，當下中國的時代特徵，是所有年輕知識人都殷切地渴望接受西方教育；儘管傳教士們意識到這種以科技為核心的世俗教育，將給傳播基督教教義帶來巨大風險，卻認為如果不抓住這個機會，不僅讓華人們感到失望，且還會極大損害到在華教會的影響力。[22]

就中國讀書人自己的記載來看，這些如雨後春筍創辦的學堂，講授內容確實大多為「自強」之學，極大衝擊了以科舉考試為核心的舊式傳統教育。[23] 如胡適於1905年從安徽鄉下進入了上海頗有名氣的澄衷學堂，眼界大開，了解到了不少原來在鄉下無法知道現代知識，並深受該校進步教師楊天驥的影響。一次，楊老師鼓勵學生們購買吳汝綸刪節的嚴複譯本《天演論》作為讀本，還出了「物競天擇，適者生存，試申其義」的作文題目。年輕氣盛的胡適遂將原名「胡洪騂」改成「胡適」，取《天演論》中關於「物競天擇，適者生存」之意。[24] 同樣，著名國學大師錢穆於1905年，進入家鄉無錫蕩口鎮的果育學校就讀。該校有一曾經遊學過上海，思想頗為趨新的老師，勸他不要總讀中國傳統經典，因為那常常讓中國社會走上了錯路。這位老師認為應向歐洲英法諸國學習，了解他們為何「合了便不再分，治了便不再亂」。錢穆說：當時他年方十歲，老師「即耳提面令，揭示此一問題，如巨雷轟頂，使余全心震撼。」[25]

隨著新政在各地的漸次展開，需要大量訓練有素的專業人才，中國則沒有相應的教育機構，由此推動了前往日本留學的時代大潮。1906年的統計表明，1897年，政府派遣了兩名學生，是為留學日本之始；1898年增至六十八人；1902年，增至一百二十人，1903年增至五百九十一人，1904年增至二千四百零

22　Norman Goodall, *A History of the London Missionary Society, 1895-1945*（Geoffrey Cumberlege, Oxford University press, 1954）, p. 464.

23　〈敬告學堂諸君（錄六月初六日羊城日報）〉，《東方雜誌》，第6期（1904），頁130。

24　胡適，〈我的信仰what I believe, 1931〉，《胡適全集》（合肥：安徽教育出版社，2003），第1集，頁12。

25　錢穆，〈果育學校〉，《八十憶雙親、師友雜憶》（北京：生活・讀書・新知三聯書店，2005），頁45。

六人，1905年由於科舉制的廢除，增至八千六百二十人，1906年超過一萬人。時人說：「留學生平均年齡23歲，半為官費，半為自費。」[26] 此外，不少現職官員也請求遊歷考察日本。如一位東北依蘭縣地方官員於1908年10月向上司陳情，稱所處治所僻處邊隅，風氣尚未大開，自己「年甫三十，自慚簡陋」，希望批准其「請假三個月，自備資斧，前往日本遊歷參觀該國行政、司法並學校實業，以便回吉，呈請採擇實行。」吉林民政司對此的批文則有：「該守似自備資斧，前往日本考察新政，立志遠大，殊堪嘉許，惟依蘭設治未久，百廢待舉，該守在任年餘，辦理稍微就緒，似難遽易生手，應俟遴選，有人接替，再行給諮東渡。」[27]

1903年由京師大學堂與江南各派十六名赴美、德，湖北派四十名前往美、比、德、俄留學，是新世紀以來最早的一批先行者。1904年，在美的中國留學生會（Chinese Students Alliance）統計共有四十六名留學生，其中二十八人由政府公派，十八人自費。美國接受中國留學生的人數，僅次於其時已達到二千人之多的日本。[28] 另一篇在美的中國留學生會成員撰寫的文字，聲稱美國大中小學，均不取修金，所謂學費，不過自己的食宿費書物費而已，每月為五十元至二十元不等。如果有志入學之人，可以為人打掃房屋、洗滌碗碟，或於夏季暑假三月內為人傭工，這筆款項不難解決。讓作者感到興奮的，是數月來志士遊美國者，有風發泉湧之勢；聽說有位擔任洋行大班的某君，攜其積貲三四百元，毅然決然出洋遊學；又有著名堂堂之教習某某，以及某女士等來美遊學；再以中國各埠及南洋諸島，華人來者，亦不乏其人。這篇文章最後勉勵有志之士，堅強不屈，隻身而來，如果遇到困難，請聯繫在美的中國留學生會，「凡我同志必能竭力資助，幸毋遲疑。」[29]

---

26 英國季理斐譯，範褘述，〈論留學日本之現狀〉，《萬國公報》，第207期（1906），頁4-5。

27 〈依蘭府為擬赴日本遊歷是否可行的稟文及民政司的批文（光緒三十四年九月十三日（1908年10月12日）——十月二日（1月26日）〉、〈依蘭府為擬赴日本遊歷是否可行的稟文及民政司的批文（光緒三十四年九月十三日——十月二日）〉，吉林省檔案館，索卷號J029-01-0348。

28 Samuel Sung Young A. B., "Chinese Students in America," 《嶺南學生界》，第2卷，第3期（1905），頁83-84。

29 〈美國留學生致津友書〉，《遊學之輸運・教育部已二・經世文明》，1904年第8期，頁1。

中國社會的急驟轉型，雖讓西方世界喜出望外，卻也讓傳教士們有了因時勢發展太快，無法駕馭的太多擔心。早在1877年5月，及1890年在上海舉行的新教傳教大會（Conference of the Protestant Missionaries of China），來自北京、山東、江蘇、廣東、福建、四川等地的傳教士代表，對於如何興辦現代教育而展開了熱烈討論，標誌著在華傳教士們開始從單純傳教，轉向了兼辦各地現代教育的超前部署。據1906年前後的不完全統計，教會在華有一千五百所初級學校，招收了三萬名學生，住校生一萬二千多人，約七百餘名男女傳教士在各教會學校任職；並還至少有將近二十所可被視為高等教育的學院，及幾所名之為大學、設有專業醫學系科的高等教育機構。《紐約時報》的報導，說在這五年裡除日本之外，中國對西方文化的熱情，超過世界上任何一個國家。對於那些新創辦的學校，由於缺乏英語教師，取而代之的是日本人。一些英美官員和傳教士們認為：「除非西方迅速而有力地施加影響，否則這一發展可能會偏離方向，並將無限期地推遲中國進入現代文明的進程。」[30]

李提摩太是這種擔心的核心代表人物，言行受到英美兩國輿論界的高度關注。作為在華傳教士投身現代教育的先驅，早在1880年代中期他就意識到對中國文明而言，西方文明的優越性在於探討自然，以及利用科學知識來為人類服務。為了演示西方文明的優越，他減縮個人所有開支，力爭把每一個便士都用在購買書籍和儀器上，不失時機地向到訪的官員、學者們講解天文學、化學、電學等知識。此時，他正緊鑼密鼓地與山西省官方合作，事必躬親地籌款、疏通關係、規劃校園、設置課程，聘請外籍教授等諸多事務，創辦了除京師大學堂、北洋大學之外，中國第三所主要講授西學的山西大學。[31] 逮至1908年夏，曾三次擔任英國首相索爾茲伯里（Robert Arthur Talbot Gascoyne-Cecil, 3rd Marquess of Salisbury, 1830-1903）勳爵的次子，時任哈特菲爾德（Hatfield）教區牧師的塞西爾勳爵（Lord William Gascoyne Cecil, 1863-1936）致函《泰晤士報》，談及李提摩太所說關於中國正發生巨變，急切引入西方知識的動向，並詢問牛津、劍橋將對此做何反應。[32]

---

30 "China at Last Awake to Western Progress," *New York Times*, Sep 17, 1906, p. 6.

31 李提摩太著，李憲堂、侯林莉譯，《親歷晚清四十五年：李提摩太在華回憶錄》（天津：天津人民出版社，2005），頁141-142，282-286。

32 "China and Western Knowledge," *Chinese Public Opinion*, September, 17, 1908, p. 4.

牛津、劍橋隨即成立了專門委員會，經過一段時間的討論，得出的結論是：在這個關鍵時刻，中國需要，也應該擁有西方所能給予的最好禮物。許多牛津、劍橋教授都同意派遣有專業技能的教師，到中國傳授先進的西方科學知識，並創辦一個不隸屬任何教會的現代大學。這一方面照顧到許多不接受教會，卻願意幫助推進在華現代教育的西方學者之看法；另一方面也滿足了不少教會期望擺脫世俗教育，省去購買教授現代科學所需之昂貴儀器的花費。不過，委員會認為最大的困難，是如果僅教授物質層面上那些極具破壞性的現代知識，將會導致人心不古、世風日壞，不論對中國、抑或對世界，都是一個災難；故兩校派往中國的教授，應重點講授西方道德、倫理的出類拔萃之處，而不只是聲光化電的實用自然科學知識。委員會更聲明無意在華建立知識的殖民地，最終還是要讓那些受到西方文明薰陶的中國學者們主持教席，並聲稱他們注意到這樣一個事實：即如果中國需要向西方學習，那麼她一定也會施教於西方，「教育合作將使雙方互利互惠。」[33]

接下來，由牛津大學女王學院教務長霍奇金（Robert Howard Hodgkin, 1877-1951）、劍橋大學耶穌學院教務長傑克遜（Frederick John Foakes Jackson, 1855-1941）與塞西爾、及曾於1900-1906年擔任英國駐華公使，也是漢學家和科學家的薩道義爵士（Sir Ernest Satow, 1843-1929）等人組成了一個訪華考察團，花費十個月的時間，走訪了中國的主要城市和質詢了許多擁有重要影響的中外人士。1909年4月2日，塞西爾在上海基督教青年會講堂，以「牛津和劍橋大學的規劃」為題做演講。[34] 內容除上述對物質主義片面引入現代科學知識的擔心之外，主張鑑於中國正以驚人速度「覺醒」，考察團認為應急需在華創辦一所傳播更高道德標準的大學，將西方現代學術與原來只有儒學的中國單一知識連接成一體。由此說來，塞西爾等人理想中的大學，不僅應為中國培養了一

33 "China and Western Knowledge," *Chinese Public Opinion*, September, 17, 1908, p. 4.

34 "The Oxford and Cambridge University Scheme, From Educational Review, April 1909," The American- Canadian Commission Constituted, *Report on Christian education in China, its present status and problems*, An Address by Prof. Ernest. D. Burton, University of Chicago Oriental Educational Investigation Commission, Recent Appeals in Great Britain, Committees of Christian Education of China, No. 156, Fifth Avenue, New York, 1910, pp. 41-46.

批批未來的領導人才，且還應成為中國在地大學願意追隨及效仿的典範。[35]

這份規劃針對當時有些在華教會學校過於強調教派的純一性，以及學生管理相對呆板等問題，提出了一些制度方面的改進建議：如教授人選不一定為篤信某教派之人，只要是基督教徒或對基督教抱有同情之人就可以；對學生則主張採行牛津、劍橋那樣的宿舍管理制度，生活起居和交際，雖受校方道德和紀律之監督，卻不必如此前那樣須遵守諸多教會的清規戒律。至於創辦大學所需的巨額資金，考察團坦承所到之處，都能聽到各教育機構關於財力不足和人員匱乏的抱怨，所有人都殷切期望母國那些富有慈善家們慷慨解囊。當然，考察團注意到其時中國重要城市的地價飛漲，建議教會此時盡可能地出手購買地產，不僅能備將來之需，且還是最安全和最有效的投資方式。考察團更信誓旦旦地說聲稱，說有證據表明華人父母們有不少積蓄，願意花錢支持子女就讀高水準大學；目前雖更多前往歐洲、美國和日本留學；但隨著在華教會大學水準的提升，他們會傾向於在當地接受高等教育，故「很有可能十年後，這所大學就能自給自足。」[36]

第三節 東方教育考察團

總體說來，其時英美學人在華推進西方文化，有高度一致性，相互之間有許多合作，故當劍橋、牛津大學訪華考察團的組織者塞西爾回到了利物浦之後，又前往美國為募集善款而奔走呼籲。在結束美國之行後，塞西爾接受記者採訪，聲稱該規劃得到了美國各界贊同而讓其頗感滿意。[37] 不過，暗流湧動的卻還是彼此就在華推動高等教育的競爭，對於劍橋、牛津訪華考察團的到來，

---

35 "The Oxford and Cambridge University Scheme, From Educational Review, April 1909," The American- Canadian Commission Constituted*, Report on Christian education in China, its present status and problems*, An Address by Prof. Ernest. D. Burton, University of Chicago Oriental Educational Investigation Commission, Recent Appeals in Great Britain, Committees of Christian Education of China, No. 156, Fifth Avenue, New York, 1910, p. 42.

36 "The Oxford and Cambridge University Scheme, From Educational Review, April 1909," p. 45.

37 "A university for China, Sympathy from the United States, London wide Bombay, May 16," *The North-China Daily New*, Tuesday, May 17, 1910, p. 7.

一份由美國人創辦，在華刊行的英文報紙，聲稱面對那些不願為傳教捐款的美國人來說，常見的推諉之詞是應將之付諸於國家間的競爭，然此時虔誠的英國人為美國人樹立了榜樣，勸同胞們在這方面不要被英國人所壓倒。就像時任總統的老羅斯福（Theodore Roosevelt, 1858-1919）聆聽一位在華多年的長老會（Presbyterian）牧師的佈道之後，為敦促美國人慷慨解囊，使用了頗為挑動性的言詞，聲稱：「看來我們這個民族不應得到稱讚，因為英國聖公會得到的教育捐贈，是美國聖公會得到的三倍之多。」[38]

實際上，美國人在華推進現代西方教育的熱情，一點不遜色於他們的英國同仁。早在1877年，美國聖公會派駐上海的主教施約瑟（Samuel Isaac Joseph Schereschewsky, 1831-1906），呼籲紐約商人為在上海創辦一位基督教大學提供資助，用得也是這樣一種激將法，聲稱鑑於美中關係越來越密切、越來越重要，「基督徒難道不願意幫助在華創辦教會大學，讓兩國關係變得更加高尚和更加基督教化嗎?」[39] 結果施約瑟如願以償地獲得了該地商會的豐厚捐贈，足以讓他在上海購買土地、修建樓舍和聘請教師，並於1879年秋就使這所擁有十位教師、六十四位學生的上海聖約翰書院如期開學，後來打造成十九世紀末條件最為優渥的一所教會大學。逮至1901年，耶魯舉辦二百周年校慶之際，一批該校校友在校方的大力支持之下，成立了專門在華推進西方現代教育的雅禮協會（Yale-China Association）。最重要的一項發展，無疑是美國政府於1906年同意發還庚款，並於1908年10月與中國政府草簽派遣留美學生和創辦留美訓練學校的章程，赴美留學大潮由此開啟。

此時主持世界首富老洛克菲勒慈善事務的蓋茨（Frederick Taylor Gates, 1853-1929），業已將目光轉向了中國。早在1870年代，還是大學生的蓋茨在國際關係的課堂上，了解到由於英國、俄羅斯在東亞的爭奪，對包括中國在內的那些「停滯的東方文明」正在瓦解的說法有較深的觸動。[40] 1891年，蓋茨接手了老洛克菲勒的慈善事業，經他主持的大筆捐贈有1898年前後一百多萬美

38 "University for China," *Shanghai Times*, February 27, 1909, p. 3.

39 S.I.J. Schereschewsky, "A Missionary College in China," *New York Times*, Dec. 21, 1877, p. 4.

40 Frederick Taylor Gates, *Chapters in My Life*（New York, 1977）, pp. 63-64; John S. Baick, "Cracks in the Foundation: Frederick T. Gates, the Rockefeller Foundation, and the China Medical Board," *The Journal of the Gilded Age and Progressive Era,* Vol. 3, No. 1（Jan. 2004）, p. 69.

元，重建已經倒閉的芝加哥大學；1901年又捐贈一百萬美元在紐約創辦洛克菲勒醫學研究所；以及1902年再捐贈一百萬美元，成立了旨在改善美國南方中小教育的綜合教育委員會（General Education Board, GEB）。1905年4月17日，蓋茨敦促老洛克菲勒將慈善事務的目光轉向東方，建議向美國海外傳教部總會捐贈前述那筆被時人攻擊為「髒錢」的十萬美元。逮至1906年底，蓋茨又收到此時在芝加哥大學任教的伯頓（Ernest DeWitt Burton, 1856-1925）、代理校長裘德遜（Harry Pratt Judson, 1849-1927）的信函，呼籲盡快幫助他們在華建立一個超越教派的基督教大學。[41]

相對於其他大學，芝加哥大學在其時美國發展最快，也最雄心勃勃。該校前身是美國浸信會建立的一所教會學校，在1886年由於募集不到充足善款而倒閉。1890年，老洛克菲勒經蓋茨等人積極勸說，同意在原先倒閉的教會學校基礎之上，資助重建新的芝加哥大學。經過慎重考慮，洛克菲勒選擇年僅三十五歲的耶魯神學教授哈珀（William Rainey Harper, 1856-1906）主持重建事務，後又被聘其為該校首任校長。哈珀充滿激情，胸懷大志，矢志在極短的時間內建成一所可以和東部的哈佛、耶魯相媲美的大學。他每天工作十六個小時左右，不惜用最優渥的待遇努力招攬全美頂級教授。[42] 作為教育史上的空前創舉，隨即辭職而前來芝加哥執教一百二十多位教授中，居然有八位在任的大學校長、近二十名系主任，致使該校於1907年就湧現出了美國首位諾貝爾科學獎獲得者。由此再回到中國話題上，儘管其時哈珀因積勞成疾而不幸辭世，代理校長裘德遜蕭規曹隨，也期望能夠躍躍欲試，以求不輸於哈佛、耶魯等東部老牌名校。[43]

毋庸諱言，蓋茨勸說洛克菲勒大筆資助中國慈善事務，確有開拓美孚市

41　Ernest Burton, Harry Pratt Judson, Eri Hulbert, Alonzo Parker, and Albion Small to Frederick T. Gates, December 31, 1906, Rockefeller Family Archives, RG III, 2, O, Folder: Proposed Foreign Mission Fund, 1906-1909, RAF-RAC.

42　（美）羅恩・切爾諾（Rom Chernow）著，王鵬譯，《洛克菲勒：罪惡與聖潔》（*The life of john D. Rockefellers, Sr.*）（北京：文化出版社，2007），頁253-254。

43　（美）約翰・博耶（John W. Boyer）著，和靜、梁璐璐譯，《反思與超越：芝加哥大學發展史》（*A history the University of Chicago*）（北京：生活・讀書・新知三聯書店，2018），頁199-200。

場，以及推進美國經濟、政治利益的考量。[44] 不過，就其成長背景來看，主色調怕還更多來自於其悲天憫人的「人道」情懷。他出生一個貧困的家庭，父親是位雖品格高尚，卻不善理財的福音派浸信會牧師。他年幼時遭逢一個兄弟莫名其妙的死亡，十五歲時不得不輟學打工，掙錢幫家裡還債；再至1880年大學畢業後擔任牧師，新婚十六個月的妻子，因體內大出血而突然死亡，讓他格外悲傷，消瘦而憔悴，只是參與了「一場救贖罪人的狂熱運動」後才振作起來。這也可以理解他讀過明恩溥（Arthur Henderson Smith, 1845-1932）的《中國人的特性》（*Chinese Characteristics*）和《中國人的鄉村生活》（*Village Life in China*）之後，被書中描述的貧困、愚昧、迷信和麻木所深深震動。1907年6月10日，他致函明恩溥，聲稱只有通過現代教育，方能幫助那些可憐之人擺脫貧窮和苦難，並坦率地聲稱：「對於那些目標不能減輕人們肉體痛苦的傳教事務，我沒有什麼興趣」。[45]

另一位推動老洛克菲勒轉向中國的，是他的獨生兒子洛克菲勒二世（John D. Rockefeller Jr.），也就是本書此後所稱的小洛克菲勒。按照布洛克的說法，小洛克菲勒對中國的濃郁興趣，出自其在1921年訪華後對中國藝術品的摯愛；然此時他深受前述1880年代美國大學興起的「學生志願海外傳教運動」之影響，就讀於布朗大學的他積極參與了該項運動，並與「北美基督教青年會」的領袖人物穆德（John R. Mott, 1865-1955）意氣相投，關係密切。1895年9月，該會派遣幹事來會理（D. Willard Lyon, 1870-1949）前往中國，於當年12月成立了首個針對中國人展開活動的天津基督教青年會。1912年前後，上海、北京、南京、杭州等二十多座城市也相繼成立了基督教青年會，吸引了數以千計青年學生的踴躍加入。[46] 穆德與老洛克菲勒早有交往，他的1896年、1902年訪華之旅就是受其資助。至於小洛克菲勒，於1897年大學畢業後，任職於美孚石油公司總部，授權負責協調他父親與穆德關係。[47]

作為那個時代最具傳教激情的領袖人物，穆德幾乎沒有一天不在世界各地

44 馬秋莎，《改變中國：洛克菲勒基金會在華百年》，頁135。

45 “Gate to Arthur H. Smith, June 10, 1907,” folder 826, box 112, record group III2G, RFA- RAC.

46 Dwight W. Edwards, “The Chinese Young Men’s Christian Association,” *The Annals of the American Academy of Political and Social Science*, Vol. 39（Jan. 1912）, pp. 109-123.

47 布洛克，《油王：洛克菲勒在中國》，頁15-16。

遊說。[48] 1907年8月31日，小洛克菲勒至老洛克菲勒的信函中，談及穆德最近一次從中國，日本和菲律賓訪問回來，與他見面時敦促美國人應盡快機不可失地在這些國家採取行動，以擴大影響力。小洛克菲勒說自己質詢了蓋茨的意見，得到回覆是儘管他們可以相信穆德的判斷，但還是應當聽取更多人的意見。蓋茨推薦了前面提及的芝加哥大學的伯頓教授，稱其是《聖經》研究者，且也是哈珀的好友。在哈珀辭世之後，伯頓接手了《聖經世界》（*Biblical World*）雜誌的編務工作。蓋茨告訴小洛克菲勒，此次考察不必花費太多，由於伯頓健康欠佳，倘若能從大學繁重工作中解脫出來，出行一趟有益於他的休息和身體恢復。小洛克菲勒則認為既然他們一直討論資助海外傳教和教育事業，期望得到有能力之人更為客觀和中立的調查報告；故問老洛克菲勒是否介意自己、蓋茨，一起與伯頓討論此事，了解其是否意願前往中國，並會提出什麼樣的條件。[49]

實際上五天前，即8月26日蓋茨已經致函老洛克菲勒，談及資助伯頓前往東方考察一事。[50] 1907年9月5日，老洛克菲勒回覆小洛克菲勒，提及關於自己是否同意的想法，稱由於股票下跌，其房地產損失了七千五百萬美元，建議將此動議放到以後討論，當下他傾向暫時不談。[51] 9月16日，收到此信的小洛克菲勒致函蓋茨，稱得到了父親否定性的回覆，並說僅是出於經濟方面的考量，他則還會努力勸說老洛克菲勒能夠支持此次考察，因為意義重大。[52] 1908年2月3日，蓋茨致函芝加哥大學校長裘德遜，表明願意為該校的東方考察提供先期資助，並叮囑一定要為資助費用進行保密，絕對不能透露出老洛克菲勒的名字。[53] 再至3月10日，小洛克菲勒致函父親，告知他與伯頓已有多次信函來往，感到此次考察十分必要，且無法延遲下去，故沒有請示他就先行給伯頓支

48　馬泰士著，張仕章譯，《穆德傳》（上海：青年協會書局，1935），頁117。

49　"John D. Rockefeller Jr. to Father, August 31, 1907," folder 826, box 112, record group III2G, RFA-ARC.

50　"Mr. F.T. Gates to Mr. Rockefeller, August 26, 1907," folder 826, box 112, record group III2G, RFA-ARC.

51　"Father to son, September 5, 1907," folder 826, box 112, record group III2G, RFA-ARC.

52　"John D. Rockefeller Jr to Mr. F. T. Gates, September 16, 1907," folder 826, box 112, record group III2G, RFA-ARC.

53　"F.T. Gates to Dr. Judson, February 3, 1908," folder 826, box 112, record group III2G, RFA-ARC.

付了準備考察資料和編制預算的一千美元，並承諾等預算做好之後，將之呈報給老洛克菲勒審批，估計總數會在兩萬美元或更多一些。[54]

早在1904年，伯頓就提出在華建立芝加哥大學分校的動議，此次得到小洛克菲勒等人的資助，可謂夢想成真。他就此邀請了曾任威斯康辛大學校長、1892年被哈珀「挖」來組建芝加哥大學地質學系，時任該校理學院院長的張伯林（Thomas Chrowder Chamberlin, 1843-1928）一同前往東方考察。1908年4月29日，兩人離開芝加哥，前往華盛頓，翌日會見了老羅斯福總統，得到了政府將大力支持此次考察，並允許更多中國留學生前來美國的承諾。接下來一個多月的時間裡，他們在華盛頓還會見國務卿、國會外交事務委員會主席，以及一些政界和教會人士。除了討論了關於在華推進教育、招收更多中國留學生的話題之外，他們還問及國務院相關官員，說此前有美國學者在華進行地質考察，被該地的德國人認為他們妄圖染指中國的礦產資源；此次前往中國考察是否會引發外國政府的猜忌。兩人得到的回覆是，如果他們純粹考察教育，就沒必要有這樣的擔心，也不必向其他列強通報和協商，只要報備美國政府就可成行。[55]

除此之外，兩人在華盛頓與中國外交人士的接洽，也受到了熱烈的歡迎，同樣讓他們感到了鼓舞。5月8日，他們拜訪了中國駐美公使伍廷芳，請幫助介紹中國官員，以便其在華考察能夠獲得更多成效，並特別提及了袁世凱總統的大名；伍廷芳則身穿兩人看來不太潔淨的中國傳統服裝，耳朵似乎也不好使，含含糊糊地以自己不從事教育工作為由，對給袁世凱寫信的話題不置可否，沒有明確保證，只是誠懇地答應將給學部主管寫信，且格外熱情地將伯頓的名字譯成中文，說聽起來會更為悅耳。翌日，兩人又拜訪了日本駐美大使男爵高平小五郎（Baron Takahira, 1854-1926）。伯頓寫道：與伍公使不同，這位日本外交官身穿美國服裝，精神抖擻，顯得更加自信，表示歡迎他們的考察，還熱情讚揚中國是一個頗有能力的民族。給伯頓留下深刻印象的華人，是時任中國駐

54 "John D. Rockefeller Jr to Father, March 10, 1908," folder 826, box 112, record group III2G, RFA-ARC.

55 Ernest D. Burton, "Commissioner, University of Chicago Oriental Educational Investigation, Journal and Record of Interviews and Observations," p. 33. folder 829, box 113, record group III2G, RFA-ARC.

美二等秘書的顏惠慶，明確告訴他們說中國正處在一個教育覺醒期，恰如三十年或四十年前的日本，大力稱讚考察團的此次訪問。[56]

伯頓一行自1909年1月中旬抵達中國之後，至6月中旬已訪問了汕頭、廈門、福州、上海、南京、漢口、長沙、宜昌、成都、重慶、北京、天津、奉天等城市，見到最高政府官員，一是軍機大臣的張之洞，另一是學部右侍郎嚴修。在會談過程中，前者抱怨此時在華的美國教授只是二流水平，期望芝加哥大學為中國提供有關美國教師，及在美畢業中國學生的資質查驗資訊，以防範各地延攬人才時而遇到的濫竽充數；後者同樣不滿意外人雖在華辦教育已經多年，卻沒有培養出來一位能夠在教育及商業方面的出類拔萃之人。當然，兩人也都對察團的到訪表示了熱烈歡迎。[57] 在這近六個月的考察過程中，伯頓說接觸過的不僅是官員，甚至包括僕役，都不乏可愛和可敬之人，對中國快速發展的教育形勢留下了深刻印象。不過，由於受到風行一時的優生學影響，伯頓認為相對於雅利安人種的印度人，華人屬於蒙古人種，看上去更容易與美國人相互理解。報告寫道：「與印度人的沉思和夢幻相比，中國人的思維方式與美國人更接近。至於他們的精神上敏銳性，在任何方面都不趨向極端。中國孩子的平均智商和美國孩子差不多。」[58]

第四節　專注於醫學教育

此前於1909年3月11日，即伯頓等人已考察過上海、北京、天津、濟南、南京、長沙、漢口、青島等地，在開往宜昌的輪船上他致函裘德遜，說自己在

56 Ernest D. Burton, "Commissioner, University of Chicago Oriental Educational Investigation, Journal and Record of Interviews and Observations," pp. 56-58, 75-78. folder 829, box 113, record group III2G, RFA-ARC.

57 Ernest D. Burton, "Commissioner, University of Chicago Oriental Educational Investigation, Journal and Record of Interviews and Observations," pp. 343-344, 678, folder 832, box 113, record group III2G, RFA-ARC.

58 Ernest Dewitt Burton & Thomas Chowder Chamberlin, "Report of the Oriental Educational Commission of the University of Chicago, Part VI China, December 1909," pp. 343-344, folder 833, box 113, record group III2G, RFA-ARC.

華已經考察了近三個月，張伯林業已考察了一個半月，雖然還未寫完考察報告，但已經形成了大致思路。其中有一個至關重要，且影響極為深遠的擔心，是他們該如何處理與中國政府的關係。伯頓看到其時中國「教育覺醒」之所以如火如荼，關鍵在於有官府的大力推動——諸如頒布興辦學堂、廢除科舉、獎勵留學的諭旨。這也意味著如果要創辦一所大學，他們必須與政府建立良好的合作關係。伯頓曾向中國官員建議：該大學將由芝加哥大學全權管理，如果出了研究成果，允許歸中國政府所有，並可對外宣稱是他們自己的研究和出版。伯頓說，這是為了讓中國人能感到自豪和有面子，相信美國人沒有利用科學研究，以謀求擴張自己的勢力範圍。不過，經過反覆陳情和遊說，讓伯頓感到多少有些沮喪，說除了南京的兩江總督端方表現出熱情之外，其他官員則沒有絲毫鬆動和變通之意。[59]

在伯頓後來的考察報告中，他指出在華管理最好的大學屬於教會，教育品質普遍超過僅有的幾所國立大學，如京師大學堂、北洋學堂，以及山西大學。他的證據是教會大學的畢業生，如果去海外留學，都會得到英美各大學的歡迎和認可。在伯頓看來，國立大學的管理頗為糟糕，原因在於政府傾向把那些德高望重之人放在學校主持者的位置上，以致不少人雖有很高的官位，卻沒有受過系統現代教育，對科學研究一無所知，更缺乏如何管理現代大學的經驗。伯頓就此舉例說，某國立大學準備任命一位德才兼備、受過現代教育的青年才俊擔任校長，周圍之人也認為他是一位合適人選；不料聘書下來之後，此人卻堅決懇辭不就。伯頓問及原因，得到的回答是：由於沒有足夠的官場影響力和人脈關係，他知道自己在任何問題上都難以有所作為，除非能得到強有力的上級長官支持；否則，只要他做出任何能夠引起爭議的決策，對手和反對方（他認為肯定會有的）立馬就能以各種各樣的藉口將之趕下台去，讓他就此身敗名裂。[60]

---

59 "Ernest Dewitt Burton to President Judson, March 11, 1909," University of Chicago-Oriental Institute, University of Chicago-Oriental Investigation, Dr. Ernest D. Burton F. C. 12-correspondence, 1903-1912, folder 826, box 112, record group III2G, RFA-ARC.

60 Ernest. D. Burton, *Report on Christian education in China, its present status and problems,* The American- Canadian Commission Constituted, An Address by Prof. University of Chicago Oriental Educational Investigation Commission, Recent Appeals in Great Britain, Committees of Christian

從實際情況來看，伯頓似沒有誇大其詞，且也不能將之歸咎於西方人的文化傲慢和偏見。1906年一篇由中國人撰寫的評論稱：當時如雨後春筍般興辦起來的學堂，大部分淪為「營家宅、置田產、妻妾肥澤，衣食溫飽，而教成之學生，則杳然不知其可在。」[61] 作為最重要國立大學的京師大學堂，學生們被稱之為「老爺」，原因在於政府採行了實官獎勵政策，官員們一邊上課，一邊在衙門辦事；說是縱然在學校不喊「老爺」，在衙門裡也要喊的。1911年春，該校學生前往天津實習，卻被人們稱之為「少爺」，納悶怎麼就「低了一輩」。後他們被告知各省城開辦學堂，宦官子弟得風氣之先，候補道府州縣的「少爺」被大批錄取，故在北京是「老爺式的學生」，在省城則是「少爺式的學生」。[62] 1911年政府創辦清華學堂時，管轄權劃歸外交部而非教育部，且受到美國駐北京使館節制，教育主權看似受到傷害，原因則在於「外交部任職各員，多係回國留學生，思想均極開放，富有世界知識，不似其他各部堂官，不明外情，安於因蔽。」[63]

伯頓的考察意見，概括說來是鑑於中國不確定的政治和教育條件，難以在此地創建一所像芝加哥大學那樣的大學。這對於老洛克菲勒來說，倒可鬆了一口氣。因為作為那個時代的世界首富，他始終保持清教徒勤儉、節制的生活習慣，不像一般富人通常擁有華麗的遊艇、豪宅和過著奢侈鋪張的日常生活；對這位花每一分錢都嚴格記帳之人來說，不論商業經營，抑或慈善捐助，最無法容忍的是貪汙和浪費。[64] 其時在華傳教士也反對創辦一所世俗大學，致使蓋茨等人也不得不暫時擱置了創辦大學的構想。蓋茨的解釋是：即使他們承諾捐贈一千萬美元，建立一個沒有任何宗教傾向的大學，除非同意中國人控制和管理，否則就不會得到中國政府的批准；然這對基金會來說，卻是一個完全不能接受的苛刻條件——因為伯頓的調查報告說得十分清楚：「在中國政府管控的

Education of China, No. 156, Fifth Avenue, New York, 1910 pp. 10-14.

61　〈論學堂之腐敗〉錄九月二十日《中外日報》，《東方雜誌》，第9期（1906），頁201。

62　徐凌霄，〈老爺式的學生〉，《實報半月刊》，第20期（1936），頁56。

63　蘇雲峰，《從清華學堂到清華大學，1911-1929》（北京：生活・讀書・新知三聯書店，2001），頁25-27。

64　（美）羅恩・切爾諾，《洛克菲勒：罪惡與聖潔》，頁248-249。

學校中，發現了太多無能和不誠實的證據。」[65]

進入二十世紀之後，蓋茨的興趣完全轉向對醫學研究的慈善捐助。1901年，蓋茨說動老洛克菲勒出資，按照1886年創辦的法國巴斯德研究所（Institut Pasteur），以及稍後創辦的德國科赫研究所（Robert-Koch-Institut）的模式，在紐約創辦了洛克菲勒醫學研究所。這也是因為長期以來美國頂級大學的自然學科，如天文學、化學、物理學、地質學等，由於與商業運作關係密切，大都能獲得豐厚的慈善捐贈；醫學院則被看作臨床治療技藝，很少得到慈善捐贈的惠顧，普遍缺乏相應實驗設備，個人只能單槍匹馬地憑興趣而從事少許科研。直至1893年，如執美國醫學高等教育之牛耳的霍普金斯大學醫學院成立之時，美國的神學院獲得一千八百萬美元的捐贈，全美醫學院則總共只籌集到五十萬美元。[66] 然而，此時蓋茨已清楚地認識到，醫學比這些自然學科更具普世性，更能夠越超越階級、種族和國界，「其價值有如上帝之愛那樣普遍」，倘若得到了大筆慈善捐贈，就能讓更多有才華的研究者全身心地投入而造福於人類。[67]

其時歐洲的這類研究所，要麼致力於傳染病研究，要麼讓巴斯德（Louis Pasteur, 1822-1895）、科赫（Heinrich Hermann Robert Koch, 1843-1910）這些學術天才自由探索；洛克菲勒研究所有所不同，創辦伊始就把醫學看作一個共同研究的領域，不僅研究傳染病，且還研究諸如器官移植、血液儲存、血清疫苗等與治療相關的問題。1904-1905年之交，紐約有三千人死於流行性腦膜炎，該研究所發明的血清挽救了數百人，甚至數千人的生命，讓洛克菲勒慈善捐贈贏得了輿論好評和社會信任；他們也隨即得到洛克菲勒的另一筆巨額捐助，於1910年建成了擁有六十張床位和九張床位隔離病區的附屬醫院，從而也使得美國最好的醫學教育從此躋身於世界先進之列。[68] 此前的1909年，蓋茨等

65 “the Rockefeller Foundation and China,” folder 790, box 43, series 3, record group 1, CMB. Inc. ARF-RAC.

66 Richard H. Shryock, *The Unique Influence of the Johns Hopkins University On American Medicine*（Ejnar Munksgaard, LTD, 1953）, p. 37.

67 （美）羅恩・切爾諾，《洛克菲勒：罪惡與聖潔》，頁361-62。

68 （美）約翰・M・巴里（Berry, J・M）著，鍾揚、趙佳媛、劉念譯，《大流感：最致命瘟疫的史詩》（*The Great Influenza: The Story of the Deadliest Plague in History*）（上海：上海科

人還推動成立了洛克菲勒衛生委員會（Rockefeller Sanitary Commission），負責主持先在美國南方取得相當成功，接下來在中美洲、南美洲、非洲、亞洲等地依次推進的清除鉤蟲病運動（Eradication of Hookworm Disease），致使數以百萬計鉤蟲病患者得到了篩檢和治療。接下來於1913年5月14日成立了基金會，重新燃起蓋茨等人期望能在華推進醫學教育事務的熱情。[69]

按照福梅齡梳理出來的時間線，早在在1913年10月22日，基金會董事會召開了一次會議，討論了是否應當「把錢花在中國的醫學事業發展上」的議題，並在12月20日的又一次董事會會議上，決定召開一個有更多相關人士參加的研討會。[70] 1914年1月19日至20日，此次會議在紐約總部如期召開，主持者是擔任主席的小洛克菲勒。本來，老洛克菲勒很想把他培養成為公司接班人，讓其全面負責巨大的家族產業，故在1904年任命其為公司董事會董事，1909年還擔任了公司副總經理。無奈，小洛克菲勒深受當時進步主義思潮的影響，大學時選修了包括馬克思《資本論》在內的自由主義和社會主義理論課程，畢業後積極參加幫助貧民的各項求助活動，主張漸進改革，消除貧富懸殊，無法適應多少有些爾虞我詐的公司運營文化和環境。1910年1月，他辭去公司主要負責職務，專注於醫學教育和藝術品收藏的慈善事務。這次會議的召開，標誌著他將取代年老體衰的蓋茨，成為基金會在各地展開的慈善事務的主要推手。

此次會議最富激情的發言，是前面提及那位世界基督教青年會的領袖人物——穆德。自1896年首次訪華之後，他於1901年、1907年和1913年多次訪問中國，每次停留時間都超過了三個月。比較前三次訪問，他最近的訪問會見了中國各方面的思想和社會運動領袖，見到的省和中央官員，讓他感到中國對創辦西式教育的渴望遠遠超過了預期。通常穆德還會接著訪問日本，在他的大力推動之下，由東京、大阪、橫濱、神戶的基督教青年會相互聯絡，於1901年成立了日本城市基督教青年會全國委員會，兩年後又成立了日本基督教青年會全國委員會。不過，穆德說在其對日本的所有訪問中，從未感受到如此時中國那樣熱情。至於中國政局不穩定，穆德則認為正是創辦慈善事業的最好機會。如

技教育出版社，2008），頁101。

69　瑪麗・布朗・布洛克，《油王：洛克菲勒在中國》，頁18-19。

70　福梅齡，《美國中華醫學基金會和北京協和醫學院》，頁4-5；瑪麗・布朗・布洛克，《油王：洛克菲勒在中國》，頁30-31。

果等到政治穩定下來，政府不再孱弱無力之時，美國人可能就會失去與之交往的更多機會。穆德強調：寧可冒些風險，也不能失去這樣一個又一個的大好機會，並還引用了一條古老的阿拉伯諺語，說「黎明不會兩次喚醒人們」。[71]

出席此次會議和發言的學界之人，還有裘德遜、伯頓和張伯林，重量級人物則是執掌哈佛四十年，也是迄今為止在美國大學歷史上任職最長時間的校長艾略特（Charles William Eliot, 1834-1926）。他在美國教育史留下最被人稱道的偉業，是將哈佛這所本為麻塞諸塞州的一所普通院校，打造成了世界最頂級學府。[72] 說到他此次親臨會議，還要稍微追溯前次董事會之所以決定重啟討論的中國議題，端賴曾擔任過艾略特主持哈佛時的校長秘書，時任基金會的秘書格林。他向董事會提出的那份備忘錄，題目是「遠東地區教育及其他需求」，主旨原是期望基金會為由哈佛校友於1911年在上海創辦的上海哈佛醫學院（Harvard Medical School of China, HMSC）提供財政資助。該院的首批學生，是曾在上海聖約翰醫學院就讀兩年而轉學的十二人，加上七位教師，發展瓶頸卡在了規模不大，運作經費頗為緊缺。在董事會首次討論此議題的前一個月，即1913年9月29日，該醫學院經格林之手，向基金會提交了專項資助申請。[73]

艾略特在1909年卸任哈佛校長後，受卡內基國際和平基金會（Carnegie Endowment for International Peace）資助，於1911年11月7日從紐約啟航，經斯里蘭卡可倫坡，造訪了中國和日本，再於1912年8月10日返回紐約。在華訪問的近四個月時間裡，他會見了袁世凱、唐紹儀等一大批中央和地方官員，受到了熱烈歡迎。艾略特的看法是：中國民眾越來越信賴西醫，在他所遇到的那些高層官員中，關於引入現代西方醫學科學教育體制，培養大量中國醫生的呼聲越來越高。不過，他指出中國醫學教育十分落後，不論中國人辦的，抑或教會

---

71 "China Conference of the Rockefeller Foundation, Held at No. 26 Broadway, New York City, on January 18& 20 th, 1914," folder 91, box 11, series 2, record group III, CMB.Inc. RFA-ARC.

72 亨利・詹姆斯（Henry Japes）著，朱建迅、趙倩、任曉偉、秦楠譯，《締造了哈佛：查理斯W艾略特傳》（*Charles W. Eliot, President of Harvard University, 1869-1909*）（桂林：廣西師範大學出版社，2017），頁1-20。

73 夏媛媛、張大慶，〈曇花一現的中國哈佛醫學院〉，《中國科技史雜誌》（*The Chinese Journal for the History of Scienceand Technology*），第31卷，第1期（2010），頁55-69；"China Conference of the Rockefeller Foundation, Held at No. 26 Broadway, New York City, on January 19&20, 1914," folder 91, box 11, series 2, record group III, CMB.Inc. RFA- RAC.

辦的醫學院，都遇到了巨大困難。在中國所有醫學院中，唯有坐落在上海租界的上海—哈佛醫學院，得到了租界當局的允許而能夠教授解剖學，故可視為中國最現代的醫學教育機構。鑑於此前中國聘請了一些外國教習，此時卻都將他們一一解聘，艾略特強調，在與中國人的交談過程中，被明確告知如果將這些機構交給中國人管理，那麼在「目前是完全不能保證能夠得到可靠的運作。」[74]

聽到這樣的陳述，小洛克菲勒插話問道：「這是否因為中國人缺乏能力，抑或不守信用？」艾略特回答道，不是沒有能力，也不是缺乏信用，而是他們沒有管理一個現代教育機構的知識，不知道能做什麼，或不能做什麼。艾略特說，通過訪問那些機構的負責人，他發現中國人和歐美人一樣有能力，且還有著同樣敏銳思想和高尚品格；關鍵在於制度和文化讓他們無法成功地施展自己的才能，來自外部的太多阻力掣肘了各項決策和領導力。他舉例說一些中國人想按照美國模式，在北京創辦一座國家公共圖書館，然當很多官員和相關人士了解到卡內基國際和平基金會對蒙古學的資助之後，表示願意考慮在一段時間裡將之交由美國人全權負責管理。由此，艾略特認為通過資助中國的醫學專業，不僅可以推進醫學教育，改善當地公共衛生；且還能夠幫助中國人引入西方科學中的理性主義，以改變他在訪華期間所得到關於華人不注重邏輯和實驗的印象。其實，這在他的訪華報告中已得到了清楚表述，即鑑於還沒有一門學科，能像醫學那樣完整地教授普遍歸納法，故可認為「西方醫學和外科術，是當前西方為東方提供的最好禮物。」[75]

第五節　兩次訪華考察

前述塞西爾致函牛津、劍橋大學，期望在華創辦基督教大學過程中能展現英國大學的重要性。因為在考察中國時的所見所聞，讓他產生了一個深層憂

74　“China Conference of the Rockfeller Foundation, Held at No.26 Broadway, New York City, on January 18& 20 th,1914,” folder 91, box 11, series 2, record group III, CMB.Inc. RFA-ARC.

75　Eliot, *Some Roads Toward Peace*（New York, Carnegie Endowment for International Peace, 1912）, p. 22.

慮，即認為二十世紀初歐美社會矛盾、對立日益加劇，各種社會運動風起雲湧，當中國留學生抵達西方之後，恐怕不只接受專門知識，且還會受到各種激進思潮的影響。相較而言，當時中國尚未出現太多激進的社會政治運動，如果能夠成功創辦一所高品質的基督教大學，將減少中國學生前往歐美留學的人數。塞西爾說：「最好是把這些年輕人留在中國，讓他們在這裡接受像在任何西方國家一樣好的現代教育。」[76] 當然，塞西爾的設想未能實施。因為當1909年庚款赴美留學啟動之後，中國留學生前往美國的人數迅速增加。1915年9月統計：由國家、省公派，及個人自費人數，分別為一千二百四十八人、三百二十人和一百六十人。在總數一千五百八十四人中，學醫四十三人，學科人數排列在化學與物理（76人）、財政（67人）、市政工程（62人）、電氣工程（55人）、採礦工程（54人）、農業（52人）之後。[77]

談及中國對美國有巨大的醫療需求，那只是其時有些人的想當然。美國駐漢口領事的喬治・E・安德森（George E. Anderson, 1869-1940）於1905年曾接受《紐約時報》特派記者的採訪，當問及如何看待許多美國青年前往中國尋求快速致富的機會時，安德森告誡不要盲目前來，說此時中國最容易獲利的行業，只有醫療、法律和牙科。[78] 再至1906年，由在華醫務傳教士協會（The China Medical Missionary Association）出版的《博醫會報》刊登的一篇文章，談及西醫在華的發展前景時，稱中國人吃藥沒有任何限制，是地球上最偉大的吃藥者，將會帶來西藥業的繁榮昌盛。[79] 不過，與之相反的的官方說詞，是國務卿諾克斯（Philander Chase Knox, 1853-1921）於1911年4月回覆一位還在美國的醫生質詢，談及中國醫療市場前景時，說此地雖是美國醫師拓展事業的一片沃土，但上層精英們還是有病先看中醫，只有在他們治療無效之時方才找外國醫生，下層民眾因為生活貧困，有病多去廉價或免費的教會醫院，「單獨外國行醫者幾乎不能指望有更多病人前來就醫。」[80]

---

76 "University for China," *Shanghai Times*, February 27, 1909, pp. 3-6.

77 "Chinese Students in America," *Peking Daily News*, Sep. 3, 1915, p. 3.

78 "China as A Field for Professional Men," *New York Times,* Sep. 4, 1905, p. 7.

79 "Not Merely an 'American Fraud," *the China Medical Missionary Journal*, Vol. XX, No. 2（March 1906）, p. 110.

80 "P.C.Knox to Julius Lovin M.D., Windbor, Pennsylvania, April 10, 1911," Records of The

為了掌握第一手的確切實況，即在前述那次董事會上，董事們投票決定組織一個醫學考察團前往中國，由畢巴禮（France Weld Peabody, 1881-1927）、裘德遜組成。畢巴禮於1903年、1907年畢業於哈佛大學、哈佛醫學院，1910年又在德國著名的埃米爾・菲舍爾（Emil Fischer, 1852-1919）的生物化學實驗室工作過，此時則在哈佛醫學院附屬的著名教學醫學院（Peter Bent Brigham Hospital）擔任住院醫師。儘管他的學術資歷不深，卻有在世界頂級學術機構和醫療單位受教育和實習經驗，董事會相信其能對中國的醫療教育前景做出較為準確的專業判斷。考察團領隊裘德遜，在同時期美國頂級大學的校長中，大概是唯一沒有博士學位的。他在1885年獲得明尼蘇達大學的歷史學教職之前，還擔任過十五年的中學教師和校長，學術背景並不是很強，然作為芝加哥大學創始校長哈珀的好友和鍾意的繼承人，他受到學界普遍尊重的原因是勤於思考，處事謹慎，很少冒險，故被認為是「受到重重困擾的十九世紀傳統的守護者，尤其是文化的職業監護人。」[81]

除了這兩人之外，董事會認為還需要聘請一位熟悉中國情況之人，充當引導人和聯絡人。經過一番討論，除董事會秘書的格林竭力反對之外，主要成員一致贊同聘請時任美國駐漢口領事顧臨一同前往考察。格林之所以反對，因為顧臨是其哥哥，擔心這種家庭成員關係會與工作摻合在一起，會給人留下兄弟兩人假公濟私之嫌的印象。[82] 董事會之所以認為合適，因為其父是最早一批前往日本的傳教士，被明治政府聘為高等教育的顧問；顧臨在日本長大，於1901年畢業於哈佛大學，獲得學士學位，翌年又獲得該校碩士學位。擔任外交官之後，顧臨先後擔任過駐里約熱內盧、符拉迪沃斯托克、長崎、神戶、大連、哈爾濱和漢口的領事、總領事等職。其時的美國尚未躋身於世界列強之列，很多地方的領事都由略曉當地語言的商人兼任；[83] 作為美國第一代受過高等教育的

Department of State Relation to Internal Affairs of China, 1910-29, Roll 117, National Archives Microfilm Publications Microcopy No. 329, the National Archives and Records Service Central Services Administration, Washington: 1960.

81 約翰・博耶，《反思與超越：芝加哥大學發展史》，頁202。

82 福梅齡，《美國中華醫學基金會和北京協和醫學院》，頁10。

83 吳翎君，〈條約制度與清末美國在華商務的開展〉，《美國大企業與近代中國的國際化》（新北：聯經出版事業公司，2012），頁25-68。

外交官，他通曉西班牙語、俄語、日語和漢語，是當時美國外交官中為數不多熟悉東亞事務的國際法專家，並對中國有相當的同情。[84]

1914年3月18日，裘德遜一行從芝加哥啟程前往華盛頓，經由巴黎、柏林、莫斯科，於4月18日抵達北京。[85] 得到美國國務院特批准假的顧臨，於19日從漢口趕來與他們會合。當考察團路過哈爾濱時，邀請時任北滿防疫處總醫官的伍連德一道前往華北考察。伍連德出生在英屬馬來亞檳榔嶼（the Straits Settlement），持英國海外護照，不太會說普通官話，也看不懂中文，僅能聽說一些廣東話。他畢業於劍橋，曾在著名的英國、法國、德國醫學研究所訪學，1907年應清朝政府聘請，出任天津陸軍軍醫學堂副監督（即副校長職）。其時被世人周知的，是他在1910年12月滿洲鼠疫大爆發之時臨危受命，擔任了駐哈爾濱的防疫全權總醫官。艾略特於1913年訪華時，也是他受外務部委派而擔任全程陪同。伍連德與顧臨相識已久。即當年他在哈爾濱主持防疫之時，會見俄、日、英、法、美五國總領事，遇到的不是別有用心，就是冷嘲冷諷，都不相信華人能夠阻擋疫情蔓延，唯獨美國領事顧臨表示願意盡其所能地提供幫助。[86]

考察團於6月29日抵達香港，先訪問了菲律賓的馬尼拉，以及被日本占領的台灣，後又回到汕頭、廈門、上海，繼續考察，於8月17日抵達日本京都，算是結束了此次考察。在這四個月的考察時間，他們訪問了中國的十八省中的十一個省，足跡遍及大江南北的主要城市，會見傳教士醫生、基督教青年會成員、各省官員和有影響的外國人士，並受到了總統袁世凱的熱情接見，副總統黎元洪的晚宴款待。此外，通過對包括香港、台灣、馬尼拉在內的十七所醫校、九十七家醫院的實地考察，考察團做了詳細筆錄和撰寫了旅行日記，掌握了較為充分的第一手資料。8月18日、19日，考察團三人在京都宮古酒店

84 Warren I. Cohen, *The Chinese Connection: Roger S. Greene, Thomas W. Lamont, George E. Sokolsky and American-East Asian Relations*（Studies of the East Asian Institute, New York: Columbia University Press, 1978）, pp. 8-31.

85 China Medial Commission of the Rockefeller Foundation, *Medicine in China*, New York, 1915, p.Vi，北京協和檔案室，文書檔案，數位索卷號：0860。

86 Wu Lien-Teh, *Plague Fighter, The Autobiography of a Modern Chinese Physician*（W. Heffer & Sons LTD, Cambridge, 1959）, pp. 14-15.

（Miyako Hotel）召開了會議，比較各自紀錄，討論考察心得，寫成總共十三頁的兩份備忘錄。六個星期後，三人返回紐約，於1914年10月21日向董事會，提交了近一百四十頁（包括照片）題為《中國的醫學》的考察報告。

這份考察報告談到了當時中國現代醫療教育的現狀，即全國總共只有五十五位在歐美受過現代醫學教育的華人醫生，以及不到一百人的外籍醫生，其中歐美人不多，主要是日本人。除少數分布在內陸的日本醫生之外，幾乎所有外籍醫生都聚集在通商口岸的上海、天津等地自主開業。當然，還有一些在日本醫學院接受過初級現代醫學教育，以及教會醫院培養出來的華人醫生。前者多就職於政府醫院或醫學院，後者主要在教會醫院工作。[87] 座落在北京、天津、漢口、武昌、蘇州、保定等地的國立、省立醫校，共有六百五十七名在校生。這些醫校總數不超過十所，且都是創建伊始，缺乏足夠的運營資金，有些則由於政局動盪而頻臨關閉。不過，考察團發現由於免學費和免食宿費，各醫校的報名人數眾多；公平地說，在這些嚴格錄取新生的醫校裡，行醫被看成是一種體面職業，收入頗豐，有較高的社會聲譽。令人遺憾的只是，儘管學生們在課堂上表現出了極大興趣，實習醫院卻多簡陋無比，缺乏必要的醫療器械和設備。[88]

另外四所由日本、德國和法國主持的醫校，分別坐落在奉天（今瀋陽）、青島、上海和廣州。奉天的日本南滿醫學堂，雖設施先進，且得到南滿鐵路支援而經費充裕，然畢業生就業主要在東北、朝鮮和台灣；德國、法國此時正準備世界大戰，無暇旁顧，對中國的影響已可以忽略不計。值得注意的是在華教會醫校，考察團考察了九所中的七所，得到的數字是這些醫校共有教授五十六人，在校生四百六十五人。考察團認為教會醫學院的教師大部分受過良好訓練，熱情、認真和有獻身精神，然不足之處在於他們之中很少有明確的教學意

87　Westeren Medicaince in China, practitioners of Western methods, 0001015, *Medicine in China*, China Medical Commission of the Rockfeller Foundatin, New York, Pub, ished 1914, Second Impression May 1915, The University of Chiago Press, 1915, p. 8，北京協和醫學院檔案室，文書檔案，數位索卷號：0001。

88　Medicine in China, China Medical Commission of the Rockfeller Foundatin, New York, Pub, ished 1914, Second Impression May 1915, The University of Chiago Press, 1915, pp. 11-17，北京協和醫學院檔案室，文書檔案，數位索卷號：0001。

識，或矢志成為某一專業領域的專家；很多人只是在教會醫院工作多年之後，才轉而從事教學工作；再加上日常事務繁重，難以跟上現代醫學專業的進步。考察團還得出的一個結論是：雖然很多個人的修養和德性令人敬佩，看上去也很適合教學，「卻由於缺乏適當科學實驗設備而無法施展自己的才能。」[89]

鑑於考察團所到之處，聽到最多的是教會醫學院和省裡的官員，無不聲稱自己這裡最適合創辦醫學校，考察團建議董事會按照科學和人道主義原則，選擇支持一些不受政治、教派和個人偏見干擾的相關教學機構，推進更為優質和更高道德標準的專業醫學研究和教學。[90] 需要強調的，或者說也正是考察團在京都宮古酒店撰寫那份備忘錄的核心精神，即認為基金會應該成為中國醫學教育的最重要推手，大規模、長時間地投入相關慈善捐贈。[91] 考慮到裘德遜在三人中最資深，說話最有分量，那麼就此還可以追溯到前述董事會專門討論中國議題的會議結束後第三天，即1914年1月22日，他在致蓋茨的信中談及一個更深層次的學術考量。即在他看來，無論中國在政治、社會或宗教事務中發生了什麼，可以確定無疑的是，他們將接受西方現代醫學及醫院制度，且還會尋求盡快擺脫一切形式的外國統治；如果引入膚淺的西方現代醫學，那麼中國人會很快效仿，取而代之。裘德遜說：「我們在華的工作越是基礎性的，就越不可或缺，維持的時間就越長。」[92]

董事會接受了考察團的建議，在11月30日的會議上投票通過成立一個專門負責中國事務的機構，即前面提及的羅氏駐華醫社，由小洛克菲勒擔任主席，日常事務則由主管巴特里克（Wallace Buttrick, 1853-1926）負責。巴特里克是蓋茨的好友，曾於1903年執掌洛克菲勒創辦的通用教育委員會（GEB），此時已成功主持了委員會改善非裔美國人教育，資助南部各州中學，以及在南方清

89 Medicine in China, China Medical Commission of the Rockfeller Foundatin, New York, Pub, ished 1914, Second Impression May 1915, The University of Chiago Press, 1915, p. 34，北京協和醫學院檔案室，文書檔案，數位索卷號：0001。

90 Medicine in China, China Medical Commission of the Rockfeller Foundatin, New York, Pub, ished 1914, Second Impression May 1915, The University of Chiago Press, 1915, p. 41，北京協和醫學院檔案室，文書檔案，數位索卷號：0001。

91 "Minutes" Kyoto, Miyako Hotel, August 18, 1914，北京協和醫學院檔案室，文書檔案，數位索卷號：0063。

92 "Judson to Mr. Gates, January 22, 1914," folder 88-98, box 11, record group III20, RFA-ARC.

除鉤蟲運動和相關的一系列農業改革研究。作為一名神職人員，他自知對醫學教育並不在行，竭力遊說和鼓動同是醫學會董事的福勒克斯納（Dr. Simon Flexner, 1863-1946）與之充分合作。福勒克斯納是當時美國醫學界傑出的領袖人物，曾於1901年主持洛克菲勒醫學研究所，最重要的成就一是發現了治療流行性腦膜炎的血清；另一個值得稱道的舉措，是其於1906年獨具慧眼地延攬了醫學新秀卡雷爾（Alexis Carrel, 1873-1944）入職。六年之後果然不負所望，卡雷爾因血管以及器官移植的研究，獲得1912年諾貝爾生理學或醫學獎。[93]

福勒克斯納的導師，是當時美國最重量級的醫學領袖人物，也是醫學會董事及基金會首席醫學顧問的韋爾奇（William Henry Welch, 1850-1934）。韋爾奇的重要性，不僅是他擔任了當時美國最優質的霍普金斯醫學院院長，且還在美國公共衛生事務中發揮了重要的領導作用，被認為是一位創始性的人物。如在1904-1907年期間，他不遺餘力地遊說羅斯福總統，請求加強巴拿馬運河修建過程中的公共衛生，以抑制蚊蟲傳染的黃熱病蔓延。此外，韋爾奇還在羅斯福總統創辦的全美鄉村生活委員會（Country Life Commission）任職，是美國醫學界處理「社會問題」時的主要發言人。在醫學會董事會討論準備再次派遣專業醫學人士組成訪華考察團時，巴特里克直接點名邀請弗萊克斯納參加。弗萊克斯納則說：如果韋爾奇願意去，他一定就跟著去。韋爾奇則說，如果得到霍普金斯大學校長古德諾（Frank Johnson Goodnow, 1859-1939）的批准，他就會接受邀請。好在，古德諾校長就坐在旁邊，當場表示同意而讓此議案順利通過。[94]

1915年8月7日，巴特里克、韋爾奇和福勒克斯納等人組成的第二次醫學訪華考察團從舊金山啟程前往中國，已從漢口總領事任上辭職，正式擔任了醫社駐華代表的顧臨則於9月16日在奉天與他們會合。考察團於12月11日從日本橫濱乘船回國，於當月27日抵達舊金山，整個考察歷時四個多月。當考察團先前去程抵達東京時，得到了時任首相的大隈重信（1838-1922）的接見。其時該國正值開放、自由的「大正民主」時代，大隈對基金會，醫社將準備在日本、

93　（美）羅恩·切爾諾，《洛克菲勒：罪惡與聖潔》，頁361-62。

94　“Two Up - To-date Medical colleges, There American Medical Training to be Given China,” *New York Times*, Jan 16, 1916, p. 15.

中國推進慈善項目表示了極大興趣，多次聲稱中國人為「我們的兄弟」，並也讓這些美國人受到了極大鼓舞。與第一次考察團相同，當他們抵達中國之後，受到了政府高層人士的熱烈歡迎。在北京期間，他們收到袁世凱熱情洋溢的歡迎信件，承諾中國政府將提供一切行政便利，以讓年輕人能夠順利進入這所將要創辦的醫學院；後來在他們離開北京之時，考察團收到了袁世凱寄贈的一千五百美元支票，以表示他對此次考察的支持。[95]

此前的9月22日，考察團與時任駐北京美國公使館的漢務參贊，在華影響頗大的美國傳教士丁家立（Dr. Charles D. Tenney, 1857-1930）通了電話，邀請其就“Rockefeller Foundation”、“China Medical Board”的英文名稱的漢譯，舉行了一次非正式會議。丁家立於1882年抵達山西太谷傳教，後至天津擔任李鴻章的家庭英文教師，並還兼任天津中西書院的院長。他擔任在天津的北洋大學總教習之時，率先採取了課程全部仿照美國著名大學的教學標準，用全英文教學，從而使得該校畢業生可以直接進入美國著名大學的研究院，讓他在中國聲名遠揚。在此次會議上，丁家立主張入鄉隨俗，為了讓更多華人熟知這兩個機構，應放棄它們的英譯全稱翻譯，使用中文兩個漢字的雙音節詞，或三個漢字的三音節詞來漢譯名稱。順著這個思路，顧臨先建議將之譯成「中美醫社」（Chinese-American Medical Society, Chung-Mei），福勒克斯納認為此譯法既不準確，也不恰當。巴特里克則認為譯名應該簡短，能更多體現基金會對中國人民的關心、愛護，結果定案是丁家立提議的漢語音譯，大家同意譯成「美國羅氏駐華醫社」（以下簡稱醫社）、基金會則譯作「羅氏慈善總會」。[96]

---

95 “Two Up - To-date Medical colleges There American Medical Training to be Given China,” *New York Times*, Jan 16, 1916, p. 15; “Wallace Buttrick to John D. Rockeller, Jr. January 17, 1916,” folder 89, box 11, series2-11, p. B-8, Rockefeller Family, RFA-ARC.

96 “China Medical Board of the Rockefeller Foundation, A supplementary Report of the Commission that visited China August to December 1915,” folder 243, box 27, series 601, record group 1, CMB. Inc, RFA-ARC; “Green to Ernest B. Price, United States Consular Records for Peiping, China, October 17, 1919,” Vol. 0014, record group 84, U.S. National Archive Ⅱ, The National Archives at College Park, Maryland, U.S. A.

第二章

重組協和

第一節 日本影響

在基金會的眼裡，日本大學的教學內容雖日益與歐美接近，但在管理制度和研究水準方面還存在著相當大的差距。即使到了1920年代中期，即日本帝國大學在戰前發展最好的時期，基金會副主席恩布里與美國藝術與科學學院院士，普林斯頓大學動物學教授康克寧（Edwin Grant Conklin, 1863-1952），利用五周時間走訪了當時除北海道帝國大學之外的四所日本帝國大學，評價不高。在他們看來，日本大學的長處在於教授有較高的社會地位，拿到的是由政府頒發如國會議員、將軍同等級別的聘書，年輕學者思想敏銳、工作勤奮，發表了研究水準不低於歐美年輕同行的大量學術論文；不足之處在於教授薪酬普遍偏低，很多人不得不通過兼職而維持家人生計，加上日本學者的研究過於注重細枝末節，缺乏團隊合作精神，整體水準並不很高。此外，當局有一條不成文的政令，規定只有日本公民才能在帝國大學擔任教職，從而影響了學術之間的正常國際交流，故相對於其他重要國家的諸多大學，令人震驚的是其「實驗室裡既沒有外國教授，也沒有外國學生。」[1]

至於高等醫學教育方面，基金會高層認為此時可分為英、法、德和美的四種類型，對不同國家和地區的相關發展產生了不同的影響。先就類型而言，英國由醫院而「走入病房」，教授利用病人進行現場教學，猶如師傅帶徒弟，讓

1 "Report of the Biological science in Japan（from January 24 to February 27, 1926）, Edwin G. Conklin and Edwin R. Embree, 1926," folder 35, box 4, series 601, Box 4, record group 4, CMB. Inc., RFA-ARC.

學生們在教授指導下，不斷接觸實際病例；法國在於讓學生們充分掌握臨床診斷病例，雖有著名的巴斯德實驗研究所，但對醫學教育的影響並不很大，因為學生們的時間更多花在了臨床實習和閱讀文獻資料；德國醫學院多由偉大科學家擔任領導，配備研究助手，擁有實驗室、專門設備和專門設施，能夠更有效地進行精深科學研究，有太多傲人的學術成果。談到對於各國的影響，可以說英國在加拿大、美國、紐西蘭、新加坡、澳洲和埃及等地；法國在西班牙、葡萄牙及中南美洲、暹羅、印度支那、阿爾及利亞；德國在中歐、斯堪的納維亞各國、土耳其。日本則是在考察世界各國之後，認為德國的醫學教育最為優越，德語作為該國醫學會議的工作語言，「視研究為一切，並將之發揮到了極致。」[2]

至於日本對於中國學生的培養制度來看，基金會高層認為存在著頗多問題。1914年8月7日，以芝加哥大學校長裘德遜為主席的考察團訪華之後，順道探訪了京都大學醫學院。他由曾在德屬斯特位斯堡大學留學，1903年就擔任了京都帝國大學醫學院院長、此時擔任該校執行校長的荒木虎三郎（Torasaburo Araki, 1866-1942）全程陪同，與一些留學歐美的教授們進行了座談。[3] 他得到的資訊是日本學生凡進入醫學院，均須三年預科，並通過嚴格的入學考試。當年秋季，進入京都大學醫學院的一百一十名新生，是從八百多名申請者中脫穎而出；然日本大學對中國留學生卻網開一面，毋庸通過此類嚴格入學考試。裘德遜還被告知，在該校醫學院留學的中國學生，沒有一人在日本讀過預科，之所以被錄取是因為通過了日語考試，沒有太多語言障礙。與之相應，當所有課程結束之後，中國留學生也無須通過日本學生必須參加的嚴格畢業考試。當然，京都大學醫學院並不授予他們正規學位，只頒發一張證明曾在該校學習過的結業證書。[4]

---

2 George E. Vincent, President of the Rockefeller Foundation, "The Medical Profession from an International point of view," Annual address, delivered at the eighty-second annual meeting of the American Psychiatric Association, New York, June 8, 9, 10, 11, 1926, p. 5，北京協和醫學院檔案室，文書檔案，數位索卷號：0537。

3 "president Judson's Journal," pp. 64-65，北京協和醫學院檔案室，文書檔案，數位索卷號：0063。

4 China Medial Commission of the Rockefeller Foundation, *Medicine in China*, New York, 1915, p.

日本大學之所以如此粗製濫造，原因在於那時中國留學生多未經過系統現代教育而不得不這樣。以1918年考入日本九州帝國大學醫科的郭沫若為例。家鄉的中小學老師，都只接受過中國傳統教育，理化、數學老師連照本宣科的能力都沒有，英文老師把Newfoundland譯成「新大陸」，讓學生們普遍對自然科學的數理化沒有興趣，更多將時間花在國文、講經和地方掌故。郭沫若僥倖考上赴日留學官費，進入日本醫科之後，每週除德文、拉丁文和英文之外，須在三年之內學完高等數學、物理、化學、動植物學等。郭沫若說：「日本人的教育不重啟發而重灌注，又加以我們是外國人，要學兩種語言，去接受西方的學問，實在是一件苦事。」[5] 頗能說明問題的是他將大部分時間用在文學創作上，不但發表了題為《女神》的詩集，且還頻繁參與了各種社會和文化活動，居然四年後，即於1923年4月還能獲得畢業證書，可見其學術含量的確不高。

留日學生對當時中國醫學教育的最大貢獻，是大量引入了西方現代醫學的日文譯作。1906年11月，首開東三省新式學堂之先河的奉天提學使司張鶴齡，上書盛京將軍趙爾巽，稱醫學衛生急宜振也，請擬特聘東西醫專家，設立學堂，地方情形，編制衛生淺說，設立編譯報章的專門機構，「俾於生活程度稍稍進步，且於開通風氣有絕大影響（日本變法之初，最得醫學家之力）。」[6] 同年，留日學生先後組織了「中國醫藥學會」、「中國國民衛生會」等學術團體，編輯出版了《醫藥學報》、《衛生世界》、《醫學世界》等十多種醫學期刊，廣泛介紹西醫學、醫藥理論、醫療技術、醫藥政策、醫學史、醫藥新聞及衛生常識。直至1937年，從日文翻譯到中文的醫學書籍一百九十三種，超過同時期宗教哲學、教育和實業書籍的翻譯量。[7] 重要的是，中文的醫學名詞也為之一變。如被醫學傳教士譯為「血輪」、「脈管」、「迴管」的，此時被日本名詞「血球」、「靜脈」、「動脈」所代替；又以「神經」、「鹽酸」等，均

10，北京協和醫學院檔案室，文書檔案，數位索卷號：0860。

5　郭沫若，《少年時代反正前後（1910-1911）》（北京：人民文學出版社，1979），頁171-173。

6　〈提學司張鶴齡為呈請事照（光緒三十二年十月十七日）〉，《趙爾巽檔案全宗》，北京：中國第一歷史檔案館縮微膠片第29卷。

7　實藤惠秀，《中國人留學日本史》，頁247。

為日本假字，時人說：「近十年來，吾國學界，善用日本名詞」。[8]

那時中國的西醫群體有三個來源，一是留學歐美，人數為五十五人，另一是在華教會醫院、醫學院，人數約四百多人，還有差不多同樣數量的留日學生。[9] 除了在政府部門任職、自主開業之外，相當一批留日學生去了新創辦的國立、省立醫學院。以創建於1912年10月26日，即最早一所國立醫校的北京醫學專門學校為例，校長湯爾和畢業於日本金澤醫學專門學校。十位教授中除兩位日本人之外，包括教務長周頌聲在內的為清一色留日學生。對於該校的教學品質，前述1914年由裘德遜率領的第一次考察團的現場報告中頗有微詞，稱該校有兩個年級，共七十位學生，一年級每週三十六學時中，非醫學（德語、化學、物理、倫理學、中國文學和體操）課程占了二十學時，擠壓了專業學習時間；雖則，該校有兩個解剖學實驗室，並告知進行了一些解剖，但考察團根據現場情況判斷，認為並不經常進行。重要的是，該校其時還沒有合適的教學附屬醫學院，學生們只能死記硬背書本知識，考察團的意見是「希望能夠盡快得以解決」。[10]

就日本在華的醫院來看，基金會也不認為有多少值得稱道之處。1919年7月25日，顧臨陪同基金會主席文森特（George Edgar Vincent, 1864-1941）訪問了日本在北京的日華同仁醫院。該醫院雖為日本同仁會於1914年開辦，但他們感到建築相當低劣，儘管看起來還不太老舊，屋頂有些地方卻在漏水，牆面抹灰很差。此外，該院的醫療設備質量不高，數量也不齊備。醫院有五位日本醫師，由於當時中國排日情緒高漲，「很少有病人前來就醫。」[11] 後來在1924年2月1日，醫社副社長傅路德（L. Carrington Goodrtch, 1894-1986）訪問了在濟南的日本綜合醫院，即日本人所稱的「青島守備軍民政部鐵道部濟南醫院」，印象是該院建築宏偉，設備齊全，有一百三十餘張各類病床，除了一百多位來

---

8 袁桂生，〈醫學正名議〉，《東方雜誌》，第9卷，第8期（1913），頁20-21。

9 Roger S. Greene, “Medical Needs of the Chinese,” *The Chinese Record*, April 1918, p. 229.

10 China Medical Commission of the Rockefeller Foundation, *Medicine in China,* New York, 1915, p. 29，北京協和醫學院檔案室，文書檔案，數位索卷號：0860；張蒙，〈洛克菲勒基金會與北京留日醫界的競爭與合作〉，《北京社會科學》，2020年第5期，頁107-118。

11 “Interview between Prof. H. P. Beacon and Mr. Vincent, July, 1919,” p. 1，北京協和醫學院檔案室，文書檔案，數位索卷號：0067。

自日本，還有不到一百位中國的醫生、護士。就其不足之處，他說該院的大多數病房和病床，看起來不太乾淨，有些設備好像在很長時間內沒有被使用過，由此認為「聽到人們對日本醫院的批評，通常還是有道理的。」[12]

對日本在華的醫學存在，唯能得到考察團稱讚的，是由日本南滿鐵道株式會社於1911年創辦的奉天（今瀋陽）南滿醫學堂。儘管1914年的第一次訪華考察團沒有前往奉天，但從1912年訪問過該校的協和醫學堂主持者科齡（Thomas Cochrane, 1866-1953）的報告中，他們得知該校的教學附屬醫院有一百五十至二百張病床，設備齊全的手術室、產科和牙科診室，並還了解到由於有贏利的南滿鐵道作為後盾，該校無經濟方面的後顧之憂，未來發展前景可觀。[13] 翌年，協和校長楊懷德（Charles W. Young）訪問該校，報告說該校建築用費八十萬美元，每年從診費中收入六萬美元，共有教授、助理教授、高級講師三十九人；加上附屬醫院的醫生、藥劑師和受過現代專業訓練的女護士共一百零九人，均是日本人。學生中有九十六位日本人（包括台灣人、朝鮮人），二十七位中國人，日本學生每年交納學費三十元，中國學生的學費則由中國政府承擔。入學考試考日語、英文或德文，課程用日語講授，校園和教學設施，「是在中國境內所能看到最好的。」[14]

隨著日本工業化水準不斷提升，在經濟上早已構成了對美孚在華市場的競爭態勢。1898年1月《紐約時報》刊發了一位英國商人的建議，談到由於中國需要大量價廉物美的油燈，每盞的價格可從四便士提價到八便士；還告誡說此時日本也大力推銷其生產的更廉價油燈，「是美國產品的有力競爭者。」[15] 更為直接的經濟競爭衝突，是1913年北京政府與美孚談判，期望借款支持金融改革，回報是給予其陝西油礦的獨家開採權，遂招致了日本政府的強烈反對，認

12 "Diary of L. Carrington Goodrich, for the year 1924," p. 29，北京協和醫學院檔案室，文書檔案，數位索卷號：0067。

13 China Medical Commission of the Rockefeller Foundation, *Medicine in China,* New York, 1914, p. 38.

14 "the China Medical Board in Mukden." *the China Medical Missionary Journal*, Vol. XXIX, No. 6.（November 1915）p. 404.

15 "Hints for China Traders, From the Consular Journal and Greater Britain," *New York Times*, Jan 17, 1898, p. 2.

為此舉破壞了美國向來主張門戶開放政策和機會均等原則，「直接威脅日人的利益。」[16] 好在根據美國駐華公使在北京的觀察，說此舉的反對者除日本政府之外，尚無其他列強參與；並進而指出日本政府的任何正式抗議，不是反對或針對美孚，「而是試圖強迫中國政府也給予他們同樣的權益。」[17] 對於美孚高層來說，更認為自己擁有與日本商業競爭的優勢，因為中國人知道他們沒有領土野心，只不過尋求商業利益而已，不太會引發中國社會的抵制風潮。[18]

進入二十世紀之後，日本與美國的競爭擴展到包括醫療衛生事務在內的文化領域。1916年，日本京都帝國大學學生會發表公開聲明，主張效法美國，將庚子賠款充當中國留日學生的學費。他們說中日兩國學生對世界擔負著發展共同文化之任務，蓋革新東洋文明，貢獻人類文化之發達，實東洋應盡之文化任務也。這多少有些影射歐美的，是他們認為「較之彼因欲市恩而退還賠款，或因欲以教育為外交之具，因欲以賠款為經濟權利之代價諸種思想，實可謂有雲霄之別耳。」[19] 由此具體到醫療衛生事務，1902年有日本官方背景而創辦的同仁會，1906年在除東北的營口、安東開設同仁醫院，此時還在北京、濟南、漢口創辦了規模更大的同仁醫院。以北京同仁醫院為例，雖前述顧臨等人訪問後的評價欠佳，但該院於1918-1921年間進行了大規模的擴展工程，擴建了診療大樓、病房、庫房等，面貌煥然一新。與此同時，同仁會業已向東北三省、通商口岸和開埠城市派遣了一百二十三名日本醫生；還有一個以台灣人和當地日人為治療對象的日本博愛會，在廈門、廣州、汕頭和福州也開辦了博愛醫院。[20]

---

16 吳翎君，《美孚石油公司在中國》，頁130。

17 "Interview with Japanese Minister in Record to the Standard Oil engineer held on March 12 th, 1914," Records of The Department of State Relation to Internal Affairs of China, 1910-29, Roll 126, National Archives Microfilm Publications Microcopy No. 329, the National Archives National Archives and Records Service Central Services Administration, Washington: 1960.

18 "The Standard Oil Deal, Another American View, what it means to China," *Peking Daily News*, April 17, 1914, p. 3.

19 〈日本學生與庚子賠款〉，《順天時報》，1916年5月4日，第6192號。

20 劉其奎、劉敏州譯注，〈近代日本對華文化事業〉，《史林》，1988年第2期，頁156-166；丁蕾，〈日本近代醫療團體同仁會〉，《中華醫史雜誌》，第34卷第2期（2004），頁99-103。

對於基金會的在華醫學影響，日本政府頗多關注，也有些擔心。1915年7月26日，外務大臣加藤高明（Katō Takaaki, 1860-1926）將駐美大使珍田（Sutemi Chinda, 1856-1929）報告基金會派遣考察團訪華一事，轉呈首相大隈重信（Ōkuma Shigenobu, 1838-1922），聲稱他們「組成了支那醫學部，以求未來執在華醫學教育之牛耳也」。[21] 同樣，美國駐奉天總領事於1915年8月7日致函國務卿，稱奉天市政聘請日本南滿鐵路衛生主管葛西健二（Kenji Kanishi, 1868-1927）擔任衛生顧問，並向東北執政當局提出了關於改善奉天的供水、種痘和治療的建議。此外，他還提名了二十五名南滿鐵路各醫院的日籍負責人，作為中國東北各縣官府的衛生顧問；如果當局能夠提供教室，他表示日本南滿鐵路當局願意出資舉辦兩年制的醫生培訓班，招收六十一五十名年齡上限可超過二十五歲的中國人。美國總領事斷言：「日本這一計畫肯定會受到中國方面的歡迎。」[22]

美日之間就中國高等教育的競爭，還體現在1918年1月春清華校長周詒春即將辭職，因遴選新校長而浮上了檯面，並引發了美國在華輿論的關注。當月，在華頗有影響的《密勒氏評論報》刊文，披露他們得知中國政府將任命一位留日學生，即一不諳英語之人擔任該校校長，美國駐華公使立刻向中國政府表達了失望之情，因為那時清華也被認為是留美預備學校。至少反映當時美國人感受的，是該文指出作為日本試圖施加教育影響之舉，周詒春辭職原因被認為過於親美，其中就有日本人的詭秘插手。該文舉出的證據是在過去四個月的時間裡，包括日本公使日置益（Hioki Hiok, 1861-1926）在內的二百餘名日本官員和非官方人士密集訪問該校，妄圖逐漸消解被他們稱之為「美國在華的影響」。[23] 這也可以理解在1919年6月至10月期間，為何文森特訪問遠東回國之

21　「ロックフェラー」學術研究所ニ於テ支那醫學部新設ニ関スル件，第394號，日本外交文書デジタルコレクション/；國立公文書館デジタルアーカイブ；https://www.digital.archives.go.jp/das/image-j/M0000000000000256076。

22　"Japanese Medical Enterprise in South Manchuria, August 7, 1915," Records of The Department of State Relation to Internal Affairs of China, 1910-29, Roll 117, the National Archives National Archives and Records Service Central Services Administration, Washington: 1960.

23　J. B. Powell, "How China is Developing Leaders at Tsing Hua College," January 26, 1918, *Millard's Review*, Vol. III, No. 9, pp. 260-264.

後，提交給董事會的報告，稱他們最近應特別關心日本在華北地區占據優勢的可能性；以及中國對美國的好感及其相關未來行動的走向。[24]

第二節 教會醫校

對於日本不斷增加的影響，率先將現代教育及其西醫引入中國的傳教士們，此前已有不少焦慮。早在1882年，美國公理會傳教士，曾受過短暫牙醫訓練，此時在華北使團天津站任職的山嘉利（Charles Alfred Stanley, 1835-1912）醞釀在河北通州創辦「英華學院」（Anglo-Chinese College），他談及日本明治維新對傳教士們的啟示時，說基督教到達日本的時間太晚，致使啟蒙領袖福澤喻吉作為反基督教人士，雖鼓吹引入西方現代科技文明，卻斷然拒絕接受基督教傳播，結果東京帝國大學被維新政府辦成了一所「不信神和墮落的溫床」，並還是東亞地區傳播左翼社會主義思想的中心。[25] 1904年，在武昌的倫敦會傳教士們聲稱，由於得到了湖廣總督張之洞的支持，日本正積極參與當地的醫療衛生事務，除了女校聘請日本女老師之外，當局還準備在武昌創辦一所聘請日本教授的醫學堂，並著手翻譯大量日本關於現代科學的書籍。他們擔心自己將被日本取而代之，在教育領域裡清除英美教會的影響，並通過鼓吹世俗觀念而阻止基督教的廣泛傳播。[26]

早在1866年9月，倫敦會就已在漢口後花樓居巷創辦醫院，此時在華擁有二十四所醫院和十五個診所，數量位居各基督教差會之首。[27] 1838年2月，在

24　"China Medical Board of the Rockefeller Foundation Including Establishment of Peiping Union Medical Collerge, 1914-1928," pp. 4, 7, folder 238, series 601, box 25, record group 1, CMB. Inc, RFA-ARC.

25　Peter Duus, "Science and Salvation in China: The Life and Work of W. A. P. Martin（1827-1916）, Kwang-Ching Liu, American Missionaries in China," Papers from Harvard Seminars, the East Asian Research Center Harvard university, 1966, p. 57.

26　London Missionary Society, *the One Hundred and Twelfth Report, being the Ninth Report of the Second Century, 1904,* the London Missionary Society, 16, new Bridge Street, p. 78.

27　G. H. Choa, *"Heal the Sick" Was their Motto: the Protestant Medical Missionaries in China*, The Chinese University of Hong Kong Press, 1990, p. 89.

廣州成立的「中國醫學傳教會」（The Medical Missionary Society in China）的宣言中，首位對華專職醫療傳教士郭雷樞（Thomas Richardson Colledge, 1797-1879），強調「在華人中推進西方醫學，為基督教提供博愛和服務的機會」，宣稱其主持的在華醫療事務，擔負著「拯救靈魂和治療病體」的雙重使命。[28]實際上，蜂擁而至的病患，讓他們整天為診療事務而忙得疲於奔命，成為此後陸續抵達的傳教士們都頗感頭痛的問題。1887年，在天津的倫敦會醫療傳教士馬根濟（John Kenneth Mackenzie, 1850-1888）寫道：他的醫院裡每天約有四十二位住院病人，平均住院時間為二十一天。在每天治療開始之前，醫院所有工作人員通常花費四十五分鐘，與病人一起誦讀《聖經》和祈禱。由於門診病患太多，馬根濟不無遺憾地說：如果醫療工作能在午後兩點前結束，那麼就會有更多時間給病人佈道。[29]

具體到醫學教育而言，醫療傳教士們同樣一絲不苟、盡力而為。1901年抵達溫州，擔任英國循道公會在該地創辦的定理醫院院長的包蒞茂（W. E. Plummer），每年接診一萬兩千個門診病人、七百個住院病人，還要再做包括實施麻醉在內的四百個手術，實在忙不過來而招了八名中國助手，抽空傳授醫學知識，以期望將他們培養成為長期助手。不過，讓他拿不定主意、猶豫不決的是：這些人雖願意支付學費，承諾遵守醫院的規則，但有些人並非基督徒，能否招收進來。1906年他就此問題致函在華基督教醫療傳教士主辦的《博醫會報》，質詢這些人如果將來留在醫院，是否能夠適任；如果私人執業，表現如何；他們會不會被認為是基督徒；怎樣才能防止醫院的名聲不被他們敗壞、避免西醫蒙羞？得到的回覆是：如果醫院工作人員有些非基督徒，會讓反對者們認為教會影響不那麼大，在某種意義上是件好事，因為教會醫院需要廣泛的合作基礎。這份回覆建議說：如果想要使這些非基督徒皈依，經驗是最初選拔之時就要注意合適人選。[30]

28　Harold Balme, *China and Modern Medicine: A study in medical missionary developmen*t（United Council for Missionary Education Edinburgh House, a Eaton gate, S, W. I, 1921）, pp. 6-7.

29　J. Kenneth Mackenzie, “The Evangelistic side of a Medical Mission,” *The China Medical Missionary Journal,* Vol. 1, No. 1（March 1887）, pp. 5-6.

30　W. E. Plummer, “the training of Medical Students, May 8, 1906,” “in Consultation,” *the China Medical Missionary Journal*, Vol. XX, No. 3（May 1906）, pp. 158-161.

平心而論，此舉並非僅僅為了佈道，卻還有「醫學」方面的考量。1866年，在廣州主持博濟醫院（The Canton Hospital）的美國醫療傳教士嘉約翰（John Glasgow Kerr, 1824-1901）與畢業於愛丁堡醫學院的華人醫生黃寬（Wong Fun, 1829-1878）共同招收了七名學生，開始了中國最早的現代醫學教育，目的是為了教會醫院培養人材，而非期望他們畢業後自行開業，牟利生財。如上述《博醫會報》的建議，勸誡醫療傳教士們之所以應防範教育學生「私人執業」，這是因為教會醫院太忙，工作時間長，收入不高，如果不是基督徒，很難堅持下來。就像上面提及在溫州傳教行醫的包蒞茂，每一分錢的收入都進入了醫院基金，自己完全沒有賺錢謀利的想法。這種情況當然並非特例，1914年基金會派遣的裘德遜醫學考察團，考察了在華九所教會醫學院中的七所，報告說除上海哈佛醫學院有四位教授在外行醫，掙錢以補貼家用之外，其他院校的教授們全都一心撲在治療和教學上，任何額外收入都上交給學院和醫院。[31]

考察報告還談到了在教會醫學院任職之人的收入，聲稱當時食物價格相對於十五年前已經翻了一倍，然教授們的薪酬則只增加了50%或70%。由於提供免費住房，北京、南京教會醫學院的年薪是一千五百美元，漢口、濟南、成都是一千三百美元；上海不提供免費住房，教授們年薪是兩千四百美元。考察團的觀察是，由於中國的生活費用普遍低於美國，除了上海之外，這樣的薪酬，「通常也可以過較為的舒適生活。」[32] 然而，那些對此有切身感受的醫務傳教士們則有不同的看法。1907年，主持揚州浸會醫院的伊文思（Philip Saffery Evans）致函時任上海《教務雜誌》（*The Chinese Recorder*）的主筆樂靈生（Frank Joseph Rawlinson, 1871-1937），就抱怨收入偏低。他說自己如果想要獲利，可以把大量的藥物倒手轉賣，可他沒有這樣做，也不會這樣做；然物價飛漲，讓其花每一分錢都憂心忡忡。在經過與同仁們的充分討論，他認為過去

31 China Medical Commission of the Rockefeller Foundation, *Medicine in China*, New York, Published 1914, Second Impression May 1915, The University of Chicago Press, 1915, p. 33.北京協和醫學院檔案室，文書檔案，數位索卷號：0860。

32 China Medical Commission of the Rockefeller Foundation, *Medicine in China*, New York, Published 1914, Second Impression May 1915, The University of Chicago Press, 1915, p. 35.北京協和醫學院檔案室，文書檔案，數位索卷號：0860。

三年在華基督教年會上都曾提過關於漲工資的動議，在此次年會應當投票通過。[33]

伊文思頗為詳細地算了一筆帳，說有人認為他們可以靠一半薪水過活，但那只對初來乍到之人可行。具體說來，那些新人通常沒有孩子，即使夫妻兩人，住免費的兩間屋子，只需要僱傭一個僕人，買最基本食物，甚至可以一天吃兩頓飯；可如果有了孩子，要找人看護，需要一筆支出，逮至孩子上學，費用就更不夠了。再由於傳教士所在地都不在通商口岸，當地沒有合適的學校，孩子上學一般會去上海，或去煙臺由英美人士開辦的寄宿制英文學校，那裡的費用頗為昂貴。伊文思說，一年學費需要七百二十元（墨西哥洋，或銀元，以下不再一一註明），[34] 倘若加上兩人交通費超過一百元，還要購買衣服和書本，較為寬裕則需要二千七百元。按照當時的匯率來算，一美元約等於2.38元，相當於一千二百美元，基本上占到了他們薪酬的80%。如果孩子長大一點，回到加拿大、美國上中學，大學，那麼費用就可能是天價了。伊文思不無悲傷地說：對於那些有孩子需要在上海受教育的傳教士來說，「想要有一件體面的衣服都很困難。」[35]

教會醫校及其醫院，資金來自包括母國差會、在地外人及當地華人的慈善

---

33 "Philip Saffery Evans to Rawlinson, Yangchow, China, Jan. 3 rd., 1907," group No. 8, box, 66, China Records Project: Miscellaneous Personal Papers Collection, Archives and Manuscripts, Yale Divinity Library.

34 來自美洲大陸的墨西哥洋於1856年開始在上海等地大幅流通，當時被稱之為「鷹洋」，至1896年江南鑄造局開始鑄發中國自己的銀元，且還由各地競相鑄造，由於有龍的圖形，也被稱之為「龍洋」。不過，由於當時墨西哥洋已有信用，然各地鑄造的龍洋，成色重量參差不齊，反倒使鷹洋更有信用，被民眾樂於使用。後來到了1914年，北洋政府鑄造了有袁世凱頭像的銀元，被稱之為「袁大頭」；1927年南京國民政府則發售了鑄有孫中山頭像的銀元，又稱為「孫頭」，遂成為至1933年前國民政府正式下令廢兩改元以來的主要流通貨幣。不過，到了1932年、1933年1美元分別兌換4. 35、6. 60銀元。請參見〈銀元流通的歷史〉，《興華》，第23卷第46期（1935），頁24-25；仲足，〈中國的銀元〉，《中學生》，1935年第57期，頁129；楊翠華，《中基會對科學的贊助》（台北：中央研究院近代史研究所專刊65，1991），頁63-64。

35 "Philip Saffery Evans to Rawlinson, Yangchow, China, Jan. 3 rd., 1907," group No. 8, box, 66, China Records Project: Miscellaneous Personal Papers Collection, Archives and Manuscripts, Yale Divinity Library.

捐贈，加上部分診療收費。其時，西醫對中醫尚無明顯優勢，教會醫院收治的病患多為普通大眾，為了傳教而又不得不酌情免費；如果捐贈減少、免費醫療繼續，很容易就會讓教會醫院深陷財政危機。1911年，廣州賓夕法尼亞醫學院創辦人莫約西（Josiah C. McCracken, 1874-1962）呼籲母國差會捐贈，稱他們急需一萬一千美元，以購買醫療設備和實驗室設備。在「實驗室設備」的下面，他特別注明「這是最迫切需要的，因為我們目前什麼都沒有」。[36] 至於實驗室設備的重要性，1917年有篇文章談到很清楚，稱在通商口岸那些專為外國人開辦的醫院，都增添了先進醫療設備；如果教會醫院仍然設備簡陋，治療水準就無法提高，那麼勢必被華人所輕視，致使「損害基督的形象。」[37] 的確，1920年在對華三百五十所左右的教會醫院進行調查，表明大部分教學醫院的醫療條件相當簡陋，具體統計數字是：65%沒有隔離區、31%沒有任何類型的實驗室、82%沒有細菌培養室、87%沒有X光設備、60%沒有一位受過專門訓練的護士。[38]

面對普遍存在的財政危機和設備匱乏，教會人士對基金會的大筆捐贈寄予厚望。1914年，匯文大學堂第二任校長貝施福主教（James W. Bashford, 1849-1919，柏賜福）致函基金會第一次訪華考察團的裘德遜校長，叮囑基金會不要重蹈教會在印度、日本之覆轍，未能讓基督教理想發揚光大，相反還帶來了嚴重的思想混亂。他說在印度的教會學校中只有8%的基督徒；日本東京帝國大學最近對學生信仰的調查則有：神道教：無；儒家：六十人；佛教徒：三百人；無神論者：一千人；不可知論者：三千六百人。由於政府不能保證充分就業，這些沒有宗教信仰的年輕人很容易走向反叛；致使印度、日本當下都苦於

36 J. C. McCracken, “President’s Report, University of Medical School, Canton, 1911,” p. 21. Josiah Calvin McCracken Papers, Yale Divinity Library, Archives and Manuscripts, HR. 133, box 7.

37 “Chinese Women in Medicine,” *China Christian Advocate*, April 1917, p. 9.

38 此外，還有37%完全依賴病人的親友做護理工作，62%沒有夜班護士；37%沒有床位，或者只能滿足幾個病人的床位；58%不能為病人提供醫院清潔的病人服裝；只有8%有純淨水的供應、6%有流動水的供應；50%有很少或沒有為病人提供的沐浴設置，43%沒有水槽，或者只有不適當的洗滌醫院衣物的設置；34%缺乏消毒用的壓力鍋，73%沒有對床鋪等物的消毒設備；37%沒有足以抵禦跳蚤和蚊蠅的設備，參見Harold Balme, *China and Modern Medicine: A study in medical missionary developmen*t（ United Council for Missionary Education Edinburgh House, a Eaton gate, S, W. I, 1921）, p. 105.

年輕人因反對私有財產而興起的社會主義運動，以及過分強調自由而興起的無政府主義思潮，對社會秩序和文明進步都構成了不小的威脅。貝施福主教強調：如果基金會的崇高理想是選拔那些擁有相應知識訓練的合適人選，並承諾提供在基督教土地上同樣的人道主義服務，那麼就應當大力支持在華的教會醫學院。[39]

這封信函給基金會還傳遞了一個重要資訊，即貝施福認為華人也有虔誠的宗教意識，完全值得他們鼎力相助。他以義和團騷動時的殺戮為例，稱有三萬多中國人的天主教徒、基督教徒死於信仰，並強調說在很多情況下，只要這些人求饒，就可以免於一死，然而，「只有極少數人為了活命而宣布放棄信仰」。[40] 當時，美國主流社會也認為基金會進入中國，資助醫學高等教育就是為了幫助在華的教會醫學院。1917年3月，《紐約時報》以〈醫療救護讓貧苦華人皈依基督教〉為題，刊文指出中國像快速發展的日本那樣，不斷增強生機和活力，甚至在不久的將來可能超越日本，為此有必要指出：讓基督教信仰深入擁有如此巨大可能性的國家，並非是一項可以輕描淡寫或被低估的任務；基金會聲稱其在華使命是為教會醫校、醫院提供資助，提供的年度撥款作為一種便捷方式，用來「培養由各教會選出、經基金會對專業資格進行認證的醫生和護士。」[41]

與之不同，基金會更注意如何防止醫學不被商業化的問題。1915年10月至12月第二次訪華考察團的福萊克斯納訪問廣州夏葛女子醫學院（Hackett Medical College for Women）考察時，遇到一位學生已是幾個孩子母親，知其被丈夫送來接受醫學教育，只是為了掌握這種神奇的賺錢方式，故強調他們不希望看到那些具有敏銳商業意識的華人，將西方醫學視為一個極好的致富機

39　"Bashford to president H. P. Judson, Peking, China, June 22, 1914," folder 241, box 26, series 601, record group 1, China Medical Board, Historical Record, Vol. Ⅳ. RFA- RAC.

40　"Bashford to president H. P. Judson, Peking, China, June 22, 1914," folder 241, box 26, series 601, record group 1, China Medical Board, Historical Record, Vol. Ⅳ. RFA- RAC.

41　"Medical attention wins poor Chinese to Protestantism: what Rockefeller money does in China," *New York Time*, Mar. 3, 1917, folder 254, box 30, series 601, RG1. CMB. Inc., Historical Record, XI X, RF.RAC.

會，並聲稱當務之急「是防止牟利本能侵入此正處在幼兒期的職業」。[42] 1915年11月8日，第二次考察團的巴特里克、福萊克斯納等人，與在華一批醫學傳教士領袖，如齊魯大學醫學院（Cheeloo University）附屬醫院院長的巴慕德（Harold Balme, 1878-1953）、金陵大學醫學系主任施爾德（Randolph T. Shields）、上海哈佛醫院院長胡恆德（Henry Spencer Houghton, 1880-1975）、以及主持《博醫會報》多年的編輯梅潤思（Edward M. Merrins）等，在上海開會討論如何推進在華醫學教育，一個重要問題是如何防止該項「救死扶傷」的崇高職業被骯髒的金錢所污染。

在華已經多年的梅潤思，在此次會議上一開口就談及由於教會醫院薪酬過低，致使許多教會醫學院培養的學生另謀高就，或不願意去內陸地區，故應採用高薪手段留住人材，需要基金會提供更多資助。然而，巴特里克、福萊克斯納對此卻不認同，認為關鍵在於多數教會醫學院不注意改善治療及醫學研究的條件，不能以原創性的工作吸引年輕人。因為巴特里克在華考察過程中，聽說過有些人為了能到有較好臨床治療環境的機構任職，寧願選擇了低薪，毅然「放棄了更具誘惑力的薪水待遇」而跳槽其他崗位。[43] 另外一個案例表明基金會對在華教會醫校的辦學模式，並不完全放心，是他們於1916年2月在紐約與聖公會高層舉行談判時，談及將資助在上海的聖約翰大學（St. John's University）及同仁醫院（St. Luke's Hospital）時，基金會的條件是在該校的管理層中須有他們的代表，並擁有能夠任命護理部門負責人的權責，以確保其所有捐贈都能夠投入到醫學教育和科學研究方面，不會被挪作他用。[44]

基金會之所以願意資助聖約翰醫學院，是考慮到上海有一百萬人口，為遠東最大的通商口岸，繁華程度被人稱之為「東方的巴黎」；此外該學院又於

42 Dr. Simon Flexner, "Central and Southern China," folder 89, box 11, series 2-11, record group 2, Rockefeller family, RF.A-ARC.

43 "Conference with the Executive Committee of the China Medical Missionary Association, Shanghai, November 8, 1915," folder 243, box. 27, seires601, record group IVZB9, CMB. Inc, RFA-, RAC.

44 Western Medicine in China, practitioners of Western methods, 0001015, Medicine in China, China Medical Commission of the Rockefeller Foundation, New York, Published 1914, Second Impression May 1915, The University of Chicago Press, 1915，北京協和醫學院檔案室，文書檔案，數位索卷號：0001。

1914年合併了賓夕法尼亞大學主辦的廣州醫校，課程與賓夕法尼亞大學醫學院相同，全部採用英語教學，附屬教學醫院是擁有一百四十張床位的同仁醫院，查房、寫病例亦都用英語，畢業生無須進一步考試，直接就可進入美國頂級醫學研究生院，教育水準名列在華所有教會醫學院之首。[45] 對於基金會提出的這些條件，校長卜舫濟（Francis Lister Hawks Pott, 1864-1947）表示願意接受，差會董事中則有人認為這是其試圖吞併，或至少試圖控制他們的過分要求。用波士頓三一教堂（Trinity Church Boston）牧師曼恩（Alexander Mann, 1860-1948）的話說：「雖然基金會可能出於善意，但我們不能忽視這樣一個事實，隨後可能有侵犯我們控制權的危險。在我看來，對此事應該仔細考慮。我們可以在沒有外來資助的情況下保有這兩個機構，而且對我們來說，這樣繼續下去會比有外來命令要好得多。」[46]

第三節　英語教學

當基金會進入中國之時，世界醫學科學的前沿正從「床邊問診」轉向了「實驗室」的發展階段。[47] 在細菌學意義上的現代科學醫學，時代英雄已不再是診療技藝高超的臨床醫生，而是尊崇客觀、精確和數據的醫學科學家。這在美國最早可追溯到艾略特任哈佛校長之時，於1871年前後推動的醫學教育改革；以及韋爾奇於1884年抵達霍普金斯大學，開始著手創辦醫學院及醫院時，就大力推動實驗科學研究。逮至1893年成立醫學院之時，他的實驗室規模是全美最大，設備最先進，可以同時滿足50名醫生做研究生課題。[48] 1910年洛克菲勒研究所長弗萊克斯納，及其哥哥亞伯拉罕・弗萊克斯納（Abraham Flexner,

---

45 “Early history of St. John ‘s University and St. Luke’s Hospital supported by the Episcopal Church but there is an account written by Miss Mary Lamberton,” Josiah Calvin McCracken Papers, Group No 113, box 1, Yale Divinity Library, Archives and Manuscripts.

46 “Church sees a risk in Rockefeller gift,” *New York Times,* February 10, 1916, p. 11, folder 254, box 30, series 601, record group1. CMB. Inc., Historical Record, XI X, RFA-ARC.

47 Andrew Cunningham &Perry Williams, *The laboratory revolution in medicine*（Cambridge University Press, 2002）, p. 1-14.

48 （美）約翰・M・巴里，《大流感：最致命瘟疫的史詩》，頁70。

1866-1959）提交的《美國和加拿大的醫學教育：致卡內基基金會關於教育改革的報告》，直接或間接地導致了八十多所被認為教學水準不達標的醫學院校被關閉或被合併。他們同基金會的關係密切，與擔任董事的韋爾奇、弗萊克斯等一道，直接參與了那個時代基金會的幾乎所有慈善醫學教育資助的重要決策。

這種實驗室革命最早發端於德國，在1870-1894年期間約有一萬五千名美國醫生，就已與成千上萬來自英、法、日、土耳其、義大利、俄國的醫生們，在該國或奧地利學習。如韋爾奇、弗萊克斯都曾留學過德國，基金會此時資助的洛克菲勒研究所、霍普金斯大學、哈佛大學的公共衛生學院，也都參照了德國的發展經驗，尤其是實驗室的設立及其夜以繼日的運作方式，方纔躋入了世界醫學研究最高水準之列。當基金會決定在中國推進高等醫學教育時，遇到最大的問題不僅是缺乏實驗室的設備，訓練有素的人材，而在於沒有那種專心致志、精益求精的實驗室文化和意識。因為在韋爾奇這些當年留學過德國的人來看，最具創新意義的研究成果，肯定基於一絲不苟、永不停止的科學探索精神。他對自己留學的萊比錫大學有這樣的記憶：「如果你有機會參觀那些漂亮的、設備完美的生理學、解剖學、病理學和化學實驗室，見到聞名遐邇的教授及其團隊中勤勉工作的學生和研究助理們，你就會明白德國為什麼能在醫學領域中令他國望塵莫及，因為他們全神貫注於工作，全身心投入到研究之中。」[49]

在華的教會醫學院顯然都做不到這一點。雖則，幾乎所有傳教士醫生的大量時間都用在了治療上，很少有時間對病人進行佈道；但傳教仍然為美國差會願意提供財政資助的前提條件。與之有很大的不同，新發展起來的實驗室技藝對疾病的診斷，已開始不太依賴於醫生對病人講述的傾聽，而是要通過實驗室裡的器械、儀器和數據資料來說話；如果對病人沒有了撫慰、勸導；那麼在佈道過程中就無法拉近醫患之間的心靈距離。鑑於此，教會醫校仍堅持培養「床邊問診」的全科醫生，而非此時已居科學醫學主流的實驗室人材。畢竟，太多成功的例子是自伯駕（Peter Parker, 1804-1888）於1835年11月率先創辦廣州眼科醫院之後，傳教士醫生們學習當地方言、身著中式服裝，與病人零距離接

---

49 （美）約翰・M・巴里，《大流感：最致命瘟疫的史詩》，頁50。

觸，得到了當地社會的充分信任。如1905年抵達長沙，創辦雅禮醫館的胡美（Edward Hume, 1876-1957）以一口長沙方言，為一位患有白內障的老年病人進行精心治療，得到的稱讚是：「先生的表達很清楚，知道不少我們本地方言，我已把你當作湖南人了。」[50]

與之相應，教會醫校課程到底該用英語，抑或漢語講授，在傳教士醫生中一直存有爭論。1886年，數十位在華的德、英、美等國的男女醫務傳教士們齊聚上海，議決成立了「博醫協會」（China Medical Missionary Association），並於1887年3月並出版了全球第一份在西方國家之外的英文專業醫學期刊的《博醫會報》。創刊號上刊發了曾於1880年創辦上海同仁醫院（St. Luke's Hospital），也是前述聖約翰醫校創始人的美國醫生文恆理（Henry William Boone, 1839-1925）的一段文字，談及教會醫校當用何種語言授課時，說希望聽到更多人的意見，籲請各地傳教士醫生們就此踴躍投書。[51] 1890年，在濟南創辦華美醫院並開設醫校的聶會東（James Boyd Neal, 1855-1925）、及博醫協會會長、廣州博濟醫院院長，且也是在華最早創辦醫學教育的嘉約翰（John Glasgow Kerr, 1824-1901）分別撰文，認為教會醫校課程理應用中文教授。聶會東給出的理由是：如果使用英語教學，生源只能來自少數富裕家庭，然「大多數報考教會醫校之人家境都不太好」。[52]

在上海聖約翰大學醫學部任教的文恆理於1901年撰文，聲稱他們在十多年前開始醫學教育時，最初用中文授課，近年來則採用英文教學。原因在於：一是缺乏能夠用中文講授專業課程的教師，大部分外國教授的中文能力（尤其是書寫能力）有限；二是無法讓學生了解最新的醫學發展，不能大量閱讀新近出版的醫學書籍和學術期刊。此外，文恆理談及了生源問題，說除接受過全英文

---

50 Edward H. Hume, *Doctors East and Doctors West: a American Physician's Life in China*, p. 80, pp. 48-49.

51 H. W. Boone, "the medical missionary association of China: its future work," *The China Medical Missionary Journal*, Vol. 1, No. 1（March 1887）, pp. 3-4.

52 Jas. B. Neal, "Training of Medical Students and their Prospects of Success," J.G. Kerr, "Training Medical Students," *The China Medical Missionary Journal*, Vol. IV, No. 3（September 1890）, p. 131-135, 136-137.

課程訓練的聖約翰學生外，該校從未招收過外來考生。[53] 後來到了1909年，校長卜舫濟撰文強調全英語教學的重要性，說很多反對者會舉出日本大學只用日語教學的例子，但應看到在醫學教學中，日本人已經意識到日語研究文獻的不足，要求學生們努力掌握德語、英語。卜舫濟承認很多中國學生沒有機會學習英語，將英語作為所有教會醫校的唯一教學語言不可行；只是在上海這樣東西文化交匯的中心城市，該校方纔能夠招收到一大批精通英語的學生。卜舫濟的結論是由於醫學科學發展太快，「僅掌握中文是不可能跟上世界學術潮流的。」[54]

蘇州醫學院（Soochow Medical College）的柏樂文（William Hector Park, 1858-1927）同年刊發的文章，談及了英語授課的便捷一面。他們採用英文、漢語的雙語教學，根據教師和學生情況具體而定，講到藥名時用拉丁語（用英語標注）。學生大多數用中文做筆記，考試則可任選或英文，或中文。由於知道了拉丁藥名，學生執業後就可直接從上海洋行或從國外購買。在他的多年教學印象中，「凡是英文好的學生，學習成績也最優秀。」[55] 不利的一面，則有武昌文華醫學堂（the Boone Medical School）的報告。該校在1907年開辦時採用官話教學，此時改用英文。他們經過充分討論，贊成的一方認為隨著中國日益開放，未來領導人必須有一定的外語能力——就像其時外務部規定，招聘的官員至少要通一門外語，他們也得迎合這一改變；問題在於那些英語好的學生，沒有人願意在醫校花如此之多時間和精力，畢業後投身到一個經濟收益並不穩定的醫生職業，反倒希望更多招收那些擁有奉獻精神、英語程度不太好的基督徒。[56]

早在1898年，博醫學會就已未雨綢繆，成立了兩個推動中文教學的學術委

53 H. W. Boone, "The education and training of Chinese Medical Student," *The China Medical Missionary Journal*, Vol. XV, No. 3（July 1901）, p. 174.

54 F. L. H. Pott., "Medical Education in China," *The China Medical Missionary Journal*, No. 5, Vol. XXIII（September 1909）, pp. 290-293.

55 W. H. Park, "Soochow Medical School," "the Boone Medical School, Wuchang," *the China Medical Missionary Journal*, Vol. XXIII, No. 5（September 1909）, pp. 300, 312.

56 W. H. Park, "Soochow Medical School," "the Boone Medical School, Wuchang," *the China Medical Missionary Journal*, Vol. XXIII, No. 5（September 1909）, pp. 300, 312.

員會，一是術語委員會（Nomenclature Committee）；另一是出版委員會（Publication Committee）。前者希望統一中文醫學專用詞彙，後者翻譯出版了包括解剖學、治療學、內科學、外科學等近五十本西方醫學經典。儘管如此，中文教學仍不容易推進。不便之處或如協和醫學堂的報告表明：教師除了上課之外，還要額外做大量英文醫學文獻的翻譯工作；對於一些稍微有點複雜的手術，無法在課堂上用中文清楚講述，只能用舊布做的物品來代替標明。[57]就總體情況來看，在華醫校的教學語言的使用情況大致分為這樣幾類：一如廣州、東莞、福州、蘇州的醫學堂使用當地方言；另一如長沙、成都、杭州、漢口、南京、北京、濟南、奉天的醫學堂使用北方官話；還有如上海、武昌、廣州的醫學堂則用英文。此外，港英政府設立在香港醫學院使用英語、德國設立在上海的醫學院使用德語，前者只招收鄰近省分講粵語的華人學生、後者也只招收德國殖民地青島的學生。[58]

在華教會醫校關於使用英文，抑或中文的討論，也明確地擺到了基金會管理層面前。前述1914年1月19日至20日，由主席小洛克菲勒主持，艾略特校長等人參加的首次討論資助中國議題的會議上，邀請了一些在華傳教士醫生參加。輪到聖約翰大學醫學部的傑福瑞（William Hamilton Jefferys, 1871-1945）發言時，他首先提及了教學語言問題，聲稱如果對此解決的不好，討論其他事項就沒有意義。會議紀錄表明：小洛克菲勒最初對此似乎有點不解，茫然問了一句為何「語言」這麼重要？傑福瑞用肯定的語氣，聲稱這是在中國已經爭論了三十多年的話題，且不時還會出現一些激烈言論。他說當下中國醫學教育語言有德語、英語和中文，鑑於人們一般認為德語是科學表達，又由於日本的影響，中國政府可能會緊隨其後；英語作為商業語言，通行於所有教會學校，及一些國立、省立大學；中文則幾乎被所有教會醫校採用。傑福瑞當然是大力主張採用英文教學，強調只有英語訓練出來的學生，才能把現代科學「醫學的靈

57　E. J. Stuckey, "Report of the Union Medical College for 1911-1912," J. G. Cormack, "Report for 1913-1914," CWM China-North Reports, box 6, 1911, box 7, 1914, School of Oriental and African Studies Library, SOAS University of London.

58　W. H. Jefferys, "A review of Medical Education in China," *The China Medical Missionary Journal*, Vol. XXIII, No. 5（September 1909）, pp. 293-297.

魂引入到中華民族的軀體之中。」[59]

接下來發言的是金陵大學醫學系教授施爾德（Randolph Tucker.Shields, 1877-1958），他是中文教育的贊同者，說傑福瑞僅代表了一所英語學校，他則代表一所中文學校。至於為何應當使用中文，他的解答是這會讓學校更容易被中國社會所認可和所接受。他舉例說去年在北京時，其除受到總統的款待之外，還會見了教育部高官。教育部組織了中華醫學會（China Medical Association）的四、五位成員，討論如何將醫學術語中國化，以及醫學教育等問題。施爾德說：這些中華醫學會的成員雖都了解西醫，有的還能說些英語，然他們卻強調醫學教育必須使用中文。施爾德認為如果用英文教學，肯定會遇到缺少足夠生源的困窘，並舉例說其遇到過一位擁有政府頒發的高中文憑的申請者，且數學、幾何接受過英語教學，可當給他一些英文算術題時，這位申請者連一個字都沒有寫出來。施爾德的結論是：「用中文我們可以教一百個中國學生，用英語卻只能教一個學生。」[60]

倘若將兩人的陳述做個比較，我們或可認為施爾德著眼當下，傑福瑞更注重長遠。1912年前後，中國醫學院在校生所占人口比例，是每十七萬五千人中約有一位；美國則是每八千人、加拿大是每三千七百人就有一位；再就受過西式教育的醫生來看，中國每十二萬人才有一位；英國每一千一百人、日本每一千人、加拿大每一千零五十人、美國每七百二十人就有一位。[61] 施爾德醫生任職的齊魯醫學院有五位教授，在校生四十六人，每人每年學費十元，自1910年以來共有七位畢業生。與之不同，傑福瑞早在1904年就批評在華教會醫院沒有手術室、沒有足夠的醫療消毒設備，致使很多本該治癒的病人沒有治癒，聲稱其使命應是引入科學醫學，「確立能讓中國人追隨的職業標準和崇高理

59　"China Conference of the Rockefeller Foundation, Held at No. 26 Broadway, New York City, on January 19&20, 1914," folder 91, box 11, series 2, record group III, RFA- RAC.

60　"China Conference of the Rockefeller Foundation, Held at No. 26 Broadway, New York City, on January 19&20, 1914," folder 91, box 11, series 2, record group III, RFA- RAC.

61　Edward H. Hume, M. D., "Medical Education in China: A Survey and Forecast," Addresses & Papers, *Dedication Ceremonies and Medical Conference, Peking Union Medical College*, September 15-22, 1921, Peking, pp. 76-79，北京協和醫學院檔案室，文書檔案，數位索卷號：0049。

想。」[62] 傑福瑞任職的聖約翰大學，及其後來合作的哈佛上海醫學院也就只有十位教授，在校生二十人，每人每年學費是一百元，自1912年以來共有畢業生五人。[63] 不過，這五人中走出了創立中國首個泌尿外科的謝元甫和生物製品創始人之一的陳宗賢。

這種分歧也反映到當時的中國官方，及中國醫學界。施爾德上面所說的「中華醫學會」，是一個以留日學生為主體，成立於北京的地方性機構；而非1915年2月在上海成立，由顏福慶擔任會長，出版和發行《中華醫學雜誌》的那個全國性的「中華醫學會」。1914年5月，在陪同基金會第一次考察團訪問華北之後，返回哈爾濱的伍連德致函裘德遜，稱他與顏福慶兩人的共同意見，是強烈呼籲用英語教授醫學這樣一門飛快發展的精細科學，不能繼續使用中文進行教學。伍連德不滿教會醫校視佈道為首要目標，將醫學教育排在了第二位，認為無法指望他們在中國推動醫學教育方面取得重大進展。在他看來，如果基金會想在華創辦一家高水準的醫學院，就應該像雅禮協會（Yale-China Association）那樣，不僅能夠將優質醫療帶給所有階層的患者，且還應將之打造成為西方慈善事業和科學進步的耀眼標誌。伍連德說：「因為我相信沒有任何一家機構能比這樣的醫院，更好地實現此目的及發揮更大的影響力。」[64]

第一次考察團結束訪華之後，基金會不久就成立了醫社，緊鑼密鼓地展開了各項對華資助項目，打造若干頂級醫學院則成為所有事務的重中之重。1915年5月，《博醫會報》以「社論」形式，刊發了一篇題為〈洛克菲勒基金會及其慈善行為〉的文章，代表了在華教會的主流意見，認為基金會派出的考察團訪問了教會醫院、醫校，以及一些教會中小學，如果想要將其提供捐贈的承諾付諸實施，那麼可以確定地說在華醫療事務將邁入一個新的發展階段。他們對於基金會的期盼，除進一步拓展在華女性醫學教育之外，還迫切要求能夠支持中文教學，並強調說華人可以通過母語，全面掌握西醫知識。因為他們認為中

---

62 W. H. Jefferys, “practical surgical notes on the past year in St. Luks, Shagari,” *The China Medical Missionary,* Vol. XVIII, No. 1, *Journal*, January, 1904, pp. 14-16.

63 China Medial Commission of the Rockefeller Foundation, “Medicine in China,” New York, 1915, p. 35，北京協和醫學院檔案室，文書檔案，數位索卷號0860.

64 “Wu Lien-teh to president H. P. Judson, 12 May, 1914,” folder 239, box 265, series 601, record group 1, CMB.Inc., Historical Record, Vol. Ⅳ, RAF-RAC.

文提供的醫學教育水準，足以與其他語文授課的醫校相媲美。鑑於民族主義情緒此時正在年輕讀書人中發酵醞釀，他們警告說中國政府不會容忍創辦只用外語教學的醫校，勸告基金會至少創辦，或幫助一所用中文教授的醫學堂。文章直截了當地說：「在當前情勢之下，這所最合適的醫校在濟南。」[65]

作為1915年8月-12月的第二次訪華考察團成員，福勒克斯納參加過前述小洛克菲勒主持首次討論中國議題的會議，知道使用英語，抑或中文教學的爭議性。11月8日，他在上海出席了博醫協會舉辦的會議，坦承在未訪問中國之前，理所當然地認為應使用中文教學；然在訪問中國之後，他清楚地了解到現代醫學術語的中文轉譯、傳教士醫生的中文水準，以及日本大學關於德語教學的教訓，認為在華如果只能資助一至兩個高水準的學術機構，那麼就應認定關於醫學這門學科的「知識和靈感在當下是無法用中文傳授」。這自然引起在座那些博醫協會領袖人物們的不快。有人稱不能僅僅滿足於訓練職業醫生，還必須考慮培養本土佈道人士；還有人說中文教學不過十年時間，倘若假以時日，有足夠人員和資金，用中文照樣能達到如在美國留學的那樣水準。上海仁濟醫院院長，也是倫敦會傳教士醫生的笪達文（C. J. Davenport, 1863-1926）最後提出了一個折衷建議：基金會最好分別資助在上海、北京的兩所醫學堂，前者使用英語，後者使用中文。[66]

韋爾奇也是此次考察團的成員，作為美國實驗室醫學的領軍人物，他的態度在基金會可以一錘定音。實際上傳教士醫生耿耿於懷的語言問題，相對於他最為鍾情的實驗室革命，看上去並不那麼重要。因為自1976年4月至1878年2月，他在特拉斯堡、萊比錫，以及維也納等著名實驗室訪學時，將德語作為工作語言，沒有覺到有什麼扞格或不便之處。況且，在他眼裡的實驗室科學表達，本來就應當更為準確、清晰和簡潔，那時的中文顯然沒有這樣足夠的科學詞彙。加上他受命創辦霍普金斯醫學院時，一個讓他感到遺憾的經驗，是最初一些來自耶魯、普林斯頓的申請者，由於沒有經過化學、物理、生物的實驗室

65　"The Rockefeller Foundation and its Benefactions," *The China Medical Missionary Journal*, Vol. XXIX, No. 3（May 1915）, pp. 187-190.

66　"Conference with the Executive Committee of the China Medical Missionary Association, Shanghai, November 8, 1915," folder 243, box. 27, seires601, record group. IVZB9, CMB. Inc, RFA- RAC.

訓練而無法錄取；這也讓他意識到必須在華同步資助良好的醫預科，中學階段須有完整、系統的自然科學課程，中文似乎都無法滿足這些需求。他說：既然基金會最重要的目標是把中國學生培養成為一流的醫學人才，那麼所有一切都應集中在推動中國與世界其他國家的科學醫學之同步發展；如果能夠做到這一點，他們就可以放心和釋懷了。[67]

第四節　協商收購

當基金會第一次考察團訪華時，曾設想資助在長江流域的一所醫校。1914年6月26日，顧臨在上海會晤哈佛上海醫學院院長胡恆德，想知道該校是否有遷至漢口的規劃，因為那裡沒有什麼重要的醫學教育機構。胡恆德答覆說：他們已與上海紅十字會簽訂了四年的合作協議，在其幫助之下以優惠價格購買了一塊土地，且還在莫干山購買了為教職員們修建避暑住宅的土地。胡恆德擔心如果遷至漢口，可能會對該校帶來負面影響。[68] 在考察團結束訪華，於8月24日抵達京都後而舉行的預備會議上，考察團三位成員一致認為如果要在長江流域資助一所醫學院，考慮到人口、財富和地域的便利，上海無疑是最為合適的地點。遺憾的是該市已有兩所由美國人主持，且還是用英文授課的醫學院，資助這個，不資助那個，容易引發兩校的惡意競爭。考察團期望對內地省份進行一些扶持，就像在長沙的雅禮那樣。當然，他們也意識到作為省會城市的長沙，無法擁有如上海、北京、漢口和廣州那樣「中心城市」的重要影響。[69]

考察團建議「第一個醫學合作項目可在北京展開」，希望就此與當時在該地最為優質的協和醫學堂進行協商。該學堂的前身，脫胎於曾在舟山、香港、寧波、上海開拓過傳教醫學，於1861年9月抵達北京的倫敦會醫務傳教士雒魏

67 Marry B. Ferguson, "China Medical Board and Peking Union medical College, a Chronicle of Fruitful Collaboration, 1914-1951," pp. 49-50, folder 33, box 3, record group IVA32, CMB. IncRAF-RAC.

68 "Mr. Greene's Journal, June 26, 1914," pp. 27-28，協和醫學院檔案室，公文檔案，數位索卷號：0063。

69 "Minutes, August 24 at 9 o'clock at Miyoko Hotel, Kyoto," pp. 11-14，協和醫學院檔案室，公文檔案，數位索卷號：0063。

林（William Lockhart, 1811-1896）所創辦的醫院，至1862年12月31日，就已經接診22,144人。1864年3月，也是倫敦會醫療傳教士的德貞（John Dudgeon, 1837-1901）抵達北京，從雒維林那裡接手了該院，不久就購買了城東米市大街火神廟，將之改造成候診室、門診室、住院部、藥房等。此時，醫院的中文名為「北京施醫院」或「京施醫院」，英文名稱為"Peking Hospital"，由於門前有一對二十餘米高的雙旗杆，當地人又將之稱為「雙旗杆醫院」。當1884年德貞離開北京時，該院已有五十張病床，設立了藥房及門市部銷售西藥、並配置有專為女士和達官貴人攜帶僕人，分隔入住的高級房間，醫院規模及標準在當時的中國堪稱一流，並招收了少量華人學徒進行醫學職業的培訓。[70]

1900年的義和團運動期間，該院遭受到了嚴重的破壞，主體建築基本不復存在。1901年11月20日，原在東北朝陽傳教行醫的科齡被倫敦會派往北京，期望能夠重建該醫院。他先找了一個殘破不堪的破糧店開設了診所，用一塊木板搭成了手術臺，將馬廄改造成為病房，很快贏得了當地社會的信任，前往就診的病人絡繹不絕。幸運的是，接下來科齡的病人就有了一批達官貴人，其中包括慈禧最信賴的總管太監李蓮英等人。1906年初，科齡通過李蓮英呈交給慈禧太后一份申請函，提出了以其名義開辦一所醫學堂，並由政府給學生們頒發學位。結果不但這兩項訴求都獲得了恩准，且科齡還得到了慈禧太后和政府高官們約四千英鎊的捐贈，引起了眾多的羡慕和關注。1906年12月31日，他提交給倫敦會的報告中，談及一些不宜列入正式報告的私密之事，稱其時北京謠言漫天飛，說日本人針對教會學校，尤其是協和醫學堂而竭力煽動排外情緒，鼓吹「中國是中國人的」，並試圖通過一些留日歸國學生掌控中國的教育體系。[71]

在這種情況之下，協和居然還能得到政府最高層的垂青，讓科齡感到不可思議。在同一份報告中，科齡稱該學堂之所以能夠如此幸運，毋庸詳述自己做了些什麼，相信這一定是得到了上帝的眷顧。的確，清廷主管教育最高部門的學部，批復件中稱此乃「皇太后鄭重醫學，千萬善舉之意，他項學堂皆不得援

70 "Historical Sketches," "Historical Sketches（II）," "Historical Sketches（III）, the Peking Hospital（1885-1901）," *Peking Union Medical College weekly Calendar*, Vol. XXXVI, No. 9, No. 13, No. 15, 6 November, 1940, 4, 10, 18 December 1940, pp. 57-58, pp. 86-87, pp. 8-9.

71 "Report for the year 1906, Dec. 31. 1906," CWM China-North Reports, box 6, 1911, box 7, 1914, School of Oriental and African Studies Library, SOAS University of London.

以此為例」。[72] 時人解釋道：北京外人所設之學堂，學部均不立案，亦不預聞畢業之事，獨倫敦會所設之協和醫學堂，學部准立案，且畢業時，還由部察照驗證，發給准其行醫執照；原因在於「該學堂雖系教會中人所設，然實受太后賞貼銀一萬金，故學部仰體太后重醫之心，准其立案，他處概不能援例云。」[73] 這也是為何該校於當年2月14日舉辦的開學慶典，場面可謂空前隆重，邀請到的出席者除英、美、德、日、意等國駐華公使、海關監督赫德（Robert Hart, 1835-1911）之外，還有如外務部會辦大臣那桐、學務大臣孫家鼐、外務部右侍郎伍廷芳、郵傳部左侍郎唐紹儀等一大批中國高官。[74]

協和是年招收了四十名學生，學制五年；到了1907年，連同前一年竣工的婁公樓（Lockhart Hall），該校又有了一幢學生宿舍樓，都是那個年代北京最好的西式建築之一。作為一所被科齡認為得到政府核准的教會機構，校園裡宗教氣氛自然頗為濃厚。學堂都要舉行晨禱、吟誦讚美詩，並或由一位教授，或由一位學生發表簡短佈道。每週日有師生自願參加的福音佈道活動，教授們帶領學生，分成幾路人馬，或在內城，或到外城，擺好桌子，凳子、張貼橫幅及標語，免費給路人提供簡易診療，並將之與佈道結合起來。此外，學堂的基督教青年會定期舉行祈禱及文體活動，周日晚上舉行中外人士的佈道服務。1909年，該學堂的學生增至七十五人，三分之二是非基督徒，早、晚舉行祈禱，儘管不是強制性的，然大多數學生都會自覺參加。如一位在預科就讀的非基督徒滿族學生，父親是國史編纂館的負責官員，自己有候補道台銜，上課時頂戴孔雀花翎，課後積極參加閱讀活動，還捐贈了相當四十英鎊的圖書。[75]

協和面對全國招生，至1907年時最南方的學生已有來自福州，最北方的學生則有來自奉天。1907年初，該校對五十六名在校生進行了考試，國際考試委

72　〈協和醫學堂請立案稟批（光緒三十二年五月二十九日，1906年7月20日）〉，《學部官報》，1906年第2期，頁1。

73　〈協和醫校立案原因〉，《四川學報》，1907年第4冊，頁3。

74　Our correspondent, "The New Union Medical College at Peking," *the North-china Daily News*, Saturday, February 26, 1906, p. 11.

75　"Report for the year 1906, Dec. 31. 1906," "Annual Report 1909-1910," CWM China-North Reports, box 6, 1911, box 7, 1914, School of Oriental and African Studies Library, SOAS University of London.

員會參與了監考，難度相當於英國同年級醫學院水準，通過者只有二十七人。該校雖設有英文課程，教學語言卻是北方官話；由於學生人數增加，班級擴大，能講北方官話的外籍專業教師格外缺乏。令人感到尷尬的，是外籍專業教師遇到的困難多於學生，難以記住那些解剖學專用名詞，如「正中神經」、「三角肌」、「肱三頭肌」、「肋喙膜」等。儘管學堂組織了定期的中、英文夜校，要求每週每人用兩個或三個晚上強化語言；可就學生的情況來看，他們似乎願意花更多時間提高自己的英語能力。當新入盟的惠義路（E. R. Wheeler）教授於11月抵達後，學生們組織了歡迎茶會，準備了茶點和糖果，氣氛頗為熱烈。一位被大家推舉發言的學生，致歡迎辭時解釋為何使用英文，稱自己本打算用北方官話致辭，可同學們認為最好能抓住此機會練習英語。讓這位新來之人覺得有趣的是：「中國人竟然被中國人要求說英語。」[76]

協和由倫敦會、美國長老會和美國聖公會等六家教會聯合創建，倫敦會擁有地產、建築及協和醫學堂的各項設備，還有宿舍、實驗室等的產權，並承擔了大部分雇員的薪酬；另外五個教會酌情出資適當補貼一些特殊購買需求，主要運作經費全靠差會提供，以及當地中外人士捐贈。1906年的報告，說該校出現了約兩千八百元的虧空；1907年的報告，則說由於增加了招生，部分病房不得不改成了教室，一些旁邊的臨時棚屋則成了病房，如果在英格蘭，該院就會被人控告讓病患住在破爛的「牛棚」裡，並抱怨他們整天忙於籌措資金，就像古代使徒那樣為了「服務餐桌」而無暇顧及傳教和治療事務。及至1908年的報告，稱他們仍然不得不歎息病房容量十分有限，因為中國學生的長項，在於令人驚歎的書本記憶力；欠缺則是缺乏診所或醫院中的臨床實踐經驗，治療動手能力偏弱，實習病房對於中國的醫學教育有著更為重要的意義。不過，當年他們幸運地從英國籌集了七千鎊的善款，開始著手修建一座有四個病區、設施完善的現代醫院。[77]

---

76 "Annual Report of the Union Medical College, Peking, 1907-1908," CWM China-North Reports, box 6, 1911, box 7, 1914, School of Oriental and African Studies Library, SOAS University of London.

77 "Report, 1908," London Missionary Society, *the One Hundred and Twelfth Report, being the Twelfth Report of the Second Century, 1907,* the London Missionary Society, 16, new Bridge Street, London, E.C., pp. 224-255.

1914-1915年，協和的學費、解剖室、化學實習費的65元；再加上包括伙食、取暖和房間照明費的住宿費5.5元，學生總共需要負擔70元。[78] 以當年購買力來看，每石米的價格約8.4元，[79] 那麼大約可買九石大米（每石約一百五十六斤）。這對那些較為貧困的學生來說，也是一筆不小的支出。1915年該校總收入約168,630元（$70,853.82），當年有學生135人，學費算下來收到了9,450元，約占學校總收入的56%，表明仍然有不小的虧空。至於北京當地的慈善捐贈，科齡早在1907年就向差會報告，說此地不同於中國其他城市，已有不少外國醫療機構，如在東交民巷使館區的法國醫院、義大利醫院、德國醫院和英國的普仁醫院，以及美國同仁醫院、道濟醫院，都需要中外愛心人士隔三差五地慷慨解囊，致使在當地慈善捐贈太不容易。的確，1914-1915年度，北京外人捐贈12,335元（$1554.54，或銀172.07兩）、華人捐贈1,885元（$791.87），兩者相加14,220元；當年協和的總支出為168,606元（$70843.82），捐贈占比約8%。[80]

早在1908年牛津大學女王學院教務長霍奇金率領的牛津、劍橋考察團訪華時，與科齡討論過彼此合作的問題。7月31日，霍奇金致函芝加哥大學的伯頓、小洛克菲勒，談及他們之所以希望與一所或多所美國大學合作，首先是為了提高效率，其次是讓「中國人相信我們沒有什麼政治動機」。[81] 1914年4月18-5月14日，裘德遜率領基金會第一次訪華考察團訪問北京時，自然特別關注了協和。他們大致了解到其時該校有五幢樓房，分別為教學樓、宿舍樓、男醫院、女醫院和門診部，共九十張男、女病床，並估計該校不動產約值131,900

78　其時香港大學每年平均收取300美元（相當於714元），食宿費用每年30美元（71. 4元）起。Edward H. Hume, M. D., “Medical Education in China: A Survey and Forecast, 1921,” Addresses & Papers, Dedication Ceremonies and Medical Conference, Peking Union Medical College, September, 15-22, p. 77，北京協和醫學院檔案室，文書檔案，0049。

79　〈鎮守使欲平米價〉，《申報》，1914年7月24日，第10版。

80　“Annual Report of the Union Medical College, Peking, 1914-1915,” CWM China-North Reports, box 6, 1911, box 7, 1914, School of Oriental and African Studies Library, SOAS University of London.

81　“the Oxford and Cambridge Plan, Hodgkin to Prof. E. D. Burton, Letter from R. H. Hodgkin of Oxford University, London, 7/31/08,” folder 829, box 113, record group III 2G. office of the Messrs. Rockefeller education interests, RFA- RAC.

美元，由此他們也進行了一番細緻的測算，得出的結論是如果基金會想要收購該校，需要投入資金在59,5000-69,5000美元之間，每年運營經費則大約為154,217至203,477美元之間；考慮到該校在1913年包括教授薪酬在內的總支出，是46,988.71美元，按照考察團給出的數字，預估他們接手之後的運營經費以最低154,217美元來估算，也是其時協和總支出的三倍之多。[82]

1915年1月15日，醫社主管巴特里克、顧臨等人，在紐約與當年參與協和運作的一些美國差會領袖舉行了深度會談，形成了合作及收購該校的框架性備忘錄。他們承諾：一方面與在華教會密切合作，盡力使醫學教育能對傳教有所貢獻；另一方面，從現代醫學的最高標準出發，大力提升中國醫學教育的水準。達成的下一步行動方案，包括成立由九人（醫社五人，教會四人）組成的協和新董事會，敦促現有教授向各自教會提交辭呈，新的教授委員會通過投票而決定教授人選。[83] 接下來在這些美國差會的幫助之下，巴特里克於3月20日乘船前往英國，以爭取英國傳教團體的全力支持，並期望和倫敦會商定收購協和的最終條款。4月15日，倫敦會外事秘書霍金斯（F. H. Hawkins）致函巴特里克，表示願意接受醫社關於收購協和的動議，鑑於包括小洛克菲勒的信中承諾將大力支持在華傳教事務，他們的最高期望是如果雙方達成協議，那麼新組建的協和應繼續保持原有基督教性質，「並將之放在所有工作的首位。」[84]

毋庸贅述，雙方最終達成了售價二十萬美元的協和地產轉讓協定。該協議於6月21日正式生效，7月1日協和由醫社全面接管，再將該地產轉租給協和。董事會則由當年創辦協和的六個差會各出一位，加上七位醫社（四位基金會董事會成員）人士組成。1916年1月24日，協和董事會在紐約召開了首次會議，科齡被邀請參加。在寫給倫敦會的秘密報告中，科齡稱在美國駐華公使的幫助之下，重建協和居然得到了袁世凱總統的支持承諾，並還報告說醫社決定採用

---

82 China Medical Commission of the Rockefeller Foundation, *Medicine in China*, New York, Published 1914, Second Impression May 1915, The University of Chicago Press, 1915, p. 21, 北京協和醫學院檔案室，文書檔案，數位索卷號：0860。

83 "Memorandum, of a conference on Friday, January 15, 1915, at the Whitehall Lunch Club, 17 Battery Place, New York," 北京協和醫學院檔案室，文書檔案，數位索卷號：0519。

84 "F. H. Hawkins（secretary for China London Missionary society）To Mr. Wallace Buttick,（Director, CMB）, April 15, 1915," folder 250, box 29, sub-Series A, series 601, record group 1, RAF-RAC.

英語教學，大幅提升教授們的薪酬，將系科領導和重要職位的年薪增至到三千五百美元。讓科齡感到有點失望的，是在與基金會、及醫社高層討論傳教事務時，他總是強調未來的發展應充分注意當年其創辦協和的傳教宗旨，雖然沒有聽到什麼反對意見，可看上去基金會的那些人內心卻不那麼心甘情願。科齡說還建議基金會進而支持天津等地的傳教醫療事務，沒有得到任何回應；原因在於基金會、醫社迫不及待地想把協和打造成學術創新意義上的「絕對一流」，對傳教則興趣不大。[85]

1916年5月27日下午2點，協和董事會在北京舉行了首次會議，顧臨被醫社董事會任命為協和董事會成員，並在此次會議上由與會者選舉為主管秘書，全面負責協和的重組事務。[86] 就像前述科齡寫給倫敦會的秘密報告中，稱對顧臨印象頗佳，說此人非常了解中國，其對基金會的「影響和建議可能會舉足輕重」。的確，1917年3月16日，顧臨致函巴特里克，針對基金會有人希望更改協和校名，以彰顯洛克菲勒的慈善之意，陳述了自己的看法。他提出三點不贊成的理由：一、如果貿然改名，會讓在華教會人士感到失望，因為他們不願意協和改變太多；二、即使改名，新的名稱也不能與協和的地位完全相符，因為中國人已經有了國立「北京醫學院」，中國教育部將不會批准；三、如果使用外國名稱，若加上「洛克菲勒」字樣，中國人可能會因為民族情緒而產生反感，因為他們通常只將洛克菲勒稱為「偉大的美國石油之王」。鑑於此，顧臨建議還是保持原有頗為悅耳的中文校名——「協和醫學院」（Hsieh Ho I Every Hsiao）。[87]

顧臨雖非醫學專業出身，卻對將精深科學醫學研究引入中國情有獨鍾。1915年春，他專程前往普金斯大學醫學院進修，一連幾天都在病區裡實習，通過跟隨院長、教授們的巡查，以及與員工們的交談，仔細考察了各種規章制度

85　"Private & confidential, L. M. S. Dr. Correns's Report of his visit to America, January & February, 1916," file8（items 45-57）, box 1, CWM/LMS Home Property Deeds, China, School of Oriental and African Studies Library, SOAS University of London.

86　"Minutes of the Executive Committee of the Union Medical College at Peking, Local," p. 2，北京協和醫學院檔案室，文書檔案，數位索卷號：0133。

87　"Greene to Dr. Wallace Buttrick（CMB）, Shanghai, March 16, 1917," 北京協和醫學院檔案室，文書檔案，數位索卷號：0724。

的實施情況和醫療流程。[88] 及至1918年12月7日，他致函美國駐華公使芮恩施（Paul Samuel Reinsch, 1869-1923），謝絕國務院想委派他一個負責俄國事務的重要職位。雖則，這可能由於基金會的薪酬高於那個年代的職業外交官，但最重要的原因，是出身於傳教士家庭的顧臨此時滿懷通過科學改造中國的使命感和責任感。他的理由是在華已經九年了，在四個不同城市生活和工作過，與在地商人、政治家、教育界、慈善人士和教會有廣泛的交往；儘管能說俄語，卻自認為並不了解俄國事務，感興趣的是中、日關係，以及遠東社會的現代化發展。他說此時自己的工作不僅對中國的內部發展，且還有助於加強美中之間的親密、友好關係。他期望協和作為一個在北京的國際性機構，除與各國在華致力於醫療事務的人士合作之外，「還能促進一個美國人、日本人、法國人及遠東各主要國家之間的善意相處」。[89]

第五節 開辦慶典

1916年4月11日，基金會為醫社撥款一百萬美元，年底協和即以十二萬五千美元價格，購買了附近占地一百五十多畝，相當於十萬平方米的豫王府，並在該地塊上開始了大規模的重建施工。這裡還得要談談現代醫學院本脫胎於歐洲中世紀，最早是教會提供行人棲止館所，名曰"hospital"，自十五世紀起開始轉變為教會用來收容年老體弱者及窮人的慈善機構，後來逐漸演變成慈善治療和護理機構。[90] 不過，直到十九世紀後半期科學醫學興之前，有錢人患病，通常請醫生居家診療，到醫院就診者多是窮人。為了讓窮人在上帝面前，能夠與富人擁有同樣的尊嚴，歐洲很多醫院都建造的宏偉肅穆、巍峨挺拔，且毋庸醫生親自參與，由地方賢達組成設計委員會，聘請建築師和公共衛生專家，不計成本地保證主體建築看上去不那麼萎瑣和寒酸。1887年，當在華傳教

88 "Rockefeller Foundation," *Peking Daily News,* April 9, 1915, p. 6.

89 "Greene（Resident Director）to Honorable Paul S. Reinsch,（American Minister）, Peking, October- December, 1918," folder #21, box 2, series 6AA01, record group 1, China Medical Board, Historical Record, Vol. Ⅹ., 1, RAF-RAC.

90 David Owen, *English Philanthropy, 1660-1960*（Harvard University press, 1964）, pp. 7-9.

士談及在華創辦醫院時，回望母國，不免感慨自己只能因陋就簡，事必躬親——就像他們最初利用寺廟、祠堂、客棧、荒廢的院落，乃至前述科齡只能在馬廄裡接診那樣。[91]

正是按照歐美的這一傳統，醫社期望協和校園的重建，一定要美輪美奐，成為北京一個偉大的地標性建築。他們就此聘請了美國建築界的領軍人物，不久前方才設計了紐約洛克菲勒研究所的研究大樓和哈佛醫學院的柯立芝（Charles Allerton Coolidge, 1858-1936）主持校園的規劃。他於7月13日從溫哥華啟程，一路考察了東京、上海，南京、濟南的校園樓舍和傳統東方建築，於8月20日抵達北京。[92] 及至10月20日，他給醫社董事會提交了一份關於協和舊有建築的評估報告，除了稱讚之外，報告指出了一些不足和需要改進之處：例如樓舍裡都沒有設置抽水馬桶，排泄物裝載在糞桶裡，須僱傭專人負責每天運送；每間臥室住三名學生，顯得有些擁擠；廚房則設在一層，僅以煙筒排放而難以保持空氣清新，烹飪起來的油煙總充滿了整幢樓房。同時，他不無驚奇地注意到老樓房體現的一些中國特點，如私人付費的高檔病房裝修得相當豪華，旁邊還附有一間供僕人使用的小屋，因為官員及上層人士住院通常隨身會帶有不止一位僕人。[93]

在中國訪問期間，柯立芝與各地政界、知識界精英進行了交流，以了解中國人對未來協和建築的看法。在北京與教育總長孫洪伊、交通總長汪大燮見面時，他得知這些政界人士垂青於西式建築風格。如清華校長周詒春就建議，協和建築物應適用於最新的西方醫學教育，並展現西方文明的最新理念。與這些人有所不同的，是曾留學英國倫敦大學鏗司書院學習法律、也是成立故宮博物院前身之古物陳列所的最初提議人，著名畫家的金紹城（Kungpah T. King, 1878-1926），建議協和的校舍設計在適應現代生活的同時，最好還能兼顧中國人的感情需要而採取中國樣式。柯立芝由此寫道，中國建築主要分為寺廟、

91　J. K. M,"the Construction of Hospitals," *China Medical Missionary Journal*, Vol. 1, No. 2（June 1887）, pp. 77-78.

92　Franking C. McLean, "Report by the Executive Head of Union Medical College, Peking, in regard to trip to China during summer of 1915," 北京協和醫學院檔案室，文書檔案，數位索卷號：0748。

93　"Charles A. Coolidge to the China Medical Board, Rockefeller Foundation, Boston, October 20, 1918," pp. 5-7，北京協和醫學院案室，文書檔案，數位索卷號：0858。

寶塔、大門、鼓樓，宮殿和家庭住宅，採用純粹中國建築樣式，一個困難是如果建造三至四層的樓房，採用宮殿式飛簷，會導致頂層房間終年採光不暢，並不利於使用；另一個困難是中式建築那些漂亮裝飾、繪畫，在以實用為目的的建築物中很難照搬。他的想法是說可採用華麗的宮殿外觀，比例和結構則以西方現代醫院的適用性為主。[94]

在此報告中，柯立芝提醒醫社高層注意，說如果採取這樣的建築方案，將比建造西洋樣式的樓宇，需要投入更多的費用。他不認可人們通常所說中國人工便宜，造價只是美國的三分之一的說法，稱在中國沒有相應的施工起重設備，需要從美國運來；又以許多建築材料只能進口，都會拉高建築成本和施工費用。前不久他為普林斯頓、洛克菲勒研究所設計的實驗樓，在美國的合同價為九萬零七百美元，此時協和建築群的報價是八萬六千美元，相差沒有多少。另外就節省費用而言，他提出可將豫王府附近的三條胡同以南一塊空地進行改造，那裡在雨季時雨水彙聚成一汪小池塘，平常任由附近居民拋撒垃圾，此次修建時可將之填充起來，用以修建宿舍樓、實驗樓。當時北京人說：「禮王府的房，豫王府的牆」，指該府院牆比別家王府高出三尺，可由於年久失修，很長一段的牆體已快要崩塌，為了防止傷及行人，警察關閉了周邊路段，故柯立芝建議：拆除的牆磚及梁、柱、椽子等物，可以用作接下來施工的材料。[95]

與此同步進行的，是為了保證招收的學生受過物理、化學和生物的基本訓練，且還有流暢的醫學英語聽說能力，醫預科於1917年9月11日招收了首批八名學生，聘用了五位教授。十三天後的9月24日，作為協和首棟建築的解剖樓，在北洋政府教育總長範源濂的主持之下舉行了奠基儀式。接下來包括技工、工頭和工人在內二千五百位中國人，夜以繼日地緊張施工。1920年8月29日刊發在《紐約時報》上的一篇現場新聞報導，稱最初幾乎沒有一位工人見過起重機等現代化施工設備，美國人通常認為中國人學習機械操作，會很笨拙和遲鈍；然這些工人不久都進入狀態，一個個成為熟練的施工能手。文章還說：協和工地上興建了一座配備最新機器的現代化木工加工廠，製造了所有門、

94 "Charles A. Coolidge to the China Medical Board, Rockefeller Foundation, Boston, October 20, 1918," pp. 17-19，北京協和醫院檔案室，文書檔案，數位索卷號：0858。

95 "Charles A. Coolidge to the China Medical Board, Rockefeller Foundation, Boston, October 20, 1918," pp. 18, 9-10，北京協和醫院檔案室，文書檔案，數位索卷號：0858。

窗、框、裝飾條和鑲板；此外，還有處理鋼鐵部件的金工車間、切割大理石和木器雕刻場，中國工人們迅速學會使用經過改善的混凝土攪拌機，所有電力設備也都有他們負責操作和維護；重要的是「現代化的新方法和新設備，使他們的工作變得輕鬆和更有效率。」[96]

醫社就此遇到的最大問題，是前述柯立芝提醒的造價將會大幅飆升。此時正值第一次世界大戰期間，由於主要工業國都投入到戰爭之中，英、德、俄的產品從市場上幾乎消失，當時的日本產品又難以保證品質，來自美國的產品，運費已從以往每噸的二十五美元、二十七美元增至五十美元，甚至更高。還由於利率的變化，即美元下跌，銀價上升，致使前述最初投入的一百萬美元，至1918年12月增至5,956,208美元。醫社原計劃重組在華的第二所醫學院——即上海醫學院的設想，由於經費支絀，被1919年2月的董事會決定無限期地擱置。逮至當年12月，整個費用估算增加到6,885,650美元，且還不是整個建築群最後完工時的花費。[97] 好在，中國政府對購買土地、進口建築材料、設備，以及醫社在華註冊等諸多事宜，實行了免稅通關政策。所以在1920年5月18日，醫社董事會投票贊成致函美國國務院東亞司負責人，請其將董事會的一封感謝信轉交中國政府財政部，[98] 聲稱此優惠讓醫社節省了數十萬美元。

第一次世界大戰終於1918年11月結束，其時歐陸一片焦土、滿目瘡痍，基金會隨即開展了對歐洲的戰後慈善救助，包括預防波蘭、捷克斯洛伐克、法國等地的傷寒、肺結核救治，以及對那些世界頂級的德國物理學家，如普朗克（Max Karl Ernst Ludwig Planck, 1858-1947）、愛因斯坦等人提供生活和研究補助，對亞洲方面的慈善捐贈相應就會有所減少。1919年6月至10月，曾擔任過明尼蘇達大學校長，於1917年接替巴特里克擔任基金會主管秘書的文森特（George E. Vincent, 1864-1941）訪問了上海、廣州、奉天、首爾和北京等地，以了解當地醫學教育發展善。在與顧臨的交談中，文森特提及了基金會得

---

96 John Ford, "'Green City' Shows Hope of New China," *New York Times*, Aug. 29, 1920; p. 1.

97 福梅齡，《美國中華醫學基金會和北京協和醫學院》，頁22。

98 The Rockefeller Foundation, *The Rockefeller Foundation, Annual Re*port 1918, p. 232; "Mr. Edwin R. Embrey to Division Eastern Affairs, Department of State, May 18 1920," Records of The Department of State Relation to Internal Affairs of China, 1910-29 Roll 117, the National Archives National Archives and Records Service Central Services Administration, Washington: 1960.

到了比利時、印度，以及近東一些國家的捐助請求，從平衡各方需要的角度出發，基金會可能會考慮在這些國家也展開一些相關醫學救助及醫學教育項目。面對協和造價的大幅攀升，顧臨十分擔心基金會將大幅壓縮投入，於9月29日致函文森特，建議董事會盡可能集中力量做好幾件事，「不必把將資金在那些所有需要外援的國家之中平均分配」。[99]

儘管基金會此時面臨著資金緊張，卻未停止撥款，也沒有要求降低協和的施工標準，故至1921年協和新校園竣工之時，建築費用已經達到7,552.836美元（相當於2019年的$ 234863.34），大大超出原來的規範預算。三年前的1919年，作為附屬教學醫院的協和醫院就已經擁有了二百五十張病床（三十張私人病房），包括教學用地，教師和學生宿舍，機械服務和存儲用地，醫校占地二十五英畝；加上解剖學、生理學和化學實驗室、病理學大樓、學生和教工宿舍等，整個校園總共有五十九座建築物。此外，該校還有當時北京最現代化的供水、電力和燃氣，以及汙水處理系統。1921年6月30日，協和有七位教授、六位助理教授、一位助教授、七位助手，以及十五位科室助手和四位預科助教。在教授和行政管理人員中，歐美人五十四人、華人三十七人。註冊學生的人數：預科五十人、醫學院二十人、護士培訓學校十一人位。此外，還有幾乎都是中國人的六百零一位技術員，圖書館員、服務員、廚師，侍應生，看門人等等。[100]

值得稱道的，是協和新建築群將琉璃瓦飛簷與現代樓房建築結合在一起，雕樑畫棟、碧瓦朱甍，美不勝收。尤其是屋頂的綠色琉璃瓦，乃由專為紫禁城修繕所設置的窑廠燒制，也曾是皇家工匠們精心繪製了房檐、門廊的彩色裝飾，被時人稱之為「綠色之城」。[101] 在基金會高層看來，這可以讓協和與中國傳統保持高度一致，使之成為中華文明現代發展的有機部分，而不會被認為

99 "Greene to Mr. George E. Vincent Extension of Medical work of Foundation abroad, Sept. 29, 1919," 北京協和醫學院檔案室，文書檔案，數位索卷號：0786。

100 *The Rockefeller Foundation Annual Report* 1921, pp. 253-257; "To dedicate Peking Institution today," *New York Times*, Sep 19, 1921, p, 14.

101 The Rockefeller Foundation, *The Rockefeller Foundation, Annual Re*port 1918, p. 43. *The Rockefeller Foundation, Annual Report* 1919, p. 249; John Ford, "'Green City' Shows Hope of New China," *New York Times*, Aug 29, 1920, p. 1.

該校「是由外人所強加的。」[102] 逮至1919年3月10日，顧臨致函美國國務卿，報告收到了時任總統府高等顧問周自齊以民國總統名義發給老洛克菲勒的一份感謝電。周自齊稱以中國人民和中國政府的名義，高度讚賞醫社的善舉，並特別感謝協和建築群採用了莊重、典型的中式建築風格，讓中國人感受到自己文化的魅力無窮。[103] 後來文森特結束中國訪問之後，返回美國後遞交給董事會的考察報告，稱這封電報是由那些現場考察過協和的中國委員會所拍發的，並說「這些建築可被視為對中國人民的讚美，很好地展現了醫社在華的宗旨和意圖。」[104]

逮至1921年，即基金會成立醫社，開展在華事務的第七個年頭，重點建設的協和校園已經基本竣工，當年的《年度報告》鄭重宣示作為世界醫學教育和研究的重要一環，該校將為疾病預防及治療做出諸多原創性的貢獻（original contributions）。[105] 為了讓北京民眾了解協和，學院向各界發出邀請，稱於9月15日起對市民開放參觀。由於建築巍峨雄偉，設施美輪美奐，當天一大早，校門口就是車水馬龍，人頭攢動，數十位巡警忙著維持秩序和疏導來往車輛。參觀人群進入校園後，十四人為一組，由專人引導，進行講解。外行民　則「所以有見各種裝置，設備、器具、藥品，只知精妙新奇。」[106] 不過，負面的投訴如《順天時報》刊發一篇署名朱恒敬的文字，稱其雖手持學院的邀請函，抵達現場後，感到接待人員太少，却時有院役得罪參觀人員，聲稱自己目睹了「院役放肆之狀，口出不遜。有數客在接待室稍憩，為院役揮之，失敬之容。更有一役在屋樓下，因細故出惡語詈人，如此辦法，誠不如不許參觀。」[107]

《順天時報》有日本背景，針對協和的開辦典禮，真實心情恐怕也是五味

102 *The Rockefeller Foundation, Annual Re*port 1917, p. 43.

103 "Greene to the Secretary of State Unite, March 10, 1919," Records of The Department of State Relation to Internal Affairs of China, 1910-29 Roll 117, the National Archives National Archives and Records Service Central Services Administration, Washington: 1960.

104 "China Medical Board of the Rockefeller Foundation Including Establishment of Peiping Union Medical Collerge, 1914-1928," China Medical Board, Historical Record, Vol. Ⅲ. RG1. Series 601, Box 25, Folder238, p. 4; "Reconstructive Work in Peking," *The China Press*, September 14, 1918, p. 6.

105 *The Rockefeller Foundation Annual Report*, 1920,p.31.

106 〈協和醫學校參觀記〉，《民國日報》1921年9月18日，第6版。

107 朱恒敬，〈致協和醫院書 〉，《順天時報》1921年10月3日，第6341號，（三）。

雜陳，此前刊發的另一篇報道提及了十七位日本外科醫師被邀請參與此次開辦盛會，聲稱中日醫家也正商討設立中日醫師協會之事，承諾「日華實業協會天津設立商業一事，將來必辦醫科大學，盡力推廣仁術之恩惠。」[108] 除日本醫師之外，9月19日舉辦的協和開辦慶典，參加之人還有專程抵達的小洛克菲勒、中國政府相關部會首長、英格蘭、蘇格蘭、愛爾蘭，爪哇、朝鮮、菲律賓，加拿大、法國和美國醫學界的頭面人物、英、美、法、日等國駐北京公使、在華教會醫務傳教士的代表，以及自1917年以來通過嚴格考試而被招收進來的學生。當天下午四時整，六百餘人的隊伍緩步前行在綠色琉璃瓦的宮殿屋頂之下，經過竣工不久、且美麗壯觀的解剖、生理、藥理實驗室、圖書館的中國古典式建築，魚貫進入當時在北京能夠容納最多人數的東單三條胡同的協和禮堂。[109] 該禮堂的外觀和裝飾也是中式風格，閣樓更是集中體現了東西方建築理念的融合。

在慶典會上發言的主角，是中美兩國的貴賓。中方重要發言人有外交總長顏惠慶、內務總長齊耀珊、教育部代部長馬鄰翼等。顏惠慶還代讀了總統徐世昌的賀信，稱美中是共和國，採取了相同的政體，都期望實現世界的普遍和平，相信「這兩個共和國目標一致，雙方友誼將與日俱增。」[110] 美方重要發言人除燕京大學校長司徒雷登（John Leighton Stuart, 1876-1962）之外，以醫社身分的重要發言人有顧臨和小洛克菲勒等人。前者強調了在此世界大戰之後，對於將以往投入到軍備競爭的巨大資金轉到和平建設方面，在保持世界各國之間的相互理解和友好合作的過程中，「協和至少可以扮演一個謙恭的角色」；後者則表明基金會的目的，是在中國的土地上永久性地建立世界最好的醫學科學，聲稱「無論西方醫學能為中國提供什麼，對於中國國民來說都無關緊要。除非有一天，由中國人接管並使其成為國民生活的一部分，屆時即使不是所有教職員都是中國人，那麼大多數職位也要由中國人主持。」[111]

108 〈協和醫校開幕日本來賓〉，《順天時報》，1921年9月24日，第6332號（四）。

109 *The Rockefeller Foundation Annual Report,* 1921 pp. 40-45.

110 "President Hsu Shih-chang," Addresses & Papers, Dedication Ceremonies and Medical Conference, Peking Union Medical College, September, 15-22, p. 67，北京協和醫學院檔案室，文書檔案，數位索卷號：0049。

111 Roger S. Greene, John D. Rockefeller, Jr. "Response for the China Medical Board," Addresses &

雖則，基金會是一個非政府機構，美國政府卻表現出了極大興趣，認為此舉有助於推動兩國關係的發展。美國駐華公使芮恩施（Paul Samuel Reinsch, 1869-1923）是協和的眼科病人，對於學院購買土地、註冊等事，做了很多與中國政府要員的私下說服和溝通工作。就連基金會與中國政府之間幾封禮儀性的來往函電，都是通過芮恩施從中相互轉達。[112] 對於此次盛大慶典，芮恩施報告國務卿的電文，稱此活動引起了在北京的外國人及中國社會的極大興趣，協和這份厚禮讓洛克菲勒先生在中國社會中引發了極大好感。其時，在華美國人的私生活多不太檢點，就像以美國傳教士為主體而成立的「上海進德會」（the Shanghai Moral Welfare Committee, 1920年改為the Shanghai Moral Welfare League），掀起了聲勢浩大的禁娼宣傳運動。[113] 所以，芮恩施希望此協和慶典，能夠抵消「最近發生的一些不幸事件所帶來的負面影響，如美國在華法庭判決的那些輕浮韻事，就給美國在華的好名聲蒙上了一層烏雲。」[114]

胡適與顧臨相識已久，此前的1920年9月初，顧臨曾致函請其為哥倫比亞大學推薦一位中文教授。[115] 此次胡適代表北京大學（以下簡稱「北大」）參加了慶典，在當天日記中寫道：「典禮極嚴肅，頗似歐美大學行畢業式時。是日著學位制服參加列隊者，約有一百餘人，大多數皆博士服，歐洲各大學之博

Papers, Dedication Ceremonies and Medical Conference, Peking Union Medical College, September, 15-22, pp. 54-56, 57-66，北京協和醫學院檔案室，文書檔案，數位索卷號：0049。"College May Solve Great Interracial Controversy," *The Chinese Press,* September 25, 1921, pp. 1-7.

112 "S.J Murphy to the Secretary of State Department of State, Mar. 29, 1919," Records of The Department of State Relation to Internal Affairs of China, 1910-29 Roll 117, the National Archives National Archives and Records Service Central Services Administration, Washington: 1960.

113 "Moral Welfare League," *The North China Herald*, September 9 1922, p. 741; 胡成，〈上海禁娼與在華西人的道德焦慮：以上海進德會為中心的觀察（1918-1924）〉，《新史學》，第22卷，第1期（2011年3月），頁61-105；"Prostitution Abolishment in Shanghai and the Moral Quandary of Western in China: The Shanghai Moral Welfare Committee（1918-1924）," *New History*, Vol. 22, No. 1（March 2011）, pp. 61-105.

114 "Paul S. Reins to the secretary of state, Step. 28, 1921, Peking," Records of The Department of State Relation to Internal Affairs of China, 1910-29 Roll 126, the National Archives National Archives and Records Service Central Services Administration, Washington: 1960.

115 曹伯言整理，《胡適日記全編（1919-1922）》，第3冊（合肥：安徽教育出版社，2001），頁207。

士服更加濃麗壯觀。自有北京以來，不曾有這樣一個莊嚴儀式。（古代朝服上朝，不知視此如何？）」[116] 此外，胡適對於小洛克菲勒的致詞評價「甚好」，認為「演說詞大概此間有人代他做的」。這個「有人」很可能是與胡適已有交往，此時又前後左右陪同小洛克菲勒的顧臨。畢竟，不同於其時那些擁有強烈種族優越感的在華白人，顧臨對華人有不少尊重。如他反對將中國海關將由外國人管理，認為僱傭那些懶散的外國人，花費了太多中國人的錢財；如果由中國人接手，將可削減許多不必要的薪水支出。[117] 就像前述文森特訪華時，與顧臨有不少接觸中，印象這是一位典型的紳士，機智、胸懷開闊，且還有濃郁的「東方思想」。[118]

深深迷戀於亞洲藝術、瓷器、繪畫和建築風格的小洛克菲勒，演講中有一大段褒獎協和中式建築的發言，大概率出自他的內心感受。他說為了滿足現代科學醫療的要求，協和內部建築按照西式風格；儘管增加了不少成本，但在外觀上還是採用了中式線條和華麗裝飾，目的是讓中國人對傳統建築風格保有同情和欣賞。他援引自己不久之前讀過《亞洲》（*Asia*）當年八月號刊發一篇題為〈北京工匠的歌聲〉（“Singing Craftsmen of Peking,”）的文章，稱施工現場的工匠們告訴記者，說一百多年來在中國的所有建築，都沒有像協和校園工程給其所帶來的熱情鼓舞，因為建築就是一個民族展現自己靈魂的場所。有些此前在老家工地上負責雕刻，長途跋涉來到這裡擔任了最辛苦的苦力，從事工地上頗為卑微的工種，收入也有所減少，但讓他們感到了創造的快樂。小洛克菲勒說採訪者還遇到一位少年時就在寺廟描畫的老工匠，此時負責繪製醫院屋頂的裝飾圖畫，每天兢兢業業的不懈動力，在於他認為「這是我的紀念碑。」[119]

---

116 曹伯言整理，《胡適日記全編（1919-1922）》，第3冊，頁471。

117 Warren I. Cohen, *The Chinese Connection: Roger S. Greene, Thomas W. Lamont, George E. Sokolsky and American-East Asian Relations*（Studies of the East Asian Institute, New York: Columbia University Press, 1978）, p. 34.

118 “George E. Vincent to John D. Rockefeller, Jr July 17, 1919,” folder 1867, box 82, series 1, record group 4, CMB. Inc., Historical Record, pp. 1-4, RAF-RAC.

119 John D. Rockefeller, Jr. “Response for the China Medical Board,” Addresses & Papers, Dedication Ceremonies and Medical Conference, Peking Union Medical College, September, 15-22, pp. 57-66，北京協和醫學院檔案室，文書檔案，數位索卷號：0049。

第三章

清除鉤蟲病

第一節 先期籌劃

鉤蟲病是全球分布頗為廣泛的一種寄生蟲病，在歐、美、非、亞各洲均有大範圍的流行。此寄生蟲有兩種：一是在溫帶分布較廣的十二指腸蟲（Ancylistona Duodenale），以銳利牙齒附著於腸道上皮；另一是在亞熱帶及熱帶型的美洲鉤蟲（Necator Americanus），靠板刀形口器附著腸道上皮。就其被感染後的症狀來看，鉤蟲寄宿在人的腸道中，從患者的血液中吸收營養而導致貧血、衰弱和嗜睡，最嚴重者可以導致死亡。鉤蟲卵不能在宿主體內孵化，而是通過糞便，當被傳染者的腳或腿部的裸露皮膚，接觸到那些被污染的土壤時，幼蟲只需幾分鐘就可以穿透皮膚而進入人體。由於十九世紀人口密度大幅增加，公路、鐵路、海運來往便利，該病隨著種植園勞工移民而造成了全球蔓延。當時估計西印度群島、印度、巴西亞馬遜地區、錫蘭（今斯里蘭卡），斐濟，塞席爾等地的鉤蟲病患者，分別占總人口的60.9%、88%，乃至93.1%。又經合法、非法的勞工移動，不少患者進入埃及、南非、英屬圭亞那、馬來西亞和加利福利亞等地區，被僱傭為礦工或農業傭工。[1]

1 *The Rockefeller Foundation Annual Report 1917*, The Rockefeller Foundation 61 Broadway, New York, pp. 85-104 ; Steven Palmer, "Migrant Clinics and Hookworm Science: Peripheral Origins of International Health, 1840-1920," *Bulletin of the History of Medicine,* Vol. 83, No 4（Winter 2009）, pp. 676-709.

相對於那個時代肆虐人類的已知傳染病（如瘧疾、肺結核、黃熱病、梅毒等）來看，鉤蟲病患者相對容易識別；如果採取一些有效治療，另外加以簡單適當的公共衛生措施，即可成功阻止其蔓延和傳播。因為鉤蟲傳播主要是蟲卵隨糞便排出，在泥土中孵育一兩天後，即於數日內發育成鉤蚴而生活於泥土之中，只要人們不再赤足，隔絕皮膚與已被鉤蚴污染的土壤接觸，就可以收到較好的預防效果；治療也不複雜，只要患者服幾次用於驅蟲的化學藥片，即能殺死進入體內的成蟲。美國南方作為鉤蟲病的重災區之一，洛克菲勒衛生委員會（The Rockefeller Sanitary Commission, RCS）於1910年至1914年期間，在該地區檢查了約五十七萬餘人，發現鉤蟲病的感染率占比41.7%。此前的1909年，委員會已根據最初的田野調查，率先在南方十一個州展開了「清除鉤蟲病」行動，並於1913年取得了階段性成果。[2] 當年矢志於「在世界造福全人類」的基金會成立，遂期望在全球範圍進一步推展該行動。[3]

基金會為何有此設想？秘書格林於1913年1月接受《洛杉磯時報》採訪時，聲稱隨著全球日常商業貿易頻繁往來，必須要在世界範圍內採取同樣的行動，並坦承此舉「並非僅出於利他動機，且還由於在未清除所有地方的鉤蟲病之前，沒有一個國家是安全的。」[4] 曾幾何時，就像霍亂於1817年最初在歐陸蔓延之際，英國率先採行了被其他國家仿效和追隨、諸如流行病學調查、清掃街道、改善下水和供水設施的公共衛生事務；然在此後很長一段時間裡，每當烈性傳染病襲來之時，每個國家都是各自為政，猶如一盤散沙。如1863-1875年第四波霍亂大流行時，俄國率先在亞歐交界的喀山設置封鎖線，奧地利、普魯士隨之跟進。在緊鄰東方的波蘭邊境，僅二百公里的防疫封鎖帶上，普魯士就派駐六萬名士兵。[5] 然而，霍亂傳播基本上是通過內河航道和被污染飲用

2 C.W. Stiles,"Early History, in part esoteric, of the hookworm（Uncinariasis）campaign in our Southern United States," *Journal of Parasitology,* Vol. 25, No. 4（August 1939）, pp. 283-308; James E. Ackert, "Some Influences of the American Hookworm," *The American Midland Naturalist,* Vol. 47, No. 3（May 1952）, pp. 749-751; Garland L. Brinkley, "The Economic Impact of Disease in the American South, 1860-1940," *The Journal of Economic History*, Vol. 55, No. 2（Jun. 1995）, pp. 371-373.

3 The Rockefeller Foundation, *The Rockefeller Foundation Annual Report* 1919, p. 50.

4 Jerome Greene, "Sounds Knell of Hookworm," *the Los Angeles Times*, Jan. 18, 1913, p. 16.

5 於爾根・奧斯特哈默著，強朝暉、劉鳳譯，《世界的演變：19世紀史》（北京：社會科學文

水，沿用這種自中世紀以來對付鼠疫的防疫措施，效果自然十分有限。

同仇敵愾、合作抗疫，是人類戰勝烈性傳染病的最好方法。這也或可視為全球公共衛生事務最早一次的跨國合作行動，[6] 是基金會於1913年6月設立了「國際衛生委員會」（International Health Commission, IHC，以下簡稱委員會，1916年改名為「國際衛生部」（International Health Board, IHB，以下簡稱衛生部）。在該委員會的主持之下，自1914年起漸次在西印度群島、中美洲、南美洲、亞洲的二十多個國家和地區展開了該項行動。[7] 與美國南方的社會經濟發展狀況大致相同，選擇展開該行動展開的場所多是在勞工最集中的種植園、礦山等。結果到了1921年前後，即委員會開始將預防重心轉向肺結核、瘧疾、黃熱病等更加難以治療的傳染病時，該行動已經在這些國家和地區檢查了2,359,630人，發現感染者1,714,058人（占比72.64%）；一次性治療1,542,063人（占比89.96%）；兩次或兩次以上治療1,116,629人（占比72.41%）；委員會投入資金2,475,562.53美元（相當於2019年的$35,966,219.56）。[8]

中國的淮河及黃河一線以南，平均海拔高度八百米以下的丘陵地及平壩地，是鉤蟲病的主要流行區。這並非是對中國傳統醫學不敬，由於長期以來解剖病人屍體被歷史文化傳統及官府法令嚴格禁止，鉤蟲的體型過於細微，無法被肉眼看見，故傳統醫學雖對腸道寄生蟲病的症狀記載很多，然就鉤蟲的病理

獻出版社，2016），第1冊，頁372。

6　顧名思義，本文談及的是首次「行動」，而非「構想」。雖則，早在1851年7月23日，在巴黎開幕、共有12個歐洲國家參加的國際衛生大會（Intonational Sanitary Conferences），就有了在世界範圍內進行跨國醫療及公共衛生事務合作的構想；但那只是坐而論道，一直沒有付諸行動。另外，1910-1911年冬春，在中國東北鼠疫肆虐時，雖有少數英國醫務傳教士在現場主持防疫，再至後來鼠疫平息之後在奉天召開「萬國防疫會」，中方邀請了英、法、德、俄、意、奧諸國醫師參加，但那次鼠疫的防疫，只是在中國一國的「跨國」，而非遍及各大洲的「全球」。關於此次防疫，請參見拙著，〈中日對抗與公共衛生事務領導權的較量——對南滿洲鐵路、港口中心城市的觀察1901-1911〉，《近代史研究》，2011年第1期，頁31-46。

7　代表性的著作，請參見John Farlyn, *To Cast Out Disease: A History of the International Health Division of the Rockefeller Foundation*（*1913-1915*）（Oxford: Oxford University Press, 2004）；Steven Palmer, *Launching Global Health: The Caribbean Odyssey of the Rockefeller Foundation*（Michigan: University of Michigan Press, 2010）.

8　The Rockefeller Foundation, *The Rockefeller Foundation Annual Report 1921*, pp. 218-230.

性質描述並不確切。隋代巢元方（605-616）於大業六年（610年）編撰的《諸病源候論》一書有九蟲之說，目前尚無證據表明其中就包括了鉤蟲。不過，由於各地患病人數太多，中醫典籍對臨床表現倒有許多記載，認為此乃脾胃虛弱，濕熱蟲蝕所致。民間醫者則以患者皮膚顯萎黃色、伴發浮腫和消化障礙，稱之為「黃病」者；又有因病者體力羸弱，懶於勞動，稱之為 「懶病」者；還有因病者大都酷嗜茶葉，病癒甚者，茶之嗜好愈深，膚色也就愈黃，稱之為「懶黃病」者。然而，多數中醫診斷，謂病體多黃蟲，曰「黃蟲病」，認為凡地域卑濕一帶之居民，患此疾者特多，故還有將此病謂之「水濕黃」者。[9]

糟糕的是，那個時代對醫者沒有准入制度，任何人只要願意，甚至可以不熟讀醫書，就可懸壺掛牌行醫，可謂是一個最為魚龍混雜、泥沙俱下的職業群體。[10] 由於傳統醫者，通常不擁有顯微鏡，更不敢冒險解剖而獲得知識，診療過程中也就只能通過經驗及感覺而給予治療，難免將許多病例誤診為黃疸病患者。以該病的傳染途徑來看，多由於人體直接接觸到沾有幼蟲的土壤，幼蟲瞬間進入身體而罹患此病，故患者必定多是生活在農村、經常赤足下田的普通農戶，並以南方炎熱地帶居多。這裡且不論能否承擔價格不菲的醫藥費用，即以所在之地的農村地區而言，那時普遍缺醫少藥，很多患者只能得到一些江湖遊醫的診治，療效難以得到保障。逮至1920年代，一位受過西醫訓練的新式醫生談及該病在中國各地蔓延的原因，不無傷感地說：「蓋我國醫學深造有心得者少，對於此種病源茫於把握，憑空臆揣，各執一說，遂至一病數名，病者求治無門，未病者，不知防禦，傳染之範圍，日推日廣，甚可慨也。」[11]

近代科學醫學對於該病的認識，端賴於解剖和顯微鏡，使之可見和能夠得到更多同行專家的檢視和證明。最早有義大利醫生杜比尼（Angelo Dubini, 1813-1902）於1838-1843年期間進行了一系列屍體解剖，在那些體質惡化、虛弱逝者的腸道中，他多次看到了一種被其命名為「十二指腸蟲」的寄生物，並對之進行了最初的病理學描述。此後發現鉤蟲病的報導在全世界範圍內開始增

9　張德超，〈祖國醫學對鉤蟲病的認識與治療〉，《江西中醫藥》，1960年第5期，頁10-11；中華全國中醫協會內科學會，〈鉤蟲病〉，《北京中醫雜誌》，1993年第1期，頁58-59。

10　祝平一，〈藥醫不死病，佛度有緣人：明、清的醫療市場、醫學知識與醫學關係〉，《中央研究院近代史研究所集刊》，第68期（2000年6月），頁1-50。

11　唐澤鑫，〈鉤蟲病〉，《時兆月報》，第17卷，第9期（1922年9月），頁44–44。

加，先在1846年的埃及，後在1865年的巴西，都有醫生做了相關解剖學的報告。後來到了1870年代，瑞士修築通過聖哥達山口，連接義大利與瑞士的鐵路隧道（St. Gotthard Tunnel）時，發現數千名工人進入施工現場之後，許多人不久出現了貧血和渾身無力的症狀。在1878年至1880年期間，義大利醫師格拉西（Battista Grassi, 1854-1925）對這些工人的糞便進行了顯微鏡檢查，發現樣本中大量存在的蟲卵。隨後醫學家們通過顯微鏡檢測，確定哪些人是患者，並嘗試用具有相當殺菌和防腐作用的百里酚（thymol）進行治療，收到了一定的療效。[12]

另一種「美洲鉤蟲病」是由美國醫生斯泰爾斯（Charles W. Stiles, 1867-1941）於1902年前後發現和命名的。就像那個時代美國所有頂級科學家那樣，他於1880–1890年代在德國柏林大學、萊比錫大學留學，並還在著名的巴黎巴斯德研究所實習過，對歐洲同行的發現有相當了解。1892年回到美國之後，他先在霍普金斯大學醫學院和喬治城大學教授醫學生態學課程，後於1902-1913年期間在農業部擔任動物學家及公共衛生和海洋醫院服務衛生實驗室的首席動物學家。在大學任教期間，他在課堂上告訴學生們倘若遇到原因不明的貧血，請注意那可能是熱帶或亞熱帶的鉤蟲病。1900年前後，他的學生，任職於波多黎各的美國軍醫阿什福德（Bailey K. Ashford, 1873-1934）送來了一些當地樣本，通過顯微鏡檢視，發現這是不同於歐洲「十二指腸蟲」的另一種鉤蟲；他隨後考察了華盛頓附近的維吉尼亞、南北卡羅來納等地，驚訝地發現該病的流行非常廣泛、罹患人數眾多。[13]

從公共衛生在歐美初創和展開之日起，基於人口數理統計研究的實地調查就被列為最重要的技術手段之一。眾所周知，1854年英格蘭倫敦城蘇活區寬街（Broad Street）爆發大規模霍亂傳染和死亡事件，斯諾醫生（John Snow, 1813-1858）通過死亡人數的對比而找到了霍亂的傳染源。此時正值美國處在「進步時代」的鼎盛期，主流意識形態堅信科學能夠解決一切問題；來自哈

12　Steven Palmer, "Migrant Clinics and Hookworm Science: Peripheral Origins of International Health, 1840-1920," *Bulletin of the History of Medicine*, Vol. 83, No. 4（Winter 2009）, Baltimore: Johns Hopkins University Press, pp. 676-709.

13　James E. Ackert, "Some Influences of the American Hookworm ," *The American Midland Naturalist,* Vol. 47, No. 3（May 1952）, South Bend: The University of Notre Dame, pp. 749-751.

佛、芝加哥、霍普金斯大學、洛克菲勒研究所的基金會決策者，對於數理統計和實驗室的精深研究，均情有獨鍾，且一絲不苟。[14] 此次先在美國南方，後在海外拓展的「清除鉤蟲病」行動，基金會都要求在實施之地先展開細緻的流行病學調查，以精確掌握該病在當地人口中的傳染資料。基金會衛生委員會早在1911年就注意到了中國，相信「中國政府及中國民眾對減少及根除鉤蟲病尚無所作為」；[15] 故當1913年基金會的國際衛生委員會成立後，行動重心轉移到海外，就開始嘗試在中國獲得該病罹患者及傳播情況的田野調查資料。

前面已經談及，當年中國總共也只有五十餘位在歐美受過現代醫學教育的本土醫生，再加上近四百餘名留日、以及差不多數量的日本、歐美醫生；他們或自由開業、或就職於政府部門、官辦醫院、國立、省立醫學院，且都集中在主要城市或通商口岸，幾乎沒有人在內陸中小城市從業行醫，其病人中不會有太多該病患者。[16] 好在，那時的中國集中了世界教會醫院53%的病床和48%的醫生；[17] 1914年前後已有二百四十四所教會醫院，一百九十二家診所，大多設在經濟不發達的中小城市。在這些醫院任職的，有約男女傳教士醫生四百四十六人，以及四百一十名華人助手，每年診治住院病人十餘萬，門診病人上百萬。尤其是那時西醫尚未有明顯治療優勢，上層華人有病通常先看中醫，教會醫院收費低廉，且還有大量的酌情免費，就診者多是無力承擔高昂診療費、醫藥費的普通民眾。就鉤蟲病的傳染方式來看，患者多是經常赤足、裸露腿部皮膚，接觸到污染土壤的農人，於是他們估計有些人會前往教會醫院就診，可以得到一些先期預估數據。

---

14 The Rockefeller Foundation, *The Rockefeller Foundation Annual Report 1916*, pp. 1-5.

15 Rockefeller Sanitary Commission for the Eradication of Hookworm Disease, *Hookworm Infection in Foreign Countries*（Washington, D.C., Offices of the commission, 1911）, p. 57.

16 China Medical Commission of the Rockefeller Foundation, *Medicine in China,* New York, 1914, Second Impression May 1915, The University of Chicago Press, 1915, p. 8，北京協和醫學院檔案室，文書檔案，數位索卷號：0860；Roger S. Greene, "Medical Needs of the Chinese," *The Chinese Record*, Vol. 49, No. 4（April 1918）, p. 229.

17 Gerald Hugh Choa（蔡永業）, *"Heal the Sick": Was their Motto, the protestant Medical Missionaries in China*, The Chinese University of Hong Kong 1990, p. 112; China Medical Commission of the Rockefeller Foundation, *Medicine in China,* New York, 1914, p. 113，北京協和醫學院檔案室，文書檔案，數位索卷號：0860。

此時委員會遂開始致函在華傳教士醫生，向各地教會醫院發放調查表，介紹了他們在美國採取該行動的情況，並詢問該病在當地的蔓延狀況，以及是否採取了清除和減緩傳染的措施。在洛克菲勒檔案館收藏的一系列信件中，最早一封回覆是位在山東泰安府教會醫院任職的醫療傳教士妻子，寫作時間是1912年6月16日。她很感激委員會準備在美國之外也展開該項行動，告知除了自己和丈夫不幸被傳染此病之外，當地還有很多鄉民也罹患該病。她想請委員會郵寄些藥物過來，稱通過內地的火車，這些藥物四、五周內就能送達，她丈夫的醫院就可以進行門診治療。[18] 此外，南京美以美教會醫院（Philander Smith Memorial Hospital）於1913年8月21日的回覆，說發現當地感染此病最多之群體是園丁、其次是農民。這裡的園丁，當然也包括菜農，因為那時城內有不少民眾自己種菜，養豬、養雞。至於預防和治療情況，報告說雖有不少人被傳染，當地卻沒有人意識到此乃一種腸道疾病，他們則是通過顯微鏡檢查患者的糞便樣本而發現了很多蟲卵。[19]

令人鼓舞的是一些醫務傳教士的回覆，不僅提供了委員會期望看到的統計資料，且還有與之進行合作的請求。1914年3月23日，廣西梧州思達醫院（The Staut Memorial Hospital）廖紀和醫生（Geow Leavell）回覆，稱長期在農田務農者被傳染率達到80%，不經常下田、每天上街賣菜農民業已有60%的患者，從來沒有下過農田的商人、官員及和尚也有百分之48%的被傳染率。[20] 重慶紅十字男醫院（Chungking Men's Hospital）於9月9日撰寫的回覆，稱由於天氣濕熱，民眾生活困難，當地90%的男性和孩童常年赤足，被傳染最多的是在水稻田裡勞作的農民，由於女性通常穿襪穿鞋，相對於男性而少了許多患者。[21] 此外，當年1月8日，浙江湖州的醫務傳教士於有朋（N. D. Eubank, M. D.）致函

18 "Mrs T. L. Blalock（Tai An Fu, Shantung, China）to H. O. Hyatt,（Kinston, N.C）, October 16, 1912," folder 241, box 16, series 1, 2, record group 5, HB, IHC, Stacks, RFA-ARC.

19 "Robert C. Beebe to Wickliffe Rose, August 21, 1913," folder 241, box 16, series 1, 2, record group 5, HB, IHC, Stacks, RFA-ARC

20 "Geow Leavell to Dr. W. S. Leathers, March the twenty third, nineteen fourteen, 1914," folder 241, box 16, series 1, 2, Record group 5, HB, IHC, Stacks, RFA-ARC.

21 "John MacWillie, M. D to Rose, Chung King, China Sept. 19, 1913," folder 241, box 16, series 1, 2, record group 5, HB, IHC, Stacks, RFA-ARC.

委員會，報告了當地的患者發現情況，懇請得到委員會的財政資助和期待雙方合作。[22] 8月14日，江蘇蘇州博習醫院（Soochow Hospital）撰寫了類似回覆，聲稱願意以多種方式與委員會合作而展開此項清除行動。[23] 從這些醫療傳教士報告的地域來看，委員會遂更加相信該病在中國中南部有大量患者。

第二節 著手行動

一般說來，在華教會醫院規模都很小，僅有傳教士醫生一至兩人，輔以三、四位由其培養出來的華人醫生，每天診治數十位、上百位病患，平時忙得團團轉，連佈道傳教的時間也擠不出來，無暇再做更多的流行病學檢查。即使衛生部願意提供資助，他們也不會關閉醫院，放棄病人，全身心地投入到相關數據的調查行動。這也導致他們提供的患者資料，只是基於對前來就診病人的樣本進行的隨機檢測，並不能有效證明所在地該病被感染的實際狀況。委員會則需要掌握確切的第一手統計數據，以清楚了解該病的蔓延情況，方能確定在哪個特定區域展開行動。1913年2月，韋爾奇介紹1905年在長沙創辦雅禮醫院、此時正積極籌畫創辦湘雅專門醫學堂（以下簡稱湘雅）的胡美（Edward Hicks Hume, 1876-1957），在華盛頓拜會了委員會執行秘書羅斯（Wickliffe Rose, 1862-1931），兩人詳細談及了委員會與雅禮的合作事宜，即由委員會出資，他們派人前往現場進行該流行病學的田野調查。

胡美畢業於耶魯、霍普金斯大學，雖也算是差會作為傳教士派遣，旨趣卻在於推進現代西方醫學教育在中國的落地生根，極力想促成醫校與基金會的合作。1913年8月7日，已返回長沙的胡美致函羅斯，報告在湖南地方當局的大力支持下，他們與當地高層人士合作成立了湘雅醫學會（Hunan-Yale Medical Association）。省政府承諾與他一起籌備開辦的湘雅醫學專門學校（以下簡稱湘雅），提供購買土地的優惠，以及部分建築資金和每年補貼。此外，他說已

---

22 "N. D. Eubank, M. D to Mr. Wickliffe Rose, Jan 8, 1914," folder 241, box 16, series 1, 2, Record group 5, HB, IHC, Stacks, RFA-ARC.

23 "W. H. Park（Soochow Hospital）M. D. to Wickliffe Rose, Aug 14, 1913," folder 241, box 16, series 1, 2, Record group 5, HB, IHC, Stacks, RFA-ARC.

有十位在美國受過專門醫學訓練之人前來任職，並聘請了韋爾奇擔任醫學顧問。不過，胡美聲稱對當地民眾危害最大的是血吸蟲病，希望委員會予以充分關注。[24] 9月16日，羅斯回覆胡美，稱他們對鉤蟲病已有清楚認識，也有成功經驗，現階段集中精力清除該病，血吸蟲病可放到以後考慮。他建議胡美不要把工作攤子鋪得太大，先派人攜帶顯微鏡，去現場進行田野調查。如果招募助手，他們的經驗是通過三個星期的實驗室培訓，用較少花費就能得到合格的顯微鏡技師。[25]

胡美照此做了一系列的安排，於1914年2月4日回覆羅斯說，他高度重視委員會即將在中國展開的行動，派人對長沙一些學校的學生，及該院和紅十字會醫院的住院病人，進行了相關病理檢測。他們得到的初步印象，是礦區疫病感染者最多。因為湖南有豐富的礦產資源，最大礦區是由德國人管理的萍鄉煤礦，聚集了一萬多名礦工。胡美進而又派醫院實驗室負責人里德（Alfred G. Reed）去該地考察了三周。至於羅斯建議派遣一位現場主管，胡美說已經找到了一位合適人選，即畢業於上海聖約翰大學醫學院，其時正在美國賓夕法尼亞州立大學醫學院公共衛生專業就讀的刁信德。胡美說此人被該校教授認為是最好的畢業生之一，在遠離都市的邊遠地區，派遣一位中國人會比一位西方人，更容易與當地民眾建立友好關係。[26] 的確，在1904年清政府為南非華工招募懂英語的醫生時，就讀上海聖約翰大學的刁信德踴躍報名，選中後派赴南非約翰尼斯堡金礦當過三年礦務醫官，有相當豐富的礦區醫療和生活經驗。

接下來到了10月28日，胡美又致函羅斯，稱準備派遣里德再次前往萍鄉，進行為期一個月的實地田野流行病學的調查，估計費用為二百五十美元，如果衛生部同意提供此筆款項，請拍電報通知他。也是為了節省經費，胡美稱電報用這幾個字就可以了，即「胡美，長沙，鉤蟲病」。[27] 及至翌年3月23日，胡

24 "Hume to Mr. Wiekliffe Rose, August 7, 1913," folder 241, box 16, series 1, 2, Record group 5, HB, IHC, Stacks, RFA-ARC.

25 "Rose to Hume, September 16, 1913," folder 241, box 16, series 1, 2, Record group 5, HB, IHC, Stacks, RFA-ARC.

26 "Hume to Wiekliffe Rose, Feb. 4, 1914," folder 241, box 16, series 1, 2, Record group 5, HB, IHC, Stacks, RFA-ARC.

27 "Hume to Wickliffer Rose, October 28, 1914," folder 241, box 16, series 1, 2, Record group 5, HB,

美致函顧臨，稱去年里德在萍鄉關於鉤蟲病的田野調查報告，刊發在《美國公共衛生雜誌》（*American Journal of Public Health*）1914年的12月號上，是中國在地學者就此病發表的首篇學術文章，為了繼續這項很有意義的科學研究，他想從醫社那裡另外申請兩百五十美元的一筆考察旅費。他說如果能夠成行，準備把該病發生率的調查，納入到湘雅醫學院的公共衛生預防課程之中。[28] 顧臨將此事質詢羅斯，6月3日得到羅斯回覆，稱此時醫社已經成立，基金會在中國的各項事務都應該在其指導下進行，並以充分肯定的語氣說：「如果要在預防疾病方面採取行動，我認為沒有什麼比診治和控制鉤蟲病更有希望。」[29]

1916年夏季，得到較多資助的胡美派人前往農業區的常德、農業和礦區兼有的益陽、以及礦區的新化，展開了更大規模的流行病學田野考察。在重點關注的新化礦區，他派駐了一位年輕住院醫生，配備兩位年輕助手，整整工作了兩個月。[30] 考察結束之後，胡美團隊提交了詳細的考察報告，聲稱自1914年里德首次前往離長沙九十英里，即作為其時中國最大煤礦的萍鄉礦區考察時，發現約有81.6%的礦工感染了鉤蟲病，最嚴重的井下礦工感染率達到90.2%。同一年他們在長沙又對一百二十位僕人、學生進行了檢測，發現患病率為11.6%。此外，他們在常德檢查的七百三十九人、確診一百一十三人（占比15.29%）、萍鄉檢查的二百七十二人、確診二百二十二人（占比81.62%）、新化檢查的二百一十人、確診二十七人（占比12.86%）。[31] 正是基於這些來自現場的第一手資料，衛生部認為可以考慮開啟在華清除鉤蟲病的行動，並認定該病在長江流域的農場苦力和礦工中，「尤其在湖南和江西省，感染率最

IHC, Stacks, RFA-ARC..

28 "Hume to Roger S. Greene, 23 March, 1915," folder 241, box 16, series 1, 2, Record group 5, HB, IHC, Stacks, RFA-ARC.

29 "Rose to Greene, June 3, 1915," folder 241, box 16, series 1, 2, Record group 5, HB, IHC, Stacks, RFA-ARC.

30 "Hume to Heiser, July 20, 1916," folder 347, box 55, Fa# 601, series2, Record group 5, HB, IHC, Stacks, RFA-ARC.

31 Edward H. Hume, "Notes on Hookworm Control in South China: Based on a Preliminary Study of the Incidence of Hookworm infection in Hunan Province, China, 1916," folder 347, box 55, Fa# 601, series2, record group 5, HB, IHC, Stacks, RFA-ARC..

高。」[32]

與此同時，衛生部開始著手進行人員培訓，以便能夠擔任該行動在中國展開時的現場指導，在寧波出生的蘭安生（John B. Grant, 1890-1962）遂成為合適人選。蘭安生的父親蘭雅穀（James S. Grant, 1861-1927）於1889年年底抵達寧波後，入職浸信會外國差會（Baptist Foreign Mission）的華美醫院，三十八年中救人無數，深受當地民眾歡迎。[33] 在此環境中長大的蘭安生，對中國民眾有很深的感情。1916年，還在密西根大學醫學院就讀的蘭安生，由衛生部醫學顧問，且也是醫學院院長沃恩（Victor Clarence Vaughan, 1851-1929）教授推薦，在芝加哥的黑石旅店（Blackstone Hotel）接受了羅斯的面試。羅斯大致介紹了該行動的來龍去脈，以及他們對未來的規劃和設想，當問及期望被派往哪個國家時，蘭安生沒有絲毫猶豫地就回答道：「中國」。一年後，當蘭安生獲得密西根大學醫學院的學士學位之後，衛生部安排他先在北卡羅來納州的縣衛生部門，後又被派往南美的波多黎各、聖多明哥完成了現場實習。

衛生部選派的另外一位重要人選，是一年前入職洛克菲勒基金會，主管東方各國的公共衛生事務的海塞爾（Victor George Heiser, 1873-1972）。作為1889年約翰斯敦洪水（Johnstown flood）的倖存者，當突如其來的大災難來臨時，十六歲的他爬上了穀倉屋頂，眼睜睜地看著家人被洪水捲走而成為孤兒。1902年至1915年期間，擔任菲律賓衛生局局長的海塞爾，為菲律賓的殖民管理當局建立了公共衛生體系。在此期間，他不僅主持了抗擊霍亂、天花、痲瘋病等流行病的公共衛生行動；且還親自診斷、治療了近萬名痲瘋病人。他說：「人們對痲瘋病非常恐懼，我不能要求下屬做自己不願做的任何事情。」[34] 後於1915年入職委員會後，他的想法是用行動充實基金會「在世界造福全人類」

---

32 *The Rockefeller Foundation Annual Report 1916*, The Rockefeller Foundation 61 Broadway, New York, pp. 70-79.

33 讓蘭安生銘記在心的，是一位鄉民被醫院治癒後皈依了基督教，回到村裡後佈道傳教，鄉親們問上帝長得什麼樣，得到的回答是「像蘭雅穀醫生那樣。」Saul Benison, *The Reminiscences of Dr. John B. Grant*（Columbia University Oral History Project, Oral History Research Office, Columbia University, 1961）, p. 1194.

34 "Dr. Victor Heiser, Who Wrote Of War on Disease, Dies at 99," *the New York Times*, Feb. 28, 1972, p. 34.

的理念；[35] 故讓蘭安生難以忘卻的，是後來他與海塞爾在北平還有多次見面，每次都會收到其從紐約帶來的一個裝有破舊衣物的手提箱。因為北平裁縫要比紐約便宜很多——海塞爾認為自己的責任是不能浪費所鍾愛事業的每一分錢。[36]

海塞爾這樣定位所負使命，即要為東方打開宣揚健康福音的黃金之窗，通過傳播公共衛生知識，讓數以百萬計的人從中受益，並能夠擁有健康而遠離疾病。[37] 正是滿懷這樣的理想，已經四次訪問過中國的海塞爾，於1916年秋與助理諾里斯（W. Perrin Norris, 1893-1984）又一次抵達中國進行實地考察。[38] 通過對上海、南京、九江、漢口、長沙、廣州等地的訪問，他們對於鉤蟲病的蔓延程度，有了自己的第一手掌握。在1917年1月16日給衛生部的一封信中，他們稱在該病流行病的田野調查中，發現長江流域的農村人口罹患者竟然達到90%，並認為這些人如果能被治癒，該地的勞動生產率至少可以提高20%。[39] 接下來在3月10日提交的考察報告中，他們又列舉了在若干教會醫院對就診病人中該病患者的檢查統計資料，如上海同仁醫院的40%、蕪湖弋磯山醫院的30%、漢口仁濟醫院的15%、武昌同仁醫院的49%，認為有必要在華推進這一已經在美國南方等地取得相當成果的公共衛生行動。[40]

有了頗為清楚的流行病學統計數據，衛生部參照在美國南方的經驗，準備組織實施相應行動。具體說來，如前述斯泰爾斯醫生發現美洲鉤蟲病的大面積感染之後，即刻向美國各醫療團體及相關機構呼籲，鼓吹採取相應公共衛生救

35 Victor G. Heiser, *An American Doctor's Odyssey: Adventures in Forty-Five Countries*（Norton & Co Inc, 1936）, p. 266.

36 Saul Benison, *The Reminiscences of Dr. John B. Grant*, p. 52.

37 "Dr. Victor Heiser, Who Wrote Of War on Disease, Dies at 99," *the New York Times*, Feb. 28, 1972, p. 34.

38 〈記述門：美人海塞爾第五次遊歷中國考察鉤蟲病腳氣病記1917年〉，《婦女雜誌》，第3卷，第2號（1917年2月），頁5。

39 "Victor G. Heiser to Dear Sir J.L Buck, January 16, 1917," folder 801, box 54, series 1 2, record group 5, HB, IHC, Stacks, RFA-ARC.

40 Victor G. Heiser, M. D. and W. Perrin Norris,"No. 7241, Memorandum on the Control of Uncinariasis in China and other sanitary Problems, March 30, 1917," pp. 4-19, folder 239, box 16, series 1 2, record group 5, HB, IHC, Stacks, RFA-ARC.

治和預防行動。鑑於大規模的公共衛生展開，需要投入巨額資金，斯泰爾斯最初試圖遊說國會通過財政撥款，可法律上的複雜原因，致使議案一直被拖延和杯葛。幸好在1908年初，華盛頓哥倫比亞特區舉行的醫務人員會議上，他被告知有位匿名慈善人士願意捐助這筆鉅款。[41] 此時的斯泰爾斯還擔任羅斯福（Theodore Roosevelt, 1858-1919）總統的鄉村生活委員會（Country Life Commission）的委員。幾天後參加委員會會議時，他順手翻閱了當天早報，沮喪地看到那位承諾為其計畫捐出鉅款的慈善家突然辭世。悶悶不樂的他順口將事情的來龍去脈，告訴了旁邊另一位委員佩奇（Walter Hines Page, 1885-1918），出乎意料卻聽到這樣的回應：「幸運的是，這位紳士並非是美國唯一有錢之人」。[42]

作為當時美國重量級的出版家、新聞記者，公眾知識分子，佩奇先後參與編輯聲名遠揚的《論壇》（*Forum*）、《大西洋月刊》（*Atlantic Monthly*）雜誌，還是那個時代美國最有影響力的商業政論性月刊《世界勞作》（*World's Work*）的創辦者。加上佩奇出身南方，此時正致力於提升家鄉「落後」經濟環境和生活條件。[43] 相比於科學家的斯泰爾斯，佩奇有太多頂級工商業人脈關係，故先聯繫了老洛克菲勒，幾天後就從蓋茨那裡得到了積極響應。因為此前他就曾經邀請包括韋爾奇在內的一批美國醫學界的頂級專家開會，想知道是否有這樣一種能夠傳染多人，且被現代醫學深入了解，不是百分之五十或百分之八十，而是百分之百的病人都可以治癒的傳染病。[44] 由於那時不清楚該病在美國的蔓延情況，在座醫學專家沒有人能夠做出肯定的回答；此時佩奇為斯泰爾斯的穿針引線，正與老洛克菲勒等人的想法一拍即合。洛克菲勒衛生委員會遂於1909年10月成立，決定以五年為期撥款一百萬美元，與南方各州、縣、郡行

---

41 James E. Ackert, "Some Influences of the American Hookworm," *The American Midland Naturalist,* Vol. 47, No. 3（May 1952）, pp. 755-762.

42 C.W. Stiles,"Early History, in Part Esoteric, of the Hookworm（Uncinariasis）Campaign in Our Southern United States," *Journal of Parasitology*, Vol. 25, No. 4（August 1939）, pp. 283-308.

43 C.W. Stiles,"Early History, in Part Esoteric, of the Hookworm（Uncinariasis）Campaign in Our Southern United States," *Journal of Parasitology*, Vol. 25, No. 4（August 1939）, pp. 283-308.

44 Victor Heiser, *An American Doctor's Odyssey: Adventures in Forty-Five Countries*（Norton & Co Inc, 1936）, p. 268.

政當局合作進行了此項清除行動。

那時美國南方經過內戰破壞之後，並未完全恢復，農村經濟凋蔽、一片貧窮、落後的景象，尤其各地幾乎沒有廁所，人們在野外隨地排泄，再加上窮人一年之中大部分時間赤腳，從而導致了大量民眾罹患該病。作為一種較容易預防的寄生蟲病，除了正常的治療之外，關鍵還在於公共衛生知識的普及，讓民眾意識到該病是如何被傳染到人體的；委員會執行秘書羅斯還曾擔任過皮博迪學院和納什維爾大學的歷史、哲學教育教授，擅長於對普通民眾進行大規模宣傳和鼓動。在他的指導之下，衛生委員會於1910年率先在維吉尼亞州展開此行動時，就花大力氣勸導民眾養成包括穿鞋、修建廁所及不隨地便溺等衛生習慣，收到了很好的預防效果。[45] 接下來在其他各州，現場工作人員也採取了這種預防模式，頻繁地出現在鄉村教堂、火車站、學校和小城鎮集市，舉辦各種講座、展覽、乃至開通宣傳列車，還印發了大量文字宣傳資料，力求讓相關公共衛生預防和治療知識做到家喻戶曉，效果也都非常顯著。[46] 這就意味著美國南方的經驗，表明倘若衛生部在華也展開該項行動，就必須與地方當局進行溝通和協商，方能取得一定的成果。

第三節 選定萍鄉

由於基金會已制定了相應預算，故該行動在美國之外的其他國家展開時，讓衛生部感到棘手的不是錢，而是需要說服當地行政機構的同意，願意提供相應協助和便利。就像衛生部醫生懷特（Joseph Hill White, 1859-1953）於1914年11月前往瓜地馬拉，拜謁強勢總統卡布雷拉（Manuel Estrada Cabrera, 1857-1924），說服其同意衛生部在該國實施該項行動。此時正值卡布雷拉雄心勃勃地推進經濟現代化，極為看重自己的政績和歷史定位，加上美國主導的聯合果

45 James E. Ackert, "Some Influences of the American Hookworm," *The American Midland Naturalist*, Vol. 47, No. 3（May 1952）, pp. 749-750.

46 Garland L. Brinkley, "The Economic Impact of Disease in the American South, 1860-1940," *The Journal of Economic History*, Vol. 55, No. 2（Jun. 1995）, pp. 371-373; The Rockefeller Foundation, *The Rockefeller Foundation Annual Report 1921*, p. 230.

品公司（United Fruit Company）又試圖收購該國的咖啡和香蕉種植園，擁有較強的政治影響力，遂很容易就得到了當局的批准。1915年1月，該國成立了行動指揮部，至1916年12月31日，在政府、國立醫學院、國家衛生委員會和醫生們的大力協助下，在瓜地馬拉城周邊的二百九十四個莊園和兩個城鎮，對總人口70,176人中的92 9%（65,183人）進行了檢查，發現患者41,666人，陽性率63.9%；治療39,744人，占感染人數的95.4%；衛生部就此投入了11,964.29美元。[47]

其時中國政治上主要受日本、英國左右，美國幾乎沒有什麼影響力，故衛生部對此有頗多焦慮，希望能夠用心經營與某些特定地方當局的合作關係。前述1913年2月，胡美在華盛頓與羅斯首次會晤時，得到的建議是一定首先要與地方當局建立良好的合作關係。8月7日，已經就此做了許多溝通工作的胡美致函羅斯，聲稱已與湖南地方當局達成協議，雙方就未來發展「開創了一個非常了不起的醫療和醫學研究的合作計畫。」[48] 當羅斯看到此信後，得知湖南省政府將為湘雅提供諸多優惠，於9月16日興奮地回覆胡美，談及了他們正計畫在西印度群島，以及不列顛迦納展開該項行動，說原本期望在訪問埃及、錫蘭和馬來邦（Malay States，今馬來西亞）後訪華，既然看到胡美與湖南地方當局的合作關係是如此之好，那麼就「沒有理由在訪華之前不做更多一些事情。」[49] 翌年2月4日，胡美又向羅斯報告，說湘雅所有教師都被聘為長沙衛生處的顧問，當局免費為民眾接種預防天花的牛痘，並下撥創辦隔離醫院和結核病療養院的經費。[50]

那個年代湖南在對外開放方面，走到了許多省份之前。如1904年中國留日

---

47 *The Rockefeller Foundation Annual Report 1916*, *The Rockefeller Foundation Annual Report 1917,* The Rockefeller Foundation 61 Broadway, New York, pp. 185-193; pp. 106-107; Steven Palmer, "Migrant Clinics and Hookworm Science: Peripheral Origins of International Health, 1840-1920," *Bulletin of the History of Medicine,* Vol. 83, No. 4（Winter 2009）, pp. 705-709.

48 "Hume to Mr. Wiekliffe Rose, August 7, 1913," folder 241, box 16, series 1, 2, record group 5, HB, IHC, Stacks, RFA-ARC.

49 "Rose to Hume, September 16, 1913," folder 241, box 16, series 1, 2, record group 5, HB, IHC, STACKS, RFA-ARC.

50 "Hume to Wiekliffe Rose, Feb. 4, 1914," folder 241, box 16, series 1, 2, record group 5, HB, IHC, STACKS, RFA-ARC.

學生有三千餘人，其中湖南籍學生就有八百餘人，占比四分之一強。這些人回到湖南後大多成為推動現代變革的骨幹力量。[51] 1914年春夏之交，長沙大水，入夏後天氣奇熱，疫病大作，市府設隔離所於都正街的舊都司署，並成立了負責街區公共衛生事務的防疫委員會。前述當年5月、翌年10月，基金會、醫社派出兩個醫學考察團，前往長沙進行訪問時，會見時任湖南總督湯薌銘、警察署長張樹勳等人，印象深刻的是地方當局對公共衛生事務相當重視。[52] 尤其第二次考察團抵達長沙後，受到了當地社會最熱烈的歡迎，應邀出席由警察局長、紳商領袖和社會賢達舉辦的盛大晚宴時，進入宴會大堂迎面就看到一個橫幅，上面用英文寫著：「您的慈善是世界典範；民國緊握您的雙手歡迎」。此次考察報告的結論是：湖南人素被稱為「中國虎」，執政者富有生氣和活力，重視公共衛生事務，看來能夠為基金會提供在中國其他地方尚未顯現出來的合作前景。[53]

那時不到十所國立、省立醫校的主持者和教授，大多為二十世紀初留學於日本，雖德文水平可能還行，但英文溝通能力普遍欠佳，加上日本醫學教育與美國醫學存在著認知上的落差，這些人很早就被排除在衛生部預期的合作夥伴之外。[54] 此外，還有分布在上海、北京、成都、武昌、廣州等地的九所教會醫學院，除被醫社收購和重組的北京協和之外，發展前景最被看好的就是胡美主持的湘雅。因為該校於1914年得到了湖南地方提供的校舍建築費（十五萬六千銀元）、年維持費（五萬銀元）以及免費土地（九畝），並於當年面對全國首次招收了十三名醫預科學生。及至1915年基金會組織的第二次考察團，現場旁聽了該校的英語、幾何和德語課程，認為講授內容高於一般美國高中水準，學生多來自受到良好教育的富庶家庭，而不像其他教會醫學院多是貧苦子弟。所

51 劉泱泱主編，《湖南通史》（近代卷）（長沙：湖南出版社，1994），頁527-529。

52 “President Judson' journal, 11-12, 1914,” folder 1009, box 140, series 3, record group 1, HB, IHC, Stacks, RFA-ARC.

53 “Changsha, The Huna-Yale College of Medicine,” folder 89, box 11, series 2-11, Rockefeller Family, RFA-ARC.

54 “The Journals and Minutes of the Commission, 1914,” p. 9，北京協和醫學院檔案室，文書檔案，數位索卷號：0063；張蒙，〈洛克菲勒基金會與北京留日醫界的競爭與合作〉，《北京社會科學》，2020年第5期，頁107-118。

以在考察團的建議之下，1916年，醫社接受了該校的申請，撥款三萬美元用於資助修建校舍及添置實驗室設備和醫療器械，湘雅遂成為最早一批有幸得到資助的醫校。[55]

作為該行動的在地合作夥伴，胡美抓緊一切機會，盡其所能地在衛生部與湖南地方官員之間穿針引線、搭橋鋪路。1916年夏天，胡美在常德、新化協調該病的流行病學田野考察，與當時湖南的知名人士，與省府官員關係十分密切，經常受邀參與那些地方政要和賢達們舉行的宴請活動。胡美說在這些宴會中討論最多的話題，就是如何在當地推進該項行動。那些地方官員，及礦務局高層，談及此事時都表示願意劃出一塊實驗區，提供合理的財政和行政支援。胡美團隊的報告寫道：這些官員們得知此行動已經在一些國家和地區順利展開，且還取得了可喜的成果，紛紛表示中國人在這些方面「不希望落後於其他國家」。[56] 此外，對於衛生部擔心中國政局動盪不定，地方官猶如走馬燈一般的頻繁更換，政令能否延續的問題；胡美解釋說：考慮到中國當下亟須引入西方科學，西方醫學能帶來很多公共利益，如果不讓政府投入大量錢財，無論誰上臺，都「會很願意提供力所能及的幫助。」[57]

1916年秋，海塞爾與助理諾里斯（W. Perrin Norris, 1893-1984）抵達中國進行實地考察，[58] 胡美特意安排兩人在長沙拜會了時任湖南省長兼督軍的譚延闓，談及了如何在該省某地展開此行動的可能性。在胡美向羅斯的報告中，說這是一次令人激動的訪問，譚延闓對此事頗為熱心，不斷詢問他們怎樣才能更有效地為湘雅提供支援，以及如果衛生部決定在該省清除鉤蟲病，省政府又可以提供什麼樣的支持和幫助。[59] 不過，海塞爾與諾里斯稍後聯名提交的考察報

---

55 The Rockefeller Foundation, *The Rockefeller Foundation Annual Report 1917*, p. 297.

56 Edward H. Hume, "Notes on Hookworm Control in South China: Based on a Preliminary Study of the Incidence of Hookworm infection in Hunan Province, China, 1916," pp. 7-14, folder 347, box 55, fa# 601, series 2, record group 5, HB, IHC, STACKS, RFA-ARC.

57 "Hume to Heiser, July 20, 1916," folder 347, box 55, fa# 601, series 2, record group 5, HB, IHC, STACKS, RFA-ARC.

58 〈記述門：美人海塞爾第五次遊歷中國考察鉤蟲病腳氣病記1917年〉，《婦女雜誌》，第3卷，第2號（1917年2月），頁5。

59 "Hume to Rose, the Significance of the Visit of Doctors Heiser and Norris to Changsha, December 3, 1916," folder 366, series 1. 2; box 36, record group 5, HB, IHC, STACKS, RFA-ARC.

告，對政治局勢的判斷似沒有胡美那麼樂觀，因為此時袁世凱稱帝失敗而憂鬱辭世，政局處在一個激烈的動盪之中。儘管如此，他們仍認為當下中國正處在一個「衛生決策的覺醒」時刻，幾乎每位政治人物上臺之後，都承諾要大力改善當地的醫療衛生條件；他們只是擔心與某一政權達成協議之後，投入了人力、物力，倘若出現領導人的更迭，可能不會得到繼任者的認可或繼續，因此明智的作法是只在一個有限的地方展開該項行動。[60]

當然話又說回來，他們稱所到之處，所見之人，唯有湖南當局對該項行動最為積極，同意選擇一個礦區作為展開該項行動的實驗地。海塞爾報告道，在一次宴會結束時，他們眼見礦務局主管、礦業協會的頭面人物簽署了一封信件，說要將之呈遞給省長和內務部審核批復。通過實地考察，他們了解到在湖南與江西的毗鄰礦區有數萬名礦工，如果展開該項行動，儘管衛生防護措施和設備很差，但相對於分散居住的農民、菜農來說，還是比較容易得到診斷和治療。[61] 為了能夠更好地協調彼此，海塞爾提出任命一位中國人擔任現場主管，建議考慮選擇1910年任長沙雅禮醫院外科醫師的顏福慶。畢竟，在同是職業醫生出身的海塞爾眼裡，顏福慶之所以最可信賴，原因之一是他畢業於上海聖約翰大學醫學部，曾在南非約翰尼斯堡金礦當過一年礦務醫官；且還留學耶魯大學醫學院，在獲醫學博士學位後又在英國利物浦熱帶病學院研讀過一年。這個耀眼的教育背景和學術訓練，在當時中國的職業醫生之中可謂鳳毛麟角。

此時，顏福慶有幸得到了基金會的資助，正在哈佛公共衛生學院進修，海塞爾則順勢建議衛生部另外多安排幾個月的時間，讓他去紐約附近某地實習如何主持該項行動，得到了衛生部的核准。[62] 與之相呼應，湖南礦務局則於1917年3月2日提出了在該省礦區協助清除鉤蟲病的呈請，並於4月11日得到省長兼

---

60 Victor G. Heiser, M. D. and W. Perrin Norris,"No. 7241, Memorandum on the Control of Uncinariasis in China and other sanitary Problems, March 30, 1917," pp. 4-19, folder 239, box 16, series1: 2, record group 5, HB, IHC, STACKS, RFA-ARC.

61 Victor G. Heiser, M. D. and W. Perrin Norris,"No. 7241, Memorandum on the Control of Uncinariasis in China and other sanitary Problems, March 30, 1917," pp. 4-19, folder 239, box 16, series1: 2, record group 5, HB, IHC, STACKS, RFA-ARC.

62 Victor G. Heiser, M. D. and W. Perrin Norris,"No. 7241, Memorandum on the Control of Uncinariasis in China and other sanitary Problems, March 30, 1917," pp. 4-19, folder 239, box 16, series1: 2, record group 5, HB, IHC, STACKS, RFA-ARC.

督軍譚延闓的批准。諾里斯則於10月17日致函代理總統馮國璋，稱他們將計畫在該病傳染最嚴重的萍鄉煤礦展開行動，並任命了顏福慶為現場主管。這封信強調了基金會作為一個私立的非政府慈善機構，不帶任何政治目的，也不謀求什麼利益，只是致力於減緩因疾病而帶來的痛苦，救治不分任何種族和國籍之人，並期待與中國方面的緊密合作。因為這也是他們在美國、歐洲，中美洲和南美洲一些國家，以及錫蘭、馬來、暹羅（今泰國）和南海群島中展開該行動時的慣常作法，且都幸運地得到了這些地方當局的支援，並說相信此行動在中國醫生的負責和指導之下，「中國政府也會與我們進行同樣的合作。」[63]

雖則，萍鄉煤礦坐落在當時江西境內的行政區劃之中，卻不屬於該省管轄而由湖南節制。1912年10月，江西省政府曾以「礦在本省，收歸省辦」為由而欲圖接管；漢冶萍公司則請日本和北京政府進行干涉，並得到湖南都督的武力支持，故仍保留對該礦的實際控制。正是在湖南地方當局的首肯之下，海塞爾、顏福慶等人於1917年11月10日在上海與漢冶萍公司總經理，也曾擔任過中國駐美公使的夏偕復舉行了兩次會晤。他們簽署的協定，內容包括由衛生部派遣行動開始階段的專業人員，提供檢查和治療鉤蟲病的必要設備及藥品，並在抵達現場後提出相應的公共衛生改革建議；煤礦方面則盡可能負責將衛生部現場主持之人的建議付諸實施，設立一個永久性的衛生機構，聘請專業人士和下撥運作經費，當衛生部派駐的現場人員撤離之後，由他們繼續負責改善礦區的公共衛生事務，讓該項行動能夠持續下去。此外，煤礦方面還需要撥發與衛生部資助的配套款項，故夏偕復希望海塞爾提交一份關於衛生改革方案的成本預算，以便公司董事會批准。[64]

那時大工業所用蒸汽機的主要能源是煤，其生產率對整個經濟活動的影響舉足輕重。從1900年至第一次世界大戰爆發之時，歐陸如德、英、法、比利時、奧地利、義大利等國，投入了近兩百五十萬美元，集中在礦區展開了對該病的清除行動。萍鄉煤礦大規模開採於1898年，最初引入了德國設備、技術和

63　"W. Perrin Norris, International Health Board to the President of the Republic of China, October 17, 1917," folder 801, box 54, series1: 2, record group 5, HB, IHC, STACKS, RFA-ARC.

64　F.C. Yen（Dr. Director of Campaign）, "No. 7336, Report on Hookworm Infection Survey at the Pinghsiang Colliery, China, From December 20, to December 31, 1917," pp,2-4. folder2725, box 218, series 601,record group 5, HB,IHC, STACKS, RFA-ARC.

管理，是當時中國乃至東亞最先進和最大規模的現代企業之一。[65] 該礦在1916年的產量是992,494噸煤、243,984噸焦炭；至1917年11月時，該礦僱傭了11,916名工人，7,345人在井下（占比61.6%）。礦工主要來自湖南、湖北、江西，技術工人則來自浙江、廣東，作為煤礦生活區的安源村，大約有三萬五千居民；其中除礦工之外的23,084人，為礦工家屬、煤礦管理層、技術人員、雜貨店主及菜農。該村有兩所學校、兩個集市、一個菜園、一條主幹道，還有一家擁有六十張病床、每天接診近一百五十名病人的礦區醫院。[66]

至於該地為會何發生如此大規模的鉤蟲病感染，最主要原因在於礦工們生活、勞動的衛生環境實在太差。最初的流行病調查表明：礦工們集中蝸居在由礦區提供的四幢宿舍裡，每個房間雖有二十四張鋪位，由於礦工們一天工作十二個小時的兩班倒，白天、黑夜居住了四十八人。礦上的伙房提供飯食，礦工們每天支付約八美分，約合墨西哥洋二角的飯錢，大多時候就只是清湯寡味的米飯和蔬菜。與鉤蟲病蔓延直接相關的，是礦工們使用的五個廁所都沒有門窗遮擋，其中一個廁所的糞便，作為肥料用到了煤礦的菜園；其餘四個廁所的糞便，被掏糞苦力挑到村中的集糞池，以每千斤一元的價格出售給附近種植水稻的農民，每年僅此讓煤礦就有了近一千二百八十元的收入。糟糕的是，這些糞便在被挑往集糞池的路途中，使用了不加遮蓋的木桶，搖搖晃晃，灑落一地，導致整條道路的土壤被嚴重污染。井下的情況更為惡劣，由於沒有廁所，糞便沉積在潮濕的地面，礦工們不但赤足且還裸身，身體與高度污染的土壤密切接觸，造成了幾乎是百分之百的鉤蟲感染率。[67]

此前1916年，衛生部在厄瓜多爾、加利福尼亞的礦山業已展開了該項行動，海塞爾希望此次在萍鄉，將上述那些歐洲國家在礦山清除行動的經驗，

65　〈江西萍鄉煤礦視察記〉（節譯理學界H. Y. 生原著），藍田璵，《博物學雜誌》，第1卷，第1期（1914年1月），頁8。

66　F.C. Yen（Dr. Director of Campaign）, "No. 7336, Report on Hookworm Infection Survey at the Pinghsiang Colliery, China, From December 20, to December 31, 1917," pp, 2-4. folder 2725, box 218, series 601, record group 5, HB, IHC, STACKS, RFA-ARC.

67　顏福慶，〈江西安源萍鄉煤礦鉤蟲病的控制〉，《顏福慶傳》（上海：復旦大學出版社，2007），頁263。

「能被東方礦業主和經營者認真汲取。」[68] 由於湘、贛兩省其時正發生戰事，湖南地區的客運全部中斷，顏福慶於12月20日方才輾轉抵達萍鄉礦區，隨即加緊培養現場顯微鏡技師、資料員、護士，以及撰寫和印刷宣傳資料等一系列等前期準備。1918年4月10日，該行動拉開了帷幕，首先是為期兩周針對礦區人員的宣傳教育運動，張貼通告、放映幻燈片，至少組織了數十場由工長親自帶隊礦工們全員參加的報告會。[69] 一份用直白語言寫成的通告，聲稱本部為美國大慈善家柔克非洛先生出資所創設，目的在於促進萬國公眾的健康；歷年來在各國設立支部，「診治這病，很有成效。此次受中國政府邀請，來萍鄉創設支部，期望凡礦工之中，患這病的，一經驗明，即把他的病醫好；如沒有這病的，也要告他些法子，以免傳染。務使作工的人，個個都是身體強健，沒有疾病，做工更有力量，這就是衛生部到萍礦上來的宗旨。」[70] 此外，他們還在煤礦辦公大樓設置顯微鏡，邀請礦工們親眼觀察幼蟲在鏡下的活動，以證明此項行動的必要性。

第四節 在地推進

三個月之後，結束在南美實習的蘭安生抵達萍鄉，於1918年7月6日正式接管了該項行動。[71] 按照顏福慶的規劃，蘭安生安排四名速成培訓出來的顯微鏡技師，每天工作六小時，每人大約可以檢查七十份標本。辦公室的四位護工、資料員也接受了相關培訓，互相替換，以減輕長時間盯著顯微鏡所造成的視力疲憊。凡是檢查結果為陽性的患者，都要停工進行為期三天的治療。患者分期

---

68 The Rockefeller Foundation, *The Rockefeller Foundation Annual Report 1916*, pp. 70-79; Victor G. Heiser, "Hookworm Disease in the mines of Central China, July, 1917," p. 2, folder 347, box 55, series 2, record group 5, HB, IHC, STACKS, RFA-ARC.

69 顏福慶，〈江西安源萍鄉煤礦鉤蟲病的控制〉，《顏福慶傳》，頁268-269。

70 〈萬國衛生部佈告〉，folder 351, box 55, series 2, Record group 5, HB, IHC, STACKS, RFA-ARC.

71 Dr. John B. Grant（Executive Officer in Charge）, "No. 7336, Report on Hookworm Infection Survey at the Pinghsiang Colliery, China, From April 10 to December 31, 1918," p. 3, folder 2725, box 218, series 601, record group 5, HB, IHC, STACKS, RFA-ARC.

分批被集中到礦區醫院，最初每天補貼四角，三天的全薪，後來補貼減少到兩角，最後就沒有了補貼，這也是因為礦工們已經習以為常，並沒有太多抵觸情緒。與之相應，煤礦方面採取了一系列改善礦工們生活和工作衛生環境的措施。如為了井下礦工方便，煤礦新成立的衛生處提供了三百個塗有焦油、配有蓋子和提手的便桶，安排專人負責更換和清洗。井上則修建了用水泥和磚石砌成的新廁所，門口用屏風防蠅，通過煙道排臭，並還修建了用磚和水泥砌成的封閉型糞便儲放池，成立了十至十二人的清掏隊，嚴格執行糞便挑運的清潔管理標準。[72]

衛生部對萍鄉煤礦清除行動的資助直到1919年，就其產生效果及其實際影響而言，顏福慶的總結是：「在萍鄉煤礦進行鉤蟲病控制的工作對我們很有意義，因為它代表著在中國進行的首次此類工作」，並認為衛生部和煤礦「付出的努力和經費是非常值得的。」[73] 就具體投入經費來看，自1917-1919年期間，衛生部在萍鄉清除鉤蟲病的行動中，投入二萬八千多美元（$28,570.03），萍鄉礦務局配套投入二萬七千元（相當於$11,352）。檢查14,529人，發現感染者8,493人（占比58.5%），一次治療者53,525人（占比77%），兩次或兩次以上治療2,669人（占比31.4%）。[74] 大宗花費是：每個新廁所的造價約八百元至一千元，每個用在井下的木製馬桶約六角；每位礦工的檢查費用是零點九九美元，一次性治療是兩點一八美元、治癒是四點九三美元。[75] 由於礦工人數難以穩定，有來有去，不斷流動，只能大致認為「採礦人口中的感染發病率，從1917年的85%降至1919年的36%。」[76]

---

72 顏福慶，〈江西安源萍鄉煤礦鉤蟲病的控制〉，《顏福慶傳》，頁270-271；Dr. John B. Grant, "No. 7336, Report on Hookworm Infection Survey at the Pinghsiang Colliery, China, From April 10 to December 31, 1918," pp. 3-9, folder 2725, box 218, series 601, record group 5, HB, IHC, STACKS, RFA-ARC.

73 顏福慶，〈江西安源萍鄉煤礦鉤蟲病的控制〉，《顏福慶傳》，頁263-278。

74 The Rockefeller Foundation, T*he Rockefeller Foundation Annual Report 1921*, pp. 234-235.

75 Dr. John B. Grant, "No. 7336, Report on Hookworm Infection Survey at the Pinghsiang Colliery, China, From April 10 to December 31, 1918," p. 5, folder 2725, box 218, series 601, record group 5, HB, IHC, STACKS, RFA-ARC.

76 The Rockefeller Foundation, T*he Rockefeller Foundation Annual Report 1921,* p. 215；劉燁昕、田淼，〈洛克菲勒基金會衛生防治經驗在中國的移植及困境：萍鄉煤礦鉤蟲病防治項目研

相對而言，萍鄉礦區面積不大，工人居住集中，每個作業面由大小工頭負責，組織性較強，從而便利了蘭安生等現場人員的適時督察和指導。其時衛生部在印度的阿薩姆邦（Assam）、馬德拉斯（Madras presidency）也展開了該項行動。因為來自這些地區的泰米爾（Tamil）苦力，將該病帶到了諸如錫蘭（Ceylon，今斯里蘭卡）馬來聯邦（Malay States），斐濟（Fiji），納塔爾（Natal），英屬圭亞那（British Guiana）、西印度群島（West Indie）等地的橡膠、茶葉和甘蔗種植園。衛生部於1916年在錫蘭對來自南印度的五萬多名泰米爾（Tamil）苦力的顯微鏡檢查，發現有98%的陽性感染率；[77] 對於數百個橡膠、茶葉和甘蔗種植園，零零散散地分布在數十平方公里、數百平方公里的土地上，工作人員每巡迴一次就需要數周。這也使得海塞爾考察這些地區時，極為不滿現場人員的疏於管理，甚至解僱了其中一些人。當然，原因還在於那些印度勞工不太配合，一方面由於宗教的宿命信仰；另一方面也擔心治癒後會被徵募進軍隊，投入到那場正在進行著的世界大戰之中。[78]

毋庸否認，在萍鄉的此行動中也遇到了一些問題，存在著中外之間處事方式不同的磨合和適應。讓蘭安生最感頭痛，是礦區只有20%的長駐人口，多為管理層及水電等技術部門的員工，患病率原本不高；最主要罹患者的礦工，均為高度流動的合同農民工。每逢春節及農忙期間，他們中不少人就離開了礦區而返回鄉裡。當治療名單確定之後，無奈工人們不斷流動，來來往往，讓他根本無法知道到底有多少人接受了治療，以及到底有多少被治癒，以致所有數據都是在檢測的那個特定時間點上。[79] 此外，衛生部出資聘請檢疫的辦事人員，煤礦主管就希望塞進一些自己的「熟人」或「舊部」。最初蘭安生認為這是用衛生部的經費，自己作為美方代表，理應按其原則和規矩處理此事。可是，私

究〉，《自然科學史研究》，第41卷，第1期（2002），頁92-114。

77 The Rockefeller Foundation, T*he Rockefeller Foundation Annual Report* 1916, p. 85, 112, 144.

78 Victor G. Heiser, *An American Doctor's Odyssey: Adventures in Forty-Five Countries*. Norton & Co Inc,1936, pp. 66-131; Shirish N. Kavadi, "Parasites Lost and Parasites Regained': Rockefeller Foundation's Anti-Hookworm Campaign in Madras Presidency," *Economic and Political Weekly*, Vol. 42, No. 2, Jan. 13-19, 2007, pp. 130-137.

79 Dr. John B. Grant, "No. 7336, Report on Hookworm Infection Survey at the Pinghsiang Colliery, China, From April 10 to December 31, 1918," p. 5; "Grant to Heiser, November 4, 1918," folder 1007, box 70, series 1. 2, record group 5, HB, IHC, STACKS, RFA-ARC.

下裡有人告訴他：當時中國就是這種職場文化，高層人士倘若無法為故舊安排工作，不給他們一個「飯碗」，會讓這些人感到很沒有「面子」。結果蘭安生不得不做出妥協，聲稱其負責的辦公室裡就多了幾位濫竽充數，只領薪酬而無法勝任工作，猶如「桌椅板凳」那樣的冗員。[80]

相對於在某些國家、地區同時展開的該項行動，蘭安生在萍鄉煤礦遇到的問題，實在有點微不足道。如錫蘭、印度的殖民政府從不認為公共衛生是自己的責任，在地醫療服務通常留給傳教士和慈善組織；當衛生部在那裡展開此項行動之後，受到了殖民地衛生服務機構和白人種植園主的冷漠對待——種植園主們為減少經濟成本，極不情願為那些跨境流動的印度、華人勞工改善衛生環境；殖民政府奉行所謂「不干涉」政策，也不願意頒布增加稅收的法令，用來建設、維護種植園和鄉村的公共廁所。[81] 重要的是，對於歐洲殖民者來說，儘管衛生部是一個私立慈善機構，卻被視為美國擴大影響的蓄意之舉，難免不受到當局的蓄意排斥和打壓。尤其是法國殖民當局表現得最直截了當和不近人情，當海塞爾於1918年訪問法屬印度支那的越南西貢（今胡志明市）、柬埔寨的金邊時，除看到當地的公共衛生措施只保護歐洲人之外，還驚訝地聽說：「當地人如果去美國留學，將受到司法追責和被剝奪公民身分。」[82]

如果進一步比較，該行動在萍鄉還有不少值得稱道的在地配合。先看底層礦工。由於很多人在最初被感染之時，沒有什麼明顯症狀；被檢查出陽性之後，送到醫院接受治療需要清腸，服藥後禁食十八小時，難免有強烈的虛弱感和不適感；最初也有人張貼傳單，聲稱藥物將使治療者們失去生育能力，是洋人滅絕華人的詭計；不過，按照顏福慶的說法：「這些反對只是孤立、間歇性的，並不能代表礦工們對這項運動的普遍態度。」[83] 鑑於此，主持者安排了三十九場演講，發放了六千六百餘張傳單，八百餘張海報和六千六百本小冊子；再加上平常最被人看不起的礦工們，被允許進入此前嚴禁入內的行政大

---

80 "Grant to Heiser, Sept. 22, 1918," folder 1006, box 70, series 1. 2, record group 5, HB, IHC, STACKS, RFA-ARC.

81 Soma Hewa, *Colonialism, Tropical Disease and Imperial Medicine, Rockefeller Philanthropy in Sri Lanka*（University Press of America, Inc, 1995）, pp. 52-295.

82 Victor G. Heiser, *An American Doctor's Odyssey: Adventures in Forty-Five Countries*, pp. 294-295.

83 顏福慶，〈江西安源萍鄉煤礦鉤蟲病的控制〉，《顏福慶傳》，頁276。

樓，觀看顯微鏡下的蟲卵和成蟲，旁邊陪同的工作人員態度和藹可親，讓他們多少感到找回點了尊嚴。年底，蘭安生等已經聽不到任何反對聲音，一些中年礦工在恢復健康之後還表示了感謝。[84] 蘭安生相信，這種在其他國家對其他種族有效的宣傳，在華人身上也得到了證明——礦工們意識到治療是為了自己，而非取悅他們這些外來主持者。[85]

至於煤礦領導層，蘭安生多年後的口述，用得是「極其合作」一句表達了謝意。[86] 在當年呈交衛生部的工作報告中，他聲稱「就地方官員的支持，說得再多也不過分」。[87] 具體說來，蘭安生雖在寧波出生和渡過了幼年時期，但八歲時被送到煙臺英國人辦的寄宿制全英文小學，中學、大學又分別去了加拿大和美國，雖能聽、說寧波話，卻不能看中文，也不能聽懂包括北方官話在內的其他方言。他抵達萍鄉之後，顏福慶不久回到湘雅，只有他一人留在了現場，最感困難的是無法與那些講湘、贛方言的礦工交流。好在，擔任助理工程師，拿到美國工程學碩士學位的周掄元是寧波籍，持流利英文和寧波話，讓其說話溝通上無太多障礙，並還幫助處理蘭安生最頭痛礦工不斷流動的問題。[88] 此外，煤礦管理者還在行政大樓騰出兩個大房間用作實驗室，為蘭安生等人提供宿舍，以及作為臨時收治患者的五個房間；加上除免費使用煤礦印刷設備之外，所有辦公空間、燃料、照明和電話也都不收費。[89]

就本土專業人士的配合來看，最值得稱道的是顏福慶與各方的溝通和協

---

84 Dr. John B. Grant, "No. 7336, Report on Hookworm Infection Survey at the Pinghsiang Colliery, China, From April 10 to December 31, 1918," pp. 7-18, folder 1007, box 70, series 1. 2, record group 5, RF-ARC; Saul Benison, *The Reminiscences of Dr. John B. Grant*, pp. 6-67.

85 "Heiser to Grant, October 18, 1918," folder 1007, box 70, series 1. 2, record group 5, HB, IHC, STACKS, RFA-ARC.

86 Saul Benison, *The Reminiscences of Dr. John B. Grant*, p. 63.

87 Dr. John B. Grant, "No. 7336, Report on Hookworm Infection Survey at the Pinghsiang Colliery, China, From April 10 to December 31, 1918," pp. 9-10, folder 1007, box 70, series 1. 2, record group 5, HB, IHC, STACKS, RFA-ARC.

88 "Grant to Heiser, Sept. 22, 1918," folder 1006, box 70, series 1. 2, record group 5, HB, IHC, STACKS, RFA-ARC.

89 Dr. John B. Grant, "No. 7336, Report on Hookworm Infection Survey at the Pinghsiang Colliery, China, From April 10 to December 31, 1918," p. 5, folder 1007, box 70, series 1. 2, record group 5, HB, IHC, STACKS, RFA-ARC.

調。早在1916年12月，胡美致函基金會，稱顏福慶是中國最具有專業資格和進取責任心之人，建議資助其前往哈佛大學公共衛生學校進修。[90] 當該行動在萍鄉展開，年輕氣盛的蘭安生抵達之後，對顏福慶的醫學專業能力多少有點微言。1918年10月8日，他在致海塞爾的信中，對顏福慶的為人有不少誇獎，稱其外交才能高於醫學才能。[91] 14日，海塞爾回信勸告蘭安生應以開闊胸懷與人共事。在他看來，顏福慶能夠說服煤礦當局配套撥款，資助此次行動，足以表明能力超群。海塞爾說：有人擅長管理和具體研究，有人精通外交，不能過於苛求，並說將來會有更多白人在華人領導下工作。海塞爾相信：隨著蘭安生的工作經驗增加，將會意識到此次與華人同事的合作是人生的一筆寶貴資產。[92] 果不其然，蘭安生晚年口述回憶，稱讚顏福慶除在公共衛生方面訓練有素之外，對於眼科有精深了解，且思想開放，熱心於公共衛生事務。[93]

那時許多在華外人對華人的疾苦漠不關心，由此比較就更能看到該行動體現的愛心和善意。早在1913年，漢冶萍公司就與日本簽訂了一千五百萬日元的借款合同，將所產三分之一的生鐵產量運往日本製鐵所，後又在日本壓力下不得不與之合辦；當此次世界大戰爆發之後，十八至四十歲的德國人都應徵回國參戰，隨及來了一批日本人當上了礦上的工程技術和管理人員，掌控了整個礦區的生產和經營，礦區醫院也由日本醫生負責主持。[94] 然而，1918年冬一場大流感（西班牙流感）襲來，不僅眾多工人染病，日本管理技術人員、醫院的日本醫生也中招躺倒，蘭安生等又參與了防疫急救行動。幾天後，一艘日本驅逐艦抵達了醫院對面的碼頭，從艦上走下一批專業救護人員。蘭安生說：他們的防疫穿著就像美國南方的「三K黨」人，從頭到腳，白衣白褲和大雨鞋，渾身

---

90 “Hume to Heiser, December 7, 1916,” folder 366, series 1. 2; box 36, record group 5, HB, IHC, STACKS, RFA-ARC.

91 “Grant to Heiser, October 1, 1918,” folder 1006, box 70, series 1. 2, record group 5, HB, IHC, STACKS, RFA-ARC.

92 “Heiser to Grant, October 14, 1918,” folder 1006, box 70, series 1. 2, record group 5, HB, IHC, STACKS, RFA-ARC.

93 Saul Benison, *The Reminiscences of Dr. John B. Grant*, p. 172.

94 J. B. Grant, “Report on Hookworm Infection Survey at the Tayeh Irom Mines and the Yayeh Iron & Steel Works from February 27 to March 11, 1919,” folder 351, box 55, series 2, record group 5, HB, IHC, STACKS, RFA-ARC.

包裹得嚴嚴實實，把所有的日本患者載至上海救治；作為日本政府派來救護自己國民的，眼看那麼多患病工人躺倒，急需服藥治療，可他們卻拒絕救護「任何一個中國人」。[95]

重要的是，該行動還帶來了一些可喜的相關聯動。如1919年春，漢冶萍煤鐵廠礦有限公司屬下的大冶鐵礦和鋼廠（Tayeh Iron & Steel Works）致函衛生部，希望在該地展開與萍鄉礦區的同樣行動，蘭安生遂前往該地進行流行病學的田野考察。考察結果是：該礦區約有50%的人患眼病，相當部分老人、女性因長期吸煙而導致了肺病，還有男性大多身上患有潰瘍，兒童則普遍營養不良，檢查出來的血紅素低於70%，鉤蟲病檢測數據則為鐵礦的陽性率為42.7%；鋼廠的陽性率為70,28%。[96] 此項行動之所以沒有後續，很大一部分原因在於翌年6月至8月，湘軍、北洋軍輪番攻入萍鄉一帶，互相爭奪鐵路，造成交通斷絕八十餘天，煤焦無法外運，工人大幅離開；及至翌年八月湘鄂戰爭爆發，該地交通又斷絕達兩個多月。不過，在1923年6月至1924年11月期間，衛生部資助協和病理部與霍普金斯公共衛生學院動物學部合作，在蘇州、廣州設立了實驗室，並向芝罘、武昌等地的教會醫院、醫校徵集了一百五十多份調查問卷，進一步掌握了該病的蔓延情況。[97]

就此行動的目的來看，衛生部並不期望在短短的一兩年時間裡，消除一種已經存在了數千年的寄生蟲病，而是將之作為進入「中國公共衛生領域的一個管道」。[98] 因為早在1913年當基金會開始在美國之外展開行動時，基金會秘書格林聲稱「不僅要治癒當前的染疫者，且還需要傳播相關公共衛生知識，使之不被再次感染。」[99] 後來在1917年刊發的年度報告中，基金會也稱作為一個非政府慈善機構，其所有經濟收益相當於美國政府七小時的開支，本金則不超過

95　Saul Benison, *The Reminiscences of Dr. John B. Grant*, p. 70.

96　J. B. Grant, "Report on Hookworm Infection Survey at the Tayeh Irom Mines and the Yayeh Iron & Steel Works from February 27 to March 11, 1919," folder 351, box 55, series 2, record group 5, HB, IHC, STACKS, RFA-ARC.

97　柯脫、蘭安生及史多兒，〈中國之鉤蟲病〉，《中華醫學雜誌》，第13卷，第6期（1927），頁370-385。

98　The Rockefeller Foundation, *The Rockefeller Foundation Annual Report 1919*, pp. 73-74.

99　Jerome Greene, "To Eradicate the Hookworm, Rockefeller Foundation Plans to Make Fight World-Wide," *The Baltimore Sun*, Jan 18, 1913, p. 12.

五天，故無法在一個地區、一個國家，長期資助如清除鉤蟲病那樣的公共衛生事務，他們的使命主要在於幫助所在國和地區提高對預防和治療傳染病的科學認知。[100] 如果就此而言，那麼該行動在中國在一定程度上確實也達到了目的。如1924年7月8日，北洋政府內務部部長程克致函羅斯，稱衛生部對於遠東各國衛生事業多所贊助，至為欽佩；「現查敝國衛生狀況，尚在萌芽，極擬規劃一切，以資進行。惟未識貴團能否派一代表來華，從事調查有無機會予以協助？」[101]

衛生部對此當然有所考慮。此前的1917年3月10日，海塞爾與諾里斯提交的那份訪華考察報告中，認為如果想要大幅度減少因包括鉤蟲病在內的傳染病死亡，不僅應盡快成立有效的中央及各省公共衛生機構，且還需要培養專業公共衛生人材，建議基金會可資助上海、長沙兩地醫校設立相關教席。在他們看來，該教席除了可以擔任衛生部採取清除行動的現場指導之外，且還可充當在地政府的公共衛生事務顧問。[102] 後來到了1927年蘭安生撰寫的相關研究報告也聲稱：「中國之鉤蟲病問題，以及其他種種衛生問題，末後之解決法、防止法，仍全恃將來中國醫界中，多出相當之人材，出而負此重任。」[103] 由此從世界公共衛生教育發展來看，其時美國也只是在開創階段。作為美國首個公共衛生培養項目，哈佛－麻省理工學校（Harvard-MIT School for Health Officers）於1913年方才招收了八名學生；韋爾奇和羅斯則於同年12月提出了相關資助的可行性報告，基金會於1916年做出決定，撥付鉅資資助霍普金斯大學創辦美國首家公共衛生學院。[104] 由此算來，中國的這個時間點幾乎與美國同步。

100 The Rockefeller Foundation, *The Rockefeller Foundation, Annual Report* 1917, p. 20.

101 〈內務部長程克致函皮爾斯氏〉，folder 354, box 55, series 2, Record group 5, HB, IHC, STACKS, RFA-ARC.

102 Victor G. Heiser, M. D. and W. Perrin Norris,"No. 7241, Memorandum on the Control of Uncinariasis in China and other sanitary Problems, March 30, 1917," p. 4, folder 239, box 16, series 1: 2, Record group 5, HB, IHC, STACKS, RFA-ARC.

103 柯脫、蘭安生及史多兒，〈中國之鉤蟲病〉，《中華醫學雜誌》，第13卷，第6期（1927），頁370-385。

104 The Rockefeller Foundation, *The Rockefeller Foundation, Annual Report* 1916, pp. 25-30.

第五節 啟動公共衛生教育

基金會之所以刻意布局相關專業教育，是在此前美國及其海外清除鉤蟲病的行動中，痛感缺乏公共衛生專業人士，不得不從其他部門借用經驗豐富之人，或者在現場緊急培訓，這就很難做到經濟和高效。此時美國約有一萬餘人從事諸如診所管理人員、嬰兒、學童的保健員，以及精神衛生學家和心理學家、訪問護士、化驗員，食品和衛生檢查員等公共衛生工作，基金會估計十年後則需要二萬人；[105] 然鑑於職業聲望、收入和社會地位不高，很多人並不願意屈就；故基金會認為只有提升專業水準，方能吸引到最有才能之人，使其擁有的「尊嚴和重要性能與醫學及其他公認的職業相媲美。」[106] 1922年，基金會斥鉅資，將哈佛與麻省理工合辦的公共衛生教育項目分離出來，創辦了哈佛公共衛生學院，期望該機構能更多致力於研究和教學。這也致使基金會主席文森特於1926年比較德國、英國、法國、日本相關醫學教育時，自豪地聲稱美國不僅在公共衛生事務，且還在與之相關的預防醫學方面，有了「一些良好的開端」。[107]

一些中國的本土、在地學者同樣也得到了衛生部的相應資助。最早一位受惠者，大概是1916年4月顏福慶參加的哈佛—麻省的公共衛生之培訓項目。1917年1月17日，韋爾奇致函海塞爾，請幫助在京師傳染病醫院任職的陳祀邦，前往紐約的派克醫院（Willard Parker）進修猩紅熱病的預防。韋爾奇說，此人的英語完美，性格開朗，被認為是在北京最有能力的醫生之一。[108] 十天後，海塞爾致函紐約市衛生主管愛默生教授（Haven Emerson, 1874-1957），

---

105 *The Rockefeller Foundation Annual Report,* 1922, pp. 14-15.

106 The Rockefeller Foundation, *The Rockefeller Foundation, Annual Report*, 1916, p. 31.

107 *The Rockefeller Foundation Annual Report,* 1922, p. 41; George E. Vincent, President of the Rockefeller Foundation, "The Medical Profession from an International point of view," George E. Vincent, President of the Rockefeller Foundation, "The Medical Profession from an International point of view," Annual address, delivered at the eighty-second annual meeting of the American Psychiatric Association, New York, June 8, 9, 10, 11, 1926," p. 6. 北京協和醫學院檔案室，文書檔案，數位索卷號：0537。

108 "William H. Welch to Heiser, February 17, 1917," folder 801, box 54, series 1: 2, Record group 5, HB, IHC, STACKS, RFA-ARC.

按照韋爾奇的意思，請其幫助安排陳祀邦進修之事。海塞爾說：「我可以毫不猶豫地說，他將是一位頗有成就的醫生，肯定會為在中國採行一種更好的醫療方法而做出重要貢獻。」[109] 1919年年底，當蘭安生結束萍鄉工作之後，也得到基金會資助而前往霍普金斯公共衛生學院攻讀碩士學位。在學業結束之時，韋爾奇得知他將要被派往中國，專門安排其前往該醫院實習三個月。因為在韋爾奇看來，蘭安生關於傳染病學的知識尚不足以獨當一面。[110]

蘭安生於1921年底回到協和任教，在衛生部的直接資助之下，不占用醫社、協和的預算而開始了此項工作。其時湖南的政治局勢，與他離開萍鄉之時已很不一樣。即趙恆惕於1920年11月驅逐了譚延闓，成為湘軍總司令兼湖南省長，忙於戰事而不再像此前那樣熱衷改善地方公共衛生狀況。雖則，早在1919年2月時，還在萍鄉的蘭安生就曾致函衛生部，希望能夠說服顏福慶繼續留在公共衛生領域，並認為有朝一日他可能會擔任「某省具有實職的首個衛生專員。」[111] 此時則由於政局丕變，戰事動盪，胡美自知一時難與當局合作公共衛生事務，遂勸說顏福慶將主要精力放在專研眼科上，矢志於醫學教育和治療事務，做一位診療技藝精湛的專科醫師。面對這樣一種形勢，結束了廣東、江蘇等地考察的蘭安生，於1922年2月14日致函海塞爾，稱如果衛生部期望在華的公共衛生教育即刻發生效用，那麼可以考慮在江蘇、廣東或太原建立一所公共衛生醫校，會比在長沙的湘雅「能更快地成為人民生活的一部分。」[112]

正是在這份報告中，蘭安生強調在中國任何成功的公共衛生教育，都應該盡可能由他們自己主導的機構來實現——外國影響越明顯，能產生廣泛或永久作用的可能性就越小。當然，蘭安生注意到在華推動各種科學事務的困難之一，是除了留學生們沒有足夠經驗之外，更重要的是他們在所進入的領域中沒

109 "Heiser to Emerson, February 27, 1917," folder 801, box 54, series 1: 2, Record group 5, HB, IHC, STACKS, RFA-ARC.

110 Saul Benison, *The reminiscences of Doctor John B. Grant*, Oral History Research Office, Columbia University, 1961, p. 109.

111 "John B. Grant to Heiser, Feb. 7, 1919," "John B. Grant to Heiser, Mar 13, 1922," folder 1803, box 78, series 1, record group 4, HB, IHC, Stacks, RFA-ARC.

112 "John B. Grant to Heiser, Februarys 23, 1922," pp. 1-2, folder 1803, box 78, series 1, record group 4 HB, IHC, Stacks, RFA-ARC.

有太多的人脈關係。作為補救，蘭安生建議衛生部可資助當地公共衛生官員前往美國進修，回國後就能以官方或半官方身分，從政府那裡爭取到資金，並按照衛生部「認為最有效的方式推動各項衛生事務的展開。」[113] 1923年1月10日，蘭安生致函基金會資料員威廉姆森（Charles Clarence Williamson, 1877-1965），稱在未來幾個月內，中國政府可能會成立公共衛生行政機關，有關當局請其協助草擬一份相關法律文件，故委託他幫助蒐集美國那些公共衛生展開較好的州，如紐約、麻塞諸塞和俄亥俄的衛生法令。在蘭安生看來：中國未來政府可能類似於美國聯邦制，各省將擁有許多實際自治權，應參考美國一些州的衛生法令制定情況。[114]

顧臨雖不反對在華推公共衛生教育，但認為在中國政府尚未設立相關機構，以及正式任命公共衛生官員之前，醫社應集中力量培養解剖學、生理學、生理化學、病理學等方面的專業人才，擔心蘭安生的工作有些操之過急，遭受不必要的損失。1922年4月27日，顧臨致函協和校長胡恆德，稱最初他只是期望蘭安生先進行一些研究，評估展開公共衛生事務的合適時機；不料卻發現其以為自己已經掌握了全部狀況，「好像已經能夠徹底進入中國公共衛生領域那樣」。[115] 的確，蘭安生充滿了工作激情和理想，任職協和一年多時間，就在北京國立醫專任教的胡鴻基的幫助之下，於1922年2月向衛生部提交了一份長達五十三頁，關於在北京推進公共衛生實驗的考察報告。在他看來，如果通過適當的私下努力，可以獲得來自京師警察廳的足夠支持，以批准在該市的一個行政區進行公共衛生改革；這對協和的公共衛生教學很有意義，「且還能讓中國首都成為其他城市進行真正的公共衛生工作的效彷示範。」[116]

蘭安生的這份觀察報告，稱此時北京約八十萬人口，男性占了三分之二。

113 "John B. Grant to Heiser, February 14, 1922," folder 1803, box 78, series 1, record group 4, HB, IHC, Stacks, RFA-ARC.

114 "John B. Gran to Dr. C. C.Williamson, January 10, 1923," folder 1805, box 78, series 1, record group 4, HB, IHC, Stacks, RFA-ARC.

115 "R.S. Greene to H. S. Houghton, Aril 27, 1922," folder 1023, box 44, series 1, record group IV2B9, China Medical Board, Historical Record, RFA-ARC.

116 "Report on General Health Survey of Peking, China, February, 1922," pp. 4-10. folder 346, box 55, series 2, record group 5, HB, IHC, Stacks, RFA-ARC.

大約有70%的男性、90%的女性不識字；又由於幾乎沒有現代工業，95%的人口是赤貧狀態，飽受疾病、失業和饑餓的折磨，尤其是辛亥後特權被廢止的大批旗人，沒有工作能力，唯有挨餓受凍，故每年冬天街頭都能見到許多凍死之人。[117] 1925年9月，蘭安生得到衛生部的批准之後，通過中央防疫處處長方擎遊說京師員警廳，以靠近協和的東城之內左二區作為試驗區域，在這約五萬餘居民中設立公共衛生試驗事務所，配備專職人員進行生命統計、改善公共廁所、控制蚊蠅，處理垃圾和保證水井衛生等事務。[118] 按照蘭安生的說法：他們之所以選擇這個區域，在於該地沒有太多窮人，一般經濟狀況的逝者家人通常會舉行葬禮，通過在棺材鋪訂造棺木的線索，由公共衛生護士即可方便地追蹤到確切的生命統計數字；協和同意給予員警及其家人醫療優惠，還能得到他們的充分支持和協助。[119] 合作雙方估計當年費用為四萬四千元，「中央防疫處同意承擔約40%，剩下的由協和支付。」[120]

早在萍鄉清除鉤蟲病行動時，蘭安生就已深切地認識到尋求地方政府支持的重要性。接下來在霍普金斯攻讀公共衛生碩士學位時，說對自己影響最大的，是來自英格蘭的紐瑟姆教授（Arthur Newsholme, 1857-1943）。[121] 作為深度參與維多利亞時期的公共衛生學專家，紐瑟姆擔任過包括衛生醫療官員協會主席（Principal Medical Officer）、地方政府董事會（Local Government Board）首席醫療官等公共衛生要職，1919年退休之後來到霍普金斯公共衛生學院任教；他的基本理念是主張政府採取直接干預政策，改善諸如國民健康保險、衛生措施、醫院和療養院、隔離傳染病患者等公共衛生事務。然而，此時蘭安生在與中國政府高層的交往過程中，感受到在推動每個合作項目之時，背後總會有列強的激烈競爭，欲圖掣肘的影子，致使這些官員們不能不瞻前顧

117 "Report on General Health Survey of Peking, China, February, 1922," pp. 10-25, folder 346, box 55, series 2, record group 5, HB, IHC, Stacks, RFA-ARC.

118 請參見楊念群，〈蘭安生模式與民國初年北京生死控制空間的轉換〉，《社會學研究》，1999年第4期，頁98-113；杜麗紅，〈制度擴散與在地化：蘭安生（John B. Grant）在北京的公共衛生試驗，1921-1925〉，《中央研究院近代史研究所集刊》，第86期（2014年12月），頁1-47。

119 Saul Benison, *The Reminiscences of Dr. John B. Grant*, pp. 176-177, 200-201.

120 *The Rockefeller Foundation Annual Report,* 1925, pp. 334-338.

121 Saul Benison, *The Reminiscences of Dr. John B. Grant*, pp. 176-177, p. 100.

後，有所顧忌。就像1922年2月23日，蘭安生致函海塞爾，抱怨說他在中國所做的任何努力，「至少會受到五個或更多國家的懷疑和猜忌。」[122]

毋庸贅述，此時對美國參與公共衛生事務深懷戒心，是對中國有更多企圖心的日本。蘭安生在上述那份信函中，提到了自己當年在萍鄉時就遇到日本人的阻撓，稱其意識到如果他們認為有必要爭取外國援助，「不反對來自英國或法國的，更願意來自德國的，但絕對拒絕來自美國的。」[123] 具體說來，當衛生部大張旗鼓地在美國之外推動清除鉤蟲病運動之時，該病在日本同樣蔓延成災，卻與之沒有任何溝通及合作，而是採取了單打獨鬥。正如蘭安生於1924年對該國進行的公共衛生考察中發現：其五千餘萬人口中，此病的傳染率估計達到了47%左右；然作為其殖民地的朝鮮，北部是工業區，南部是農業區，總人口一千四百餘萬，北部礦區感染率高達70%-80%，日本人在該地非但沒有作為，卻對美、英醫務傳教士們的醫院和診所實施了頗多限制。[124] 蘭安生不免就此擔心，因為當時留日學生很多在中國政府部門任職。前述蘭安生在北京推動公共衛生實驗之時，也得知主管的內務部衛生署官員及其技術顧問，一半是舊式醫師，「其餘幾乎都在日本取得醫學學位。」[125]

蘭安生的化解之道，是盡量與留日人士建立合作關係。此時啟動的北京公共衛生實驗區，由他說動願意兼任事務所所長的方擎，畢業於日本千葉醫藥專門學校。蘭安生晚年回憶道，方擎雖不能說英語，卻積極主動，他們之間「建立了非常友好和密切的關係」。[126] 此外，蘭安生還建議基金會為留日人士提供前往哈佛、霍普金斯公共衛生學院進修的資助，期望由此拉近他們與中國醫學界中的留美派及美國醫學界的距離。顧臨於1922年4月致函蘭安生，表示了

122 "John B. Grant to Heiser, Februarys 23, 1922," pp. 1-2, folder 1803, box 78, series 1, record group 4, IHB, IHC, Stacks, RFA-ARC.

123 "John B. Grant to Heiser, Februarys 23, 1922," pp. 1-2, folder 1803, box 78, series 1, record group 4, IHB, IHC, Stacks, RFA-ARC.

124 "summary of Outstanding facts, Public Health Survey of Japan, May 12 to June 25, 1924, by Dr. V. G. Heiser and Dr. J. B. Grant," folder 609, box 56, series 2, record group 5, IHB, IHC, Stacks, RFA-ARC.

125 "John B. Grant to Heiser, Februarys 23, 1922," p. 9, folder 1803, box 78, series 1, record group 4, IHB, IHC, Stacks, RFA-ARC.

126 Saul Benison, *The Reminiscences of Dr. John B. Grant*, p. 173.

大力支持，稱此建議不僅能與留日人士，且還能與留英、留美人士建立良好關係，「是一件非常令人嚮往之事」。[127] 一個典型的案例，是時任中央衛生防疫處實驗技師、留學日本的金寶善想前往美國進修，質詢蘭安生該怎樣才能成行；得到回覆是請先加強英語會話能力，就能得到他的鼎力推薦。一年之後，金寶善已能講一口可以過得去的英語，[128] 並於1926年獲得基金會資助，前往霍普金斯公共衛生學院訪學一年。

1922年9月，日本南滿鐵路當局支持的南滿醫學堂，升格為滿洲醫科大學而舉行盛大慶祝典禮，邀請協和派員參加。校長胡恆德派蘭安生代為出席，他回來後書面建議協和，考慮每年或每半年在北京召開一次各醫學會的國際學術會議，讓中國的留學日本、中國本土培養、以及留學歐美的醫生們，相互交流、切磋及友好交往。蘭安生聲稱：在過去的一年裡他改變了對日本在華影響的看法，認為留日學生已經大舉占據了政府高層，留學歐美之人難以插足，故設想「如果採取深謀遠慮的方法，這種情況是可以改變的。」[129] 在晚年口述這一段經歷時，蘭安生稱自己盡力與在北京留日群體的醫學會建立了良好關係，大力推薦一些在衛生署任職的留日人士前往美國進修，以縮小他們與歐美之間的知識訓練差距。後來中國人自己創辦的中華醫學會，決定於1928年1月在協和召開的第七次年會，蘭安生則利用地主之利，努力將這兩個留學醫生群體彙聚在一起，盡可能地安排了一些能夠增加彼此友誼的學術聯誼活動。[130]

由於生態環境、人口構成、政府形態，乃至文化傳統等不同，美國推進公共衛生事務的路徑與英國及歐陸略有區別。一般說來，英國於1848年通過「公共衛生法」之後，偏重於工程科技取向的公共衛生改革，如改造貧民窟、飲水和排水、垃圾處理等；歐陸則偏重於政治層面的社會制度改革，如法國在經歷了1848年社會動盪之後，中央與地方政府成立「公共衛生審議會」，德國則由俾斯麥首相於1880年代後推動一系列關於工人養老金、健康醫療保險制度等立法；美國由於政府能力十分有限，偏重於以實驗室為中心，投下鉅資推進相關

127 "Greene to Grant, February 14, 1922," folder 1803, box 78, series 1, record group 4, IHB, IHC, Stacks, RFA-ARC.

128 Saul Benison, *The Reminiscences of Dr. John B. Grant*, p. 196.

129 〈胡恆德的工作日志〉，北京協和醫學院檔案室，文書檔案，數位索卷號：0159。

130 Saul Benison, *The Reminiscences of Dr. John B. Grant*, p. 275.

科學研究，期望通過發現血清及疫苗等特效藥物，以達到預防傳染病和改善在地公共衛生環境的效果。這就可以理解為何早在1917年3月10日，即中國尚未設立一個實驗室時，海塞爾建議基金會若期望在華推進公共衛生事務，應考慮幫助中國創設研製血清及疫苗的實驗室，並認為該「需求將伴隨著對知識使用的需求而來，如果不能超前建立起良好的實驗室，那將對負責此事之人頗為不利。」[131]

一年之後的1918年，北京政府開始籌建編制六十三人、占地近百畝的中央防疫處，並於1919年3月在北京天壇正式成立。最初允諾經費是每月一萬元，一年後國會核減至每月九千四百元，且不能按時足額撥付。1922年，蘭安生報告該處有兩個實驗室，一個主管分析、一個主管藥物研發，人員由一位科長、六位化學家和三名技術員組成。由於月經費不足三千元，實驗室規模小、設備差，沒有什麼圖書資料，「過去一年的工作實際上處於停滯狀態。」[132] 鑑於該處經費來自關稅，內務部此前成立了由中外醫員組成的撥款委員會，凡與該處款項有關事項，均需先經委員會通過。同年10月18日，蘭安生參加了相關會議，日本委員菅野（Kanno）提出了創辦一個流行病學科（Section on Epidemiology），任命一位留日人士擔任實驗室主任的動議，遭到來自協和的蘭安生、林宗揚和田百祿（Carl TenBroeck, 1885-1966）等人的反對。理由是經費不足，不宜增加機構，並強調那位留日人士在日本僅經過幾個月「預防牙斑」的訓練，在專業知識方面難以勝任。[133]

由於協和與會者的力挺，一位在美國受過訓練的中國醫生得到了提名。在討論過程中，此人選雖遭到法國、日本代表的共同反對，卻得到才上任一個多月的衛生防疫處處長全紹清的支持。如果算起來，全紹清也有很強的美國留學背景。他作為天津北洋醫學堂的畢業生，1912-1913年期間在霍普金斯、哈佛

131 Victor G. Heiser, M. D. and W. Perrin Norris,"No. 7241, Memorandum on the Control of Uncinariasis in China and other sanitary Problems, March 30, 1917," p. 17, folder 239, box 16, series 1: 2, record group 5, IHB, IHC, Stacks, RFA-ARC.

132 "Report on General Health Survey of Peking, China," p. 38, folder 346, box 55, series 2, record group 5, China Medical Board, Historical Record, RFA-ARC.

133 Dr. J. B. Grant, "on the Present Status of the Central Epidemic Prevention Bureau, October 20, 1922," folder 349, series 601, box 5, record group 5, IHB, IHC, Stacks, RFA-ARC.

進修公共衛生學，回國後擔任軍醫署長、陸軍軍醫學堂校長、署理教育部次長、京師圖書館館長等職。蘭安生與全紹清的私人關係頗好，並鄭重向顧臨介紹過他。1922年2月14日，顧臨致函蘭安生，稱自己滿懷興趣地聆聽了全紹清在醫學堂講授的公共衛生課程，印象頗佳，曾稱此人與各國醫生的關係都不錯，且熱衷於公共衛生事務，他被任命為處長「應當是一個值得期待的重要發展。」[134] 當然，如果說全紹清百分之百的親美，也與事實不合；因為按照蘭安生的說法：「整個事情都是政治性的，在某種程度上就是一個應急問題。」[135]

蘭安生就此做了進一步的解釋，說如果從美國人的角度來看，全紹清的聲望之所以超過了顏福慶，且還不斷升高，使之在政治上身居高位，掌握了政府公共衛生事務大權，原因在於他就像此時英國首相勞埃德・喬治（David Lloyd George, 1863-1945），對任何事情都採取了折衷妥協的處理方式，力求做到不偏不倚，方纔能夠成功地在「在中國的醫學領域裡有所作為」。[136] 此前在致海塞爾的信中，蘭安生也談及了一個關於全紹清的傳說，即1920年前後由日本政府支持而成立的「日中醫學會」（Japanese-Chinese Medical Society），承諾參加者不僅毋庸交納任何會費，且還可得到該會贈送的日本醫學刊物；後來在1922年該會組織會員們前往日本參觀工業展覽會，說抵達南滿後即可享受免費旅行，然全紹清則建議組辦方將此優惠開放給北京城的所有中國醫生，即表明他試圖做更多團結性工作。[137] 當然，蘭安生也觀察到菅野努力改善與全紹清的關係，說「在一次飯局上菅野親熱地摟著他的脖子，兩人相互祝酒。」[138]

協和高層也有同感，頗為擔心來自日本方面的阻力。1922年10月的胡恆德

---

134 “Greene to Grant, February 14, 1922,” folder 1803, box 78, series 1, record group 4, China Medical Board, Historical Record, RFA-ARC.

135 Dr. J. B. Grant, “on the Present Status of the Central Epidemic Prevention Bureau, October 20, 1922,” folder 349, series 601, box 5, record group 5, IHB, IHC, Stacks, RFA-ARC.

136 Dr. J. B. Grant, “on the Present Status of the Central Epidemic Prevention Bureau, October 20, 1922,” folder 349, series 601, box 5, record group 5, IHB, IHC, Stacks, RFA-ARC..

137 “John B. Grant to Heiser, January 7, 1922,” folder 1804, box 78, series 1, record group 4, IHB, IHC, Stacks, RFA-ARC.,

138 “on the Present Status of the Central Epidemic Prevention Bureau, By Dr. J. B. Grant, October 20, 1922,” folder 349, box 5, series 601, record group5, IHB, IHC, Stacks, RFA-ARC.

日記中記有：在與日本北京公使館及來自奉天的日本醫師交談時，意識到大多數日本人都將協和視為一個非正式、非官方，且代表美國利益的政治機構，並猜測其與美國使館一定暗中聯繫，得到了不少政府資助。胡恆德就此寫道：當看到協和表示出對創辦中央防疫處血清實驗室的興趣後，菅野等人馬上警覺起來，「盡其所能替日本和曾在日本留學的人（從中國政府）那裡占取位置」[139] 1923年4月26日，胡恆德得知全紹清被內務部解職，罪責是濫用公款，僱傭冗員和受到太多外國影響，繼任之人則是曾是前清候補道、歷任兵工廠提調、電話局局長、麵粉公司經理等職的蔡琦。讓胡恆德及一批中外醫員委員會的英美人士頗為不滿，商量拒絕繼續撥款，以迫使內務部收回成命。5月9日，蔡琦主動拜訪了胡恆德，希望能夠繼續得到協和的支持；胡恆德則說通過交談，雖感覺到此人頗為精明能幹，卻認為其沒有能力領導這樣一個全國性的公共衛生機構。[140]

1923年1月26日，蘭安生致函海塞爾，稱他得到一位日本教授的訪日邀請，希望能夠成行，以改善彼此關係關係，理由是日本人「有影響中國人做決策的能力。」[141] 此時正值曾致力於改善紐約市政，也是美國著名歷史學家、政治學家比爾德（Charles Austin Beard, 1874-1948），受東京市長後藤新平（Gotō Shinpei, 1857-1929）的邀請，幫助制訂包括成立專門公共衛生執法機構的該市改造規劃。[142] 比爾德還與基金會聯繫，請派專家前往日本商討此事。再至同年9月1日，日本發生損失巨大、傷亡慘重的關東大地震，包括基金會在內的幾個美國慈善基金會，通過紅十字會提供了巨額財政救助。翌年5月12日至6月25日，海塞爾、蘭安生等人應日本政府邀請，抵達日本進行為期一個多月的公共衛生和醫療考察，發現腳氣病、腸道疾病、嬰兒和兒童疾病在該國造成了很高死亡率，認為在日本「培訓公共衛生官員非常重要。」[143]

---

139 〈胡恆德的工作日志〉，北京協和醫學院檔案室，文書檔案，數位索卷號：0159。

140 〈胡恆德的工作日志〉，北京協和醫學院檔案室，文書檔案，數位索卷號：0159。

141 "John B. Grant to Heiser, January 26, 1923," pp. 14-15, folder 1805, box 78, series 1, Record group 4, IHB, IHC, Stacks, RFA-ARC.

142 John Farley, *To Cast out Disease, A History of the International Health Division of the Rockefeller Foundation*（*1913-1951*）（Oxford: Oxford University Press 2004）, p. 246.

143 The Rockefeller Foundation, *The Rockefeller Foundation, Annual Report 1924*, p. 146.

此時美日之間就此事務的競爭，在海塞爾、蘭安生訪日期間又不幸得到了進一步的激化。因為日本公共衛生學界有兩個彼此對立的群體。一是以北裡柴三郎（Kitazato Shibasaburō, 1852-1931）為首的慶應義塾大學（Keio University）學派，也被稱之為「北裡派」（Koasati group）；另一是以長與又郎（Mataro Nagayo, 1878-1941）為首的東京帝國大學派，也被稱之為「帝大派」（Imperial Group）。前者，對蘭安生一行表示歡迎，提供了相當多的幫助。尤其是慶應義塾大學衛生系的草間良男（Yoshio Kusama, 1888-1968）教授，曾在史丹佛和霍普金斯獲得學士和博士學位，對這些美國客人格外友善。後者，不少人在政府中擔任要職，政治影響相應大些。故對基金會的考察代表採取了頗為明顯的敵視態度。據蘭安生晚年口述回憶，說當他到達那天，剛剛入住酒店不到一小時，服務台告知說有來客拜訪；打開房門一看，是長與又郎的助手，轉交了一封由其長官簽署的短信，聲稱日本醫學界不需要美國的援助，勸他們儘早離開。蘭安生說：「我自然對之置之不理」，[144] 仍然繼續規劃中就日本公共衛生教育的實地考察。

144 Saul Benison, *The Reminiscences of Dr. John B. Grant*, pp. 176-177, 391.

第四章

培養醫學精英

第一節 協和標準

自1882年美國國會通過排華法案之後，包括留學生在內的華人進入美國頗為不易，多虧1884年7月5日美國國會通過另一個法案（the Act of July 5,1884），第六款放寬了對來美留學華人的簽證限制。直到1900年，中國赴美留學生得到了在美國被允許「免修課程」的許可，有些華工居然以「學生」的名義進入美國，實際上是打工掙錢，從而又引發了美國輿論的不滿。是年6月15日，美國財政部法律顧問奧康乃爾（Maurice D. O'Connell, 1839-1922）就適用於華人的「學生」一詞給出了明確定義，設置了必須進入某專門學科深造，利用中國在地無法提供的研究設施，以及預期肯定回國等硬性條款，方能獲得進入美國的留學簽證。一年後，美國政府又增加了一個補充規定，禁止申請僅學習英語的學生身分而進入美國。就像當年有一位聲望顯赫的上海商人，其十六歲兒子抵達紐約州佛蘭克林縣的馬龍（Malone）鎮後，入境時被海關官員認定其僅為學習英語，雖持有合法簽證和中國駐紐約領事的擔保，卻仍被拒絕入境。[1]

1920年代前後的中國教育業有了飛速發展，學生人數滾雪球般的翻倍增加。1906年，各類學校的學生人數尚未超過五十萬，然1911年則增加到1,625,534人；1922年更達到了6,819,4862，其中96.72%是中學生，相對於十年

1　H. F. Macnair, Ph.D., "China's Students in Foreign Lands," *Millard's Review*, Vol. XXV, No. 8, July 21, 1923, p. 246.

前的增速為330%。[2] 與之相應，此時美國經濟快速發展，社會財富不斷增加，民眾有更多收入，也更願意支持教會差會向外拓展。前面已經談及相對於歐洲教會，美國差會並不反對引入現代科學，對中國教育的資助也超過了任何一個國家。最早創辦的京師大學堂、北洋大學、省立山西大學，總教習最初由美國傳教士擔任，教授中不乏美籍人士。教會大學中的美國所占比重，如1920年前後在華總共有十七所，其中屬於英國的只有一所，屬於美國的十所（最著名的如燕京、東吳、金陵等），還有剩下的那六所則為英美合辦。[3] 接下來隨著1909年美國歸還庚款的法案實施後，不少中國青年才俊將留學目標轉向了美國。1925年，在美國留學大約有兩千二百名中國男女學生，其中七百人是官費生。[4]

哈佛、普林斯頓、耶魯、芝加哥、霍普金斯等大學此時正迅速發展成為世界頂級大學，加上一戰之後的歐洲民生凋敝，美國大學吸引了大量來自全球各地的數萬名留學生。大致統計數字如下，即自1880年代以來，美國學生多前往歐陸留學，最多時在德國有三萬多人；然而，在1921年至1927年這段時間裡，在美國的德國留學生，從四十九人增至一百八人，這還不包括很多在美國工廠和種植園打工的德國學生。另一個教育大國的英國，則從一百三十八人增至二百二十九人。此外，同時期的愛爾蘭、蘇格蘭、加拿大，從九十五人增加到一千五百五十四人；荷蘭、波蘭、挪威、愛沙尼亞、保加利亞、俄國，則從一百三十五人增加至七百三十三人。來自東方各國的人數最多，相對於日本、韓國、菲律賓、印度等國，中國人是最大的一個留學生群體。[5] 重要的是，此時有幸獲得庚款前來深造中國留學生，都經過了嚴格考試，百裡挑一；相對於生活雖不算太貴、入境較容易的日本，時人則說：「故苟來美，其求學之誠，

2 "the Edauction Situation," 北京協和醫學院檔案室藏，文書檔案，數位索卷號：0594。

3 Helen McCracken, "America's influence on Education in China," *Millard's Review*, Vol. XXXII, No. 12, May 23, 1925, p. 334.

4 留學人數前幾名的美國大學，是哥倫比亞（150人）、伊利諾和密西根（各90人）、麻省（80人）、賓夕法尼亞和芝加哥（各70人）、哈佛和紐約（各60人）、康乃爾（50人），W. L. Godshall, Ph.D., "Should Chinese Students Study Abroad?" *Millard's Review*, Vol. XXXII, No. 1, March 7, 1925, p. 5。

5 Arthur A. Young, "America Takes Role of Teacher to World," *New York Times*, Feb. 3, 1929, p. 123.

自較一般一葦航日者為殷。」[6]

除在美國之外，中國人的主要留學國，還有法國（1,500餘人）、英國（150人）、比利時（50人）、日本（3,500餘人）等。[7]不同於前述英國傳教士塞西爾憂慮中國留學生在歐洲可能會受到激進思潮影響，基金會則從科學知識的接受角度，認為中國留學生在海外，不僅耗費太多時間、精力和金錢，且還在於脫離了母國社會環境，很少使用母語，故很難持有對自己人民的同情心。具體到醫學專業，他們更認識到中國留學生在國外，所學多是當地的疾病和醫療，難免對自己母國情形或知之不多，或疏離無感。正是注意到這類弊端，福勒克斯納早在1915年結束對華醫學教育考察後，談及其時中國醫學人士多在國外培養的問題，建議基金會倘若決定資助在華醫校，最好能讓中國學生留在本國，接受在地最優質的學術訓練，從而使之與自己的人民保持密切聯繫，並激發出對研究本國常見疾病的興趣。他們最終則期待由此成就若干傑出華人，通過研究某些病理和衛生問題，「幫助中國人民去實現未來發展的繁榮昌盛。」[8]

為了落實此構想，協和按照霍普金斯醫學院的模式，在教育和研究水準方面力求能夠與歐美頂級醫學院相媲美。[9]毋庸贅述，富豪霍普金斯於1873年辭世之時，留下三百五十萬美元創辦一所大學和醫院，三年後以霍普金斯命名的大學開始運作。那時美國高等教育乏善可陳，普林斯頓大學圖書館的藏書，微乎其微，每週只開放一小時；哥倫比亞大學圖書館每天下午開放兩小時，新生如果沒有得到特別許可是不得入內，哈佛大學教授則只有一成擁有博士學位。霍普金斯大學則於1889年、1893年率先創辦醫院、醫學院，不同於那時其他美國大學，教授們各自做自己的研究；該學院的教授們每天一起共進早餐、午

6　胡先驌，〈留學問題與吾國高等教育之方針〉，《東方雜誌》，第9號（1925），頁15。

7　H. F. Macnair, Ph.D., "China's Students in Foreign Lands," *Millard's Review*, Vol. XXV, No. 8, July 21, 1923, p. 246.

8　Simon Flexner, "Central and southern China," folder 89, box 11, series 2-11, pp. F. 10-11, Rockfeller Family, RFA- RAC.

9　（美）福梅齡，《美國中華醫學基金會和北京協和醫學院》，頁15；張大慶，〈中國現代醫學初建時期的佈局：洛克菲勒基金會的影響〉，《自然科學史研究》，第28卷第2期（2009年），頁137- 177。

餐，利用這段時間進行交流和切磋，晚上也常常組織學術討論。每週一晚上是較正式的聚會，總有三十至四十位參加者，其中包括教授、學生（博士或在讀醫學博士）及臨床醫生，除討論當前的研究或病例之外，還會評論各自遇到的問題，從而成為培養出一批美國諾貝爾生理學與醫學獎獲得者的搖籃。[10]

作為一種現代意義上的學術共同體精神，一位曾參與其中的哈佛教授有如是之言，稱霍普金斯人就像歐洲中世紀那些孜孜不倦的修道士，心無旁鶩地獻身於科學研究。當然，這還在於那時美國醫學院，幾乎都沒有與教學醫院或大學建立學術聯繫，大部分教授工資來自於學費，霍普金斯醫學院則完全依靠捐款，提供最優渥的薪酬，讓教授們專心致志地進行教學與研究。[11] 由此回到協和的話題，如果能解決留學問題，讓中國學生們願意在本國就學，基金會就得考慮持續為該校注入巨額運營資金，以使之能夠按照霍普金斯醫學院的標準打造和運行。畢竟，基金會此時提供的所有慈善資助，都要求當地政府或接受機構提供相應配套資金。就像1916年他們在巴西展開的清除鉤蟲病運動，當地政府最初配套一萬美元，四年後的1920年則增至二萬五千美元；協和從在華教會手中購入，與中國政府未簽署任何合作協議，得不到在地或本土的財政配套，意味著只能由基金會單獨、持續的大筆金錢投入——此乃他們之前未曾遇到的新情況。[12]

1928年之前，醫社每年撥付協和的運行經費約六十至八十萬元，即相當於三十至四十萬美元。[13] 協和每年通常只招收差不多二十五位學生，1921年有教職員一百五十八人，其中外國人一百〇八人，中國人五十人；1923年教職員增至一百七十九人，其中外國人一百一十六人，中國人六十三人，學生三十五人，預科七十一人。[14] 就此規模進行比較，協和的經費充裕程度遠遠超過當時在華所有醫校。這裡且不與拮据的教會醫校相比，因為他們的經費多來自醫院

10 （美）約翰・M・巴里，《大流感：最致命瘟疫的史詩》，頁78-83。

11 （美）約翰・M・巴里，《大流感：最致命瘟疫的史詩》，頁81-83。

12 “Peking Union Medical School to Be Dedicated,” *The Chinese Press,* September 13, 1921, p. 7.

13 *The Rockefeller Foundation Annual Report* 1925, p. 343，

14 *The Rockefeller Foundation Annual Report* 1923, pp. 266, 270; Rockefeller Millions Go for Health in Year,” *Chicago Daily Tribune*, Jun 11, 1929, p. 41.

收入，即使有幸得到當地政府補助，如最多的湘雅也不過是每年五萬元；[15] 倘若相較於北京國立醫學專門學校（1923年升格為國立北京醫科大學），兩者之間的財政差距也實在令人瞠目結舌。作為當局重點扶持的醫校，該校成立於1912年，北洋政府教育部編列預算每年撥付十四萬元，數額為所有國立、省立醫校之最。1921年12月，該校共有教師20人（其中10人兼職）、兩位日本教師（一教授、一助教），學生204人，然此時撥款則已拖欠了兩個月之久。[16]

美國醫學協會會（American Medical Association, AMA）曾於1906年，派員暗中檢查了全美一百六十所醫學院，結論是八十二所的教學品質被完全認可，評為A類；四十六所被評為B類，認為有較大缺陷，需要進行整改；評為C類的三十二所，條件太差，無法改進。[17] 以此作為參照，蘭安生於1922年2月撰寫了一份考察報告，論及北京國立醫專，認為其只能列入C類。[18] 同樣，如果考慮到該校教學品質在學生，及華人同行中的評價，似不能斷言蘭安生持有一種外人的傲慢。畢竟，在蘭安生報告刊發後一年多的1923年5月9日，該校學生就因不滿教學方法而舉行了罷課，抗議那些留日學生的教授，能力不足，難以勝任教學，從而迫使包括時任校長周頌聲、前任校長湯爾和等八名教職人員離職。[19] 後來一篇刊發在《中華醫學雜誌》上的文章，談及此罷課事件時，稱原因在於留日學生中很多人，上課時僅向學生背誦講義，「其不稱職，可想而知。民十以後，各醫校時時發生風潮，雖然由於學風不良，但教員的尸位，也是一個主因。」[20]

---

15 Edward H. Hume, M. D., “Medical Education in China: A Survey and Forecast,” In: Dedication Ceremonies and Medical Conference. Peking: Peking Union Medical College, 1921.

16 “Mr. Goodrich’s Diary, Oct. 1921, Saturday, December 24, 1921,” 北京協和醫學院檔案室，外國人事檔案，數位索卷號：0070；“Report on General Health Survey of Peking, China,” folder 346, box 55, series 2, record group 5, HB, IHC, Stacks, RFA-ARC; 中華醫學會，《醫界指南》（1928年春第七次大會刊於北京），頁10。

17 Paul Starr, *The Social Transformation of American Medicine: The Rise of a Sovereign Profession and the Making of a Vast Industry*（New York: Basic Books, 1987）, pp. 118-119.

18 “Report on General Health Survey of Peking, China,” p. 48, folder 346, box 55, series 2, record group 5, HB, IHC, Stacks, RFA-ARC.

19 〈胡恆德日誌（1923年5月9日）〉，北京協和醫學院檔案室，文書檔案，數位索卷號：0159。

20 〈中國的醫學教育〉，《中華醫學雜誌》，第19卷，第2期（1933），頁26。

蘭安生在這份報告中認為協和應被列入A類，且還不能說是他的自我吹噓。因為這裡有一個重要指標，即協和教授離職之後，不難在美國A類醫學院任教。福斯特（Dr. Ernest Carrol Fayst, 1890-1978）於1912年本科畢業歐柏林學院（Oberlin College），1917年獲得伊利諾大學（University of Illinois）博士學位，1919年7月就職協和，講授和研究寄生蟲學，當了四年助理教授之後，於1923年升至副教授。九年後，即1928年他返回美國，就職於在美國南方排名第一的新奧爾良市的杜蘭大學（Tulane Medical Faculty）。後來又憑藉著豐富的教學和研究經驗，以及從中國帶回來大量各種人和動物的寄生蟲標本，福斯特擔任了該校寄生蟲教學實驗室主任。[21] 還有1918年從華盛頓大學獲得醫學博士的郝智恩（Paul C. Hodges, 1893-1996），同年來到協和任教，任放射科創始主任。十一年之後，即1929年他入職芝加哥大學醫學院，不久擔任了放射學系教授以及創系系主任，是那個時代美國醫學界放射學領域的一位重量級人物。[22]

為了能夠成為東亞最好的醫校，協和聘請了一批來自歐洲頂級研究和教學機構的青年才俊。1925年2月，曾在1923-24年間在協和擔任過六個月的組織學、神經病學客座教授，也是荷蘭皇家科學院院士，該國中央腦研究所（Nederlands Instituut voor Hersenonderzoek）主任凱普爾斯（Cornelius Ubbo Ariëns Kappers, 1877-1946）致函顧臨，推薦畢業於阿姆斯特丹市立大學（Amsterdam Municipal Univeristy），此時通過了執業醫生考試，在他屬下的一家腦科學診所擔任助理醫師的維斯博士（Ernst Devries, 1883-1953）申請協和。經過教授會投票，董事會批准，協和於當年7月給他一個兩年聘期的腦系科助理教授的職位；再至1927年由於考評合格，維斯被提升為副教授。1929年11月6日，醫社駐紐約秘書愛格萊斯頓小姐（Margry. K. Eggleston）致函顧臨，稱有人給維斯推薦了一個在美國愛荷華州的工作崗位，薪資較協和豐厚，環境也更好，卻遭到了他的婉言謝絕。愛格萊斯頓說維斯對在北京的工作很滿意，認為「目前最好不要做任何改變。」[23]

---

21 北京協和醫學院檔案室藏，文書檔案，數位索卷號：0153。

22 Ling Yuan1 and Zhengyu Jin, "Paul C. Hodges and the Early Development of Radiology in China," *American Journal of Roentgenology*, Vol. 213（2019）, pp. 742-745.

23 "C. U. Ariens Kappers to Greene, Amsterdam," February 14, 1925, "Greene to Ernst Devries,

協和在創辦伊始所設定的目標，是期望將之逐漸轉變成華人自己主持，而非外國人所獨占。1920年聘請的三十一位教授之中，華人只有九位，占比29%，1925年10月，華人教授的比重就占到了53%。[24] 到了1927年，該校在學生七十八人、研究生九十二人，外籍教員三十八人，華人教員七十人，在數量上已超過外人而成為絕對多數。當然，其時到協和任教的華人也多有歐美頂級醫學院的博士學位，故「教員中得有世界各國醫學學位者共119人，其代表頒發學位之醫學機關共有50處之多。」[25] 或許是擔心操之過急，曾於1926年擔任該校客座教授，也是哈佛公共衛生學院院長的埃德塞爾（David L, Edsall, 1869-1945），於當年12月結束客座返回美國後，給董事會撰寫一份標明「秘密」的備忘錄，聲稱協和已有幾位華人教授擔任了系科領導人，一些頗有前途的年輕人在臨床醫學方面正嶄露頭角；不過在他看來，如果即刻將所有系科都交由華人主持還為時過早，「因為這需要長時間的學習、臨床經驗和研究訓練。」[26]

埃德塞爾肯定知道此時在該校任教的林宗楊，因為他後來擔任了細菌診斷室主任兼教務長，是當年最早進入協和領導層的華人教授之一。林宗楊出生於英國海峽殖民地的檳榔嶼（今馬來西亞），1916年畢業於香港大學後曾在伍連德主持的北京中央醫院任職。1919年考入霍普金斯大學，並於1922年獲得該校的公共衛生學博士學位。1921年9月5日，他的老上司伍連德致函林宗楊，期望其畢業後到自己屬下的東三省防疫處任職，第一年年薪三千六百元，免費住宿；第二年年薪增至五千四百元。不過，此時正在霍普金斯公共衛生學院攻讀碩士學位的蘭安生則力勸協和將之招攬進來，理由是此人擅長實驗室研究，將

March 25, 1925," "Henry S. Honghton To Dr. Ernest De Vries, April 4, 1927," "M. K. Eggleston to R. S. Greene, November 6, 1929," 北京協和醫學院檔案室藏，文書檔案：0121。

24 *The Rockefeller Foundation Annual Report, 1925*, p. 39.

25 中華醫學院（National Medical Association of China），《醫界指南（Medical Guide with classified list of medical suppliers）》，"Medical Institutions in Peking," Jan 27 to Feb. 2, 1928, Issued on the occasion of the seventh biennial conference, Peking, p. 14，北京協和醫學院檔案室，文書檔案，數位索卷號：0861。

26 December 1926, "David L, Edsall, M, D. Memorandum Concerning Peking Union Medical College, Confidental,"〈協和醫學院組織卷宗, organization, 1925-1926〉, pp. 4-5，北京協和醫學院檔案室。

來肯定會做出一番亮眼成績的。不過，他擔心林宗楊基於愛國主義而去了伍連德那裡。1922年3月22日，顧臨致函林宗楊，說協和願意聘其擔任細菌學副教授，任期兩年，年薪也是三千六百元，婚後每月有一百元的住房補貼，單身則每月補貼五十元，並負擔他從巴爾的摩至北京的旅費。[27]

令人可喜的是在1925年最先脫穎而出，擔任協和系科主任的兩位華人教授，一位是1919年哈佛博士後畢業的吳憲，1920年任教於協和，並於1924年率先擔任了生物化學科主任。另一位是1913年考入愛丁堡大學醫學院，一戰爆發後當過四年英軍戰地醫生，1920年獲得愛丁堡大學哲學博士學位，次年獲生理學博士學位的林可勝。1922年，他向紐約的醫社申請在歐洲或美國進一步研究的獎學金，得到了顧臨的注意。顧臨與他的父親，即不久後擔任廈門大學校長的林文慶私交頗好。顧臨表示願意提供這筆資助，條件是訪學結束後須到協和任職一年。林可勝原本想結束歐美訪學後，前往廈門大學創辦自己的醫學院，後來考慮再三，還是接受了顧臨的提議。1923年秋，林可勝來到芝加哥大學生理學系系主任卡爾森（A. J. Carlson, 1875-1956）的腸胃實驗室，其精湛的繪圖和觀察能力，給實驗室所有人留下了深刻印象。1925年9月，當林可勝被協和任命為生理學系主任時，該校生理學系已經設備齊全，人員配備到位，研究工作可以按部就班進行；然廈門大學醫學院則還在籌建之中，經費、師資、場地，八字尚無一撇。[28] 為了繼續進行精深專業研究，林可勝覺得還是應當留在協和；對自己被提升為系主任的看法，則說如果是因為其擁有作為科學家的能力，他願意接受此項任命；「但是如果因為作為一位華人而被提升，則我必須謝絕。」[29]

27　"Wu Lien Teh to C. E. Lim, December 5, 1921," Dr. Mills to Dr. Houghton, December 10, 1921,"Greene to Dr. Lim, March 23, 1922," "Appt of Dr. Lim Chong-Eang as associate in Bactriology," Medical Education & CMA Council's Requirement to Dr. Houghton, Dr. C. K. Lim, From C E. Lim to H. S. Hoghtom, April 7, 1925," 北京協和醫學院檔案室藏，中國人人事檔案，數位索卷號：2067。

28　Horaacew Davenport, *Robert Kho-seng Lim, 1897-1969*, National academy of sciences, Washington D.c., 1980.

29　*The Rockefeller Foundation Annual Report,* 1925, pp. 39-40.

第二節 優渥薪酬

其時日本、中國大學的慣例，均向外國教授支付比本土教授更高的薪酬，故協和最初創辦之時，董事會也討論過中外教授是否同工同酬。贊同給外籍教授高薪的理由，是認為人材供求法則，在一定程度上決定著薪酬高低，如果不給外籍教授支付相對較高的薪酬，他們怎麼願意離開自己的家人和朋友，以及熟悉的社會環境和更好的科研條件，前來陌生的中國任職？此外，贊同者還強調外籍教授抵達之後，通常會較華人教授更多購買如食品，衣服、傢俱等進口商品，子女在學費高昂的國際學校接受教育，花費相應更多。反對者認為教會大學和醫院是中外同工同酬，沒有差別對待，多年來成功地贏得了諸多華人教授的忠誠和信任。就當時協和具體情況而言，鑑於大多華人教授來自中下層家庭，按照中國人的文化傳統，他們不僅需要自己養家糊口，且還有承擔贍養老人，扶持兄弟姊妹的家族義務；又由於中國是人情社會，有太多應酬交際，迎來送往，需要更多花費；甚至為了穿著得體，他們還需要購買與歐洲價格差不多的進口高檔服裝。[30]

經過仔細討論，紐約醫社同意協和行政會議制定的薪酬標準，即「從事科學研究的華人教職員，除妻子、孩子在國外旅行費用不報銷之外，在工資、住房補貼和休假方面，理論上與歐美教授相同。」如1920年4月協和採行的薪酬標準，系科領導人、副教授、襄教授、助理及講師，每月薪資檔次分別是833.33元、583.33元、500元、416.66元和333.33元。[31] 按照歐美大學傳統，協和注重形塑學術共同體的「團隊精神」，除因年資而產生的若干差別，即「資深」與「資淺」的薪酬有所不同之外，同一檔次級別不再人分三六九等，以免製造出太多同僚之間的惡性攀比和傾軋。如果就各級之間的薪酬差距來說，也只是系科領導人比副教授約多42.9%，副教授比襄教授約多16.7%，襄教授比助理及講師約多20%，助理比講師約多25%，最高一級的系科領導人的薪酬，

---

30 "Policy in regard to Salary Scale and furlough of Chinese staff of Peking Union Medical College," folder 347, box 49, EG, IV2B9, CMB. Inc. RFA-ARC.

31 "Memorandum Recording Living Expenses and Salaries of the Staff," Prepared by A. M. Dunlap and revised by H. S. Houghton and R. S. Greene，北京協和醫學院檔案室，文書檔案，數位索卷號：080。

則比最低一級講師約高出1.5倍。總體說來，最低級的研究人員也能過上體面的生活，且不至於懸殊比過大而造成的人心浮動，影響到正常的教學和科研秩序。

1920年代前後的一美元，大約能夠兌換2.38元的銀洋或墨西哥洋，協和的薪酬稍低於當年美國大學。1929年，美國醫生的平均年薪為3,758美元，雖高於一般大學教師，卻低於耶魯、哈佛等頂級大學的薪酬。[32] 準確一點來說，1919年前後美國家庭平均年收入1,236美元，一輛福特車的價格為265美元，哈佛助理教授1919年的年薪是兩千五百至三千美元，教授是四千至五千五百美元。[33] 如果進行比較，協和系科領導人的年薪最高約四千二百美元，副教授約三千美元。不過，協和的薪酬高於同時期的日本大學。1926年1月24日至2月27日，基金會高層利用五周時間考察了日本大學，驚訝地發現包括東京帝國大學在內的國立大學教授，儘管社會地位很高，院長、系主任、教授的尊榮相當於海軍上將、將軍、國會議員，然薪酬卻少得可憐。教授年薪在一千二百至五千四百日元、副教授年薪則在一千至三千一百日元之間。[34] 鑑於其時日元兌美元的比例是2.5：1，這就差不多是協和相同教職薪酬的一半。

此時的中國國立、教會大學副教授、襄教授的平均年薪，大概分別為三千六百元、兩千四百元，[35] 如果將此與協和同等教職薪酬相較，協和副教授高出約94%，襄教授高出了約1.5倍。由此可見相對於在中國大學任職的學者，協和薪酬待遇實在太優渥了。陶希聖回憶中自己當年在上海商務印書館擔任編輯時，說月薪根據學歷而定——哈佛畢業，任過國內大學教授的：兩百五十元；英美著名大學畢業，未擔任過國內大學教授的：兩百元；日本帝國大學畢業，未擔任過國內大學教授的：一百五十元；日本帝國大學未畢業、或

32　E. Richard Brown, *Rockefeller Medicine Men: Medicine and Capitalism in America*, University of California Press, 1979, pp. 5-10.

33　陳懷宇，《在西方發現陳寅恪：中國近代人文學的東方學與西學背景》（北京：北京師範大學出版社，2013），頁39-40。

34　Edwin G. Conklin & Edwin R. Embree, "Report of the Biological sciences in Japan, Apr. 19, 1926," International, record group 4, series 1, box 44, fodlers 1017.

35　"Policy in regard to Salary Scale and furlough of Chinese staff of Peking Union Medical College," folder 347, box 49, EG, IV2B9, CMB. Inc. RFA-ARC.

是明治大學畢業的，分別為一百二十元、一百元；上海同濟大學、東吳大學畢業的：九十元、北大畢業的：六十元。陶希聖畢業於北大，且還擔任過安徽法政專門學校教員，也只拿到八十元。不過，1930年朱家驊出任南京中央大學校長後，陶希聖被聘為該校法學院政治系教授，每月薪酬方纔拿到了三百二十元。[36] 如果將之與協和薪酬相比，差不多與該校最低學術職稱的助理及講師持平。

兩者實際收入差距也許並沒有那麼大，因為當時中國各大學教授都在校外兼課賺錢，否則很難養活自己及家人。1926年在南開商學院任財政學與統計學教授，也是畢業於耶魯的何廉回憶道，其時很多北京教授往返天津、上海一些大學教授往返南京，來回奔波，就是為了兼課掙錢。一位曾獲得哥倫比亞大學哲學博士朋友的李權時，在上海四所大學講授經濟學、經濟學史、財政學和貿易與銀行課程，每天從早到晚，乘黃包車從一所大學上完課後，匆匆忙忙再趕到另一所大學，根本無暇從事專業研究。[37] 協和原則上不允許教授外出兼職，以免耽誤了在本校的教學和科研。一個典型的例子，是中央防疫處在1926年年初致函協和，請求允許林宗揚擔任該處的技術監督，說一方面是為了整合中國公共衛生的研究力量；另一方面也可以推動協和的細菌學和流行病學的教學，讓學生到該處實驗室實習抗病藥物和疫苗的生產。[38] 後來得到了協和的同意，經過的程序是交由教授會投票表決，並要求將之記錄在案。

由於何廉志在學術，沒有到處兼課，算是當時的異類。在他最初決定回國時，暨南大學開出的月薪是三百元，南開只給一百八十元。他到了南開之後，學校在教工區提供了一套四間房的住宅，租金每月十八元。按照何廉的說法，他的衣著簡樸，很少有社交應酬，嚮往平靜生活，故這點薪水也就夠了。[39] 如果就此做些比較，中國大學教授比當時日本學者還是稍微寬裕一些。前述1926年基金會高層考察了日本大學，一位在東北帝國大學（Tohoku University）任

36　陶希聖，《潮流與點滴》（台北：傳記文學出版社，1964），頁119-121。

37　何廉著，朱佑慈等譯，《何廉回憶錄》（北京：中國文史出版社，1988），頁51。

38　“WSCL with Dr. Chong Eang Lim, January 4, 1926,” “National Epidemic Prevention Buraus: request for your services, January 11, 1926,” 北京協和醫學院檔案室藏，中國人人事檔案，數位索卷號：2067。

39　何廉，《何廉回憶錄》，頁39。

教的生物學助理教授，年薪2,875日元，家裡有妻子和三個孩子，每年開支約三千六百日元，日子過得十分拮据。[40] 另外就中日兩國實際消費物價來看，中國教授的錢就更為值錢。1920年，一位從東京來到上海的日本僑民，不勝感慨該地物價只是東京的三分之一，或最多一半。一套有六間房子、帶花園的住宅，每月租金才要四十至六十元；在東京買一枚雞蛋的價格，在上海可買五至六枚。他說自己完全沒有料到「上海的生活是如此容易，甚至可以說是如此奢侈。」[41]

從當時的物價水準來看，不論是在中國哪所大學任職，教授們薪酬的實際消費能力也高出日本學者不少。1924年，在上海的一元可買牛肉、羊肉三斤、豬肉三斤半，平津地區差不多也就是這個物價水平。[42] 何廉每月一百八十元的薪酬，大約可買五百四十多斤牛肉，日常生活應當並不十分緊張。1930年代初，陶希聖先在南京中央大學，後來到了北大任教，月薪三百二十元，其時北平的豬肉每斤兩角兩分，牛肉每斤兩角一分，羊肉每斤兩角五分，[43] 故消費能力大大高於何廉。甚至有點奢侈的是他說自己住得起的房子，至少有兩進的四合小院，如果上房有五開間，兩廂房，一客廳，那麼還要配備給傭人或保姆居住的兩、三間下房，意味著至少有一位居家長住的傭工。此外，他還通過平日交際的宴請活動，表明教授這個群體在北平社會中頗高的消費能力，說：「在北平市場上，教授的地位之高不可言喻的。每一家有名的菜館，總有它的『封建勢力』，即教授主顧，某先生在某館有他的特定功能表，照功能表點菜，即便宜又可口。」[44]

協和教授薪酬是國立大學的兩至三倍，日常生活更是衣食無憂。如美國社會經濟學家甘博（Sidney D. Gamble, 1890-1968）於1924年對北京的考察，記載了非熟練勞動者每年平均收入約兩百元，其中70%用於食物，12%用於衣服，5%用於燃料，8%用於租房；中產階級的平均工資是每年約一千四百元，

40 Edwin G. Conklin & Edwin R. Embree, "Report of the Biological sciences in Japan, Apr. 19, 1926," International, RG: 4, series 1, box 44, fodlers 1017.

41 "Shanghai Through Japanese Eyes," *The Chinese Press,* Nov. 17, 1920, p. 12.

42 〈昨日南北市小菜場各菜價目如下〉，《申報》第5張，1924年1月14日，第18版。

43 〈生活一覽〉，《實報》，1932年11月18日，第6版。

44 陶希聖，《潮流與點滴》，頁119-121。

42%花費在食品方面，14%花費在禮品和娛樂方面。[45] 協和於1920年對其教授們的調查是，系主任、副教授、襄教授、外籍助理及講師、華人助理及講師，薪酬用在食物及住房方面的比重分別為16%、24%、28%、23%、29%。這份調查中有一項開支，乃非北京中產階級人人所有能力花費的，即僱傭僕人所支付的酬勞。如1921年就在北大研究所國學門任助教的顧頡剛，月薪一百五十元，沒有僱傭僕人。[46] 協和的情況是，系科主任、副教授、襄教授估計僱傭了三位僕人，分別占其總薪酬的6%、9%、7%，外籍助理及講師估計僱傭了兩位僕人、華人助理及講師估計僱傭了一位僕人，分別占其總薪酬的9%、5%。[47]

至於其他具體開銷，如1923年3月統計出來的協和外籍教授們的支出：一套包括餐廳、書房、客廳、三間臥室和兩間帶有現代洗浴衛生間的洋房，加上獨立居住僕人住房，一個車庫、一個帶有草坪的花園，不配備傢俱租金為每月一百三十元，配備傢俱（除去床單和枕套）每月一百七十四元。這套房子離協和約十分鐘的人力車程。冬季平均有四個月的取暖，外加廚房、洗滌，每年煤炭三百元；每月的水、電平均分別是十一元、八元。當時北京尚無公共交通，也沒有太多便利半成品食物出售，外籍人士須僱傭僕人，每月工錢分別是：會說簡單英語的僕人二十元、廚師十八元、苦力十元、洗衣工十二元、黃包車夫十八元。此外，每月花園維護費用，不時購買花卉或綠色植物等十至十五元。如果夏季全家到北戴河避暑，租房四百至五百元，家人及僕人的往返旅費約一百五十元。對於炎熱夏季仍然願意留在北京之人，則需要一百元的消暑費用。[48]

協和校園對面有一個被稱之為「洋樓」或「協和大院」的住宅區，建有一幢幢的三層小洋樓，居住著華人教授及一些中低階的外籍人士。1928年，這種

45　"Eking Union Medical College, weekly calendar, Vol. the X, No. 10, 14 April 1926," 協和醫學院檔案室，文書檔案，數位索卷號：0458。

46　「1923年9月4日」，《顧頡剛日記》（新北，聯經出版事業公司，2007），第1卷，頁392-393。

47　"Memorandum Recording Living Expenses and Salaries of the Staff, Prepared by A. M. Dunlap and revised by H. S. Houghton and R. S. Greene," 北京協和醫學院檔案室，文書檔案，數位索卷號：0803。

48　"Henry S. Houghtone to W. T. Councliman, Department of Pathology, Harvard Medical School, March 3, 1923," 北京協和醫學院檔案室藏，文書檔案，數位索卷號：0091。

戶型每月租金一百二十五元，除僕人宿舍之外，小樓還有客廳、飯廳、廚房、小書房，門廊或陽臺、三，四間臥室和一兩間浴室。[49] 1920年在協和擔任護士，1923年返回美國的阿伯特（Lucy Abbot）小姐就居住在這裡，她的年薪一千六百元（$800），水、電和洗衣都免費，兩年後年薪增至一千八百元，且還是用相等的美元支付。此外，她來北京，以及返回美國的旅費，協和為之提供了一千兩百元的旅費。就此來看，該小姐在當地的生活頗為愜意，離開時的工作簽定寫道：「她吸食香煙，有一個討人喜歡的性格，很容易交朋友，對中國人頗有好感，且熱愛戶外活動，積極參加當地的各種社交生活。」[50] 當然，為了避免外界非議，協和董事會在給醫社的報告中，聲稱這份關於生活消費的調查，表明「我們的華人高級職員幾乎要用去所有收入，沒有發現任何奢侈的跡象。」[51]

協和內部閱讀的一份標明「機密」的信件，聲稱其薪酬標準難以從美國聘請頂級教授，故只能考慮選擇歐洲同等級別之人。[52] 1925年醫社準備聘請荷蘭學者福頓（AEmilius Bernardus Droogleever Fortuyn, 1886-1970）擔任協和解剖學襄教授，主席文森特就提出此聘期最多四年，因為估計那時已有華人學者能夠適任這一崗位。福頓的學術資質表明：1904畢業於阿姆斯特丹市立大學，1912年擔任萊頓大學醫學院講師，此時年齡已經是三十八歲。協和的工作語言是英文，醫社專門檢視了他發表的幾篇英文論文，認為其能夠使用流利英文。1925年7月1日，他被協和聘為副教授，還擔任了解剖學系主任，年薪七千兩百元（$3600），也用美元支付。1927年7月1日此聘期期滿之後，此時在解剖系任職的兩位華人教授，一位是1925年從協和畢業的潘銘紫，儘管在美國深造過，校方說還需要進一步觀察其領導能力；另外一位是溫姓（Dr. I. C. Wen）

49　"Margery k. Eggleston to dr. Berglund, March 17, 1928," 北京協和醫學院檔案室藏，文書檔案，數位索卷號：0033。

50　"Margery K. Eggleston to Miss Lucy Abbott," Notification of Increase in pay, June 30, 1922," "Lucy Abbott, July 28, 1923," 北京協和醫學院檔案室，外國人人事檔案，數位索卷號：0003。

51　"Memorandum Recording Living Expenses and Salaries of the Staff, Prepared by A. M. Dunlap and revised by H. S. Houghton and R. S. Greene," 北京協和醫學院檔案室，文書檔案，數位索卷號：0803。

52　"Dr. Berglund, M. K. Eggleston to R. S. Greene, December 6, 1929, Confidential," 北京協和醫學院檔案室，文書檔案，數位索卷號：0003。

身體健康欠佳，協和只能請福頓繼續留任，年薪漲至八千兩百元。[53]

協和的晉升多看年資，即便有學者做出十分傲人的成績，甚至取得了世界聲望，也很難有一個超乎常人「破格」升遷。1922年獲得了威斯康辛大學生理學博士學位，1923年在協和藥理系擔任襄教授的陳克恢，翌年與來自賓州大學，被協和藥理系聘為兩年期系主任的施密特（Carl F. Schmidt, 1893-1988）合作，共同發表了關於麻黃堿藥理作用的論文，引起了西方醫藥學界的注意。正是他們的發現，該藥隨即進入臨床觀察之後，很快被證明可以治療過敏性疾病、乾草熱、支氣管哮喘，並還可用於脊椎麻醉，以防血壓下降等疾病和等身體不適。1926年麻黃素獲得臨床治療許可，開始批量生產，並在美國上市銷售，陳克恢由此也在國際醫學界聲名鵲起。1924年3月3日，施密特致函校長胡恆德，認為在可行的情況下，應考慮盡快將陳克恢晉升為副教授。[54] 七個月之後，即10月28日施密特又致函胡恆德，說陳克恢的合同年底到期，並認為此人是一個「非常有前途的小伙子」，應考慮提升其職稱和薪水，使他能夠安心於協和的崗位。[55]

1924年12月9日，胡恆德致函顧臨，聲稱儘管施密特鼎力舉薦陳克恢，雖得到了一些教授的支持，他卻不準備跟進，希望能夠聽到與陳克恢在同一個系工作，也更資深，即1909年來華的英國倫敦會醫學傳教士伊博恩（Bernard Enns Read, 1887-1949）的意見。伊博恩與陳克恢進行過當面交談之後，又於當月31日鄭重致函於他，談及希望其能夠繼續留在協和任職，不可辜負校方及同仁們的一片厚愛。翌日，他得到了陳克恢的回覆，除表示感謝關心之外，說將在任職結束之後，準備前往美國完成自己未竟學業，並繼續就此課題的深入研究，可能更為明智。來年的1月3日，伊博恩致函胡恆德，告知陳克恢去意已

53　“Margery K. Eggleston, Assistant Professor of Anatomty-Dr. Aemilius B. Droogleever Fortuyn June 15, 1925,” “Copy for Dr. Houghton, GEV to MKE, Memorandum, Hamburg, July 12, 1925,” “Geene to Dr. Kappers, December 14, 1926,” “R. S. Greene, M. K. Eggleston, November 27, 1928,” 北京協和醫學院檔案室藏，外國人人事檔案，數位索卷號：0162。

54　“Carl F. Schmidt to Dr. Houghton, March 3, 1924,” “Carl F. Schmidt to Dr. Houghton, October 28, 1924,” folder 869, box 120 record group IV2B9, CMB.Inc, RFA-ARC.

55　“H. S. Houghton to R. S. Greene, December 9, 1924,” “Harrient Lucy Barchet to R.S. Greene, January 6, 1925,” folder 869, box 120 record group IV2B9, CMB.Inc, RFA-ARC.

定，看看協和能否採取一些挽留措施。6日，胡恆德的助理巴爾凱特（Harrient Lucy Barchet, 1876-?）致函正在美國出差的顧臨，稱陳克恢希望能夠得到晉升，然在未來一年裡大概沒有這個可能性，因為董事會裡的所有人無一例外地為其離開而感到遺憾，卻又因為他年資太淺，資格不夠，又都不同意此時給他一個更高的職位。[56]

顧臨於2月3日致函陳克恢，說從胡恆德的信中得知其感到在協和沒有得到充分承認而準備離職，故想做出一些解釋，即校方不只一次地對他的研究能力和教學熱情，表示了高度欣賞及認可，並相信陳克恢在協和一定能夠受到重用。顧臨不無惋惜地坦承：他們雖一直希望讓更多華人擔當系科領導，但對於較高職位來說，需要成熟的判斷力，豐富的管理經驗，故資深學者也就最容易被優先考慮。同日，顧臨還「秘密」致函胡恆德，稱由於他對陳克恢寄予了厚望，對其離開而深感苦惱。不過，他完全贊成胡恆德對此事的處理，認為這種任職標準應該堅持下去，只是希望今後遇到此事，院方能夠多做些耐心的說服工作。談及陳克恢即將離去，顧臨建議胡恆德可請林可勝、劉瑞恆出面遊說，或許能讓其改變主意。顧臨說自己很擔心像伊博恩這樣的老派學者，並不善於與這位非常敏感的中國年輕人打交道；儘管他為人良善不容置疑，平日卻總喜歡擺出一副高高在上的樣子，顧臨說自己偶爾也會如此，「這可能讓年輕人感到不快。」[57]

當陳克恢準備啟程前往威斯康辛大學醫學院繼續自己的學業和研究時，3月4日，胡恆德與協和放射科主任郝智恩（Paul Chesley. Hodges, 1893-1996）談及此事，得到的建議是考慮到此人一定會有卓越成就，作為未來投資，傳遞善意，醫社可承擔他的赴美旅行費用。1926年11月26日，顧臨致函賓夕法尼亞大學醫學院藥理學系主任的理查（Alfred Newton Richard, 1876-1966），說如果陳克恢能在美國大學的藥理學系繼續深造，回到中國肯定會大有作為；表示協和願意為他提供獎學金，不知理查所在的大學是否能夠錄取；如果不能錄

56　"Chen Ko kuei to B・E・Read, Head, New Year Day, 1925," "Harrient Lucy Barchet to R.S. Greene, January 6, 1925," "Dr. B. E. Read, Dr. Henry S. Houghton, 3 January 1925," folder 869, box 120 record group IV2B9, CMB.Inc, RFA-ARC.

57　"Greene to Chen Ko kuei, February 3, 1925," "Greene to Henry, Confidential, February 3, 1925," folder 869, box 120 record group IV2B9, CMB.Inc, RFA-ARC.

取，能否推薦其他優質實驗室。是年，陳克恢轉到了霍普金斯大學，12月23日，顧臨抵達巴爾的摩後看望了他，並與相關人士進行了交談。事後顧臨致函胡恆德，說與之見面的所有人都高度評價了陳克恢的工作才能。不過，他並沒有得到陳克恢是否將會返回協和的承諾，感覺是其更多考慮在回國前能否獲得美國學術界的認可，故應當繼續關心他的未來發展。[58]

12月28日，胡恆德致函顧臨，說同意他關於支持陳克恢在美進修的建議，並認為儘管陳克恢有年輕人的不成熟，以及失衡的情緒，協和仍應密切關注其在美的工作，因為此人有很好的學術發展潛能，將來肯定還會有所成就。30日，顧臨致函霍普金斯大學藥理學系主任，也是當時美國頂級藥理學家的阿貝爾（John Jacob Abel, 1857-1938）教授，談到陳克恢準備暑期前往歐洲訪問，想了解阿貝爾能否為其提供兩年期的實驗室研究機會；如果可以的話，第三年讓他再前往歐洲可能更為有利。顧臨說，倘若陳克恢的積蓄不夠，協和願意提供部分資金，前提是要他在這兩年裡做出一些科研成果。1927年4月27日，陳克恢致函顧臨，說年初時阿貝爾教授就將顧臨的意思轉告給他，現在已經確認自己還會在此地工作一至兩年，不知協和能否為其保留一個崗位，將來自己訪學結束之後即可返回。5月10日，陳克恢又以此話題致函基金會秘書愛格萊斯頓小姐，想知道1928年後協和是否可能還有合適他的崗位，表示自己有意回歸。[59]

磋商的情況並不樂觀，顧臨隨即回覆他，稱不論在北京，抑或在其他地方，這一兩年中都沒有合適他的崗位。與此同時，顧臨在給他人的信函中，談及為何不能承諾陳克恢的原因，是協和從來不會為誰預留空缺職位，那些一直在該校服務之人應被優先考慮提拔；此時方纔任命了伊博恩為藥理系主任，不可能因為陳克恢的到來就換人。顧臨還明確宣示：即使陳克恢被任命為系主任，也不可能一來就是正教授，需要從襄教授或副教授一步步做起。由於考慮

58　"HSH interview with Dr. P. C. Hodges, March 4, 1925," "Greene to Alfred N. Richards, November 26, 1926," "Roger S. Greene, Henry S. Houghton, December 23, 1926," folder 869, box 120 record group IV2B9, CMB.Inc, RFA-ARC.

59　"H. S. Houghton to R.S.Greene, November 28, 1926," "Greene to J. J. Abel（Department of Pharmacology, Johns Hopkins Medical School）, December 30, 1926," "K. K. Chen to Eggleston, May 10, 1927," folder 869, box 120 record group IV2B9, CMB.Inc, RFA-ARC.

到隨著年齡增長和生活中日益加重的家庭責任，人們都會缺乏向前發展的動力。顧臨在給他人的信中，特別注意了解陳克恢的個性是否更為沉穩、是否擁有了科學工作的良好習慣，以及他與別人的合作情況。[60] 再至1929年4月14日，顧臨又一次造訪巴爾的摩，與阿貝爾談及陳克恢的未來。阿貝爾告訴顧臨，說由於陳克恢沒有美國國籍，不太可能在美國大學任教，然其對別的地方副教授職位又不感興趣。此外，儘管麻黃素已走向市場，一些製藥公司願意高薪聘請，可他卻不願意轉向商業開發工作。[61]

此事的後續發展，是陳克恢於1929年7月就職於作為美國最重要製藥廠商的禮來公司（Eli Lilly and Company，NYSE：LLY）。1931年初，顧臨聽說他在那裡不太開心，由於家庭原因很想回國發展，遂於3月28日致函陳克恢，說伊博恩將於1932年春天辭職前往上海，協和藥理系主任位置空了出來，教授委員會也同意聘其擔任協和藥理系教授，時間從1932年7月開始，年薪一萬元。5月5日，陳克恢回覆顧臨，在一番感謝之後，稱儘管自己現在的薪酬高於協和，但知道這是在華所有教育機構中的最高待遇，其理想則是在中國建立一個世界最好的藥物實驗室。鑑於此，陳克恢提出了這樣的就任條件：一是重組協和藥理系，期望聘請施密特在該校擔任一年客座；二是給他準備設立的實驗室撥款四千至五千美元；此外是購買一批最新的圖書文獻資料。由於其時正值世界性經濟大蕭條，基金會資金大幅縮水，協和預算相應被削減，致使顧臨不無遺憾地回覆說，雖無法滿足那些要求，然請他考慮協和的這一聘請，「將是一個能夠影響這個國家未來藥學發展的重要機會。」[62]

60 "Roger S. Greene to Miss M. K. Eggleston, August 1, 1927," "Roger S. Greene to K. K. Chen, August 1, 1927," "Roger S. Greene to Miss M. K. Eggleston, November 14, 1927," folder 869, box 120 record group IV2B9, CMB.Inc, RFA-ARC.

61 "Greene to Dr. Abel, John J. Abel, professor of Pharmacology, Johns Hopkins Medical School, April 25, 1928," "Abel to Roger S. Greene, May 21, 1928," "R. S. Greene to M. K. Eggleston, June 27, 1928," "Greene to Abel, July 4, 1928," "R.S. Greene to M. K. Eggleston, July 7, 1928," "R.S. K, Dr. Abel, at his house, April 14, 1929," folder 869, box 120 record group IV2B9, CMB.Inc, RFA-ARC.

62 "R.S. Greene to M. K. Eggleston, January 16, 1931," "Greene to Chen, March 28, 1931," "K. K. Chen to Green, May 5, 1931," "R.S. Greene to M. K. Eggleston, June 20, 1931," "Greene to Chen, June 17, 1931," "Greene to Chen, July 17, 1931," "Greene to Chen, October 29, 1931," folder 869,

第三節 校園生活

自1893年霍普金斯醫學院成立之後，在招生方面追隨歐陸早已奉行多年的嚴格考試制度，一改以往美國醫學院只要繳納學費，任何人——但不包括女生——都可以被錄取，並還可能順利畢業的舊習。由於不必通過學費來支付教授們的薪水，霍普金斯醫學院要求學生們除一般意義的大學學位之外，還須擁有熟練閱讀法文、德文能力，以及堅實的文理科基礎。[63] 這也是考慮到醫學涉及人的生命，應該招收最有能力的人從事這項神聖的工作。中國的情況，是在協和未創辦之前，在華的九所教會、近十所國立、省立，以及一些外國人創辦的醫校，除了日本南滿鐵路下屬的南滿醫學堂之外，招生多只是通過一個象徵性的考試，或乾脆不需要考試，也都不設強化外語、化學、生物學知識的醫預科。雖則，南滿醫學堂開設有學制兩年的預科，但那只是針對中國學生，對日本人、台灣人、韓國人的錄取則沒有此要求。[64] 1917年9月，協和在北京開辦了三年制的預科，通過考試而僅錄取了八位學生，配備了五位講授英語、生物、化學的教師。[65]

當時協和的入學標準，確定是向美國排名前二十位（甚至更好）的醫學院看齊，寧缺勿濫，招收成績最佳的學生，故即使上該校預科也有較高的淘汰率。1919年，來自北京、上海、武昌、太原等地的六十四位考生報考該校，錄取二十六位，錄取率達到40%；1923年有一百七十二人申請，參加考試一百三十六人，錄取二十八人，錄取率僅20%。1925年秋，協和停辦預科，一部分教師轉至燕京任教，大部分教學設備也一併送給了該校，燕京醫預科遂成為協和醫學生的主要來源。1928年後，來自燕京醫預科的協和新生，約占總錄取人數的50%。再至1931年報考季，燕京的一份官方資料宣稱：截止1931年，歷年來考入協和最高分的前二名，且獲得全額獎學金的十八人中，該校學生占了九人；進入協和之後的第一年、第二年獲得最優獎學金，該校學生所占人數

box 120 record group IV2B9, CMB.Inc, RFA-ARC.

63 （美）約翰・M・巴里，《大流感：最致命瘟疫的史詩》，頁81。

64 "the China Medical Board in Mukden," *the China Medical Missionary Journal*, Vol. XXIX, No. 6（November 1915）, p. 404.

65 *The Rockefeller Foundation Annual Report,* 1917, p. 44.

分別是十六人中十人、十四人中九人、十二人中八人。總體算下來，這些年協和頒發的六十七個學習成績最優的榮譽，燕京獲得四十六個，占總數的68%。[66]

不同於二十世紀初的第一代中國西醫群體，多為跟隨傳教士醫生學西醫之人，家境普遍貧寒；此時西方醫學在華已經逐步確立了優勢地位，協和採取如此嚴格的入學考試，可謂百裡挑一的錄取率，能夠考上該校之人，不太會是那些無法接受完整現代科學教育的貧窮學子。除少數名人之後，如梁啟超的公子、曾國藩、容閎的曾孫之外，協和學生大部分來自於沿海和都市，不少人擁有教會學校背景。統計數字表明：1924-1943年該校三百零二位畢業生中，包括上海在內的江蘇藉四十二人、包括北京在內的河北藉四十二人、廣東藉三十九人、福建藉三十五人、湖北藉十六人、浙江藉十五人，這幾個省的總和占到了62%，其他如東北、四川、山東、湖南等省則是個位數，雲、桂、陝、甘等內陸省分沒有學生被錄取過。[67] 1924年擔任該校生理學副教授的尼古拉斯（Heinrich Nechele）的評價是：學生們大多數來自相對富裕的家庭，「思想西化，幾乎所有學生都在現代化的中式或西式學校（還有一些教會學校）中受到了現代影響；少數人有出國經歷。」[68]

協和錄取根據入學考試，之後根據每年學習成績，前一、二名發放數額二百至三百元不等的獎學金，一般學生則要承擔高昂的學費。協和一年學費一百元，分三次交納，即第一學期三十五元、中期三十元、第三學期三十五元。除兩元的鑰匙押金之外，每學期開始之時學生們還有交納五元使用實驗室押金，以防止損壞材料時賠償所用。在學年結束時，學校會這筆錢將退還給學生。由於宿舍有中央取暖系統和現代供水管道和電燈，配備床、桌子、櫥櫃，每間房子裡住兩位學生，這筆費用是每年十元。此外，學生們還要每學年交納書本費、服裝和旅行費四元。[69] 1925-1926年統計資料顯示，該校學生們每年

66 〈協和獎金〉，〈今夏投考協和〉，《燕京新聞》，1931年3月8日，第1版。

67 "PUMC graduates：1924-1943," 北京協和醫學院檔案室，文書檔案，數位索卷號：0769。

68 "Psychology of Chinese Studies in the light of Medical Education," *China Medical Journal*, Vol. XIII, No. 10（1928）, p. 748.

69 "Peking Union Medical College, Annual Announcement, 1926-1927," 北京協和醫學院檔案室，文書檔案，數位索卷號：0447。

花費最多的達到了五百七十元、最少也有三百六十二元（醫預科）、一百六十四元（護校）。女生的花費普遍低於男生，平均為四百五十五元至四百八十九元。[70] 如果與北平其他學校相比，協和學生的學費、住宿費和生活費要高出不少，時人說：「清華學費每年三百元足矣。北大學費每年只為二十元，輔仁只須每年五十元。」[71]

如此昂貴的費用，自然阻擋了很多人的入學之路。最早進入協和董事會，時任駐美公使的施肇基於1927年5月接到一位故舊公子的救助信，稱其五歲時父親去世，母親將其撫養成人，現已十八歲，很想去北京協和醫學校，擔心「學醫的費用與年限，都比他科為多，費用須每年四百元以上，故經濟力不足，不能達到目的，所以請先生多扶助我。」施肇基將此信轉交顧臨，請他為此考生提供一些學業上的幫助，使其能夠順利地被協和錄取。顧臨將此信轉交給負責招生的秘書，指示她給這位孩子一個回覆，稱對考試無法提供更多資訊，只是提請他注意進協和之前，需要先上三年醫預科。[72] 當然，學習出類拔萃之人，在協和就有機會得到獎學金或助學貸款。如1928年由燕京醫預科考入協和，家境並不富裕的鄧家棟，入學後靠貸款和獲得的獎學金，已經能夠不靠家裡接濟，畢業時因總成績最優，又榮獲了四百元獎學金。他說除還清所有貨款之外，還剩餘數十元，足以請全班同學去餐館聚會，歡慶畢業。[73]

自1928年國民政府定鼎南京之後，重點支持隨後成立的南京中央大學，北大經費頗為支絀。該校三百五十八位教職員，月經費只有七萬五千元，用於支付教職員薪金就達五萬餘元。學生們六人一間宿舍，宿舍樓裡連個像樣的廁所都沒有，不僅冬天沒有熱水供應，且在1930年前後還發生了「浴室倒塌而壓死學生的慘劇。」[74] 住宿既然如此，膳食也好不到哪裡去。據張中行先生回憶，學校雖有包飯食堂，一日三餐，每月六至七元；相當多學生都還在學校附近的

70　*Peking Union Medical College*, 15 September 1926, 北京協和醫學院檔案室，文書檔案，數位索卷號：0413。

71　掃難，〈北平的幾個大學〉，《北辰雜誌（大公報）》，第1期（1931），頁45，

72　“MKE to RSG, May 24, Mr. Alfred Tze to RSG, May 16, MKE to Mr. Tze, May 24, 1927,” 北京協和醫學院檔案室，文書檔案，數位索卷號：0700。

73　劉德培、劉謙編，《鄧家棟畫傳》（北京：中國協和醫科大學出版社，2007），頁26。

74　掃難，〈北平的幾個大學〉，《北辰雜誌（大公報）》，第1期（1931），頁45，

小飯鋪就餐。[75] 相比之下，協和的情況就好得多。食堂由男女生們自辦，各自成立了一個膳食委員會，設主席，書記、會計一人，委員幹事數人，每人的平均膳食費九十元（以十個月計）。具體說來，如1933年前後該校二十三位女生，就有自己的食堂，僱了兩位廚師，每日買米算帳，派菜單等雜務，學生們也多參與，烹飪則盡量照顧學生口味，用餐是「七人一桌，因有二人不在校用膳，故恰湊成三桌，每日除早點外，有午晚兩餐，每餐四菜一湯。」[76]

直到1941年太平洋戰爭爆發之前，協和學生食堂通常膳食標準，說早餐有牛奶、雞蛋、水果，下午四、五點時還有一次額外的茶點，如咖啡、茶、甜點等。所謂每餐的四菜一湯，並不限量，如果有某種菜很受歡迎，吃完了可以再要，直到吃夠了為止，飯後通常還有一份餐廳自製的冰淇淋。此外，每張桌子上放了一個呼叫工友的按鈴，每四張桌子安排一位專門負責添飯、被稱之為table boy的茶役，當「學生們吃完了飯，一敲碟子，馬上由他來添第二碗。」[77] 還有1931年的一篇報導，稱讚該校的設施，極其完備，在中國可以算是首屈一指；在物質的享受方面，可以說是舒適到家了，即「工作人員在屋內，四時都穿著白色工作服，大電扇也不分冬夏的在工作著。」[78] 這是因為協和給每人都發了四件白上衣，七條白褲子，換洗下來的衣服就放在門口，有工友每天負責洗滌，熨燙得平平整整。[79] 當時的北平，也唯有協和學生宿舍提供二十四小時熱水，甚至燕京等校的女生，由於該校沒有這樣的條件，冬天就只能到協和同鄉宿舍裡洗澡。[80]

那個時代的北京，及後來的北平，戀愛中的女孩選擇男友時，通常說「北

75 張中行，〈沙灘的吃〉，《負暄瑣話》（北京：中華書局，2006），頁104。

76 李照君，〈我的協和生活〉，《中華週報》，第98號（1933年10月18日），頁1。

77 學生會，〈美帝文化侵略在協和〉，《新協和》，創刊號（1951年2月20日），頁2-21，China Medical Board, Inc. box 128, folder, 937, Rockefeller Archive Center, RAC., Sleepy Hollow, New York, United States.

78 掃難，〈北平的幾個大學〉，《北辰雜誌（大公報）》，第1期（1931），頁45，

79 吳英愷，《醫務生活六十年：吳英愷回憶錄（1927-1987）》（上海：上海科學技術出版社，1990），頁15-20。

80 曹瓊華口述，孔強生執筆，〈協和舊事· 曹瓊華女士訪談〉，中國近代口述史學會編輯委員會編，《唐德剛與口述歷史：唐德剛教授逝世周年紀念文集》（台北：遠流出版社，2010），頁165。

大老、師大窮，唯有燕京、清華可通融」。這指師大學生畢業後通常擔任中學教師，除免學費之外，還免費食宿，至於北大為何被認為「老」，時人說從年齡上和衣飾上來看，真是不夠漂亮的，竹布長衫，陳舊西服褲和一雙破皮鞋，幾乎是北大學生的標準衣服；春秋草綠色的冬衣藏青色的學生制服，雖然也有人穿，但那只限於低年級，剛跨進大學門限的同學們；至於漂亮的西服革履的公子哥兒，在北大真是很少見的。這篇文章還進而引申道：「北大的同學大都是沒落的小資階級和農家子弟，而很少闊公子、嬌小姐。惟其如此，他們的生活都很刻苦，並富創造的精神。有些人過著賣稿為生的文丐生活；有些人度著手畫口講的粉筆生涯；有些人夜裡跑出去，作達官闊老的家庭教師；有些人終日埋首書案，死讀課本，希望考個八十五分以上，得了獎學金，權作一年的開銷。這樣的苦情形，在北平，只有師大能與北大媲美，清華和燕大的同學是做夢也想不到這種苦況的。」[81]

作為反襯的倒是清華、燕京的奢華。其時清華被視為留美預備學校，經費來自庚款，設施完善，學費也是北大的三倍之多，學生多來自富庶家庭。燕京學費又比清華高出一倍有餘，各方面看上去也更為亮麗。時人說，燕大有三多，即「瘦些米湯」（social meeting）多、西服多、麗人多；平日各學會經常舉行各種討論演講集會，擁擁擠擠，茶點、冰淇淋、口香糖皆乘機出現，男的狼吞虎嚥，女的細咬細嚥。此外，該校學生大多操極流利的英語，身穿漂亮的西服，男女社交，極其自然；時人說：「總之，該校到處都充滿了生氣，惟中國話在該校大有不時興的嫌疑，因此除了校役外，很少有說的。」[82] 對協和的評論則有：「蓋其所專之學科，既艱深，而所應俱之學識，尤須廣博正確，始不致將來誤人誤己也。更兼其及格分，每門均皆以七十五計，比這其他學校之以總平均分六十分及格者，其難易之差，實相天壤。除一二人天資者絕異外，鮮未有不終日埋首於圖書館，自修室者，其勤勉耐勞之精神，實足令其他學校學生汗顏也。」[83]

協和的教學和工作語言是英文，社會觀感難免讓人覺得「學生約百餘人，

81　珞忒，〈北大學生生活剪影〉，《青年月刊》，第3卷，第1期（1936），頁73-75。

82　〈私立燕京大學〉，新晨報叢書室，《北京各大學的狀況》（新晨報印刷部，1929年初版，1930年增訂再版），頁160。

83　新晨報叢書室，《北京各大學的狀況》，頁176-177。

一概西裝，平常談話，除了對病人外，都是說美國話，所以一入該院，好像是到了外國一樣，簡直無處不是洋氣襲人。」[84] 的確，如果沒有足夠的英文溝通能力，在協和校園是難以立足的。如1916年10月，當協和醫學堂被基金會收購之後，開始轉向全部英文教學時，原來用中文教學的六十五位學生被集體轉入到濟南的共合醫道學堂，即此後齊魯醫學院的前身，原因是他們的英文程度普遍不好。1925年6月，有位曾是協和醫學堂的學生，齊魯畢業後回到協和擔任過兩年助理的胡姓男子，雖然集中注意力研究生理化學，並幫助該校內科建立了化學和臨床診斷實驗室，卻由於無法用英文授課而被教授會解聘。其時負責教授協和學生英文的，也是後來成為美國著名歷史學家的富路德（Luther Carrington Goodrich, 1894-1986），稱自己在課堂上遇到幾位此前畢業於協和醫學堂，後回到協和進修的學生，由於在每週考試中無法用英語回答問題，感到丟臉和沮喪。[85]

醫社高層意識到採行英文教學，勢必將許多很有資質的學生拒之門外；然這也是在那個年代為推進科學醫學的無奈之舉，原因在於沒有多少能妥善表達中文專業術語，用中文進行授課的教授，中文研究成果也基本上沒有什麼影響力，不被業界看重。校方當然注意到知識界正發生的改變，如自「五四」以來的口語代替文言文的「白話運動」，極大方便了科學知識的傳播和運用。重要的是，成長於本土、留學歐美的華人教授迅速增長，中文師資的緊缺得到了一定緩解。自1925年以來，協和一些課程開始嘗試以中文講授。[86] 當年，眼科學首次開設了中文課程，接下來1926年的解剖學，在中文教研室（Division of Chinese Studies）的指導下，採用公認的中文解剖命名法而進行了教學。同年，應華北助產學校（the North China School of Midwives）要求，護校與之合作的助產士培訓課程也開始以中文授課；其教學語言雖還是英文，但由於護士與華人病患接觸更多，相關護理中文術語還被要求盡可能引入課程和教學實習中。[87]

84　掃難，〈北平的幾個大學〉，《北辰雜誌（大公報）》，第1期（1931），頁45。

85　“Thursday, March 19, 1925,” “Monday March 30, 1925,” “Monday March 30, 1925,” 北京協和醫學院檔案室，外國人事檔案，數位索卷號：0073。

86　*The Rockefeller Foundation Annual Report,* 1925, pp. 234, 332.

87　“Announcement, 1926-1927,” Peking Union Medical College, Annual Announcement, 1926-1927,

協和雖不時招收海外學生，然熟練掌握漢語被列為入學考試的重要科目之一。1928年，曾經在哈爾濱中東鐵路所屬的高級醫校（Higher Medical School in Harbin）就讀的三位白俄女孩，因該校被關閉而申請轉學至協和。1928年7月14日，協和招生錄取委員會主席伊博恩和秘書福梅齡，對其中兩位申請人進行了面試，發現她們既不能聽說英文，也不通中文，自然不能錄取。伊博恩提請她們注意中文是協和入學的條件之一，申請人首先要滿足這一入學條件。[88] 再至1933年，一位史丹佛大學的華裔學生致函顧臨，希望能夠申請入學。顧臨回覆該學生，稱掌握中文是協和入學的必須條件，故認為對一位出生在美國的華人來說，中文不會太好，建議該學生如果將來希望在中國展開自己的職業生涯，必須要擁有良好的中文表達和溝通能力，即除了普通官話之外，還應努力掌握一種方言。在顧臨看來：如果在美國，無論中文老師多麼優秀，得到的訓練都是不完整的；只有親身來到中國當地，最好方法是到中國的大學就讀幾年。[89]

就語言訓練而言，協和的英語課時當然最多。從入學一年級到三年級，每週至少三學時相關課程，內容包括口語、英語小說、散文閱讀和英文寫作，只是到了四年級，每週方纔增加了三學時中文課程，內容為中醫史、中藥學等相關科技術語，重點在於訓練學生們使用中文寫作學術論文的能力。[90] 由於那時還沒有國語、普通話之說，負責中文教學的兩位老師，平時還需要幫助那些來自福建、廣東等方言區的同學，聽懂和會說北方普通官話，否則他／她們中很多人就只能用英文，與來自其他地方的同學交流和溝通。每當中文語言課程結束之時，學生若想通過考試，至少要求提交三份從標準醫學著作中選擇出來的

July 1, 1926, pp. 51, 73，北京協和醫學院檔案室，文書檔案，數位索卷號：0447。

88 “B. E. Read to Mr. E. B. A. Macmillian, 26 Jul. 1927,” “Interview of Dr. B. E. Read, Chairman of the Committee on Admissions with Miss Kosloff and Miss Chukaieva, Saturday July 14, 1928（Miss Ferguson also present）,” 北京協和醫學院檔案室藏，外國人人事檔案，數位索卷號：0074。

89 “Mr. Francis Y. Chang, R. S. Greene, M. K. Eggleston, March 17, 1933,” “Greene to dear Mr. Chang, March 16, 1933,” 北京協和醫學院檔案室，文書檔案，數位索卷號：0640。

90 “Announcement, 1926-1927,” Peking Union Medical College, Annual Announcement, 1926-1927, July 1, 1926, p. 79，北京協和醫學院檔案室，文書檔案，數位索卷號：0447。

科學論文之譯文。[91] 正是有了這樣的訓練，協和學生們方可組隊參加平津各院校的中文辯論比賽。如1925年3月13日，協和辯論隊抽籤迎戰北京兩支被認為實力最強的北京師範大學隊、北大隊，儘管醫科生的精力多花在實驗室裡，但面對飽讀詩書的文科生們，他們的表現可圈可點，讓協和學生們受到了不少鼓舞。[92]

那個年代科學醫學的期刊、專著和論文已是巨量，1924年前後估計有一千五百種期刊，每年刊發約十萬篇論文。[93] 儘管協和圖書館幾乎訂閱了歐陸、日本所有最重要的學術期刊，協和學生每年平均購書款仍近兩百餘元，名列北京所有學校之首。此外，協和專門成立了圖書館委員會，不僅負責購買歐美最新研究文獻，且還大量收購與醫學直接或間接相關中醫文獻。[94] 相對於燕京圖書館，中午還閉館休息一小時；協和圖書館每日上午八時至晚上十時連續開放。1926年，圖書館根據學生借閱情況，相關統計資料是：一年級、二年級、三年級、四年級學生借書率，分別是75%、50%、27.7%、29.2%；閱讀小說占比41%；閱讀傳記、歷史、經濟學、旅行、心理學、藝術和雜誌的35%；閱讀包括中文在內其他語種的讀物是24%。[95] 大概由於學生們的廣泛閱讀，在前述那次北京各院校的英語辯論賽中，他們只是在週一、週三實驗室結束後做了些準備，迎戰有不少外文系學生參加的清華隊，雖也沒有取得勝利，卻還是受到了聽眾和評委的一致好評。[96]

協和醫學堂創辦之初，得到清朝政府的大力支持，承諾對其畢業生頒發官

91　“instruction in Chinese and English,” p. 88，北京協和醫學院檔案室，文書檔案，數位索卷號：0546。

92　Peking Union Medical College, weekly calendar, Vol. VIII, No. 8, 24 March 1925, p. 51，北京協和醫學院檔案室，文書檔案，數位索卷號：0458。

93　*The Rockefeller Foundation Annual Report,* 1924, p. 12.

94　“Dr. Richard M. Peare’s diary, from November 15, 1920, RMP,” 北京協和醫學院檔案室藏，文書檔案，數位索卷號：0066。

95　“Peking Union Medical College, weekly calendar, 15, September 1926,” “Peking Union Medical College, weekly calendar, Vol. XI. No. 15, 22, December 1926,” p. 96，北京協和醫學院檔案室，文書檔案，數位索卷號：0413。

96　“Peking Union Medical College,” weekly calendar, Vol. VIII, No. 8, 24 March 1925, p. 51，北京協和醫學院檔案室，文書檔案，數位索卷號：0458。

方文憑，由學部頒發蓋有官印的一份結業證明，並不涉及學位的授予。北洋政府教育部延續了前清學部的這一政策；然協和醫學堂的當年招生公告中對此卻沒有注意，標明畢業後學生將授予醫學博士學位（the degree of Doctor of Medicine）。1918年當協和由醫社收購後，新成立董事會不認為這批學生能授予此等學位，曾主持協和醫學堂，此時留在協和任教的楊懷德與那些學生們進行了疏通。儘管顧臨也出面勸慰，說很多在華英國醫生也沒有醫學博士學位，但這些學生們仍感到頗為失望。1924年前後，當協和有了自己的畢業生之後，文憑上的中文「醫學博士」（*I Hsueh Po Shin*），並沒有得到中國教育部的批准。協和與之進行了反覆協商，得到回覆是協和被劃歸為二類「職業學校」，無權授予學位。在教育部看來：只能大學方有「博士學位」的授予權，通常本科畢業也只允許授予「學士」學位。[97]

協和堅持其畢業生應授予「博士」學位，理由是該校學制八年，其他醫學院則是三年、四年、最多五年。不管怎樣，協和八年苦讀後激動人心的時刻，還是畢業典禮上令人肅然起敬的儀式感。典禮規定，畢業生們身著黑色禮袍，黑色禮帽，樣式由中文系主任馬鑑所認定自周代開始就為讀書人身著，並參照當下歐美大學風行的博士服做了些修改。護校學生身著白色護士帽、白色大褂和白色鞋襪；醫學院學生身著白色大褂、黑色鞋襪；教授們身著白色西裝（女士身著連衣裙）白色鞋襪，擁有學位之人的帽子流蘇漂在左前側，沒有學位之人的帽子流蘇漂在左前側。每年都會從四年級的學生中選出學生司儀，引導學生們步入禮堂。這位學生司儀，通常是全年級公認成績最優秀、正直、誠實，擅長體育運動及有領導才能之人。入場順序規定：首先是學生們隊伍，由學生司儀導引，先是護校學生，然後是醫學院學生，接下來是畢業生；其次是助理們的隊伍，由助理司儀導引；再次是教授們的隊伍，由主司儀導引，依次入場的為襄教授、副教授、系科主任、行政理事會成員、院系執行委員會成員、各院院長、客座教授，顧問諮詢委員會、演講者和貴賓，最後入場的是校長。[98]

97　“Greene to Rev. F. L. Morris, D.D. Church of England Mission, Peking, May 15, 1918,” “From H.S. Houghton to R. S. Greene, March 6, 1925,” “Dietrich, F-Diplomas, 1918-1927, 1916-1937,” folder 291, box 41, RG. IV2B9, China Medical Board, Inc, Historical Record, RFA-ARC.

98　“Peking Union Medical College, weekly calendar, Vol. X, No. 18, 9 June 1926,” “*Peking Union Medical College weekly Calendar*, 15 September 1926,” 北京協和醫學院檔案室，文書檔案，數

第四節 任職協和

醫社成立之初在紐約州註冊，協和給畢業生頒發的文憑之「博士學位」被該州承認，並能夠在美國通行。1923年3月，醫社向正在芝加哥召開的美國國家醫學考核委員會（National Board of Medical Examiners, NBME）年會提交申請，請求將協和列入審查名錄。這隨即被該委員會接受後，派美國專家前往北京，進行了實地考核。[99] 該機構創立於1915年，是一個獨立、不以營利為目的非政府專業組織，主要任務是通過嚴格的專業考試，評估醫療人士的從業資質，並對相關醫學院、醫院進行專業評估，從而得到相當多州政府的認可，具有較高的權威性。由於該評估順利得到了通過，每位協和畢業生可在留校任教，工作一段時間之後，都有前往歐美進一步深造的機會。如果有興趣翻看當年協和留校那些學生的回憶，他／她們一般都講述了自己在擔任了五年住院醫師及助教之後，總能得到醫社的全額獎學金資助，至少前往歐美最著名的醫院及大學相關研究所、實驗室，進修深造一年或更長一段時間。[100]

這也讓協和畢業生更多參與到國際學術交往之中，使之能夠緊緊跟隨世界醫學研究的最前沿。如後來成為中國血液學研究、內分泌學科開創者的劉士豪，1917年考入湘雅醫預科，1919年轉入協和預科，1925年畢業後留校任教。兩年後的1928年1月他得到校方的通知，稱醫社將為其提供前往美國進修的費用，額度是除往返旅費之外，每月一百二十美元的生活補助。內科副教授威爾那爾（Otto Willner）撰寫的推薦信：聲稱此人作為一名很有前途的醫生，年紀輕輕就勝任了總住院醫師的工作，其實驗室研究能力與臨床治療都屬上乘，並能與同事及病人保持了良好的融洽關係，是一位值得大力培養之人。至於劉士豪的英文能力，威爾那爾表示了高度認可，說在某種程度上，「只有成熟和善於學習的人才能達到那樣的水準。」[101] 劉士豪於1922年1月15日結婚，此時

位索卷號：0458, 0414。

99 "Medical Board Asked to Send U. S. Doctors to China," *Chicago Daily Tribune*, Mar 5, 1923, p. 7.

100 吳英愷，《醫務生活六十年：吳英愷回憶錄（1927-1987）》，頁76-84。

101 "HSH interview with Dr. S. H. Liu, January 7, 1928, Peking, China," "R. S. Greene to Miss Eggleston, February 21, 1930," "O. Willner, College Physician, to Gist Gee, January 12, 1928," folder 639, box 90, RGV2B9, RFA-ARC.

還沒有孩子，想很好地利用這次訪學機會，進一步充實自己，在啟程之前特意請示校方，能否讓他在美國進修兩年，而非原來所定的一年。[102]

校方的回覆是醫社的規定雖是一年，卻允許資助人在進修結束之前提出再申請，他們會根據當時情況而決定。校方認為劉士豪不同尋常，相信他會好好利用這次機會，學成之後返回協和，並寫下了這麼一句可被視為勉勵的話——「那些最了解他的人對此抱有很高的期望。」[103] 劉士豪訪學的機構是在紐約的洛克菲勒研究所，此時已經名列世界各相關研究機構之前茅，且還師從著名生物化學家斯萊克（Donald van Slyke, 1883-1971）教授，在其實驗室裡主修血液氣體分析技術，並從事代謝性疾病和相關分析技術的研究。斯萊克教授在當時美國醫學界大名鼎鼎，工作重點是測量組織中的氣體和電解質水準，被認為是現代定量血液化學的奠基人之一。劉士豪在他的指導之下，與同事們一起建立了用一份血液標本同時測定pH、CO含量和CO2張力的簡單方法，為研究血液酸城平衡提供了一種新的手段，受到了斯萊克教授的好評。

就醫社給的生活補助來看，應當能夠覆蓋那些幸運者赴美進修的基本花費。1938年夏前往哈佛醫學院進修的鄧家棟，在波士頓租了一間臥室、一間客廳，以及還帶一衛生間和廚房的小套公寓，每月租金三十美元；稍晚一些，即1941年前往聖路易斯市的巴恩醫院（Barnes Hospital）進修的吳英愷，租房十美元、伙食四十美元、零用二十至三十美元，每月還可節餘十美元。[104] 由此來說劉士豪，他生性節儉，按理說每月也會有些節餘，故當此次在美進修即將結束之際，即1930年3月前後，劉士豪致函協和校方，希望批准其利用八至九周時間訪問歐洲，然後經蘇伊士運河回國而得到批准。顧臨的回信告訴他，從1930年7月1日起，其年薪將從原來的一千八百元上調到四千元。[105] 接下來到

102 "Fellowship-Shih-Hao Lim, N. Fist Gee to R. M. Pearce, January 18, 1928," folder 639, box 90, RGV2B9, RFA-ARC.

103 "R. S. Greene to Miss Eggleston, February 21, 1930," "R. S. Greene to M. K. Eggleston, March 14, 1 930," folder 639, box 90, RGV2B9, RFA-ARC.

104 劉德培、劉謙主編，《鄧家棟畫傳》，頁81；吳英愷，《醫務生活六十年：吳英愷回憶錄（1927-1987）》，頁19。

105 "R. S. Greene to M. K. Eggleston, March 18, 1 930," "Roger S. Greene to Liu Shih-hao, March 15, 1930," "R.S. Greene to M. K, Eggleston, May 10, 1930," "Greene to Liu Shih-hao, June 13, 1932," "Comptroller, Head of Department, to Liu Shih-hao, Feb. 14, 1933," folder 639, box 90, RGV2B9,

了1938-1939年，劉士豪又得到基金會的資助，前往英國倫敦米德爾塞克斯醫院的考塔爾德生化研究所（The Courtauld Institute of Biochemistry, Middlesex Hospital）進修一年。校方認為「他是一位優秀而盡職盡責的老師，其個性和人品無疑可以成為其年輕同事和學生們的榜樣。」[106]

1919年9月，協和招收了第一位女生進入醫預科，1921年又招收首位女生進入醫學院，成為中國境內第一個男女同校的醫學院。[107] 國民政府教育部在1932年公布在校女大學生的比例數據：1928年為8.42 %、1929年為9.88%，1930年為10.81%。1932年，協和學生九十四人，女性二十九人，占比為30.9%；其時國立北平大學醫學院學生一百六十九人，女性二十二人，占比為13.9%。不過，儘管協和的女生就讀比例較高，但能夠在專業上脫穎而出，似乎鳳毛麟角。1933年前後，美國著名藥理學家，醫學史學家和倫理學家，也是加州大學醫學院（University of California School of Medicine）藥理學系創始系主任萊克（Chauncey Depew Leake, 1896-1978）教授對此頗有微言，致函協和校方，抱怨一位曾在其實驗室工作過的中國女孩，很有天賦，也很勤奮，很短時間內獨立發表過六篇文章；不知為何回到協和後，再沒有耀眼成就，且幾乎在該領域裡銷聲匿跡。[108]

這位女孩是誰，檔案中沒有標明名字，似還需要進一步查證。如果稍做一點推測，「她」可能又重蹈當年嚴彩韻女士之覆轍。1923年1月30日，在紐約醫社的秘書愛格萊斯頓小姐、胡恆德，約見了當時正在哥倫比亞大學化學系攻讀碩士學位的嚴彩韻，留下了深刻的印象，稱讚她「是一位講極為流利英語，很有魅力的年輕女孩。」[109] 嚴彩韻的導師，即哥倫比亞大學化學系（chemistry

---

RFA-ARC.

106 “Dr. Liu Shih-hao’ study leave & furlough, Trevor Bowen, Controller to Miss Pearce, July 21, 1937,” “Minutes of the Peiping Union Medical College, October 14, 1941, Governing Council Educational Division,” folder 639, box 90, RGV2B9, RFA-ARC.

107 福梅齡，《美國中華醫學基金會與北京協和醫學院》，頁26。

108 “Weaver to Greene, November 16, 1933,” folder 873, box 120, record group IV 2B9, CMB. Inc, RFA- RAC.

109 “Daisy Yen to Roger, May 28, 1922,” “Miss Daisy Yen, Confidential, M. K. Eggleston, H. S. Houghton, February 12, 1923,” 北京協和醫學院檔案室，中國人人事檔案，數位索卷號：3593。

at Columbia University）和食品化學教授謝爾曼（Henry Clapp Sherman, 1875-1955）推薦她入職協和的信函，說只能用最好的語言表達自己的印象，談及其性格開朗，處事穩重，善於與人合作；並強調她的多才多藝、特殊科學才能，及在研究和實驗方面的出色能力。胡恆德在接到她的入職申請後，雖知道其沒有經過專門的生理學訓練，卻仍決意將之延攬到協和生理學系。當然，這也得到了主持該系工作，協和最早一位華裔系主任吳憲的支持，準備請她擔任了初級助理，主攻與生化關係密切的食品化學研究。[110]

由於有這些重要人物的支持，1923年2月9日，由吳憲等人參加的教授會通過嚴彩韻入職申請，建議年薪兩千四百元；然董事會於7月26日複議時，覈准年薪一千八百元（$900）。9月1日，嚴彩韻抵達協和就職，由於工作盡心盡力，一年後升為助理教授，年薪增至兩千一百元。[111]此時她已準備與吳憲結婚，按照協和關於夫妻不能同在該校任職的規定，只能忍痛辭職而回歸家庭。接下來的七年裡，她生育了兩子三女，雖也抽空做些研究，但基本上都是零零星星，沒有什麼重要成果。[112]由此回到萊克教授的那個批評，當有人將之傳到顧臨那裡，他的辯白是這位女孩很可能回國後就結婚生子，沒有做實驗室的全職工作，自然也就沒有學術發表。顧臨在給這位傳話人的信中，希望能對萊克教授做些解釋，稱在藥理系主任萬代克的實驗室裡，有一位梅太太和一位陳小姐，兩人的研究能力毋庸置疑，並建議最好能讓萊克教授理解，這與其他國家沒有兩樣，中國女性一旦步入婚姻，組成家庭之後，「繼續保持科學生產力就不那麼容易。」[113]

---

110 "HSH to RSG, March 12, 1923," "H. C. Sherman to Greene, March 20, 1923," 北京協和醫學院檔案室，中國人人事檔案，數位索卷號：3593。

111 "Appt. of Miss Dairy Yen, as Asst, in Physiological Chemistry, February 9, 1923," "Appt. of Miss Dairy Yen, as Asst, in Physiological Chemistry, July 26, 1923," "Miss Daisy Yen, April 14, 1924," 北京協和醫學院檔案室，中國人人事檔案，數位索卷號：3593。

112 嚴彩韻後來回憶自己不得不放棄科學研究，曾不無婉惜地說：「我最美好的一個夢想因此就再也未能實現，朋友們風趣地說，我這個太太是用一個博士換來的。」曹育，〈最早在國內從事生物化學研究的女學者——吳嚴彩韻〉，《中國科技史料》（*China Historical Materials of Science and Technology*, Vol. 16, No. 4, 1995），第16卷第4期（1995），頁35-44。

113 "Greene to Weaver, November 15, 1933," "Weaver to Greene, November 16, 1933," "Greene to Weaver, November 17, 1933," folder 873, box 120, record group IV 2B9, CMB. Inc, RFA- RAC.

凡在協和最終得以立足，且能夠做出一些成績的女性，全都保持了終身未婚。1932年2月15日，協和董事會議決給予1929年畢業於該校的林巧稚，前往英國倫敦切爾西產科醫院（Chelsea Hospital for Women）和曼徹斯特聖瑪麗醫院（St. Mary's Hospital, Whitworth Street, Manchester.）為期一年的學術休假進修，資助金額與前述劉士豪相同。同樣作為女性，且終身未婚的董事會秘書的福梅齡，致函基金會駐歐洲代表奧布萊恩（Daniel P. O'Brien），請其力所能及地給予林巧稚一些幫助。對於林巧稚這些年來的傑出表現，福梅齡沒有說太多，只強調了她是自協和成立以來，是首位畢業後能夠在住院醫師的位置上待滿五年的女性。[114] 這就足以表明她的出類拔萃，勤勤懇懇，以及願意付出巨大犧牲的專業信念，福梅齡還談及了她不太外露個人感情、性格有點孤傲，追求卓越和完美，故擔任產科主任的英格蘭人馬士敦（John Preston Maxwell, 1871-196）的評價極高，稱她為「在婦產科學方面最優秀的華人女性之一。」[115]

1921年，林巧稚從福建省思明縣鼓浪嶼考入協和，除了學習成績一直名列前茅之外，1927年時還擔任了學生會會計、演說團團長和音樂團書記等社團職務，頗有為同學福祉的社會擔當和自我犧牲精神。這些學生社團的功能，會計自然是處理報帳等繁雜事務，自不待多言；演說團則每隔兩三個星期，選派團員數人，依次演說，然後由評判員加以批評，演說題目，大致為社會問題，既能練習口才，又可鍛鍊思想；音樂團成立最晚，受同學歡迎之程度，不減於其他社團，「蓋音樂有養性怡情之力，於終日奔走病榻之後，偶得餘暇，而得調音律以自娛，樂何如之。」[116] 這裡需要說明的，既然當了演說團團長，表明林巧稚的聰穎與勤奮；因為她初到協和之時，只能說閩南話、英語，聽不懂北方普通官話，端賴中文教研室提供了普通官話培訓，就像別人學習外語那樣，

114 "Assistant Secretary to Dr. Lim, March 2, 1932," "Mary E. Ferguyson to O' Brien, July 14, 1932," folder 451, box 64, series 601, recors 2, CMB. Inc, RFA- RAC.

115 "Committee of Professors, January 18, 1937," folder 451, box 64, series 601, recors 2, CMB. Inc, RFA- RAC..

116 "public speajubg club," p. 122. "Music Grup," *the Unison, 1927*（《協醫校刊》, PUMC）, pp. 111-123, box D1, series 1, record group 4, CMB. Inc., RFA-ARC.

她一個字一字地學發音，一個一個地記單詞。[117] 1929年，一份由她親自填寫的表格，所會語言一欄已經能夠寫下英語、閩南話、普通話和德語。[118]

如同前述劉士豪那樣，1933年3月，正在維也納訪學的林巧稚也致函奧布萊恩，請求批准她經美國回國，順路造訪紐約醫療中心（New York Medical Center）、霍普金斯、布法羅和芝加哥大學。[119] 此信得到了顧臨的回覆，認為對於像林巧稚這樣的年輕學者，不應隨意延長訪學時間，協和的臨床診療非常需要她，故請務必按原計劃在6月20日前返回北平。顧臨解釋說這樣匆忙的旅行對她沒有太多幫助，且還會給學校增加一大筆開支，並承諾今後一定安排專項資助，讓她更從容和更有目的性地前往美國進修訪學，集中做一個科研項目。[120] 此前蘭安生已經致函顧臨，反對讓林巧稚這樣的年輕新秀在國外走馬觀花，主張抵達那些頂級研究機構之後，心無旁騖地從事某一專題研究。在蘭安生看來，即使對有經驗的人來說，這種旅行式的訪問也不會有什麼效果，更何況那些缺乏經驗的新人；如果平時沒有關注，自然不會記住那些有意思的研究細節。蘭安生主張協和的資助，應給予那些事先就知道將去的那個學術機構有哪些自己想要了解的東西。[121]

結束了在英國的進修，林巧稚訪問了維也納綜合醫院。回到協和後由於病患太多，其精力不得不放在臨床方面。五年後的1939年11月初，林巧稚在醫社資助之下，前往美國芝加哥大學醫學院婦產科系進修深造。當年7月10日，在紐約的醫社秘書皮爾斯（Miss. Agnes M. Pearce）小姐致函芝加哥大學醫學院婦產科系主任艾蒂爾（Fred L. Adair, 1878-1972），稱希望他的實驗室能接納林巧稚研究生育過程中的某些心理學問題，並安排她與史丹佛、霍普金斯大學的相關學者進行合作研究。皮爾斯坦承從協和婦產科主任韋達科（Frank

117 張清平，《林巧稚傳》（北京：團結出版社，2012），頁36。

118 “Lim Chiao-chih,” folder 638, box 90, record group V2B9, CMB. Inc., RFA-ARC.

119 “D. P. O’ Brien to W; S. Garter, March 7, 1933, Doctor Kha-it Lim, Fellow from PUMC,” folder 451, box 654, record group V2B9, CMB. Inc., RFA-ARC..

120 “R. S. Greene to M. K. Eggleston, March 17, 1933,” “Greene to Dr. Lambert, March 17, 1933,” folder 451, box 654, record group V2B9, CMB. Inc., RAF-RAC.

121 “Dr. Grant to Mr. Greene, February 20, 1932,” 北京協和醫學院檔案室，中國人人事檔案，數位索卷號：2025。

Edward Whitacre, 1897-1971）那裡得知，在過去這些年裡林女士在臨床方面投入太多，幾乎沒有時間從事專題科學研究。與此同時，韋達科致函艾蒂爾，稱林巧稚的臨床診治能力無可置疑，然他重點希望其能將更多時間用到科學研究之中，發表一些有見地的學術論文。韋達科估計林巧稚將於10月中旬抵達芝加哥，請求艾蒂爾在醫院附近給其安排住所；如果沒有的話，也許醫院的女醫生們知道那裡有更適合她的住處。[122]

韋達科這封信，還談及了林巧稚在艾蒂爾實驗室進行研究時將產生的實驗費用問題。韋達科稱醫社為林巧稚僅提供了往返旅費，以及每月生活津貼，其餘費用要她自己承擔，故希望艾蒂爾在安排實驗時考慮到這一點，並盡可能為她提供一些優惠。1940年6月1日，芝加哥大學藥理系蓋林（Eugene M.K. Geiling, 1891-1978）教授致函皮爾斯，稱林巧稚在此地的合作研究取得了重大進展，需要延期幾個月的訪問。這當然讓協和校方頗感高興，院長胡恆德於7月11日信函中表示同意，稱將繼續為林巧稚這幾個月的延期提供相應的生活津貼。[123] 不過，當林巧稚離開之後，芝加哥大學開出了與之相關的實驗室費用，請協和予以補償。胡恆德對此則頗為不快，認為1059.14美元的實驗花費實在太多，並批評說這筆款項怎麼能包括在林巧稚抵達芝加哥之前一年，該實驗室購買動物時所用的三百美元；並還說林巧稚抵達後，沒有進行獨立研究，只是參與了實驗室的合作研究項目，那些款項不應由她一人承擔。[124]

除了任職的醫生之外，協和的護士也有機會出國進修深造。1924年3月，三位協和女護士被派在霍普金斯大學醫院進修。一位1898年出生的朱姓小姐，英語熟練，鍾愛學習，工作效率很高，並擁有出色的組織能力；另一位侯小姐，也是英語熟練，除擔任病房護士之外，還有八個月在手術室的工作經驗；還有一位周小姐，為人雖較為醜陋，但同樣英語流利，做事頗為勤快。一天，

122 "Miss. Agnes M. Pearce to Dr. Adair, July 10, 1939," "Fred L. Adair to Miss Agnes M. Pearce, Sptember 19, 1939," folder 451, box 654, record group V2B9, CMB. Inc., RFA-ARC.

123 "Eugene M.K. Geiling to Miss Pearce, June 1, 1940," "Agenes M. pearce to Dr. Gelling, June 24, 1940," "H.S. Houghton to Miss A. M. Peace, July 11, 1940," folder 451, box 654, record group V2B9, CMB. Inc., RFA-ARC.

124 "confirmation, Dr. Kha it-Lim-laboratory expenses, H. S. Houghten, Miss Pearce, July 18, 1941," folder 451, box 654, record group V2B9, CMB. Inc., RFA-ARC.

曾經在福建漳州平和縣小溪鎮保赤醫院（Neerbosch Hospital）工作過的斯諾克（John H. Snoke）醫生巡房時遇到了其中一位，兩人說了一會漢語，讓這位女孩非常興奮，也很受鼓舞。[125] 作為一種風氣，甚至如衛生服務部的秘書嘉利雅（Galia Speshneff）是位白俄，除俄語之外，精通法語、德語，1929年10月獲得一年休假，想自費前往美國醫學院考察管理事務，由於沒有蘇俄護照，僅持有中國政府的旅行文件，還是顧臨幫她在天津辦妥了赴美簽證，並聯繫了美國幾家頂級醫學院接待她的到訪。[126]

第五節 合作平臺

醫社不僅資助協和人「走出去」，且還聘請美國頂級學者來協和擔任客座教授。1937年春，協和請來了芝加哥米雪爾利思醫院腫瘤部主任，也是世界著名癌症研究者凱德婁（Max Cutler, 1899-1984）教授，擔任了一學期的相關課程。其時美國每年死亡人數統計之中，已有相當多是癌症患者，統計數據如1900年平均壽命為49歲，此時延長至66歲；1900年死亡原因的首位是結核病、心臟病居第三位，癌症居第七位，此時心臟病占首位，癌症上升至第二位。[127] 儘管中國當時還很貧窮，平均壽命不超過四十歲，大多數人可能活不到癌症病發之時，診療重心全都放在了對民眾健康危害最大，如瘧疾、肺結核、斑疹傷寒麻瘋等傳染病上，但癌症的發病趨勢和治療還是開始被關注。1925年1月。在孫中山先生被確診為肝癌，手術後不久病逝，國民黨中央黨部「以此項癌

125 "Geene to Miss Lawler, Johns Hopkins Hospital, July 25, 1924," "John H. Snoke, Assistant Director, to Greene, October 22, 1924," folder 1273, box 54, series 1, record group 1, CMB.Inc. RFA-ARC.

126 "Speshneff To Willner, May 20, 1929," "M. Dunlap to Mr. Greene, May 31, 1929," "Hinckley, October 16, 1929, Miss Galia Speshneff, secretary of our College Health Service," 北京協和醫學院檔案室，外國人人事檔案，數位索卷號：0037。

127 湯慕殷，〈癌之研究〉，《國醫導報》，第3卷，第2期（1941），頁25-28；〈癌管制之最近發展〉，《醫文摘要》，第2卷（1948），頁542；楊之春，〈療癌自述〉，《論語》，第142期（1947），頁1101。

症，特設獎金，徵求專家研究。」[128] 及至1931年，中比（比利時）庚子賠款委員會在上海法租界的寧國路聖心醫院內，創辦了中國首家癌症治療專科醫院。[129]

該醫院名為「中比鐳錠治療院」，除收治一般付費病人外，還對貧民病患實行酌情免費治療。那時中國的癌症發病率，據廣州中山大學第一醫院外科臨床的統計：在1930-1935年期間的外科手術中，癌症患者雖占比0.03%，然在這些病患中五十歲以下占到52%。其中男性最多的是陰莖癌（17%），女性最多的是乳癌（28%）。1934年，日本長興又郎教授就北平、漢口、濟南、青島之四家日本同仁會醫學的外科手術患者中進行了調查，發現癌症占比0.4%，其中女性罹患子宮癌的人數最多。差不多同時，另一位日本學者對同仁會青島醫院的資料進行了分析，發現在1928-1936年八年時間裡，華人外科手術當中的癌症占比是0.7%。[130] 作為當時東亞醫療設備最先進的治療機構，協和每年接診數以百計不幸罹患癌症的中外之人，在普通外科成立了一個由外科醫生、病理學家、放射科醫生組成的鬆散合作中心，主要成員有兩位教授、一位助理住院醫生、一位輪轉內科醫生，以及十二張病床，且亟待提升相關診療技藝。[131]

凱德婁收到協和的邀請之後，隨即向其供職機構請假，得到可來華三個月的假期，協和為之提供了六千美元薪酬，外加生活費、往返旅行費等優渥待遇。1936年10月初，卡特勒夫人為行程致函醫社秘書皮爾斯小姐，希望在北平時能夠入住一個四合院，並請幫助僱傭合適的中國僕人。負責接待的福梅齡隨之回覆說：三個月時間在當地很難找到一個家具齊全的住所，以及能夠提供貼心服務的僕人，建議考慮選擇入住北平兩家最現代化的酒店：一是東交民巷的六國飯店（Wagons-Lite），另一是在東長安街上的北京飯店（Peking

128 從予，〈雷錠治癌〉，《東方雜誌》，第22卷第3號（1925），頁20；〈癌是什麼病〉，《益智叢錄》，第1144期（1925），頁12；〈科學新聞:美國治癌專家凱德婁來華〉，《科學》，第21卷，第5期（1937），頁414。

129 〈關於癌與鐳錠〉，《新科學》，第4卷，第6期（1940），頁588。

130 冉在璣，〈華南癌患之一斑〉，《中山醫報》，第1卷 第4號（1936），頁37-38；安藤重郎，〈華青島醫院外科之中國人癌患者（附表）〉，《同仁醫學》，第10卷，第2期（1937），頁15-17。

131 “H. H. Lucks, M. D. to Max Cutler, August 25, 1936,” 北京協和醫學院檔案室藏，文書檔案，數位索卷號：0099。

Hotel），每月花費最多不超過兩百美元。1937年年初，凱德婁抵達協和，做了一系列關於癌症治療的學術報告，深受在地醫學界的歡迎，以致於國民政府衛生署署長劉瑞恆親自出面，於2月25日致函馬士敦，想請凱德婁蒞臨南京做兩次相關演講。凱德婁遂於4月8-9日，在南京為衛生署、中央大學醫學院做了題目分別是「民眾對於癌症應有之認識」、「現今癌症治療方法之檢討」的報告，翻譯則由中央大學醫學院的張查理教授擔任。[132]

此外為了提升中國醫學教育的總體水準，醫社還選擇資助一些重要的教會醫校及醫院。董事會於1916年形成的一份決議，要求申請其資助的教會相關機構，所屬差會須承諾提供至少四分之一的配套撥款。具體數字，如當年醫社資助款項達到了158,502.20美元，此外還有總數為291,087美元，為期五年期的資助，並還給二十七位返美休假醫療傳教士們的進修提供了86,750美元的獎學金。[133] 接下來幾年裡，醫社對數十家教會醫院，及對上海、蘇州、南京、濟南、長沙等地的教會醫校撥款十多萬美元，極大緩解了他們面臨的資金匱乏。以齊魯醫學院為例，1922年有二十位來自美國、加拿大和英國的外籍教授，華人教師十四位，學生五十九人，其中三十七人來自山東，其餘來自另外十三個省及朝鮮，運行經費的46%則來自於醫社。再如1925年，此時的長沙湘雅醫學專門學校已改名為湘雅醫科大學，董事會全是華人，醫社的資助差不多占到其當年運行經費的四分之一。[134]

至1924年前後，顧臨、胡恆德等人建議醫社逐漸取消對教會醫院、醫校的資助，轉向支持「純粹中國人」自辦、自主的相關醫療和教育機構。[135] 因為此時中國自己創辦的醫療事業和相關教育有了極為可喜的發展，出現了蒸蒸日

132 "Dr. Gregg to Cutler, March 25, 1936," "Max Cutler to Dr, Gegg, April 2, 1936," "A.M. Pearce to J. P. Maxwell, October 26, 1936," "J. Heng Liu to Dr. Preston J. Maxwell, February 25, 1937," "H. H. Lucks to J. Heng Liu, The National Health Administration, March 1, 1937," "J. Preston Maxwell to J. Heng Liu, March15, 1937," 北京協和醫學院檔案室藏，文書檔案，數位索卷號：0099。

133 *The Rockefeller Foundation, Annual Report*, 1916, p. 20.

134 The Rockefeller Foundation, *The Rockefeller Foundation, Annual Re*port 1919, p. 294; *The Rockefeller Foundation Annual Report,* 1920, p. 20; *The Rockefeller Foundation Annual Report,* 1922, p. 348; *The Rockefeller Foundation Annual Report*, 1925, p. 344.

135 "Henry S. Houghton to Greene, July 16, 1924," "Greene, Roger Sherman, 1881-1947," MS Am 1864, Houghton Library, Harvard College.

上的良好勢頭。協和內部一份報告提供的統計數據：稱1911年中國所有大專學院，中學招生學生1,625,534人，十三年後，即1922年學生人數到了6,819,486人，增加330%；1922-1923年，中等職業學校、中學、師範院校、師範學校在校生182,804人，高等院校在校生34,880人。[136] 醫社由此認為：過去十年裡醫學教育在中國取得的進步是顯而易見的；這具體表現在醫校、醫院的聲望不斷提升，由中國本土醫生為主體的中華醫學會；在開明領導人主持之下得到了拓展，民眾對西醫的信任不斷增強，公共衛生事務也開始在各地展開，「這都讓那些希望能夠看到中國擁有科學、完善和完整醫學體系之人們感到欣慰。」[137]

醫社不僅努力為教會機構提供了學術合作平臺，且還不同程度地盡可能為在地醫生們赴美進修提供了機會。以曾在中國醫學界聲名斐然的伍連德為例，職業生涯中最為耀眼的年代，是在1910-1911年東北爆發鼠疫時在哈爾濱擔任了全權總醫官。1923年初他突然造訪蘭安生，談到自己近年來在政治上的失勢，請幫助做些疏通推薦工作，能否建議醫社資助其前往霍普金斯公共衛生學院進修。蘭安生隨即將之報告給海塞爾，稱儘管當年那場大鼠疫給這位年輕人帶來了極大聲望，但也讓其過於自負而得罪了不少人，在諮詢過一些中國朋友之後，蘭安生得到的印象是他不太可能再獲得此屆政府的重要任命。海塞爾將此信函轉給了胡恆德，稱基金會獎學金只給那些資歷淺的研究者，不適合像伍連德這樣高階之人。胡恆德在一封致顧臨的「機密」信中，稱已與蘭安生達成共識，認為伍連德雖沒有什麼重要的學術研究成果，對現代公共衛生事務也了解不多，但畢竟擔任過政府重要職務，仍然有一定影響力，是協和希望與之合作的人物，建議海塞爾能夠破例批准這份申請。[138]

值得強調的，是醫社大力支持協和與東亞地區科學醫學走在最前面的日本，建立密切的學術交往。1921年2月，由教授委員會討論的一份報告，強調

136 Chapter 5, the educational situation, 44，北京協和醫學院檔案室藏，文書檔案，數位索卷號：0594。

137 *The Rockefeller Foundation, Annual Report*, 1921, pp. 250-251.

138 "Lien-Teh Wu," folder 2125, box 91, series 1, RG. 4, CMB. Inc; "John B. Grant to Heiser, January 9, 1923," "to Dr. Victor G. Heiser, International Health Board, Rockefeller Foundation, February 6, 1923," folder 1805, box 78, series 1, RG. 4; "Henry S. Houghton to Greene confidential, May 29, 1923," folder 25, box 4,, Sub-series IV2B9, RFA-ARC.

日本是東方現代醫學科學的先驅，深入了解其發展趨勢至關重要，故委員會建議圖書館至少要訂購二十五份日文醫學期刊，增加關於介紹國外研究動態中的日文部分，聘請專職崗位負責處理日文文獻，並請求醫社增加三千元的專項訂購預算。此外，在醫社的資助之下，協和與南滿醫學堂，及隨後的南滿醫科大學進行了交換教授，彼此開課和合作研究。及至1923年9月，當關東大地震發生之後，東京、橫濱等地的實驗室基本毀壞，協和為日本學者開放了實驗室。這其中最重要的一項合作交流，是白俄學者，時任協和襄教授的霍瓦斯（Artemy A. Horvath, 1886-1979）於1925年前往東北，在大連、奉天等地的訪問、參觀和實地考察，從南滿醫科大學藥物學系久保田晴光（Kubota Seiko）教授、博士齋藤健道（Saito Kendo）那裡得到了不少關於大豆生產、加工、及其製品、蛋白質以及微生物方面的研究啟發。[139]

由於那時中日之間存在著激烈的對抗情緒，推動雙方學術交流並不容易。1920年2月，協和解剖系主任考德瑞（E. V. Cowdry, 1888-1975）教授在會議上問詢顧臨，是否願意接受畢業於俄羅斯聖彼德堡大學動物系的小野俊一（Shunichi Ono, 1892-1958）博士來協和任職。顧臨得知他娶了一位俄羅斯妻子，認為其個性大概不至於狹隘而難以相處，說只要專業訓練資質沒有問題就應該予以批准。不過，校長胡恆德卻認為中國人排日情緒高漲，尤其學生們更是如此，此時協和任命一位日本教師可能是不明智的。[140] 當然，這種排日情緒不一定只是中國人才有，美國人中大概也有一些。1922年3月，協和準備邀請在霍普金斯公共衛生學院任教的寄生蟲教授考爾特（William Walter Cort, 1887-1971）來協和擔任客座。鑑於考爾特批評過日本資深學者，對其後起之秀反倒有不少稱讚，顧臨在致胡恆德的信函中說：請日本學者來協和演講時，要特別注意合適人選，並認為「毫無疑問，考爾特醫生的來訪，將會影響到我

139 "Report of Committee on Japan Literature, February 2, 1921," 北京協和醫學院檔案室，文書檔案，數位索卷號：0136；*The Rockefeller Foundation Annual Report,* 1922, p. 269; *The Rockefeller Foundation Annual Report,* 1923, p. 71; "Peking Union Medical College, weekly calendar, Vol. VII, No. 18, 12 Jauary1925," 北京協和醫學院檔案室，文書檔案，數位索卷號：0458。

140 "Friday, February 27, 1920, Greene' s diary," 北京協和醫學院檔案室，外國人事檔案，數位索卷號：0068。

們與日本醫學院之間的交流。」[141]

在國民政府於1927定鼎南京之前，最重要的國立醫校是前述1912年成立，由曾留學於日本、德國，並被認為其時醫學界「留日派」領軍人物的湯爾和擔任首任校長的北京國立醫學專科學校。1920-1921年，湯爾和奉派赴歐洲考察醫學教育，即將結束時致函在美的顧臨，希望順路再前往美國進行考察。3月1日，顧臨致函醫社秘書恩布里，建議當湯爾和到達紐約之後，由醫社負責接待，並幫助安排其接下來的考察行程。顧臨對他的評價，是其儘管沒有受到最好的醫學訓練，卻是一位很認真的學者，在中國頗具影響力。顧臨承認協和教授與留日醫生們的關係不太融洽，相互之間很少來往，並還存在著一些誤會和偏見；如果能讓他對美國醫學留有良好印象，可能有助於拉近彼此之間的距離。1921年11月12日，基金會主席文森特致電湯爾和，表示願意為其結束歐洲之行的訪美提供一切便利，並將為此做出妥善安排。[142] 後來由於一些雜事牽累，湯爾和最終還是取消了訪美計畫，直接啟程回國。

湯爾和在啟程返國之前，將發表在德國《解剖學年鑑》上的一篇文章寄給了文森特，希望能夠與美國同行進行相關學術交流。[143] 1922年1月19日，醫社秘書將此論文，分別發給了霍普金斯解剖系的薩賓（Florence Rena Sabin, 1871-1953）教授，以及1917年任職協和解剖學系，此時就職於洛克菲勒研究所的考德瑞（Edmund Vincent Cowdry, 1888-1975）教授，請這兩位卓越的專業學者予以評審，得到的回饋倒頗為正面。實際上，顧臨已與兩人見過面，談及湯爾和已到中年，能力更多體現在管理而非研究，並說服這兩位學者相信「這篇文章至少表明湯爾和對研究頗有興趣，通過此次訪德而更多了解到該國研究者的工作方式，這對於改進他的學校有相當的幫助。」[144] 鑑於湯爾和的重要

141 "RSG to HSH, March23, 1922, subjected. W.W. Cort," 北京協和醫學院檔案室藏，文書檔案，數位索卷號：090。

142 "Greene to Mr. E. R. Embree, March 1, 1921," "E. R. Embree to Greene, April 25, 1921," "George E. Vincent to Dr. E. H. Tang, November 12, 1921," folders 1969, box 85, series 1, record group 4, CMB. Inc, RFA-ARC.

143 "George E. Vincent to Dr. E. H. Tang, January 4, 1922," folders 1969, box 85, series 1, record group 4, CMB. Inc, RFA-ARC.

144 "George E. Vincent to Dr. E. H. Tang, January 4, 1922," "Margery K. Eggleston to Dr. Florence R. Sabin, January 19, 1922," "V. Cowdry to Margery K. Eggleston, January 24, 1922," "Greene to Dr.

位置，顧臨仍希望能夠促成其訪美，故大力遊說衛生部副主任費雷爾（John Atkinson Ferrell, 1880-1965）出面，請美國公共衛生協會（American Public Health Association）邀請他出席當年在克利夫蘭（Cleveland）召開的第五十一次年會。

會議組織者給了三個名額，基金會致函顧臨，表示願意為代表們提供除一千五百美元的往返旅費、旅途生活補貼之外，還有會務費、及對紐約、東海岸另外幾所頂級醫學院一個月考察食宿費的八千五百美元。[145] 顧臨與胡恆德商量除湯爾和之外的另外兩位代表的人選。被提名的有三位：一位是前面已經談及過的全紹清；另一位是畢業於東京帝國大學醫科大學，曾任北京醫專細菌學教授、時任中央防疫處副處長嚴智鍾；還有一位則是1915年獲得賓夕法尼亞大學醫學博士學位，在上海自行開業，曾擔任過中華醫學會第三屆會長（1920年2月-1922年1月）的俞鳳賓。全紹清一直被認為是溝通「留學歐美派」與「留日派」之間關係的最佳人選，故沒有什麼異議。俞鳳賓本為湯爾和提名，卻因為曾在美國留學過，再加上此時其健康狀況不太好，被認為罹患了肺結核。權衡之後，顧臨、胡恆德選擇了嚴智鍾，認為此人雖沒有太多耀眼成就，卻是留日學生中最熱衷於學術之人，在中國醫學界頗有影響力。[146]

後來由於年會主辦方的原因，代表團雖最終而未能成行，彼此的關係卻看上去有了一些改善。一個典型的案例，是隨後的1922年11月15日，湯爾和致函顧臨等人，談及該校準備創辦生物實驗室，購買設備不超過十萬元，建成後每月運行費用約在五千至七千元之間，並準備聘請著名外國專家前來執教。湯爾和想就此打聽，如果用政府名義作為擔保，以二十年為期償還，他們能否在美

Cowdry, January 25, 1922," folders 1967-1995, box 85, series 1, record group 4, CMB. Inc, RFA-ARC..

145 "Commission of Chinese Medical Scientists 1922-1923," "Greene to Mr. Hendrich, February 23, 1922," "A. W. Hedrich to Greene, February 28, 1922," "Rober H. Kirk to L.C. Goodrich, March 14, 1922," "Greene to. E. H. Tang, July 27, 1922," folder 927, box 41, series 1, RG. 4, CMB. Inc, RFA-ARC.

146 "John Atkinson Ferrell to Greene, February 8, 1922," "Roger S. Greene to John Atkinson Ferrell, February 9, 1922," "Greene to Grant, Februay 14, 1922," Roger S. Greene to Mr. A. W. Hedrich, February23, 1922," "A. W. Hedrich to Greene, February 28, 1922," "H.S. Houghton to R.S. Greene, April 12, 1922," folder 927, box 41, series 1, RG. 4, CMB. Inc, RFA-ARC.

國籌集到二百五十萬美元的借款。12月14日，顧臨在質詢過一位美國著名銀行家後，回覆說此時沒有可能。顧臨建議將借款計劃推遲幾年，等中國政局穩定下來，美國銀行家的態度可能會有所不同。翌日，顧臨致函胡恆德，說基金會之所以也不願意出資，因為並不看好湯爾和的北京醫專能夠正常運作。[147] 如其時該校校長周頌聲因為遭到教授和學生們的強烈抗議，不得不在任職一年後就辭職；此後於1924年1月接任校長的洪式閭也感到難於開展工作，三個月後就以赴德國進修為由而提出了辭呈。[148] 既然校長更換如此頻繁，表明該校面臨的問題實在太多。

儘管顧臨等不願意為其實驗室提供經濟支持，卻建議醫社為該校提供獎學金，幫助優秀學生前往美國或協和進修。[149] 同年，該校畢業的胡鴻基，即前述曾幫助過蘭安生進行北京公共衛生事務考察，前往霍普金斯公共衛生學院攻讀學位；另一位該校的陳姓畢業生也在協和專攻寄生蟲學，並得到了醫社提供的全額獎學金。[150] 由於該校深受動盪政局的影響，資金匱乏、學生不滿、教授水平不高，學校行政內耗不斷的情況，似乎在此期間一直沒有得到多少改善。這也讓醫社、協和無法與之建立長久穩定的合作關係。如1924年7月16日，胡恆德在致顧臨信函中，談到該校時，仍認為受太多政治控制，在上述僅擔任三個月校長的洪式閭提出辭呈之後，導致沒有一位真正具有領導師資格之人願意接受此職務，校長一直難產，最近則聽說人緣更好的嚴智鍾可能會接受了該職位，但一直未正式就職。[151] 結果看來也的確如此，一個月後該校眼科

147 “Tang Erh-ho to E. V. Cowdry, November 15, 1922,” “Greene to Tang, personal, December 14, 1922,” “Greene to George E. Vincent, December 14, 1922,” “R.S. Greene & L. C. Goodrich, Correspondence with Dr. Tang Erh-ho, December 15, 1922,” folder 25, box 4, Sub-series IV2B9, RFA-ARC..

148 “Henry S. Houghton to Greene, July 16, 1924,” “Greene, Roger Sherman, 1881-1947,” MS Am 1864, Houghton Library, Harvard College.

149 “L.C. Goodrich to R.S. Greene January 18 1923,” folder 25, box 4, Sub-series IV2B9, RFA-ARC..

150 “Tang Erh-ho to E. V. Cowdry, November 15, 1922,” “Greene to Tang, personal, December 14, 1922,” “Greene to George E. Vincent, December 14, 1922,” “R.S. Greene & L. C. Goodrich, Correspondence with Dr. Tang Erh-ho, December 15, 1922,” “L.C. Goodrich to R.S. Greene January 18 1923,” folder 25, box 4, Sub-series IV2B9, RFA-ARC..

151 “Henry S. Houghton to Greene, July 16, 1924,” “Greene, Roger Sherman, 1881-1947,” MS Am 1864, Houghton Library, Harvard College.

教授張黼卿接任校長，由於沒有太多學術影響力，1926年1月又交由該校耳鼻咽喉科教室主任孫柳溪接任，此人同樣也沒有多少可以被稱道的學術成就。

第六節 理科教學

二十世紀初科學醫學的發展，與物理學、化學，尤其是與生物學關係最為密切，如果沒有經過這些學科的系統訓練，很難成為一名合格的醫生。在醫社成立之初，中國境內幾乎沒有一所大學完整開設了這幾門學科的課程。1916年夏季，顧臨等人走訪了上海、南京、天津、北京、漢口、長沙等地，一路考察了聖約翰、滬江、復旦、金陵、齊魯、燕京、南開、北洋等諸教會、國立和私立大學；認為即使對此學科已有所布局，走在最前面的燕京，實際情況仍然乏善可陳。這份報告具體指出：該校化學課程已開設了幾年，雖配備了實驗室，也有學生畢業，然授課人吉布（Gibb）看上去沒有卻按照現代方式的教學能力；物理學則由一位回國不久的留學生負責，缺乏任何值得一提的實驗室設備；生物學則只是請了一位外籍人士，一直沒有展開教學活動。他們的結論是：醫社不必資助設立醫預科，而是要大力幫助各校提升這三門學科的教學水平，以便能讓更多合格的學生進入醫學院。[152]

為了統一協調各校的理科教育，醫社決定從1922年4月開始，聘請在華最早開辦生物系，也是最早展開該學科研究生教育，時任東吳大學生物系教授祁天錫（Nathaniel Gist Gee, 1876-1937）為醫社的教育顧問，年薪一萬元。顧臨充滿了期待，叮囑他需要重點探訪那些已經得到，或醫社承諾提供資助的院校，與那裡的行政人員和教授們建立良好個人關係，盡可能幫助他們改善相關的組織架構、人員配備及教學設計，以求提高各學校關於這些學科的教學質量。顧臨建議祁天錫考慮更多憑藉個人友誼和人脈關係，遇到問題時想方設法

---

152 “Preparatory Schoos which may co, e into consideration for aid to enable them to raise the standard of scientific work, Joint report by R. S. Greene, H.S, Houghton, F. C. McLean, November 20, 1916,” Franklin C. Mclean, “Reprot by the Executive Head of Union Medical College, Peking, in regard to trip to China during summer of 1916,” 北京協和醫學院檔案室，文書檔案，數位索卷號：0748。

地通過一些非正式管道施加影響，盡量不要讓醫社或協和出面，從而避免給人留下他們出了錢之後，到處頤指氣使、發號施令的不良印象。除此之外，顧臨還提醒他在與教會大學、國立、私立大學打交道時，除了更多鼓勵中國人加大資金投入之外，還希望能夠努力發展他們與在華其他外國學者群體的良好關係，諸如日本人、英國人主持的院校，避免由此而引發不同國家之間的猜忌和對抗。[153]

祁天錫對在華教育事業十分專注和敬業，自1901年抵達中國之後，幾乎所有時間都投入到了生物學的教學和研究之中，僅利用過幾個月的假期回國照顧患病的妻子。1921年當妻子辭世後，他隨即返回中國。1922年12月9日，他向醫社提交了一份簡要的考察報告，稱僅有少數教會學校展開了相關理科的教學工作，國立院校的情況令人擔憂。顧臨希望他更多關注南開、東南這兩所由中國人主持的大學，稱醫社傾向資助中國教授及中國大學，認為這樣在經濟上可以較少花費，影響也更深遠。[154] 至於為何要特別強調關注南開、東南這兩所大學，因為前者為私立大學，校務不太會受動盪政局所影響；後者則在郭秉文校長的主持下，率先採取了選科制、學分制，注重開設自然科學課程。此外，中國最早的綜合性科學團體，也是規模最大、影響最廣的中國科學社於1918年從美國遷回中國後，總部設在該校前身的「南京高等師範學校」，此時併入東南大學，是那個時代推動了科學研究體制化發展的領導者。

六個月前基金會副主席恩布里訪問中國時，曾與胡恆德一在南京停留了三天，仔細考察了東南大學的理科科研和教學情況，花了大量時間與校方、教授及管理人員交談，得出的總體結論是該校師生的精神和熱情值得稱讚，有著十分美好的發展前景。在給顧臨的信中，恩布里說已經向基金會主席文森特報告了此次訪問的良好印象，稱儘管該校的實驗室設備欠缺，但教師們的訓練和精神狀態看上去不錯，相信隨著教學展開而可以不斷增加教學經驗。讓恩布里頗有所動的，是不論在制定規劃、教學組織，抑或在購買設備方面，都能感到校

153 *The Rockefeller Foundation Annual Report,* 1922, pp. 250, 256; "H. S. Houghton to Mr. Gee, April 25, 1922," "Gee, to Dr. Houghton, Soochow University, Soochow, December 9, 1922," 北京協和醫學院檔案室藏，文書檔案，數位索卷號：0176。

154 "Gee, to Dr. Houghton, Decemeber 9, 1922," "Roger S.Greene to Mr. Gee, Sept 18, 1922," 北京協和醫學院檔案室藏，文書檔案，數位索卷號：0176。

方「似乎發自內心地重視我們從北京帶來的那些建議」。[155] 他們還了解到該校的房屋、土地、建築及設備，約值一百二十萬元，1922-1923年的預算是3,601,381元；其文理學院、教育學院、工程學院和農業學院在南京，商學院在上海，共有教職員二百八十三人（其中八十三人在附屬中小學），學生七百一十八人。植物學系、動物學系、化學系、物理系共有二十一位教師，其中十二位留學歐美。[156]

作為最早一批獲得資助的學術機構，東南大學於來年就從醫社那裡獲得了實驗室建設的十萬元、其中購買新設備資助兩萬五千元、每年六千五百元，以三年為期用於資助該校教授前往歐美或日本進修，還包括從國外（主要是美國）聘請一年期物理學訪問教授的薪酬。當然，資助的條件仍然是該大學必須從其他方面再獲得相同額度款項的配套投入，這對於地處經濟較為發達的長江三角洲的該校似乎沒有多大問題，彼此很快就簽定了協議。[157] 在結束對東南大學的訪問之後，恩布里與胡恆德一起又北上訪問了南開。恩布里的印象是該校學術風氣之優良，與東南大學不相上下，有著良好的發展前景，然在人數及教學、科研設施方面則與之有一定差距。好在，醫社承諾資助該校與東南大學相同額度的款項；[158] 只是當雙方談及被資助方須配套相應款項時，讓張伯苓校長面有難色，稱須與董事會及贊助人磋商之後再行回覆。三、四天之後，當恩布里一行回到了北京，張伯苓專程前來拜訪，頗有信心地表示南開完全能夠籌措到這筆款項。[159]

前述巴特里克等人組成的基金會第二次考察團於1915-1916年訪問天津之時，對那時校名還是「南開中學」的學風就有頗好的印象，說與他們交談之人的英文流利，態度頗顯開放和自信。[160] 1919年4月，張伯苓等創辦的南開大

155 "Edwin R. Emberee to Greene June 26, 1922," folder 1524, box 62, series1, record group 4, CMB. Inc, RFA-ARC.

156 *The Rockefeller Foundation Annual Report,* 1922, p. 255.

157 *The Rockefeller Foundation Annual Report,* 1922, p. 256.

158 *The Rockefeller Foundation Annual Report,* 1922, p. 257.

159 "Edwin R. Emberee to Greene June 26, 1922," "Chang Poling to Edwin R. Emberee, June 27, 1922," folder 1524, box 62, series1, record group 4, CMB. Inc, RFA-ARC.

160 "Wallace Buttrick to John D. Rockeller, Jr. January 17, 1916," folder 89, box 11, series2-11, p. B-8, Rockfeller Family, RFA-ARC.

學，得到了天津地方當局的四百餘畝土地捐贈，建起了兩幢教學樓、一幢行政樓和一幢宿舍樓，總造價一百一十萬元。該校每年預算是一百七十萬元，1922年的學科設置為文科（86人）、理科（54人）、商科（124人）、礦物工程（61人），共有包括二十六名女生在內的三百二十五名學生。此外，全校二十八位教授中，有海外留學背景的二十五位，其中化學系、物理系各有兩位、生物系各有一位。需要改善的是生物系、化學系的實驗室面積狹小，設備簡陋——前者有五張梯形工作臺，每張檯子可供四人做實驗；後者有十張工作臺，每張檯子可供六人做實驗。學校每年撥付給生物學、化學和物理學的費用總額一萬元，生物系得到了其中的一千九百元，剩下的八千一百元用於化學系、物理系。[161]

協和與燕京一直有關於醫預科教育的合作，故醫社對理科教育的最大一筆捐贈給了該校。[162] 此時燕京共有三十位華人教授、四十一位外國教授和四百二十五位學生，年度預算為二百九十萬元，其中一半來自於差會。1921年，校長司徒雷登（John Leighton Stuart, 1876-1962）獲得美國著名出版商的父親盧斯（Henry Winters Luce, 1868-1941）及美鋁公司創辦人霍爾（Charles Martin Hall, 1863-1914）的捐款，在北京西郊購買了大約三百畝土地，準備建造一所其時中國規模最大、質量最高、環境最優美的校園。校方計劃為此募集一百萬元，年底時募集到六十萬。醫社承諾該校從1923年起，為期兩年，每年資助七千五百美元，用於維持理科各系的教學和科研；另外還有一筆十五萬元的額外捐款，用於興建實驗樓及添置設備，條件也是燕京須提供同等金額款項，以興建第二幢實驗樓及購買相關設備。按照當年的匯率，一美元可兌換3.464元，兩年一萬五千美元，再加上後來的十五萬元，醫社資助了該校二十萬六千餘元。[163]

理科的教學和科研離不開實驗室，說到底要大筆投錢購買昂貴的儀器和設備，醫社的資助自然會產生了不少正面效應。1925年協和對燕京、東南、南

161 "Nankai College, Tientsin, N. Gist Gee, December 1922," folder 1524, box 62, series1, record group 4, CMB. Inc, RFA-ARC.

162 劉芳，〈燕京大學：近代中國醫學預科教育的典範〉，《南京醫科大學學報（社會科學版）》，2016年第2期，頁151-154。

163 *The Rockefeller Foundation Annual Report,* 1922, pp. 259, 280-281.

開、金陵、聖約翰、東吳、清華等八所理科領導性院校的考察了解到：1915年各校投入到生物、化學、物理教學實驗的費用，分別不到兩百元、兩千一百元和兩千六百元；1920年則分別是三千二百元、六千七百元、六千六百萬元；至1924年更增加到了八千一百元、一萬五千二百元、一萬四千七百元；在過去的四年裡，理科的學生也從一千四百人增加至二千四百人。[164] 可喜的是，此時清華開始奮起直追，大有後來居上之勢。即1922年4月，曹雲祥先以外交部參事名義兼代該校校長，得到教育部的正式任命之後，遂決定將清華改制為大學，矢志於將此前所謂的「留美預備學校」打造成優質的研究型大學，並將原為清華專有的留美學額，開放給全國各個大學，實行完全公開考試，並於1925年開辦了大學部，分設文、理、法三個學院十二個系，另外還要加上一個研究院（國學門）。[165]

作為由美國退還庚款後所開設的清華，此前定位於留美預備學校，每年僅招生五百餘人，80%學理科、20%學法政，學生大部分可以獲得庚款而前往美國著名大學留學。該校六十名教職員中有十七位美國人、一位英國人，中國教員中有八位或十位來自上海聖約翰。[166] 儘管早在1917年，清華就已建成一幢三層混合結構建築的科學館，內有大小教室、聲光熱力電物理實驗設備、生物設備、化學設備，並安裝了巨型風機為全樓通風，然相較於其院校，清華的實驗設備卻並非能夠名列全國之首。1925年的統計數據顯示：在那些建立了專門樓舍和添置實驗室設備的院校排名中，清華科學樓的估價為十二萬元，高於金陵（105,000元）、東南（70,000元）、聖約翰（80,000元），低於齊魯（135,000元）、南開（200,000元）、燕京（200,000元）、湘雅（550,000元）；清華的實驗室設備估價兩萬元，高於燕京（10,000元）、湘雅（5,000元）、東南（7,000元）、金陵（10,000元）、齊魯（2,000元）；低於南開

164 "H S Houghton to R. S. Greene, February 5, 1925," 北京協和醫學院檔案室藏，文書檔案，數位索卷號：0179。

165 蘇雲峰，《從清華學堂到清華大學：1911-1929》（北京：生活・讀書・新知三聯書店，2001），頁67-69。

166 J. B. Powell, "How China is Developing Leaders at Tsing Hua College," January 26, 1918, *Millard's Review*, Vol.III, No. 9, pp. 260-263.

（50,000元）、聖約翰（34,000元）。[167]

1923年10月8日，曹雲祥致函顧臨，說去年春天他就清華國際化的發展走向，與美、英、德駐華公使及日本公使館秘書進行了多次討論，形成了一些看法，此時則有太多雄心壯志，希望能讓清華成為中國最優質的大學，將此規劃意見寄來，請其批評和指正。曹雲祥這份文件提及清華進一步國際化的考量，聲稱該校作為國際友好的象徵，經費來自美國退還的庚款，故期望邀請所有在華有利益的列強加入進來，將清華從單一的留美預備學校，打造成面向全球的國際化學術教育機構，成為那個時代國際合作的樣板。具體操作方法是：所有向該校捐贈五萬美元的國家，他們都會選派一名留學生前往該國留學；這筆捐贈可以延續下來，即當這名學生返回中國之後，另一名學生又將派出；如果有國家願意捐贈十五萬美元，該校將設置一位以該國之名命名的教授職位；如果有願意捐贈一百萬美元，清華就將該國之名命名校內一些相關建築物、設備和道路。[168]

顧臨兩天之後回覆曹雲祥，說就其個人而言，希望清華國際化的範圍能更廣泛一些，在沒有太多外力強制的情況之下，不必將一定數量的學生送到某一個特定國家，或必須在某個特定國家聘請一定數量的教授。他就此提醒曹雲祥，如果簽訂資助協議，附加條件是須聘請一定數量的外籍教授，然隨著華人教授越來越多，很容易遇到校方能否平等相待的困擾——就像協和此時的教授中除美國人之外，還有英國人、荷蘭人、俄國人、德國人和奧地利人，且華人數量在不斷增長。顧臨的中心意思是期望在追求國際化的同時，必須想法保證清華的自主性及其多樣性。就此事的後續發展來看，其他列強對此沒有做出什麼積極回應，這也表明那時除基金會之外，怕沒有哪個國家有意資助中國的國立大學。後來在1924年1月25日，胡恆德致函顧臨，談到曹雲祥來信詢問，是否可向基金會提出申請，希望得到五年期一百萬美元的貸款，並說其就此事與之進行了溝通，告知他無論借貸方多麼有信用，基金會作為一個慈善機構，在

167 “H. S. Houghton to R. S. Greene, February 5, 1925,” 北京協和醫學院檔案室藏，文書檔案，數位索卷號：0179。

168 “Y.S. Tsao to Greene, Oct. 8, 1923,” “Scheme for the internationalization of Tsing Hua College,” fodlers 1991, box 91, series 1, record group 4, CMB. Inc, RFA-ARC.

任何情況下都不會考慮向任何一個機構提供貸款之事。[169]

清華此時開始積極拓展理科各系，生物系隨之成為重點加強的系科之一。曾就讀於伊利諾、芝加哥和生物系的錢崇澍從東南大學被挖角到了清華，主持該系的籌建工作。他於1924年4月25日致函顧臨，請幫助在美聘請一位生物學大牌教授，任期兩年，清華提供夫婦雙方的往返旅費、免費住房、免費水電、年薪最低五千元，最高可至六千元，且其在美的收入不會受到影響。考慮到當時很少在職的美國頂級大學教授願意前來就任，顧臨於6月11日致函芝加哥大學動物學系主任，也是胚胎學研究早期開拓者的李利（Frank Rattray Lillie, 1870-1947）教授，請幫助物色一位已經退休，且對科學研究仍有興趣的資深學者前來清華任教。考慮到清華開出的這份待遇，即使對於退休在家的美國頂級大學教授來說，也沒有太多經濟吸引力，顧臨特別談及北京的生活費遠遠低於諸如芝加哥那樣的美國大城市，並強調了清華在中國是最好的國立大學之一，能招收到絲毫不低於美國頂級大學錄取標準的優秀學生，且有不少美國人已在該校任教。[170]

李利聯繫到了著名昆蟲學家、康乃爾大學生物系主攻昆蟲學研究的尼達姆（James George Needham, 1868-1957）教授，顧臨隨即向他致函確認訪華客座事宜，得到的回覆是由於其有些學生是中國人，自己對這個古老的國家一直頗有好感，無奈這兩年實在抽不出身，只好推薦該系助教授克拉森（Peter Walter Claassen, 1886-1937）博士。尼達姆介紹此人在該校講授普通生物學教多年，是《普通生物學實驗室大綱》一書的作者，具有豐富學識和扎實專業訓練。7月19日，顧臨致函曹雲祥，告訴了這個信息，其個人意見認為清華可以考慮此人。在得到了清華的肯定回覆之當天，顧臨致函尼達姆，說很遺憾其不能前來清華任教，期待未來三年他能訪問中國。至於克拉森的聘任，顧臨傳遞了清華已經同意的信息，附帶承諾協和圖書館、實驗室都願意為他提供便利，並還說中華教育促進會（National Association for the Advancement of Education）將在清華召開一個生物、化學和物理的教學研討會，克拉森來到清華後肯定會大有

169 "H. S. Houghton to R.S. Greene, January 25, 1924," "Greene to Tsao, October 10, 1923," fodlers 1991, box 91, series 1, record group 4, CMB. Inc., RFA-ARC.

170 "P.C. Chang to Greene, April 15, 1924," "Greene to Dr. F. R. Lillie, University of Chicago, June 11, 1924," fodlers 1992, box 91, series 1, record group 4, CMB. Inc.RFA-ARC.

作為的。[171]

克拉森在清華工作了一年，就返回了美國。他之所以匆忙離開，一方面是由於女兒到了入學年齡；另一方面是康乃爾不同意給他兩年年假。由於清華還在大張旗鼓地招募優秀人才，致使一些教會大學感到了緊張。如曾榮獲清華留學庚款，在康乃爾拿到生物學博士學位的胡經甫，於1922年回國後先在東南大學，後到了東吳大學；此時被清華生物學系首任系主任錢崇澍看中，準備將他挖角到該系任教。可這對於教會大學來說，此時正大力選拔本土學者擔當系科領導，主持該校生物教學的戴蓀（Joseph W. Dyson, 1889-1965）於是請曾是胡經甫指導教師的祁天錫幫忙疏通，希望能夠幫助做些說服工作。在與錢崇澍和胡經甫討論此話題時，祁天錫搬出了一個看上去頗有說服力的理由，即胡經甫碩士論文題目是〈蘇州的水蚤〉，重點研究水產品；座落在蘇州的東吳大學，是中國最重要的淡水魚蝦產品的所在地，也是最重要的消費地，北京則沒有這樣的研究需要。祁天錫就此向顧臨彙報說：「即使沒有結果，坦率地討論這個問題至少是沒有什麼壞處的。」[172]

1924年，清華開辦中學生物教員補習班，胡經甫應邀來北京主講，翌年秋季學期開始之後，被聘為燕京生物學教授，負責籌備該校生物系成立一事。當年6月22日，祁天錫與曹雲祥面談清華發展，得知該校提供了實驗室，將曾就讀於康乃爾農學、哥倫比亞大學動物學系，時在東南大學任教的陳楨聘請到了清華。祁天錫認為先建立團隊，然後就需要考慮修建研究和實驗大樓。曹雲祥回覆說：如果能夠得到醫社的資助，他將更容易說服董事會通過這一相關發展議案。10月16日，祁天錫致函基金會秘書愛格萊斯頓，稱除了請醫社考慮從1926年起為清華生物系提供為期五年，每年一千美元的資助之外；還建議再資助該校修建一幢生物館，承擔約七萬五千元建築費用的一半。理由是該校雖已建成了科學館，卻由於一樓採光較差，不適合作為實驗室，被用作了學校的行

171 "Greene to Dr. Chao, July 19 1924," "Greene to professor Needham, July 19, 1924," fodlers 1992, box 91, series 1, record group 4, CMB. Inc.RFA-ARC.

172 "P. W. Claassen to Dr. Chao, August 11, 1924," "N. Gist Gee to Mr. Greene, November 3, 1924," "N. Gist Gee to Mr. Greene, November 3, 1924," "N. Gist Gee to Mr. Greene, November 6, 1924," "N. Gist Gee to Mr. Greene, November 8, 1924," "N. Gist Gee to Mr. R.S. Greene, June 24, 1925," fodlers 1992, box 91, series 1, record group 4, CMB. Inc.RFA-ARC.

政辦公室，二樓、三樓則被物理、化學系所用，生物系只有一間小小的實驗室，並保證如果資金當年到位，生物館可於翌年春季動工，1927年秋季竣工。[173]

前一天，即15日顧臨已致函文森特，對祁天錫提出資助清華的報告做了兩點補充：一是該校招收的學生是這個國家最優秀才俊；另一是該校為中國唯一能得到足夠撥款的國立大學，畢業生或去國外深造，或前往協和繼續學業。[174]此事的後續結果，是醫社同意提供相應資助，卡在清華那裡的則是未能就建造生物館而籌措到另一半資金。於是，這項資助被擱置下來，到位的僅是自1927年起的每年一千美元，即總共五年的研究資金。後續發展是在1928年5月25日，新任清華生物系主任劉崇樂與祁天錫進行了約談，重提醫社當初同意為建造生物館提供的那筆資助，說新任校長溫應星認為他們已經可以籌措到另一半款項。6月22日收到了醫社的肯定回覆，說將於1929年撥付相當於那筆款項41,250美元。逮至1930年夏，歷時十九月，這幢四層樓房、紅磚牆面，占地面積約一千五百平方米，建築面積4,221平方米的生物學館建成，清華隨即成立了理科研究所生物學部，教授從最初的兩位增加到四位，且還有四位助教，[175]開始招收研究生，並很快成為國立大學中最好的生物學系科。

173 “N. Gist Gee to Mr. R.S. Greene, June 24, 1925,” “N. Cist Gee to M. K. Eggleston, Oct., 16, 1925,” fodlers 1992, box 91, series 1, record group 4, CMB. Inc.RFA-ARC.

174 “Greene to George E. Vincent, Oct., 15, 1925,” fodlers 1992, box 91, series 1, record group 4, CMB. Inc.RFA-ARC; “Report of Tsinghua College, Tsinghua, for 1927, CMB,” 北京協和醫學院檔案室，文書檔案，數位索卷號：0791。

175 徐仁，〈清華大學各系概況：清華的生物學館〉，《清華週刊》，第35卷，第11-12期（1931），頁119-126。

第五章

經歷革命

第一節 反帝風潮

進入1920年代之後，美國對華貿易日益增加。1910年，其進出口貿易僅占中國對外貿易總額的6.5%，1922年增至16.8%，較一次世界大戰前增加了三倍；並在世界各國對華貿易的排名中，僅次於日本而躍居於第二位。[1] 1880年代，美國輸入商品中的鴉片占40%、棉織品占30%、金屬加工製品占5%、原棉占7%；1925年棉織品、棉紗占9%、原棉占7%、石油占7%，金屬占4%、煙草占4%，鴉片被禁止輸入。尤其相對於1880年，該年度的石油輸入增加了98%，包括麵粉在內的消費品輸入占總進口貿易額的37%，剩下63%都與當時中國的工農業發展相關。與之相應的是中國對美出口也發生了變化，茶葉不再占居首位，大宗出口商品是生絲（20%）、大豆和豆製品（18%）、原棉（4%）、花生和花生產品（3%）、以及包括蛋類、銻、鎢及植物油等在內的農、礦產品（57%）。在與各國競爭之中，美國的絕對優勢雖在石油、軟木、棉織品和汽車方面；然水果、蔬菜等罐裝食物的進口也在快速增加。如1925年有三十萬罐橙汁運往到上海，說受到了口岸城市那些有錢人的青睞。[2]

當時人們估計要不了幾年之後，「美國可能會在遠東貿易中超越所有國

---

1 日本駐滬總領事報告日本外務省，〈美國對華貿易之發展〉，《國際公報》，第2卷，第8期（1924），頁4-5；〈各國貿易之趨勢〉，《上海總商會月報》，第7卷，第10期（1927），頁1-4；Pan, Shu Lun, "Trade between America and China--Past, Present and Future," *The China Weekly Review*, Mar 15, 1924, pp. 78-91.

2 H. S. Liang, "U. S. may outstrip all in Far East trade!" *Millard's Review,* Vol. XLII, No. 13（November 26, 1927）, p. 326.

家」。就美國在華企業的數字來看，1912年有一百一十三家、1915年增至一百五十七家、1919年再增至三百一十四家、1921年更增至四百一十二家。[3] 1925年，在華外僑335,341人，最多是日本人（218,000），其次是包括白俄在內的俄國人（79,000）、再次是英國人（15,000），美國人只居第四位（8,500）。[4] 就在華的日本人來看，除了占有租界、鐵路附屬地之外，還在中國設有多家工廠、店鋪。這裡且不論日本租界、鐵路附屬地的行政執法人員，太多驕橫跋扈、耀武揚威；即以工廠、店鋪的日本老闆、技師、工頭而言，他們對中國工人及店夥有直接統轄權，以其本國現代工廠那麼嚴苛的管理模式，常常引發相互間的尖銳對立和激烈衝突。[5] 與之相較，由於美國在華基本上不設工廠，不僱傭工人，所在商行多聘請美孚那樣的華人代理經銷商，美國企業主並不直接面對中國普通顧客或用戶，似乎不太容易會引起當地人的不滿和敵意。

倘若與在華的英國人進行比較，那麼也可以發現他們之中大多數都受過良好的教育，儘管衣冠楚楚，彬彬有禮；然由於階級制度所帶來的等級森嚴、刻板僵化，很多人與中國人交往時總持有那種高高在上的天然優越感。相對而言，那時來華的美國人多出生在農場或中小城市，被在華外人視為鄉巴佬，不少人還有西部拓荒者的經歷，個性豪放、粗魯、樸直，從西海岸乘船來到中國，在觀念上、情感上主張平等和自由，也不熱衷於講排場、擺架子，較願意與中國當地窮人和下層民眾交往。相對於所有在華列強，美國傳教士的人數最多，1912年就已達到了2,0382人，接近大英帝國（包括大不列顛、加拿大、澳大利亞、新西蘭）及歐陸在華傳教士相加起來之總和。1925年前後的統計數據是，在華傳教士居於世界首位，分布在中國七百四十個不同地點，包括中國人在內的有7,663人，超過印度（5,682人）、南非（1,934人）、日本（1,253人）、荷屬印度（693）人，其中美國人三千，大約占到了總數的一半。[6]

3 R.D. McKenzie, "When the East meets West," *New York Times,* Sep 16, 1928, p. 78.

4 "Foreign Population of China Fluctuates," *Millard's Review*, Vol. XXII, No. 7, October 14, 1922, p. 230.

5 潛園，〈日商紗廠罷工記〉，《華商紗廠聯合會季刊》，第6卷，第1期（1920），頁30-37。

6 "Missionaries Number 7, 663 in 740 China Stations, Says New York Publication List," *The Peking Leader*, January 16, 1926, p. 3; Kwang-Ching Liu, "Introduction," *American Missionaries in*

在1919年「五四」天安門學生抗議遊行前夕，一些在華美國人感受到了中國知識界興起的民族主義熱潮。一篇刊發在上海最重要英文報紙《大陸報》的文字，題為〈中國民眾對外國人的看法〉，聲稱中國人視美國人為最好的朋友，並將之視為這個新生共和國的保護者。[7] 的確，隨後爆發的「五四」運動，遊行經過美國公使館門前的青年學生就曾高呼「大美國萬歲」的口號，並遞交了請求美國幫助中國爭取權益的說帖。及至1920年1月31日，顧臨不以為然，撰寫了一篇關於〈東西方關係〉的報告，針對一些美國人覺得他們沒有占領中國任何一塊領土，退還了庚子賠款，以為自己是一個相當不錯的民族，他特意列舉了美國政府曾禁止過華工移民入境，稱退還庚子賠款只不過是把中國人的錢還給了他們。顧臨告誡其美國同胞說：要想防止排外騷動的再次爆發，他們只有誠心誠意地幫助中國發展，使之能誠實和有效地履行職責，願意為了人類共同利益而犧牲自己個人利益時，中國對西方來說才是安全的。[8]

隨之而來的1925年初夏，聲勢浩大的「五卅運動」迅速席捲各主要大學校園。劃時代的一項創舉，是該運動精神內核並非顧臨所說的「排外騷動」，也不同於1919年「五四」（那時沒有「反帝國主義」口號），而是一場更有組織、更具動員性，且還有強大意識形態支持的「反帝愛國運動」。長話短說，上海數千名工人、學生、民眾，因日本棉紗廠工人罷工及其代表被日方人員槍殺之事，於5月30日前往公共租界各條馬路示威遊行，不意遭到英國人主持的巡捕房開槍鎮壓，致使遊行示威者死傷、被捕多人，被時人稱之為「五卅慘案」。當時正值第一次國共合作，作為革命黨的國民黨、與有強烈「反帝」意識形態的中共共同推動之下，上海各界遂於6月1日宣布罷工、罷課和罷市。緊接著北京、廣州、南京、重慶、天津、青島、漢口等幾十個大中城市，以及唐山、焦作、水口山等重要礦區迅速跟進，抗議矛頭雖主要針對所謂「英日帝國主義」，卻還提出了廢除所有不平等條約、收回列強享有各項政治、經濟特權的要求。

China: Papers from Harvard Seminars（Harvard University Press, 1966）, pp. 1-18.

7　"How the Chinese Masses Feel Toward Foreigners," *The Chinese Press,* April 16, 1919, Sunday, p. 16.

8　Roger S. Greene, "Relations between East and West, January 31, 1920," 北京協和醫學院檔案室，文書檔案，數位索卷號：0782。

北京學生在6月1日開始進行大張旗鼓的動員，以聲援上海的罷市、罷工和罷課，二十多所大中學校代表們在中央公園開會，議決組織一系列的抗議示威遊行。3日，近三萬名遊行學生們高呼「打倒帝國主義」、「取消不平等條約」等口號，前往執政府與外交部請願。另外，四十多位來自各校的學生代表來到西珠市口大街的京師總商會，與該會討論商界罷市及組織學商聯合會等問題。4日，更多學校響應罷課，約三千餘名大中學生在各處講演，有報導說捶胸頓足，聲淚俱下，情緒十分高昂和激烈。此外，就參加的二十餘所學校演講人數來看，占據首位的是教會中學的匯文，有七百八十人，接下來則有北京師範大學的七百餘人、法政大學的四百餘人、交通大學的二百八十餘人，以及中國大學的一百八十餘人。較重要的北大、燕京的演講人數，分別卻只有六十五人、四十餘人，清華則無人參加。5日下午七點，又有二十餘校代表在北大第一院舉行聯席會議，以求進一步進行動員，希望能夠大幅拉抬運動的聲勢。[9]

在當時北京各大學之中，與「不平等條約」、「列強享有的特權」關係密切的，當屬清華、燕京及協和。就這三個學校學生的反應來看，有不少人積極參加，卻並非組織者及領導者。如清華罷課雖始於4日，卻沒有代表出席前述在北大召開的學生聯席會議。[10] 燕京則自2日以來，就如何聲援滬案一事，每日必開一次全體會議，9日上午在第二院大禮堂召開了全體大會，議決組織一個超然糾察機關，「凡委員及同學有不盡職不合作，及一切反公眾行為，均由此機關懲罰云。」[11] 時值期末考試之際，協和學生向校方提出要求，請將考試時間從原來的四天改為八天，以便讓學生參加接下來的示威遊行。8日，在與教授會執行委員會溝通之後，校長胡恆德回覆學生會：稱關於他們提出延期考試的問題，需要經過教授會討論決定；就其個人意見而言，延長考試時間會遇到一些困難，不如建議學生自由選擇考試時間，讓教授會根據其選擇再做具體安排，以表示對學生示威遊行的認可和支持。胡恆德稱希望找到一個「讓雙方都感到滿意的安排」。[12]

---

9 〈昨日全城學生講演隊之一覽表〉、《京學界援助上海事件〉，《順天時報》，1925年6月6日，第7613號，（七）。

10 〈努力一致之北京各校〉，《順天時報》，1925年6月6日，第7613號，（七）。

11 〈燕大昨仍開會演講〉，《順天時報》，1925年6月10日，第7617號，（七）。

12 "H.S. Houghton to Mr. Jung, June 8, 1925," "Political Situation, 1924-1925," folder 1694, box 71,

當天，學生會主席（Hsian Sheng）致函校長胡恒德，稱上海事件的最新發展讓人揪心，受愛國學生運動刺激，他們感到自己的良心發現。為了能夠全身心地投入其中，學生會經過了數小時討論，議決請求學院批准除醫學院、預科的畢業考試之外，其他年級同學的期末考試延期至九月進行；考慮到學院的實際情況，同學們保證將像往年那樣，行禮如儀地出席畢業典禮及相關慶祝活動。[13] 9日上午9時，外籍教授占主導的協和教授會執行委員會召開會議，決議致函各系科主任，敦促他們盡快轉告所有教職員工，認為應對當下的學生運動表示同情，呼籲有關當局對事件進行徹底調查，並期望得到公正解決。[14] 同一天，來自燕京、匯文兩校的學生，在協和校園大張旗鼓地動員，學生們隨即群情激奮而接受了罷課訴求，這在協和歷史上絕無僅有。[15] 10日、11日，對此抱有頗多焦慮的顧臨，又分別致函各系科主任及學生會負責人，正面回應了學生會的要求及教授會執行委員會的決議，就是為了防止情緒進一步激化。

顧臨盡力做一些說服工作，信函明確表示了校方對上海事件的同情和惋惜，認為在協和的中外人士應團結起來，共同敦促上海租界肇事當局對此事件進行全面、徹底和公正的調查，追究責任人，以防止此類悲劇的再次發生。由於擔心憤激情緒可能會失控，在本院造成中外人士之間的分裂和對立，顧臨強調促進正義、推動人道，是協和所有人的良好意願；可如果因為罷課而影響到正常的教學及治療，受到傷害的則還是普通民眾——因為不同於其他學校，罷課不會造成太多傷害，協和每天必須診治數以百計的病患，需要醫護們的治療、照顧，與之相關的醫學教學活動就不能由此而停頓下來。面對當下的緊張局勢，就如何參與運動而產生的爭論，有可能會導致師生之間的對立，顧臨呼籲：為了不讓矛盾激化，「教職員和學生們在這方面應真誠合作」。至於學生會要求期末考試延期的問題，顧臨稱與教授會執行委員會協商之後，決定考試仍將在本學年結束之前如期舉行，期望學生們還不能完全放棄期末的複習準

---

series 1, record group 4, China Medical Board, Historical Record, RFA-ARC.

13 "Hsian Sheng to Dr. Houghton, June 8, 1925," 北京協和醫學院檔案室，文書檔案，數位索卷號：0549。

14 "Meeting of the Executive Committee of the Faculty Director's office, 9, a.m. 6 June 1925," 北京協和醫學院檔案室，文書檔案，數位索卷號：0549。

15 〈協和醫校亦罷課〉，《順天時報》，1925年6月10日，第7617號，（七）。

備。[16]

6月10日的中午十二點，北京舉行了說是有二十萬市民、學生參加的示威遊行，當遊行隊伍行至煤市街時，狂風暴雨，勢如傾盆，後轉到正陽門大街時，急雨如注，間以冰雹，「學生多禦單衣，水流被體，寒不可擋，然仍彭勇超前，無一人退縮而歸者。」[17] 遊行過程中，學生們舉行了募捐活動。協和當時共有學生一百九十五人，加上八十七位預科生，[18] 當然不是所有人都參加了遊行。因為就當天的募捐成績來看，協和募集到洋六十三元、銀角575枚、銅板19,065枚。其他幾所著名高校募集的款項分別是：北大洋五百七十三元、銀角1,271枚、銅板330枚；清華洋二百五十四元、銀角1,904枚、銅板35,750枚；燕京洋六百零七元、銀角3,338枚、銅板66,385枚。[19] 當然，雖有很多募捐出自民眾的心甘情願，卻不排除有些也可能是沽名釣譽。有報道說：匯文學生會號召拉人力車，掙錢救濟滬案失業工人，於是就有京師督察長閻某公子拉車奔馳，隨即募得現洋兩元。[20]

既然是群眾運動，難免會有一些激進行為。14日下午下午三時，一部經前門大街往城內馳行的汽車，被學生們上前攔阻，請其募捐。開車之人裝作不聞，繼續駕駛前行，遂將一學生激怒，飛跑數步，越過車前而臥倒當途，表示不惜軋死，亦要募捐之意。接著有十數位學生跟蹤而至，將汽車包圍。這篇報道說：「詎座車者，乃在車內，閉目不語，相持甚久，致觀者如堵，結果迫其納銀一元，始放其車而去。」[21] 此外，作為北京此次運動的中堅力量，之所以多是些熱血沸騰的大中學生，原因在於其時作為政治和文化中心的北京，沒有一家僱傭兩千工人以上的現代工廠，參加遊行示威之人除學生之外的人群，多是零散加入的一些雇工、電車司機、售票員、郵差、人力車夫、水車夫和糞

---

16 "Director to Heads of Departments, June 10, 1925," "Political Situation, 1924-1925," folder 1694, box 71, series 1, record group 4, China Medical Board, Historical Record, RF. ARC; "Director to the students' association, June 11, 1925," 北京協和醫學院檔案室，文書檔案，數位索卷號：0549。

17 〈市民二十萬齊集天安門〉，《京報》，1925年6月11日，第3版。

18 *The Rockefeller Foundation Annual Report,* 1925, p. 8.

19 〈各校十日募款清單〉，《順天時報》，1925年6月13日，第7620號，（七）。

20 〈同流異派之各校雪恥運動〉，《順天時報》，1925年6月14日，第7621號，（七）。

21 〈學生捨身募捐〉，《順天時報》，1925年6月15日，第7622號，（七）。

夫、被北大學生動員起來的那些長辛店鐵路工人，以及由北京農業大學學生演講隊組織起來的「西郊農民救國大會」；這就不同於上海、漢口、青島等地，由於已經有了一些頗具規模的現代企業，遊行隊伍不乏組織稍微周密一些的產業工人。

其時北京有兩個動員民眾的學生組織：一是有五十餘所大專院校參加的「北京學生聯合會」，被稱之為「學聯會」；另一是規模較小的「各校滬案後援會」，被稱之為「後援會」。前者多是國立或中國自辦的私立大專學校，教會學校只有北京財政專商一所；後者由一些私立學院組成，三分之二是教會或外人主持的學校，協和也在其中。「學聯會」較為激進，被認為是「革命的」；「後援會」較為穩健，被認為是「不革命的」。為了動員商會參與此次運動，學聯會將其辦公地點包圍，強迫商人們大力抵制日貨、英貨。儘管得到了滿口答應，一些商人們私下裡卻仍然在偷偷售賣，讓學生們極為憤慨。於是商會「每次開會，學聯都派人去旁聽，他們的各種妥協行動，學聯真是不滿意極了」。[22] 鑒於北洋政府此時已派員前往上海調查，日本領事表現得「極為謙和，希望此案從速和平解決」；英國領事則堅持認為捕房「處置未嘗失當」；[23] 故上海總商會會長虞洽卿公開表示，既然日領事有所讓步，那麼國人對英、日兩國就應「稍有分別」。[24]

接下來在北京各界舉行的一次聯席會上，教職員聯合會順勢建議示威遊行中不必再提「仇日」口號；激進學生則批之曰：「教職會方面與政府的妥協，真是可以驚人！」[25] 更為激進的行動，如有燕京學生聯名提出與「英國斷交」、上海南方大學及北京一些學校聯合提出向「英國宣戰」的口號，[26] 北京的政法大學校長陳築山順勢撰寫〈滬案給我國民的大覺悟〉一文，洋洋灑灑近千字，慷慨激昂，歷數從近百年來中國遭受的屈辱，聲稱對一個久已分崩離析

22　雨英，〈五卅後的北京民眾〉，《中國青年》，第4卷，第83期（1925），頁490-494。

23　〈蔡曾兩專員謁各國領事政府〉，《申報》，1925年6月9日，第3張，第9版。

24　上海社會科學院歷史研究所，《五卅運動史料》（上海：上海人民出版社，1986），第2卷，頁1097。

25　雨英，〈五卅後的北京民眾〉，《中國青年》，第4卷，第83期，頁490-494。

26　〈燕京大學主張對英絕交〉、〈南大京校主張對英宣戰〉，《順天時報》，1925年6月15日，第7622號，（七）。

的國家，積弱不振死氣沉沉的國民，非有對外戰爭的教訓，恐永久不能翻身；故呼籲組織國民義勇軍，用武力驅逐英國在華勢力，要求「寓兵於學、寓兵於農，寓兵於工、寓兵於商，寓兵於市民，人人入隊，個個從軍」，[27] 與之不同，協和作為一個國際性的跨國學術機構，頗為小心地防止這種憤激情緒蔓延。早在動員之初，教授會執行委員會就致函各系科主任，聲稱雖然當下示威遊行尚無「排外」色彩，但未來是否能夠繼續維持理性訴求，還需要中外輿論的正面引導，希望教授們擔負起疏導的責任。[28]

根據現有資料來看，協和學生參加此次運動，是在每次遊行中派出救護隊，診治那些出現身體不適的民眾，並製作了中、英文傳單三十餘種，散發了五萬多份，還自製了影片告白，在京津各影院放映。此外，學生們在各地演講數十次，自己捐款六百餘元，外加教職員、醫院的捐款，總數超過了千餘元。[29] 就學生會發表的傳單來看，內容多是從愛國主義出發的理性抗爭。如10日全市大遊行的那天，學生會散發的傳單，倡揚堅持人道主義的正義原則，呼籲那些信奉國際正義和世界兄弟情誼的英國人、日本人及其他國家之人，共同行動起來，讓中國得到公正對待、正義得到伸張。[30] 同一天，學生會主席致函校方，感謝其對此次運動的理解和同情，說從醫學職業標準出發，期望繼續得到支持，以「制止那些損害我們醫學界追求國際友愛和世界兄弟手足情誼的演化事態。」[31] 在接下來的遊行中，協和學生們的口號是：「不排外、不反基督教、非布爾什維克，但要求正義」，並將之製作成英文傳單而廣為散發。[32]

---

27 〈南大京校主張對英宣戰〉，〈燕京大學主張對英絕交〉，《順天時報》，1925年6月15日，第7622號，（七）；陳築山，〈滬案給我國民的大覺悟〉，《國立北京政法大學滬案特刊》，1925年6月29日，頁2-3。

28 "Meeting of the Executive Committee of the Faculty Director's office, 9, a.m. 9 June 1925," 北京協和醫學院檔案室，文書檔案，數位索卷號：0549。

29 〈京各界足為外交後盾〉，《晨報》，1925年6月12日，第3版。

30 PUMC Students Association, "Let Justice Be Done, 10 June 1925," 北京協和醫學院檔案室，文書檔案，數位索卷號：0549。

31 "Hsia Sheng to Dr. Houghton, June 10, 1925," 北京協和醫學院檔案室，文書檔案，數位索卷號：0549。

32 "Meeting of the Executive Committee of the Faculty Director's office, 9, a.m. 9 June 1925," "Hsia Sheng to Dr. Houghton, June 10, 1925," "Director to the students' association, June 11, 1925," 北京協和醫學院檔案室，文書檔案，數位索卷號：0549；"Greene, P.S. Diary, 1925-1926," folder

需要提及的是，那場期末考試終未如期舉行，畢業典禮及慶祝活動也不得不被迫取消。這倒不是說協和學生們有意為之，而是舉行考試的那天，突然湧入大批外校學生，在教學樓前組成了一道糾察線。儘管該校的所有女生及部分男生心裡仍想考試，卻不敢貿然硬行闖入教室。預科學校校長賽弗靈浩斯（Aura Edward Severinghaus, 1894-1970）教授試圖進入，還沒有踏上教學樓的臺階，就被幾位滿臉稚氣的外校糾察隊員拉住了手臂；如果不是教授的禮貌退讓，勢必引發一場令人不快的衝突。鑑於此，胡恆德決定關閉學校，將此次期末考試延遲至9月開學後。好在，四年級結束了大部分科目的考試、護校畢業班完成了畢業考試、五年級醫也沒有間斷在醫院的實習，故沒有影響到學生們升入六年級、或獲得護士文憑和畢業證書。[33] 及至新學年的第一個學期開始，即8月31日開學之後，教務長鄧祿普（Albert Menzo Dunlap, 1884-1973）走訪了一些學生，得到印象是除少數人之外，大多數人都表示不會再捲入這場運動之中。此外，校方與中華醫學會及一些在北京的大學學生會進行了溝通，達成的基本諒解是：倘若今後再發生此類風潮，如罷課、罷工等，請將負有治病救人責任的醫校排除在外。[34]

第二節 政權更迭

其時反帝風潮之所以能夠產生如此之大的反響，雖說主要在於外來侵略勢力的飛揚跋扈，卻也不能否認作為鼓吹者、推動者和領導者的國民黨、中共，還期由此推翻北洋政府而取得政權。醫社對於中國政局的變動，長期以來都是採取了刻意迴避的策略。早在1914年7月，當年辛亥革命爆發時親臨武昌指揮起義，與孫中山並列同盟會領導人的黃興在反對袁世凱的「二次革命」失利之後，從日本乘船抵達美國。12月23日，基金會成立了醫社還沒有幾天，在華盛

439, box 62, record group IV2B9, China Medical Board, Inc, Historical Record, RFA-ARC.

33 "Greene to Vincent, June 15, 1925," "Greene, P.S. Diary, 1925-1926," folder 439, box 62, record group IV2B9, China Medical Board, Inc, Historical Record, RFA-ARC.

34 "A. M. Dunlap to Davidson Black, September 1, 1925," 北京協和醫學院檔案室，文書檔案，數位索卷號：0549。

頓的黃興知此消息之後，致函主席小洛克菲勒，請求資助其和孫中山領導的革命事業。黃興稱以「東方正義與持久和平的名義」，呼籲燦爛光輝的美利堅共和國引導和資助東方社會的民主進步，讓中國億萬人民享有與美國同樣的政治制度，為實現人類普遍民主的宏偉目標而共同努力。基金會就黃興的政治背景和經歷，質詢在北京的顧臨，得到的回覆是黃興在中國已失去了政治影響力，被認為是最墮落的革命領袖之一，應謹慎對待由其簽署的任何聲明。[35]

毋庸諱言，醫社努力與主政的北洋政府保持良好關係，得到了不少優惠和便利。1916年7月8日，袁世凱逝世後僅一個多月，顧臨就見到了繼任總統黎元洪。此時正值醫社收購了協和醫學堂，且還在接洽購買周邊的豫王府，改建工程需要大量進口機械、建築材料和教學、實驗室設備，戰時運費及物價翻番高漲，讓基金會高層頗感經濟上的捉襟見肘。顧臨報告說在此次會談中，雖沒有直接提出減免土地交易稅、地產登記稅、物品進口稅等，但講到醫社的發展及對中國醫學教育的重要意義，其相信黎元洪肯定能在這方面給予大力幫助。[36]至於具體減免了多少稅費，目前尚不知曉，然就建築該校時花費七百五十萬美元的總數來看，如果以其時進口貨物平均稅率的5%來計算，這筆款項的數額大概也會上萬美元。此外，在1925年國民黨北伐即將開始之前，讓協和感到榮幸的，是在北洋政府任內視察該校的最高行政長官，已有總統黎元洪，以及1924年擔任內閣總理的孫寶琦等人，表明他們得到了中國政府的高度支持。[37]

到了「五卅運動」期間，由於國民黨人實行了「聯俄容共」的政策，廣州城內到來了大批蘇俄顧問，並開始著手支持有不少中共人士參與的國民革命軍，故此時中國政治變動中摻入了不少蘇俄因素。[38] 儘管此時的顧臨較更多在

---

35 "Hwang Hsing to John D. Rockefeller, Jr., December 23, 1914," "Greene to Mr. Jerome D. Greene, January 14, 1915," "General Information1913-1914," "General Information1914-1915," folder 256, box 31, series 601, record group 1, China Medical Board, Historical Record, RFA-ARC.

36 "Greene to Dr. Wallace Buttrick, July 10, 1916," folder 435, box 62, record group IV2B9, Sub-Series: CMB. Inc.; Annual Report of the Directory of the Peking Union Medical College, 1924-1925, folder 338, box 48, record group IVZB9, CMB.Inc, RFA-ARC.

37 "Greene to Dr. Wallace Buttrick, July 10, 1916," folder 435, box 62, record group IV2B9, Sub-Series: CMB. Inc.; Annual Report of the Directory of the Peking Union Medical College, 1924-1925, folder 338, box 48, record group IVZB9, CMB.Inc, RFA-ARC.

38 *The Rockefeller Foundation Annual Report,* 1925, p. 319; *The Rockefeller Foundation Annual*

華外人，強調最根本原因是民眾中積累了太多遭受列強欺侮的怨氣，不能將各地示威遊行都歸結於布爾什維克的煽動；但他也認為蘇俄政府的宣傳發揮了不少作用，並指出受其支持的政治組織刊發了大量煽動性的文字，堅信俄國是導致這場麻煩爆發的一個重要亂源。[39] 後來又有與基金會關係密切，以改善洛克菲勒家族公共關係而聞名的著名公共人士艾維・李（Ivy Ledbetter Lee, 1877-1934）於1926年撰寫了一篇題為〈化解俄羅斯之迷〉（Solving the Russian Riddle）的備忘錄，與紐約商會主席德博斯特（William Ludlam Debost, 1870-1950）共同呼籲美國朝野推動與蘇俄關係的正常化，以求擴大雙方的經濟往來。6月15日，顧臨給艾維・李的回覆中，提醒作為美國人還應看到蘇俄最終目的是要推翻他們的民主體制。[40]

作為外交官的顧臨能聽、說俄語，曾在1905年11月20日從神戶（Kobe）副領事翻譯任上，調任駐俄國海參威（Vladivostok）的商務代表，後於1906年6月22日被提升為副領事，翌年3月30日方才調任駐大連領事，比艾維・李更了解俄國事務。談及蘇俄對中國的影響，顧臨提醒艾維・李注意其在華使館雇員之多，遠遠超過工作需要，即使那些沒有偏見之人，也能看出來他們參與和組織了中國各地的許多排外騷亂活動，並聲稱自己「毫不懷疑這種看法是正確的。」[41] 五個月後的11月23日，顧臨在給醫社的報告中，談及刊發在9月23日出版的《基督教世紀》（*Christian Century*）一篇談及蘇俄在華影響的文章，駁斥了作者認為蘇俄是唯一不干涉中國內政的國家之說法，稱其把一些膚淺印

Report, 1927, p. 246; 余敏玲，〈蔣介石與聯俄政策之再思〉，《中央研究院近代史研究所集刊》，第34期（2000年12月），頁49-87；王建偉，〈20世紀20年代國民黨『反帝』口號評析〉，《安徽史學》，2010年第2期，頁26-32；李玉貞，《國民黨與共產國際，1919-1927》（北京：人民出版社，2012），頁252-256。

39 Report of the Secretary, of the Peking Union Medical College, 4/ 9/1925, folder 238, box 25, series 601, record group1, China Medical Board, Inc, Historical Record, RF. ARC; Annual Report of the Directory of the Peking Union Medical College, 1924-1925, folder 332, box 48, record group IV2B9, China Medical Board, Inc, Historical Record, RFA-ARC.

40 "Greene to Ivy L. Lee, 111 Broadway, New York City, June 15, 1926," folder 91, box 11, series 0, record group 2, Rockefeller Family, RFA-ARC.

41 "Greene to Ivy L. Lee, 111 Broadway, New York City, June 15, 1926," folder 91, box 11, series 0, record group 2, Rockefeller Family, RFA-ARC.

象當作了事實，[42] 忽略了共產主義積極擴張的本質。該文作者乃當時頗有影響力的基督教青年會領袖埃迪（George Sherwood Eddy, 1871-1963），曾長期在印度、中國推動基督教青年會的發展，後來成為了一名基督教社會主義者。

顧臨對蘇俄不信任的看法，很快得到了某種程度的驗證。1927年4月6日，奉系軍閥張作霖控制下的京師警察廳，突然對在北京的蘇俄使館、遠東銀行和中東路辦事處進行了九個多小時的搜捕，逮捕了藏匿在使館內舊俄衛隊兵營的李大釗，以及另外六十餘位中國人及十五位俄國人，並截獲了一大批蘇俄外交官們來不及焚毀的秘密文件、武器彈藥和旗幟印信。5月4日，胡恆德、蘭安生等一批協和教授應邀前往警察廳參觀。他們翻看了那些已被譯成英文的秘密文件，吃驚地看到蘇俄使館的情報系統如此嚴密和高效的運作。其中有英國公使館在三個月內給外交部秘密報告的副本，甚至還有一張日本公使館舉行宴會的座次圖。此外，一份他們預謀在各使館尋找間諜的指令，標明了可以選擇那些類型的人，支付多少費用，並強調不能讓間諜們知道這筆錢由蘇俄使館撥付，而要讓他們以為是來自某一中國的政黨。他們還看到了那份被後來有中國大陸學者認為是偽造的〈致駐華武官訓令〉的秘件，為其中鼓吹排外暴動，大力煽動「屠殺外國人」的字眼而感到觸目驚心。[43]

當這些使館秘件公布之初，莫斯科就已聲明否認，聲稱全係張作霖當局惡意偽造；然協和人士的現場感受卻是，「當我們昨天看它們的時候，似乎難以想像有人會不辭辛勞地把它們偽造得如此詳盡。對於這些收繳的文件和報告的真實性，我們所有人心中都絕對沒有一點疑問。」[44] 毋庸置疑的是，蘇俄的確

42 "Political Situation, May-December 1926," folder 1696, box 71, series 1, record group4, China Medical Board, Inc, Historical Record, RFA-ARC.

43 "Dunlap to James, May 4, 1927," "Houghton to Dr. M. T. Z. Tyau, Ankuochun Headquarters, Peking, May 4, 1927," 北京協和醫學院檔案室，文書檔案，數位索卷號：0778。

44 "Dunlap to James, May 4, 1927," "Houghton to Dr. M. T. Z. Tyau, Ankuochun Headquarters, Peking, May 4, 1927," 北京協和醫學院檔案室，文書檔案，數位索卷號：0778；1985年中國官方主流學術刊物《歷史研究》刊發署名習五一的文章，重複了當年蘇俄的觀點，認為那份鼓吹「殺戮在華外人」的〈致駐華武官訓令〉系張作霖政權所偽造。然而，是文舉證多二手轉述，或根據文字和拼寫的間接推測，直接證據僅為據說是「造假人」之一的張國忱，八十五歲時在五十多年後（1983年）的一段追憶。這里需要解釋的，是張國忱於1933年還曾編撰過題為《蘇聯概觀及中蘇外交述要》之書，下卷「中蘇外交述要」的第八節「蘇聯大使

給了國、共兩黨大量的財政資助，實際資助了那個年代以「打倒列強」為標榜的流血革命。據此次在蘇俄使館中收繳的秘密文件披露，1925年10月1日至1926年4月1日，除廣東之外，蘇俄在華軍政費的投入有383,933美元之多；這其中包括給中共5萬美元、馮玉祥部148,830美元，以及國民軍第二、三軍的胡景翼、孫岳部的140,240美元。[45] 不過，那時國民黨雖受蘇俄列寧主義的影響，但相對於更為激進的共產黨人來說，「反帝」意識並不那麼強烈和鮮明。1927年1月27日，一位黎元洪曾經的秘書致函顧臨，說華北的農民、工人和商人對政治漠不關心，受過教育之人多支持國民黨，然自己雖加入了國民黨，卻不認同其反基督教、排外和聯俄的政策。[46]

對於戰鬥中國民革命軍中的傷兵，協和本著人道精神而積極參與了救治。1924年10月，馮玉祥發動了「北京政變」轉向國民革命軍，所部傷兵除被協和醫院收治之外，該校醫生、護士及四年級學生還組織了志願手術隊，前往收治更多傷兵的城北軍醫院幫助救護。為了表示感謝，翌年3月1日馮玉祥親率一隊官兵前往協和無償獻血。[47] 後來到了1927年5月，協和又得到了武漢傷兵救治聯合會（Wuhan Wounded Soldiers Relief Association）的請求，組建了一支由十二名醫生（六位外國人）、二十二位護士、兩位藥劑師、一位技師、三位管理人和四位隨從的戰地醫療救護隊。從6月19日起開始抵達前線，接受傷員，至7月15日救護隊救治了數千名傷員，並得到了醫社另外撥付5,245.85元的補貼。醫療隊的報告聲稱：由於武漢政府更為激進的排外宣傳和行動，一些當地

之回國與搜查大使館」（頁59-63頁），并沒有一字提及有意造假之事。從常識來看，其時他已賦閑天津，未任官職，與此事無太多利害關係，為何對如此重要情節隻字未提？（習五一：〈蘇聯『陰謀』文證〈致駐華武官訓令〉辨偽〉，《歷史研究》1985年第2期，頁181-192）。

45 〈1925年半年底蘇俄在華軍政費預算草案（1925年10月1日至1926年4月1日）〉，沈雲龍主編，《蘇聯陰謀文證彙編（民國十七年）》，近代中國史料叢刊三編第四十一輯（台北：文海出版社影印，1985），頁23-24。

46 “Archibald P. Chien to Greene, Peking, January 27, 1927,” “Political Situation Jan 1927,” folder 901, box 124, record group IV2B9, China Medical Board, Inc, Historical Record, RFA-ARC.

47 Peking Union Medical College, weekly calendar, Vol. VII, No. 9, 11 November 1924, 北京協和醫學院檔案室，文書檔案，數位索卷號：0458；P.U. M. C. Monthly, Vol. I. No. 1, March 1925, 北京協和醫學院檔案室，文書檔案，數位索卷號：0851。

外國人並不贊成他們此舉；醫療隊則辯解稱當戰爭爆發後，文明的行為是即使對受傷的敵人，通常也應得到公平對待和良好的醫療救治，他們怎麼能夠拒絕對這些傷兵施以援手？[48]

1927年3月，蔣介石部開始在所占領區域內逮捕及驅逐中共黨員、取締由中共主持的工會、農會，與堅持「聯俄容共」的左派武漢國民政府日趨分道揚鑣。1927年4月5日，胡恆德得知協和醫院院長的劉瑞恆加入了國民黨，作為敵對一方的奉系北京警備司令部雖已知曉，卻睜一隻眼，閉一隻眼，沒有採取任何逮捕或審訊行動；在他的日記中記有：看來北京當局只對付那些騷動的學生，「對這些人是寬大的。」[49] 胡恆德對此也沒有表示反對，因為劉瑞恆於1913年獲哈佛醫學博士、1918年在協和任外科醫生，是該校的華人教授中最有政治交往能力之人。1925年初，教授會推薦他由代理醫院院長轉為正式院長，理由是在其代理院長的一年時間裡，醫院運行得頗為順利，此前院方總會收到許多投訴，此時則完全絕跡。尤其是他能做到許多有能力的外國人所無法做到的事情，如在戰火紛飛、交通受阻的情況下，從馮玉祥處那裡調撥來了一列車一列車的煤炭——這在寒冷冬季裡消毒、供暖和發電是不可或缺的。[50]

協和教授會給劉瑞恆寫下的評語，稱贊其「與中國的政治上層關係良好，能夠解決很多實際問題」的時間點，[51] 是前面已經談及孫中山病重而入住協和，1月26日經手術檢查後，發現已到了肝癌晚期，雖進行了鐳錠放射治療，病情仍未得到任何好轉。2月12日，胡恆德與主治大夫劉瑞恆談及此事，得到的建議是對孫中山最好敬而遠之，因為政治影響太大，且還是不治之症，協和雖然收治了他，能做的並不比前來會診的德國醫師更多；如果孫中山在協和離世，會帶來一些不必要的政治麻煩。劉瑞恆則安慰胡恆德說，在孫中山入院後

48 "Greene to Vincent, July 27, 1927," John A, Shell, "An account of my trip to Hankow for work among the wounded soldiers," folder 1698, box 71, series1 record group 4. China Medical Board, Inc, Historical Record, RF. ARC; *The Rockefeller Foundation Annual Report,* 1925, p. 252.

49 協和醫院院長胡恆德會談備忘錄：1924-1927，北京協和醫學院檔案室，文書檔案，數位索卷號：0156。

50 "Oswald H. Robinson to Dr. Henry S. Houghton, 27 January 1925," 北京協和醫學院檔案室藏，文書檔案，數位索卷號：0179。

51 "Oswald H. Robinson to Dr. Henry S. Houghton, 27 January 1925," 北京協和醫學院檔案室藏，文書檔案，數位索卷號：0179。

的第一個星期，讓醫院感到了為難；然經過一些協調和溝通後，雖仍經常有政治人物前來探訪，但病人和家屬似乎對協和都還滿意。[52] 後來劉瑞恆以院長身分，通知病人家屬說此病屬不治之症，病人來日無多；孫中山接下來決定轉向尋求中醫治療之時，方纔勸其離開協和，移居鐵獅子胡同行館靜養。因為協和不收治服用中藥者，對任何人沒有例外，故孫中山於2月18日辦理了協和出院手續，辭世時間是在二十多天後的3月12日。

1927年前後，由國共兩黨聯合組成的北伐軍進入長沙、武漢，基本上控制了長江中下游地區；讓在華外人感到焦慮的，是在這些地區隨即興起了一波又一波「廢除不平等條約」的激進民眾運動。由於魚龍混雜，群眾遊行時難免出現一些盲目排外的情緒化發洩。在這場暴風雨中心地帶的湖南，毛澤東於1927年3月發表的〈湖南農民運動考察報告〉，高度讚揚了發生在那裡農村的戴高帽遊街，以及隨意抓人、關人、殺人的「過火」行為；城市情況雖不至於此，但在「反帝」的革命大旗之下，「矯枉必須過正」同樣也是一個普遍採行的原則。如新政府規定在學校裡推進黨化教育，校長若非黨員，校內若無區分黨部者，即目為反動派；對於各私立教會學校，則動員學生舉行罷課，驅逐反動校長。如自北伐軍7月中旬進入長沙之後，「學潮迭起，無有寧息」，口號是「剷除外人文化侵略，收回教會學校主權，實行革命化教育」。作為策應，雅禮工役組織了「洋務工會第二分會」，接受總工會指揮，隨時準備罷工，不與外人工作，致使湘雅醫院被迫關閉，「各地美教士已一律離湘。」[53]

1927年1月14日，胡恆德以標明「秘密」的函件，向顧臨談及自己與林可勝針對近來在長沙、漢口發生的那些事件，討論了將會對協和產生什麼影響，以及如何應對的問題。儘管林可勝多少有些安慰性地談及國民政府出於政治目的，採取了實用主義的策略，不會總對外國人持如此敵視的態度；胡恆德則還是擔心國民政府控制北方之後，會強行將協和交由中國機構管理。他與林可勝都認為如果真的發生了這種情況，莫若先將之轉給1924年成立，專門負責保管、分配、使用美國退還庚子賠款，且可十分信賴的中華教育文化基金會（以

52　〈胡恆德對劉瑞恆會談〉，1925年2月12日，北京協和醫學院檔案室，文書檔案，數位索卷號：0156。

53　〈長沙教會學校之風潮之洶湧（湖南）〉，《真光》，第26卷，第1期（1927），頁78-79；〈長沙方面最近之外交情勢〉，《申報》，1927年4月14日，第3張，第9版。

下簡稱中基會）[54] 不久北伐軍進入杭州、上海，即將占領南京之時，胡恆德於1927年3月23日又致函科齡，稱面對北伐軍很快將領有長江以南的現狀，他們必須考慮對協和領導層進行一些根本性的改組，包括遵照南方及北京政府的新教育法規，設立一位中國藉副校長的構想。此時顏福慶因湘雅被激進學生關閉而前往武漢，胡恆德於3月26日向其發出了質詢函，得到首肯之後，協和董事會遂於5月31日通過了決議，聘請他擔任協和副校長，任期從1927年7月1日至1928年7月1日，年薪一萬一千五百元。[55] 加上此前已擔任醫院院長的劉瑞恆，至此協和領導層有了兩位華人高管。

第三節 中國董事

1927年是協和歷史上充滿不確定性的一個時期，[56] 頗為令人焦慮的變動，是自1921年就擔任校長的胡恆德，考慮到不能總與在美國的妻兒分居在兩地，接受了愛荷華州大學醫學院提供的院長一職，並於10月10日提出了正式辭呈。在得到醫社董事會批准之後，他準備於翌年1月31日離任。10月25日，董事會任命了顧臨為代理校長；然對於協和教授們來說，一直擔心基金會認為他是非醫學專業出身，且身兼醫社駐華代表、基金會遠東副主席等職，會考慮從美國招聘另外的校長人選。1928年3月12日，已在副校長任上的顏福慶將三天前（9日）教授會的意見轉告基金會秘書愛格萊斯頓，希望在4月11日的董事會上能告知與會者，即他們認為顧臨方纔是校長最合適人選，請董事會不必再考慮他人。顏福慶列舉了教授會決議，說很少有一位外國人像顧臨那樣，在中國生活過如此之長的時間，對中國有頗為深入的了解。顏福慶強調最難能可貴的是他對中國事務的敏銳觀察力及同情心，足以使他能夠「明智地應對學院在明年將

54 "From HSH to RSG, January 14, 1927, Confidential," folder 121, box 124, record group IV2B9, China Medical Board, Inc, Historical Record, RFA-ARC.

55 錢益民、顏志淵，《顏福慶傳》，頁96。

56 Mary B. Ferguson, *China Medical Board and Peking Union Medical College, A Chronicle of Fruitful Collaboration, 1914-1951,* folder 33, box 3, series1, record group IV2A32, China Medical Board, Inc, Historical Record, RAF-RAC.

面對的困境。」[57]

教授會表示應尊重顧臨本人的意見，請董事會討論此事時，仍然允許其頭銜保留「代理」一詞，意味著毋庸任命他擔任校長。這樣做的目的：一是為了避免如果將來中國政府再有新規定的尷尬；二是可以讓其更好履行基金會遠東副主席的職責。[58] 由於顏福慶擔任副校長的任命只有一年，早在確定其任職的1927年5月28日，顧臨就致函醫社秘書皮爾斯，稱這項任命可以肯定不會延期。顧臨談及的原因：一是顏博士仍想重新回到長江流域的上海；另一是因為協和教授們更願意那些或多或少與協和關係更為密切之人擔任此職。不過，顧臨說在接下來的十二個月時間裡，顏福慶有可能成功地贏得中外員工的信任，使這些人願意在召開教授會時用投票來挽留他。[59] 遺憾的是，顏福慶過去主持湘雅，作為外來之人而與協和教授們沒有太深的人脈關係；另外此時正值國民政府在原來國立東南大學基礎之上而組建的國立第四中山大學，新成立了醫學院聘請其任醫學院長，他遂於1928年5月29日離職而前往上海。

在前述顧臨致皮爾斯的信中，談及可接替顏福慶的副校長人選，稱協和內部兩位人士可供考慮：一是劉瑞恆，另一是1925年任生理學系副教授和系主任林可勝。在他看來，如果就學術發展潛力來看，林可勝最被同行所看好，讓其在學術生涯的早期階段就轉向行政，簡直是一種犯罪式的浪費。不過，他指出林可勝擁有英國海外屬地護照，不能算作道地的中國公民，可能不會被中國政府所認可。[60] 1927年6月30日，醫社秘書皮爾斯以標明「秘密」的函件，回覆顧臨說董事會認為如果要想避免政治上的被動，現在可決定副校長的接替人選；並強調在目前的政局形勢之下，該人選首先應看重政治交往能力，研究水準可放在其次，目的是要將協和保存下來——即使研究暫時處於較低水平也在

57　"F. C. Yen to Eggleston, March 12, 1928," 北京協和醫學院檔案室藏，文書檔案，數位索卷號：0188。

58　"F. C. Yen to Eggleston, March 12, 1928," 北京協和醫學院檔案室藏，文書檔案，數位索卷號：0188。

59　"Greene to Dr. Pearce, May 28, 1927," "Greene, Roger Sherman, 1881-1947," MS Am 1864, Houghton Library, Harvard College.

60　"Greene to Dr. Pearce, May 28, 1927," "Greene, Roger Sherman, 1881-1947," MS Am 1864, Houghton Library, Harvard College.

所不惜。[61] 遵照醫社這一指示，顧臨確定了劉瑞恆為顏福慶的接替人選。10月25日，皮爾斯又「秘密」致函顧臨，稱董事會十分高興地批准了此項任命，劉瑞恆的任期將從1928年7月1日開始。[62]

前述在當時中國境內的所有醫校中，協和在基金會國際衛生部的支持之下，率先設立了不僅是在中國，且也是在亞洲的首個公共衛生學系。系主任蘭安生於1925年在北京展開過其時在世界範圍規模最大的公共衛生改革試驗，並心心念念欲將之推廣到全國各地。由於相對於此前的北洋政府，此時已經取得北伐成功的國民政府似更熱衷於現代化，這也讓蘭安生等人看到了相關的公共衛生事務會得到新政府高度重視的希望。1926年底，在蘭安生的鼓動之下，顏福慶積極遊說武漢國民政府籌備成立衛生部，以便在局勢穩定下來後就可在各地漸次展開相關事務。接下來的後續，是儘管顏福慶信心滿滿，甚至被委託起草建立衛生部的議案，並以為自己會是首任衛生部長；具體落實則由於官僚主義的拖延、推諉而讓其灰心喪氣。[63] 當劉瑞恆擔任協和副校長之後，蘭安生同樣又鼓動他前往南京與新政府討論此事；劉瑞恆遂於7月8日-14日訪問了南京、上海，會見了國民政府高層人士，就成立衛生部之事進行了多次磋商。

不同於顏福慶只是一位沒有政治背景的專業人士，劉瑞恆不僅是最早加入國民黨的醫學界的頭面人物，且還與國民政府中那些留美達人和重要高官，如蔣介石夫人宋美齡、財政部長宋子文、工商部長孔祥熙等人關係頗為良好。在與這些人討論成立衛生部的過程中，劉瑞恆說由於南京新政府尚未完全穩定，官員們還沒有各就各位，不熟悉自己的職責，並還深切地感受到新政府財政處在極度困難之中，如兩年前被士兵們拆除滬寧鐵路一等車廂有座位，此時都還沒有得到修復。他得到的承諾是：當許多更重要事務解決之後，成立衛生部之事即刻就會列入新政府的工作議程之中。[64] 果然在10月3日的國民黨中央政治

61 “Pearce to Greene, June 30, 1927, confidential,” “Pearce to Greene, Oct. 25, 1927, confidential,” “Greene, Roger Sherman, 1881-1947,” MS Am 1864, Houghton Library, Harvard College.

62 “Pearce to Greene, Oct. 25, 1927, confidential,” “Greene, Roger Sherman, 1881-1947,” MS Am 1864, Houghton Library, Harvard College.

63 “J. B. Grant to F. C. Yen, November 29, 1926,” “F. C. Yen to J. B. Grant, December 26, 1926,” “F.C. Yen to Grant, March 22, 1927,” 北京協和醫學院檔案室，中國人檔案，數位索卷號：3587。

64 J. Heng Liu, “short visit to Shanghai and Nanking,” folder 1623, box 65, series1, record group 4.

會議第一七二次常務會議上，決議通過了〈中華民國國民政府組織法〉，決定設置行政院（國民政府行政院），8日，國民政府又通過了譚延闓為首任國民政府行政院院長，該院下設內政、外交、軍政、財政、農礦、工商、教育、交通、鐵道、衛生等十個部會，並於25日正式對外辦公。

那時的國民黨是由地方勢力組成的一個鬆散政治聯盟，行政院各部首長官位按照實力分配。手中握有十餘萬西北軍的馮玉祥，分到了軍政、衛生部長兩職，前者由其親自擔任，後者則交由其親信的薛篤弼掌控。就在該部部長任命的第二天，馮玉祥的太太李德全在北京得到消息，聽說有一些不夠格的人將被提名到該部擔任要職；不敢有一點怠慢，即刻給在南京的丈夫發了一封電報，推薦與其私交頗好的劉瑞恆擔任衛生部次長。這當然一方面由於李對公益市政事業頗多關照，另一方面也因為劉瑞恆在擔任協和院長期間，負責收治過馮玉祥部的大批傷兵，與李德全都是基督徒。國民政府高層本來就有許多擔任要職的留美同學，故這項任命沒有任何異議就獲通過。此時劉瑞恆在休假期間，乘火車正前往歐洲訪問，剛到西伯利亞後就被國民政府緊急召回。[65] 11月7日，協和發表告別文告，稱劉瑞恆的離開雖是學校的損失，卻提供了其為國家服務的難得機會，也關係到協和未來的發展，祝願他在新的工作崗位上取得更多成功。[66]

1927年7月15日，武漢國民政府也宣布驅逐中共黨員和蘇俄顧問，並著手籌劃與南京國民政府合併，協和和醫社高層就此鬆了一口氣，認為隨著新政府中的赤色元素被逐漸消除，國民政府對協和的態度會相當友好和合作，未來發展前景將不會受到嚴重威脅。[67] 實際情況則是，儘管此時國民黨很大程度上放棄了北伐途中的激進「反帝」主張，然相對於此前的北洋政府，民族主義仍是其主要意識形態。前述劉瑞恆以協和副校長身分訪問南京、上海之時，會見了

China Medical Board, Inc, Historical Record, RFA-ARC.

65 John B. Grant, "A personal Tribute-Liu Jui-hen（1890-1961）," 劉似錦編，〈劉瑞恆博士與中國醫藥及衛生事業〉（台北：臺灣商務印書館，1989），頁208-212。

66 *Peking Union Medical College weekly Calendar*, 12 September 1928，北京協和醫學院檔案室藏，文書檔案，數位索卷號：0417。

67 GEV-Diaries, June 18, 1927 to June 15, 1928，北京協和醫學院檔案室，文書檔案，數位索卷號：0065。

國民黨大佬、浙江省主席張靜江的侄子，也是南京中央大學的首任校長張乃燕。他對劉瑞恆說，醫社如在上海開辦另一所醫學院，應將之完全交由中國董事管理，而不能再採取北京協和的那樣的運作模式。教育部次長朱經農則明確不過地告訴劉瑞恆，說他們雖不會接管協和，但該校必須重新註冊，成立一個由中國人占多數的董事會。為避免不必要麻煩，孔祥熙建議劉瑞恆不必提及協和在漢口的戰地救護行動，那樣會讓人以為協和支持過共產黨。[68]

8月16日，顧臨將劉瑞恆的這份報告副本，轉呈基金會主席文森特，稱新政府看來會准許協和繼續開辦，條件是要重新註冊和增加更多中國董事。[69]文森特回覆顧臨說，來年4月10日將召開一次董事會會議，建議他在返回美國與會之前，先去南京與政府高層進行面對面的溝通，以求進一步了解他們的真實意圖。1929年1月，即將啟程返回美國的顧臨去了南京，與教育部高層面談時，談及了教授會關於劉瑞恆為校長，其為副校長的提名，以及協和準備申請註冊，並將補選中國董事的話題，得到了中國官方的正面首肯。當然，劉瑞恆此時擔任了由衛生部改為內政部的衛生署署長，工作更多在南京，不能經常返回北京履行協和校長職責。[70] 顧臨遂於1月24日直截了當地致函劉瑞恆，稱有必要面對這樣一個事實：即自己並非只是字面意義上的副校長，董事會實際上給了他更多權力，由於劉瑞恆經常不在北京，這樣可能會導致兩人產生一些摩擦，但顧臨說自己有信心加以避免，請劉瑞恆「在這一點上不必多慮」。[71]

協和如果要向國民政府申請註冊，那麼需要在董事會中補選更多中國董事，這可讓顧臨有些犯愁。因為早在1915年，即基金會收購協和之時，與最初創辦該學堂的英國倫敦會等六個差會鄭重簽約，組成了每年由差會各派一人，醫社派出七人的校董事會，並於翌年在美國紐約大學立案。在這十三位董事

---

68 J. Heng Liu, "Short visit to Shanghai and Nanking," folder 1623, box 65, series1, record group 4. China Medical Board, Inc, Historical Record, RFA-ARC.

69 "Greene to Eggleston, August 16, 1928," folder 1623, box 65, series1, record group 4. China Medical Board, Inc, Historical Record, RFA-ARC.

70 Mary B. Ferguson, *China Medical Board and Peking Union Medical College, A Chronicle of Fruitful Collaboration, 1914-1951*, folder 33, box 3, series1, record group IV2A32, China Medical Board, Inc, Historical Record, RAF-RAC.

71 "Greene to J. Heng Lui, January 24, 1929," "Greene, Roger Sherman, 1881-1947," MS Am 1864, Houghton Library, Harvard College.

中，唯一的中國董事是時任清華學校校長周詒春。就權力架構來看，協和董事會之上還有醫社及基金會董事會，其中不少是協和董事會成員。另外就這三個機構的權責來看，預算、教授和校長任命等重要議案，通常由基金會或醫社董事會討論核准，協和董事會負責制定教學計畫和編製預算，實際上並不經常召開。為了加強協和與當地社會的連結，協和於1921年初成立了一個全都由華人精英們組成的顧問委員會，聘請了曾任總理兼財務總長的熊希齡、教育部長範源濂、隴海鐵路局局長施肇曾、稅務會辦蔡廷幹、北大校長蔡元培、京漢、京奉路局長王景春，以及前面已經談及過的全紹清和周詒春等人參與其中。[72]

顧問委員會只提建議而不參與實際校務，並在特定時刻對政府高層做些政治疏通工作，平時基本上不發揮太多作用。1927年3月，胡恆德曾為註冊和增選中國董事，向一些顧問委員們提出過質詢，得到過一些回覆。[73] 此時基本上是國民政府的天下，這些顧問委員們作為前北洋政府的高官，政治影響力已大打折扣，提供不了反映更多內幕的重要信息和建議。5月下旬，顧臨會見了從漢口過來的顏福慶，得到的勸告是盡快成立一個由中國人占多數的協和董事會，以應付國民黨占領北京之後的諸多被動。顧臨最初還表示過懷疑，認為是顏福慶在長沙遇到的麻煩，及在漢口與激進民族主義者的接觸，讓他過於敏感。31日，顧臨在寫給步達生（Davidson Black, 1884-1934）等人的信中說：協和很難迅速採取行動，因為這涉及到董事會的既定章程及醫社董事會的信任問題，並談到著名地質學家，曾在直系軍閥孫傳芳底下擔任過淞滬商埠督辦公署總辦丁文江的意見，說在與新政府磋商之前，「毋庸補選中國董事。」[74]

前述1929年1月的那次南京之行，顧臨回來後隨即向教授會做了彙報，提及國民政府對協和的基本態度，是要求即刻重新註冊及補選中國董事，還要將院名中的「北京」改為「北平」，即「北平協和醫學院」。[75] 2月21日，協和

72　Minutes of the Administrative Council of the PUMC, Meeting of January 7, 1921，北京協和醫學院檔案室，文書檔案，數位索卷號：0134。

73　“Houghton to Dr. Cochrane, March 23, 1927,” 北京協和醫學院檔案室藏，文書檔案，數位索卷號：0076。

74　“Green to Dick, Richard M. Pearce, May 31, 1927,” “Greene to Dick, May 31, 1927,” MS Am 1864, Houghton Library, Harvard College.

75　Mary B. Ferguson, *China Medical Board and Peking Union Medical College, A Chronicle of*

董事、教務長鄧祿普致函劉瑞恆，談及教授會雖已投票贊成註冊和補選中國董事，對更改校名一事卻有所保留。他們的理由是「北京」兩字已在紐約大學註冊，如果改成「北平」要再次立案，組織美國專家們重新評估協和的教學和科研資質。此外，很多資深教授認為協和是一家私立學院，與官方改名的「北平」無關。[76] 27日，劉瑞恆致函顧臨，稱得到的信息是政府態度相當友好，只要求遵守法規，重新註冊和補選中國董事，並進而強調官方要求的一些改變，很多只具字面意義。他說如在董事會章程中將醫社對協和的"supervision"（「監管」）改成"custody"（「持有」），中文意思並未多少改變；並將校名中的「北京」改成「北平」，也只就中文而言，英文還可繼續用 "Peking"。[77]

重要的是，劉瑞恆提供了國民政府對協和的處置底線：即不同於1924年為管理、分配美國歸還庚款而成立的中華教育文化基金董事會（以下簡稱中基會），那是將本屬於中國的款項歸還給了中國；協和經費全部來自美方的醫社，章程中明確規定校長、董事、教授們等各級職責和權力，國民政府將保證尊重其原有的辦學自主權，不會隨意進行無理干預，當然前提是要在教育部註冊，名義上接受政府指導。[78] 這自然讓顧臨鬆了口氣，在遞交給董事會的報告中，他主張盡快補選中國董事；並認為就其緊迫性和必要性而言，由於國民政府拒絕前北洋政府給予協和的辦學許可，致使1928年的畢業生們未能獲得此前畢業生們都能得到的官方文憑。[79] 結果在4月10日的紐約醫社董事會上，當年那些創辦協和的外藉董事，如科齡、韋爾奇、福勒克斯納、洛克菲勒二世等一一辭職，被提名的中國董事均是中國外交界和學界的知名人士，如施肇基、

Fruitful Collaboration, 1914-1951, folder 33, box 3, series1, record group IV2A32, China Medical Board, Inc, Historical Record, RAF-RAC.

76 "Dunlap to J. Heng Lui, February 27, 1929," "Religion 1928-1929," folder 985, box 137, series1, record group IV2B94. China Medical Board, Inc, Historical Record, RFA-ARC.

77 "J. Heng Lui to Greene, February 27, 1929," folder 985, box 137, series1, record group IV2B94. China Medical Board, Inc, Historical Record, RFA-ARC.

78 "J. Heng Lui to Greene, February 27, 1929," folder 985, box 137, series1, record group IV2B94. China Medical Board, Inc, Historical Record, RFA-ARC.

79 "Registration of the College and Requirement of the Chinese Government," folder 310, box 44, record group.IV2B9, China Medical Board, Inc.RAF-RAC.

張伯苓，伍朝樞，劉瑞恆、胡適、周詒春和翁文灝。[80]

需要說明的，是胡適的提名沒有被此次會議通過。因為前述協和醫學堂被基金會收購時，洛克菲勒二世向差會鄭重承諾不會背棄基督教教義。出席此次會議的美國長老會代表布朗（Arthur J. Brown, 1856-1963）剛好讀過兩年前胡適刊發在《論壇》（*Forum*）雜誌上的一篇文章，題目是〈中國與基督教〉（China and Christianity）。在這篇文章中，胡適開宗明義地指出：隨著中國開始的現代化不斷進步，「基督教在中國的未來發展將成為一個問題」。胡適稱在華教會傳教最有用的部分，是將現代文明引入中國而非傳播福音——即創辦醫院、學校、反對鴉片貿易等文明開化，並使中國民眾開始有了國家意識，興起了民族主義思潮，推動了許多社會變革。胡適的結論是：中國傳統的道家、儒家，提供了關於普遍主義和虛無主義，以及不可知之論的文化背景，間接導致了此時到處爆發了反基督教運動；「可這對於天生就是異教徒的中國民眾來說，教會原來想像的『基督征服中國』看上去已經煙消雲散——也許會永遠如此。」[81]

這的確是胡適對基督教進入中國後的一個基本看法，那就是更看重所帶來的西方文化和思想，而非認可其基本教義和神學思想。早在1921年9月21日，即在前述他以北大代表身分參加協和開辦典禮的兩天之後，其在日記中寫道：「我們所希望的，乃是羅克斐洛駐華醫社的一種運動，專把近世教育的最高貢獻給我們，不要含傳教性質。」[82] 就布朗而言，作為當時美國一位重量級傳教士，被人稱之為「傳教士政治家」。他年輕時曾在全美傳教，後來到世界各國遊歷，考察傳教事務。他於1915年被選為協和董事，到過中國及其他亞洲國家，並就中國的考察寫了十七冊日記。在此次會議上，布朗義正辭嚴地援引了洛克菲勒二世當年對差會的鄭重承諾，提醒與會者們對此要有特別的重視。他說：胡適那篇文章雖不見得是對在華傳教士及其工作充滿了敵意，其個人卻仍然覺得持有這種看法之人，不可能成為既要傳播科學，又須堅持基督教教義的

80 Mary B. Ferguson, *China Medical Board and Peking Union Medical College, A Chronicle of Fruitful Collaboration, 1914-1951*, folder 33, box 3, series1, record group IV2A32, China Medical Board, Inc, Historical Record, RAF-RAC.

81 Hu Shih, "China and Christianity," *Forum*, Vol. LXXVIII, No. 1（July 1927）, pp. 1-2.

82 「1921年9月21日」《胡適日記全編（1919-1922）》，第3冊，頁473。

協和之理想董事，此人「將不會被董事會視作應當被尊重的一員。」[83]

顧臨對胡適早有了解。1917年，當胡適還在哥倫比亞大學讀博士，創辦伊始的協和正在歐美大力延攬教授；顧臨曾舉薦胡適擔任該校的中國文化教席，稱其受過「良好的中國古典教育，又擁有現代觀點」。顧臨這封推薦信中胡適的英文名字是「Su Huh」，而非後來的羅馬化的「HU SHIU」，倆人還見過面。[84] 及至1925年2月，胡恆德撰寫協和十年發展規劃時，想將胡適攬入進協和顧問委員會，稱此人在青年學生心目中向有勇敢、真誠和坦率的聲望，且不是那種吹毛求疵和心胸狹窄之人，為年輕一代知識分子中最充滿活力的領導者，能幫助加強該校與中國大學之間的合作關係；就其宗教傾向和學術訓練來看，胡恆德稱他雖不是虔誠的基督徒，卻由於在美國留學過，沒有那個年代許多中國文人都持有的反教情結，或強烈的民族主義，自然也沒有什麼排外和反西方激進思想；儘管不是科學家，卻受到過關於哲學研究的嚴格科學訓練。胡恆德報告中最後還強調：胡適雖然與很多協和人相識，私交甚好，「卻與協和沒有任何利益關係和連結。」[85]

職是之故，董事會的會議結束之後，顧臨私下對布朗做了些說服和溝通工作。兩天之後（4月12日）他收到布朗的來信，解釋說如果在會議上沒有被問及，其不會提及胡適的那篇文章。好在，布朗稱已經注意到胡適對在華傳教還有一些贊許和認可，故願意接受顧臨對其能力的判斷，表態將在此後的會議上「不會投票反對他」。[86] 4月17日，顧臨回信表示感謝，稱同意布朗的說法，即如僅從這篇文章來看，讀過的最初印象肯定不佳，但需要為胡適辯解的是，他僅僅抨擊基督教在華機構的某些不當活動，而非基督教教義本身。顧臨說：「我非常欣賞您對此事心胸寬大的包容態度。」[87] 回到北京之後的顧臨，於7

---

83 "Arthur J. Brown to Greene, April 12, 1929," 北京協和醫學院檔案室藏，中國人人事檔案，數位索卷號：1352。

84 Mary B. Ferguson, *China Medical Board and Peking Union Medical College, A Chronicle of Fruitful Collaboration, 1914-1951*, folder 33, box 3, series1, record group IV2A32, China Medical Board, Inc, Historical Record, RFA-ARC.

85 "Ten-Year Program, February 5, 1925," 北京協和醫學院檔案室藏，外國人人事檔案，數位索卷號：0179。

86 "Arthur J. Brown to Greene, April 12, 1929," 同上。

87 "Greene to Doctor Brown, April 17, 1929," 同上。

月5日主持召開了協和新一屆董事會，參與者主要是在地華人董事們。在寫給紐約總部的報告中，顧臨說按照紐約的習慣，會議對所有需要討論的事做了認真準備，開得非常成功，並聲稱讓其感到滿意的，是與會者對討論事項充滿了興趣，尤其對中國各方面的消息非常靈通，故相信這屆董事會將會比上一屆能更有效地處理當地事務。

在此次會議上，胡適被全票通過而選為董事，顧臨解釋說由周貽春提名，羅炳生（E.C. Lobenstine）連署的。這當然是為了能讓布朗放心，因為羅炳生與其同屬美國長老會，時任在華影響最大的中華續行委員會（China Continuation Committee）的總幹事，負責協調各差會在華的基督教傳教和教育事務。顧臨說羅炳生的看法是：胡適幾次被邀請擔任基督教教育委員會（Christian Educational Association）的顧問，出席過委員會的會議，並作為朋友提出了很多有益的意見，並把胡適「描繪成為對當下中國社會邪惡現象的勇敢批評者。」此外，顧臨還報告說就未來如何保持協和的基督教特質，他沒有什麼更多的建議；而就什麼是科學，這次董事會也沒有達成一致的看法。[88] 接下來到了1929年8月29日，國民政府教育部頒布了〈私立學校規程〉，規定各校董事會成員中的中國公民必須達到三分之二的多數。於是，顧臨又進行了一輪「很為難」的說服和溝通，[89] 勸說兩位外籍董事辭職，醫社董事會又一次更改董事會章程，同意增選外交元老顏惠慶，及曾在1927年組織北平博物學協會及博物學研究所的金紹基擔任協和校董。

第四節 政府註冊

由於此時中美之間還簽有不平等條約，基金會在華的各項事務均享有治外法權；如果在國民政府註冊，勢必要遵守各項法規和制度，意味著醫社將放棄此能使之免於中國司法管轄的若干特權。從協和的角度來看，至少會帶來一些因醫患糾紛而產生的訴訟風險。畢竟，當年在各地傳教士醫院，之所以敢做大

---

88 "Greene to Richard M. Pearce, 6 Juny, 1929," folder 899, box 124, series1, record groupIV2B9, China Medical Board, Inc, Historical Record, RFA-ARC.

89 「1939年1月31日」，《胡適日記全編（1920-1930）》，第5冊，頁650。

量的外科手術，一方面當然是因為自19世紀中葉以來，麻醉術及消毒術被普遍採行，減少了手術中的疼痛和術後被感染風險，使之在該領域較當地中醫擁有較多優勢；另一方面則由於治外法權的庇護，教會醫院、外國醫生敢冒醫療風險，即使不幸出現了死亡事件，也不能被地方官追究法律責任，往往只能由醫患雙方私下調解，更多情況下僅是賠錢了事。所以，當1924年孫中山在天津發病時，先由德國醫生醫治，雖懷疑肝出現了病變，礙於德國一戰後的戰敗，失去了在華的治外法權，不敢貿然執行手術。後當孫中山轉到了協和，主刀的美國醫生則沒有這樣的顧慮，打開其腹腔後隨即被確診於肝癌晚期，且還向全身擴散。[90]

此外如果沒有了治外法權，可能也會給在協和任職的外籍人士們的日常生活帶來一些問題。協和開辦之初，當那些被聘請任教的外籍人士陸續抵達後，多居住在附近胡同的四合院裡。不像後來一家一戶的單元套房，可以有效地隔離左鄰右舍；胡同的街坊鄰居，門對門也就是兩三米空地，平常日子裡抬頭不見低頭見，並非總是和和睦睦，難免會產生一些日常糾紛，況且又是生活和文化迥異的外籍人士。1918年1月27日，京城警察廳就此下發批文，稱羅氏駐華醫社係「美國慈善家羅克費創辦」，接辦協和及附屬之男女醫院之後，在東單牌樓三巷2號設立了辦事處；日前經美國駐華公使介紹，顧臨前往內務部，與總長商談了如何就協和治安的「隨時維持，遇事保護等情」。這份批文指示：部長對此極為重視，親自批准宏茲義舉，並飭令警察廳要求各處「巡警應隨時注意保護」。[91] 一個典型的案例，如1921年5月27日傍晚，在該校精神科任教的馬克德尼（J. L. McCartney）就與當地巡警發生了爭執。

此事涉及到馬克德尼所擁有的不平等治外法權，使之可以置當地執法者而不顧。按照京師警察廳事後一個月後的調查，此事起因乃是馬克德尼的僕人，在馬路上傾潑髒水，被正在巡視的警察喝阻，該僕人非但不聽，反而惡語相向，發生爭吵之後，夥同另外兩位僕人將該巡警揪入院內，關起門來按倒一頓痛打。後來經其他巡警趕來救援，將打人者拘捕入監，巡警也被毆傷。京師警

90　（英）伍海德著，張珂、陳巧萍、虞文心、陳靜譯，《我在中國的記者生涯，1902-1933》（北京：線裝書局，2013），頁144。

91　〈京城警察廳批（1918年1月26日）〉，北京協和醫學院檔案室，文書檔案，數位索卷號：0887。

察廳對此態度是，「外國人傭工者，在京甚夥，此風萬不可長。」不過，馬克德尼在事發翌日致函駐北京使館的思派克（Mr. C. J. Spiker），則有另外一番陳述，聲稱當增援巡警進入他的院子後，一位看上去是負責警官，將其推到一邊，用英語訓斥道：「不關你的事，這是中國人的事，該死的狗娘養的，讓我來對付他們」。接著一幫巡警們當著他的面，惡狠狠地毆打了這些僕人。思派克則於31日親往巡警署，向署長提出嚴重抗議，指責這是違約侵犯了美國人的住所，詈罵及虐待其僕役，要求對肇事者予以懲辦。[92] 這也表明「不平等治外法權」確也使某些外人能夠有持無恐。

由此回到政府註冊與治外法權的關係方面，在國民政府定鼎南京之前，只有四所外人大學得到了北洋政府的註冊認可，即協和、東吳大學的法科、南京的金陵大學農科、在上海的日本東亞同文學院。[93] 法理依據是1925年北洋政府頒布的《私立專門以上學校認可條例》，儘管說是期望由此收回了教育主權，實際執行起來是政府對學校管理沒有什麼作為，其治外法權沒有受到多少影響。不過，1926年3月發生了「大沽事件」，讓顧臨等人對此不平等權益產生了質疑。事件起因是駐守天津大沽口的國民軍，開炮擊退附近活動的奉系軍艦後，為阻止其再次侵入，他們8日在附近水域敷設水雷而封鎖了港口。英、美、法、日等八國外交使團於10日向中國政府提出抗議，謂大沽口之封鎖，影響交通，違犯《辛丑條約》之規定而要求立即停止。12日下午，又因日本驅逐艦要求入港，因與日方事先提交的申請不符，遭到中國駐軍的阻止，遂發生了彼此的炮擊事件。緊接著，國共兩黨聯合召開「北京國民反日侵略直隸大會」，決定動員和組織各學校和群眾團體集會遊行。[94]

---

92 "J. L. McCartney to Mr. C. J. Spiker, May 28, 1921," "A letter from the American Vice Consul to the Metropolitan Police, Pecking, May 31, 1921," "Spiker to the Metropolitan Police, Peking June 20, 1921,"〈京師警察廳的回覆（1921年6月28日）〉.Vol. 019, record group 84, Records of Foreign Service Posts, Diplomatic Posts, China, National Archive Ⅱ. U.S, The National Archives at College Park, Maryland, U.S. A.

93 吳家鎮，〈外資學校認可辦法與我國教育自主權〉，《新教育評論》，第1卷，第8期（1926），頁14-16。

94 彭基相，〈大沽問題與外人報紙〉，《京報副刊》，第444期（1926），頁5；〈日艦炮擊大沽之真相〉，《五九月刊》，第11期，1926年3月11日，頁106。祖基，〈大沽事件〉、〈北京慘案〉，《青年進步》，第92冊，1926年3月，頁97-98。

鑑於此前抗議未能產生震懾效果，八國公使又於16日下午四點，向國民軍及外交部發出最後通牒，聲稱如果在18日中午大沽口仍未恢復航行，列強海軍將自行清除障礙，維持天津港的暢通，並保證將阻止奉軍軍艦的侵入。此時負責大沽口護衛的馮玉祥，收到通牒後反倒高興了起來，以為此舉將減輕其防守的壓力，不必擔心奉系軍隊乘勢進攻，特派一名代表前往美國公使館感謝其「公正行動」。[95] 然而，國共兩黨動員起來的高昂民族主義情緒，則讓憤怒的民眾欲罷不能。18日，當一些學生和市民在天安門前集會後，又有數百人在中共領導人李大釗等的鼓動之下，前往鐵獅子胡同（今張自忠路）東口，在段祺瑞執政府門前廣場請願，遂與執政府衛隊發生肢體衝突，後演化成一場開槍鎮壓的慘烈事件。翌日，顧臨在寫給紐約醫社辦公室的報告中，稱局勢雖還在惡化，然不必過於擔心的，是沒有協和學生參加遊行。顧臨提到了此次射擊事件的「三十名傷者被送到了我們醫院時，已有六人死亡。」[96]

為了防止事態進一步惡化，司徒雷登、顧臨等在北京的外人教育界、宗教界人士，激烈批評前述列強提出的最後通牒，呼籲各國應理性、和平地解決此次糾紛。時任美國駐華公使馬慕瑞（John Van Antwerp MacMurray, 1881-1960），雖被譽為國務院的「頂級中國專家」，在此事中卻堅持強硬態度。16日下午，顧臨致電馬慕瑞，勸美國不必捲入其中而遭到了他的婉拒。20日，顧臨致函文森特，稱馬慕瑞沒有充分考慮到大沽事件，可能只是某些國民軍下級軍官的貿然行動，也沒有意識到那些鼓動者們會乘機大肆煽動學生和市民，並談及他與司徒雷登等人應邀參加美國教會、語言學校，燕京大學和基督教青年會於16日晚舉行的聯席會議，感受到學生中有太多憤怒情緒，故希望美國效仿英國在華南地區的所作所為，即儘管商業和貿易受到了國民政府左派的強力打壓，違反條約之事經常發生，卻一直保持耐心和克制。顧臨最後說：「我向您介紹自己對當前局勢的看法，是想請您（如果認為合適）說服某些有影響之人謹慎行事，避免使用武力。」[97]

---

95 “Roger S. Greene to Vincent,” March 20th, 1926, “Political Situation, April, 1926,” folder 1695, box 71, series1, record group 4, China Medical Board, Inc, Historical Record, RFA-ARC.

96 “Greene to New York office, March 19, 1926,” “Political Situation, April, 1926,” folder 1695, box 71, series1, record group 4, China Medical Board, Inc, Historical Record, RFA-ARC.

97 “Roger S. Greene to Vincent,” March 20th, 1926, “Political Situation, April, 1926,” folder 1695, box

馬慕瑞之所以如此強硬，原因還在其背後有一批在京津行商的美國商人作為後盾。他們置身於顧臨、司徒雷登等教育界和宗教界的對立面，因為在華北有巨大的經濟利益，與天津港的航運暢通關係十分密切。畢竟，那時輸往北方各地的美國貨物，如棉花、木材、煤油等，都是通過海運而抵達的。當聽到同是美國人反對武力干涉的聲音時，華北發行量最多的英文報紙《京津泰晤士報》（*Peking and Tientsin Times*）刊發社論，嚴厲批評他們與煽動民族主義情緒的華人布爾什維克站到了一起。當「三一八」慘案發生之後，該報又刊發社論，再次嚴厲譴責這些教育家和傳教士，說他們「直接鼓動」中國學生走上了街頭。3月18日，在北京的美國銀行業聯合會（the American Bank Community）主席還致函馬慕瑞，提出願意利用在華盛頓的關係，幫助其渡過顧臨、司徒雷登等人的問責。此外，天津美國商會（American Chamber of Commerce）也準備發表支持對華採取強硬行動的聲明，不過被持溫和立場的天津總領事高斯（Clarence Edward Gauss, 1887-1960）出面勸止。[98]

面對商人們的攻擊，顧臨於4月7日致函助理國務卿詹森（Nelson Trusler Johnson, 1887-1954）。作為顧臨的老朋友，也是當年在華外交官的同事，詹森於1907年抵達中國，1909年擔任了奉天副領事，1925年還擔任過國務院的遠東事務助卿。顧臨在信中強調大沽事件微不足道，毋庸過度反應，因為商船只要提交申請，仍然可以繼續通行，只不過時間上有所延遲，本不必採取最後通牒的過激方式，給布爾什維克提供了鼓動華人民族主義情緒的口實。顧臨還提出了若干改善美中關係的建議，其中有一項認為美國應率先撤回駐華北的海軍陸戰隊（North China Marines）。在顧臨看來，這些駐紮在北京（500人）、天津（200人）及秦皇島（20人）的陸戰隊員，就保護當地美國人而言，僅具象徵意義；因為在發生騷動之時，這點數量的陸戰隊員是無法有效作戰，反而由於在異國他鄉，平日百無聊賴，難免惹事生非。他就於兩天前得知一位開著大卡車的陸戰隊員，由於駕駛速度太快，在哈德門大街（Hatamen Street）不幸

71, series1, record group 4, China Medical Board, Inc, Historical Record, RFA-ARC.

98 Yu-Ming Shaw, *An American Missionary in China: John Leighton Stuart and Chinese-American Relations,* Harvard East Asian Monographs, No. 158（Cambridge: Harvard University Press, 1993）, p. 100.

撞死了一名中國士兵。[99]

讓顧臨不能理解的，是一年前馬慕瑞在紐約演講中，還曾聲稱對中國採取武力威脅將不會再起什麼作用；[100]馬慕瑞那時擔任國務院助卿，自1925年6月被任命為駐華公使之後，他面對的是日益走強，主張修改和終止不平等條約體系的國民政府。馬慕瑞堅持要求中方遵守現有條約，顧臨對此則不以為然。1927年1月20日，他在華盛頓眾議院的外交委員會作證時，說醫社如果在國民政府註冊，將產生兩個重大衝擊：一是不再享有現行稅率，從而導致進口費用大幅增加；二是醫社將接受中國政府管理，外籍人士失去以往的領事裁判權，接受中國法律管轄。不過，顧臨指出國民政府倘若還能像以往北洋政府那樣，一如既往地支持醫社，這些衝擊將會得到減緩，並相信當政府財政狀況改善後，協和還可能會獲得到更多免稅，甚至政府的撥款資助；此外，其時協和外籍教授中，有不少未享有治外法權的俄國人、捷克人、澳洲人和德國人，且北京警察及法庭的素質優於邊遠地區，可以預期在一定程度上能夠避免執法不公、司法不公的現象。[101]

顧臨認定協和的意義在於：「如果我們不能滿懷著對中國人民的善意去實現此目標，那麼繼續該項事業就會違背我們的宗旨。」[102] 1928年11月5日，北平市府要求全市所有醫師，須在市府衛生處註冊。12月6日-7日，該處派人前往協和辦理此事；顧臨則於前一天發表公告，要求相關人員予以配合，即請準備好查驗資質的畢業證件和照片。[103] 如果進行比較，此後各地也進行了相關

99 "Greene to Nelson Trustler Johnson, Far Eastern Division, Department of State, Washington, D. C. April 7, 1926," "Greene, Roger Sherman, 1881-1947," MS Am 1864, Houghton Library, Harvard College.

100 "Greene to Nelson Trustler Johnson, Far Eastern Division, Department of State, Washington, D. C. April 7, 1926," "Greene, Roger Sherman, 1881-1947," MS Am 1864, Houghton Library, Harvard College.

101 Statement before Committee on Foreign Relations（House）Washington, D. C. January 20, 1927，北京協和醫學院檔案室，文書檔案，數位索卷號：0783。

102 Statement before Committee on Foreign Relations（House）Washington, D. C. January 20, 1927，北京協和醫學院檔案室，文書檔案，數位索卷號：0783。

103 Greene, "Registration of Physicians, December 5, 1928," 北京協和醫學院檔案室，文書檔案，數位索卷號：0537。

註冊程序，美國駐華外交官及國務院的態度，並非都如顧臨那樣通情達理，要求在地美國醫生予以合作。天津總領事高思提醒國務院，說此舉勢必會影響到在條約港口或內陸很多醫學傳教士的活動，希望給予干預；繼馬慕瑞之後擔任駐華公使的詹森也認為：考慮到總有病人親屬給醫生帶來麻煩的案例，這類註冊會導致當局進一步侵犯治外法權，給未註冊的外籍醫生們帶來額外的壓力。國務院則指示各領事官員，應告知中國當局和美國公民，美國雖然願意與中國方面充分合作，但前提是美國官員必須保留對在華美國公民的管轄權。[104]

面對其時風起雲湧的民族主義風潮，以及各地不斷發生的中外衝突，美國外交官們要想堅守不平等條約的治外法權，執行起來已經心有餘而力不足。1928年11月8日，馬慕瑞致電國務卿，報告中國政府要求美國教會學校註冊登記一事，稱倘若一一落實，美國在華利益，尤其是在商務和傳教方面，勢必受到更為嚴峻的挑戰和考驗。在他看來，不同於此前的北洋政府，並無太強烈的排外意識，國民政府有一批官員持激進民族主義立場，頗熱衷於宣示主權和壓制外人；蓋因這些官員中的許多人，過去或者沒有什麼地位，或者並不具備擔當該職務的實際能力，由於政權的更迭，驟然得到了出人意料的巨大權力，總是隨心所欲地貿然行事，全然不顧外國人的權益，和那些排外行為對經濟運行所帶來的嚴重後果。馬慕瑞不無沮喪地說：鑑於南京國民政府中央，對一些省分的控制僅僅是名義上的，倘若再發生排外事件，要想通過北京使館及各地領事為那些美國人的利益提供真正有效的保護，「即使不是不可能，且肯定也會變得極其困難」。[105]

作為先行者的美國教育機構，是1928年9月20日率先得到國民政府核准註冊的金陵大學。一項先期準備，是該校於一年前的11月，任命了在華教學大學

104 "The Minister in China（Johnson）to the Secretary of State, Peiping, June 3, 1931-1 p.m.," "The Secretary of State to the Minister in China（ Johnson）, Washington, June 16, 1931-4.P.M," *Foreign Relations of the United States*, 1931, v. 3. S1. 1: C. 2, the National Archives National Archives and Records Service Central Services Administration, Washington: 1960, pp. 1010-1011.

105 393. 1164/98, "the Minister in China（J. V. A. MacMurray）to the Secretary of State, No. 1742, Peking, November 8, 1928," *Foreign Relations of the United States, 1928*, Vol. II, the National Archives National Archives and Records Service Central Services Administration, Washington: 1960, pp. 573-574.

中的首位華人，也是留學於哥倫比亞大學化學所的陳裕光擔任校長，在董事會中增選了相應數量的華人董事，並減少了相應的基督教課程。[106] 接下來的燕京大學，也於1928年12月提交了註冊申請，並在翌年6月22日任命了曾是前清進士、翰林，後來皈依基督教的吳雷川擔任了校長，實際負責人的司徒雷登退居擔任教務長。此外，在北京以華人占多數的燕京校務委員會（1930年占三分之二多數），接手了此前曾掌握在紐約董事會手中的許多權力，諸如課程設置、副教授以上的教師聘任等，給後者僅留下了校長任命及預算審核權。1929年2月，司徒雷登發表了〈中國未來的教會教育〉一文，宣布該校將致力於為中國培養現代化人材，不再像此前那樣專注於訓練教會人士，並鄭重地表示：「我們很高興學校能早日完全歸中國人管理，反正雙方的主要目的相同，我們只要求大家互相了解便夠了。」[107]

顧臨此時加緊向董事會喊話，稱倘若協和不儘早表態，勢必會激怒當局，致使該校多年來與當政者的良好關係毀於一旦，進而傷害到將來期望影響政府醫學教育的遠景規劃。[108] 1929年7月6日，就在協和新一屆董事會在北平召開後的第二天，顧臨向文森特報告了他接下來的布局。顧臨談到當劉瑞恆不在南京之時，此次被選為董事會主席的周詒春，可以幫助他們疏通與國民政府的關係，故協和準備支付很少一筆薪酬，即每月二百元的補貼，以求能夠更為安心地得到他的幫助。在顧臨看來：周詒春在政治上雖無黨派，具有強烈保守主義傾向；在國民政府中卻仍然有較高的接受度和認可度，聽說要被任命為外交部副部長而被其推辭不就。此外，顧臨還談及了劉瑞恆與蔣介石的關係密切，原本很希望選其為此屆董事會主席，後來由於他的主要時間放在了南京，故改選

---

106 "Annual Report, 1928." folder 235, box 25, series 601, record group 1, China Medical Board, Inc, Historical Record, RFA-ARC.

107 司徒雷登，〈中國未來的教會教育〉，《真理與生命》，第2卷，第3期，1929年2月，頁57；"A. M. Dunlap, R. S. Greene, March 2, 1929, Registration-Yenghing University," folder 309, box 44, record group IV2B9, China Medical Board, Inc, Historical Record, RFF- ARC；菲利普・韋斯特（Philip West）著，程龍譯，《燕京大學與中西關係1916-1952》（*Yenching University and Sino-Western Relations, 1916-1952*）（北京：北京師範大學出版社，2019），頁174。

108 Minutes of meeting, Board of Trustees, April 10, 1929, M. K. Eggleston, R. S. Greene, May 1, 1929,"Dietrich, PUMC, Apr -June 1929," folder 310, box 44, record group IV2B9, China Medical Board, Inc, Historical Record, RFA-ARC.

了周詒春。顧臨相信在協和未來與國民政府交往過程中，肯定會得到劉瑞恆的很多幫助，協和董事會由此議決在其擔任衛生部次長期間，也給其提供每月支付兩百元的補貼以及養老保險。[109]

在此次董事會結束之後，顧臨加快了向國民政府申請註冊的準備。9月16日，顧臨致函在上海擔任中國公學校長的胡適，請其來北平參加修改原有章程的董事會會議，以便通過教育部的登記註冊。四天之後（20日），胡適回覆顧臨，說近來與教育部長蔣夢麟交談多次，印象是關於協和這樣學校的登記註冊只是過一個手續，並不會影響到該校的未來發展。胡適的解釋是：當局認定需要認真登記註冊的，只是像他擔任校長的那類新成立的私立大學；並表示如果想要了解進一步的資訊，他願意致函蔣部長來繼續討論此事。9月24日，顧臨致函胡適而表示感謝，稱他可以通過劉瑞恆與教育部溝通，從而更好了解政府對待外國在華私立教育機構的態度。[110] 的確，劉瑞恆此前就已向顧臨通報了國民政府對協和的基本態度——雖在精神上是友好的，仍然會一如既往地提供幫助，但前提是必須遵守法律條文而註冊立案。[111] 鑑於此，顧臨敦促董事會盡快予以核准，理由是「如果協和只是少數幾個重要例外，那麼對於學院未來發展將是不利的。」[112]

隨著獲得更多關於國民政府方面的積極信息，醫社及基金會高層逐漸接受了這一勢在必行的抉擇。12月30日，文森特會見了擔任中基會副主席，也是美國重要教育家的孟祿（Paul Monroe, 1869-1947）。兩人談到了協和即將申請註冊之事，孟祿稱自己訪問過幾個主要城市的中國法院，認為運作得都相當好，故主張可以如美國在土耳其那樣，讓在華美國人「自願和優雅地放棄治外

109 "Greene to Richard M. Pearce, 6 Juny, 1929," folder 899, box 124, record group IV2B9, China Medical Board, Inc, Historical Record, RFA-ARC.

110 "Greene to Doctor Hu, September 16, 1929," "Hu Shi to Greene, September 20, 1929," "Greene to Doctor Hu, September 24, 1929," 北京協和醫學院檔案室藏，外國人人事檔案，數位索卷號：0179。

111 "J. Heng Lui to Greene, February 27, 1929," folder 985, box 137, series1, record group IV2B94. China Medical Board, Inc, Historical Record, RFA-ARC.

112 "Green to Gentlemen, November 29, 1 929," folder 312, box 44, record groupIV2B9, China Medical Board, Inc, Historical Record, RFA-ARC.

法權」。[113] 逮至1930年3月12日，基金會秘書愛格萊斯頓連續致函顧臨，告知董事會已經批准盡快完成協和的註冊立案手續。愛格萊斯頓寫道：他們明確表示願意滿足中國政府提出的任何合理要求，並看到了協和董事會仍然擁有重要影響力，不必過分擔心政府可能會強加給協另外一個不可信賴的董事會。此外，董事會還意識到即使協和不提出註冊申請，中國政府同樣也會加以干涉，最好相信他們能夠處理好此事，與之正面對抗會比接受那些不合理的要求更加危險。愛格萊斯頓在這封信的最後部分，談到董事會將繼續通過醫社進行運作，因為「毫無疑問，中國政府清楚地知道協和財政仍將由我們自己來掌控。」[114] 此事的最終結果，是南京國民政府於當年5月21日批准了協和的登記註冊。

第五節 宗教氛圍

當時在華十三所有外人創辦及主持的大學，拒絕向國民政府註冊的，只有在上海的聖約翰大學（以下簡稱「聖約翰」），遂也引起激進反帝人士的不滿。1930年1月8日，聖約翰的秘書沃克（Millidge P.Walker）不無驚惶地致函美國駐上海總領事坎甯安（Edwin S. Cunningham, 1868-1953），稱近來有上海中文報紙刊登了一些狂熱人士，準備焚燒或襲擊外人大學的消息。沃克說儘管聖約翰附近有座英國兵營，士兵們常來學校的球場踢球，軍官們和藹可親，對聖約翰表示了感謝；可他們之間並不熟悉，且英國人總是變化無常，擔心萬一爆發騷動，難以救助他們而有效地保證該校的安全。沃克說：靜安寺巡捕房距離學校兩英里，更遠的地方還駐有一隻美國海軍陸戰隊，他想知道如果發生了針對性的抗議騷動，該校將向誰尋求保護？ 15日，坎甯安以標明「秘密」的信件，寫給了同為美國人，時任工部局總裁的費信惇（Stirling Fessenden, 1875-1944），希望租界當局能夠按照治外法權，給該校提供及時和有效的安

113 "December 30, 1929, Prof. Paul Monroe," GEV-Diaries, June 18, 1927 to June 15, 1928，北京協和醫學院檔案室藏，公文檔案，數位索卷號：0065。

114 "Margery K Eggleston to R.S. Greene, February11, 1930," "Margery K Eggleston to R.S. Greene, March 12, 1930," 北京協和醫學院檔案室，〈北京協和醫學院人事檔案〉，編號1983（1）。

全庇護。

坎甯安稱由於聖約翰未能註冊，國民政府想方設法將之關閉，該校地處滬西的極司非爾路（Jessfield Road）屬工部局的管轄範圍，應負責其不受威脅及攻擊。28日，費信惇回覆道：說如果遇到危及教職工生命的緊急情況，靜安寺巡捕房會立即出動；倘若保護該校的房屋建築及設備安全，工部局則無能為力；理由是聖約翰雖坐落在租界修築的極司非爾路，屬工部局地界，卻是在華界管轄區域之內。租界巡捕房通常負責路政，周邊治安則交由了華界警察處理。費信惇聲稱：「除非出現了緊急情況，否則任何嘗試讓工部局入侵華界去保護那裡的外人財產，最終將危及租界其他重要權益。」[115] 得到此項答覆之後，坎甯安立即會晤聖約翰校長卜舫濟（Francis Lister Hawks Pott, 1864-1947），勸說該校應同其他外人主辦的學校那樣，盡快向國民政府提交註冊申請。他給出的理由是此舉作為統一民眾思想的國族化行動，若在其他國家也會遇到同樣情形，並非中國人的多此一舉，故「我們很難就此事向中國人發號施令。」[116]

卜舫濟之所以拒絕註冊，與其個性的古板、迂腐、固執和無端的傲慢有關。當年「五卅」慘案爆發後，聖約翰學生升半旗致哀、高唱國歌，以悼念被槍殺的示威民眾；他則以歐美大學從來獨立於政治之外為由，堅決反對。卜舫濟聲稱學校有兩根旗竿，通常既升中國國旗，又升美國國旗；學生們只升中國半旗，與校規不符。當學生與之發生激烈爭論時，他宣布關閉學校，讓學生們即日離開，遂使近五百名學生憤而退學。[117] 此時聖約翰拒絕註冊，還由於無

115 “M. P. Walker to Mr. Cunningham, Jan. 8, 1930,” “Confidential, Edwin S. Cunningham to Stirling Fessenden, director-General, Shanghai Municipal Council, Shanghai, January 15, 1930,” “Stirling Fessenden to sir, January 28, 1930,” Edwin S. Cunningham to Nelsonn Trusler Jonson, Edwin S. Cunningham, Kuomintang’s proposal to seal st. John’s University, Vol. 1516, record group 84, Records of Foreign Service Posts, Diplomatic Posts, China, National Archive Ⅱ. U.S, The National Archives at College Park, Maryland, U.S. A.

116 “Conversation, March 9, 1930, Dr. Hawks-Pott, President, St. John’s University,” Vol. 1516, record group 84, Records of Foreign Service Posts, Diplomatic Posts, China, National Archive Ⅱ. U.S, The National Archives at College Park, Maryland, U.S. A.

117 〈約翰大學全體退學〉，《興華》，第22卷（1925），頁44-45；虹，〈約翰潮〉，《上海畫報》，第2期（1925），頁1。

法接受國民政府教育部的相關規定，即除凡是宣讀聖經的學校，一概不准立案之外，必須任命一位中國人當校長，講授三民主義，以及安排軍事訓練的課程。這就使得除卜舫濟之外，教授會對這些規定也多持反對意見。以軍事訓練為例，這不僅需要學校增加經費，且很多教授是持和平態度的「不抵抗主義者」，對於「以外國人之學校，代中國訓練學生去打仗，其心尤為不甘。」董事會就此曾連日開會討論，認為其他條款均可通融，最不能接受的「是放棄所有宗教教育」。[118]

讓美國駐華外交官員頗感擔心的，是在民眾中醞釀發酵的激進「排外」情緒。因為國民政府大學院於1929年12月審定刊行，用於小學一年級教學的《新時代三民主義教科書》，就已經受到了南京總領事歐敦司（Walter A. Adams）的高度注意。該書第八課「大欺小」，稱「大人不可欺侮小孩；大國不可欺侮小國」；第九課「齊心」，又稱「小孩合起來，打敗大孩子，小國合起來，打敗大國」；第十課「抵制」，更強調「抵制強國的欺侮，不必用兵，只要不買他們的貨物。」[119] 1930年4月底，國民黨江蘇省黨部擬在南京召開「反對帝國主義文化侵略運動大會」，期望阻止歐美「近百年來藉傳播基督教名義，在我國各地設學校，立社團，肆其文化侵略之手段，以麻醉我國同胞，若不設法補救，恐難免沒國民之民族性。」[120] 教育部還於當年7月頒布政令，嚴禁各教會學校圖書館陳列宣示宗教之書籍畫片，稱在這些學校，「反顧黨義之書籍，則寥寥可數，以此本末倒置，實非黨治之下學校所應有之現象，夫青年為民族之

118 “Conversation, March 9, 1930, Dr. Hawks-Pott, President, St. John’s University,” Vol. 1516, record group 84, Records of Foreign Service Posts, Diplomatic Posts, China, National Archive Ⅱ. U.S, The National Archives at College Park, Maryland, U.S. A;〈上海聖約翰大學之前途〉，《興華》，第27卷，第15期（1930），頁48-49。

119 “Walter A. Adams（American Consul, Nanking China, to C. E. Causs,（American Consul General, Tientssn）,” Vol. 1516, record group 84, Records of Foreign Service Posts, Diplomatic Posts, China, National Archive Ⅱ. U.S, The National Archives at College Park, Maryland, U.S. A.《新時代三民主義教科書》（上海：商務印書館，1927），第一冊，頁8-11；‘Anti-Foreign’ School Books in China,” Vol. 060, record group 84, Records of Foreign Service Posts, Diplomatic Posts, China, National Archive Ⅱ. U.S, The National Archives at College Park, Maryland, U.S. A

120 〈反對文化侵略〉，《中央日報》，1930年4月28日，第2張，第4版。

命根，設其思想一旦被外人麻醉，其與民族存亡之影響當不言而知。」[121]

此前的6月23日，教育部就已經訓令北平教育局，在燕京招收新生廣告內，須刪除招收「宗教與社會事務專修科」一項，原因是「顯有宣傳宗教作用，礙難准予開辦」。[122] 歐敦司就此專門與教育部長蔣夢麟會面，回來後報告駐華公使詹森，說蔣本人雖對宗教系科和課程持不友好態度，但願意在此事上做些折衷退讓，即燕京可將基督教課程設為選修而不能必修，不能強制學生成為基督徒及參加宗教活動；當然，蔣也清楚知道美國差會之所以提供大筆捐贈，目的在於推動基督教的擴展；如果他們認為中國政府「反基督教」，那麼捐贈就可能會大幅縮水，教會大學只能停辦，這也是蔣所不期望和不樂見的。接下來，歐敦司又與英國駐南京總領事許立脫（W. Meyrick Hewlett, 1874-1966）協調立場，得到信息是他在與外交部長王正廷的晚餐會上鄭重談及此事，被告知國民政府並不會真去反對基督教，只是期望能夠在課程設置方面稍稍做些調整，保證教會學校培養出來的學生能夠效忠於國民政府，「在這種情況之下，可以確保解決問題」。[123]

蔣夢麟、王正廷都有留學美國的背景，此時分別執長教育部、外交部，是國民政府中負責具體事務的溫和務實派。歐敦司相信那些熱衷給基督教課程設置障礙，恨不得徹底關閉教會大學之人，多來自負責意識形態的國民黨中央黨部，蔣夢麟等人頂住了那些要求採取嚴格限制和取締措施的壓力，對美國人名下的教會大學往往手下留情、得過且過。[124] 一個具體事例，是當年7月20日國民黨中宣部屬下的《中央日報》，刊登了一幅題為〈讓耶穌基督回到其故鄉

121 〈教育部嚴禁學校陳列宗教書籍〉，《中央日報》，1930年7月22日，第3張，第4版。

122 〈訓令，「令北平特別市教育局」（六月廿三日）〉，Records of Foreign Service Posts, Consular Posts Nanking, China, Vol. 092, record group 84, Records of Foreign Service Posts, Consular Posts Nanking, China, National Archive II, College Park, Maryland, U.S. A.

123 "Meyrick Hewlett to Walter A. Adams, August 1 st, 1930," Records of Foreign Services Posts, Diplomatic Posts, China, Vol. 1494, record group 84, Records of Foreign Service Posts, Consular Posts Nanking, China, National Archive II, College Park, Maryland, U.S. A.

124 "Adam to Meyrick Hewlett:, July 31, 1930, Nanking China," Vol. 1494, record group 84, Records of Foreign Service Posts, Consular Posts Nanking, China, National Archive II, College Park, Maryland, U.S. A.

去〉的漫畫，讓在華基督教人士格外緊張。[125] 在此後的會面中，歐敦司將這份報紙遞給了蔣夢麟，並表示對此事的高度關注。蔣夢麟看過之後則大笑起來，想都沒有想就說了句：中央黨部就有這麼一批人，整天圖謀禁止在學校教授基督教課程，然這並不代表教育部的官方態度。[126] 這也可以解釋儘管聖約翰拒絕註冊，國民政府終未將之關閉，只是不承認其學歷，禁止其畢業生在國立機構任職；由於該校在哥倫比亞特區註冊，畢業證書被賓夕法尼亞大學認可，故招生沒有受到多大影響。

雖則，協和、醫社及基金會非教會所有，目標在於打造一個頂級醫學教育機構，無意傳播基督教教義；[127] 然其前身卻是在華六個差會當年共同創辦的協和醫學堂，協和聘請最早一批外籍資深教授，有些人就是由那些差會所派遣的。如婦產科創始主任馬士敦（John Preston Maxwell, 1871-1961），於1898年受英國長老會派遣，抵達福建永春傳教行醫，1919年就職協和後還一度主持周日祈禱活動。此外，在紐約的辦公室聘請新的外籍教授時，儘管不是作為必須條件，但宗教信仰仍然會被挑出來進行檢視。[128] 1926年3月，協和準備再次聘請林宗楊擔任免疫學副教授時，醫社秘書發現其登記表上沒有填寫宗教信仰，特意致函詢問協和校方。後來得到協和的回覆，說林宗楊出生在英國海外屬地檳城（Penang Strictly），是中國的海外移民，信奉被西方人稱之為「祖先崇拜」的儒教；在協和工作期間，他對基督教活動頗有興趣，經常參與各種祈禱聚會，是一位「與基督徒無異的文化紳士」。[129]

---

125 "Cartoon appearing in the General Daily News, Nanking, issue of July 20, 1930," Vol. 1494, record group 84, Records of Foreign Service Posts, Consular Posts Nanking, China, National Archive II, College Park, Maryland, U.S. A..

126 "Walter A. Adams to Nelson Trusler Johnson, American Minister, Peiping, China, July 14, 1930," "Walter A. Adams to Nelson Trusler Johnson, American Minister, Peiping, China, August 2, 1930," Vol. 1494, record group 84, Records of Foreign Service Posts, Consular Posts Nanking, China, National Archive II, College Park, Maryland, U.S. A.

127 "Proposed Shanghai Medical School," box 15, record group 1, Historical Record-Shanghai Land. Vol. 1, RFA- RAC.

128 "Memorandum on the Organization and Program of the Peiping Union Medical College, 1935," pp. 23-25, folder 791, box 43, series3, record group1, China Medical Board, Inc, Historical Record, RFA-ARC.

129 "M. K. Eggleston to H. B. Carter, March 8, 1926, Dr. C. E. Lim's religious affiliations," "Harriet

當然，協和推崇的基督教，並非只是對上帝的頂禮膜拜，更重要還在於期望由此形塑一種猶如虔誠傳教士那樣的悲天憫人奉獻精神。1919年10月7日傍晚，司徒雷登應邀為協和學生做了一個題為「中國教育理想」的主題演講，談及近來中國社會日益轉向追求富強的極端唯物主義教育觀，認為儘管有其合理性，卻帶來太多唯利是圖，急功近利，以及政府和個人的腐化墮落和道德淪喪。司徒雷登呼籲重回中國社會以往注重道德和精神價值的理念，年輕人應當志存高遠。[130] 逮至1922年春季，哈佛醫學院著名骨科學教授布萊克特（Elliott G. Brackett, 1860-1943）在協和擔任客座，返回美國之後致函基金會，談及自己的印象，稱對該校濃郁的基督教氛圍印象深刻，並讚揚了師生們不僅在專業方面精益求精，且還有傳教士那種樂於助人的精神。在他看來，在這樣一個如此看重科學性的現代機構裡，協和發揚光大了人道理念，「即我願意將之稱為傳教士（不一定是宗教）精神，應作為其最重要的一項資產」。[131]

需要再做些說明的，不是基督徒的胡適也持同樣看法。1930年6月10日，胡適應邀在協和畢業典禮演講，題目是「醫生、傳教士和科學家」。他談到自己童年時經常流鼻血，在其家鄉安徽績溪山區的近五十萬人口中，只有一位鴉片成癮的江湖庸醫，每次就診需要步行七十里山路。胡適說前不久收到在上海醫學院讀書的一青年同鄉的航空信，說一種致命瘟疫又在家鄉蔓延。胡適問道：「畢業班的先生們，你們能建議我怎麼辦呢？」胡適的回覆，是二十年前曾熱淚盈眶地讀到《馬太福音》第九節，是耶穌眼見許多飽受磨難之人沒有得到救護，於是對門徒說，要收的莊稼多，做工的人少。此時讓他感到巨大震撼和精神壓力的，是當下沒有多少中國人願意身體力行，給自己的父老鄉親送醫送藥；只有傳教士們在邊遠和貧窮地區孜孜矻矻，無怨無悔地奉獻一生。胡適給這些畢業生們的留言是：「僅當一個好大夫是不夠的，只有努力將好醫生、傳教士的熱情和科學家的耐心結合起來，你們才能獲得最充分的發展，實現服

Lucy Barchet to M. K. Eggleston, April 21, 1926," "Dr. C. E. Lim; religious affiliation," 北京協和醫學院檔案室藏，中國人檔案，數位索卷號：2067。

130 "October 7, Tuesday, 1919, Greene' s diaries," 北京協和醫學院檔案室，外國人檔案，數位索卷號：0067。

131 "Rockefeller Foundation, General Bulletin No. 46, October 10, 1922," 北京協和醫學院檔案室，外國人檔案，數位索卷號：0050。

務社區的最大利益。」[132]

協和的基督教活動，由1917年成立的宗教和社會工作部（Department of Religious & Social Work）負責。1924年夏，留學於美國聖公會的中央神學院（General Theological Seminary）以及哥倫比亞大學的朱友漁擔任了該部負責人。他的中、英文口才俱佳，主持的周日禮拜活動，除協和師生參加之外，還吸引了很多校外的傳教士、商人、政府官員和使館人員的出席。[133] 該部設有一個提供相關宗教書籍、期刊和兩份日報的小圖書室，在朱友漁及其助手的指導之下，學生們成立了《聖經》學習小組，在附近的教堂、員工夜校，兒童暑期學校和病房裡尋找服務和佈道的機會。此外，護校學生組成的「基督教協會」，當治療獲得病人的「信心」和「興趣」之後，通常會試圖在病房裡宣講聖經，與每位病人至少面談一次；1930-1931學年他組織了三十九個周日祈禱，參加者5,675人，即平均每個周日參加者為一百四十四人。前兩年的統計數字是：1929-1930年為6,375人；1928-1929年為5,180人。[134]

1927年8月，當南京國民政日益收緊對基督教會的容忍之時，協和校方與朱友漁進行了溝通。為了避免在不久的將來國民政府進取北京後，宗教和社會工作部的「宗教」二字，可能會給學校生存帶來不必要的紛擾，校方建議改一個新的名稱，如「社會工作部」。像同時期的燕京那樣，將宗教和社會工作部的職能分發給教務長，或某些委員會擔當，取消了「宗教事務」的頭銜而掩人耳目。朱友漁與朋友商量，經過深思熟慮之後，回覆校方說倘若改成「社會工作部」，肯定會與醫療社會服務工作有所混淆，被誤認為只與師生們的社交活動有關，很難持續有效地組織相關活動，且也會引起教會人士的不滿。[135] 接

132 Hu Shih, “The doctor, the missionary and the scientist, June 10, 1939,” 北京協和醫學院檔案室，中國人檔案，數位索卷號：0067。

133 朱友漁（Andrew Yu-Yue Tsu），《朱友漁自傳》（*Friend of Fishermen*）（香港：香港文藝出版社，1972），頁46。

134 “Report on Dept. of Religious and Social Work, PUMC, 1919-1920,” pp. 2-6, folder 983, box 136,（Religion）, CMB, Inc; “Annual Report of the Department of Religious & Social Work for the year, 1930-1931,” “Religion 1928-1929,” folder 986, box 137, record group IV2B9, China Medical Board, Inc, Historical Record, RFA- RAC.

135 “Dietrich, P-U-M-C, 1927,” folder 305, box 43, series 3, record group IV2B9, China Medical Board, Inc, Historical Record, RFA-ARC.

下來是在1928年秋，朱友漁從國外休假回來，感到協和有些華裔教職員對宗教活動相當冷漠，甚至不乏有持反對態度之人，讓他感到沮喪。儘管還有三年聘期，他已開始考慮離開協和。顧臨竭力勸慰挽留，並將此事報告給了文森特。文森特的日記中寫有：「這是最令人遺憾的，肯定將被教會成員們嚴重誤解」。[136]

10月1日，文森特致函顧臨，提醒他注意當年基金會對教會的鄭重承諾，敦促其盡量給予該部合理的支持。[137] 接下來的發展，是從1928年11月19日起，基金會一次性給醫社撥付了一千二百萬美元，將之收益部分用來支持協和及其他在遠東的相關事務，使之法人化。雖則，該款項的收益不足以涵蓋協和的花費，但基金會承諾從1928年至1933年的五年期間裡另外補助一百五十萬美元，此外不再多給一分錢；結果讓協和不得不考慮節源的問題，以防止超出預算而增加財政赤字。由於宗教和社會工作部的活動頻繁，花費差不多與一個小型系科相當，受聘於校行政管理委員會的林宗揚、吳憲，在參加年底討論編制1929-1930年度預算時，為節省預算考慮，建議裁撤該部。[138] 顧臨深知醫社、基金會的態度，進行了有效勸導而使此提議被擱置下來。逮至1929年6月，當舊有教會董事退出，華人董事占有多數的新董事會成立後，洛克菲勒二世更擔心宗教和社會工作部無法繼續，讓他無法面對相關教會人士的問責。[139]

顧臨與紐約的醫社、基金會，在此期間有一系列相關信函來往，討論到相關話題時，話說到最後有些尖銳。顧臨呼籲給予在北京的協和董事會以自主權；醫社、基金會則強調必須恪守承諾，聲稱如果堅持裁撤該部，他們雖無能為力，卻因為「控制著預算，最不幸時只能訴諸於此。」[140] 1930年9月30日，

---

136 “GEV-Diaries, Dept. 28, 1928,” 北京協和醫學院檔案室，中國人檔案，數位索卷號：0065。

137 “Vincent to Greene, October 1, 1928,” “Religion 1928-1929,” folder 986, box 137, record group IV2B9, China Medical Board, Inc, Historical Record, RFA-ARC.

138 Mary E Ferguson, *China Medical Board and Peking Union Medical College, A Chronicle of Fruitful Collaboration, 1914-1951*, folder 33, box 3, record group IV2A32, China Medical Board, Inc, Historical Record, RFA- RAC.

139 “Greene to G. E. Vincent, June 5, 1929,” folder 985, box 137, record group IV2B9, China Medical Board, Inc, Historical Record, RFA- RAC.

140 “Richard M. Pearce to Roger, June 23, 1929,” folder 985, box 137, record group IV2B9, China Medical Board, Inc, Historical Record, RAF-RAC.

文森特乘訪問北平之際，與顧臨、朱友漁、周詒春就此事進行了深入會談。[141] 兩年後的1932年6月30日，朱友漁因聘期屆滿而離開了協和，顧臨不願繼續找專人負責，想如同燕京那樣，將此事務分擔給相關委員會，由此節省每年一萬五千美元的薪酬。在他看來，協和師生埋頭於專業研究和學習，此時已沒有多少人在意宗教事務，這筆錢正可以補充到其他經費感到支絀的專業系科。[142] 1933年4月10日，文森特致函顧臨，稱自己雖可以理解其不願意再花錢，另找一位宗教和社會工作部負責人；但就醫社、基金會，尤其是洛克菲勒二世而言，對該部則有特殊的關照，「是我們認為有義務表達積極意見的唯一預算項目。」[143]

1933年夏，顧臨在壓力之下終究還是聘請了曾是基督教青年會負責人的海慕華（Egbert McGinnis Hayes, 1886-1969），擔任宗教和社會工作部兩年聘期的負責人。[144] 可以表明海慕華在協和工作不順利的，是1935年前後由協和校方撰寫的一篇工作報告，稱在過去的七、八年裡，各種各樣的事件都傾向於降低宗教和社會工作部的重要性。報告作者認為原因在於：除中國興起了反帝、反基督教的激進民族主義運動之外，就協和內部而言，一是此前董事會中有六位來自教會代表，此後在華人占多數的新董事會就沒有了教會人士；二是當年那些熱衷於傳教的資深教授年歲已大而多已離開，後來的人多不太了解協和歷史及捐贈者的初衷，致使相當多人完全不關心該部的存在。所以，這份報告頗為不安地宣稱：在最近這些年裡，不論該部多麼努力，舉辦了多少重要活動，都沒有被視為協和的一個有機部分，而是「給人一種額外的、甚至是強加的印象。」[145] 的確，1930年代中期一份關於該校學生對於基督教態度的調查也表

141 "G.E. Vincent to Eggleston, October 2, 1930," "Religion 1928-1929," folder 985, box 137, record group IV2B9, China Medical Board, Inc, Historical Record, RAF-RAC.

142 Mary E Ferguson, *China Medical Board and Peking Union Medical College, A Chronicle of Fruitful Collaboration, 1914-1951*, folder 33, box 3, record group IV2A32, China Medical Board, Inc, Historical Record, RFA- RAC.

143 "Vincent to Greene, April 10, 1933," MS Am 1864, Greene, Roger Sherman, 1881-1947. Papers: Guide, Houghton Library, Harvard College Library.

144 "John D. Rockefeller, Jr, to Greene, August 16, 1933," Greene, Roger Sherman, 1881-1947. Papers: Guide, Houghton Library, Harvard College Library, MS Am 1864.

145 "Memorandum on the Organization and Program of the Peiping Union Medical College, 1935?,"

明：偶爾關注和興趣強烈的各占25%，5%積極反對，剩下45%則漠不關心。[146]

第六節 增加華人雇員

醫社自創辦協和之初，希望更多聘請華人教授，並最終將之打造成中國人自己主持的醫學教育機構，故先是電話總機上的外籍接線員、外籍首席電工等輔助人員被華人替代，接下來是一批華人教授走上了系科領導崗位。在此過程中也還發生了一些不快之事，如就林可勝出任生理學系主任而引發的爭端。事情的緣由是在1925年2月28日，胡恆德致函原任系主任，此時正休假而在劍橋國王學院訪學的克魯克山克（Ernest William Henderson Cruickshank, 1888-1964），談及了校方就此相關人事的安排。早在1920年7月，克魯克山克被聘為該校副教授時，指定擔任了生理學系的創始主任。那時協和給他的待遇是：聘期四年，年薪三千美元，外加每年住房補貼一千兩百元，報銷全家從北京至歐陸的往返旅費；1924年提供的續聘待遇則是：職稱仍為副教授，卻不再擔任系主任，從當年7月1日開始，聘期兩年，年薪增至三千六百美元，外加報銷本人從北京到英格蘭的一趟往返旅費。[147]

克魯克山克出身於蘇格蘭的醫學世家，1910年畢業於英格蘭的阿伯丁大學（Aberdeen University）醫學專業，1912年至1914年在倫敦大學（University College London, UCL）生理學系擔任研究助理，師從著名生理學家，也是英國皇家學會院士的史達琳（Ernest Henry Starling, 1866-1927）教授。第一次世界大戰爆發後，他自願參加了皇家陸軍醫療隊，並還在法國前線救護過傷員。1920年4月，當他接受協和聘書時，提出了四年聘期結束之後，或在更短時間

---

pp. 23-25, folder 791, box 43, series3, record group1, China Medical Board, Inc, Historical Record, RFA-ARC.

146 "Report of the Sub-Committee on the Department of Religious and Social Work," Docket, Board of Trustees Meeting, September 23, 1936, p. 2; 瑪麗・布朗・布洛克，《洛克菲勒基金會與協和模式》，頁119。

147 "Franklin C. McLean to Cruickshank, April 1, 1920," "Franklin C. McLean to Cruickshank, April 30, 1920," "Greene to Cruickshank June17, 1924," 北京協和醫學院檔案室藏，外國人檔案，數位索卷號：0096。

內給其全職教授（full professorship）的要求。[148] 當林可勝將被任命為生理學系主任之時，他三十七歲，林可勝二十八歲。在他看來，自己不僅年資更長，且學術水準也高於後者，列出的理由是林可勝的文章多發表在愛丁堡大學導師的《實驗生理學季刊》（*Quarterly Journal of Experimental Physiology*）；他的文章則刊發在知名度頗高、評審也更為嚴格的《美國生理學雜誌》（*The American Journal of* Physiology）、《英國實驗病理學雜誌》（*the British jour of experimental Pathology*）等專業學術期刊上。[149]

在協和校方的印象裡，克魯克山克並非如其自認為的那麼優秀，其個性孤傲，不喜交流，不要說與華人同事，就連與外籍人士的關係也不甚融洽；尤其與同為英國籍，藥物學副教授伊博恩（Bernard Emms Read, 1887-1949）的關係更是惡劣。讓校方最不滿意的，是他的講課不僅枯燥乏味，且缺乏實驗示範能力，考試時又偏愛出難題、偏題，評分苛刻，致使每年總有幾名學生因該課程考試不及格而留級。[150] 相比之下，林可勝的人際關係則頗為融洽，在協和的一年時間裡與中外人士就一道展開了多項合作研究。此外，林可勝年少時曾一度迷戀繪畫，練就一手非凡的素描才能，能精準繪製顯微鏡下觀察到的樣本；[151] 加上聰慧、勤奮，為人謙虛，他總能得到業內頂級學者的大力推薦，學術聲譽頗佳。如芝加哥大學生理學系主任卡爾森（Anton Julius Carlson, 1875-1956）評價其實驗能力，說是「甚至給那些對華人向有偏見之人都留下了極好印象」。[152] 韋爾奇則對顧臨說：他很高興協和聘請了林可勝，此人可被認為「是位醫學科學的貴族。」[153]

---

148 "Franklin C. McLean to Cruickshank, April 30, 1920," 北京協和醫學院檔案室藏，外國人檔案，數位索卷號：0096。

149 "Cruickshankthe following is a list of my publications since coming to the PUMC, April 4, 1924," 北京協和醫學院檔案室藏，外國人檔案，數位索卷號：0096。

150 施彥，〈林可勝與民國現代醫學的發展（1924-1949）〉（博士論文），（新加坡國立大學中文系，2013），頁47-54。

151 劉士永、郭世清，〈林可勝（1897-1969）：暗聲晦影的中研院院士與國防醫學院院長〉，《臺灣史研究》，第19卷，第4期（2012年12月），頁155-156。

152 Horace W. Davenport, *Robert Kho-Seng Lim, 1897-1969*（Washington D.C. National Academy of Sciences, 1980）, pp. 228-230.

153 "confidential, subject: department of physiology, from R. S. Greene to H. S. Houghton, April 13,

協和校方並沒有直截了當地將此告知克魯克山克，而是說從協和未來的發展著眼，需要讓更多華人擔當系科領導。1925年3月24日，克魯克山克致函顧臨，談及此事時說自己的心情很不愉快，因為自己已經脫離了英國學術圈多年，如果從協和離開，很難重返母國，謀求與之資歷和經驗相符合的工作崗位，一切都要從頭開始。他還強調協和教授會的資深成員們都認為，是其推動了生理學系的發展，表示願意支持他晉升教授；並認為此時協和將外籍人士領導權交由華人，是一項強加予人的挑戰，他願意接受這項挑戰，尊重校方的決定。克魯克山克當然也不否認：林可勝是位非常優秀的生理學家，如果能夠與之合作，是件非常令人高興的事情。他表示休假結束後隨即返回北京，盡快向林可勝移交該系的領導權，期望與之共同工作，並向校方提出了一個請求：即鑑於自己年齡和資歷都高於林可勝，校方應給予其教授職稱；他不會堅持同時增加薪酬，而只是「要求有職位保證」。[154]

協和的預算額早已確定，不可能在生理學系超額聘請兩位教授，在最初考慮林可勝任職之時，他們就準備兩年後將之提升為教授。讓協和校方此時感到頭痛的，是克魯克山克將心中不快，傾訴給了英國醫學界那些與協和關係密切的大牌教授，給人留下了的印象是校方青睞華人而排斥英國醫生，從而也引發一些英國學者們的抱怨。就此，胡恆德在與克魯克山克的來往信函中，不得不強調教授會的同仁們之所以同意提拔林可勝，雖考慮了其華裔背景，但更重要的還是看重他的學術才幹和領導能力，不會為此而犧牲學術標準或科學評價尺度的。[155] 尤其是當那些關於克魯克山克被取代的風言風語，傳到了林可勝那裡，他激動地找到了胡恆德，說自己被任命為系主任，如果只是因為華人，他將拒絕；如果是純學術考量，認為其與克魯克山克同樣優秀，是該系理想的負責人，那麼他願意接受。所以，1925年的基金會年度報告，談到將讓華人更多擔當領導責任時，特別引述了林可勝的這段話，強調此乃協和未來人事布局的

1925," 北京協和醫學院檔案室藏，外國人檔案，數位索卷號：0096。

154 "E. W. H Cruickshank to Dr. Houghton, King's College, Cambridge, March 24, 1925," 北京協和醫學院檔案室藏，外國人檔案，數位索卷號：0096。

155 "Houghton to Cruickshank, April 25, 1925," "Houghton to E. W. H. Cruickshank, University of London, University College, Institute of Physiology, December 7, 1925," 北京協和醫學院檔案室藏，外國人檔案，數位索卷號：0096。

發展方向。[156]

實際上，這並非只在華人與外人之間產生了震盪，華人與華人之間也因此而產生過一些摩擦。一個典型事例是在1924年5月，協和教授會所討論胡正祥（Hu Ch'en-hsiang, 1896-1966）的聘任案。胡正祥於1921年畢業哈佛醫學院之後，到波士頓市立醫院（Boston City Hospital）擔任了美國病理學家和細菌學家協會主席、哈佛醫學院病理學教授馬洛裡（Frank Burr Mallory, 1862-1941）主持的實驗室之第一助理，年薪兩千美元。馬洛裡對他的印象頗好，稱其聰明、能幹和訓練有素。在胡正祥到來之前，馬洛裡身邊曾有過三名美國助理離職；儘管訓練不夠，效率也低，年薪卻分別為四千美元、四千五百美元和五千美元。[157] 此時正在紐約洛克菲勒研究所訪問，協和病理系主任的田百祿（Carl TenBroeck, 1885-1966）更是大力推薦，稱自己見過胡正祥多次，認為此人是一位難得的青年才俊。他說：胡正祥正蒐集準備帶回中國的資料和標本，馬洛裡教授甚至也拿出了自己多年的收藏，且其此前從未對哪一位助理提供過這樣的支持。[158]

不幸的是，協和教授會沒有通過這一聘任案，原因是田百祿推薦他擔任病理系副教授，建議年薪四千八百元，為了不至於胡正祥被湘雅聘走，故在教授會未投票之前，就已經許下了這個承諾，胡正祥也表示了欣然接受。[159] 教授會提出反對意見之人，多是與胡正祥年齡相仿的華人學者，理由是胡正祥在馬洛裡實驗室的兩年裡，沒有正式的學術論文發表，他們不知其到底擁有什麼樣的教學經驗，以及做過什麼有價值的研究工作；此前來協和任職的年輕人，幾乎都是從助理做起、薪水不高，一步一步地獲得升遷。就像協和最早一位華人教授吳憲，獲得麻省理工學院、哈佛的學士、博士學位之後，於1920年就職協

156 "Confidential, subject: department of physiology, from R. S. Greene to H. S. Houghton, April 13, 1925," 北京協和醫學院檔案室藏，外國人檔案，數位索卷號：0096；*The Rockefeller Foundation Annual Report,* 1925, p. 39.

157 "Appointment Chen Hsian HU, May 29, 1924," 北京協和醫學院檔案室，中國人檔案，數位索卷號：1375。

158 "Carl Ten Broeck to Houghton, Boston, Mss. May 13, 1924," 北京協和醫學院檔案室，中國人檔案，數位索卷號：1375。

159 "C. H. Hu to Carl Ten Broeck, April 8, 1924," 北京協和醫學院檔案室，中國人檔案，數位索卷號：1375。

和之時也是從擔任助理開始，年薪三千元，還不提供就職時的旅費，只是到了1924年才被提升為副教授。參加此次教授會的胡恒德告訴正在美國出差的顧臨，說那些年輕人不希望發生這樣的事，即只要在美國工作過一兩年，就會比在中國工作過同樣時間的人，更容易獲得高級職稱。[160]

顧臨與胡正祥、馬洛裡和田百祿見過面，更多了解當事人、推薦人的能力和想法，連續致電、致函胡恒德，提議為減輕年輕華人的不滿，避免誤以為冷落在地學人，說可將此聘任案標明旨在加強本院的臨床基礎學科，以求教授會能夠順利通過。[161] 後來經田百祿和內科主任的駱勃生（Oswald Hope Robertson, 1886-1966）的強力推薦，敦促顧臨堅持原來的聘任提案，致使他不得不再次致函胡恒德，說理解其面對的困難，也希望能夠原諒自己為此提案通過的說情。在顧臨看來，如果任命胡正祥為副教授，雖然暫時會遇到一些來自華人教授們的阻力，但協和未來一定會從中受益，因為此人的確是一位人才。顧臨在這封信的後面附了一段話，說駱勃生讀過胡正祥與人合著，刊發在《美國醫學協會雜誌》（*The Journal of the American Medical Association*, JAMA）上的一篇文章，評價是觀點雖不能視為最新，貢獻在於作者進行了所有相關的實驗和病理分析工作，表明其人受過良好的學術訓練和有相當的學術潛質。[162]

顧臨的說辭仍沒有被教授會接受，好在胡正祥表現得也很大氣，欣然接受了協和提供的助理職稱、三千八百元的年薪，以及夫妻回國乘坐一等艙旅費船票的全額報銷。讓顧臨感動的，是與胡正祥談及此項任命時，得到的回應是他充分理解協和年輕學人的不滿，說如果自己處在這些人的位置上，也會採取同樣的反對立場。顧臨還告訴胡恒德：胡正祥表示鑑於協和提供了最好的機會，自己有充分信心將得到那些反對者的認可。顧臨說如果真能如此，那麼「我們

160 “H. S. Houghton to Greene, April 14, 1924, Dr. Hu Cheng-hsiang,” 北京協和醫學院檔案室，中國人檔案，數位索卷號：1375。

161 “R. S. Greene & H. S. Houghton, April 14, 1924,” “Dr. Hu Cheng-hsiang,” “Confirmation to be sent,” “Greene to Houghton, May 9, 1924,” 北京協和醫學院檔案室，中國人檔案，數位索卷號：1375。

162 “R. S. Greene to Houghton, May 19, 1924,” 北京協和醫學院檔案室，中國人檔案，數位索卷號：1375。

應該期待明年為他提供協和的正式教職。」[163] 果然，一年後的教授會通過了步達生（Davidson Black, 1884-1934）、駱勃生兩位重量級教授的強力推薦，提升他為副教授，聘期兩年，年薪增至四千八百元。兩年期滿之後，教授會又通過了將其年薪增加至五千四百元，從1927年7月1日起，聘期三年。教授會決議說：胡正祥在這些年裡表現出了非凡能力和勤奮，很好地把握住了自己的研究學科方向，是一名優秀教師，與同事和學生們相處的很好。[164]

相對而言，1905年畢業於霍普金斯醫學院，擁有醫學博士學位的胡恆德，對於提升華人到負責崗位上的態度，比沒有醫學教育背景的顧臨要保守一些。1923年3月3日，胡恆德致函顧臨，強調在未來五到十年內還應保持相當數量的外籍教授，因為華人尚沒有能力和經驗來擔當領導。[165] 及至1926年12月，哈佛醫學院傑克遜臨床醫學教授，也是其時美國醫學教育領軍人物之一的德塞爾（David Linn Edsall, 1869-1945），在協和擔任了一學期的內科客座教授後，離開時就自己的工作體驗而撰寫了近萬字備忘錄，談到如果在未來數年裡試圖減少訓練有素的外國教授，讓更多年輕華人太快地擔任該校的臨床和教學工作將是不明智的。因為讓他感到不安的，是華人學者的興趣多在臨床治療，而非理論和科學研究，並認為他們研究的那些課題，如心血管病、糖尿病和痛風等各種代謝性疾病，雖在歐美受到了高度關注，卻在中國還不常見，故難以獲得重大學術突破。德塞爾建議，協和應鼓勵華人學者，不必總跟著歐美導師後面，須將研究重心放在西方少有，且在中國亟需治療的各種傳染病，以及由於營養不足而導致的諸多疾病上。[166]

顧臨之所以如此熱衷提拔華人才俊，是期望由此破除華人只能做些低級研究工作的刻板印象，並消解該校給人留下美國沙文主義，外人一手遮天的印

163 “Greene to Houghton, June 5, 1 924,” 北京協和醫學院檔案室，中國人檔案，數位索卷號：1375。

164 “Greene to Dr. Hu, May 1, 1925,” “Reappointment- Cheng-Hsiang Hu, April 13, 1927,” “Medical Faculty Executive Committee, Feb. 21, 1927,” “Houghton to Dr. Hu, May 16, 1927, associated in Pathology,” 北京協和醫學院檔案室，中國人檔案，數位索卷號：1375。

165 “Houghton to Greene, March 3, 1923,” 北京協和醫學院檔案室藏，文書檔案，數位索卷號：0093。

166 David L, Edsall, M, D. Memorandum Concerning Peking Union Medical College, December 1926,《北京協和醫學院人事檔案》，編號1983（1）。

象。[167] 對於其他人來說，更重要還在於由此節省維持該校運行的巨大開支。因為儘管協和創辦伊始，就決定對中外同等職級的雇員支付一樣的薪酬；但外人則享有休假時往返國際旅費的報銷、住房補貼，以及強化中文的學習費用，實際支付差不多是同一職稱和級別的華人雇員之兩倍。[168] 協和校方的對策是先將各部門秘書換成了華人，然後是一些更為核心的部門。以會計科為例，與1921-1922年相比，1925-26年外籍人員減少了差不多一半。此時被認為唯一暫不能用華人替換的，是最易產生舞弊、賄賂行為的燃煤採購崗位，因為這裡有大筆金錢流出。[169] 至於教職員的情況：1920年有三十一位，華人九位，占29%；1925年10月該數字已經增加到53%。[170] 至於關鍵負責崗位的人數增加量是：1921-1922年外籍人士有十六位，華人只有一位；至1926-1927年，外籍人士有八位，華人也是八位。[171]

按照胡恆德於1926年11月11日撰寫的該校發展規劃來看，說「希望在四年時間之內，除醫務主任助理之外，每個外國人的崗位都可以用目前在職的中國人所替代。」[172] 至於中外之間一些不快事件的發生，如1922年4月醫院外籍女看護總管察覺醫院的被單、毛巾丟失甚多，幾年下來估價超過兩千元，懷疑在醫院工作的華人男、女看護及苦力之所為，遂決定根據平時表現，每人罰款數元數角不等。男看護們自然十分憤怒，舉行了有八十餘人參加的抗議集會，簽署了請願陳情書，並找總看護交涉。他們聲稱之所以願意在協和，一方面考慮到此乃外人在華開辦的醫學慈善事務，中國人理應幫忙；另一方面，服務於醫

---

167 "Greene to Vincent; en route to Vancouver, May15, 1925," 北京協和醫學院檔案室藏，文書檔案，數位索卷號：0179。

168 "R. M. Pearce to R.S. Greene, June 30, 1927," Greene, Roger Sherman, 1881-1947, MS Am 1864, Houghton Library, Harvard College Library ; *The Rockefeller Foundation Annual Report,* 1924, pp. 294-296.

169 "J.S. Hogg to Dr. A. M. Dunlap, March 11, 1926," 《北京協和醫學院人事檔案》，編號1983（1）。

170 *The Rockefeller Foundation Annual Report,* 1925, p. 39.

171 "J.S. Hogg to Dr. A. M. Dunlap, March 11, 1926," 〈北京協和醫學院人事檔案〉，編號1983（1）。

172 "Houghton to Greene, November 11, 1926," 北京協和醫學院檔案室，文書檔案，數位索卷號：0700。

院也希望能夠造成完善自己的人格。然他們一向熱心服役，當下無端受此不白，如果接受罰薪，就等同默認犯罪，故不敢遵從，希望管理方撤回這一有辱人格之成命。就其後續發展來看，結果是「總看護則為自己辯護曰：先教他們忍受一月，下月無遺失事件，即不再扣。並請須舉出一人，擔保眾人簽字，遭到眾人的反對。」[173]

另一次聲勢更大的抗議，是1931年前後因匯率變動、薪酬縮水而引發華人雇員的交涉。協和最初給員工的薪酬，都是按照北京當地匯率，即美元／銀元大約1比2兌換支付的。1929年春季前，一美元可以兌換兩元，後來出現了下滑，先是2.4比1，至1930年時接近3比1，至6月中旬最低到了4比1。作為對外籍人士的補償，醫社董事會於當年春季決定用美元支付其薪酬，這樣他們的收入不會受到太大影響；然華人雇員則按當地銀元支付，致使其收入至少減少了四分之一。[174] 為了不讓華人雇員生活受到太大影響，協和呈請醫社董事會同意，按照北平生活局關於該市物價125%增幅的調查指數，相應發放每月生活補貼。及至1930年年底，差不多打了大半年的蔣介石與閻錫山、馮玉祥之間所謂「中原大戰」結束，北平物價漲幅開始從高點下滑，12月底降至此次戰前的0.433%，協和遂準備按此調查指數下發每月生活補貼。這意味著華人員工的收入又將減少，自然引起他們的強烈反彈。

1931年1月15日、16日，協和華人雇員連續兩個下午舉行集會，參加者數百人，公舉林宗楊、吳憲，林可勝，以及醫院的金鑄大夫等人為代表，一致要求校方取消這種不平等的中外人士雙軌制的薪酬發放辦法；如果無法取消，與會者認為北平社會局的物價調查，是以全市最低生活水平為標準，然協和醫院之職工，既非此項最貧窮之人，其生活情形相當複雜，當然不能以此調查為發放補貼之標準，故要求按照150%的物價漲幅指數發放每月生活津貼。[175] 顧臨

173 〈協和醫院之扣薪風潮〉，《京報》，1922年4月4日，第5版。

174 “R. S. Greene to M. K. Eggleston, July 30, 1930,” folder 315, box 45, record group. IV2B9, China Medical Board, Inc, Historical Record, RFA- RAC;（美）瑪麗．布朗．布洛克，《洛克菲勒基金會與協和模式》，頁68。

175 〈平市協和醫院要求加薪已圓滿解決〉，《中央日報》，1931年1月21日，第2張，第3版；〈協和醫學院華人運動真相：中西人士待遇不平等，為爭回人格維持生活，五百餘人在大禮堂開會〉，《全民報》，1931年1月24日，星期六，第2版。

對於華人員工的要求表示理解，雖認為確有不公平之處；卻因預算有限而無法改變，只能指望在北平的中國董事們幫忙平息事態。[176] 4月8日，協和董事會召開會議，董事們對此表示了同情，願意出面做些調解說服工作。鑑於協和最低一級助理教授的薪酬，高於某些國立大學教授的實際情況，[177] 董事會主席周詒春與校方磋商後，4月11日致函華人員工代表，請他們理解協和作為一個華人教育機構，薪酬應當與國內其他大學大致相同，不能太多偏離此時各國立大學及相關教育機構的教授們之普遍工資標準，「外國教授們則通常應該獲得他們在別國也能夠得到的那份薪水。」

176 "Greene to Tsur, March 16, 1931," "C. Y. Char, Haien Wu, Robert K. S. Lin, C. U. Lee to Y. T. Tsar, March 16, 1931," 協和醫學院檔案室，公文檔案，數位索卷號：0561。

177 AMD interviews Dr. C. E. Lim, Monday, Sept, 27, 1928，北京協和醫學院檔案室藏，中國人檔案，數位索卷號：2067。

第六章

服務地方社會

第一節 醫院事務

協和醫校雕樑畫棟、高牆大院，平日對市民並不開放；當地民眾較為熟悉是作為求醫問診的協和醫院。如前述該院是英國倫敦會醫務傳教士雒魏林創辦、德貞接辦，規模和醫療水準曾經在京畿一帶頗有聲望，在義和團騷動中該院主體建築卻不幸被焚毀，1901年，原在東北朝陽傳教行醫的倫敦會醫務傳教士科齡在此廢墟上重建，條件十分簡陋，病房設在診所旁邊一座破爛不堪、四處漏風的馬廄，病人們睡在一溜大通鋪上。由於當時北京有龐大的貧困人口，且冬季寒冷而漫長，住房和取暖條件普遍不佳，患病人數眾多。開辦後的一年時間裡，科齡及其同事接診了12,010人次的新老病患，住院患者業已達到了一百八十五人。[1] 1904年新年伊始，他們遷入尚未完工的女醫院（Women's Hospital），設施有了較大的改善。兩年後的1906年，被認為是當時北京醫療設施中最現代化的新主體大樓竣工，設置了一個很大的住院病區，其中有三間是專門收治尊貴病人的私人病房。[2]

讓科齡等人信心倍增的，是前來診治的並非都來自社會底層，病患中開始

1 王治心，《中國基督教史綱》（上海：上海古籍出版社，2004），頁289；*London Missionary Society, The One Hundred and Twelfth-Report-Being the Eighth Report of the Second Century, 1903*, p. 114. London: J. Frances, etc.

2 Luicc E.V. Vaulu, "Report for the year 1905, Dec. 31. 1905," "Report for the year 1906, Dec. 31. 1906," CWM China-North Reports, box 5, 1905, 198, School of Oriental and African Studies Library, SOAS University of London（School of Oriental and African Studies）.

越來越頻繁地出現一些富家官宦人士，[3] 甚至包括慈禧太後身邊最為信任的太監，故醫院於1906年有幸得到慈禧太后等一批清廷高層的巨額捐贈，清廷外務部更承諾每月提供一百兩銀子的補助。由於加上差會和各方捐款，該醫院已能購買土地和修建新的樓房，成為倫敦會在華經濟狀況最好的一家醫院。逮至醫社於1915年7月1日全面接管該醫院時，男醫院已從哈德門（Hatanment，現崇文門）外遷至王府井附近的新建築裡，設施在當時的北京首屈一指，兩層主樓除設有六十五張床位的病房之外，還安裝了電燈、自來水、暖氣，並配置了實驗室、手術室，消毒室、洗衣房和寬敞的走廊，甚至還有一個屋頂花園。明顯的變化是：以往病人住院，院方允許他們穿著自己衣服和自帶被褥，以及家人送來的飯食；此時則按照英國醫院標準，入院時先洗浴乾淨，換上專門衣褲，方可進入病房，並有專門中國廚師按照醫囑，每天負責提供營養食品，醫院裡的地板、桌子和器皿總能保持一塵不染。[4]

1916年9月20日，協和董事會在北京的董事們舉行了會議，出席會議之人除兩位前協和舊人，即校長楊懷德和教員斯塔基（Edward Joseph Stucke, 1873-1923）之外，還有時任醫社駐華代表的顧臨。楊懷德提出此前該院的名稱是「北京施醫院」（Peking Hospital），此時可將中文名改為「協和醫院」（Union Medica College Hospital, *Hsieh-He I-Yuan*），[5] 民眾就能清楚地了解到該院隸屬於協和，隨即得到了董事會的批准。1921年6月24日，該院遷入與醫學院走廊相連接的新建醫院大樓，接收了最初的一批男性病人，一周後轉入首批女性病人，成為中國最早接收男女病人的醫院之一。與之前大不相同，新醫院擁有二百二十張床位，設施更加現代化，尤其安裝了北京此時還沒有的現代化抽水馬桶設備，並設有住院接待處、產科門診、產科、兒科、內科、外科病

3 Luicc E.V. Vaulu, “Report for the year 1905, Dec. 31. 1905,” CWM China-North Reports, box 5, 1905, 198, School of Oriental and African Studies Library, SOAS University of London（School of Oriental and African Studies）.

4 “The New Hospital,” *Peking Gazette*, Thursday, June 25, 1914, p. 4; Thomas Coohrane, Peking, “CWM China-North Reports, box 5, 1907,” E. J. Stuckey, “Report of Peking Hospital, 1912,” Union Medical College Peking, Report 1913-1914,” pp. 10-14, box 7, 1914, School of Oriental and African Studies Library, SOAS University of London（School of Oriental and African Studies）.

5 Lovcal, Minutes of te Excutive Committee of the Union Medical College at Peking, Local，北京協和醫學院檔案室，文書檔案，數位索卷號：0133。

房、病理科，影像學、檢驗科、手術室和臨床實驗室。參與治療的醫生中歐美籍五十四人，華裔三十七人。[6] 1920-21年間，該院已接診門診病患71,094人，住院病患1,847人。[7]

1921年前後的北京城區大約二十五平方英里，差不多七十平方公里，人口說是851,812人，其中外國人約一千五百人，其中日本人六百，美國人三百，英國人二百五十，還有外交使團的四千一百餘人。中國人是男性占三分之二，女性占三分之一。大中學生約兩萬餘名，其中有兩千餘名女性，初中、小學學生約四萬名。總人口中的男性約70%，女性約90%不識字。人口中的漢族、滿族、回族、蒙古族，在總人口的占比分別是70-75%、20-25%、3%、1-2%。外國人享有治外法權，行醫無須得到政府批准，中國醫生則要在政府註冊，並持有行醫執照。該市共有註冊中國醫生約一千一百人，其中一百二十人受過西方訓練。此外，還有註冊助產士有一百八十四人，其中受過西方現代助產教育的只有三十人，且一半還是日本人。市府規定，只要提交關於設備、預算、人員、房屋、收費等詳細報告，以及再交納十元執照費，即可獲准開辦醫院。這就使全市有五十餘家「醫院」，約一千張病床，即平均每八百二十人中方纔擁有一張病床。[8]

擁有二百二十張病床的協和醫院，占全市病床總數的四分之一還多，由此表明其中很多「醫院」雖有其名，卻沒有病床，只是一家簡陋的門診而已。設施較好的外人醫院依次為：美國美以美會（The American Methodist Mission）的同仁醫院，擁有病床六十三張，年門診、住院病患人數，分別為三千人、七百人；還有日本同仁會創辦的同仁會醫院（Dojin Hospital, The Sino-Japanese Charity hospital），擁有病床四十一張，年門診、住院病患人數，分別為二千四百、三百人；以及德國醫院（Gorman Hospital），擁有病床四十張、年門診、住院病患人數，分別為一千五百人、六百。除了協和醫院之外，該市另

6　"Big Peking Medical School Will Be DeDicated Today: Medical Center of Far East," Sep 19, 1921, *The Washington Post,* p. 6.

7　John B. Grant, M. D. "report on a general health survey of Peking, China, February 1922," pp. 4-10，北京協和醫學院檔案室，公文檔案，數位索卷號：0393。

8　John B. Grant, M. D. "report on a general health survey of Peking, China, February 1922," pp. 41-46，北京協和醫學院檔案室，公文檔案，數位索卷號：0393。

一家擁有電梯、暖氣及熱水設備等現代設施的醫療機構，是1918年1月27日正式運行的中央醫院（Central Hospital）。該院由國人自行籌資建設和管理，首任院長是伍連德，設有內、外、婦科以及放射科、檢驗科等十三個科室，醫護人員中相當國際化。此時該院擁有病床一百一十六張，年門診量、住院病患的人數，分別約為三千六百人、一千人。[9]

相較於上述那幾家資質不錯的外人醫院，中央醫院的年度預算經費稍多一些。如日本同仁會醫院是四千八百美元、美以美會的同仁醫院是四萬美元、中央醫院則能達到五萬美元。由於該院經費一半來自政府，隨著1920年代中葉以來的政權更迭，政府撥款無法保證足額到位；後來又由於伍連德於1922年離任，該醫院只能勉強維持，在醫療界的地位也有所下降。1928年1月，協和外科講師，兼任醫務主任的謝元甫陪同醫社醫學教育顧問雷斯特（Nathaniel Gist Gee, 1876-1937）訪問了該院。雷斯特寫下的訪問印象，說此前病房沒有分科，所有病例住在一起，醫生們不得不在各病房裡尋找自己的病人；此時則分設了外科、內科、婦幼病房。由於經費不足，醫院聘請了十名法國天主教會嬤嬤擔任護士，每人每月薪酬僅二十八元。還由於供水系統無法提供足夠壓力，液壓電梯不得不停止運行，三樓以上沒有供水。此外，該院為了節省經費，儘管手術室在使用之時，方才打開暖氣，每天卻仍還要消耗約兩點五噸燃煤。[10]

相對而言，1921年協和醫院經費是四十萬美元，差不多是中央醫院的八倍，被列入當時北京唯一的「A」級醫院。[11] 與在華所有醫院最大區別的，是協和能夠聘請到美國最好的臨床醫生前來擔任客座。在抵達協和任職的那些重要人物中：有後來成為哥倫比亞大學外科教授，且還是該校首任整形外科系主任的韋伯斯特（Jerome Pierce Webster, 1888-1974），1921年是協和醫學院外科住院醫師，直到1925年離開；還有1925年任協和醫學院外科訪問教授，後任霍

9　John B. Grant, M. D. “report on a general health survey of Peking, China, February 1922,” pp. 41-46，北京協和醫學院檔案室，公文檔案，數位索卷號：0393。

10　Memorandum of Interviews Rockefeeler Foundation, Peking Office, N. Gist Gee, Visit to Central Hospital, Peking, Dr. George Y. Char, Medical Director, Junary 13, 1928，北京協和醫學院檔案室，外國人事檔案，數位索卷號：0074。

11　John B. Grant, M. D. “report on a general health survey of Peking, China, February 1922,” pp. 41-46，北京協和醫學院檔案室，公文檔案，數位索卷號：0393。

普金斯醫院外科主任的里德（Mont Rogers Reid, 1889-1945）等人。[12] 此外，再就那些留在協和任職之人來看，多數人都能兢兢業業、恪盡職守——如1928年被聘請為外科代主任，副教授、年薪八千二百元的布朗遲（J. R. Bromwell Branch, 1883-？）於1908年畢業於霍普金斯，後在湘雅當過十二年外科教授。雖則，他只有腹部手術經驗，非學術研究類型之人；但為人和藹可親，對中國懷有很深感情，放棄了回美國當開業醫生的機會，與中國同行關係頗好。[13]

當然也有外籍醫生的表現不盡人意，且不思改進，院方勸其辭職或不予續聘的案例。如1922年11月任神經內科助理及住院醫的艾格斯（Isadore Henry Agos），二十四歲，喬治亞大學畢業後，在馬薩諸塞、波士頓醫院曾短暫工作過一段時間。此時協和給他的聘期一年，年薪一千五百元、免費食宿、取暖、照明和洗衣。令人遺憾的，是他任職協和之後，治療過程中經常遲到或無故缺席，讓工作人員總是等著他；又由於不通中文，查房時需要中國醫護人員陪同翻譯，工作態度馬馬虎虎，出現問題時推諉他人。1923年3月14日，他給一位病人做過枕骨穿刺術後，不幸發生意外，病人出現了呼吸困難；包括科主任烏爾德（Andrew H Woods, 1872-1956）在內的幾位主治醫師急忙趕來搶救，在給病人服藥及供氧後，又在病房裡守候了一個多小時。可在此期間，艾格斯可一直沒有現身。烏爾德後來找他質問，回覆說是沒有得到護士的電話告知。三天後，烏爾德讓他提前遞交了辭呈，簽字後面注明其工作表現「不能令人滿意」。[14]

除了醫生治療之外，護士水準更決定著一家醫院管理及服務品質。1914

12　Special Correspondence, “Baltimoreans Aid in Chinese Hospital Work,” *the Baltimore Sun*, May 24, 1925, p. 8; eorge J. Heuer Source, “Mont Rogers Reid,” *Science, New Series*, Vol. 97, No. 2530（Jun. 25, 1943）, American Association for the Advancement of Science, pp. 571-572.

13　“Curriculum vitae of Dr. J. R. B. Branch, April 7, 1927,” “Houghton to J. R. Bramwell Branch, July 11, 1927,” “R. S. Greene, M. K. Eggleston, March 6, 1928,” “Retiring Allowance Application, Oct. 25, 1927,” “Greene to Maxwll, March 21, 1928,” “Greene to M. K. Eggleston, August 16, 1927,” 北京協和醫學院檔案室藏，外國人人事檔案，數位索卷號：0053。

14　“Greene to Houghton, April 21, 1922,” “Greene to Agos, May 27, 1922,” “Stanley Cobb to Greene, Novermebr 2, 1922,” “Rating of Dr. I. H. Agos, March 20, 1923,” “Resignation of Dr. I. H. Agos,” “Woods to Dr. Mclean, March 16, 1923,” “Francis W. Peabody to Isadoree H. Agos, May 29, 1922,” 北京協和醫學院檔案室藏，外國人檔案，數位索卷號：0003。

年，即在醫社收購協和醫學堂之時，其附屬北京醫院，即後來的協和醫院，已經聘請了十二名護士，由曾在倫敦最重要醫學教學中心的蓋伊醫院（Guy's Hospital）擔任護士的黑沃德（Haward）小姐負責。[15] 不過，那時在華護校只招收男性，病房裡也就只有男護士。1919年6月1日，畢業於霍普金斯護理學院，並還在該校醫院當過三年護士主管的沃安娜（Anna Dryden Wofl, 1890-1985）受協和聘請，偕同其在美國招募的十二位女護士，於8月1日抵達北京。在她的努力操持之下，招收了三名女生的協和護校，於1920年9月28日正式開學。1921年12月前後，協和醫院總共只有除一個小隔離病房之外的八個病房，外藉護士負責兩個私人病房的大部分工作，華人女護士大多在婦嬰、產科病房工作，男護士則負責門診及普通內科、外科病房。外藉護士都需要先接受六至九個月的語言訓練，年薪大多是一千六百元，外加免費食宿、取暖、照明和洗衣，服務四年之後即可享受一趟回國的旅費報銷。[16]

作為協和護校的校長，沃安娜計劃迅速擴大招生規模，盡快將男護士全部由女護士替換，並招募更多華人女護士。1923年的門診部的主管護士，已是畢業於霍普金斯護校的華裔施小姐。[17] 1922-1926年五年裡該院的相關統計數字則是：主管護士中在國外訓練的：1921年-1922年有九人、1926年是十二人；在國內訓練的：相同年分分別是0及四人；醫院護士中在國外訓練的：1921年-1922年有十二人、1926年只有三人；在國內訓練的：相同年分的人數分別是十三人及五十一人；此外還有二十五位及二十八位男護士；在護校就讀的：1921年-1922年只有八人，1926年的四個年級共達到了二十三人。[18] 1935年前後，該院有護士三百三十餘人，外籍護士只有十五位。此時協和護校已有畢業生七十一人，在校生有四十三人。當時中國的其他護校招生資格，只要是初中

15　"Union Medical College Peking, Report 1913-1914," pp. 8-10, box 7, 1914, School of Oriental and African Studies Library, SOAS University of London; pp. 8-10; *Peking Gazette*, Thursday, June 25, 1914, p. 4.

16　"Supt. Of Nurses to Mrs. Moses Chiu, December 10, 1921," 北京協和醫學院檔案室藏，外國人檔案，數位索卷號：0073。

17　Anna C. Jamme, "Nursing Education in China," *The American Journal of Nursing,* May 1923, Vol. 23, No. 8（May 1923）, pp. 666-675.

18　W.S. Cater, "The Peking Union Medical College, the Frst Five Years, August 1926," pp. 16-17，北京協和醫學院檔案室，文書檔案，數位索卷號：0178。

畢業即可；協和護校則自1922年起從燕京招生，學生先經過兩年預科，再經過三年護理專業訓練，並要求學生們「得與現代最優之護士著作相接觸」。[19]

對於外籍護士的管理，醫院頗為嚴格。如1920年8月4日就職協和醫院，先後擔任過醫院男內科、外科病房護士，及女病房護士主管的阿爾伯特（Lucy Abbott）小姐，沃安娜寫的評語，說其個性和藹可親，閱讀能力頗好，關心患者，對華人態度友好且富有同情心；不足之處是管理能力較差，教學不佳，工作粗心大意，需要經常檢查和監督。此外，她還指出該小姐熱衷於交際，有很多朋友，以至讓人懷疑其主要興趣是工作，抑或社交，最後結論是她不適合護理工作。[20] 還有如1921年10月27日就職協和，先後擔任過產科病房夜班總管，副護士長的巴頓（Maude Barton）小姐，沃安娜在其一年後辭職的評語中，頗不留情面，說此人管理能力很好，教學不錯，受過良好的職業訓練，性格果斷；然其個性冷漠致使工作受到影響，對管理表現出頗多不寬容，以為自己被大材小用，大有懷才不遇之怨懟，對認識之人及其同事抱有偏見、態度尖刻。對中國人的態度：有較強的優越感——能夠容忍，且不願意以朋友相待。[21]

協和給外籍女護士的薪酬，普遍低於她們在美國醫院之所得，有些人之所以願意應聘，多出自於對中國的好感，也想要體驗不一樣的生活。1923年7月22日，已在紐約最早創辦，也是該市最大的貝爾維尤醫院（Bellevue Hospital）任職的格裡斯沃爾德（Laura K. Griswold）小姐，致函基金會秘書，希望申請協和的護士職位。她在信中談到其父親是在印度的傳教士，自己出生

---

19 "History of Nursing in China," Aug. 28, 1935, Concerning the school of Nursing of the Peiping Union Medical College，北京協和醫學院檔案室藏，公文檔案，數位索卷號：0826；Kaiyi Chen, Quality Versus Quantity: The Rockefeller Foundation and Nurses' Training in China, *The Journal of American-East Asian Relations*, Vol. 5, No. 1（Spring 1996）, pp. 77-104；甄橙，《美國傳教士與中國早期的西醫護理學（1880- 1930年）》，《自然科學史研究》（*Studies in the History of Natural Sciences*），第25卷，第4期（2006年10月），頁355-364。

20 "Acting Secretary Margery K. Eggleston to Miss Abbott, August 4, 1920," "Miss A. D. Wolf to Mr. Hogg, June 9, 1922," "Miss Amy Wolf to LLewella Arrowroot., 28, 1922," "Sent Dr. Houghton for Mr. Greene, July 28, 1923," 北京協和醫學院檔案室藏，文書檔案，數位索卷號：0001。

21 "A. D. Wolf to Dr. Houghton, September 30, 1921," "A. D. Wolf to Dr. Seem, October 27, 1921," "Sent Dr. Houghton for Mr. Greene, July 28, 1923, Maude Barton," 北京協和醫學院檔案室藏，外國人檔案，數位索卷號：0024。

在印度，十四歲回到紐約，能夠說印度語，並聲稱自己熱愛東方的一切，嚮往在北京做護士工作。在得到協和聘書之後，她於1924年1月26日抵達上海，五天後到達北京。由於表現不錯，不到三個月她就被提升了主管護士，一年後薪酬從一千六百元漲至一千九百元。四年之後，即1927年6月11日，接替沃安娜擔任護校校長的盈路得（Ruth Ingram, 1891-1967）寫的評語，說她外表迷人，有淑女風範，護理技術嫻熟，注重細節，辦事井井有條；或許由於已訂婚，為人處事較為冷淡，故沒有朋友。「對中國人的態度：敬而遠之。」[22]

就像沃安娜的父親也是美國在印度的傳教士，盈路得出生在中國通州，父親同樣是一位醫學傳教士；故協和似更願意接受有傳教士家庭背景的應聘者。1932年9月，西安廣仁醫院（the Jenkins-Robertson Memorial Hospital）的瑞典籍護士安德森（Dagny V. J. Anderson）小姐致函協和，稱西安不太安全，想離開該地而到該院工作。她的芳齡二十五，父母是瑞華會（Swedish Mission）的退休傳教士。10月7日，同樣有傳教士家庭背景，護校第三任校長胡智敏（Gertrude Hodgman, 1896-1977）回覆她說：除非有豐富教學經歷，此時她們已不再招聘外籍護士；如果破例錄取，協和將不提供外籍護士宿舍，中國護士宿舍雖有床位，可她無法長期接受中餐，故只能居住在附近的瑞典人家庭。協和給她的薪酬是每月六十美元，崗位是夜班護士。安德森於1932年11月21日就職，直到1933年7月1日離開，護校副校長派爾遜（Maude Person）的評語是：儘管她的教育背景和工作經驗有限，卻很自覺和具有合作精神，中文流利，對在華工作抱有濃厚興趣。[23]

或許由於協和管理太嚴格，工作強度太大，致使該院護士成為一個高度流動性的群體。就像前述格裡斯沃爾德小姐，在協和工作了四年，因結婚而離

---

22 "Griswold to the secretary, July 22, 1923," "Margery K. Eggleston to Houghton, September 4, 1923," "Greene to Miss Laura Griswold, March 9, 1925," "Miss Griswold, Jan. 31, 1924," "Greene to Miss Laura Griswold, March 9, 1925," "Greene to Griswold, March 9, 1925," Ruth Ingram, Mr. Schaumloeffel, "Increase in Salary Miss Laura Griswold, February 16, 1926," "Estimates of Service and Charcter, June 11, 1927," 北京協和醫學院檔案室藏，外國人檔案，數位索卷號：0194。

23 "Gertrude Hodgman to Mrs. Sorensen, October 7, 1932," 北京協和醫學院檔案室藏，外國人檔案，數位索卷號：0012。

去；安德森工作了七個月，派爾遜撰寫的評語說她更適合在一家較小醫院任職。1928年3月的一份內部文件，稱有訪問教授與兩位外籍護士主管交談，聽到她們抱怨工作繁重，太過疲憊，並得知她們遇到的最大困難，是不少華裔護士，即使協和護校畢業的，在病房裡總用中文溝通，從而讓這些僅能聽懂少數中文用語的外籍主管，很難知道到底發生了些什麼。[24] 實際上，對於華裔護士來說，在協和堅持下去也不容易。時人說：該院女護士「多半是中等或中等以下的家庭出身，因為大富大貴之家的小姐們，還不肯操此職業。她們中間半數以上，是有家庭經濟負擔的，事養父母，供給弟妹子侄受教育，所在多有。」[25] 此外還有1933年7月至1934年7月的護理報告，談及該年度在職的九十一位護士中，男護士有八人，女護士有八十三人，離職者居然高達四十四人之多，原由是因結婚、因工作太辛苦、因學習、因病故、因轉到別的醫院各一人，因政局不穩兩人、無原因四人、因家庭變故十三人、因改行十八人。[26]

第二節 診療收費

當年科齡之所以重建「北京施醫院」，原本想利用病人候診、或住院治療期間，讓福音傳播能夠取得事半功倍的效果。畢竟，醫院從早到晚人頭攢動、熙熙攘攘，治療可謂相當成功。統計數字更是表明：1913年度該院的門診病人達到了七萬人次（72,580），住院病人達到了九百二十四人，每天門診至少接待兩百名病患。作為重點在於慈善求助的教會醫院，他們除一些免費診療之外，門診病人收費也只是象徵性的，即成人兩百錢（Peking cash）、兒童一百錢。科齡說這只是一筆小錢，除了那些極為赤貧之人，大多數人都能負擔得起，醫院基本上沒有收益。職是之故，他們不得不費盡心思到處募捐，如1913年6月30日至1914年6月30日財政年度的數據表明：來自出診、X光照射、住

---

24 "Interviews: MKE, Friday, March2, 1928," 北京協和醫學院檔案室藏，外國人檔案，數位索卷號：0033。

25 〈協和的女護士〉，《益世報》，1935年3月6日，第14版。

26 "Report of the nurising service（July 1, 1933 to July 1, 1934）," 北京協和醫學院檔案室，文書檔案，數位索卷號：0283。

院、門診、賣藥的收費，占該醫學堂總收入的34%左右；其他主要來自中國政府（22%）、倫敦會（2.6%），以及北京的外國人社區（1.8%）、華人社區（1.2%）、兩個英國基金會（5%）的捐助、學費（19%）及餘款（2%）等等。[27]

原來作為一家教會醫院，該院從一開始就收治了不少患病的傳教士及家人，那時都還是免費。當醫社全面接管之後，董事會於1917年6月30日做出決議，對於這部分人的治療及住院，均按照正常收費的70%支付。[28] 這也是考慮到傳教士及其家人通常居住在衛生條件較差的鄉村，由於傳教活動而與貧苦之人經常接觸，營養狀況又不太好，是在華外籍人士中最容易罹患疾病的一個群體。1921年博醫協會提交的一份關於在華傳教士健康狀況的調查表明：每位傳教士的婚姻平均生育2.5個孩子，高出同時期美國大學畢業生或大學教師的20%；沒有小孩的婚姻大約13%，遠低於美國大學女性婚姻的31%；又由於居住環境相對艱苦，生活也較匱乏，患病後無法得到及時治療，大約有四分之一的傳教士家庭都經歷過孩子夭折的痛苦。這份報告聲稱：雖然傳教士家庭的孩子們的死亡率，被認為只是中國孩子的二分之一，但超過在日本外籍傳教士家庭孩童夭折數量的一倍多；尤其是在北方的死亡率高於南方，「88%的死亡發生在七歲以前。」[29]

出於對傳教士的尊重，醫院規定將傳教士及其家人安排在條件較好的特別病室就醫。1918-1919年度，此病室收治了一百一十三位外國人，其中傳教士及其家人有五十四位，占比47%，且兒童又占傳教士及其家人住院病人總數的

27　"Report for the year 1906, Dec. 31. 1906," WM China-North Reports, Box 5, 1905; CG. Donglas Gary, M. D. Auditor"Union Medical College Peking, Report 1913-1914," p. 31, CWM/ LMS, Home, property Deeds, China Box1, School of Oriental and African Studies Library, SOAS University of London（ School of Oriental and African Studies）.

28　"Minutes of te Excutive Committee of the Union Medical College at Peking, Local, June 30, 1917," 北京協和醫學院檔案室，文書檔案，數位索卷號：0133。

29　"Tsinan, China April 12, 1921," Records of The Department of State Relation to Internal Affairs of China, 1910-29 Roll 115, 893. 10, National Archives Microfilm Publications Microcopy No. 329, the National Archives National Archives and Records Service Central Services Administration, Washington: 1960.

31%。[30] 根據董事會那時確定的收費標準：特別病室如果配置西餐，每天七元；如果是中餐，每天五元，每次外科手術費用五元。[31] 需要說明的，是董事會開會討論此議題時，聲稱是參照了上海首家由中國人自辦的西醫院——紅十字總醫院（Red Cross General Hospital）的收費標準。該院門診掛號，初診十文，複診五文，無須排隊等候一元，花柳病治療每次注射撒爾佛散（Salvarsan injections）每次十元。住院病人每天收費：頭等（單人間）六元、二等（2人間）四元、三等（3人間）三元、十多人住的公共病室兩角。小手術五元，大手術不超過二百五十元。長期住院者（一個月以上），除每天住院費之外，每天醫療費為一至兩元。每次X光照射檢查為二十五元。[32] 兩者比較起來，協和此時的收費標準沒有太高。

那時協和醫院還沒有完成重建，設施和許多醫護人員為原北京施醫院的舊有，在收費方面與上海紅十字總醫院相差無幾。當新醫院於1921年重建竣工，添置了不少先進設備、器具、藥品，精妙新奇，還有一批來自霍普金斯的醫護人員，遂規定特別病室十六元、二等病室三元、公共病室一元五角，漲幅超過一倍有餘。[33] 反觀其時北京其他醫院，如設施稍遜一籌的北京中央醫院，每年收治住院病人七百多位，頭等病房有二十張床位，設備也很齊全，每天費用為五至八元不等；條件更遜一籌的國立北京醫學專門學校的附屬醫院來看，三等、二等、頭等病房的收費分別是每天六十錢，二元、四元。[34] 逮至1931年12月1日，協和董事會對收費標準做了些調整，特別病室每天十至十四元不等，

---

30 "PUMC hospital, eleventh Annual Report, 1918-1919," box 6, record group 1VZB9, CMB, Inc. RF., RAC.

31 "Minutes of te Excutive Committee of the Union Medical College at Peking, Local, June 30, 1917," 北京協和醫學院檔案室，文書檔案，數位索卷號：0133。

32 "Charges at Red Cross General Hospital, Shanghai, 1917," 北京協和醫學院檔案室，文書檔案，數位索卷號：0133。

33 〈協和醫學校參觀記〉，《民國日報》，1921年9月18日，第6版。

34 John B. Grant, M. D. "report on a general health survey of Peking, China, February 1922," pp. 4-10，北京協和醫學院檔案室，公文檔案，數位索卷號：0393；"Dr. Richard M. Peare's diary, from November 15, 1920, RMP, 72，February 17, 1921," 北京協和醫學院檔案室，公文檔案，數位索卷號：0066；"Saturday, December 24, 1921," 北京協和醫學院檔案室，外國人事檔案，數位索卷號：0070。

入住押金還需一百五十元。此外，包括血液檢查、理療、化療等費用的手術費、分娩室是二十元，城內救護車費用十五元、城外每英里加五角。如果想要聘請專職護士，每二十小時不論白晝的收費標準是：外籍十元，華人五元。[35]

雖則，該院病床總數仍穩步增長，如1921年為二百五十張，1929年三百一十一張，1932年三百四十六張、1935年達到三百五十張，特別病室床位總數，則一直保持在二十三至二十五張左右。再對於醫院經營來看，特別病室是收費的大頭。1918-19年度，該院收入從12916.18元增至22,523.93元，增幅大約是57%，原因在於此類病室開始收治女性患者，通常配有一位護工的輔助人士。[36] 當然，如果該類型病室不能滿員而出現空置，就必定會出現財務上的虧空。1921年2月17日，基金會醫學教育主管皮爾斯參觀中央醫院，看到該院有二十張床位的頭等病房，設備雖很完善，但「要保持客滿是不可能的，在過去的兩年半裡，這家醫院總赤字為1.7萬元。」[37] 協和的床位占有率高達90%以上，特別病室很少被空置，然在1931年6月1日-9月3日期間，卻因收治了張學良，所在病房樓層因安全原因而不得不全部關閉，致使顧臨頗為不滿地說：「這類的特殊安排對醫院極其不便，我們希望在將來不會有這類事情發生。」[38]

與之相比，二等病室的數量較最初有些增加——1922年十五張、1925年增加到十九張，至1926年達到了最高點的三十張。就該病室的每天費用來看，1922年漲至四元後，直到1933年方漲至七元。醫院收費章程規定：此類病室住院押金較頭等病房稍低，為一百元；相對於特別病室費用稍低的，是使用手術室和分娩室的費用為十五元；其他如使用救護車、聘請專門護士等費用，則與

35 "Minutes of the Peiping Union Medical College, General Information Concerning Rates and Regulations, Decmmebr 1, 1935," 北京協和醫學院檔案室，〈北京協和醫學院人事檔案〉，編號1983（1）;〈北平協和醫院第二十五次報告書（1932年7月1日至1933年6月30日）〉，北京協和醫學院檔案室，文書檔案，數位索卷號：0479。

36 "PUMC hospital, eleventh Annual Report, 1918-1919," 北京協和醫學院檔案室，文書檔案，數位索卷號：0283。

37 "Dr. Richard M. Peare's diary, from November 15, 1920, RMP, 72, February 17, 1921," 北京協和醫學院檔案室，公文檔案，數位索卷號：0066。

38 〈顧臨關於醫院工作（1932年6月30）的報告〉，北京協和醫學院檔案室，英文檔案譯文第86號，0086-0379。

特別病室相同。[39] 在那個一元錢能買三斤多牛肉的年代，[40] 每天四至七元的住院費，大致就可推定入住此類病室的患者，應當大多是月收入至少百元的中產階層。除此之外，其中有一部分大概就是該院的醫護人員及其家屬，因為這部分人享受免費待遇，通常除了重要教授或高層管理人員可入住特別病房之外，一般人可能還多是安排入住此類病室——因為醫院也要考慮成本問題。據1938年發表的醫院報告顯示：上一年度住院病患5,831人，且「本院教職員、雇員、及家屬住院者556人，約占住院人數9.5%。」[41]

如果說得精確一點，罹患疾病最多的醫院員工，是工作壓力大、時間長、也最辛苦的護士，產生的醫療費用中的大部分理應由協和承擔。在1921年新醫院運營之初，有外籍護士十四人，華人護士三十八人（女21人，男17人）、十六位在校實習護士，再加上主管護士及導師共八十三人。按道理說，這些護士大都年紀輕輕，一年下來病假總天數居然為1,048人，即平均每人十二天的病假。最誇張的是外籍護士，全年請病假八百零三天，每人平均要請五十七天的病假。此外，還有三位女護士因病離職——兩位外籍、一位華人。[42] 正是因為出現了大量病假，病房看護人手極度短缺，醫院不得不增加在崗護士們的工作量——如夜班採取了十小時工作制；這又進入了一種惡性循環，拉升了疲於奔命的工作節奏，造成了更多因勞累而不幸罹患疾病的窘況。為了減少護士的流失，董事會遂於1930年底議決，自來年1月1日起，將護士工作時間從每週五十二小時調整成四十六小時，即每週有五天工作八小時、一天工作六小時，

39　Special Correspondence, "Baltimoreans Aid in Chinese Hospital Work," *the Baltimore Sun*, May 24, 1925, p. 8; "PUMC hospital, Eighteenth Report, for the Year ending June 30, 1926," 北京協和醫學院檔案室，文書檔案，數位索卷號：0283；"Minutes of the Peiping Union Medical College, General Information Concerning Rates and Regulations, Sime-private ward service, December 1, 1931," 北京協和醫學院檔案室，《北京協和醫學院人事檔案》，編號1983（1）。

40　〈生活一覽〉，《實報》，1933年11月20日，第4版。

41　〈北平協和醫院第二十五次報告書（1932年7月1日至1933年6月30日）〉，北京協和醫學院檔案室，文書檔案，數位索卷號：0479；"Survey Commission of the Peiping Union Medical College, Miscellaneous Papers, 1936," 北京協和醫學院檔案室，文書檔案，數位索卷號：0155；〈北京協和醫院第三十一次報告書（1938年7月1日至1939年6月30日）〉，北京協和醫學院檔案室藏，文書檔案，數位索卷號：1824。

42　"Report of Nursing Service, July 1922," 北京協和醫學院檔案室，文書檔案，數位索卷號：0283。

並保證每週休息一天。[43]

儘管如此，當年護士們的病假總天數仍然達到1,305天，其中男護士688天，女護士1,221天。就那些年來的年度報告來看，護士罹患最多的疾病，是當時尚無法治癒的肺結核。即以1930年度為例，四位護士不幸被傳染，致使該病的病假天數達到六百零二天，占到護士請病假總天數的46%。[44] 1935年，護士校長胡智敏撰寫的當年年度報告，談及護士健康在過去的那些裡，受到了歐美各國相當大的關注，如《美國護理雜誌》（*American Journal of Nursing*）於1935年4月刊登了一篇題為〈護士中的結核病〉（Tuberculosis among Nurses）的文章，介紹了美、德、法、丹麥、挪威、加拿大和新西蘭等地就此議題的研究狀況。胡智敏認為由於護士們的過度疲勞而致使該病的高發，如第二年實習護士的患病人數往往多於第一年，第三年患病率則幾乎是第一年的兩倍；呼籲除減少護士工作時數之外，醫院還應聘請一位專職人員負責護士們健康，在招聘新人過程中加強體檢，以及加強護士接觸此類病人時穿戴的個人防護。[45]

在校方看來，特別病室、二等病室，只是便於更好地治療，並不十分有利於教學、科研；故盡可能增加公共病室的數量，以求收治更多病人。[46] 1921年此類病室有病床一百一十五張，占比70%；1925年增加至一百五十一張，占比73%；1928年達到二百六十六張，占比85%。此外就病人住院總天數所占比重來看：此類病室在1933年度是83.3%、1934年度是81%、1935年度是81.9%。[47] 至於收費，1917年最初設定為每天一元，1925年降至五十枚銅板（cents）、

---

43 "Supt., of Nurses to Dr. T. Dwight Sloan, July 12, 1923," "Report of the nursing service, Nov. 1931," 北京協和醫學院檔案室，文書檔案，數位索卷號：0283。

44 "Report of the nursing service, Nov. 1931," 北京協和醫學院檔案室，文書檔案，數位索卷號：0283。

45 "Report of the nursing service, July 1934 to July, 1935," 北京協和醫學院檔案室，文書檔案，數位索卷號：0283。

46 "Oswald H. Robinson To Dr. Henry S. Houghton, 27 January 1925," 北京協和醫學院檔案室藏，文書檔案，數位索卷號：0179。

47 "PUMC hospital, Fourteenth Report, for the Year ending June 30, 1922," "PUMC hospital, Eighteenth Report, for the Year ending June 30, 1926," "PUMC hospital, Twenty-second Annual Report, for the Year ending June 30, 1930,"〈北平協和醫院第二十八次報告書（1935年7月1日至1936年6月30日）〉，北京協和醫學院檔案室，文書檔案，數位索卷號：0481。

1929年為七角五分，以及十五元押金。[48] 1931年前後又漲至一元，時人說：「在此等病房的商人占百分之五十」。[49] 如果稍做比較，相對於此前北京，此時北平的許多醫院，即使是此類病室，協和的住院費用仍然要高出兩倍、三倍，甚至更多。如設在宣武門外梁家園、屬北平特別市衛生局管轄的外城官醫院，每月得到官方提供的經費1245.6元，病人的每天住院費用為：頭等一元，飯費四角；二等五角，飯費三角；三等僅收飯費兩角。[50]

據京師警察廳於1926年冬的調查：該市城內及四郊總共有住戶253,382家，其中貧寒戶占比26%，貧戶中極貧家庭占17%，次貧戶、下等戶47%，下戶、貧戶合計73%，中等戶或從容度日及小康之家占總戶數的5%，以及「沿街乞討者約一萬人，指望賑濟的貧民約四萬人。」[51] 具體到關於醫療費用承受能力來看，1927年前後北京衛生實驗區的調查表明：1926年7月至1927年6月間辭世者為1,257人，其中沒有接受任何醫療求助者占比為29.4%、接受過一次或兩次中醫診治者、西醫診治者分別占比為45.3%、21.3%。此外，該區月收入不超過十元的「非常貧窮戶」占比為10.6%、月收入在十至二十元之間的「貧窮戶」占比為49.4%、月收入在二十至一百元之間的「一般戶」占比為31.7%、月收入超過一百元的「較好戶」占比為8.3%。[52] 按照協和醫院的收費

48　"PUMC hospital, eleventh Annual Report, 1918-1919," 北京協和醫學院檔案室，文書檔案，數位索卷號：0283；Special Correspondence, "Baltimoreans Aid in Chinese Hospital Work," *the Baltimore Sun*, May 24, 1925, p. 8; "Minutes of the Peiping Union Medical College, Committee on the Hospital, November 19, 1929," 北京協和醫學院檔案室，人事檔案，編號1983（1）。

49　"Minutes of the Peiping Union Medical College, Committee on the Hospital, November 19, 1929," 北京協和醫學院檔案室，人事檔案，編號1983（1）；〈北平協和醫院第二十五次報告書（1932年7月1日至1933年6月30日）〉，北京協和醫學院檔案室，文書檔案，數位索卷號：0479；〈協和醫學最近的情形（一）〉，《晨報》，1934年11月4日，第3版；"Survey Commission of the Peiping Union Medical College, Miscellaneous Papers, 1936," 北京協和醫學院檔案室，文書檔案，數位索卷號：0155。

50　〈時疫流行中，醫院衛生機關之調查〉，《京報》，1922年7月4日，第6版。

51　李景漢，〈北平最低限度的生活程度的討論〉，《社會學界》，第3卷（1929），頁3。

52　"Report of the Department of Epidemitology for June 1927," 中國第二歷史檔案館內務部中央防疫處檔案，全宗號1036，案卷號52；江岩，〈北平人力車夫調查〉，《地球》，第2期（1930），頁30-34；〈北平毛巾工人生活概況〉，《勞工月刊》，第1卷，第1期（1932），頁14-16。

標準，可以入住特別病室、二等病室者，滿打滿算或只有少許「一般戶」及「較好戶」；然對於占總戶數60%的「非常貧窮戶」、「貧窮房」來說，自費入住公共病室也不容易。

不同於前述的北京施醫院，協和重點不在慈善救濟，而在頂級醫學教學和科研。早在1922年2月，蘭安生撰寫的北京醫院考察報告中，指出雖很難估計到底有多少人將依賴慈善醫療，但醫務傳教士們創辦的免費教會醫院，讓那時民眾誤以為現代西方醫學可以免費獲得。在他看來，鑑於當時所有西藥和醫療器械都來自外國，價格昂貴，至少80%的病例的部分費用應由患者承擔，倘若協和想在北京展開慈善醫療，勢必會擁入大量病患，將帶來在任何一個在西方城市都不會遇到嚴重的經費短缺問題。[53] 的確，對於貧窮之人，協和醫院有一些相應免費醫療舉措，住院一概安置在公共病室。至於免費率的占比來看：1933年度是44%、1934年度是42%、1935年度是42.9%。[54] 另外對於那些有能力承擔醫療費用之人，就門診掛號收費的情況是：1917年初診五枚銅板（copper）、複診兩枚銅板；1931年為初診八十枚銅板、複診三十枚銅板；1932年調整為初診兩角，複診一角；此外X光影像、物理治療、簡易手術、化驗及藥物等，均須酌量減免收費。[55]

1930年前後，醫院每年門診量已經達到十萬人次，平均每天五百餘人；[56]

---

53 John B. Grant, M. D., "report on a general health survey of Peking, China, February 1922," p. 44，北京協和醫學院檔案室，公文檔案，數位索卷號：0393。

54 "PUMC hospital, Fourteenth Report, for the Year ending June 30, 1922," "PUMC hospital, Eighteenth Report, for the Year ending June 30, 1926," "PUMC hospital, Twenty-second Annual Report, for the Year ending June 30, 1930," 〈北平協和醫院第二十八次報告書（1935年7月1日至1936年6月30日）〉，北京協和醫學院檔案室，文書檔案，數位索卷號：0481。

55 "Minutes of the Peiping Union Medical College, General Information Concerning Rates and Regulations, Public ward service, Decemner 1, 1931,"《北京協和醫學院人事檔案》，編號1983（1）；〈北平協和醫院第二十五次報告書（1932年7月1日至1933年6月30日）〉，北京協和醫學院檔案室，文書檔案，數位索卷號：0479。

56 〈北平協和醫院第二十五次報告書（1932年7月1日至1933年6月30日）〉，北京協和醫學院檔案室，文書檔案，數位索卷號：0479；"Survey Commission of the Peiping Union Medical College, Miscellaneous Papers, 1936," 北京協和醫學院檔案室，文書檔案，數位索卷號：0155；〈北京協和醫院第三十一次報告書（1938年7月1日至1939年6月30日）〉，北京協和醫學院檔案室藏，文書檔案，數位索卷號：1824。

其中確有許多無力支付掛號費之人，然就免費所占該院門診病人的比例來看：1921年度為18%、1928年度為8.85%、1930年度為10.98%、1932年度為13.95%、1933年度為13.6%、1934年度為10.81%、1935年度為7%。[57] 鑑於這樣一個統計，估計肯定還有很多貧苦之人患病後，是無法享受到此項優惠政策的。畢竟，以當時人力車夫的收入來看，跑每公里收費十二枚銅板（合大洋3分），由王府井至東安市場，車費方才五枚銅板，每天能夠掙到一元的車夫，實屬鳳毛麟角。[58] 實際情況如負責產科門診的陳梯雲醫生，於1935年撰寫的報告中所承認的：由於很多病人來自貧困家庭，其中一些人住在很遠的地方，每次前來檢查，除掛號費之外，還要支付一筆人力車費；這筆費用就夠全家人生活一、兩天，故她們不得不轉向其他更為便宜些的醫院，或不得不請舊式穩婆在家裡生產。這些病家抱怨說：「協和太貴族化了」。[59]

如果進行換算，即使排除住院時的食宿和治療，以門診掛號費每年度免費率為10%來看，那麼一年下來也要少收上千元，這自然會讓該院承受較大的經濟壓力。如1931年7月24日，北平貧民工廠地毯部致函協和，稱自己作為一家旨在救濟貧民的慈善機構，工人多屬貧寒子弟，父母妻子之生活，端賴一身之供給，倘一得病，全家生活即感恐慌，仁者所惻然，而不忍者也。他們懇求協和能不能以慈善為懷，「對於敝部工人學徒予以免費治療，至於證明手續，當由敝部妥為辦理。」8月13日，協和回覆說：「各科室每年的支出預算，均有一定，稍一寬大，即感困難，故凡請予免費者，概行辭謝，非不欲博施濟眾，奈何事實所限。」不過，協和還是同意對「貴部學徒工人，來院就診者，掛號診治免費，及藥品半價收費之優待。」當然，對那些可能會產生更多社會影響

57 "Fourteenth Annual Report of the Medical Superintendent of the PUMC hospital, for the year ending June 30, 1922," "PUMC hospital, Twentieth Annual Report, for the Year ending June 30, 1928," "Twenty-Fifth Annual Report of the Superintendent, June 30, 1933,"〈中文協和報告書，1930年7月1日〉，北京協和醫學院檔案室，文書檔案，數位索卷號：0478；〈北平協和醫院第二十五次報告書（1932年7月1日至1933年6月30日）〉，北京協和醫學院檔案室，文書檔案，數位索卷號：0479；〈北平協和醫院第二十八次報告書（1935年7月1日至1936年6月30日）〉，北京協和醫學院檔案室，文書檔案，數位索卷號：0481。

58 江岩，〈北平人力車夫調查〉，《地球》，第2期（1930），頁30-34。

59 陳梯雲，"Ch'en It-yun to Miss Hodgeman, office of the Dean School of Nursing, Oct, 31, 1935," 北京協和醫學院檔案室，文書檔案，數位索卷號：0278。

的案例，協和會另當別論。同年11月，因「九一八」事變而在北平成立的東北各界抗日救國會，提出了對那些避難來平，生活全靠市政當局及慈善團體救濟的流亡人士，一律實行免費醫療的請求。由於當時各地抗日情緒高漲，這一請求自然很快就得到了協和院方的批准。[60]

第三節 改善形象

為了更好地連結地方社會，改善在市民心目中的形象，協和引入了在美國也才出現「醫院社會服務」的概念，於1921年成立了東亞首個目的在於溝通醫患關係的社會服務部。首任主任是出生在山東黃縣，父母是美國南浸禮會傳教士的蒲愛德（Ida Pruitt, 1888-1985）。直到十二歲之前，她都和當地孩子一起玩耍，由中國保姆照料，能說一口地道的山東方言；1906-1909年回到美國後的她就讀於佐治亞的一所學院，於1910年畢業於哥倫比亞大學教育學院，接下來在當時美國最早設立該專業的波士頓麻省州立醫院進修，以及費城接受過社會福利事業訓練。她在協和擔任該項事務負責人長達十八年，最初時只有職員三人，至1934年已有二十五位工作人員，其中四分之一為女性。她們的工作引起了中國輿論的注意，一份當時來自第三方的調查報告，稱該工作部作為「溝通醫師與病人之間的隔膜的橋樑」，一方面幫助醫師了解患者致病的社會環境諸因素；另一方面則在於盡可能解決患者在治療過程中遇到的一些困難。[61]

從實際運作來看，由於大多數患者來自貧苦家庭，該部大多時間服務於那些在公共病房就診之人，確也有不少幫助患者排憂解難的感人事例。1927-1929年度住院病人，病例號為25631的患者，是位擁有二十畝土地、以及妻子、女兒三口之家的農民，在幫助警察捕捉強盜時受傷，入院後家裡生計就出現困難，警方則想方設法地推卸責任，不願意提供相應經濟補償。該部與警方進行了協調，敦促他們為傷者的妻女提供冬季來臨的禦寒冬衣，並支付家人前來照料的旅館費用，後來又允許病人做點小本生意而直到痊癒。又如住院號

60 〈北平貧民工廠地毯部致函協和〉，《中文部二十年度存卷》，北京協和醫學院檔案室。

61 劉昌裔，〈北平的兩個社會服務機關：協和醫院社會服務部和北平婦嬰保健會〉，《社會月刊》，第1卷，第2期（1934），頁38-42。

18534的患者，是一位看上去像三、四十歲，實際年齡只有二十來歲的女乞丐，由於虛脫倒在協和護士宿舍門前而被送入醫院。該患者又聾又啞、衣衫襤褸、面黃肌瘦、牙齒還脫落了幾枚，工作人員則走訪周邊街區探訪，卻沒有人知道此位女乞丐姓甚名誰、來自哪裡。收住病室之後，工作人員將她帶到醫院浴室洗浴，提供了潔淨衣服，當其恢復之後，幫忙聯繫慈善機構，教授其縫紉謀生技能。[62]

具體統計數據，可以1936-1937年度為例，該部負責協調案例總數中不同類型案例之占比，值得注意的幾項大致有：慢性病為17.43%、精神疾病為0.78%、問題女孩為0.78%、非婚生育為2.33%、家庭衝突為1.94%、對現代醫學無知為2.33%、經濟困難為37. 2%。此外就幫助解決困難的案例類型的幾項重要占比來看，其中幫助失業者找到工作為4.95%、減免醫療費為17.64%、提供衣物為12.82%、提供食物和營養飲料為29%、幫助聯繫慈善醫療為17.77%、避孕建議和醫療安排為1.65%、借錢給病患為0.38%、臨時性救助為2.16%、幫助安排教育和職業培訓為0.89%、安排身體檢查並報告結果為7.23%、給予改善精神和物質生活條件的建議，分別為25%、3.17%、0.38%。除為貧窮患者提供營養豆漿之外，該部當年慈善救助總支出達到85.94元，其中45.8元用於購買術後滋養品的雞蛋，剩下的40.14元用於各種各樣的臨時開銷，如支付人力車費、購買兒童衣物等等。當然，她們所收到的其他實物及現金捐助，一併作為慈善總支出的額外救助，提供給了那些有需要之人。[63]

醫院也曾想盡可能擴大免費醫療範圍，以提升治療效果。1934年9月5日，時任外科主任的婁克斯致函醫院代院長王錫熾，聲稱在急診病室常常有些傷者，由於沒有帶夠足以支付注射抗破傷風血清的錢款，只能讓醫護簡單包紮一下，上點敷料就離開了。婁克斯的意見是：為了避免破傷風的發生，從而對協和聲譽產生負面影響，醫院藥房是否可採取變通措施，即使沒有付款，也應在緊急病房中確保傷者注射抗傷風血清後離開。他希望就此試行三個月，看看有

62　"Two Year's Report, 1927-1929, the Hospital Social Service, Peiping Union Medical College by Ida Purity B. S., Chief of Social Service," 北京協和醫學院檔案室，文書檔案，數位索卷號：0450。

63　"The annual report of the social service work of the Health Station, First Health Area, July1, 1936-June 30, 1937," 北京協和醫學院檔案室，文書檔案，數位索卷號：0451。

多少傷者能夠兌現承諾，回來返還注射該血清的欠款，以及多少傷者將得到免費注射。[64] 雖則，目前沒有相關後續的直接資料，但看來此意見難以持續推行。因為1936年2月7日，同樣是婁克斯致函外科同仁，說過去一年醫院收入大幅減少，須齊心協力降低醫療費用，盡可能使用價格低廉而非昂貴藥物。後來又據代院長王錫熾的報告，1936年1月相較於1935年1月，醫藥費用增加了53%，原因在於給免費患者使用了太多價格較貴的藥物。[65]

對貧寒者實施慈善救助的舉措，也讓協和能夠一直得到中國政府的財力支持及稅收優惠。就像前面談及北洋政府為其最初購地、進口材料提供的諸多減稅、免稅便利；如1928年7月，馮玉祥為感謝當年收治所部傷兵，給醫院捐款千元，並贈送了一塊鐫刻「在國家種族之上是人道」的大幅匾額。[66] 當然，這些都可能是為了自身發展，協和做了許多幕後遊說而促成的；關鍵在於他們以慈善救助為理由，表明很多時候確能得到行政當局的優惠支持和幫助。1926年8月2日，顧臨致函時任財政總長的顧維鈞，聲稱協和正努力成為一個名副其實的公眾服務機構，請求減免進口醫療器材及藥物的關稅，理由是當年醫院接收的三千八百餘位住院病人中，只有五分之一能支付治療費用、三分之二按最低成本收取伙食費，九萬餘名門診病人中，大多數僅象徵性地支付一點醫藥費用，完全不交納費用者達到了20%，並強調說醫院和醫校的財政來自患者、學生的收費，「僅相當於他們年度總預算的九分之一。」[67]

儘管執政者如走馬燈般的輪換，但這項優惠卻持續了下去，原因是在於協和頂著那個慈善醫療的耀眼光環。1926年，協和呈請北洋政府財政部撥發海關查扣的鴉片、嗎啡、高根，以作為麻醉藥品使用，9月初得到核准，官方公文稱上年已給該校撥發了一批海關輯存麻醉品，此次要求數量過多，似應酌予核

64　"H. H. Loucks, Dr. S. T. Wang, September 5, 1934," 北京協和醫學院檔案室，文書檔案，數位索卷號：0738。

65　"H. H. Loucks to Members of the surgical staff, February 7, 1936," "Dr. S. T. Wang, Heads of Departments, February 15, 1936," 北京協和醫學院檔案室，文書檔案，數位索卷號：0738。

66　〈馮玉祥贈協和等醫院匾額，並各捐款千元，酬謝前年救濟傷兵之誼〉，《京報》，1928年7月30日，第5版。

67　"Greene to Dr. V. K. Welling to Koo, August 2, 1926," 北京協和醫學院檔案室，文書檔案，數位索卷號：0685。

減，改為鴉片三十兩、嗎啡、高根各四兩，「以資合藥，而全善舉。」[68] 國民政府成立之後，又多次允准他們的相關申請，如1930年訓令上海、天津和北平海關，允准給予協和由美國運低的總共四批醫學用品以免稅優惠待遇。[69] 1931年，財政部又應協和請求，將海關查扣的一公斤鴉片交由其使用。逮至1933年4月17日，顧臨請美國駐華公使詹森與國民政府再次協商贈送海關查扣鴉片的事宜。4月20日，詹森致函外交部長羅文幹，理由是該院接受了大量免費治療患者，請撥發海關查扣的鹽酸嗎啡、高根磷酸、蔻迪等各一公斤，鴉片兩公斤。最後協商結果是：僅鴉片一項，海關尚有餘存，核准照數撥發，「飭該校派人徑往天津海關領取。」[70]

再就北京的美國社區而言，協和也盡量進行了溝通和協調。1922年4月22日，顧臨致函胡恆德，談及基金會秘書恩布里即將到訪，說想就此準備組織一個會餐會，邀請十五至二十位在地美國人出席，向來賓們介紹創辦協和的宗旨；並聲稱雖不依賴在地外國社區的捐贈，但協和仍希望能與之保持良好關係。顧臨承認，在北京當地的幾乎所有美國人都不滿於協和，主要批評集中其住院收費偏高、衝擊了外籍醫生的私人執業，以及國際性的教授聘任政策；故希望恩布里能向那些理智之人做些解釋，如就其住院收費之所以高於酒店，原因在於他們除食宿之外還提供了醫護服務。6月1日，恩布里從神戶抵達上海，與胡恆德討論了如何化解北京外國社區對協和的批評，設想最好不正面做出回應，而是採取充分解釋協和宗旨的積極立場。恩布里承認：在與上海一位美國商界重要人士共進晚餐時，聽到其夫人說如果她的孩子患病，最不願意將之交給協和用作教育或研究，而是期望能夠得到最好專家的精心醫治。[71]

68　〈函稅務處北京協和醫院請撥鴉片等品為數過多本部擬核減撥給函請核辦文〉，《財政月刊（9月6日）》，第13卷，第154期（1926），頁17-18。

69　〈財政部訓令（關字第23326號）〉，《財政部財政日刊》，第931號（1930年12月），頁3-5。

70　"Greene to Nelson Trusper Johnson, American Minister, April 17, 1933," "Nelson Trusper Johnson to Dr. Lo Wen-ken, April 20, 1933," "Lo Wen-ken to Johnson, June 17, 1933," "Paul W. Meyer to Greene, June 23, 1933," "Greene to Johnson, June 26, 1933," record group 84, Vol. 1719, Records of Foreign Service Posts, Diplomatic Posts, China, National Archive Ⅱ. U.S, The National Archives at College Park, Maryland, U.S. A.

71　"R. S. Green to R. S. Houghton, April 22, 1922," folder 249, box 35, record group IV2B9, CMB.

協和也試圖通過報紙，進行親民形象的宣傳。1921年年初，基金會醫學教育主管皮爾斯負責統籌協和人事聘用、及九月份在北京召開開辦慶典事宜，於1月25日寫下的備忘錄，聲稱需要在華及英美報刊上展開公共宣傳，讓更多人知道基金會創辦協和的重要性。他還期望經常能將一些關於該校的人事任命及學術活動信息，發送給美國最權威的專業組織「美國醫學會」及《科學》雜誌（*Science*），至少每月向北京最重要的英文報紙《北京導報》（*Peking Letter*）投寄一篇報道。[72] 7月14日，胡恆德致函《北京導報》，稱鑑於公眾對其醫院的服務有些誤解，請該報能為之做些解釋工作；讓民眾知道他們作為一家醫學教學機構，主要目的在於為中國提供最好的教育，醫院為了推進教學而設立，有限的病房只能收治少數患者，不能指望他們能夠大幅改善當地醫療資源極度匱乏的問題；還希望該報更多將協和介紹給每位患者，無論多麼貧窮之人，到了協和之後，都將與最富有的私人病患那樣，得到「徹底的檢查和精心治療。」[73]

當然，這還不只是為了宣傳協和，胡恆德由此更希美國民眾對中國有更多關心和同情。1926年10月18日，《北京導報》社長克拉克（Grover Clark, 1891-1938）即將啟程返美，臨行前請胡恆德推薦一些可與之討論的中國話題，並願為該報捐款的熱心人士，以及一些可在美國進行宣傳的資料。鑑於當時美國社會對中國文化或社會總有不少「冥頑不靈」的誤解，以及對華人社群的「東方主義」之想像，胡恆德的回覆，讚揚了該報向美國民眾介紹了中國政治、社會、經濟狀況，推動了國際之間相互了解，以及中美之間的友好合作；並說通過該報的報道，可以預期將有助於美國人民擺脫對中國事務的冷嘲熱諷和種族情緒。這裡稍做一點說明的，是中共建國之後，曾在1950-1960年代期間組織專門人員，對協和留下來的檔案進行了頗為徹底的政治審查，在看到這兩封通信之時，審查者寫下了這樣一句中文評語，說：「上函說明胡在中國雖

Inc; “Embree to Mr. Vincent, confidential, June 4, 1922, Shanghai,” folder 32-38, box 4, series 100, International, record group1, CMB. Inc, RAF-RAC.

72　“January 25, 1921, Dr. Richard M. Pearce’s diary, from November 15, 1920, RMP,” 北京協和醫學院檔案室，文書檔案，數位索卷號：0066。

73　“A Letter from Dr. Houghton to the ‘Peking Leader ’of July 14, 1921,” 北京協和醫學院檔案室，文書檔案，數位索卷號：0700。

是一個醫學校的校長，但同時也是一個最重要的政治人物。」[74]

對協和最初一篇的批評文字，大概是刊登在1921年7月3日的《新社會報》上，被《北京導報》注明為「極其令人不快的批評」，譯成英文而被轉載。起因是該報編輯的一位朋友，前往協和就診，掛號時排了兩小時隊，負責登記之人都沒有給其發放號牌，然後面到來之人則一一先於他進入診室。此位病患氣不過，與現場管理人員理論，得到解釋的是外國人可優先就醫。這自然引發了更多爭執，管理人員憤憤地回嗆道：「這是大美國醫院（*Ta Mei Kuo*），華人無權置喙。」《北京導報》之所以翻譯了此文，目的在於向當地外國社區表示，基金會及協和頗想就此做些改善，以化解各方不滿。[75] 前述當年9月底，協和舉行隆重慶典活動時，一些受邀參觀者，因人數太多，接待人員太少，遭到接待人員的怠慢而投書報社，聲稱參觀該院的遊人或有失誤，「然分屬貴賓，亦應婉言聲明，決無開罪之理。」[76]

儘管協和院方不得不謹慎面對，有些批評看來或誇大其詞，或無中生有。典型的案例如1921年1月26日，有一英國女性走失了自己的寵物犬，懷疑被人偷賣到協和動物實驗室，院方則陪她到現場察看，並走訪了病理學和生理學系，說在其丟失寵物犬的那段時間裡，該院沒有買進過任何一條犬類動物。當然，她並不相信協和的所有解釋。[77] 作為一個頗為廣泛的謠傳，是直到1930年代初，協和登報澄清有人誤稱其聘有專門負責之人，以每只價值四角至五角不等，在該院的西北小門收買死貓。[78] 更有甚者，是有些借題發揮的不滿宣洩，煽動民眾不滿情緒。1930年7月30日下午5點，協和醫院代理院長王錫熾的汽車，不幸撞死一位六歲小女孩。當事故處理進入司法訴訟之後，辯護律師聲稱肇事者從事慈善，請求法庭判以罰金，不必收押入獄。在地對協和頗不友善的

74　"Grover Clark（*the Peking Leader*）To Dear Heinie, October 18, 1926," "Houghton to Clark Grover, October 25, 1926," 北京協和醫學院檔案室，文書檔案，數位索卷號：0704。

75　"Criticism of the Rockefeller Hospitals, Wednesday, July 6, 1921," 北京協和醫學院檔案室藏，文書檔案，數位索卷號：0890。

76　朱恆敬，〈致協和醫院書〉，《順天時報》，第6341號，1921年10月3日（三）。

77　"January 26, 1921, Mr. Roger S. Greene's Dia, 1921," 北京協和醫學院檔案室，外國人事檔案，數位索卷號：0069。

78　〈致《全民報》編輯部（1930年7月4日）〉，北京協和醫學院檔案室，中文部二十年度存卷。

小報，不僅刻薄地指稱律師拿錢替人說話，無可厚非，且還話中有話地進而煽動道：「不過，協和醫院是否慈善機關，抑係殘酷機關，尚係一絕大問題。」[79]

這裡也不能否認，百密之中或還難免一疏，如一些醫護人員的工作馬馬虎虎，不能兢兢業業。一個記錄在案的典型事例，是1922年9月1日，在私人病房擔任護士的格羅斯（Dorothy Gross），因粗心大意而給病人發錯了藥。格羅斯受過芝加哥長老會醫院（Presbyterian Hospital Chicago）的護理培訓，並還在該院做過四年護士；待遇為年薪一千六百元，外加免費食宿、取暖、照明和洗衣，以及往返美一中之間的航行旅費。不知是其個性使然，還是有意為之，她的平常動作就很遲緩，做事總是缺乏效率，經常遭到主管護士的斥責，兩人之間發生了不快。此外，她還以喉嚨不適為由，提出了不上夜班的申請。這樣的工作態度，一年聘期結束後院方自然就決定不再續聘。1923年7月，護理主任給她撰寫的離職評價，稱此人年輕文雅、愛開玩笑，如果願意工作，就表現出其受過良好訓練，還有善於通過對話而讓病人開心的長處；不足之處在於對男病人過分熱情，熱衷於下班而非上班，對華人雖友善，但不太感興趣，更願意不時地取笑他們。[80]

所幸的是，此次發錯藥沒有產生嚴重後果，醫院也沒有告訴患者，事故遂有驚無險地平安過去。不過令人難堪的，是相對同時期北京其他醫院，協和的死亡率偏高。統計數據顯示，在協和醫學堂時代，即1913年、1914年的死亡率，分別是2.2%、3.4%；逮至醫社全面接管協和之後，即1916年至1919年期間，死亡率最高達到7.3%、最低則是4.3%。及至1921年重建後的醫院投入運作之後，即1922年的數據來看：該年度收治了2,589人，住院病患，其中華人2,113人（男性1,577人、女性536人），外人476人（男性183人、女性293），平均每人住院十六天。以二等、公共病室收治病患的科室占比來看：內科42%、外科32%、婦科兒科15%、眼科5%、耳鼻喉科5%。至於治療與否的效果評估，則是得到改善占比76%、沒有改善占比6%、死亡一百五十例（其中

79　〈四百元買一命〉，〈協和醫院院長無照開車軋死小孩案〉，《實報》，1930年8月12日、21日，第3版，北京協和醫學院檔案室，公文檔案，數位索卷號：0197。

80　"Greene to Miss Gross, May 25, 1922," "Sent Dr. Houghton for Mr. Greene, July 28, 1923," 北京協和醫學院檔案室藏，外國人檔案，數位索卷號：0195。

華人144人、外籍6人），占比5.7%。[81] 當然，院方分析了死亡率偏高的原因，認為主要是協和更多接收了其他醫院無法，或不願救治的危重病人，其中有些人進來時已經奄奄一息。[82]

進一步的分析，是根據1932年的年度報告所做出，即自1928-1929年、1929-1930年、1930-1931年的死亡人數，分別是：324人、319人、270人；死亡率則分別為6.42%、6.31%、5.55%。該報告認為上年外科手術的死亡率是4.06%，雖比北京其他醫院高，但與歐美最重要大學醫院則相差不多。原因在於當地人習慣於把病危之人接回家去，而不是在醫院病房裡等待離世，這在一定程度上降低了此項指標。統計數據還顯示：普通外科的死亡率最高，原因在於大部分急症、顱腦、胸腔手術都由該部門完成，那個時代都尚屬於高危大手術。當然，院方認為如果能將死亡率控制在5%以下，就可被認為是一項了不起的成就。畢竟，1934年對逝者發病前及入住協和就醫情況的調查，表明患病後一直接受現代醫療的占比32.6%、接受中醫治療的占比42.7%、未接受任何醫療救助的占比24.7%。此外，就逝者年齡來看：十四歲以下占比42.4%、十五-四十四歲占比50.4%、四十四歲以上占比7.2%；經濟條件的占比則是：富人為3.5%、中產為25.5%、貧窮為54.7%、極度貧困為16.3%。[83]

第三節 公眾批評

「逝者為大」是幾乎所有社會的普遍認知，死亡事件總是引發患者不滿最直接的導火索。1925年6月8日下午，家在京郊農村的婆媳兩人前往警署哭訴，稱媳婦的四歲小兒在協和不治身亡，說是患了「牙疳之症」，即西醫的「壞疽性口炎」。協和得知後回覆警署，稱該童送來之時，右臉大半已經爛腐，其臭

81 “PUMC hospital, eleventh Annual Report, 1918-1919,” “PUMC hospital, Fourteenth Report, for the Year ending June 30, 1922,” box 6, RG: 1VZB9, CMB,

82 “First Health Station Peiping, Ninth Annual Report, for the year ending June 30, 1934,” 北京協和醫學院檔案室，文書檔案，數位索卷號：0449。

83 “First Health Station Peiping, Ninth Annual Report, for the year ending June 30, 1934,” 北京協和醫學院檔案室，文書檔案，數位索卷號：0449。

難堪；醫生於次日做了清除手術，並下達了病危通知，四天之後認為治癒無望，同意家屬將病孩帶回家去，結果不幸死在了半路。[84] 相比之下，知識界人士的不幸事件，似引起了更多社會關注。1932年秋，北大法學院教授，還兼任律師的李懷亮，被協和醫院確診為罹患晚期頸部黑色素瘤，主治醫生說如果手術切除，外加最新X光的放射治療，或可延長八個月的生命，否則預期壽命只有兩個月。患者求生心切，與醫院簽署了同意分期手術的協議；然經過了三次手術之後，病情並沒有得到控制，一年後不幸辭世。李懷亮家人由此狀告協和，理由是該院對患者進行的第三次手術未經過同意，要求賠償大洋十萬餘元。[85]

作為一家優質醫院，協和每年門診病例將近十萬，每天平均至少五百餘例，掛號、取藥自然人滿為患、嘈雜吵鬧，也最容易引發患者的指責和抱怨。一篇新聞報道，稱掛號排隊大廳，「空氣污濁的很，人聲異常雜亂，使人的腦子幾乎要炸裂。」至於那些排隊者的焦躁情緒，以及四周囂雜的環境，一篇報道有十分貼近的描述：說有一位大約二十四五歲、身著一件顯小的黑色西服，說話時露出一排金牙的掛號病人，談到掛一個特別號要十元錢之時，憤恨地罵了聲「媽的！」，說「這是什麼慈善機關，唬咱們辦不到，他們媽的，我兩炮彈就給他轟平了！」他一隻手握了拳頭，另一隻手猛然一擊，發出一聲兇狠的聲響來，臉上神色更顯得意，「好像已經把這個醫院給毀滅了似的。」接下來護士告誡等候掛號之人不要隨地吐痰，旁邊一位老太太，隨即「咳咳咳……，『呸』地一聲，吐了一口濃痰在光亮鑑人的洋灰地上。」等到叫號就診開始以後，病人們擁擠一團，蜂擁而上，作者說：「使我們感到不守規則，好像是我們貴同胞的特性。」[86]

護士的服務面最廣，工作瑣碎，受到公眾批評更多。尤其對於公共病房來說，醫院規定家人的探訪時間，是每週二、四、六下午的2:00-3:00；為了防止

84　〈京師警察廳內左一區警察署關於王杜氏等控其子杜和尚被協和醫院候姓醫生等割治身死訊辦情形的呈〉，北京市檔案館，J181-018-15361。

85　〈律師李懷亮患病診治經過〉，〈李懷亮家屬發表協和診治經過，大手術未經過家屬同意〉，〈李懷亮割斃案昨日開庭調查〉，《晨報》，1934年9月15日，10月1日，1934年10月7日，北京協和醫學院檔案室藏，文書檔案，數位索卷號：0890。

86　新，〈協和醫院門診處速寫〉，北京協和醫學院檔案室藏，文書檔案，數位索卷號：0890。

進入人數太多，還規定不得兩人同時探訪，很多護理事務只能由護士擔當。1933年7月30日，在平津一帶發行量頗廣的《世界日報》刊發了兩篇文章，一篇以患者家人的口吻，稱其剛滿月小孩因抽瘋病重，入住協和公共病房；目睹了值班的三位女護士，在辦公室裡說說笑笑，無論小孩怎樣哭、要什麼東西，「她們是滿不管的。」另一篇則是就此的評論，稱許多人不滿協和的女看護，原因在於目睹了她們對待經濟相對貧困、衣衫破舊的患者，一是驕傲，二是不耐煩。作者說這些女看護看到病患污穢一點，或沒有知識，就看不起她們，不願理睬她們；倘若有患者照顧起來太麻煩，呼叫她們，也總會招致許多不滿，甚至有故意相約與病人為難的。當然，作者承認這並非只在協和如此，凡是大醫院幾乎都在所難免；然在這裡之所以更易發生，也由於這「是一個不一定靠病人而存在的醫院」。[87]

與之相應，一個月之後該報又刊登了一篇署名投訴，稱六月中旬作者一位親戚的四歲小孩，忽然發病而入住協和公共病房。當病孩母親出去後，作者留下陪伴那位病孩，看到有小孩因為找母親而哭得吵人，當班女護士不好好哄孩子，反倒惡狠狠地大聲訓斥，還動手敲了孩子額頭。此外，在給孩子餵藥時，孩子不願意吃，護士則將之強行灌入口中，許多藥水流溢出來，漫到脖子，連擦都不擦一下，便兇狠狠地將孩子放到床上。一位鑲有金牙的護士，對病人家屬更是惡聲惡氣，態度粗魯。作者憤憤地寫道，這幾位女護士「不知仔細看護，卻拿出監獄中看監的手段來，不是打便是罵，對待客人只看見大洋錢，不認識人。」為了表明此陳述客觀、公正，作者在此文章開頭一段，說自己曾在協和被治癒過，出院後大力替該院鼓吹，說是如果「有人說病人只要一入『協和』，或是這症候有些特別，進了總沒得活出來，以及割肚子弄腸子的話，我說這些完全不對，並且大大替他們解釋一番，有許多朋友本來懷著怕『協和』的心，現在已經除解了。」[88]

這些批評之所以集中在女護士身上，背後可能還有呼喚女性解放、男女平

87　汪緝文，〈對協和醫院說幾句話〉，《大公報》，1931年3月20日，第11版；張淑貞，〈關於協和醫院的女護士〉、秉英，〈關於協和女護士的不忠於職務〉，《世界日報》，1933年7月30日；北京協和醫學院檔案室藏，文書檔案，數字索卷：0890。

88　鄭君慧，〈我所認識的三位協和女護士〉，《世界日報》，1933年8月3日，北京協和醫學院檔案室藏，文書檔案，數字索卷：0890。

權等深層因素。畢竟，自1920年代末中國女性開始走出家門，自謀生路之時，護士是最引人注目的一個群體。以協和為例，最初多是男護士，此時女護士業已占到80%以上。如果進而以門診情況來看，女性患者居然占到一半以上（1933-1934年度，門診女性患者占比52. 5%）[89]，這其中自然不乏熱衷女權運動之人。前述《世界日報》的評論文章，作者說深感痛心有人由此會指摘女性不能忠於職務，將對她們的職業前途產生不利影響。另一篇批評協和產科病房女醫生的文字，作者說坐在診室裡的時候，心裡總是盼著看護叫自己到男醫生那邊治療。因為男醫生在東邊、女醫生在西邊；男醫生態度溫和，病人問什麼，和顏悅色地回答；女醫生一副冰冷的面孔，洋架子十足，「那種帶理不理的樣子，實在令人難受！」該文章同樣將之抬升到女性解放的高度，憤憤地說：「協和的女醫們，多半都是受過多年教育的人，能力方面，並不見得比男子弱，所差者只不過用心與大意耳！」[90]

1926年3月16日，即所謂梁啟超被「無端」切除右腎的醫療事件曝光；引發了一時輿論的譁然。事情起因在於一年前梁啟超罹患血尿，先是由清華校醫檢查，分析可能有三種狀況：一是腎結石，另一是結核、三是腫瘤（可能良性，也可能惡性）。梁啟超於是先找日本、德國醫生治療，經過了一個多月的打針吃藥，病情未有起色；又前往在東交民巷的德國醫院，半個多月經過了三次檢查，雖排除了結石和結核，卻由於該院沒有X光機，故醫生仍然無法確診是否患上了腫瘤。接下來他入住設備最為先進的協和，在X光檢查中發現右腎有一個櫻桃大的黑點，從影像學上證實了確實有一個病灶在那裡。由於那個年代X光作為一種最為可靠的診斷器械，既然確鑿無疑地看到了這樣的影像，那麼醫界通常認為腎腫瘤中的良性並不多見，且良性腫瘤也不會導致血尿，故協和醫生們經過多次討論，高度懷疑為一種惡性腫瘤。於是按照現代醫學「料敵從寬」或「除惡務盡」的治療原則，協和決定進行切除手術。[91]

糟糕的是，切除後對樣本的病理檢查，結果為陰性；如果從此事的後見之

89　"First Health Station Peiping, Ninth Annual Report, for the year ending June 30, 1934," p. 33，北京協和醫學院檔案室，文書檔案，數位索卷號：0449。

90　秋莪，〈由協和的女醫談到知識婦女不應自甘暴棄〉，北京協和醫學院檔案室，文書檔案，數位索卷號：0449。

91　梁啟超，〈我的病與協和醫院〉，《晨報副刊》，1926年6月2日，頁1-2。

明來看，那個長有良性腫瘤的右腎，確可以說「罪不致死」或「罰不當其罪」，完全可以「刀下留腎」，對患者健康也不會有多少不良影響。此舉帶來的一個社會後果，是那些不滿協和，或不滿西醫人士就此大做文章。受到社會較多關注的，是筆名「西瀅」，即畢業於愛丁堡大學和倫敦大學政治經濟學專業，1922年回國後任北京大學外文系教授的陳源。他在知識層中閱讀量最大的《現代評論》期刊上，發表了一篇題為〈盡信醫不如無醫〉的文章，不僅嘲諷協和進行了錯誤手術；進而批評那些不信中醫之人，「覺得外國醫生都是活神仙，他們的話不會錯的。」[92] 更為激烈的抨擊，是他說協和醫院在中國的外國醫院中最為有名，設備最先進，所聘醫生多為世界上一流名醫，梁啟超乃中國有名人物，各名醫斷不至於犯敷衍塞責之弊，將中國有名人物之生命當成醫學試驗品，以自墮其名譽，由此證明「西醫之治病，尚在幼稚時代也。」[93]

後來成為現代中國最重要的公共衛生事務踐行者、領導者，此時則還是在協和上大二的陳志潛讀到陳源的文章之後，頗有憤憤不平之意，隨即致函作者，說自己只是一名協和學生，雖不知道在治療過程中實際發生了什麼，但讀過是文之後，只覺得教授以局外之人來批評局內之事，往往有過甚其辭的地方，將心比心，如果要想分個青紅皂白，建議作者：「最好向協和醫院辦事人直接交涉。」[94] 正是看到對協和的負面批評鋪天蓋地而來，梁啟超於6月2日在北京另一頗有影響的《晨報副刊》及時發表了一篇相關文章，詳述自己的病情及治療情況，說對協和要「憑我良心為相當的辯護」。他告訴關心此事的社會各界，協和對其的治療可謂十分用心，各位醫生經過多次討論，異常鄭重；住院期間，對他更有十二分的懇切。為了更好地消除人們的疑慮，他還特意強調了協和組織完善，研究精神及方法是最進步的，對於中國醫學的前途，負有極大的責任和希望，呼籲「言論界對於協和常常取獎近的態度，不可取摧殘的態度。」[95]

6月17日，顧臨致函愛格萊斯頓，以充滿感激的口吻，談及了梁啟超的全

92　西瀅，〈盡信醫不如無醫〉，《現代評論》，第3卷，第75期（1926），頁8-11。

93　朱阜山，〈梁任公先生在北京協和醫院割症紀略〉，《三三醫報》，第3卷，第33期（1926），頁3-4。

94　西瀅，〈盡信醫不如無醫〉，《現代評論》，第3卷，第76期（1926），頁8-12。

95　梁啟超，〈我的病與協和醫院〉，《晨報副刊》，1926年6月2日，頁1-2。

力支持，並解釋說其治療方案，得到了當時在協和擔任外科客座的瑞德（Mont Reid, 1889-1943）的認可，經過專家們反覆討論，流程上無可非議。瑞德其時三十七歲，此前雖是霍普金斯醫院的外科助理教授，但自1912年起就擔任了被視為其時世界級外科醫生、霍普金斯醫院「四大創始」教授之一，且還是最早嘗試進行乳腺癌手術的霍爾斯特德（William Stewart Halsted, 1852-1922）之重要助手，有著非常豐富的臨床治療經驗。當然，顧臨承認此時出現的這些社會批評，將有助於督促協和不斷改善工作和服務質量，更加小心翼翼地處理此類問題。[96] 就像前述《世界日報》刊登許多對醫院掛號及護士的批評文字，協和也致函該報，表示謝意，稱將竭誠接受。院方更鄭重承諾：如果來院診治病人及家屬，有批評意見者，請即刻或致函院長室、或院長在時面談、或與院長代表接洽、或投函該院設立的批評信箱；並表示將對各種批評意見，「無不檢點查詢，以期改善，而副雅望。」[97]

那時由於檢驗方法有限，抽血化驗是協和醫生們確診病情的一個重要手段，[98] 於是有被在地一些小報惡意炒作的所謂「取血」「售血」案。先以「取血」為例，正面的讚揚如1921年有瘧疾患者投書報刊，稱年來食量驟減、顏色憔悴，一些中西醫有診斷為胃炎的，也有認為是瘧疾的，因無法確診，致使藥石無效，患者入住協和之後，數日取血化驗多次，確診後對症下藥，「經一年之久，始告痊癒。」[99] 然而，負面的批評倒有不少，如1931年7月25日刊行的《實報》載有一篇報道，稱東四禮士胡同李劉氏，入往協和醫院時，被「強取人血，致病人幾發生危險。李劉氏旋在地方法院控告，檢察處偵查結果，予以不起訴。該氏復往河北高等第一分院申請再議，該院昨日傳協和醫院醫生王大同、張孝騫到院，開庭審理一天。」[100] 及至1932年4月14日的《世界日報》又

96 "Roger S Greene to M. K. Eggleston, June 17, 1926, Criticism of the PUMC- Inness of Mr. Liang Chi-Chiao," folder 249, box 35, RG: IV 2B9,

97 〈協和醫院歡迎建議〉，《世界日報》，1933年8月11日，北京協和醫學院檔案室，文書檔案，數位索卷號：0449。

98 朱貢三，〈問西醫之驗血究屬特有何別效能？〉，《紹興醫藥學報星期增刊》，第79期（1921），頁3。

99 〈張公健來信：鳴謝協和醫院〉，《順天時報》，1921年9月12日，第3版。

100 〈聽候宣判〉，《實報》，1931年7月25日，北京協和醫學院檔案室，文書檔案，數位索卷號：0449。

刊文，稱一六十多歲的老婦人，扶三十餘少婦在協和門前，哭訴被醫生們用五寸長玻璃管，分三次在腦內、後腰和肩部吸血，致使她「精神頓覺恍惚，心裡發慌。」[101]

由於診療病人太多，協和是北平最大的醫療用血機構。如1937-1938年度，該院輸血1,224次，上年則為767次，增加了457次，甚至出現了「某類血屬之供血人數時感不足」的窘迫。[102] 1930年前後，每售一百CC血，協和補償售血者三元大洋。[103] 如果做些比較，這相當於一個普遍工人近半個月的工資。以收入中等的當地毛巾廠工人為例，每天工作十二小時，最多得四角，一般僅得兩至三角，甚至還有更低的；如果扣除伙食，他們中手藝最嫻熟者，每月可得七至八元，大部分人只能得到三至四元。[104] 正是由於窮人太多，每年報名售血者多達千人，協和甄別出一百餘人，每人每月只准售血一次。1930年統計售血者1,265人，其中男性1,161人、女性104人，有職業者僅505人（男439人、女66人），失業者則占售血者的20.5%。所謂有職業之人，主要是勞役、工人、人力車夫，他們為439人，占男性售血者的72%；此外，還有泥水匠、木匠、鞋匠及小販占7.5%。六十六位女性售血者中，傭婦一人，其餘均是家庭婦女。[105]

協和之所以需要大量血液，還因為其時許多治療，如外傷、手術失血，以及有些貧血、溶血症等都需要輸血。[106] 在1920年代，北洋政府對此採取了嚴禁措施。1925年4月26日，一位二十六歲，來自山東濟南長清縣的梁春成，被京師警察廳偵緝處逮捕，罪名是給協和多次售血，牟取錢財。該犯辯解道：他先在京漢鐵路當小工，後因腿部生瘡，不能繼續操此重體力活，將鋪蓋典當，

101 〈協和醫院門前〉，《世界日報》，1932年4月14日，北京協和醫學院檔案室，文書檔案，數位索卷號：0449。

102 〈1937-1938年北平協和醫學院第三十次報告書〉，北京協和醫學院檔案室，紙質索卷號：7。

103 協和醫學來稿，〈輸血術簡說〉，《大公報》，1930年7月31日，第3張，第11版。

104 〈北平毛巾工人生活概況〉，《勞工月刊》，第1卷，第1期（1932），頁14-16。

105 褚葆真，（北京協和細菌血清學部），〈關於輸血者之研究〉，《中華醫學雜誌（上海）》第17卷，第6期（1931），頁548-564。

106 戚壽南、盧永春，〈輸血在治療上之重要〉，《中華醫學雜誌（上海）》，第13卷，第2期（1927），頁98-108。

實在無錢度日，百般無奈才走上這條道路。他坦承最近一次售血，協和給了現洋十元，使之得以付清住店費用，買了一件小棉襖，並還有了吃飯之錢。不過，偵緝處長候德山則呈警察廳總監，稱在此案之後，仍飭各隊嚴密偵查，「務期盡獲，以保衛生，而維人道。」[107] 逮至1930年代初，儘管國民政府不再嚴禁，但公眾輿論對此仍耿耿於懷。1930年春，平津那些銷路頗廣的報紙，如《實報》、《益世報》、《全民報》大肆渲染協和售血之事，刊發聳人聽聞的報道，說西城某女子學校就讀的三姊妹，因父親辭世，家境破落，衣食匱乏，不得不前往協和售血，月可得二十餘元。[108]

這篇報道說：令人痛惜的是「三人身體也逐漸衰弱，臉色由紅而變蒼白，精神恍惚，手指指甲尖亦顯白色。」[109] 接下來，一位署名「烏迷」的寫家，在當年6月10日刊行的《實報》，連載以〈姊妹賣血記〉為題的小說，至8月11日刊載到第九十二篇，假稱美國有位羊毛大王，實際上影射基金會、醫社斥資千萬美元，在中國設立一所醫學院，攻擊其目的「是把中國人當試驗品，為的是推究病原，只要病能推究出來，我的目的就算達到了。」[110] 另一篇稍後在該報刊登的評論，直接斥責東城某外國醫院，一般人知道就是協和，資本基金有一千萬元以上，「在平市收買中國人血甚多，每月總有一二個中國人前往賣血，其收買之血，花錢不多。賣出之時，則一瓦特人血，索價大洋二十元。富商顯官住院，索價更無限度。同時若注三次、只有一次純血，其餘皆注血清，因此獲利不少。」這篇評論更認為：「此誠平市最近駭人聽聞之怪事也」，並呼籲市政當局「嚴密調查，加以取締，維持人道，而重民命，才好。」[111]

在那個「帝國主義侵略」、「階級鬥爭」的理念已經開始發酵的年代，此意象又被抬升到更高的道德討伐層次。該報隨即刊載的另一篇評論，不點名的批評北平最出人頭地的醫院，投入大筆金錢，擁有最先進的醫療設備，目的是

107 〈京師警察廳偵緝處呈送梁春成在協和醫院賣放人血一案卷〉，北京市檔案館，J181-019-47786。

108 〈女生賣血：外國醫院大批收買〉，《益世報》，1930年6月20日，第3張，（十一）。

109 〈女生賣血：外國醫院大批收買〉，《益世報》，1930年6月20日，第3張，（十一）。

110 烏迷，〈姊妹賣血記（九）〉，《實報》，1930年6月19日，第3版。

111 〈女學生賣血：某外國醫院之慘酷行為，既違背天理複有乖人道〉，《實報》，1930年6月14日，609號，第4版。

借醫者的手術刀，「暗殺中國人的種，平中國人的族」，故「奉勸我國人，寧窮死，不上他的當。」[112] 另一篇刊發在《益世報》的文字，說該院投入巨資，購買大量人血，以為「闊人物補血之用。」[113] 乃至於在1937年4月24日，《益世報》又連續刊發幾篇相關文章，都在抬高討伐的聲調。一篇題目是〈血的賣買〉的文章，義正辭嚴地聲稱：「一個人身上的鮮紅的血，完全是為了其個人的營養而必要才生的，就為了一些金錢給一個陌生的人抽去，自然是不該的。」另一篇題目是〈反對賣血〉的文章，則聲稱同意此觀點，進而強調：「凡是賣血的人，多是被剝削的勞力的勞苦階級，他們的勞力剝削，已經夠可憐，若再剝削到血液，那還有什麼話說 ！出錢麼，買麼，這也仍然脫不去剝削和勒奪的性質。」[114]

《實報》的主持者是曾留學於日本的管翼賢，採取的是「小報大辦」的方針，發行量高達十萬多份，號稱華北銷量第一；《益世報》則在天津刊行，有天主教背景，立場中間偏左，好針砭時弊。不過，影響更大的《大公報》則刊文反駁上述兩份報紙的相關言論。1930年6月26日，署名「李黯然」的讀者來信，聲稱中國人對血過於迷信，一提及賣血，感到駭人聽聞；然在歐美很多大學生都曾賣過血，在北平的美國海軍陸戰隊士兵也有賣血者，多達數十人。至於該報所稱三姐妹連續五個月輪流賣血，每瓦特一毛二，月入二十餘元，作者反駁道：「假使該姐妹三人，每人每天賣血可得三毛六，請問要賣多少次，才能得到二十餘元呢？」他就此感慨地說：「我們中國真是一個奇怪的國家，有人糊糊塗塗地造謠，就有人糊糊塗塗地信謠，至於根本實事的可能性，卻沒有人去問。」[115] 後來在7月31日，該報又刊文批評還繼續刊登關於女學生賣血的連載小說，稱此小報：「不但沒有悔改之意，反而變本加厲地繼續登載那篇小說，足以證明該報的新聞操守的問題」；並質問道：「不知道公安局的執政諸君和醫學界的諸君都作何感想？」[116]

---

112 沈光學者錢如，〈來函照登：女人賣血〉，《實報》，1930年6月18日，第3版。

113 〈暗無天日北平某醫院，內幕之慘景〉，《益世報》，1930年9月11日，第2張（七）。

114 天華君，〈血的賣買〉、西村，〈反對賣血〉，《益世報》，1937年4月12日、4月24日，第11版。

115 〈李黯然投稿：新聞界與賣血〉，《大公報》，1930年6月26日，第3張，第11版。

116 〈『賣血』和其他的感想〉，《大公報》，1930年7月31日，第3張，第11版。

第五節 訴訟糾紛

現代醫學的發展，與解剖有著極為密切的關係；可不論在西方，抑或在中國，解剖人體最初都遇到強大的社會阻力。毋庸贅述，西方中世紀的教會，曾以「死後肉身重生」為由而將之嚴禁；在中國向有「身體髮膚、受之父母」的認知，同樣受到了堅決抵制。1860年代末，前述接手雒魏林的德貞，將其創辦的北京施醫院，移址米市大街之後，擴建成被民眾稱之為「雙旗竿醫院」；1886年，他編譯的《全體通考》由京師同文館出版，"Anatomy" 被譯成中文「解剖」一詞，呼籲官府開放解剖禁令，將那些重刑處死之人的遺體，交由醫館剖而視之，以提升醫者的治療水準。在他看來，這猶如「俾蒙目而射者，得開其目，迷途而行者，得返其途，治敗壞之鐘錶者，修其外面而且得其內藏，則無用之腐體作大益於生人，不遠勝於棄屍也哉。」[117] 實際上由於反對力量太強，在給醫學生們上解剖課時，德貞未能實際解剖過任何一具屍體，也不敢展示自己私藏的人體骨骼標本，只當場解剖了一隻綿羊。因為他擔心由此激發民憤，引起一場如在其他地方因教會診療而發生過的排外騷動。[118]

1912年9月，北洋政府教育部電召剛從日本留學歸來，負責籌建浙江省立醫學專門學校的湯爾和，創辦了北京國立醫學專門學校。前面已經提及該校作為第一所國立西醫學校，最初有教職工九人、學生七十二人，被北洋政府寄於了厚望。一個多月後的11月22日，湯爾和上書教育部，呈請其向內政部提出法案，准予該校為了教學目的而解剖屍體，理由是如果僅依據圖書講解人體結構，不可能推進醫學的進步，故很快就有內務部以第51號部令頒布了解剖條例，從法理上認定為此乃一種可被允許的合法行為。一年後北洋政府又頒布《解剖規則施行細則》，對哪些醫療教育機構可著手實施，哪些遺體可被解剖，做出了明確具體的規定。[119] 就實際執行來看，1913年2月13日，該校得到

117 德貞，《全體通考》卷首，「自序」，轉引自高晞，〈『解剖學』中文譯名的由來與確定：以德貞《全體通考》為中心〉，《歷史研究》，2008年第6期，頁80-104。

118 Sheffield, "Remarkable Medical Missionary Work in the Work in Tientsin, North China," *The Missionary Herald*, Containing the Proceedings of the American Board of Co... Feb. 1880; 76, 2; APS Online.

119 史志元，〈中國解剖學狀況及屍體解剖方法〉，《醫藥評論》，第63期、64期（1931），頁38-46、23-27。

司法部監獄送來因盜竊治罪、二十一歲，不幸罹患肺病而死亡的一具男屍；這天正值開學伊始，且還是二年級學生的預定解剖實習課，下午即由前日本金澤醫學專門學校教授石川喜直率領學生，在解剖室裡對此男屍進行了解剖教學。[120]

幾乎與此同時，設立在蘇州的江蘇省立醫學專門學校，也得到了一具經地方檢察廳確認為病故，並由地保證明無家屬收領的路斃無名男屍，遂於1月13日下午兩點，在該校舉行了首次解剖的隆重儀式。出席者有省教育司司長代表、省高等審判廳廳長代表、省警察總廳代表、駐軍第二師、蘇州海關監督等國內嘉賓六十五人（七位女性），以及屬教會的博習醫院、美國醫院、婦孺醫院院長兼女醫校長等外籍男女賓客八人。這具屍體的年齡約五十餘歲，體重五十二公斤，解剖後即由師生們鄭重安放在先以準備好的棺木中，然後列隊靜默送行，抬至該校專門用於埋葬教學解剖屍體的墓地。整個解剖和安葬過程肅穆莊重，主辦者期望由此表示對死者及對醫學研究的高度尊敬。時任該校校長的蔡文森是1892年的秀才，後入日本京都醫學專門學校學習，在此次開始舉辦的儀式上莊嚴宣布：「今日為解剖之紀念日，長年今日本校職教員學生，同向該墓致祭行禮，永遠弗替，區區誠敬，倘亦足慰死者於地下乎。」[121]

儘管法令已經頒布，但在實際操作過程中仍遇到了不少困難，有太多社會禁忌需要衝破。1930年代初刊發的一篇相關文字總結道：中國傳統習俗看重屍體甚於生者，以為家人任其至親死後，剖腹斷肢，罪乃莫大也；地方官及當事者，則每以避世俗攻擊，對於解剖法令，雖頒布了多年，推諉敷衍，此時仍未能實力奉行也。如上海各大醫院，雖常常因慈善醫療，獲得了一些無人認領的屍體，卻不敢對之進行教學解剖，只能眼看著被善堂收走而草草安葬。的確，十多年來的統計數字，也表明各醫校解剖次數少得可憐：江蘇、浙江的省立醫專、南通大學醫科，僅實施過三、四次解剖；甚至最重要的北京國立醫專，每年差不多只能舉行一兩次的解剖。雖則，該校與官方關係密切，遊說當道，且垂有成議，然有一次預期準備進行的解剖課程，不意事聞於負責北京衛戍及警

120 〈屍體解剖之實行〉，《中西醫學報》，第4卷，第5期（1913），頁1-2。

121 〈江蘇省立醫學專門學校執行屍體解剖開始式序言〉、〈執行屍體解剖式紀略〉、〈教務長吳濟時之報告〉、〈解剖檢查紀錄〉，《江蘇教育行政月報》，第7期（1913），頁1-10。

察的步軍統領之夫人，遭到強行反對和終被阻止。時人就此評論道：「可歎中國醫校學生，學習解剖時，當狂走郊野墳中，覓取暴露之骨髏，為實習材料。」[122]

基金會準備介入中國高等醫學教育之時，就已注意到此問題的嚴重性。前述1914年1月19日至20日，董事會最早在紐約舉行的那次會議上，哈佛前校長艾略特談及訪華期間，曾觀察到當時唯有上海聖約翰大學醫學部，由於坐落在公共租界，可無視官府對解剖的禁令。[123] 還有前面提到艾略特的訪華期間，即在1911-1912年的四個月裡，陪同人員有被稱為中國現代解剖第一人的伍連德。在1910-1911年冬春之際東三省（滿洲）腺鼠疫大流行中，被緊急派往哈爾濱阻斷疫情的伍連德，在傅家甸的一家昏暗客棧中，關緊門窗，偷偷解剖了一具與當地人結婚，不幸染疫的日本裔女性遺體，從而認定了這是通過飛沫、呼吸傳播的高傳染性肺鼠疫。1915年8月至12月前後，由韋爾奇等人參與的基金會第二次訪華考察團，抵達北京後曾邀請有眾多傑出中國學者出席的盛大宴會。讓韋爾奇感到鼓舞的，是親耳聽到一位著名中國學者說：為何中醫自漢代已經落後，「原因是不再允許解剖人體」。[124]

按照蘭安生在1960年代的口述回憶，在醫社接管協和的最初幾年，作為一個外國機構，解剖課程所需屍體均來自香港。1923年聖誕前後，協和醫學院代院長卡特（William Spencer Carter, 1869-1944）與家人訪問香港，順道參觀了香港大學。他對該校醫學院能夠大量解剖屍體而羨慕不已，回到北京後致函胡恆德，說其停屍間去年一年裡竟然收置了近七千多具屍體，即平均每天能夠解剖二十餘具，其中很大一部分屬於無人認領，解剖後再用公費予以埋葬。於

122 史志元，〈中國解剖學狀況及屍體解剖方法〉，《醫藥評論》，第13卷，第56期（1931），頁13；朱內光，〈余子維先生遺囑解剖敬書數語〉，《醫學與藥學》，第1卷，第11期（1933），頁2；曹麗娟，〈人體解剖在近代中國的實施〉，《中華醫史雜誌》，第24卷，第3期（1994），頁154-157。

123 "China Conference of the Rockefeller Foundation, Held at No. 26 Broadway, New York City, on January 19&20, 1914," folder 91, box 11, series 2, record group III, RFA- RAC.

124 William H. Welch, M.D., "the Advancement of Medicine and its contribution to Human Welfare," pp. 150-154, Addresses & Papers, *Dedication Ceremonies and Medical Conference, Peking Union Medical College*, September 15-22, 1921, Peking, 1922，北京協和醫學院檔案室，文書檔案，數位索卷號：0049。

是，卡特與該校解剖學教授討論了兩校就此事的合作事宜，其中包括如何便捷地對屍體進行防腐、包裝和運輸到協和的協議。[125] 實際上，此前的1920年11月，教育總長范源濂會見顧臨，談及如何為協和提供解剖屍體之事項；聽到顧臨抱怨說去年曾與警方討論此問題，希望能得到一些無人認領的屍體；警方卻以資助救濟院為名，要求協和提供一大筆經濟贊助而方可考慮。范源濂表示願意就此事與內政部進行協商，因為新任內政總長是曾擔任過教育總長，較為開明的齊耀珊。[126]

齊耀珊不幸一個月後就已離職，范源濂的交涉沒有產生任何效果。1921年春，警方派人阻止協和將逝者遺體從醫院太平間移到校內解剖室，要求校方在每次解剖時須得到他們的許可。此外，警方還函告協和醫院，在沒有得到親屬同意之前，不得給涉及警察案件的傷病人士做手術，並在最近的一次解剖過程中，特意派出兩名巡警到現場監視，院方遞煙倒茶，盡量讓他們感到舒服和開心。此外作為「討好低級官員」的一個方法，顧臨還邀請附近街區的巡警署長前來協和參觀，讓其能夠了解病理系和解剖系的工作意義。[127] 1922年底，京師警察廳得到有人密報，稱東城某醫院每於無業之人在院養病者，診治無效斃命，必得解剖；故強調「考給研究病理此項之事實，與人道有傷，於昨飭令各區署轉悉各醫院禁止任意解剖亡人。」[128] 這份警方文告中所說的「東城某醫院」，指的就是協和。因為幾天後的1923年1月初，顧臨致函胡恆德，希望協和能夠進一步協調與警方的關係，以求放寬對於解剖教學的限制。[129]

那時尚無如今天的穿刺、內窺鏡、心電圖、CT等諸多便捷確診手段，除了X光透視拍片之外，醫界頗注重對院內死亡患者的病理屍檢。這有點不同於上述教學意義上的人體解剖，此乃便利醫院直觀勘察病理，全面評估患者離世

---

125 "W. S. Carter to Dr. Houghton, Box 625, Manila, Jan 5, 1924," 北京協和醫學院檔案室藏，外國人檔案，數位索卷號：0070。

126 "Thursday, November 25, 1920, Greene's diaries," 北京協和醫學院檔案室，外國人事檔案，數位索卷號：0068。

127 "Dr. Richard M. Pear's diary, from November 15, 1920, RMP, March15, 1921," 北京協和醫學院檔案室，文書檔案，數位索卷號：0066。

128 群，〈禁醫院任意解剖〉，《醫事月刊》，第2期（1923），頁57。

129 "Greene to Dr. Henry S. Houghton, Jan. 1, 1923," folder 999, box 43, series 1, record group 4, CMB, Inc., RAF-RAC.

前的診治是否有效，是一項以求更準確地診斷病因和改進治療的重要舉措。由於那時歐美社會將此項病理屍檢，作為衡量一個醫療機構資質的重要指標，如一位著名的美國醫生說：「屍檢決定著各醫療中心、醫院、學校及相關醫療機構的治療標準」。[130]然而，令協和校方不無沮喪的，在於各種有形或無形的限制，至少在1922年以前的屍檢率占比相對偏低：1915-1919的四個年度裡，該院的年屍檢率分別是：內科7.3%、45.0%、21.4%、22.0%；外科6.2%、10.0%、10.0%、7.1%。1922年之後，基金會的年度報告中仍聲稱雖然民眾對屍體解剖的偏見尚未消除，但由於工作人員的努力，至6月30日前已經進行了三十三例屍檢，占死亡人數的21.5%；接下來的八個半月中，醫院又進行了三十一例屍檢，占總死亡人數的24.%。[131]

如果做些比較，其時美國最重要的幾家醫院，相關數字至少在60%以上。以1924-1925年為例，屍檢率排名全美第一的，是梅奧診所（Mayo Clinic）占比86%。其次，是霍普金斯醫院占比84%；第三則是哈佛布萊根醫院（Peter Bent Brigham Hospital）占比69%。[132] 讓協和院方感到稍許有些欣慰的，是1923年、1924年至1925年的屍檢率出現了穩步上升，具體數字分別從27.47%、22.4%、增加至33.7%。尤其是在1924年下半年，經過各方努力，致使屍檢數量顯著增加，將近40%的死亡病例得到了病理屍檢的許可。此外，該年度還幸運地得到了七具並非在院內的死亡遺體，這當然都由於協和一直努力改善與警方的關係，得到了他們的一定支持。[133] 如1925年9月，有報道稱京師內外時有倒斃無名屍體，檢驗後無人認領，抬任郊外掩埋；協和向警廳請求，嗣後遇到此類無名屍體，即電知該院，將之抬往院內保存，有家屬認領時，到院報名而發還，倘若遲久無人認領，可由協和自行安排解剖。結果是「警方接

130 United States. Veterans Bureau, *United States Veterans Bureau Medical Bulletin*, January 1930, United States Government Preening Office, Washingon: 1929, p. 585.

131 *The Rockefeller Foundation Annual Report,* 1922, p. 272.

132 "A list of all larger general hospitals in the United States arranged according to the percentage of autopsy permissions secured," *Journal of American Mesial Association*, Vol. 86, No. 2, May 15, 1926, p. 1500.

133 *The Rockefeller Foundation Annual Report,* 1924, p. 261; *The Rockefeller Foundation Annual Report,* 1925, pp. 338-339.

函後准予，於十日通令內外城二十區警察局辦理。」[134]

1928年5月15日，定都南京後的國民政府，用內政部令頒布了更為明確的解剖規則，並於翌年3月以衛生部令頒布實行。至於協和的屍檢率，在1928-29年占比30%、1929-30年沖到了53%；然在1930-1931年度卻出現了斷崖式下滑而跌至29%。[135] 原因就在於1930年7月29日，該院收治了一位名叫宋明惠的燒傷病人，入院手術三天後就不幸死亡，隨即屍檢而遭到家屬狀告的事件。逝者家住在宣外賈家胡同內達子營北門牌六號，四十四歲，妻崔氏，三十四歲，生有一子，十三歲。兄弟四人，患者排行第三，大哥於前年病亡、二哥拉車，自己以賣報為生。患者早有寒腿症，屢經醫治而未有痊癒。數十日前，友人告以偏方，稱可用馬糞，烤薰腿部，數次後就能痊癒。患者信以為真，找來馬糞，購柴四十斤，老醋五斤，借空曠之地挖一深坑，將劈柴置內燃燒，燒熱後潑以老醋，兩腿伸入坑內，又覆蓋以棉被。在此過程中，患者雖感覺到疼痛難捱，喊叫不已，但旁邊友人則將患者緊緊按住，不令其將兩腿移出。[136]

結果自然是患者兩腿嚴重燒傷，且由於無力送醫，拖延十天之久，方才送到協和，請求准照貧病之例，許其免費入住治療。得到協和核准之後，患者收治在十號公共病房，然傷勢不幸日見加重，三天後不治身亡。按照免費治療規定，醫院讓家人在屍檢同意書上按了指印，對遺體進行了常規病理解剖。不料，病人家屬於8月2日裝殮患者屍身，準備舉行喪禮時，發覺逝者腦後有劈裂痕跡，復用藥線縫妥，得知遺體已被醫生解剖，遂將協和告上法庭。8月12日此案開庭審理，法官拿出協和提供的該患者被收治住院時的同意書，指著患者及其家人當時按下的手印，問原告是否確鑿無疑。患者家人則辯稱自己是文盲，被誘導而不知情地表示了同意。接下來檢控雙方的辯論焦點，是此次屍檢未獲衛生局批准，也沒有警方到場，故應被定性為非法。協和的辯護律師則聲稱：由於協和中文秘書在休假，未能將此案及時上報衛生局；加上天氣酷熱，遺體很快就會腐爛，故只能在手續不完備情況下迅速安排了此次屍檢。[137]

134 〈協和醫院收羅死屍，警局已答應〉，《晨報》，1925年9月11日，第7版。

135 “Twenty-second annual Report of the Superintendent, June 30, 1930,” “Twenty-Third Annual Report of the Superintendent, June 30, 1931,” box 6, record group 1VZB9, CMB. Inc, RAF-RAC.

136 〈宋明惠屍腦被割〉，《實報》，1930年8月6日，第3版。

137 〈協和醫院私割屍腦案〉，《實報》，1930年8月8日，第2版；〈協和醫院剖屍案，法院昨

協和雖此前也遇到過數起醫患訴訟事件，卻都沒有引起多大社會反響。因為那時該院擁有不平等的領事裁判權，如果原告是外人，由在天津的美國法庭（the United States Court）審理；倘若是中國人，就由當地中國法庭判決。先就前者而言，如1925年10月1日，一位在北平的美國商人提出訴訟，稱其於上年2月20日入住協和，脊椎被注射了一種在全球只有兩人使用過的藥物，導致喪失行動能力而求償五萬美元；協和則辯解病人患有「梅毒晚期」（an advanced stage of syphilis），這種注射在該院每年就有六千一七千例，並沒有出現此類後果。[138] 再就後者來看，1925年7月，顧臨致函一位在安徽南宿州（宿縣）民愛醫院（Good Will Hospital）任職的外籍醫務傳教士，談及協和發生的一起華人醫生與華人病患之間的醫患糾紛，說當病人家屬狀告法庭，華人醫生隨即被法庭拘押，只是在醫院院長斯羅恩（T. Dwight Sloan）、劉瑞恆到警署說情，以及他們與法庭、病人家人進行了充分溝通之後，方得到撤銷指控、拘押醫生被放回的審理結果。[139]

反觀此次就屍檢而導致的法律訴訟，令協和難以招架的，是驚動了那些熱衷於吸引讀者眼球的市民小報。在京津銷路甚廣的《實報》於此事曝光後的第五天，即8月7日刊文報道說：患者曾經居住的宅屋，「深夜鬧鬼，如燈罩屢次炸裂，及門簾忽然撩起，好似有人出入，及院中至夜靜時，有人行走」。[140] 11日，該報又就協和兩位主治醫生被拘押之事刊發評論，聲稱該醫院向來假慈善之名，對於貧弱者住院，「甘盡義務，不取藥費，但一入該院，即不准出門，幾日即行害死，貧弱之被醫者，十人不准活一。」[141] 此外，在當地頗有影響的寫手王桂宇，在該報也刊文指斥「協和醫院，實屬犯罪，係一種公開的殺人機關，法院應該徹底根究，考核其歷年以來，殺了若干病人，倘若偵訊不

複審〉，《實報》，1930年8月13日，第3版；"The Sung Ming-Hui Autopsy Case," *The Peking Leader*, August 16, 1930, p. 1;〈協和醫院剖屍之洗白〉，《實報》，1930年8月16日，第3版。

138 "In the United States Court for China, October 1, 1925, at Tientsin, China," 北京協和醫學院檔案室，文書檔案，數位索卷號：0768。

139 "Greene to Dr. Richmond Douglass, Good Will Hospital, Nanhsuchow, Anhwei, July 1, 1925," "Greene 'Letter of Dr. Douglass,' July 2, 1925," 北京協和醫學院檔案室，文書檔案，數位索卷號：0700。

140 〈協和醫院私剖屍腦案〉，《實報》，1930年8月7日，第3版。

141 〈醫士被拘押〉，《實報》，1930年8月11日，第2版。

出口供，可將被捕之醫士，交偵緝隊設法拷問。一併照會該國使館，派大批軍警，赴協和醫院探索其歷年殺人證據。消滅此殺人機關，並依法懲處，索賠損失，協和醫院之狠毒，有過於『人肉作坊』，青天白日之下，焉能容得。」[142]

為了能夠擁有更多讀者，那些天裡在平津一帶的報童，手中高舉著刊登此消息的報紙，在人多擁擠之處穿梭叫賣，「請看協和醫院大切八塊的新聞！！！」的吆喝聲，此起彼伏、絡繹不絕。一篇歷數該院過去那些年裡相關「劣跡」的文字，稱該院成立以來，已解剖了九百五十具屍體，詳細陳述了更駭人聽聞的屍檢過程，不免添油加醋地說該院地下層設有解剖室，如果「小解剖」，那麼就是在病人死後，送往該室，先過磅，記載分量若干，然後開胸剖腹，先將五臟取出，頭部用刀割開，再用鋸將腦骨鋸開，將腦子取出，眼睛取出，最後用鋸末填充及縫好，然後過磅送往冰箱冷凍，以待哭主領屍；如果「大解剖」，那麼則是在處理之後，將所餘爛肉碎骨，皆擲諸火井內（焚化爐），該院服務人員，對此均嚴守秘密，如有宣洩，立即斥革。這篇文章最後還煞有介事地聲稱：每當病人入院之時，醫院通過住院登記表，了解患者及家人情況，「如果遇有鄉愚及下等社會之人，欺其粗笨，先令彼親丁在白紙篇上按兩指印，以備將來解剖彼不承認之抵禦。」[143]

此時更激進的文字，竟然將此案上升到事關中國的民族屈辱，乃至種族存亡的意識形態高度。一篇題為〈中國人等於荷蘭豬麼〉的評論，通過此案例，指責協和以「外國人眼光，把中國人都看作荷蘭豬，是最好的試驗品；並聲稱其通過多年教育而形成的「協和系」，說這些人「是中國醫界中最大的勢力，自南京衛生部以至平津衛生局，都有這一系人，他們包辦中國衛生事業，如果辦得好，我們也不反對他們，但是近來一切舉動，差不多只認得美國人，不認得中國人。」[144] 另一篇文字則說：該院依賴美帝國主義，持領事裁判權作護符，在中國無視中國之法律，並無視其本國之法律，雖陽托慈善之名，實則無一時、無一事，無不表現其帝國主義者猙獰面目；並號召國人：「此而可忍，

142 王桂宇，〈協和醫院〉，《實報》，1930年8月11日，第3版。

143 〈暗無天日北平某醫院，內幕之慘景，賣血人已達千餘，女子居多，剖屍剉骨，割眼挖腸之毒辣〉，《益世報》，1930年9月11日，第2張（七）。

144 〈中國人等於荷蘭豬麼〉，《京報》，1930年8月13日，第6版。

孰不可忍。是故帝國主義者一日不打倒，中國一日不得安寧。」[145] 正是在這種社會輿論的高調鼓譟之下，死者家屬前往陸海空軍總司令部外交處遞交申請函，請其向美國公使提出嚴正抗議，「勒令協和醫院停辦，以免殘殺同胞。」[146]

審理此案的地方法庭，同樣承受了巨大的輿論壓力。一篇題為〈警告洋奴化的先生們〉的文章，警告北京地方法庭應不畏強權，稱「協和醫院的勢力雖大，當然不至於宣告無罪，法律也不能寬其既往，所以我們要告訴一般洋奴化的先生們，嗣後中國的法律，可要長腿啦。若是一高興，真有走遍五大洲，你們總要小心一點好了。」[147] 另一篇文章則強調，此案還須與前不久協和院長王錫熾開車撞死人之事聯繫起來，表明協和從未把中國法律放在眼裡，並大力痛斥那些「替外國托辣斯辯護」的中國人。[148]地方法庭於8月23日做出了不起訴協和的一審判決，[149] 隨即遭到那些小報痛斥，一篇文字提醒道：「是在地賢明法官之有以分別其先後，判定其真假，而社會輿論，尤當本其職責，嚴重監視，為死者作後盾，即為中華民族打一條出路也。」[150] 另一篇評論力挺逝者家人上訴，聲稱：「當此我國正唱收回領事裁判權之際，冤屈外人，固足使其不服，然若有罪而不加法，亦足使彼等竊笑。故協和剖屍一案，有關領事裁判權之收回，法院及全國人士，均特別注意。」[151]

輿論繼續發酵，接下來發生了一起針對協和的惡性事件，即本書「緒論」部分提及9月3日在該院發現一枚炸彈，4日發生的炸彈爆炸事件，後續發展是

145 〈協和醫院盜竊屍體有感〉，《民言報》，1930年8月2日，支那日本公使館公使館一等書記官，矢野眞，〈協和醫學校死體解剖ニ関スル件 記録件名 各國ニ於ケル醫學及醫術関係雑件外務省〉，日本外務省外交史料館：B04012774600。

146 〈停辦協和醫院〉，《實報》，1930年8月21日，第3版；"Review of the Week's News," *The Peking Leader*, August 24, 1930, p. 4.

147 劉紹文，〈警告洋奴化的先生們〉，《實報》，1930年8月15日，第2版。

148 〈絕對不是科學問題〉，《京報》，1930年8月16日，第6版。

149 "Judge Absolves P.U.M.C. Healers," *The Peking Leader*, August 26, 1930, p. 1.

150 〈地方法院對於協和剖屍案不起訴理由書〉，《新晨報》，1930年8月24日，轉引自支那日本公使館一等書記官矢野眞，〈協和醫學校死體解剖ニ関スル件 記録件名 各國ニ於ケル醫學及醫術関係雑件〉，日本外務省外交史料館：B04012774600。

151 〈協和剖案，宋將聲請再議〉，《京報》，1930年8月28日，第6版；〈協和醫院盜毀屍體案〉，《實報》，1930年9月4日，第3版。

協和報案之後，警署派員進院內勘察，警察駐守各門，嚴格控制閑人進入，局長批示嚴行查緝，以求早獲主犯。[152] 有新聞報道推測：「有人說是共產黨所為，也有人說是因為解剖案引起民眾憤怒。」[153] 顧臨則認為此案主謀很可能就是其時控制北平，正深陷與南京國民政府「中原大戰」的閻錫山部，並猜想可能是由於協和既沒有向戰區派遣醫療救護隊，也沒有收治太多閻錫山部的傷患而引發了他們的不滿。[154] 一個還可以追蹤的線索，是前述報道此案最危言聳聽，且與閻錫山等北方軍閥關係密切的《實報》。在爆炸案發生後不幾天，該報刊文警告在協和任職的中國籍醫生，怒斥他們賣身於外人，甘當美帝國主義文化侵略之工具；且還批評他們甘當被視為逆軍，即南京國民政府的牛馬，私送藥品，秘遣醫生，「對革命軍則偽言中立，此種誤國害民之行為，人人得而誅之。」[155]

9月18日，占據東北的張學良通電擁護南京國民政府，率領數萬東北軍進入山海關，閻錫山的晉軍不得不退回山西，故可認為這更多是一種政治操作。因為幾天後北平為張學良部所領有，關於解剖案的相關報道，隨即在那些小報上煙消雲散。時人觀察道：此次協和剖解宋明惠屍案，一時引起輿論的軒然大波，為何只在平津等地引起廣泛注意；「獨在素聞開通名譽、醫報特多之上海，寂靜無聲，未聞對明目張膽事，加一公平正大之批評，殊可異也。」[156] 接下來一些替協和辯白或反思性的文字，也開始見諸於報刊。一位大概是醫界人士寫道：「近來北平各報對於此案，議論紛紜，然多指協和醫院之不合理，願吾北平新聞界俟後勿以感情之言攪社會之聽聞；急宜以公正之眼光造成確切之輿論也。」[157] 時過境遷，《實報》於兩年後又刊文正面肯定協和採行的屍檢政策，稱：「倘不幸而病者以不得治而死，該院必多方以求得死者之屍體解

152 〈協和醫院致函警察署，1930年9月5日〉，北京市檔案館：J181-020-03899；〈協和醫院轟然炸彈聲》，《實報》，1930年9月6日，第3版。

153 〈協和醫院發現炸彈〉，《大公報》，1930年9月5日，第4版。

154 "Greene to Faust, October 8, 1930," 北京協和醫學院檔案室藏，文書檔案，數位索卷號：0153。

155 〈警告協和醫院〉，《實報》，1930年9月10日，第3版。

156 〈協和醫院剖屍案〉，《日新治療》，第60期（1930），頁1-3。

157 〈協和醫院剖屍案〉，《日新治療》，第60期（1930），頁1-3。

剖，外界不察，遂以其為草菅人命，實則只不利於死者，而大利於將來之病者，蓋科學的醫術，非明其病，不敢模棱下藥耳。」[158]

第六節 教育部巡視

作為一個醫療慈善教育機構，在地方本應有良好的社會聲譽；此次協和就因為一個解剖事件，遭到了如此眾多小報的猛烈攻擊，讓當地外國人感到驚訝。8月20日、27日，日本駐北平公使館一等書記官矢野兩次致電外務大臣幣原喜重郎，報告輿論矛頭指向了領事裁判權，刊發了「許多排外性記事」；再至炸彈事件發生後，「美國美領館恩格脫參贊致函北平外交處，請主管官員詳查案情，早獲主犯。」[159] 對此事的反思，華北發行量最大的英文報紙《北京導報》撰文指出：除了《大公報》之外，當地華人輿論一面倒地批評協和，並不能夠僅僅歸咎於此次解剖，原因還在於該校過於美國化，過多地強調了醫學研究，多少有些忽略了治療。是文以《新京報》刊發的一篇文章為例，批評協和醫護對患者傲慢，如作者孩子的母親，由於不知道協和規矩，帶了一串葡萄，前往探訪住院兒子時，被守門護工查出後，當著她的面將之都扔到了廢物桶裡。該文呼籲協和改善醫療作風，不僅應盡可能拉近與當地社會的距離，還應像燕京那樣，與中文報刊保持良好關係。[160]

協和校方對此也有頗多反省，檢討了自己為何遭到平津地方輿論如此過分的攻擊。9月12日，顧臨致函愛格萊斯頓，談及了此次解剖事件給協和帶來的傷害，承認缺失在於此次解剖，既沒有得到衛生局的批准，也沒有警方在場，被認為是他們對逝者家人採取了欺詐性的手段。兩位負責此事的中國醫生被警方拘押了一天，在醫院交保後方才被釋放回來。加上此前不久醫院院長王錫熾，為閃避一位在路上玩耍的小孩，把車開進了側溝，不幸把旁邊另一位小孩

---

158 〈純科學的協和醫學院〉，《實報》，1932年8月7日，第8版。

159 支那日本公使館一等書記官矢野眞，〈協和醫學校死體解剖ニ関スル件 記録件名 各國ニ於ケル醫學及醫術関係雜件〉，日本外務省外交史料館：B04012774600；〈協和醫院致函警察署，1930年9月5日〉，北京市檔案館：J181-020-03899。

160 "The Sung Ming-Hui Autopsy Case," *The Peking Leader*, August 16, 1930, p. 1.

撞成了致命傷。追究下來是由於他無照駕駛，除罰款一千元之外，又向小孩家人支付了數百元安葬費，均造成了不好的社會影響。另外還有遭到輿論詬病的，是協和每年都要購買數百條用作試驗的貓狗，被認為是戕害生靈的不義之舉。當然顧臨也談及協和得到不少中國人的善意支持，曾任外交部副部長，時在北平的郭泰祺，以及負責宣傳事務的顧孟餘都幫忙做了許多疏通工作，「將盡其所能地糾正我們協和在醫療服務中的缺陷。」[161]

儘管顧臨知道：只要協和帶有外國色彩，且一直保持注重精深科學研究和巨大影響力，「就很難避免那些不友好的批評」；通過此次風波之後，由於都是平津地方小報起鬨，重要報刊並沒有發聲，反倒讓他頗有信心地認為協和得到了知識階層的支持，不必過於焦慮，因為「從長遠來看，公眾將站在我們這一邊。」[162] 果然到了10月底，北平高等法院第一分院發回前述宋明惠家人不服地方法院判決的上述，令地方法院檢察處另派檢察官重新偵查審訊；再審結果仍然是認為協和此次解剖，儘管存在著程序上的瑕疵，但為研究醫學上學理，「並不違背公共秩序，善良風俗，此種行為與刑法上所定之損壞之行為，完全不同，故不能認為係犯罪行為。」[163] 接下來的事態，是宋明惠家人雖還想繼續上訴，但地方法院已不再受理。翌年1月的報道說此案雖已了結，逝者遺體卻未被家人移出安葬，經協和醫院迭次催促，家人則置之不理，「現在該屍體仍停留在醫院冰房內，惟以停置日久，屍體將會腐壞。法院公安局催屍親領取，以免腐壞。」[164]

為了避免此類事件再次發生，顧臨與在上海的顏福慶等人，強力敦請衛生署長劉瑞恆，於1933年6月9日批覆了《衛生署修正解剖屍體規則草案》及《修正解剖屍體規則》。6月23日，顧臨致函基金會醫學部主任的葛萊格（Alan Gregg, 1890-1957），談及此法令的重要性，認為中文「解剖」一辭，沒有區分「切開」與「部分器官屍檢」之間的不同之處，誤以為醫學病理意義上的屍

161 “R.S. Greene to M. K. Eggleston, Sept. 12, 1930, Sept 12, 1930,” folder 249, box 35, record group, IV2B9, RAF-RAC.

162 “R.S. Greene to M. K. Eggleston, Sept. 12, 1930, Sept 12, 1930,” folder 249, box 35, record group, IV2B9, RAF-RAC.

163 〈協和醫學剖屍案仍不起訴〉，《實報》，1930年10月24日，第3版。

164 〈宋明惠屍仍存協和醫院〉，《實報》，1931年1月20日，第3版。

檢，就是將逝者遺體「全身肢解開來」，即所謂俗語說的卸成「八大塊」，很容易在民眾中產生了太多恐慌和焦慮。再有此前規則要求解剖前醫院須報備警方同意，負責此事之警官通常敷衍了事，總以為多一事不如少一事，報上來的申請常常被無端拖延下去，直到最後不了了之。新規則將「解剖」與「屍檢」進行了嚴格區分，規定由政府認可的醫學機構，只要得到逝者親屬同意，呈報警局備案後六小時必須給予答覆。這就讓醫療機構處在了一個有利位置，因為警方的低效率、拖延，反倒讓醫院的屍檢更容易進行。[165]

由此讓顧臨感到欣慰的，是認為此法令反映出國民政府正努力嘗試改善全國的醫療教育。顧臨在此信函中感謝蘭安生在這些年裡，一直頗有遠見地向政治高層鼓吹公共衛生事務的重要性，強調國家富強更在於國民的健康，從而讓劉瑞恆得以走上了公共衛生事務的領導崗位。對於劉瑞恆來說，顧臨認為其之所以能成功地進行一系列改革，很大程度上因為作為一位成功的外科醫生、醫院管理者，以卓越的專業能力，贏得了政府高層的充分信任。此時的情形，與十五年前協和初創之時相比，儘管還存在著很多困難，好轉趨勢卻也日見明顯，因為有不少中國在地人士願意鼎力相助。[166] 回到解剖話題上，該院此後若干年裡也就沒有遇到太多阻力。統計數據表明：在1932-1936年期間，除有一年的屍檢率是22.4%之外，其餘年分都在40%以上。1937年度，病理部對住院及門診逝者的屍檢率，華人、外人分別為44%、77.8%，總數為44.54%。1938年9月，華人、外人逝者的屍檢率分別是34%、50%，總數為35%。

此時南京國民政府正積極推動現代化變革，西醫人數也隨著城市化的發展而大幅增加。就統計數據來看，先不說1911年，專科以上各醫校僅有二十五位畢業生，至國民政府定鼎南京時的1927年總共也只有一百七十二人；相對於1927年的，1930年、1931年、1932年、1933年畢業人數的增長率，分別是31%、150%、89%、117%。[167] 另外以1932年的統計數據為例：在中國的西醫總數為6,599人，其中包括本國畢業的5,926人、留學日本的424人、留學歐美的

165 "Green to Dr. Gregg, June 21, 1933," 北京協和醫學院檔案室藏，文書檔案，數位索卷號：0186。

166 "Green to Dr. Gregg, June 21, 1933," 北京協和醫學院檔案室藏，文書檔案，數位索卷號：0186。

167 〈全國歷年之醫學畢業生〉，《教育文化消息》，頁13-14。

149人。如果加上遺漏未報的數字，估計總數約在七千人左右。按照當時全國總人口四億計，每六萬人中才有一位新式醫師。畢竟，1927年歐美各國的醫師占人口比例：分別是美國的800/1、英國的1,690/1、瑞士的1,250/1、丹麥的1,430/1、荷蘭的1,820/1。當然，西醫人數占比偏低，並不意味著中國社會的醫療資源匱乏。時人說：只要看看遍地皆有的中醫、江湖郎中及中藥鋪，估計這部分人的數量約八百二十萬人（其中藥店經營者約700萬）、[168]

直到1937年抗戰爆發之前，是所謂國民政府展開國家重建的「黃金十年」期間，其制定的一系列現代化宏偉規劃中，培養更多現代醫生是其推進高等醫學教育的重要目標之。曾留學於日本、國民黨重要政治人物、擔任過中山大學校長，時任考試院院長的戴季陶於1931年提交了一個雄心勃勃的提案，題目是「擴充醫藥衛生教育以救民族之衰微而立民生之基本」，聲稱要在三十年時間內，實現讓中國每一千人中有一位新式醫生，每十位新式醫生中就要有藥劑師一人的宏偉目標。這也意味著在此時間段裡，中國需要培養出四十萬名新式醫生，實際情況卻是當年中國全部醫校的畢業生相加，總共也只有四百三十一人，即計劃每年至少要培養出十三萬畢業生。至於具體實施，戴季陶設想由國家投入大量資金，除充實現有醫校之外，再將所有醫學專科學校都升格為大學；並要求每個省、市必須開辦一所以上新的專門醫校，每校每年至少要招收五百名學生，走得是大批量招生以及速成培訓之路。[169] 該提案當年被國民黨中央政治會議通過。

國民政府隨即著手予以推進，從而讓協和因招生問題，倍感官方的強大壓力。以最重要的「國立北平大學醫學院」情況來看，1932年有畢業生四十人，協和二十一人，幾乎是其一半。該校六年制，協和八年制，從1923年最初畢業的三人，至1933年的十年時間裡，協和總共也只畢業了一百一十六人。按照1931年國民政府的規劃，每所醫校的在校生，必須維持在五百人左右，協和差得太遠。具體說來，1932年度，該校醫學正科只有在校生一百一十三人、研究生九十九人；護校本科在校生三十二人、研究生二十四人，總共也只有

168　〈中國的醫學教育〉，《中華醫學雜誌（上海）》，第19卷，第2期（1933），頁197-216。

169　〈關於我國醫學教育意見之匯錄〉，《醫學週刊》，第5卷（1931），頁5-6；〈中央委員戴傳賢氏之擴充醫藥衛生教育原案〉，《現代醫藥（杭州）》，創刊號（1931），頁74-77。

二百六十八人。1932年，當國民政府開始在北平、上海、南京等地展開高等教育巡視時，教育部派往協和的巡視組在臨行之前，得到部會長官的特別叮囑，希望就「修業年限過長，去部令尚遠，及造就之學生數量等問題」約談協和校方。再當巡視組現場考察過後，也認為以協和如此優渥的師資及教學設施，再多「招收甲乙兩班學生而授以同樣功課，非即造就兩倍於今日之人材耶。」[170]

由於協和已在教育部註冊，須遵從中國官方的指令，這也讓顧臨頗感為難。他用書面報告向巡視組解釋：協和無法擴大招生的原因，首先在於其學位是美國紐約州立大學所授予，必須符合該校招生標準，而非按照中國現有大學的錄取水平，因為只要被協和錄取的學生，赴美留學就可不通過考試，直接進入紐約州立大學就讀。他認為此時增加招生數量，則勢必降低錄取標準；其次是倘若擴大招生規模，意味著增加師資和教室、宿舍，必須要更大一筆經費投入，協和沒有如此之多的預算。及至1935年6月，又一次教育部的巡視仍然提出了此問題。協和回覆說，本年度在校本科生、研究生、醫院實習生共有三百六十一人，相對於上一年度已有所增加，此次召開本校課程委員會，重申協和在招生過程注重質量，無法放寬考試標準而進一步擴大錄取；並強調他們對於「學生來源，力求廣博，絕未限於任何學校，亦無對於任何學校特約之舉，是故優設獎學金，並於招考之初，以招生廣告登載京滬平津粵漢各大報，以盡招徠之意。」[171]

另外也讓教育部巡視組不太滿意的，是協和對政府指令並非無條件地給予支持或照辦。1934年年底，北平訓練總監部致函協和，聲稱按照政府規定，高中以上女生雖免除接受軍訓，平時卻應以軍事看護為必修學科，集中訓練，以備隨時調派服務；就此他們制定了軍事看護課程暫行標準，提供給各校負責實施。在最近的檢查過程中，他們發現有些學校虛應故事，還有些學校根本沒有實行，故準備聘請二十位看護教員，由社會局派往各校督導實施。他們希望協和派出人員負責培訓，願為每人支付每月三十至五十元的薪酬補助。協和回覆

170　〈視察北平協和醫學院報告（一）1932年3月13日〉，〈協和回覆（1935年7月26日）〉，北京協和醫學院檔案室，紙質檔案，中文部二十年度存卷；"Registrar to Greene, June 30, 1935," 北京協和檔案室，外國人檔案，數位索卷號：0191。

171　〈視察北平協和醫學院報告（一）1932年3月13日〉，北京協和醫學院檔案室，紙質檔案，中文部二十年度存卷。

說：自己的護士尚不敷用，如果訓練總監部能夠找到那二十位看護教員，他們願意負責對這些人進行培訓。[172] 在前述1935年教育部巡視時，這個話題也被提出。協和申辯說：他們歷來與當地衛生機構，合作甚形融洽，諸如學生定期到市第一衛生區事務、精神病醫院、第一助產學校，保嬰事務所等處實習，「而最與此節有關而饒有趣味者，則為本年三年級學生於暑假期內分往內地各小醫院，充當臨時助手之一端也。」[173]

最讓教育部巡視組不滿，並要求盡快做出整改，是協和在校內一直使用全英文授課。前面已經談及醫社在最初接手該校時，就已決定採行了此項舉措，原因在於那時還沒有多少中文翻譯的醫學文獻，也沒有一份中文專業學術期刊，協和期望讓學生能夠直接閱讀到西方世界的最新醫學研究成果；當時倒並沒有太多違背政府的教育理念和政策，因為此前的1910年學部尚書唐景崇曾頒發了一項政令，聲稱日本高等學堂所用課本及參考書籍，均係西文原書，故能力造精微各種學術，得以頡頏各國；反觀中國創辦各學堂，外國文習用譯本，彼此歧異，未能定準一國文字；故他奏請清廷批准，要求各學堂教授外國語文功課，自此之後，「一律定為英國語文，其應行兼習他國語者，仍照兼習其原定課程，無外國語文者，亦一律加入英文，至列為便宜加設之課目，一律改為必修科，以便各學堂有所遵守。將來學生遁級遞升中等、高等，以至於大學，不致因文字歧出有所窒礙。」[174]

早期作為日本醫學教育最高殿堂的東京帝國大學醫學院，一度也採用了德文授課。畢竟，自1871年9月第一批德國教授抵達之後，及至1882年最早兩位留學德國的日本教授入職，直到1888年大部分德國教授回國，該校外籍教授最盛時，十九位醫學教授中有十六位是德國人，占比84%。[175] 那時被該校錄取的

172 〈北平訓練總監部〉、〈協和回覆（1934年12月24日）〉，北京協和醫學院檔案室，紙質檔案，中文部二十年度存卷。

173 〈協和回覆（1935年7月26日）〉，北京協和醫學院檔案室，紙質檔案，中文部二十年度存卷。

174 〈全國教育注重英文〉，《順天時報》，1910年6月9日，第7版。

175 James R. Bartholomew, "Japanese Modernization and the Imperial Universities, 1876-1920," *The Journal of Asian Studies*, Vol. 37, No. 2（Feb. 1978）, pp. 251-271; Hoi-eun Kim, *Doctors of Empire: Medical and Cultural Encounters between Imperial Germany and Meiji Japan*, Toronto（Buffalo, London, University of Toronto Press, 2014）, pp. 32-54.

學生，須先經過三年預科，德語水準達到可以順利聽課，並在此後五年時間裡掌握清晰、準確的德語口頭和書面表達。中國醫學教育最初深受日本影響，1909年上海聖約翰大學校長卜舫濟撰文，以日本為例而強調外語在醫學教育中的重要性。他說日本雖大力推進日語教學，並將之作為大學教學語言，然一旦進入醫學領域，就立刻意識到語言能力及醫學知識的不足，故格外注重強化學生的德、英語言課程的訓練。[176] 1914年8月11日，前述芝加哥大學校長裘德遜受基金會委託，在中國考察結束之後順道訪問日本，對東京大學醫學院的教授曾在歐美留學的經歷，以及學生們的英文、德語能力印象深刻。[177]

一直主張採取中文教學的在華基督教高層，曾試圖影響醫社董事會及協和校方改弦更張。聲量最大的一次呼籲，是1925年在上海召開中國基督教教育協會高等教育委員會（Council of Higher Education of the China Christian Educational Association）的與會者簽署文件，期望在華所有基督教及外人主持的大學，應努力讓學生們掌握正確的中文讀寫能力，並能真正欣賞中國文化和文學遺產，並聲稱此時雖有些科學課程只能使用英文教學，但應該迅速過渡到中文教學，在考慮教職補缺時，同等條件下應優先聘請華人教授。[178] 當然，中國留學生中早就有人對此提出批評，認為此時中國有些大學過分強調英文教學，將會導致學生們捨本逐末，失去大學教育培養高尚人格之本意。如在法國大學理學院學習的李書華於1918年就以標題為「敬告留學生與教育當局」一方投書報刊，批評時人以某校開設英文功課多者，即指為有價值之學校；某校英文功課少或無英文功課者，即指無價值之學校，「殊失學英文之本意也。」[179]

李書華於1922年6月獲得巴黎大學法國國家理學博士，回國後曾在北大、中法大學，以及國立北平研究院任教及任職，1930年冬，他被任命為教育部政

---

176 Rev. F. L. H. Pott, "Medical Education in China," *The China Medical Missionary Journal,* Vol. XXIII, No. 5（September 1909）, p. 293.

177 "The Journals and Minutes of the Commission, president Judson's Journal, Tuesday, August 11, Kyoto," 北京協和醫學院檔案室，文書檔案，數位索卷號：0063。

178 "Tentative Findings of the Conference of Chinese Administrators in Christian College and Universities held in Shanghai, January 15-17, 1925," folder 1255, box 53, record group1, CMB. Inc, RAF-RAC.

179 李書華（法國），〈敬告留學生與教育當局〉，《東方雜誌》，第15卷，第1號（1918），頁10。

務次長，旋兼任立法院立法委員，及中央政治會議特務秘書等職，並還短暫署理過教育部長。當然，我們並不能肯定與他是否有直接關係，但這段時間裡國民政府頒布了「濫用洋文，以重國體」的政令，嚴禁政府各部會機關隨意使用外文；尤其批評在處理涉外事件時，或僅用外文，或以外文為主，附中文翻譯的做法。該法令規定：所有官方「應用文牘，一律須以本國文字為主，其有必須用外國文字者，應同時預備中文文件，不得省略。」[180] 上行下效，風氣所及，一時間該項政令伸展到諸如清理車站、馬路的洋文名稱，以及火車票、郵票、紙幣、銀元、商店招牌、等各種貨品上面印刷的洋文。此外，連帶禁止的還有運動員們身著運動衣上的洋文、本國拍攝電影片畫面下的洋文字幕，以及官方醫院為公務人員發放的英文治療證明書，目的在於以此加強文化自信和振奮民族精神。[181]

協和以英文作為教學、工作語言，在整改方面或可用「成效頗微」來描述。這也導致教育部更為嚴厲的批評，於1935年7月11日再次以訓令方式，鄭重指出該校對所查問題「均未改進」，要求該校在招生考試，考試等方面，「應於一切可能範圍內參用中文；並應於在校時從事翻譯或中文論著，使學生能熟習中文病名、藥名及處方，以減除將來服務社會在文字上之障礙；教員及學生研究之結果，應擇要使學生譯為中文，以資練習而供外界之觀摩。」協和遂於7月6日、26日兩次致函回覆，聲稱之所以還大量使用英文，除中文醫學名詞尚未編齊，缺乏相應的學術文獻之外，還因為該校聘有相當多不通中文的外籍教授，無法驟然變革。當然，他們也申辯這些年裡鼓勵教授們盡可能使用中文授課，實驗室裡使用中文尤屬常事，學生的畢業論文，如果選用中文，學校

180 〈禁止濫用洋文：行政院之通令〉，《大公報》，1931年6月9日，第4版；〈市政府昨令所屬禁用洋文〉，《民國日報》，1931年6月16日，第9版；〈辦理外國事件文牘，須以本國文字為主，其有必須用外國諸地，應同時預備中文文件〉，《全民報》，1932年1月14日，第2版。

181 〈實業部通令禁止工商界濫用洋文〉，《中央日報》，1931年6月20日，第8版；〈教育部飭屬遵照禁濫用洋文〉，《益世報》，1931年7月8日，第2版；〈杭縣執委會為二次全運大會建議一事〉，《民國日報》，1931年9月19日，第4版；〈保存文化，鐵道部發出訓令，禁各路濫用洋文〉，《益世報》，1933年2月14日，第6版；〈商店招牌：禁用洋文〉，《中央日報》，1936年8月15日，第7版；〈禁用洋文市招：市府警廳協同執行〉，《中央日報》，1937年3月9日，第7版。

安排了中文指導教授；行政方面則是各項公牘，除與國外聯繫之外，其餘早已經悉用中文，並有專員辦理。校方還表示：「今後為華人教員日增，則中文之引用，必為之提倡。」[182]

就私下交流而言，協和校方並不認為有太多整改的必要。8月1日，已在北戴河度假的顧臨致函婦產科主任馬士敦，談及教育部巡視，及其被嚴令整改的話題，稱鑑於當下中文醫學教學遇到了那些實際困難，過多強調不用英文授課將是一個錯誤；因為相對於那些使用中文課程醫校的畢業生，協和畢業生受到更為國際化的醫學訓練，為這個國家提供了頗為廣泛的優質服務。[183] 顧臨的這番話似乎有所指，因為在教育部抨擊「濫用洋文」的背後，正在興起的中國民族主義意識形態還試圖由此清除都市生活中日益滋生的「洋化」及「洋氣」。如此前的1930年4月20日，在上海的陶希聖撰文批評知識人過於推崇外國語言，吹捧洋人的衣服、住所、用具、言語，背後還是醉心於美國的金元；並憤憤不平地抨擊「課堂是英文，課本是英文，電影是外國電影；金元的『神力』，把中國都市和農村的隔絕加大了，享樂的都市，慘淡的農村。」[184]

上海本為十里洋場，租界裡燈紅酒綠、金碧輝煌，「洋化」、「洋氣」在所難免；此時輿論擔心的是被視為中國傳統文化故都的北平，居然「自甘墮落」而大有隨波逐流的仿效之勢。1932年12月22日刊發在國民黨主辦的《中央夜報》上的一篇文字聲稱：吾國通商口岸，若上海、天津等處，早已變為洋場，洋化乃不可否認之事實；北平則被視為中國固有文明，尚留存於一般人心中，趨向洋化，一向較為緩慢；令人沮喪的是近今以來，頗有極大之變化，且還有變本加厲之勢。是文列舉了眼見該市的京劇衰落，電影院極多，長袍馬褂被西裝革履所取代，尤其是西餐儘管傳入已久，但由於價格甚貴，以往僅供富人宴客，窮學生及小百姓們極少問津；近來不知為何，「一般極小咖啡店，亦代賣所謂英法大菜，增至二十餘家，價格均係早餐六毛、晚餐七毛，甚而有低

182　〈教育部訓令，第9333號，1935年7月6日〉、〈協和回覆，1935年7月11日、7月26日〉，北京協和醫學院檔案室，紙質檔案，中文部二十年度存卷；〈全國中西醫藥學校調查報告〉，《中西醫藥》，第1卷，第4期（1935年12月1日），頁65。

183　"Greene to J. Preston Maxwell, August 1, 1935," 北京協和檔案室，外國人檔案，數位索卷號：0191。

184　陶希聖，〈外國語言之崇拜〉，《學生雜誌》，第7卷，第6號（1930），頁9。

到三毛、四毛者。據記者查得，生意均頗不惡，其為省錢乎，其果有吃西餐之需要乎，現在尚是未決之問題。不過北平之逐漸洋化，已如狂濤之湧進，不可遏止也。」[185]

是文更為憂慮地指出，此種「洋化」現象在年輕人中成為一時追捧之風氣，所謂「西式之咖啡店，則如雨後春筍，以附近學校之區為尤甚」。[186] 如果說得具體些，「清華」、「燕京」一定會被列入其中，因為這兩個學校都有頗多的美國背景。就前者而言，一篇文章說人們批評起「清華」，總是毫不遲疑地說：「美國氣！美國氣！」以至於「清華的『美國氣』，實在已是中國社會留下了一個的印象，一時不容易消滅。」[187] 就後者來看，批評文字就更多了。這或許因為該校女生較多，尤其是一些人文科系，經常舉行各種各樣的社會活動，引起社會的關注也就更多。1934年的一篇文章，談及該校率先選出了「健康皇后」，居然影響到此前不那麼「洋化」的北大等院校，也隨後效仿舉行了「花王」、「院花」的選舉，報刊上好事之徒撰寫的一段段頗為香豔、肉感的電影廣告文字，聲稱「乳峰酥胸，玉腿如林，仙境妙處，曲線畢陳，歌聲幽揚，服裝翻新，表演出奇，香豔迷人。」[188] 職是之故，教育部翌年巡視過燕京之後，嚴令該校「對奢華風氣，須力予矯正。」[189]

燕京女生倍受詬病的，是所謂「入大學、讀洋書、足登高跟、頭燙卷髮，身穿華服，走起來嫋嫋婷婷，說起話來滿嘴英語，」[190] 前面已經提及協和每年招生，來自燕京的新生至少占到了一半；且醫預科課程由該校負責講授，還有不少女生被招收到協和護校，故難免不帶有這種風氣。1932年3月教育部巡視該校時，要求盡快整改的就有「學生既多半由教會大學出身，校舍又素以麗華著稱，內容且系純粹美國式，宜乎學生有洋化趨勢。」後來到了1935年1935年7月6日，教育部又一次就該校而頒發的訓令中，仍強調須「在學生中力戒奢

185 〈北平洋化趨勢〉，《中央夜報》，1932年12月22日，第2版。

186 〈北平洋化趨勢〉，《中央夜報》，1932年12月22日，第2版。

187 龔家麟，〈清華大學的學生生活〉，《獨立評論》，第196期（1935），頁12。

188 〈燕大女生與校長〉，《文化與教育》，1934年第19期，頁26。

189 〈教部訓令燕大，力矯學生奢華風氣〉，《全民報》，1935年8月3日，第2版。

190 〈視察北平協和醫學院報告（一）1932年3月13日〉，〈視察北平協和醫學院報告（二）1932年3月13日〉，北京協和醫學院檔案室，紙質檔案，中文部二十年度存卷。

華，養成質樸風氣。」[191] 就協和校方的反應來看，顧臨於1932年3月與巡視組談及此話題時，並不認為問題有那麼嚴重，「稱此情殊不盡然。」[192] 兩年後的1934年5月，教育部巡視又是出此問題。6月23日，由內科主任狄瑞德（Francis Raymond Dieuaide, 1892-1977）牽頭組織的一個教授委員會，專門討論了教育部巡視組下發的整改意見，也認為對此沒有必要採取相應舉措，理由是就協和學生的日常生活來看，整天忙於學習和埋頭實驗室，「並不比中國其他大學的學生更為西方化。」[193]

---

191 〈教育部訓令，第9333號，1935年7月6日〉，北京協和醫學院檔案室，紙質檔案，中文部二十年度存卷。

192 〈視察北平協和醫學院報告（一）1932年3月13日〉，北京協和醫學院檔案室，紙質檔案，中文部二十年度存卷。

193 "FRD to Mr. Greene, June 23, 1934, Confirmation, Organization Ministry of Education," 北京協和醫學院檔案室，外國人檔案，數位索卷號：0189。

第七章

鄉村重建

第一節 衛生實驗

自1921年蘭安生從霍普金斯公共衛生學院畢業之後，在基金會國際衛生部的資助之下，創辦了協和公共衛生系，並在北京國立醫專任教的胡鴻基幫助之下，對北京的公共衛生進行了實地考察，翌年2月撰寫了題為〈北京衛生一般觀察報告〉一文。這裡不必過多贅述，他用了五十餘頁的篇幅，臚陳了該市的人口數量、年齡結構、性別比例，以及患病率、出生率和死亡率；並還報告了政府的公共衛生管理機構，以及醫療衛生狀況和實施經費等等。蘭安生注意到，作為當時首善之區的北京，公共衛生事務的主管機構，除中央政府內政部有一個按照日本模式設置的衛生署之外，具體負責實施的為京師警察廳衛生處。這兩個機構的成員，近一半是傳統中醫，還有另一半則多來自訓練並不充分的留日學生，總共不過三十餘人，既沒有多少工作熱情，也沒有多少實際運作的權力。由此，蘭安生建議在市政當局的支持之下，衛生部可考慮與北京警察合作展開一項能夠具有示範意義的衛生實驗，除便於協和的公共衛生教學之外，且還可將之推廣到其他省分。[1]

1925年9月，蘭安生關於公共衛生實驗的規劃，在北京東城內左二區正式啟動，工作重點在於改善井水衛生、街道清潔、生命統計、消滅蚊蠅和傳染病

1　John B. Grant, M. D. "report on a general health survey of Peking, China, February 1922," pp. 15-51，北京協和醫學院檔案室，公文檔案，數位索卷號：0393；"Report of the Department of Epidemiology for June 1927, Census of Population（January 1926）," 南京：第二歷史檔案館內務部中央防疫處檔案，全宗號1036，案卷號52。

控制。在前述萍鄉鉤蟲病清除過程中，蘭安生深知在中國辦事時人際關係的重要性，強調此次行動將要通過「私人努力」，以求獲得警方的足夠支持。的確，蘭安生與事務所長，時任中央防疫處處長的方擎，關係頗為友好和密切；作為一項難得的福利，蘭安生還與協和商議，給予相關街區的警察及其家人優惠醫療照顧，蓋因很多具體衛生舉措需要用警力加持，方能得到貫徹執行。重要的是，蘭安生試圖最大程度地保證對中方的尊重，尤其特別照顧中國人的面子，就像最初負責培訓公共衛生護士的霍斯默小姐（Miss. Gertrude Hosmer），畢業於霍普金斯公共衛生學院，又有在紐約市政任職經歷，專業素質雖無可挑剔；但就是不能調整蘭安生所說她對當地人持有的那種「世界帝國主義」的傲慢，難以與中方負責人士融洽共事，蘭安生遂果斷地將其撤換。[2]

關於在華展開公共衛生事務的呼聲，此時日益升高。主要由在華外籍醫師組成的博醫會於1926年8月31–9月8日在協和召開了第十八屆年會，約四百位中外醫師與會，在地英文新聞報道聲稱：「這是一個值得注意的事件，因為工作重心開始放在中國公共衛生問題上。」[3] 由華人醫師組成的中華醫學會，最初派出的與會代表是畢業於湘雅的高鏡朗。後來由於湘鄂戰爭爆發，交通受阻，高氏未能如期由湘赴京，臨時由曾擔任過代理教育次長，及京師圖書館館長、中央防疫處處長，時任紅十字醫院院長的全紹清就近出席。這兩人都是當時中國公共衛生事務最重要的鼓吹者。全紹清前面已經談及，這裡不再重複；高鏡朗則在一年之後，刊發了一篇以〈國民政府應設中央衛生部之建議〉為題的文章，稱「公共衛生關係民族之強弱，民生之裕絀，國權之隆替，甚重且大」，呼籲政府儘早設立專職機構，統籌展開全國範圍內的相關行動。[4]

1928年9月，新組建的北平市政將此前由方擎等擔任所長，蘭安生推動的衛生實驗區，改名為「第一衛生區事務所」。實施面積近4.81平方公里，人口

2 *The Reminiscences of Doctor John B·Grant, Oral History Research Office,* Columbia University, 1961, pp. 79, 173-175, 183-184, 201-203.

3 "Wanted-A "Health Conscience," *The Peking Leader*, September 9, 1926, p. 11.

4 〈本會派代表赴博醫會大會〉、〈博醫會在京開大會〉，《中華醫學雜誌》，第12卷，第4期、第5期（1926），頁433、頁554；高鏡朗，〈國民政府應設中央衛生部之建議〉，《醫藥學》，第4卷，第9期（1927），頁51-60。

十萬左右（男性63.2%，女性36.8%）。1929年11月22日，曾在1927年赴美留學，兩年後獲哈佛公共衛生博士學位的李廷安被任命為代理所長；作為協和1926年畢業生，他曾榮獲過該校授予每屆僅授一人，且五年在校期間成績最優者的「文海獎」，蘭安生就稱其極為聰明和辦事高效。[5] 李廷安接手所長之後，工作人員隨即從1925年的二十二位增加到1930年的三十九位，工作範圍也擴大到接種疫苗、母嬰衛生、公共衛生調查等。該所經費來自三個機構：一是市政府提供了建築物，外加每年一百九十六元的補貼；二是南京國民政府衛生署提供了兩位全職醫師的薪水，每年六千二百四十元；再就是協和每年提供的四萬三千八十八元的工作經費，占所有費用的84%。李廷安寫道：由於人們印象中的協和資金充沛，自然會認為應承擔更多財務份額；「然這種態度並不正確，應在將來予以糾正。」[6]

或許早就預見到中國政府將會大力推動公共衛生的發展，協和畢業生由此可嶄露頭角，成為各地主持此項事務的重要領導人，顧臨在1926年3月10日致函基金會研究部主任恩布里，稱將安排協和學生參與北京公共衛生實驗區的實習，目的是讓學生們更好了解當地的文化，社會，並更快地被當地民眾接受和認可；讓他頗為興奮的是：「我們的人正在中國年輕世代中占有一席之地。」[7] 此時李廷安接手此項事務之後，協和除安排公共衛生專業的護士，進入高年級後在該所實習之外，他們還開辦了主要招收被政府認可醫校的畢業生，提供為期一年在該所講授的公共衛生培訓課程，教授來自協和，費用也由其承擔。申請人的條件是年齡至少二十一歲，女性要求未婚，且還須具有一定的英語寫作知識，中文講授的課程只有兩門，分別在一月、七月開設。[8] 對於

5　*The Reminiscences of Doctor John B.Grant, Oral History Research Office*, Columbia University, 1961, p. 213.

6　Ting-an Li, D. M.O, "A Critical Study of the work of the Health Station Frist Health Area, Department of Public Safety, Peiping for the Years 1925-31, with Suggestions for Improvement," pp. 2-79，北京協和醫學院檔案室藏，文書檔案，數位索卷號：0387。

7　"Greene to E. R. Embree, March 10, 1926," folder 1024, box 4, series 1, record group 4, CMB. Inc, RFA-ARC.

8　Ting-an Li, D. M.O, "A Critical Study of the work of the Health Station Frist Health Area, Department of Public Safety, Peiping for the Years 1925-31, with Suggestions for Improvement," pp. 4-5，北京協和醫學院檔案室藏，文書檔案，數位索卷號：0387。

家境不太寬裕的實習生們來說，該所每天提供一頓免費中餐，並根據工作辛苦程度不同，提供最高每月五十元左右的生活補貼，故有不少學生前來報名。[9]

此項公共衛生實驗，連帶催生出協和對當地助產事務的支持。1927年的一項統計數據表明：該實驗區女性死亡率為32.7‰，男性則為15.94‰，其中因分娩而死亡則有十五人。如果以西式接生、穩婆接生、親戚朋友幫助和未知的四項調查來看：當地女性的分娩分別占比是17.1%、34.3%、25.8%和2.8%。[10] 由於沒有相關助產法令，不少臨盆的產婦在自己家裡生產，請來的傳統穩婆多不知採用消毒滅菌的方法，遇到難產或出血等狀況，很容易引發孕婦的產褥熱或嬰兒破傷風，導致母嬰死亡率的居高不下。正是借鑑了賓夕法尼亞醫學教育局於1913年至1920年期間，通過對助產士的培訓、註冊和管理，讓五萬一千餘名產婦死亡率從10%左右下降到1.2‰；從1926年開始協和與在東城的美國長老會道濟醫院（Douw Hospital for Women and Children）及美以美會的婦嬰醫院（Elizabeth Sleeper Davis Memorial Hospital），招收了六位護校畢業，且在護士會註冊的女性，進行了為期十五個月的助產士訓練。[11]

直接的推動，是此時協和將任職於公共衛生系的楊崇瑞派往霍普金斯進修婦產科，並資助其前往加拿大、歐洲等地考察公共衛生和婦產科教育；1927年回國之後她除在協和任職之外，還兼任了衛生實驗區的保健科主任。1928年10月5日、11月9日，國際衛生部致電協和，詢問中國政府的助產培訓計劃，並表示願意給予資助，以作為對其創辦公共衛生機構的一種激勵。[12] 協和將之反饋到國民政府，教育部、衛生部遂於1929年1月23日聯合成立了助產教育委員會

---

9 J. B. Grant, First Annual Report of the Peking Health Demonstration Station for the Year Ending, June 31, 1926，北京協和醫學院檔案室，公文檔案，數位索卷號：0488；PUMC., Annual Announcement 1926-1927, July 1, 1926, Peking, China, pp. 13-17，北京協和醫學院檔案室，公文檔案，數位索卷號：0447；Evelyn Lin, "Nursing in China Author," Source: *The American Journal of Nursing*, Vol. 38, No. 1（Jan. 1938）, p. 6.

10 "Report of the Department of Epidemiology for June 1927, Census of Population（January 1926）," 南京：第二歷史檔案館內務部中央防疫處檔案，全宗號1036，案卷號：52。

11 W. S. Carter, The Peking Union Medical College, the First five years, 1926，北京協和醫學院檔案室，公文檔案，數位索卷號：0178。

12 "GEV-Diaries, June 18, 1927 to June 15, 1928," 北京協和醫學院檔案室藏，文書檔案，數位索卷號：0065。

成立，首次會議根據楊崇瑞的提議，決定在北平設立國立第一助產學校，開創了中國人自己主持的助產士培訓事業，並委派她擔任校長而全權負責籌辦事宜。10月，楊崇瑞等租定燈市口七十號的民房，加以修繕後於11月6日正式開課，附設產院於當月15日開始接收產婦。[13] 至1930年第一季度，該校已有三位全職教授、十二位榮譽講師，每週授課三十課時，五十八位待產孕婦中，在產房分娩的三十五人接受了產前檢查和護理，另外二十三位則在自己家裡生產。[14]

該校招生章程規定：報考兩年本科者，須中學畢業而有官方文憑；六個月速成科，則須女子高小畢業，並在中華護士會取得護士證者，考試報名費兩元。[15] 儘管如此，首次入學的二十二位學生，第一季度就有四位退學，她們或因程度不夠，或因結婚而要盡家庭責任。[16] 好在到了年底之時，能放置一百張產床，以及半年速成班提供二十五張床位的宿舍和教學樓竣工。學生來自十三個省，總數達到三十人。至於就診產婦人數，從1929年11月的四十五人，到當年第四季度已增加至二百六十四人。[17] 逮至1934年該校與國際衛生部為期五年合作結束之時，又得到其後來增加的兩萬七千元基本建設，以及五萬五千元的日常運行費用之資助，將近占到該校總支出的56%，遂也使該校成為當時中國最重要的助產培訓機構。[18] 鑑於此時楊崇瑞的影響大增，一些省份也紛紛效仿，顧臨在給基金會提交的報告中說：「我感覺到這筆錢花得十分合理，因為在北京創辦這所一流助產學校，將對中國其他學校產生很好的標準示範意

13　〈北平第一助產學校五年來工作概況〉，《衛生半月刊》，第1卷，第4期（1934），頁70-75。

14　"First quarter 1930-the first Midwifery School, Peiping, China, July 9, 1930," folder 2761, box 221, series 601T, record group 53, IHB, RAF- ARC.

15　楊崇瑞，〈國立第一助產學校工作概況〉，《公共衛生月刊》，第1卷，第4-5期（1935），頁31-37。

16　"First quarter 1930-the first Midwifery School, Peiping, China, July 9, 1930," folder 2761, box 221, series 601T, record group 53, IHB, RAF- ARC.

17　"Marion Yang to Dr. John B. Grant, January 15, 1930," "J. E. C. Third and Fourth quarterly reports-1930: National Midwifery School, Peiping, Dec. 31, 1930," folder 2761, box 221, series 601T, record group 53, IHB, RAF- ARC.

18　"Marion Yang to John B. Grant, September 15, 1934," folder 2774, box 222, series 601L, record group 5. 3, RAF- ARC.

義。」[19]

另外一項重要的相關發展，是自1928年秋開始，燕京大學社會學及社會服務系在基金會資助之下，前往北平正北，距德勝門約九公里的清河鎮進行了社會調查，選定了周邊四十個村進行了社會工作實驗，主要內容包括改良經濟、衛生、教育及開展相關情況的調查研究。該區域約0.23平方公里，總人口2,615人，男性占60.5%。1930年春負責人是1927年冬赴美國西北大學社會學系研習社會工作，後轉入芝加哥大學社會行政研究院而獲碩士學位，於1929年回國擔任該系教授的張鴻鈞。長駐該地的是一位該系畢業生及另外兩位職員，後又增加了一位負責兒童婦女工作的半職女性。[20] 自1931年起，這項實驗拓展到發放農村小額貸款、婦女兒童工作等復興鄉村經濟和社會方面——如提倡新法養豬養雞、創辦毛織工廠和扶植家庭編織工藝。此外，實驗區還開設了信用合作社及小本借貸處，使得借貸利率較以往降低了一倍或五分之四；並通過扶持女性的家庭手工業，在經濟方面有了貢獻，致使「她們的社會地位也提高了。」[21]

此時協和那些公共衛生事務的最重要推動者，如蘭安生、楊崇瑞、李廷安或直接或間接參與了該區的衛生實驗。1931年7月實驗區衛生股開始運行，北平第一衛生實驗所除提供了七百元的年度經費之外，每週還派大夫來到現場處理相關衛生問題。1932年7月，實驗區聘請助產士一人，同年9月，又聘醫師一人，開展了治療、助產、學校衛生、預防注射四項衛生服務。最初設立了有八張病床醫院，後因為住院病人太少，於1933年停收住院病人；治療於是僅限於門診，每天上午開診，初診每人收費二十枚，複診收費十枚，平均每天約接收二十位病患。尤其主持者開設了婦嬰保健訓練班，學員年齡在二十至三十歲之間，粗通文字即可，受六個月訓練，訓練期間由實驗區供給免費食宿。訓練結束後現分派各村服務，每一保健員擔任四至六個村的婦嬰衛生工作，每一村每

19　"Greene, Attitude of the Chinese Toward the Foundation and the PUMC., R. F. Confidential Report, S. M. Q. 1931, National Midway program," 北京協和醫學院檔案室，外國人事檔案，數位索卷號：0197。

20　"Study of A typical Chinese City," *The Peking Leader*, October 2, 1929, p. 4; 許仕廉，〈一個市鎮調查的嘗試〉，《社會學界》，第5卷（1931），頁1-10；王賀宸，〈燕大在清河的鄉建試驗工作（1936年6月4日），《社會學界》，第9期（1936），頁343-363。

21　許仕廉，〈清河鎮社會實驗工作〉，《村治》，第3卷，第2、3期合刊（1933），頁3。

月補助津貼一元，連同接生費，每一保健員可以有十元左右的收入。自1932年7月1日至1935年6月底，該區共接生二百一十三人，其中住院生產者十三人，在家生產者一百九十九人。[22]

除此之外，醫社、基金會還在北京之外，如杭州、廣州，考察了展開類似公共衛生實驗的可能性。1928年3月8-9日，劉瑞恆訪問杭州後撰寫的報告，指出由於沒有經費，該市衛生部門幾乎無事可做；不過，當告訴他們只需要一小筆經費，就能夠做許多事，這些人表示出很大興趣；故劉瑞恆建議蘭安生可陪同海塞爾前往該地考察。[23] 5月，蘭安生前往廣州，短暫訪問了該市的夏葛醫學院（The Hackett Medical College）、廣東光華醫學院（Kwong Wah Medical College）以及廣東公立醫科專門學校（Kung YI）。他的報告聲稱，前面兩所分別創辦於1899年、1908年的醫校，雖說一個屬教會、另一個是由華人主持的，但都是私立的，可以不予考慮；後面一所已併入中山大學，且有一個相當可觀的校區。蘭安生的印象是該地醫學教育乏善可陳，公共衛生又比預科、醫學、或臨床教學更差，每年大約一百至兩百名畢業生只接受了極少醫學訓練。蘭安生建議先找到一位可以培養的領軍人物，然後由醫社或衛生部提供獎學金前往協和或海外深造。[24]

此時北伐尚在進行之中，國民政府還未完全掌控包括北京在內的華北地區，並無餘力關注穩定經濟及各項內政改革。如在杭州考察的劉瑞恆了解到曾在德國留學，時任浙江省立醫校附屬醫院院長的洪式閭每月收入僅百四十元，只不過是協和一位護士的薪酬水平。該院每月經費約六千五百元，政府僅補助兩千五百元，其餘須從患者交費那裡支出。[25] 還有蘭安生考察的廣東公立醫科

---

22 "Seventh Annual Report of the Department of Hygiene and Public Health in cooperation with the Peiping Health Demonstration Station for the year ending, June 30, 1932," p. 10, folder 2740, box 220, series 602 T, record group 3, IHB.RAF-RAC; 崔潤生，〈河北省清河試驗區婦嬰衛生工作概況〉〉，《公共衛生月刊》，第1卷，第4期（1935），頁61-64。

23 "J. Hong Liu to Mr. Greene, Shanghai, March 11, 1928," 北京協和醫學院檔案室，文書檔案，數位索卷號：0537。

24 "from Dr. Grant to Mr. Greene, subject: Medical Education-Canton, July 17, 1928," 北京協和醫學院檔案室，文書檔案，數位索卷號：0537。

25 "J. Hong Liu to Mr. Greene, Shanghai, March 11, 1928," 北京協和醫學院檔案室，文書檔案，數位索卷號：0537。

專門學校，政府撥款的一半用於支付五位德藉醫師的薪水，華裔教授的薪酬常常被拖欠，迫使他們只有在外兼職謀生。[26] 鑑於此，顧臨與蘭安生等人進行了磋商，考慮是否請中山大學醫學院院長前來北京，討論如何展開合作醫學教育的問題。由於此時北京衛生實驗已經展開，市政當局和警察部門的關係不佳，其承諾的資助總不能按時和足額到位，讓蘭安生、顧臨感到此項目的前景不容樂觀。他們一致認為：在當下政治形勢尚不穩定的情況之下，對於推動各地的公共衛生事務來說，除了接收人員前來協和進修之外，其他資助將不再考慮——因為沒有更多資源和人力投入其中。[27]

第二節 國聯參與

南京國民政府自1928年11月12日成立衛生部（1931年4月改為衛生署）後，[28] 隨即聯繫了總部設在日內瓦的國際聯盟（The League of Nations Health Organization, LNHO，以下簡稱國聯），期望雙方合作展開在華的公共衛生事務。國聯成立於1920年1月10日，即凡爾賽和約及該機構公約生效之日，16日在巴黎召開了首次由英、法、意及日本四個常任理事國組成的理事會會議，並於11月15日又在此地舉辦了有四十一個國家代表出席的首次國聯大會，選舉出任期三年的四個非常任理事國——比利時、巴西、希臘和西班牙。作為以首個維護世界和平為主要使命的非政府跨國機構，有議會（assembly）、理事會（council）和常設秘書處（permanent Secretariat）組成。前兩個機構，每年定期召開會議；日常事務則由聘有各類專家的後者處理。1931年，該處達到七百餘人，負責事務諸如裁軍、調解國際糾紛、保護少數族裔、禁止鴉片銷售和販賣婦女和兒童，展開全球知識合作，以及預防疾病大流行的公共衛生事務

26 “from Dr. Grant to Mr. Greene, subject: Medical Education-Canton, July 17, 1928,” 北京協和醫學院檔案室，文書檔案，數位索卷號：0537。

27 “Greene to Dr Liu, March 22, 1928,” “N. Gist Gee, N. M. Pearce, May 17, 1926,” 北京協和醫學院檔案室，文書檔案，數位索卷號：0537。

28 〈國民政府令（1928年11月12日）〉，南京：中國第二檔案館，國民政府行政院檔案，全宗號2，案卷號1551。

等。[29]

國聯衛生組織（League of Nations Health Organization, LNHO）負責人，即擔任秘書及醫學主管的拉西曼（Ludwig Rajchman, 1881-1965），是一位波蘭出生的猶太人。一次世界大戰之前，波蘭尚由沙俄所占領，作為一血氣方剛的波蘭民族主義者，且還篤信社會主義理念之人，他在大學裡曾因參加秘密組織和活動，被沙皇警察拘捕而蹲過監獄。後來他前往法、英頂級研究機構做細菌學博士後研究，第一次世界戰爭爆發之後被任命為設立在倫敦的痢疾中心實驗室（Central Laboratory on dysentery）主任，負責「西班牙流感」和小兒麻痹症的流行病學研究。1918年大戰結束，返回華沙後的他以巴斯德研究所（Pasteur Institute, Paris）為模式，建立了波蘭國家流行病學研究所（League of Nations Epidemic Commission）。此時波蘭第二共和成立不久，不幸隨即陷入到與周邊的捷克斯洛伐克、蘇俄以及立陶宛的戰爭之中，由此造成了巨大經濟破壞和人員傷亡，致使各種傳染病在該國大肆流行，並尤以斑疹傷寒最為盛行和猖獗。[30]

1920年2月，國聯成立了由拉西曼和另外幾位英國官員組成的一個臨時預防委員會，計劃籌措兩百萬英鎊，以求迅速阻斷斑疹傷寒的疫情繼續向西方世界蔓延。儘管實際籌款額只有十萬英鎊，但1921年拉西曼已修築了一條阻斷俄羅斯疫情傳播的防疫線，蔓延趨勢逐漸減輕。1921年6月國聯衛生組織成立，拉西曼之所以能被任命為負責人，一方面因為個人經歷和卓越能力，如曾供職於法、英頂級傳染病研究所、通曉多種歐洲語言、熟悉西方科學圈，很多政要頗欣賞其充沛的工作熱情；另一方面還在於英、法兩國的權力平衡，因為當時美國沒有參加國聯，德國因戰敗也未加入，國聯事務基本上由英、法主導，最初對於衛生主管的人選，法國提名兩位法國專家：一是時任巴斯德研究所副所長、著名細菌學家、免疫學家，也是最先發現用於防疫結核病的卡介苗（Bacillus Calmette-Guérin）的卡爾梅特（Léon Charles Albert Calmette, 1863-1933）；另一是巴黎醫學院（Medicine of Paris）的首位肺結核病教授，也是

29　張力，《國際合作在中國：國際聯盟角色的考察，1919-1946》（台北：中央研究院近代史研究所，1999），頁11-12。

30　Balinska（Marta）, *A Life for Humanity - Ludwik Rajchman 1881-1965*（Budapest, New York, CEU Presse, 1998）, pp. 10-19.

該校公共衛生系主任的伯納德（Léon Bernard, 1872-1934）。[31]

首任國聯秘書長（secretary-general）的，是英國外交家和政治家的德拉蒙德（James Eric Drummond, 7th Earl of Perth, 1876-1951），與法籍副秘書長，即後來被認為是歐盟之父的讓・莫內（Jean Monnet, 1888-1979）商量，選定由拉西曼出任該職。早在主持波蘭防疫期間，拉西曼就已聯繫到了基金會國際衛生部，期望能夠得到他們的慈善捐助。此時衛生部雖重點放在了歐洲公共衛生事務，卻對是否資助政治局勢尚不太穩定的波蘭而猶豫不決。[32] 1921年11月18日，拉西曼將題為《國際聯盟衛生組織：它是什麼以及其如何工作》（The League of Nations Health Organization: What it is and how it works）的工作報告寄給基金會，得到了董事會的高度關注，翌年得到了基金會的大筆捐贈。10月，囊中已不太羞澀的拉西曼召集了比、保、捷、意、南、波和俄等中東歐國家的二十多位衛生官員，在布魯塞爾舉辦了為期十周的專業培訓；此外波蘭政府也得到基金會212,500美元的捐款，在華沙修建了一幢公共衛生大樓，同樣捐贈項目也在捷克斯洛伐克展開。[33]

逮至1929年，基金會已為全球各項公共衛生事務捐贈了39,815,421.50美元，捐贈國聯815,327.10美元，雖占比不過2.04%，卻是其相關運行經費的三分之二，是該機構公共衛生事務的主要金主。[34] 與中國公共衛生事務密切相關的，是拉西曼於1924年3月12日向基金會提交的一份申請報告，期望資助其計劃在新加坡創辦遠東流行病學情報局（Epidemiological Intelligence Bureau in the Far East），以求能夠迅速、準確地報告在該地區流行病（鼠疫、霍亂、天花等）的蔓延及醫療衛生狀況。基金會隨即批准了這項計劃，承諾以五年為期，提供了十二萬五千美元。1926年1月，該局諮詢委員會（Advisory Council of the Bureau）的第一次會議，有十二個東方國家派代表出席。年底，參與此項公共衛生合作的事務的港口，從南非的開普敦、埃及的亞歷山大，美國夏威夷的檀香山、蘇俄的海參威（符拉迪沃斯托克），直到中國的上海、香港及東

31　Balinska（Marta）, *A Life for Humanity - Ludwik Rajchman 1881-1965*, pp. 40-49.

32　Balinska（Marta）, *A Life for Humanity - Ludwik Rajchman 1881-1965*, p. 48.

33　*The Rockefeller Foundation Annual Report 1922*, pp. 9, 55-56, 153-154.

34　*The Rockefeller Foundation Annual Report 1930*, pp. 134-135.

南亞的加爾各答、西貢等，由年初的六十六個，增加到一百三十五個。[35]

中國出席了巴黎和會，是國聯的創始會員國，1920年還為前述拉西曼主持的波蘭防疫行動捐款兩千英鎊，占總捐款數的2%。1922年11月至翌年7月，時任國聯秘書處衛生股副股長的懷愛德（Friderick Norman White, 1877-1964）訪問了中國。此人作為英國殖民主管衛生官員曾參加過在印度的瘧疾，及其他烈性傳染病的防治，後又與拉西曼同在波蘭預防席捲東歐的斑疹傷寒。在此九個月的遠東行程中，他在中國考察了上海、牛莊（營口）及東北，特別關注了港口檢疫、毒品販運和東北地區的肺鼠疫流行，並在北京與北洋政府高層官員會商如何著手創辦衛生行政的問題。就是在此次考察過程中，他萌生了在新加坡設立國聯分支衛生機構的想法，即前面談及的遠東流行病學情報局，以蒐集和傳遞遠東各地傳染病蔓延的信息。1925年2月，拉西曼出席了此次成立大會，訪問日本後又前往哈爾濱，在伍連德的陪同之下，訪問了北京、漢口、上海等地，也會見了北洋政府的內務總長及多位主管衛生行政官員，就公共衛生合作事務進行了會談。[36]

1926年4月，已經回到日內瓦的拉西曼向國聯衛生組織提出了訪問報告，談及與中國合作的緊迫性問題時，聲稱聽起來不可思議，是這個國家擁有五十多個通商口岸和五千英里的海岸線，卻沒有一個國家層面的檢疫機構；更難以置信的是儘管一些歐美人被賦予了港口衛生官員的職能，但上海及很多地方的租界所作所為則很不充分。[37] 然而，此時正值北伐時期，執政當局不論北洋，抑或在南方的國民黨人，都無暇旁顧此等事務，與國聯的合作只得擱置下來。只是到了1928年底-1929年初，南京國民政府基本完成北伐，新成立的衛生部隨即致函國聯，邀請拉西曼訪華。得到允准後，雙方約定此次訪問的旅費由國聯支付，中國政府提供英文秘書和中文翻譯，並分為兩路進行：一路是1929年11月9日抵達上海的拉西曼，考察了南京、無錫、杭州、天津、北平；另一路則是於11月27日抵達上海，此時在國聯衛生處任職的的美國醫生布德羅（Frank Boudreau, 1886-1970），考察了青島、大連、旅順、奉天、安東、北

35　*The Rockefeller Foundation Annual Report 1926*, pp. 248-251.

36　張力，《國際合作在中國：國際聯盟角色的考察，1919-1946》，頁65-76。

37　Mission of Dr. Rajchman in the Far East, Confidential Circular 1. 1926, 5 Feb. 1926, League of Nations Archive（LONA）, Directors' Meetings, p. 23.

平、廈門、廣州。翌年1月3日，兩人在香港會合後返回日內瓦。[38]

拉西曼一行，最初設想是只考察港口衛生及防疫，抵達後始知中國政府還希望他們能將衛生、醫療及相關教育發展，作一個更大範圍的通盤考量。經過與獲得基金會衛生部資助，已成為中國方面公共衛生事務的顏福慶、林可勝、方擎的討論，拉西曼提交的考察報告，強調了創辦更多醫院、加速醫生培養、推動公共衛生，及大力開展衛生教育這四個重點。[39] 1930年5月14日，國聯理事會應國民政府請求而召開專門會議，一致同意派遣專家前往中國，展開相關合作活動。國民政府則承諾撥款一百萬元，先撥出二十萬元，即刻交付衛生署使用。[40] 7月，國民政府成立了由伍連德主持的國家檢疫局，在全國所有港口都展開了檢疫。此外，國民政府還創辦了隸屬於全國經濟委員會的中央衛生設施實驗處（後改為衛生實驗處），對應地方的主管機構成立時間：如湖南（1934年1月）、江西（1934年6月）、甘肅（9月）、寧夏（12月）、浙江（1935年7月）、陝西（1937年9月）、雲南（1936年8月）、廣東（1938年1月）、福建（6月）、貴州（3月），也都漸次設立與之相應衛生行政機構。[41]

與之相應的一個可喜發展，是各省衛生行政經費有了較大幅度地增加。以1936年為例，沿海和內陸十九個省中除安徽、山東、廣東三省之外，其餘十六個省都將衛生經費單列，其中以江西省為最高（599,613元），綏遠省最低（12,516元）。如果以增加指數來看：江蘇、貴州增加三倍有奇，廣西增加二倍以上，江西增加將近十二倍。另外就占各省總支出占比而言：最高是青海

38　〈拉西曼赴平三大任務〉，《益世報》，1929年12月2日，第2張；Balinska（Marta）, *A Life for Humanity - Ludwik Rajchman 1881-1965*, pp. 79-81.

39　J. Heng Liu, December 26, 1929, p. 5, “Proposal of the National Government of the Republic of China, for collaboration with the League Nations of Health Matters,” distributed to the Council and the Members of the League, Official No: C. 118. M. 38. 1930 III（C.H. 842）, Geneva, February12 the 1930;〈國聯衛生部長來華之談話〉，錄1929年12月3日《星洲日報》，頁15。

40　羅世安，〈國際行政院通過中國與國際聯合會衛生合作案之經過（日內瓦通訊）〉，《中外評論》，第33期（1930），頁23-25；張力，《國際合作在中國：國際聯盟角色的考察，1919-1946》，頁76-93。

41　內政部，〈衛生統計〉（戰時內務行政應用統計專刊第五種，1938年7月），〈內政部函送本會的「衛生統計」（1938年9月）〉，南京：中國第二檔案館，國民政府經濟委員會檔案資料，全宗號44，案卷號：3037，頁1-8。

（3.52%），最低河南（0.2%），平均占比0.74%。在此平均數之上者——江蘇、江西、陝西、福建、廣西、甘肅、青海、寧夏八省；各市衛生經費，各市衛生經費，除行政長官經常更換的天津，以及財政收入年年減少，不得不縮減行政經費的威海衛外，其餘各市均有相當之增加，南京、北平較1931年增加一倍、青島增加三倍有奇。最後看一下各縣的衛生經費支出情況，當年各省有財政預算的縣，為一千零九十八個，列出衛生經費的占比43%（473），各縣衛生經費平均為兩千餘元（2,982）。其中最高的省份是江蘇為九千餘元（9,055），最低的湖北為一百七十二元；最高的縣是浙江鄞縣（40,246元），幾乎是全國平均水平的1.9倍。[42]

前述拉西曼的生長及文化背景，加上強烈的社會主義左傾理念，對列強始終抱有一種深深的不信任感，頗擔心捐贈國因為捐款而對被捐贈國附加各種政治控制和影響。1927年6月27日，前往歐洲訪問的文森特談及與拉西曼會面後的印象，稱其為避免受制於人，希望經費來自私人捐贈，不願意得到太多政府資助；他還擔心那些特別撥款會限制其選擇和決策，更期望得到一次性的捐助。[43] 職是之故，拉西曼抵達中國之後，首先推薦了曾任克羅地亞薩格勒布國立衛生學院（National Bacteriological Institute of Zagreb）院長的鮑謙熙（Berislav Borcic, 1891-1977）擔任了衛生署首席顧問，國民政府給其支付了每月七百元的高薪。[44] 接下來在1933-1936年期間，鮑謙熙的同胞，曾任貝爾格萊德公共衛生署負責人的斯丹巴（Andrija Štampar, 1888-1958）來到中國，也擔任了衛生署顧問。他曾協助預防長江流域特大洪水後爆發的大規模傳染病，並大力呼籲在推進公共衛生的同時，更要注意改善社會經濟和提升民眾生活水平。[45]

42　內政部，〈衛生統計（戰時內務行政應用統計專刊第五種，1938年7月）〉，《內政部函送本會的「衛生統計」（1938年9月）》，南京：中國第二檔案館，國民政府經濟委員會檔案資料，全宗號44，案卷號：3037，頁22。

43　"Monday, June 27, Thursday, July 14, 1927, GEV-Diaries, June 18, 1927 to June 15, 1928," 北京協和醫學院檔案室，外國人事檔案，數位索卷號：0065。

44　"Memorandum concerning salaries paid personnel of the League of Nations, July 29, 1933," Vol. 1682, record group 84, Records of Foreign Service Posts, Diplomatic Posts, China, National Archive Ⅱ. U.S, The National Archives at College Park, Maryland, U.S. A.

45　Randla M. Packard, *The Making of a Tropical Disease, A Short History of Malaria*（The John

蘭安生對拉西曼充滿尊敬，在其晚年的口述回憶中，稱拉西曼反應敏捷，首先是一位非常幹練的政治家，其次才是醫生。前述中國政府發函邀請拉西曼訪華，最先動議還是由蘭安生提出的。當時拉西曼正在日本訪問，蘭安生致電問其是否願意順道訪問中國，如果願意的話，將會受到中國方面的熱情接待。[46] 後來拉西曼受到國民政府的器重，開始在全國範圍內推進其公共衛生規劃時，蘭安生頗受鼓舞，用更多時間在南京參與其中。1930年4月27日、5月11日、劉瑞恆致函顧臨，提到拉西曼曾推薦蘭安生擔任上海市政府衛生專員而沒有成功，並想讓其擔任國聯駐華代表；顧臨則認為這些設想都不太可能實現。5月12日，他致函蘭安生，提到關於他的那些任命之所以遇到阻力，是由於其過於認真、勤奮而損害了不少人的私利，故在醫學界有相當多的反對聲音。[47] 蘭安生晚年口述回憶，對此的解釋是在當時中國有日系、德系和英美系這三個不同的醫學群體，他被劃為最後一類；國聯為了表明中立，更願意聘請那些來自歐洲小國的專家們擔任顧問。[48]

1930年前後不幸遭逢一場全球性經濟大蕭條，遭受打擊最重的美國社會百業凋敝，瘡痍滿目，自然大大降低了對中國的關注和投入。不要說商界在華投資的大量減少，就連傳統慈善救濟和教育也基本處於停頓。如美國紅十字會就沒有參與當年在長江中下游地區的洪災救濟，一些教會學校也因得不到差會的資助而暫停招生。正是看到了中國與國聯蓬勃展開的技術合作，大力推行在歐洲及其殖民地奉行的公共衛生舉措，及對鴉片和麻醉品的嚴厲管控，在華的美國輿論認為「中國正越來越多地向歐洲尋求其重建計劃的援助」。[49] 由於擔心在華影響會被削弱，美國政府此時也格外關注國聯在華行動，期望能夠適時做出一些適當的補救，以維持美國的影響力。1931年6月10日、19日，美國國務

Hopkins University Press, 2007）, p. 135.

46 Saul Benison, *The reminiscences of Doctor John B. Grant*, Oral History Research Office, Columbia University, 1961, pp. 249-250.

47 “Greene to Grant, May 12, 1930,” 北京協和醫學院檔案室藏，文書檔案，數位索卷號：0130。

48 Saul Benison, *The reminiscences of Doctor John B. Grant,* Oral History Research Office, Columbia University, 1961, p. 250.

49 “Is China Turing Toward Europe for Help in Her Reconstruction Program?” *The China Weekly Review,* March 28, 1931, November. 4, p. 116.

院遠東司（the State Department Division of Far Eastern Affairs）司長霍恩貝克（Stanley Kuhl Hornbeck, 1883-1966）兩次致函美國駐華公使詹森，要求他密切關注拉西曼等人的動態，隨時通報國聯在華合作的各項發展及其意義。[50]

7月31日，詹森致函美國駐南京總領事派克（Willys Ruggles Peck, 1882-1952），傳達了霍恩貝克的這一指示，並在此信函結尾處請其核實，「國聯是否有意抵消美國當下對南京國民政府僅有的那點影響」。[51] 8月14日，派克回覆詹森，說在8月2日自己已與劉瑞恆會面，了解到此時國民政府與國聯的合作，卓有成效的成果主要體現在公共衛生事務方面。雖然衛生署首席顧問來自克羅地亞，但主管教育宣傳及日常事務的兩位專家，是得到洛克菲勒基金會資助的美國人。此外，美國使團租借給了衛生署的臨時辦公地點，基金會還為國聯每年提供了不少於二十萬美元捐助，從而使得國聯很難取代美國，或在對華合作事務方面排斥美國。派克說此次與劉瑞恆通話中已坦率地告訴他，如果不能在援助中國的各個部門中看到美國專家的身影，美國社會將會產生一種普遍的失望情緒。劉瑞恆表示，他們既不會偏袒，也不會排斥任何國家，願意從包括日本在內的任何國家那裡得到幫助，並對美國基金會的捐贈，說一些聽上去讓人感到很真誠的感謝之語。[52]

第三節 關注定縣

1926年，除美國的二百四十四個縣之外，國際衛生部又向另外十二個國家

50 "Stanley K. Honnbeck to Johnson, June 10, 19, 1931," Vol. 1682, record group 84, Records of Foreign Service Posts, Diplomatic Posts, China, National Archive Ⅱ. U.S, The National Archives at College Park, Maryland, U.S. A.

51 "Nelson Trusler Johnson Johnson to Willts R. Peck, American Consuls general, Nanking China,, Peiping, July17, 1931, Legation of the United States of America," Vol. 1682, record group 84, Records of Foreign Service Posts, Diplomatic Posts, China, National Archive Ⅱ. U.S, The National Archives at College Park, Maryland, U.S. A.

52 "Willys R. Peck to the Secretary of State, August 14, 1931," Vol. 1682, record group 84, Records of Foreign Service Posts, Diplomatic Posts, China, National Archive Ⅱ. U.S, The National Archives at College Park, Maryland, U.S. A.,

的三十四個鄉村提供了資助，這標誌著其在世界範圍內關注鄉村公共衛生事務的開始。當年的年度報告稱由於中國政局尚不穩定，致使該行動無法在華大力推進，捐贈只能限於前述蘭安生與京師警察廳合作的衛生實驗區。[53] 逮至1930年代，在第一次世界大戰歐洲戰爭的華工中，成功組織過平民教育活動，畢業於耶魯的晏陽初於三年前，在北京成立了中華平民教育促進會（以下簡稱平教會），在當年與一批志同道合讀書人來到直隸定縣翟城村，推行其鄉村教育計劃的義務掃盲運動。1928年12月13日，基金會董事會討論美國合作委員會（American Cooperating Committee）主席卡特（Edward Clark Carter, 1878-1954）提交的一項議案，期望在未來幾年裡基金會能為此運動捐款十二萬五千美元。董事會了解到的情況，是該運動已經擁有一萬名參與者，惠及五百餘萬人，每年大致能得到主要是來自華人的二萬五千美元捐贈，用於支付遍及三十二座城市，以及一些鄉村協會的工作經費。[54]

該運動由義務志願者們所推動，基本沒有收益；如每堂識字課僅五十錢的付費，每本識字小冊子售價五錢，授課老師每月只得到約七十五美分至一美元的茶水錢；故在董事會討論過程中，對該運動未來發展的擔心主要有：一、是否會成為一種政治鬥爭的工具；二、是否代表了中文改革的方向；三、是否五年後就能夠做到自給自足；四、美國資助是否會帶來干擾。他們得到的回覆是：在當下政局不穩的情況，該運動為保持獨立性，將不接受政府的資助。一位來自哈佛、另一位來自芝加哥大學的教授對此疑問的陳述是，中國目前不會效法土耳其而採取字母的文字改革，該運動只在於減少文盲，並保證未來將通過向海外華僑、民眾捐贈，以及出售各種出版物，來解決其自身的財政困難。同樣出席會議的顧臨，發言稱如果大部分捐贈來自於中國，對未來的財政問題就不必過於擔心。鑑於此，董事會同意顧臨建議先撥付五萬美元，待該運動從中國方面募集到二十五萬美元之後，再撥付另外五萬美元，即其同意為該運動共捐贈十萬美元。[55]

---

53 *The Rockefeller Foundation Annual Report,* 1926, pp. 26, 83.

54 "Chinese National Association of the Mass Education Movement, 12/31/28," https://rockfound.rockarch.org/documents/20181/35639/pdf-minutes.pdf/6f93ed7e-b987-4b99-a144-4238923035db.

55 "Chinese National Association of the Mass Education Movement, 12/31/28," https://rockfound.rockarch.org/documents/20181/35639/pdf-minutes.pdf/6f93ed7e-b987-4b99-a144-4238923035db.

1929年，著名美國物理學家，曾於1925至1928年期間擔任過芝加哥大學校長的馬森（Charles Max Mason, 1877-1961）接替文森特，擔任了基金會主席。第一次世界大戰爆發後，馬森離開了威斯康辛大學麥迪遜分校物理系，任職於美國國家研究委員會（National Research Council, NRC）的潛艇委員會，主持發明了能夠幫助精確定位德國潛艇位置，即被稱之為「梅森水中聽音器」（Mason Hydrophone）的儀器。與作為社會學家的前任文森特有點不同，馬森更為注重自然科學知識的實際應用，主張將之用於各種社會改良活動，以提高資助的效率。在他的推動之下，駐歐洲辦事處總管，也是基金會副主席的葛恩（Selekar Michael Gunn, 1884-1944）於1931年夏從紐約返回巴黎時，繞道對中國進行了為時七個星期的訪問，走訪了從廣州到奉天的四十多個教育機構、醫療機構和政府部門，會見了一百三十多位中外人士，並前往定縣實地考察了此時由以往的掃盲識字，開始轉向更多關注經濟、衛生和社會改善的鄉村建設運動。

葛恩是愛爾蘭裔，1896-1900畢業於倫敦肯辛頓公園學院（Kensington Park College），後獲得哈佛—麻省理工的塞奇威克公共衛生學院（Sedgwick School of Public Health）的學位。在1912年至1918年期間，他擔任了美國公共衛生協會（American Public Health Association）秘書，也擔任過一段時間《美國公共衛生雜誌》（*the American Journal of Public Health*）的執行編輯。他於1917年加入基金會後，被派往歐洲先後參加過在法國預防肺結核、在捷克斯洛伐克幫助創辦國家衛生機構，以及在南斯拉夫等地負責公共衛生預防和重建工作。蘭安生於1920年代訪問歐洲時與其見過面，稱他是一位天生富有想像力的領導者。作為沒有受過太多臨床訓練，且同樣沒有受到太多傳統醫學偏重治療影響的公共衛生專家，葛恩不滿意基金會以往在所有國家參與的都是單一公共衛生項目，如預防肺結核、消除鉤蟲病、傷寒等等；而沒有將之與自然科學發展整合在一起，使之能夠彼此合作，且還應相得益彰的整體項目。[56]

當此次訪問結束後，抵達洛杉磯的葛恩致函馬森，談及了此行的收穫，說是自己一生中最有趣的經歷之一；就是因為中國的複雜性及面臨的諸多問題，

56 *The reminiscences of Doctor John B. Grant*, Oral History Research Office, Columbia University, 1961, p. 449; 瑪麗・布朗・布洛克，《油王：洛克菲勒在中國》，頁99。

既讓人著迷，又讓人感到錯愕。在他看來，此時中國正擺脫傳統束縛，許多在歐美留學或在那裡進修過的本土知識分子，努力推動國民政府接受一些經過仔細選擇的西方文明來改造中國。葛恩指出：不同於明治時代的日本，對西方文明全盤接收；此時民族主義已在中國盛行，面對一些過激行為和思想，大量蜂擁而入的西方思想被認為是危險的，故除了自然科學之外，其他學科都受到了嚴格質疑，中國人期望將之「中國化」。此外，葛恩還意識到中國人在涉及此類問題時極度敏感，原因在於過去的那些年裡，西方列強對其施加了許多不公，從而也讓中國知識界對於防範外來勢力和影響過於小心翼翼。所以，他提議基金會不應忽視世界上這一極為重要的部分，必須採取改進措施，以適應中國現代化不斷發展和變化的狀況，並集中精力推動一些重大項目的展開。[57]

隨後葛恩向馬森提交了一份長達七十二頁的報告，其中有一段談到政府雖成立了以劉瑞恆為首的衛生主管機構，說這僅僅是一個開始，距離真正展開國家公共衛生事務，還有很長一段路要走。就對劉瑞恆的印象而言，葛恩認為雖整體印象還是不錯，卻感到其做事不夠果斷和積極，並解釋說由於政府巨額財政都用在了軍事上，讓他遇到了財政困難，甚至沒有錢建造衛生署和中央衛生實驗處的辦公大樓。至於國民政府與國聯的合作，葛恩認為聲勢雖然很大，但除了提供技術顧問之外，國聯似乎很難做成一些事情。[58] 讓他感到振奮的，是在定縣與晏陽初的一次長談；他了解到此人少年時代在四川省度過，後在美國受教育，戰時有在法國與華工打交道的經歷，以及他回到中國之後為推動該運動所做的各種努力。葛恩與遇到的許多中國人討論了該運動，說雖沒有人懷疑晏陽初的誠意，卻有人批評過於理想主義，認為在其時的中國不可能成功。葛恩說只是他個人預測，認為該運動會取得成功，因為不少地區正積極準備效仿其提出的鄉村重建之方法。[59]

有趣的是，這份報告還談及了「中國人對基金會及協和的態度」，在協和

---

57 "Selskar M. Cunn to Marson, September 8, 1931," "Selskar M. Cunn, Report on visit to China, June9th to July 30th, 1931," folder 129, box 12, series 601, record troup1, IHB, R AF- ARC.

58 "National Health Administration-Nanking," 北京協和醫學院檔案室，外國人檔案，數位索卷號：0197。

59 "Mass Education Movement-Peking," 北京協和醫學院檔案室，外國人檔案，數位索卷號：0197。

檔案室收藏的這份打印件，抬頭有一被手寫標明為「秘密報告」的字樣，表明顧臨等人並不想將之公開。因為葛恩說其盡可能地想了解中國人對基金會的看法，得到的印象是與所有外國存在一樣，基金會被指責為心懷帝國主義的利己動機，受到一些中國人的質疑和批判。不過，宋子文、王正廷、劉瑞恆、顏惠慶、周詒春等人，認為中國需要基金會的幫助，並未將之列入在華教會機構之列。此時協和剛經歷過前述那些醫患糾紛的輿論風暴，好在張學良因重症傷寒而入住協和，治癒出院後對該校表示了深切感激，從而有助於修復基金會及協和的形象。葛恩說，儘管不像在其他地方，協和目前在北平的地位十分穩固；卻不能保證未來也會如此。就像「倘若張學良不幸死在了協和病房，」葛恩問道：「你們可以想像中國人會有什麼樣的反應嗎？」他的結論是：在華工作某些方面雖如「一場賭博，但我仍相信我們必須繼續這樣做。」[60]

葛恩這份熱情洋溢的訪華報告，讓馬森感到基金會在中國還是大有可為的，遂與顧臨商量安排其再次訪華事宜。1932年4月7日，顧臨致函馬森，說如果有人認為葛恩不熟悉遠東事務，這並非是一個嚴重問題；他保證提供其所需要了解的情況。顧臨還認為，即使考察中遇到一些英語欠佳之人，由於葛恩掌握了不少歐洲語言，同樣可方便地用法語、德語，與中國知識界那些重要人物進行直接交談，且還更容易與那些高層建立良好關係。[61] 11月底，葛恩如期抵達中國，開始了更為深入和廣泛的學術考察。12月31日，顧臨致函負責項目執行的基金會副主席，也是洛克菲勒二世最親近之人的阿普爾蓋特（Thomas Baird Appleget, 1893-1882），報告了葛恩此次訪問的情況，說葛恩看起來很開心，唯一遇到棘手的問題，是難以適應中國人的宴請模式——為避免讓主人感到不快，他不得不吃掉擺在面前的所有食物——從而讓他感到腸胃極度不適。顧臨覺得葛恩很適合在華工作，建議他必須學會不理睬中國宴會上的那些客套，方能保持自己的身體健康。[62]

60　"Attitude of the Chines toward the Foundation and the PUMC, R. F. confederal report, S. M. G. 1931, attitude of the Chinese toward the foundation and the PUMC," 北京協和醫學院檔案室，公文檔案，數位索卷號：0197。

61　"Greene to Max Mason, President, April 7, 1932," 北京協和醫學院檔案室，外國人檔案，數位索卷號：0197。

62　"Greene to Appleget, December 31, 1932," 北京協和醫學院檔案室，外國人檔案，數位索卷

1933年5月29日，已經走遍了大半個中國的葛恩，致函馬森說由於自己在歐洲時一直與國聯合作，就該機構當時與中國政府關係密切來看，他擔心如果將更多時間用在南京，可能會被認為他也是按照蔣介石、宋子文的旨意行事，故刻意迴避與現任政府領導人過多的接觸。讓他頗有成就感的，是自己擁有在歐洲長期做慈善和公共衛生的經驗，對如何更好地處理中國事務有頗為全面的考量；又由於熟悉歐洲語言，他可以方便地與那些英語欠佳，且也是非常重要人物的留歐知識分子進行有效的溝通，嘗試調解他們與那些說英語的留美學者之間的罅隙。至於考察進度，葛恩承認中國太大，難以像此前他在歐洲國家那樣制定一個全國計劃，須將注意力集中在某些特定的地區。葛恩表示對在中國的未來充滿了信心，認為將會有一個長足的發展，並推測基金會有機會在這裡推進其所建議的那些事務，從而能夠對增進這個世界人口最多、也至關重要國度的福祉，提供一個具有實際意義的貢獻。[63]

最終的訪問報告，是葛恩在上海於1934年1月23日提交給董事會。在這份長達六十四頁的文件中，他強調基金會以往已投入了大量的資金，鑑於中國擁有如此眾多人口和遼闊土地，其重要性正與日俱增，沒有人懷疑其在未來幾年中的世界事務中將會發揮越來越大的影響力。此外，葛恩還提及美國政府正著手改善對華關係，讓其深信基金會在中國擁有的機會比在歐洲更多。尤其是葛恩談到牛津大學欽定希臘史教授（Regius Professor），也是英國著名社會活動家默里（George Gilbert Aimé Murray, 1866-1957）教授在《泰晤士報》（*London Times*）上刊發了一篇談及中國的文章，呼籲西方主要國家應當幫助中國現代化；聲稱鑑於基金會以往取得的偉大成就，證明他們肯定會為中國下一步發展和穩定提供重要幫助。[64] 同日，葛恩私下又致函馬森，聲稱受到其對於基金會未來在華宏大構想之激勵，讓他寧願放棄在歐洲的輝煌事業而來到中國，言外之意是希望馬森做些董事會的說服工作，讓此報告在決策層的討論中

號：0197。

63 "Gunn to Max, May 29, 1933," "Program and Policy 1931-1937," folder 125, box 12, series 601, record group 1, IHB, RAF-RAC.

64 Selskar M. Gunn, "China and the Rockefeller Foundation, January 23, 1934, Shanghai," pp. 1-5, https://rockfound.rockarch.org/documents/20181/35639/pdf-rockefellerfn.pdf/dc3dd188-7cff-4a7c-b56b-fd381989bcb9.

能夠順利通過。[65]

前述1933年5月29日致馬森的信函，以及在此份報告中，葛恩都建議基金會在將要推進的新項目，重中之重是資助晏陽初等人大力倡行的鄉村建設運動。[66] 其時定縣農村實驗區在中國社會改革中已初見成效，名聲鵲起；僅以醫療衛生事務為例來看，在運動未展開之前，全縣四百七十二個村莊中，二百二十二個無任何醫療設施，二百五十個有簡陋醫藥救助，亦不過小中藥鋪，念過湯頭決的醫士、當過醫兵的冒牌醫士，以及兼打西藥針的傳統中醫，甚或念咒畫符的江湖郎中。在運動展開之後，全縣分為六個衛生區，每區設一個保健所，有一位醫師，一位衛生護士和一位助理。此外，縣裡還開設了擁有五十張病床的保健院，聘請專門醫師擔任內外科診治，可做詳細血液檢查；除每年收治住院病人六百餘，做包括剖腹手術在內的大小手術二百餘次，且還為一百五十二個村莊培訓農民保健員，能夠為農民治療如沙眼、皮膚小傷、頭癬等病。逮至1935年，該縣為接種天花疫苗、支付醫務人員薪酬及藥費的支出達四萬元，可與其「公安經費教育經費相提並論。」[67]

按照晏陽初的思路，該運動不僅關注鄉村醫療衛生，且還在於通過提倡科學方法，大力改善農民經濟和提升生活水平。如主持者們在縣城設立了無線電部，用一台十五瓦特的發電機，配套一部小功率放送機，並在一些村莊免費發放簡易收音機，讓積極分子們每天接收來自南京、北平的無線電廣播，將相關消息抄寫在村公所牆上的小黑板上，以便讓農民及時了解到城裡農產品銷售行情。[68] 此外，主持者們還設立兩個示範性農場，除推廣先進的耕作技術之外，還向農民們提供被認為是優質的種豬、種雞，以增加養殖收。如此前農戶飼養的本地豬，平均只能長到八、九十斤，農場提供的改良豬則可以讓每頭多收肉二、三十斤。推廣辦法是他們將全縣劃為六個區，根據母豬的數量進行配種，

65 “Gunn to Mason, January 23, 1934, Shanghai, China,” China and The Rockefeller Foundation, Cunn, Selskar M. Date 1934, folder 125, box 12, series 601, record group 1, IHB, RAF-RAC.

66 “Gunn to Max, May 29, 1933,” “Program and Policy 1931-1937,” folder 125, box 12, series 601, record group 1, IHB, RAF-RAC.

67 陳志潛，〈定縣社會改造事業中之農村衛生實驗〉，《衛生月刊》，第4卷，第1期（1934），頁4-18；俞煥文，〈定縣的醫藥網〉，《教育與民眾》，第8卷，第4期（1936），頁676-677。

68 衡哲，〈定縣農村中見到的平教會事業〉，《獨立評論》，第51期（1933），頁21。

非合作社員收費三角，合作社員只須兩角，至1935年前後該豬種已推廣到二十多個村，僅豬肉一項估計每年可增加三十多萬元的收入。此外，該縣平均每戶農家養有五隻雞，本地雞每年產蛋量六十枚，經過改良的雜交雞的蛋產量則達到了一百枚。[69]

時人頗多稱讚主持者們的犧牲精神，一篇文章感歎這些知識人「脫下了西裝，降低了生活，到一個沒有馬路、沒有電燈，沒有影劇院的窮鄉僻壤埋頭苦幹。」[70] 說的是他們最初抵達之時，該縣的縣城就只有一條街，除了某機關公用的一輛汽車之外，縣城裡的主要交通工具是洋車和自行車。[71] 能夠買的東西也很少，由於吃不慣當地用大棗蒸的饅頭，有一次他們這群知識人溜進了一家飯館，沒有其他東西可吃，只能吃了一頓帶沙子的麵條。[72] 在該地主持公共衛生事務，也是協和1929年畢業生的陳志潛。他結束了在美國、德國的研究生學習後，先在南京附近的曉莊從事平民教育運動，後於1932年1月16日前往定縣，從北京西站上車時沒有了空位，只能坐在火車地板上，一路走走停停，將近一百六十公里幾乎用了十二個小時。直到至1937年7月，他都在當地堅持服務而沒有離開。[73] 此外當時著名學者陳衡哲探訪了負責無線電的李姓技師，說請他的的地方很多，也有機會可以得到比在該地多五、六倍的薪水，可為了實現理想而寧願在該地工作。[74]

就像此前參加北京公共衛生、清河鄉村實驗那樣，協和對此運動給予了高度注意。1932年5月19日，協和衛生委員會召開會議，決定參與該地的公共衛生事務，具體措施如：一、派遣相關專家，定期前往該縣進行工作指導和培訓事務，往返路費由該校承擔，專家抵達後的住宿費則由該運動支付；二、提供在該縣鄉村培養基層衛生人員的器械和用具，並為培訓人員提供特定的研究機

69　寄萍、仲達、實先，〈定縣參觀續記（續完）〉，《國衡半月刊》，第1卷，第10期（1935），頁100-106。

70　寄萍、仲達、實先，〈定縣參觀記（未完）〉，《國衡半月刊》，第1卷，第9期（1935），頁79-85。

71　青松，〈定縣實驗區印象記〉，《華年》，第3卷，第17期（1934），頁9-11。

72　楊汝南，〈定縣參觀記〉，《農村經濟》，第2卷，第6期（1935），頁59。

73　陳志潛，《中國農村的醫學：我的回憶錄》（成都：四川人民出版社，1998），頁80。

74　衡哲，〈定縣農村中見到的平教會事業〉，《獨立評論》，第51期（1933），頁19-25。

會；三、醫院將成為該縣醫療救助的合作醫院，接受診治雙方公共衛生部門共同核准的病例；四、有義務幫助該縣公共衛生部購買醫療資料、藥品及相關醫療用具，該縣承擔成本價及運輸費用。此外，當年四年級學生都前往該縣實習了三天，其中有兩人實習了四周；翌年，護校學生也進行了同樣的實習。按照教學評估的說法，學生們前往該縣實習之後，對農村情況有進一步了解，那些對此特別感興趣之人則有機會就鄉村福祉問題進行更深入的考察。[75]

由此回到葛恩的定縣之行結束之後，顧臨向他介紹了一些中國知識界就該運動的討論文章。[76]其中一篇是曾在哈佛、耶魯、哥倫比亞大學留學，時任北大法律系教授的燕樹棠的批評性文字，聲稱自己作為土生土長的定縣人，認為此運動形式大於實質，不少只是花裡胡哨的走走過場，並不能產生幫助鄉民脫貧致富的實效。如鄉村公共衛生號召農民經常洗衣，結果是半月洗一次，衣服可穿兩年，若五天洗一次，則只能穿一年，反倒增加了農民的負擔。至於改良豬種，作者認為雖說洋豬的體重增加，但每日須餵大豆、高粱四、五斤；土豬則只吃涮鍋的污水、腐爛的飯菜、混合的糠粃，很容易飼養。[77]當然，顧臨提到了為運動辯護的另一方。如哥倫比亞大學歷史博士，時任清華清華大學歷史系主任蔣廷黻稱少數志士自願到鄉間試驗，錯誤是免不了的，並強調「改革的方案總要使一部分人士不滿意。」[78]此外，顧臨期望葛恩注意胡適看似頗為中立的說法，即：「凡是一種社會改革，總免不了『民怨沸騰』。我們替定縣的改革家發表一定『民怨』，也許可以給他們一個辯證解釋或參考的機會。」[79]

75　"Minutes of the PUMC. committee on the Health Station, May 19, 1932," "Report of the Acting Director for the Academic Year Ended June 30, 1934," p. 34，北京協和醫學院檔案室，文書檔案，數位索卷號：0391、0177。

76　"Greene to Gunn, December 14, 1933," "Greene to Gunn, May22, 1934," 北京協和醫學院檔案室，外國人檔案，數位索卷號：0197、0196。

77　燕樹棠，〈平教會與定縣〉，《獨立評論》，第74期（1933），頁5。

78　蔣廷黻，〈跋燕先生的論文〉，《獨立評論》，第74期（1933），頁9-11。

79　胡適，〈編者附記〉，〈平教會與定縣（通信）〉，《獨立評論》，第79號（1933），頁19。

第四節 應用科學

在葛恩此時提出雄心勃勃的新規劃之前，基金會在華對自然科學的資助都由醫社提供，且也與醫學教育相關，重點放在作為理科基礎學科，需要投入較多資金，建設實驗室的物理、化學和生物方面，目的在於為協和提供源源不斷的高質量生源。從1914年至1932年，這筆款項累積達到1,835,513美元，十四所大學有幸獲得。這其中國立大學，是清華、中央（1928年之前的東南大學），私立則為南開，其餘十一所均為教會大學。名列資助榜首的是燕京，約占總數的42%（$779,000），第二名的福州協和大學（Fukien Christian University），約占總數的10%（$195,000）；三所國人所辦的國立、私立大學，加起來約占總數的14%（$263,850）。[80] 至於教會大學為何占比如此之高，原因在於一是醫社當年收購協和之時，承諾將繼續支持教會在華的教育事業，其大學設施最初也優於國人自辦的大學；其二是協和以全英語授課，教會大學學生的英語程度普遍高於國人所辦的大學，更容易通過該校的英語入學考試。

從這三所國人所辦的大學來看，東南大學於1921年成立時併入了南京高等師範學校，遂成為當時國內所有大學中科系最完整，師資力量最優質，招生人數也最多的國立大學，自1922年起得到了醫社的連續大筆資助；[81] 清華經費來自庚款，由海關直接撥付，沒有當時中國人公私大學普遍存在的經費匱乏之虞，作為「留美預備學校」，又向來都能招收到最優質生源，學生英語能力多出類拔萃，得到醫社資助也理所當然。難能可貴的，是南開之所以能夠得到醫社的107,600美元資助，關鍵在於該校的優質學風和良好教學水準。1915年11月8日，前述基金會的第二次訪華考察團訪問了天津，其時南開大學尚未成立，福萊克斯納等人由校長張伯苓陪同下來到南開中學訪問，旁聽若干英語及自然科學的課程。福萊克斯納寫道：儘管校園環境相當簡陋，見到的學生們毫

80 Selskar M. Gunn, "China and the Rockefeller Foundation, January 23, 1934, Shanghai," p. 12, https://rockfound.rockarch.org/documents/20181/35639/pdf-rockefellerfn.pdf/dc3dd188-7cff-4a7c-b56b-fd381989bcb9.

81 Selskar M. Gunn, Report on visit to China, June 6 th to July 30th, 1931," p. 59, folder 129, box 12, series 601, record group 1, IHB., RF., ARC; *The Rockefeller Foundation Annual Report 1929*, pp. 227, 295; *The Rockefeller Foundation Annual Report 1930*, pp. 270, 273.

不猶豫地用流利英文，相當自信地回答考察團提出各種問題，留下的印象是該校的學生風範，一點都不遜於他們去過的那些最好的教會大學。[82]

相對那兩所國立大學，南開作為私立大學，經費全憑張伯苓等人的化緣募集，是其時經濟最為窘迫的一所大學。1922年度，東南大學的預算是六十餘萬元（601,381），南開則只有十一萬元，幾乎就是其五分之一。[83] 職是之故，南開教師的薪酬標準也偏低。曾於1919年赴美國耶魯大學留學的何廉，1926年獲得博士學位後計劃回國任教，在上海的暨南大學給出了三百元的月薪，南開則只有一百八十元；只是何廉考慮到京津為文化教育中心，會有更好專業發展前景而拒掉了暨南。何廉回憶道：除去講授中文和中國文學的教師之外，當他就職該校時，幾乎所有教員都是從美國留學回來不久之人，且平均年齡三十歲左右。除了最低薪酬之外，學校僅提供交納低廉房租的公寓，他居住一套配有家具的四間房裡，每月租金十八元。好在教師之間的社交活動很少，誰都不去搞關係，沒有經常性的吃喝宴請，教授們埋頭於自己的教學和研究，不講究穿著，生活節儉，也就免去一些不必要的花費。何廉說：「校園的氛圍可謂簡樸、安定和滿足。」[84]

這個回憶也能從醫社實地考察報告中得到證實。1929年6月17日，前面提及醫社醫學教育顧問的祁天錫致函馬森，說他於6月10日前往奉天、大連之時，順路訪問了南開大學的理科各系，也了解到該校薪酬偏低，如理科教授最高不過每月三百元，一些留學回國之人最初更只有兩百元，學校提供住房的房租，平均每月二十八至四十元不等；鑑於此時中國各大學的競爭已經相當激烈，一些學校提供高薪挖人，許多優秀教授由此受到了誘惑，屢屢發生改換門庭的跳槽事件。祁天錫對南開的觀察是：「即使能在其他大學獲得更多收入，但一些最好的教授在該校任職多年，他們忠實地服務於南開。」[85] 所以，醫社早在1922年給該校捐贈了十萬元修建科學實驗樓，外加兩萬五千元購置相應實

82 Dr. Simon Flexner, "some schools of unusual merit, January 17, 1916," folder 89, box 11, series 2-11, RG 2, Rockefeller family, RFA-ARC.

83 *The Rockefeller Foundation Annual Report 1922*, pp. 251-256.

84 何廉，《何廉回憶錄》，頁36。

85 "Gist Gee to Max Hason, June 17, 1929, Nakai University," folder 315, box 38, series 601, record group 38, CMB.Inc., RAF-RAC.

驗設備；此外還有一項資助是該校從其他方面募集到相同數額款項，以三年為期，每年六千七百五十元，撥付給物理學、化學和生物學系，作為給每位教師的生活補貼，並還為1923年度聘請一位來自美國的物理學客座教授編列了相關經費。[86]

前述1931年6月18日，葛恩的首次訪華即將啟程之時，顧臨得知他想重點考察國人自己主持的大學時，在信函中談及了自己所了解的情況，稱由於過去十來年來的政治動盪，國立、省立大學都遭受到了嚴重破壞，校長總是不停地因為政局而頻繁更換，各校行政效率十分低下；更糟糕的是因為財政困難，各校都無法按時支付教授薪酬，加上本來就缺乏合格師質，許多教授被允許同時在兩、三所大學，甚至異地大學兼課，這不僅影響到教學質量，且還給學生做出了不良示範。顧臨擔心此時經常爆發學潮，嚴重影響到教學程序；並認為儘管這是一個鼓吹革命的時代，社會會議深受激進思潮之影響，學生們很容易就被動員起來；但主要原因還在於學校管理不當，教授們不安心教學，入學考試要求偏低，以及教學及生活實施不完善所致。顧臨就此強調說：中國各大學中仍還有許多高尚之人，熱愛專業，埋頭學術，如果能夠提供公平機會，這些人就可以做出卓越成績，且也是各大學未來的希望之所在。[87]

葛恩於當年7月抵達中國，針對關於醫社只注重醫學教育，不太在意推進相關科學發展的批評，廣泛聽取了這些年裡得到相當多資助的教會大學之意見。他向馬森報告說：由於1929年以來的經濟大蕭條，母國差會難以籌措更多款項，致使所有教會大學在經濟上都感到了捉襟見肘，難以為繼；祁天錫建議基金會在未來幾年內，支持十所教會大學的自然科學系科，每年給每個學科投入一萬二千至一萬五千美元不等，因為這也是基金會當年對教會的承諾。不過，葛恩在與教會學校的校方及教授們交談過程中，得到的印象是他們大多沒有進一步發展自然科學的計劃，收到的請求僅在於希望緩解目前的經濟窘迫，而非就新的發展去籌措資金。[88] 此外，在會見了國立、私立大學的校長和相關

86　*The Rockefeller Foundation Annual Report 1922*, p. 258.

87　“R. S. Greene to Gunn, June 18, 1931,” 北京協和醫學院檔案室，外國人事檔案，數位索卷號：0197。

88　Selskar M. Gunn, “Report on visit to China, June 6 th to July 30th, 1931,” p. 1, folder 129, box 12, series 601, record group 1, IHB., RAF-RAC.

教授後，葛恩對南開大學經濟研究所評價頗高，認為何廉、以及其同事方顯廷專注於解決中國最急需的社會經濟問題，學術水平明顯高於平均水準，且還有令人敬佩的研究精神。他們請求基金會以七年為期，每年資助該所三萬五千元。[89]

方顯廷是何廉的耶魯同學，1929年由其延攬到了南開經濟研究所任教。何廉回憶錄談到了葛恩到訪時，他正在上海募款，接到方顯廷的電報後立刻趕回天津。在雙方會談中，葛恩詳細了解其困難，臨行時說了一句：「我們會為你想辦法的，你儘管推行你的計劃好了。」[90] 的確，葛恩在這份報告中寫道，雖然他建議基金會可穩妥地對該機構提供資助，但並不認為必須立即進行；只是在資助計劃啟動之後，南開經濟研究所可擁有獲得的優先權。至於經濟狀況向來豐裕的清華，葛恩參觀了該校科學館及理科各系，說是在中國所看到實驗設備最為齊全的地方。該館的一樓由生物系使用，實驗設備完善、圖書資料充足；化學實驗室不大，足以滿足教學之用，物理專業則在中國排名第一。葛恩說儘管該校給他留下了很好的印象；但由於學生有很多不滿，經常發生學潮，嚴重影響到正常的教學和科研秩序，認為目前沒有必要認真考慮對其自然科學或社會科學提供資助，以免投入進去而不能產生相應的效用。[91]

葛恩此次還考察了被視為國立研究重鎮的中央研究院，對物理所、化學所、歷史語言所、氣象所、心理所和地質所的印象頗好；稱該院年度預算一百三十二萬元，由財政部直接支付。讓他感到荒謬不解的，是這筆錢竟然被平均分配到給各所，而不是考慮到各自實際需要，認為「這種完全不合邏輯的做法，具有典型的中國特色。」此外，葛恩還在中國知識界中聽到了一些關於創建該院的批評，認為他們聘請了一批本該在大學任教的優秀學者，致使國家資金不能更多地投向大學，直接影響到高等教育事業的發展。甚至，一些知名的中國學者告訴葛恩，談及該院各所的人事聘任，大多基於政治立場和個人友誼的考量。葛恩則說就其考察來看，有證據表明該院聘請的很多成員是很重要

89　Selskar M. Gunn, “Report on visit to China, June 6 th to July 30th, 1931,” p. 66, folder 129, box 12, series 601, record group 1, IHB., RAF-RAC.

90　何廉，《何廉回憶錄》，頁49。

91　Selskar M. Gunn, “Report on visit to China, June 6 th to July 30th, 1931,” p. 65, folder 129, box 12, series 601, record group 1, IHB., RAF-RAC.

的學者，並認為該院雖存在著許多困難，管理方面也有不足，但某些研究所正在從事一些出色的研究。不過，由於葛恩認為該院迎合了中國學術界的民族主義的興起，建議雖可以介紹一流外國科學家訪問該院，卻不推薦基金會對其提供任何資助。[92]

讓葛恩頗感氣餒的，是此時國民政府在校園內嚴禁基督教活動，大力推行充滿民族主義意識形態的黨化教育。作為證明，他援引了哥倫比亞大學師範學院教授，中基會副董事長孟祿（PaulMonroe, 1869-1947）於當年年初在滄州參加了該會的第五次常會，訪問北平、天津、南京和上海之後的一段感言。即孟祿聲稱此時在華外人倘若有所資助行動，「只要未能遵從中國人的意願，不論涉及什麼項目，都會被國民政府認為是帝國主義的」。鑑於國立學術機構受到了國民政府的較多政治控制，葛恩說向許多人質詢怎樣才能讓捐贈真正用到科學研究方面，得到的回覆是所有人都認為資助是必要的，分歧僅在於如何及何時撥付款項的問題。由此唯一形成的共識是：如果基金會提供資助，最佳方案是分期撥付到個人名下，當此受助人辭職或被解聘之時，資助就自動停止。葛恩的評判是，作為一個基本原則，他建議基金會此時不必給國立大學提供一般性的資助；只有等到要進行某些重要項目時，方纔「希望與國立大學進行合作」。[93]

葛恩的考察報告，還提出了該如何資助中國自然科學、社會科學發展的構想，認為在當下自然科學發展過程中，中國重要大學的生物學發展優於化學、物理學，原因是分類生物學和生態生物學不需要太多想像力。此外，葛恩與顧臨等還有一些通信，交換了如何提升這些學科教學水平的看法。如葛恩說在華擔任自然科學的外籍專家的水平一般；顧臨可建議資助一些頂級外國學者來華擔任客座；葛恩回覆說生物學還好辦，對於需要更多進行實驗，且中國又缺乏一流實驗室的物理學、化學似難以辦到。顧臨又建議設立一些短期資助項目，利用一至三個月的不等時間，聘請那些頂級學者來華擔任研究及教學指導。此外，葛恩還注意到在國立大學任教的社會科學教授，如法學、政治學等，比自

92 Selskar M. Gunn, “Report on visit to China, June 6 th to July 30th, 1931,” pp. 68-69, folder 129, box 12, series 601, record group 1, IHB., RAF-RAC.

93 Selskar M. Gunn, “Report on visit to China, June 6 th to July 30th, 1931,” pp. 21-22, folder 129, box 12, series 601, record group 1, IHB., RAF-RAC.

然科學教授更多受到政治控制，很多來自歐美的留學生，偏向沿用外國教學模式，被批評為無法適應中國實際。葛恩最看好的是各種類型的社會調查，讓他感歎的是這些都非國立大學之所為，而是由作為私立及教會大學的燕京、南開及金陵所推動。[94]

前面已經談到1932年11月，葛恩在馬森支持下，第二次來華考察。此次考察是為在中國推動一個新項目做鋪墊，葛恩為了與醫社、協和相區別，不在北平，而是在上海設立了自己的辦公室。為了更準確掌握自然科學發展狀況，葛恩請曾是物理學家，此時擔任基金會駐歐洲自然科學項目主管的蒂斯代爾（Wilbur E. Tisdale）來華做更為專業的考察。就1932年國民政府教育部的統計數據來看，當年已有一百零四所大專學校，國立、省立大學占總比54%，私立占比46%；分布地點主要在京滬（26%）、平津（19%）和廣州（6%），川鄂豫湘四省加起來占比8%。全年教育經費投入達3,418萬元，就其大項而言，來自國庫、省庫和捐贈的占比，分別是39.8%、16.2%、25.0%，支出中的辦公費、人頭費、薪酬費、特別費是大頭，加起來占總支出的79.4%。此外，教員中有留學背景的達三千九百餘人，占教員總數的58%；文科、理科及體育、黨義等科的教師人數，分別是三千六百餘、二千四百餘和五百餘。[95]

1933年9月-11月，蒂斯代爾考察了十所國立、兩所省立，十五所私立大學、八家研究所和若干所中學，重點是與自然科學相關的應用科學、實驗室、圖書館、教師等內容。經過三個月的仔細考察，他信心滿滿地說自己對中國大學已有一頗為清晰的認識。在他看來，自然科系最強的國立大學，應為中央、清華、浙江、武漢、中山、上海交通大學和北洋工學院；私立大學，則是燕京、金陵、嶺南。擔任實驗物理學、實驗化學、農學、生物學的十三位外籍教授都在教會大學；近千位回國留學生中，只有極少數人在認真做研究。再對於唯一可授予理科碩士的燕京，蒂斯代爾說其懷疑該校是否擁有這樣的能力。蒂斯代爾解釋道：由於自然科學全都來自西方，難免會遇到引入過程中許多不適應的問題，諸如沒有太多中文科學術語，以及中文教科書的缺乏等等。英語作

---

94 Selskar M. Gunn, “Report on visit to China, June 6 th to July 30th, 1931,” pp. 14, 17-18, folder 129, box 12, series 601, record group 1, IHB., RAF-RAC.

95 林振，〈一月來之教育：全國高等教育概況〉，《時事月報》，第14卷，第4期（1936），頁153-154。

為當時最重要的科學用語，在他的印象中，由外籍教授講授英語的教會大學，高年級還有英文不熟練者；由中國人教授英語的國立大學，程度普遍不盡人意。[96]

當然，蒂斯代爾高度肯定了國立大學發展的勢頭。他於10月6日造訪了中央大學，從校長羅家倫那裡得知，該校去年經費475,888元，其中20%用在儀器和實驗室，本年度經費則達到一百六十萬元，幾乎翻了三倍。時人說：有了這樣一筆鉅款，該校當年「修理宿舍、粉飾教室，建造凱旋門似的大門，中西合璧的音樂教室、擴充圖書館。」[97] 兩年前該校有三千名學生，此時則只有一千，原因是校方決定壓縮授課時間，讓教授們更多從事專業研究。蒂斯代爾說鑑於該校與政治的緊密連結，自己此次目睹的學術風氣，要好於此前所聽到的那些評價。30日，他訪問了清華，會見了校長梅貽琦，印象是該校工科雖不如上海交通大學完備，然在中國排名最前的物理、化學和生物專業支持之下，將來或能有大的發展。至於南開，蒂斯代爾的訪問時間是11月3日，除考察了物理、化學、生物、數學系科之外，還考察了工程、動物、植物以及農學院，且只對其物理化學實驗室評價較高，其他實驗室和教學則認為很一般，不具備什麼優勢。[98]

不同於此前基金會的多次考察，蒂斯代爾其時首次考察了農學的境況，指出中國雖是一個農業大國，卻始終存在著嚴重饑荒，原因是幾個世紀以來都沒有採用科學方法種田，故處在一個極低的發展階段。他強調倘若進行種子改良，糧食產量至少可以提高20%-30%以上；如果再做些簡單的病蟲害防治，產量還會有相應增加。此外，他還認為應展開關於水稻、棉花、小麥和蠶絲的研究，再結合其他的經濟增長方式，中國完全能夠做到農產品方面的自給自足。遺憾的是，中國此時只有兩所可稱之為合格的農學院，一是嶺南、另一是金陵。蒂斯代爾稱嶺南的長項，在於有一個園藝學和畜牧專業；金陵則與美國農學頂尖的康乃爾合作，來自該校的世界著名農作物育種學者洛夫（Harry

96　W. E. Tisdale, "Report of visit to scientific institutions in China, Spetenber-December, 1933," p. 59, pp. 1-5, folder 326, box 40, series 601, record group 1, IHB, RAF-RAC.

97　德良，〈1933年的中央大學〉，《大學生言論》，1943年第2期，頁51。

98　W. E. Tisdale, "Report of visit to scientific institutions in China, Spetenber-December, 1933," pp. 8, 13-14, 26-28, 47-50, folder 326, box 40, series 601, record group 1, IHB, RFA-ARC.

Houser Love, 1880-1966）在基金會的資助之下，此時擔任該校農業系主任，翌年任期結束後將返回美國。蒂斯代爾焦慮地指出：中國此時還沒有一個真正意義上的獸醫系、昆蟲系、動物系，林業系，更沒有一個系科完整的農學院。[99]

在蒂斯代爾的報告基礎之上，葛恩於1934年1月23日向董事會提交了一份關於未來工作的總體性報告。至於究竟應資助國立大學，抑或資助教會大學的問題，葛恩坦承在考察過程中，經常聽到傳教士和其他外國人提及國立、省立大學，由於政治和財政問題，極不穩定，難以有更好的發展前景。不過，葛恩則說實際情況並非如此，因為他也看到了教會大學正走向衰落，即其考察的十六所教會大學中，發現超過50%以上的經費來自母國差會的捐贈；除嶺南大學之外，沒有一所教會大學增加了來自中國方面的資助。然而，在世界性經濟大蕭條的影響之下，母國差會的捐贈越來越少，教會大學將難以為繼。相反，讓葛恩感到有些震憾的，是此時國民政府加大了教育投入，致使通常情況下國立大學的財務狀況都要好於教會大學，且薪資水平也普遍較之更高，校園裡業已能看到不少新建築、新設備，以及更多新的圖書資料。重要的是，相當一些國立大學的教學、研究，出現了明顯的起色，在某些方面已經超過了教會大會。[100]

葛恩明確地聲稱，基金會未來捐贈重心應是國立大學。具體說來，葛恩看好的幾所國立大學，排在前面的無疑是擁有最強自然科學系科的清華。鑑於該校有庚款支持，他認為或可不必資助，至少不用大筆資助，相應系科肯定還會得到長足進步。葛恩認為需要特別關注成立時間不長的中央大學，由於該校位於首都，且擁有充裕資金，能聘請到中國最好的教授，如果他們能夠提供某些方面的資助，肯定會有收益的。對於同是創辦不久的武大、浙大來說，葛恩稱前者坐落在華中，國民政府頗為重視，撥付了大筆資金，使該校有了中國最美麗的校園，並修建了不少新樓、教師群體也相對穩定，基金會不僅應在經濟方面，且還可在道德層面上提供支持；對於後者，葛恩說其坐落在最重要的省

99　W. E. Tisdale, “Report of visit to scientific institutions in China, Spetenber-December, 1933,” pp. 11-12, folder 326, box 40, series 601, record group 1, IHB, RFA-ARC.

100　Selskar M. Gunn, “China and the Rockefeller Foundation, January 23, 1934, Shanghai,” pp. 3-6. https://rockfound.rockarch.org/documents/20181/35639/pdf-rockefellerfn.pdf/dc3dd188-7cff-4a7c-b56b-fd381989bcb9.

分，與國民政府高層關係密切，雖規模有限，卻擁有了良好的自然科學聲譽，故基金會的資助不僅應針對理科，且還須面向該校的農學、工學。葛恩說已請其屬下的上海辦事處，考察這三所大學在未來五至十年的發展前景，以便自己做出下一步的決策。[101]

重要的是，葛恩認為此時中國亟需發展應用學科，而非將更多資源投入到高精尖的基礎科學研究方面。在他看來，資助最容易見效的是農學和工學。先就農學來說，中國大學的關注度普遍不高，以致於沒有幾所設有相關系科。葛恩認為這可能是由於學生多來自富庶家庭，調查數據顯示，他們中很少有人關注農業和農民問題，出於各種原因，以往絕大多數農學畢業生並沒有從事專業工作；作為例外的只有作為教會大學的金陵農學院，在以往三百名畢業生中，90%仍堅持自己的本業。再就工學而言，葛恩說教會大學幾乎都沒有開辦工科教育，國立大學中最好的工科教育，雖是在上海的交通大學和在天津的北洋工學院，其基礎科學課程卻顯得欠缺和薄弱，培養出來的學生眼界狹窄，適應能力欠缺。好在清華、中央大學、浙大、武大，都開始舉辦工學院，雖然目前水平遠遠低於歐美的標準，但只要引起政府的高度重視，這些學校將能有很好的發展前景。葛恩說：我們有機會為工程教育提供資助，且希望他們與政府部門有最直接的關聯。[102]

從通過科學方法，尋求有效地改良社會的思路出發，葛恩強調了資助社會科學的必要性和重要性，認為他們或可將中國當作一個巨大的社會科學實驗室，用來檢驗各種相關理論的適用性和可行性。當然，讓他感到揪心的是除了燕京大學公共事務系、南開經濟研究所，以及金陵大學農業經濟和鄉村社會學系之外；此前在許多國立和省立學術機構任職的回國留學生，過度依賴西方社會科學教科書、照搬西方社會發展經驗，沒有花費太多精力去研究中國的現實社會問題，並由此認為如果說中國的自然科學頗為落後，那麼社會科學的滯後

---

101 Selskar M. Gunn, "China and the Rockefeller Foundation, January 23, 1934, Shanghai," pp. 17-18, https://rockfound.rockarch.org/documents/20181/35639/pdf-rockefellerfn.pdf/dc3dd188-7cff-4a7c-b56b-fd381989bcb9.

102 Selskar M. Gunn, "China and the Rockefeller Foundation, January 23, 1934, Shanghai," pp. 28-29, https://rockfound.rockarch.org/documents/20181/35639/pdf-rockefellerfn.pdf/dc3dd188-7cff-4a7c-b56b-fd381989bcb9.

情況更為嚴重和驚人。在訪問過程中他也了解到此時一些國立大學，如北平大學、清華、武大，中央研究院社會所等，開始關注各種社會問題，另外加上一些銀行的研究所，以及一些政府機構，如實業部勞動編制的勞動年鑑、國防委員會進行的食品調查、即將成立負責統籌規劃的全國經濟委員會等等，表明了中國學界關於社會科學的研究將有一個很大的發展，從而為化解危機提供可對症下藥的科學方案。[103]

第四節　「中國項目」

基金會主席馬森一直憂心基金會的資助形式日趨僵化，期望項目能夠擁有更多流動性，並能對當地社會發展產生更多推動效用。[104] 按照這個思路，葛恩認為醫社在華事務，尤其就協和花費如此之多，並非最佳選擇；強烈建議通過資助公共衛生事務，積極參與到其時中國以鄉村重建為中心的現代轉型過程中。1934年底，葛恩提交了被稱之為「中國項目」的報告，在董事會引起了一番討論。持保留意見的，以時任基金會副主席的福斯迪克（Raymond Blaine Fosdick, 1883-1972）為代表，認為這將是一筆巨大投入，如果予以實施的話，勢必或放棄或減縮基金會一直想為印度、墨西哥及南美等國提供的資助，故應當在此之間取得一種適當的平衡和比例，不能僅關注中國。此外，他們也還認為基金會以往只支持醫學教育和公共衛生事務，該項目則意味著在此基礎之上，是否還要另行對包括經濟、社會、政治及文化等領域有所投入。由此這一種意見質問道：難道基金會有兩種不同模式——一種實施於中國，另一種實施於其他國家和地區？[105]

---

103 Selskar M. Gunn, "China and the Rockefeller Foundation, January 23, 1934, Shanghai," pp. 20-25, https://rockfound.rockarch.org/documents/20181/35639/pdf-rockefellerfn.pdf/dc3dd188-7cff-4a7c-b56b-fd381989bcb9.

104 "Gunn to Mason, January 23, 1934, Shanghai, China," folder 125, box 12, series 601, record group 1, IHB, RAF-RAC.

105 Norma S Thompson, Secretary, "Section VII, Mr. Gunn's program for China," "China Program, Minute Trustees meeting, Dec. 21, 1934," folder 129, box 12, series 601, record group 1, RFA-ARC.

該項目預期投入一百萬美元，涉及到基金會在中國到底要投入多少金錢的疑問。自1913年以來，基金會已經在中國投入超過了37,481.104美元，是那個時代他們在美國之外最大一筆慈善捐贈。如果做些比較，排名第二的英國（$14,346,068），中國所獲捐贈是其三倍有餘，更是日本所獲捐贈（$1,109,197）的三十七倍之多。就此，擺在董事會面前的一個問題是：繼續增加在中國的捐贈，是否最有利於推進人類的福祉；難道世界上沒有其他地方像中國那樣，投入如此之鉅款也能獲得同樣的回報嗎？好在，經過了反覆討論和磋商，董事會最終批准了葛恩的這份報告，同意撥付鉅額款項。因為他們認為其時南京國民政府正大力推進現代化改造，諸如修築公路、整頓市政、開辦工場、鄉村重建等等，從而讓中國社會和制度擁有了更多可塑性，被基金會認為確實是一個誘人的挑戰。在他們看來，在中國推進這樣一個新項目，將具有國際意義，並有助於繼續擴展醫社的影響，使之與中國的未來發展更緊密地聯繫在一起。[106]

葛恩提出「中國項目」的基本考量，是強調中國有80%以上的農村人口，最大問題就是農村的衰敗和破產，「強烈堅持」基金會未來對華的資助，必須有相當部分投入到農村的變革事務之中，並期望能夠盡快產生實效。[107] 1933年4月6日，葛恩致函顧臨，說上周訪問了浙大，會見了1923年獲加州大學博士學位、中國心理學奠基人，也是該校新任校長的郭任遠。他給葛恩留下了頗好的印象，說該校已越來越多地轉向農村重建，將把重點放在推進與農學相關的學科建設和發展方面。[108] 與之形成對照的，是蒂斯代爾於10月16日訪問武大，會見生物系教授湯佩松。此人於1925年畢業於清華，1927年之後先美國明尼蘇達大學、後前往霍普金斯，1933年方結束哈佛三年博士後研究而回國。此

106 Norma S Thompson, Secretary, "Section VII, Mr. Gunn's program for China," "China Program, Minute Trustees meeting, Dec. 21, 1934," folder 129, box 12, series 601, record group 1, RFA-ARC.

107 Selskar M. Gunn, "China and the Rockefeller Foundation, January 23, 1934, Shanghai," p. 41, https://rockfound.rockarch.org/documents/20181/35639/pdf-rockefellerfn.pdf/dc3dd188-7cff-4a7c-b56b-fd381989bcb9.

108 "Gunn to Greene, April 6, 1933," 北京協和醫學院檔案室藏，外國人檔案，數位索卷號：0197。

時的湯佩松向蒂斯代爾抱怨，說該校沒有經費、沒有實驗設備，也沒有學生，研究工作難以展開。蒂斯代爾在給葛恩的報告中寫道，如果能得到幾百美元的資助，「我相信他不僅會願意留下，且還可給整個學校帶來一種新的研究精神。」[109]

不料，葛恩看過該報告之後，並沒有伸出援手。翌年2月15日，顧臨致函在上海的葛恩，聲稱相對於分類生物學，中國當下最缺乏實驗生物學，建議葛恩注意湯佩松的研究資歷和現在的研究條件，並請資助其幾百美元，以購買相關圖書資料和實驗設備。一年後的4月2日，此時葛恩已得到「中國項目」，手上雖有數十萬美元可供支配，資助湯佩松案可謂九牛一毛，然他卻就此致函顧臨，說自己不久將訪問武大，將與湯佩松會面。不過，對於這種純自然科學研究，他反問道：「為何不申請中基會的資助？」4月9日，看來有點不高興的顧臨回覆葛恩，說很遺憾地得知其對推動純科學研究不感興趣，之前他不太了解這種情況；此時則不禁想到：「在強調對農業、公共衛生為重心的資助中，基礎科學的重要性被低估將是危險的。」當然，顧臨最後仍禮貌地寫道：說自己會勸湯佩松先向中基會申請資助，並認為雖幾乎可以肯定葛恩不願提供資助，但此次同情性的訪問，對湯佩松來說也是一種鼓舞，「希望您能按計劃安排行程。」[110]

4月13日，葛恩回覆顧臨，解釋為何不願意為湯佩松提供研究基金的理由，說他仍然願意資助純科學研究，前提必須與此前的不同考量，即可以將之迅速應用到當下農業研究及鄉村工業的發展之中；還聲稱由於自己手中的資金有限，「無法再像過去那樣將之分散在不同機構的個人那裡。」[111] 的確，這正是葛恩推動「中國項目」的一個基本思路。1935年3月，此時在上海葛恩麾下幫助主持「中國項目」的蘭安生，撰文談及該項目的原則時，說這是一次前所未有的社會經濟改造，旨在推動不同研究領域之間的協作，將主要資助與政

109 W. E. Tisdale, "Report of visit to scientific institutions in China, Spetenber-December, 1933," p. 29, folder 326, box 40, series 601, record group 1, IHB, RFA-ARC.

110 "Greene to Gunn, February 15, 1934," "Gunn to Greene, April 2, 1935," "Greene to Gunn, April 9, 1935," 北京協和醫學院檔案室藏，外國人檔案，數位索卷號：0196。

111 "Gunn to Greene, April 13, 1935," 北京協和醫學院檔案室藏，外國人檔案，數位索卷號：0196。

府相關的那些重大經濟發展項目。[112] 6月25日，葛恩致函馬森，談到了他的具體實施步驟，稱最近訪問了北平，天津，造訪了燕京、南開，並還去了定縣，與在那裡的晏陽初進行了一次長談。葛恩說自己與蘭安生都竭力促成大學、鄉村重建運動和基金會這三個機構的緊密合作，結果發現實際運作過程中被高度個人主義化，參與者們各自為戰，雖口頭上有很多合作承諾，實際上做起來卻另行一套。[113]

葛恩接下來寫道：他和蘭安生認為須在撥款之前達成了一份合作詳細備忘錄，讓這些專業人士走到一起，齊心協力，期待三個機構的緊密合作在當年就能展開。[114] 9月9日，葛恩致函馬森，說具體推動該項目時，過去那些日子裡遇到最大的一個困難，就是如何能讓這些中國人齊心協力，形成團隊合作精神，而這偏偏是他們欠缺和匱乏的。他坦承不滿於晏陽初多年來習慣於「單打獨鬥」，有些事情上過於固執己見，各行其是，從而招致了其他機構和一些人的不滿；並說此人的弱點就在於不能高度重視和團結那些與該運動有關之人，對參與者不能一視同仁，總有一點任人唯親的小圈子意識。葛恩說自己花了大量時間，用來向參與者們解釋基金會的宗旨及可提供的資助，此時看來已經奏效，承受的壓力正在減少，感覺越來越多的大學願意通過社會調查及教學而走出校園，積極投入到化解農村問題的改革運動之中。在他看來，至少在中國目前的情況下，大學及其教授們能在更具戰略意義的位置上，推動許多方面的工作。[115]

這一構想的具體落實，是協和、燕京、清華、南開和金陵的相關系科，於當年7月聯合成立了「華北農村建設協進會」（North China Council for Rural Reconstruction），選舉了何廉為會長，理事除清華校長梅貽琦、南開校長張伯苓、燕京校長陸志韋、鄉村建設運動負責人晏陽初之外，還有來自協和的林

112 J. B. Grant, "Principles for the China program, March 1935," https://rockfound.rockarch.org/documents/20181/35639/Principles+for+the+China+program.pdf/e028122e-49b0-45e8-b34f-d19a0cb86a84.

113 "Gunn to Max, July 25, 1935," folder 143, box 14, series 601, record group 1, IHB, RFA-ARC.

114 "Gunn to Max, July 25, 1935," folder 143, box 14, series 601, record group 1, IHB, RFA-ARC.

115 "Gunn to Max, September 9, 1935," folder 143, box 14, series 601, record group 1, IHB, RFA-ARC.

可勝、負責定縣鄉村公共衛生事務實驗的陳志潛、金陵農學院院長章之汶、清華的水利專家施嘉煬、中央農業實驗所所長、植物病理學家謝家聲。該會的目標是為農村復興培養人才，各校分工是：南開負責地方政府和財政、合作組織及土地管理；燕京負責社會工作及鄉村事務；協和負責衛生行政和鄉村衛生；金陵負責農業經濟；清華負責農業機械、水利工程。此外，各校還選派了一些相關專家，在當地政府擔任如縣長、局長、科長等實職，以便有效地推行農村合作、農業經濟、鄉村保健及衛生等相關規劃。重要的是，在此訓練研究區域內，參與大學之間相互協調合作，「以該會為最高之共同機關，失去個別之獨立性。」[116]

按照項目規劃，該會選定了兩個實驗訓練區，一是前面文字中多次提及的定縣農村，另一則是由梁漱溟先於1931年在山東鄒平開辦的鄉村建設試驗，後於1935年將之擴展到的濟寧縣農村。以濟寧實驗區為例，該會於1937年2月9日建立了鄉村研究院，以燕大社會學系教授張鴻均為實驗區主任及縣長。與之相應，民政科長、財政科長、建設科長、教育科長，則分別由各校派來的教師們擔任；參與關於民政、經濟、社會行政、農業、工程、社會醫療與教育的訓練實習的，共有六十餘位相關院校的本科生、研究生和教授。訓練所為學生們提供了簡易宿舍，膳食費由學生們自理，在工作區域的來往旅費由各學科組報銷；同時還為成績優良、品格端正，對農村建設有興趣和熱情的學生提供了獎學金。值得注意的，是培訓原則盡量減少純理論學習，更多從事能夠推廣和增加生產的具體實踐；目的在於讓學生們對鄉村社會有所認識，獲得工作經驗，樹立吃苦耐勞及熱愛鄉村的理念，畢業後希望他們有意願到農村工作。[117]

的確，在實驗訓練區的師生們，胼手胝足、風塵僕僕，過得是「睡涼炕，

---

116 何廉，《何廉回憶錄》，頁64；〈華北農村建設協進會成立〉，《新北辰》，第3卷，第3期（1937），頁97-99；〈華北農村建設協進會工作大綱（附錄）（1936-1937年）〉，《民間（北平）》，第3卷，第23期（1937），頁15-18。

117 張鴻鈞，〈華北農村建設協進會的工作〉，《燕大友聲》，第3卷，第7期（1937），頁2-4；章院長，許榮肇記，〈章院長在本科朝會講「華北農村建設協進會」之感想（2月18日記）〉，〈一年級同學將赴濟甯華北農村建設協進會暑期實習〉，《金大農專》（春季號，1937），頁107、120。

吃窩頭」的簡單生活，[118] 盡可能與在地農民同甘共苦。這正是葛恩矢志於推進基金會對華資助「中國化」的最佳方法。究其原因，或許在於他從不看好外國專家，認為這些人被國民政府高薪請來，從極能幹的到極平庸的，沒有一個人不是走馬觀花的考察一番，寫份調查報告後就打道回府，對解決中國問題幾乎沒有什麼貢獻。如他多次批評由宋子文主持的國民政府全國經濟委員會，聘請了二十多位來自國聯的外國專家，分別負責金融、經濟、鄉村信用、合作、公共衛生、民政管理、養蠶、土地租賃、道路工程、水利工程，醫院機構等重要事務；並還列舉了1931年9月至12月國聯考察團經過近三個月的考察，於翌年9月所發表題為《中國教育之改進》的報告，談及的許多問題是中國人早已察覺，只是沒有勇氣直接說出而已，故直到兩年後這些建議都未付諸實施，仍是一紙空文。[119]

葛恩同樣不樂見大批中國學生奔赴海外留學，認為雖然很多人都拿到了學位，回國後在重要大學任職，也獲得了相應的資助，然能夠進行一流科學研究之人如鳳毛麟角。儘管很多人已經指出，原因在於此時中國大學缺乏經費、實驗室和圖書資料，學術環境頗差；葛恩對此並不加以反對。他只是從教育環境出發，認為一個多少被人忽略的重要原因，是這些年輕中國學者在國外之時，與指導教授聯繫密切，不時獲得各種專業上的建議、指示乃至激勵，方做出了一些重要成果；可當他們回到中國之後，突然被所在大學賦予了重任，成為一個學科領頭人或一個系的主任，不再有人能夠隨時提供建議、指導，儘管其中有一些心有旁騖之人，但大多數人則還一直堅守在自己之所學的領域，糟糕的只是習慣性地例行公事、固步自封，缺乏鞭策和激勵；導致「他們的想像力，如果有的話，似乎已經被摧毀了。」此外，還由於中國大學過分重視在國外獲得的學位，導致一些無能之輩被安置在其無法勝任的崗位上。[120]

118 王西徵，〈出家人語〉，《燕京新聞》，1939年11月4日，第10版。

119 Selskar M. Gunn, "China and the Rockefeller Foundation, January 23, 1934, Shanghai," p. 36, https://rockfound.rockarch.org/documents/20181/35639/pdf-rockefellerfn.pdf/dc3dd188-7cff-4a7c-b56b-fd381989bcb9.

120 Selskar M. Gunn, "China and the Rockefeller Foundation, January 23, 1934, Shanghai," pp. 31-36, https://rockfound.rockarch.org/documents/20181/35639/pdf-rockefellerfn.pdf/dc3dd188-7cff-4a7c-b56b-fd381989bcb9.

鑑於此，「中國項目」提供了教育、衛生、地方行政、農業、經濟學等三十七項在地獎學金。1935年8月28日，葛恩致函馬森，說過去幾個月的經驗，強化了他在1932-1933年之間形成的看法，即基金會提供在地獎學金，比提供花費更多的國外獎學金更為有效；故當年他不再為留學生們發放獎學金，此後也只偏重資助有實際經驗資深學者出國進修，而非那些前往國外攻讀學位的青年學生。葛恩還告訴馬森，未來的獎學金將會更多提供給應用科學，而非做純科學研究的學者。他還說必須坦率地承認，即不得不做出的這樣結論：當下中國人的思維習慣還不能適應純科學研究，這可以通過數百名在國外研讀純科學學位的中國人來證明，儘管他們中的一些人在留學期間做出了很好的研究成績，被一些頂級外國教授稱讚為自己所「帶過的最聰明學生」，然一旦他們回到了中國，自己主持一個研究項目之後，大多數人就再沒有發表過什麼像樣的研究成果了。葛恩強調：「這是一個很有分量的見解。」[121]

統計數字表明：1929-1933年的四年間，中國政府派出了3,713位留學生，除去人數不多的加拿大、印度、菲律賓等國之外，所在目的國排列秩序依次為：歐洲占比30%（1,125人）、日本占比24%（925人）、美國占比17%（644人）；所學專業是自然科學占比39%（1,381人）、法政、人文、商科等占比60%（2,106人）。1934年中國耗費的留學費用為2,127,690元，差不多是當年國立大學經費最充裕的中央大學年度支出的1.3倍，或者說大約為國民政府撥付的教育及文化經費之9%（33,819,365元）。[122] 就此，中國知識界也發表了不少與葛恩相同的看法，認為過去六十年來選派留學生的歷史，效果不大，極不經濟，亟應考慮補救措施。有人強調經過二十多年來的努力，中國大學的各種設施與外國大學相當接近；有的樓舍比外國大學還要高大、寬敞和氣派；故可聘請外國專門家和學者到中國來訓練更多學生，不必每年耗費巨資送少數人到

121 "Gunn to Max Mason, The Rockefeller Foundation,.August 28, 1935," folder 349, box 43, series 601, record group 1, IHB., RFA-ARC.

122 〈近四年外國留學生統計〉，《青島教育》，第2卷，第9-10期（1935），頁5-6；〈最近六年度我留學生費用統計〉，《青年月刊（南京）》，第1卷，第3期（1935），頁89；劉乃敬，〈最近全國各大學之概況〉，《時事月報》，第10卷，第3期（1934），頁104-105；"Greene To Gunn," November 14, 1934, "Chinese Government Budget-1934-1935," November 2, 1934，北京協和醫學院檔案室藏，外國人檔案，數位索卷號：0196。

外國攻讀學位。更激烈的觀點認為：「這種如瘋若狂的留學風氣的確是中國最大的羞恥。」[123]

「中國項目」於1934年得到批准後，規劃投入一百萬美元，以三年為期，首批七萬五千美元於翌年5月到帳。具體分配是國民政府衛生署獲得了87,500元，用來培訓醫學行政、助產士、護士、及公共衛生人員；南開經濟系獲得37,500元、燕京社會學系及理科獲得了77,325元。[124] 此外，在1935-1936年的兩年時間裡，該項目總共撥款575,240.09美元。就各機構所獲得款項的占比來看：名列榜首的是華北經濟建設委員會的17%（$100,000），接下來依次為金陵大學農業經濟系的9%（$56,259.16）、燕京社會學系和理科的8%（$54,321）、南開經濟所和理科的6%（$36,072）、中央大學農學院的4%（$26,989.39）、教育部用於資助國立醫學院醫學教育的3%（$18,667.50）、中央農業實驗所的3%（$22,309.67）、研究生獎學金2%（$152,500）和嶺南大學自然系科的2%（$10,000）。概言之，至少40%的資助是投向了改良農業、農村及其相關經濟建設和發展方面，目的就在於切實改進民眾生活。[125]

葛恩信心滿滿於此項目對中國現代化建設將要產生的重要影響。1935年3月23日，葛恩致函馬森，聲稱關於基金會改變資助重點的信息已被廣泛傳播，致使他被各種各樣的資助申請所淹沒。江西、廣西兩省政府急切地邀請他和蘭安生訪問，稱也要推進類似定縣農村那樣的社會經濟改革。不久方纔結束訪問西北的一位國聯衛生代表，也敦促葛恩應注意那裡的鄉村重建。葛恩則回覆說由於項目的財力及人員所限，此時注意力只能集中在華北，不得不禮貌地回絕了大部分的資助請求，並還坦承他面臨的最大壓力，是須在未來兩年內向馬森及董事會證明該項目確實獲得了階段性的成功，相信能夠憑藉馬森的支持來應

123 葉公超，〈留學與求學〉，《獨立評論》，第116號（1935），頁11-14；薛容，〈關於選派留學生〉，《獨立評論》，第150期（1935），頁17-18；李宗義，〈關於留學的幾個先決問題〉，《南風（廣州）》，第12卷，第4-5期（1937），頁288-296；齊思和，〈選派國外留學生問題〉，《獨立評論》，第244期（1937），頁6。

124 "China Program, 4/15/36," folder 143, box 14, series 601, record group 1, IHB, RFA-ARC; *The Rockefeller Foundation Annual Report, 1935*, pp. 49-50, 321-335.

125 "China Program, List of all items Presented to New York Office for Year 1937-1938, March 9, 1937," folder 146, box 14, series 601, record group 1, IHB, RFA-ARC.

對面前的各種困難。[126] 果不其然，兩年後的1937年2月5日，宋美齡致函甘恩，說該項目引起了蔣介石及她的注意，高度讚揚了基金會為鄉村重建提供的資助；聲稱這體現了國民政府正大倡導的新生活運動之精髓。宋美齡承諾將與基金會合作，在中國那些一流大學的支持之下，通過精心培訓、教育當地人才，逐步改善農村人民的生活。[127]

重要的是，一批本土青年才俊由此嶄露頭角，並走上了公共衛生事務的領導崗位。1930年畢業於協和護校的周美玉，在協和做過一年護理實習後，去定縣保健院除負責護理之外，還辦了一所由其自任校長，有幾十位學生的護校。顧臨原本想為她提供一個協和獎學金，以便前往巴黎參加國際護士會議及赴美進修；無奈此時其已不是協和雇員，故於1933年2月22日致函葛恩，請從「中國項目」中撥筆款項予以資助。[128] 1934年底，周美玉結束了在麻省理工學院主修公共衛生及衛生教育之後，隨即回到了定縣。該地的公共衛生項目業已蓬勃展開，專業人士從1929年最初開辦時的一、兩位醫護，增加至十一位醫師、九位公共衛生護士，七位醫院臨床護士，一位助產士及其他二十位工作人員。[129] 楊崇瑞、吳憲擔任了顧問，具體主持則先由1928年協和畢業生姚尋源，後在1932年由陳志潛接手，故蘭安生後來回憶該項目時，特別提到了陳志潛、周美玉等一批來自協和的本土專業人士，後來都成為各自領域的傑出領導，並說如果「沒有這樣的領導，該項目的成功不可思議」。[130]

---

126 "Letter from Selskar M. Gunn to Max Mason, 1935 March 23," https://rockfound.rockarch.org/documents/20181/35639/Letter+from+Selskar+M.+Gunn+to+Max+Mason%2C+1935+March+23.pdf/16c6ae52-4cdf-4687-a546-b5858115d866.

127 "Mayling Soong Chinag to Selskar M. Gunn, Nanking, February 5, 1937," folder 468, box 22, series 1, record group 1. 1, IHB, RFA-ARC.

128 "Greene to Gunn, February 22, 1933," 北京協和醫學院檔案室，外國人事檔案，數位索卷號：0197。

129 周美玉，〈定縣鄉村公共衛生護士實施方法〉，《公共衛生月刊》，第1卷，第6期（1935），頁9-14。

130 John B. Grant,"The R. F. China. Program, 1952," https://rockfound.rockarch.org/digital-library-listing/-/asset_publisher/yYxpQfeI4W8N/content/the-r-f-china-program-.

第六節 協和的應因

讓顧臨感到尷尬的，是不論國聯針對國民政府的技術合作，抑或葛恩推動的「中國項目」，都對醫社及協和自創辦以來確立的發展模式進行了批評，認為過於精英化、學術化。國聯駐華衛生顧問、南斯拉夫衛生專家斯丹巴於1932年3月訪問了協和，回到南京後即給顧臨寫了封長達四頁的「私信」，稱相信自己的看法是正確的，即協和確實推動了中國的現代醫學科學研究及治療的發展；然學生培養成本則過於高昂；他根據協和的年度預算報告，計算出倘若加上建築、設備等固定資產的投入，其每位學生的培養費用高達118,000美元；即使不加固定資產，每一張醫護人員的畢業文憑，仍須耗費八萬美元。作為對比，斯丹巴說訪問那些教會及國立醫校，得知前者每位畢業生的培養費用約兩萬元、後者約為三萬五千元；問題是中國有百分之九十人口在農村，都得不到最基本的醫療照顧；故強烈建議協和縮減開支，招收更多學生，按照中國國情而設置課程，並在不犧牲科學標準的前提下，盡可能滿足這個國家的醫學教育需要。[131]

斯丹巴在南斯拉夫期間，得到過基金會的資助，與蘭安生、葛恩的私交都不錯。蘭安生回憶最初在貝爾格萊德見到他時，說此人只能講法語、德語，是位狂熱的社會主義者，對抽煙、喝酒採取嚴格排斥的禁欲主義。此時兩人在中國見面時，他已能用英語進行交流，讓蘭安生佩服不已。在陪同他前往桂林訪問的旅途中，蘭安生修正了此前關於他的禁欲主義之印象，說兩人入住了一個簡陋的鄉村客棧，房間就只有兩張板床，蘭安生隨遇而安，斯丹巴則堅持要求主人必須額外提供一張床墊。後來在1950年代共產主義的南斯拉夫，蘭安生又一次見到斯丹巴，此時其擔任了薩格勒布醫學院院長、科學院院長，是新政權的達官貴人，出入乘坐政府提供的豪華轎車，住在高檔豪宅，讓蘭安生感嘆其生活排場，與其宣揚的理念格格不入。[132] 葛恩與拉西曼、斯丹巴也是多年的老朋友，1931年6-7月首次訪華時評價晏陽初的鄉村建設運動，說這也適用於

---

131 "Dr. A, Stamper to R. S. Greene, Personal, Nanking, March 23, 1932," folder 249, box 35, record group IV2B9, CMB. Inc., RFA-ARC.

132 *The reminiscences of Doctor John B. Grant*, Oral History Research Office, Columbia University, 1961, p. 329.

歐洲的某些農村地區，與斯丹巴博士推薦在南斯拉夫實施的項目有許多共同之處。[133]

在前述那份關於「中國項目」的報告中，葛恩也批評協和過於注重純科學研究，說投入如此之多，培養出來的學生之少，取得成就不合比例。在他看來，協和的發展模式雖在醫學領域裡非常重要，但其推崇的刻板醫學教育，卻無法滿足此時中國醫學和公共衛生需要；並坦承自己不滿意協和的表現。對於未來發展，他認為基金會如果資金充裕，可繼續資助該校；如果其他方面有了更多需求，再給協和大筆撥款，就很值得重新討論。[134] 此前，葛恩也曾將其這一看法，向美國國務院做了通報。1933年12月13日，葛恩拜訪了南京總領事派克（Willys Ruggles Peck, 1882-1952），談及由於過去較多資助了在華的教會機構，給中國民眾留下了基金會是宗教慈善的錯誤印象，此時他們將更多資助中國的國立大學，將捐贈的重心轉移到華北的鄉村建設運動上來，並強調他們將大力關注如何化解中國社會發展的「現實性」，培養更多可用於實際事務的應用性人材，而不再像此前協和那樣注重培養高精醫學研究者，總想取得學術上的重要突破而獲得國際聲譽。[135]

顧臨對這些批評，一直持保留意見。在1932年3月9日在寫給斯丹巴的信中，他一方面表示感謝，聲稱協和會更加重視參與中國的公共衛生事務改革；另一方面，他辯解關於協和學生培養費用過於高昂的問題，說原因還有諸如編輯專業期刊，及與許多衛生和醫療機構的合作，都沒有列在年報的開銷之列。他說尤其還應注意到幾乎每年各地都有一些緊急救援，協和不得不出手相助——如僅1932年該校就三次派出醫療隊，參與了包括戰場救護、預防洪災後疫情的行動，這都需要大筆資金的投入，且沒有在預算範圍內。[136] 第二天在

133 Selskar M. Gunn, "Mass Education Movement-Peking, Report on visit to China, June 6 th to July 30th, 1931," 北京協和醫學院檔案室，外國人檔案，數位索卷號：0197。

134 Selskar M. Gunn, "China and the Rockefeller Foundation, January 23, 1934, Shanghai," pp. 6-7, https://rockfound.rockarch.org/documents/20181/35639/pdf-rockefellerfn.pdf/dc3dd188-7cff-4a7c-b56b-fd381989bcb9.

135 "Educational Work of the Rockefeller Foundation in China, Willys R. Peck to the Secretary of State, December 14, 1933," Vol. 1682, record group 84, Records of Foreign Service Posts, Consular Posts Nanking, China, National Archive II, College Park, Maryland, U.S. A.

136 "Greene to Dr. Stampar, March 9, 1932," folder 249, box 35, record group IV2B9, CMB. Inc.,

寫給基金會醫學教育部主管葛萊格的信中，顧臨說得就更直白，稱儘管斯丹巴的深思熟慮、全身心投入，及對情況的全面掌握，給人留下了深刻的印象；然此人在某些方面確實很難交流，不願聽取不同意見，就像其過多強調農村問題，卻未能注意到此時大量人口正向城市集中，出現了更為複雜的新問題，已無法沿用以往在農村行之有效的一些經驗。顧臨認為斯丹巴低估了城市的智力活動和領導力，對中國社會發展所能給予的貢獻。[137]

至於批評協和每年只有十至二十位畢業生，未能充分解決此時中國缺醫少藥的窘迫，[138] 顧臨認為不能僅看到紙面數字。就像1933年9月《紐約時報》的一篇報道所說：自1924年該校有了最初三位畢業生之後，至此十年共畢業了一百一十六人；如果就任職情況來看，留在本校的約60%（79人）、在政府公共衛生部門的約12%（15人）、在其他醫院的約9%（11人）、在其他醫學院、研究機構及從事私人執業的分別約6%（8人）。[139] 逮至9月25日，顧臨致函1917-1921年曾在協和任職，後回到哈佛醫學院神經病學家和癲癇病學家的倫諾克斯（William G. Lennox, 1884-1960），承認協和畢業生人數不多，原因在於他們希望招攬最優秀人才，進行最高水準的嚴格專業訓練；並列舉了一個希望人們注意到的數據：即此時協和畢業生中，從事收入更高私人執業的，差不多是7%左右；齊魯大學醫學院、上海聖約翰大學醫學院則分別為16%、22%。顧臨認為這就有力證明：該校畢業生投身廣泛意義上的公共服務，相比於其他醫校並不遜色。[140]

RFA-ARC.

137 "Greene to Gregg, March 10, 1932," folder 249, box 35, record group IV2B9, CMB. Inc., RFA-ARC.

138 "Educational Work of the Rockefeller Foundation in China, Willys R. Peck to the Secretary of State, December 14, 1933," Vol. 1682, record group 84, Records of Foreign Service Posts, Diplomatic Posts, China, National Archive Ⅱ. U.S, The National Archives at College Park, Maryland, U.S. A.; Selskar M. Gunn, "China and the Rockefeller Foundation, January 23, 1934, Shanghai," p. 6, https://rockfound.rockarch.org/documents/20181/35639/pdf-rockefellerfn.pdf/dc3dd188-7cff-4a7c-b56b-fd381989bcb9.

139 A. T. Steele（Special Correspondence）, "Varied Work Done by Medical School: Piping Union College, after 10 Years of Effort," *the New York Times* Sep. 24, 1933, p. 2.

140 "Greene to Dr. Lennox, September 23, 1933," Greene, Roger Sherman, 1881-1947. Papers: Guide, Houghton Library, Harvard College Library, MS Am 1864, 304.

此前的4月28日，顧臨就已致函葛萊格，希望能夠注意到那些關於協和脫離現實、畢業生高高在上的批評意見，就像當年許多美國人不假思索地批評霍普金斯那樣，認為該校過於關注醫學精英教育和科學研究；實際上協和人也如霍普金斯醫學院的畢業生，他們比中國其他醫學院的畢業生較能適應各種不利條件，也更可能在未來成為醫學發展的領軍人物。[141] 10月7日，顧臨在致函洛克菲勒二世的信中，又用五位參加了定縣鄉村建設運動的協和畢業生的案例，證明他們比那些留學回國人士，更能適應艱苦、貧困、枯燥、且往往是不完全令人愉快的鄉村生活，做出了其他醫學院畢業生未能做出的優異成績。此外，顧臨還列舉了雖畢業於別的醫學院，受到協和培養之人的成功案例，如此時主持國民政府衛生署助產訓練，受時人高度尊重的楊崇瑞，不是協和畢業，只是在該校接受了進一步的相關培訓。顧臨認為：協和畢業生之所以渴望為國效力，除愛國之外，原因之一還在於他們矢志實現協和為中國醫學發展確立更高標準的遠大理想。[142]

就實際應對來看，協和此時業已注意到與社會經濟發展關係最為密切的公共衛生受到各界的重視，需要培養大量高素質的領導性人材，故大幅增加了該校公共衛生系的經費預算。具體數字是，如果以1933-34年的預算為100%（$4,932）的話，那麼在接下來的1934-35年、1935-36年、1936-1937年、1937-38年的增幅則分別是35%（$6,673）、69%（$8,363）、240%（$16,785）和240%（$16,785）。[143] 1933年，協和開辦了為期十個月的公共護士進修班，招生條件是須能操北平口音，能書寫英文尤佳，但非絕對必要；學費五十元，分兩次先期付清。此外，學生須身穿統一藍色公共衛生制服，白色硬領，硬袖，每件約計價銀二元五角。當然，協和還設有針對性獎學金，一位來自天津的學生就領到為期九個月，總共二百七十元，另外加上每月七元課程

141 "Greene to Alan, April 28, 1933," Greene, Roger Sherman, 1881-1947. Papers: Guide, Houghton Library, Harvard College Library, MS Am 1864.

142 "Greene to John D. Rockefeller Jr, October 17, 1933," folder 989, box 137, record group IV2B9, China Medical Board, Inc, Historical Record, RFA-ARC.

143 "Minutes of the Peiping Union Medical College, Board of Trustees Executive Committee, February 20, 1933," 北京協和醫學院檔案室，協和董事會檔案資料，紙本卷225。

補貼的資助。[144] 學生們的實習，安排在北平第一衛生實驗區實習，由於護士人數的增加，1935年該區接種天花疫苗為79,284人，相對於1933-34年、1932-33年的增幅分別為53%（36,863）、55%（35,484）。[145]

就顧臨的個人情感而言，相對於斯丹巴、蒂斯代爾、葛恩等人，他出生在日本，此時在華工作已近三十年，對中國的認識和理解不同於當時許多西方人。早在1926年7月20日，顧臨給想要進一步了解中國的文森特，寄去了《三國演義》、《水滸傳》、《西遊記》的英譯本，聲稱就這三本小說在中國的影響力，比美國人讀的《聖經》還重要；說一些中國朋友甚至告訴他，許多軍閥不是受孔夫子，而是受這些小說的影響。[146] 這也可以理解，顧臨不能接受蒂斯代爾的考察報告，認為中國自然科學之所以難以發展起來，原因之一在於中文無法表達學術概念的準確之義；稱其低估了中文的適應力，如果使用兩個或更多漢字的複合詞，這一問題就可以得到解決。對於中國大學英語教學存在的嚴重缺陷，顧臨也認為蒂斯代爾有所誇大了。在他看來，與美國一些大學的法語或德語教學相比，中國學生閱讀和聽說英語方面要成功得多。至於缺乏研究文獻，顧臨指出北平國家圖書館正努力擴展館藏，而生物學、化學的研究成果業已展現出有了一個良好的開端。[147]

另一個顯著的不同之處，是顧臨認為純科學研究十分重要，且還來自於一些中國重要學術領袖的看法。1933年3月4日，正在為撰寫「中國項目」報告而在各地考察的葛恩致函顧臨，詢問其是否認識來自密歇根大學，自1920年代初就擔任了交通部鐵路管理局顧問的貝克（J. E. Baker, 1880-1957），得到的回覆說他們兩人曾都被選為中基會的董事，且還同在北平地方諮詢委員會任過

144 “Description of courses Leading to Certificate in Public Health Nursing, July 1, 1933,” 北京協和醫學院檔案室，文書檔案，數位索卷號：0698；“Registral to Dr. M. I. Ting, July 9, 1936,” 北京協和醫學院檔案室，中國人檔案，數位索卷號：0614。

145 “first health station Peiping, tenth annual report, for the year ending, June 30, 1935, Dr. I C. Yuan, acting Head of Department of Public Health,” pp. 3-68，北京協和醫學院檔案室，文書檔案，數位索卷號：0449。

146 “Roger S. Greene to George E. Vincent, July 20, 1926,” “Roger S. Greene-Personal, 1919-1926,” folder 1152, box 50, series 1, record group 4, CMB. Inc., RF.ARC.

147 “Greene to Gunn, January 15, 1934,” 北京協和醫學院檔案室藏，外國人檔案，數位索卷號：0196。

職，即貝克擔任秘書，他是委員。不過，顧臨說在中基會開會時，由於此人對純科學研究幾乎沒有一點興趣，甚至不屑談論如何推動大學的發展，只是關心一些工程項目，讓那些來自中國大學的同事無法接受，認為其過於短視和功利。[148] 如果細數起來，這些來自中國大學的董事中肯定有胡適。就像1934年3月12日，顧臨致函在紐約的愛格萊斯頓，寄去了一份胡適幾天前所做題為「中國的社會變遷」的英文演講，說他幾乎完全同意這些觀點，希望基金會負責學術資助的成員們也能夠有興趣閱讀此講稿。[149]

胡適的這篇英文演講，讚揚了那些年來中國通過「新文化」運動，從傳統家庭中解放出來個人承擔了更多社會義務，也擁有了新權利和義務各項正面發展，這主要是面對外國人的；[150] 然同時期寫給中國人的文字，即在顧臨寄出此演講稿的前半個多月，是胡適在其主辦的《獨立評論》刊連發兩篇文章，委婉地批評了其時國民政府大力推動、國聯幫助規劃的「農業改良」「農村復興」的議案，認為如果不從科學出發，不注重實際效果，過於強調外來援助，結果可能如「呼聲都不過是熱空氣而已」。就像在廣西、浙江的一些投入大量資金的盲目建設那樣，政客為了政績，商人為了謀利，以修築公路而強占民田，卻還要民眾交納此項田賦；可當地農民從來都是利用水路和航運；故雖修好了的公路，卻沒有多少汽車，反倒使鴉片走私更方便了。所以，胡適呼籲如果真正為農村和農民著想，改善農村經濟，「今日可做的建設事業」，是「政府必須下最大決心，完成一兩個第一流的農科大學，多聘外國的第一流專家，務要在十年二十之內訓練出一些農學領袖人才出來。」[151]

顧臨同樣也認為中國應創辦更多高水平的大學，而非僅僅關注應用學科，故一直希望對北大有所資助。畢竟，1920年代中期的北大，由於政局動盪，處

---

148 "Greene to Gunn, March 24, 1933," 北京協和醫學院檔案室藏，文書檔案，數位索卷號：0197。

149 "Greene to M.K. Eggleston, March 12, 1934," 北京協和醫學院檔案室藏，中國人檔案，數位索卷號：1352。

150 原載*People's Tribune*, April 1934, Vol. 6, No. 8, pp. 385-392，請參見鄭大華主編，《胡適全集》，卷37，安徽教育出版社，頁201-216。

151 胡適，〈建設與無為〉、〈今日可做的建設事業（1934年4月2日，）〉，《獨立評論》，第94號、第95號（合肥：1934），頁2、3。

在風雨飄搖之中，亟須振興。如1930年9月在上海的蔡元培，向國民政府提交了不再遙領北大校長的辭呈，北平最著名的英文報刊則發表一篇評論，聲稱中國的悲劇在於安靜而盡職，低調行事，永遠不會成為「新聞」；反而大聲喧嘩，吵吵鬧鬧，方能得到公眾的注意；北大此時被社會廣為周知的，並非做了扎實的學術工作，而是大多數學生和老師都是政治家，熱衷於激進社會變革運動。說得就是自1919年的「五四」運動以來、北大經歷了1925年的「五卅」、1927年至1929年期間反對學校合併，堅持恢復「北京大學」校名等學潮，校園總處在躁動不安之中，失去了太多自由和平靜。所以，這篇評論聲稱，該校雖還有一些優秀老師、一些認真學習的學生，「但我們所有人都相信，也都可以接受，北大學生的平均水準，總體而言是低於清華，北洋等國立大學。」[152]

不同於坐落在經濟繁榮的長江三角洲、珠江三角洲的大學，北大的落伍還在於地處相對貧窮的北方，難以籌集到更多來自民間的捐贈。畢竟，自1920年代以後政局出現動盪之後，內戰頻發，經濟凋敝，不斷更迭的政府已經沒有多少錢投向大學教育，故北大財政始終處在捉襟見肘的窘迫之中。作為一個對比，1925年北大每位學生培養經費只有五百元，清華則為兩千元，差不多就是北大的四倍。[153] 以1933年前後的情況來看，儘管政局已經相對穩定，但這種財政窘迫似也沒有得到多少好轉。當年，北大年度經費為760,601元，擁有教職員二百九十八人、在校生六百六十四人，畢業生二百零七人，所得到的財政支持，只是中央大學的35%（2,166,247元）、北平大學的48%（1,602,475元）、清華大學的60%（1,250,431元）、中山大學的47%（1,592.059元）、浙江大學的88%（859,095元）、武漢大學的56%（1,355,671）。如果再就教職員、在校生、畢業生的情況來看，北大的排名差不多也就在當時國立大學的第八位。[154]

對於北大的財政捉襟見肘，顧臨只要有機會就盡力與有關方面溝通和協調。1931年1月，中基會通過了由他具名提出該會與北大合作研究特款的辦法，即從當年開始，止於1937年度，中基會每年特別撥款二十萬，再由北大配

152 J.C., "Tsai Yuan-Pei's Resignation," *The Peking Leader,* September 16, 1930, p. 4.

153 蘇雲峰，《從清華學堂到清華大學：1911-1929》，頁100。

154 劉乃敬，〈最近全國各大學之概況〉，《時事月報》，第10卷，第3期（1934），頁104-105。

套二十萬，用於購買實驗設備、圖書、聘請研究教授，及提供獎助學金等等。當然，這難免引起京平津滬一些大學的不滿，聯合發表一份頗為尖酸的聲明，稱這是「北大派學閥」的肆無忌憚、為所欲為，並認為此撥款建立在「私人的關係上」。[155] 及至10月21日，顧臨又致函在南京的拉西曼，說昨晚與北大校長蔣夢麟會面，感到他表現出從未有過的沮喪，因為北大已經三個月沒有得到教育部的撥款，教授的薪水都發不出來，校園裡民怨沸騰。此時正逢瀋陽「九一八」事變過後一個多月，各地救亡運動已風起雲湧，顧臨強調：其時不論增加軍事開支，抑或救濟長江中下游水災，都不如維持北平、南京的兩大國立大學的運轉更為重要和緊迫。鑑於拉西曼與財政部長宋子文關係密切，顧臨希望他出面說情，讓宋子文對此事盡快引起充分注意。[156]

兩天後（23日），顧臨就收到拉西曼告知宋子文同意撥款的電報，並於翌日（24日）回電表示感謝，期望拉西曼再做努力，使「部長命令能夠早日執行。」[157] 幾天後，顧臨收到胡適的來函，得知國民政府下撥的這筆款項，僅是北大半個月的經費，為了這筆本應正常撥付的款項，身為校長的蔣夢麟還不得不專程前往南京遊說。[158] 11月2日，顧臨致電拉西曼，尖刻地抨擊政府撥給北大的這點錢，並針對其此時緊鑼密鼓地在江、浙兩省創辦若干「實驗區」的設想，說：「在這種情況下，對您所建議的新機構，如同經濟委員會的前途，不能不使人悲觀。」[159] 7日，顧臨又一次語辭嚴厲地批評，讓拉西曼已感到不快；[160] 翌日回電顧臨，勸其不必一味苛責國民政府，還應看到當下世界性經濟大危機，自夏初以來歐洲許多城市的公職人員都沒有領到薪水，教育和科研機構也大幅消減經費，中國本來就很貧困，經濟危機引起了極為嚴重的國庫奇絀。在這封語氣犀利的電報結尾，拉西曼說：「請原諒一位頑強的樂觀主義

155 楊翠華，《中基會對科學的贊助》（台北：中央研究院近代史研究所，1991），頁142-145。

156 "Greene to Dr. Rajcham, October 21, 1931," 北京協和醫學院檔案室藏，中國人人事檔案，數位索卷號：1352。

157 "Greene to Dr. Rajcham, October 21, 1931," 北京協和醫學院檔案室藏，中國人人事檔案，數位索卷號：1352。

158 "Greene to Hu Shi, November 2, 1931," 同上。

159 "Greene to Dr. Rajcham, November 2, 1931," 北京協和醫學院檔案室藏，外國人人事檔案，數位索卷號：0702。

160 "Greene to Dr. Rajcham, November 7, 1931," 同上。

者，出自最友好精神的率直回覆。」[161]

回到此前的6月18日，即葛恩正當啟程訪華之時，顧臨向他介紹了國立大學情況，請特別關注北大，說儘管政府青睞於在南京的中央大學；但該校作為最早一所國立大學，尤其在中國文史研究方面擁有極高水準，仍然保持著相當高的聲望。當然，顧臨承認北大正經歷嚴重衰退，新任校長蔣夢麟雖不是重要學者，個性還有點淺薄；卻是一位開明而道德高尚之人，深得中國一些最優秀學者的信任。顧臨告訴葛恩說，北大不久之前獲得了中基會的那筆特別資助，準備聘請一些傑出教授，肯定會帶來一些真正的變化，故希望他的訪問能進一步推動北大的發展。[162] 此事的後續是葛恩到了北大，與蔣夢麟會晤之後，得知其對未來充滿了疑慮，並說如果情況得不到改善，他可能不得不再次請求辭職而離去。這也讓葛恩對該校的總體印象，是學生們熱衷於政治科學和經濟學，而非自然科學，思想的不成熟，表現在校園裡到處可見共產主義理念流行；他的結論是在該校與基金會之間，目前似乎沒有太多合作的機會。[163]

蒂斯代爾於1933年11月1日也訪問了北大，會見蔣夢麟之後，又具體考察了該校的生物系、化學系和物理系。儘管從科學的角度來看，他說北大還很一般，但也看到有一些無線電及X光設備，實驗室開始運作。[164] 的確，得到中基會那筆特別資助的北大，此時經濟狀況已有所好轉，正迅速恢復元氣。至1935年底，北大實驗設備價值已從1931年的三萬餘元增至五十餘萬元，增幅將近十六倍。另外，北大利用中基會的那筆特別資助，此時業已為文學院、法學院、理學院聘請近三十位研究教授。以理學院為例，重要人物包括從中央大學、浙大等處「挖角」過來，如王守競、曾昭掄、劉樹杞、張景鉞都是這些大學物理系、化學系、生物系的教學和科研骨幹，在各自學術領域中有著舉足輕重的重要影響。所以，當1937年該項資助終結之時，北大已經能夠自豪地對外

161 "Rajcham to Greene, November 8, 1931," 北京協和醫學院檔案室藏，外國人人事檔案，數位索卷號：0702。

162 "Greene to Gunn, June 18, 1931," 北京協和醫學院檔案室，公文檔案，數位索卷號：0197。

163 "Selskar M. Gunn, Report on visit to China, June 6 th to July 30th, 1931," p. 60, folder 129, box 12, series 601, record group 1, IHB., RAF-RAC.

164 W. E. Tisdale, "Report of visit to scientific institutions in China, Spetenber-December, 1933," folder 326, box 40, series 601, record group 1, IHB, RFA-ARC.

宣稱：「不惟物質方面如圖書、儀器、校舍及其他設備得以擴充，即精神方面若學風之改變，研究空氣之養成，課程之提高以及教員之專任，莫不賴之得有顯著之成績。」[165]

胡適對此頗為感慨，晚年時說：「那時兩個朋友最熱心於北大的革新，一個是傅孟真，一個是美國人顧臨。」[166]然而，此時的顧臨則因不滿基金會消減協和經費，且還刻意減少校園宗教影響，得罪了年輕氣盛的洛克菲勒三世（John D. Rockefeller III, 1906-1978）。1934年10月15日，在北京的顧臨向醫社及基金會提交了辭呈，令人匪夷所思的，是在紐約的這兩個機構的高層人士，沒有誰願意與之進行推心置腹地交談而進行挽留。事態炎涼、人情冷暖，讓顧臨頗感受挫，在給多年老朋友文森特的信中，他寫道此次辭職就好像結束了自己的生命，感到「突然被一位信賴的朋友所射殺。」[167]與之形成鮮明對照，是在中國的人情社會中，顧臨感受到濃濃的不捨真情。10月16日、11月10日、23日，協和教授會、護校、學生會都分別召開會議，要求董事會不予接受，盡可能說服顧臨撤回辭呈。[168]此外，中國駐美公使施肇基還專程前往紐約，以個人名義勸說基金會高層出面挽留，並聲稱此決定涉及「美國利益和對華北地區政治穩定的信心之象徵。」[169]

作為基金會主要負責人的洛克菲勒三世，此時業已無法退讓。因為他父親當年主持收購協和醫學堂時，承諾將決不改變協和對基督教的支持。重要的是，那些傳教士們堅持認為，該學堂由開拓者們冒著生命危險而創辦，運作上雖是「治療病體」的行醫，宗旨卻在於「拯救靈魂」的傳教；並認為當下中國最迫切需要的不是醫學科學，而是必須盡可能防止隨著傳統價值的瓦解而導致

165 楊翠華，《中基會對科學的贊助》，頁144-145。

166 胡頌平，《胡適年譜長編（三）》，頁956。

167 Warren I. Cohen, *The Chinese Connection: Roger S. Greene, Thomas W. Lamont, George E. Sokolsky and American-East Asian Relations*, pp. 196-197.

168 “committee of Professors, October 16, 1934,” “Gertrude E. Hodgman, dean of the school of Nursing, to Y. T. Tsur, November 10, 1934,” “The Student Association Peiping Union Medical college, to Dr. Y. T. Tsur, Chairman of Board of Trustees, November 23, 1934,” 協和醫學院檔案室，外國人檔案，數位索卷號：0189。

169 Warren I. Cohen, *The Chinese Connection: Roger S. Greene, Thomas W. Lamont, George E. Sokolsky and American-East Asian Relations*, pp. 196-197.

人心墮落、道德淪喪。[170] 鑑於此，在北平的協和董事會於1935年6月8日召開會議，與會者們懷著最深的不情願接受了顧臨的辭呈，並議決從儲備金中提取七千美元，用於支付其自1935年7月1日起的一年薪酬。此外，董事會還做出三項決議：一、高度評價了他對學校的寶貴服務，及其對中國現代醫學教育的巨大貢獻；二、深感遺憾協和失去了他這樣的明智校長；三、希望作為董事，他仍然能為協和發展繼續出謀劃策。6月29日，顧臨最後一次以校長身分參加了協和董事會，胡適在日記中寫道：「會散後，我們去和他告別，很覺難過。」[171] 30日，顧臨神色黯淡地正式離開了其為之服務半生的協和。

170　福梅齡，《美國中華醫學基金會和北京協和醫學院》，頁93-96；瑪麗・布朗・布洛克，《洛克菲勒基金會與協和模式》，《協和模式》，頁64-78；馬秋莎，《改變中國：洛克菲勒基金會在華百年》，頁275-296。

171　「1935年6月29日」，《胡適日記全編（1931-1937）》，第6冊，頁513。

第八章

支持抗戰

第一節 美日交惡

直到1930年代以前，基金會還持續資助日本的公共衛生事務。前述1922年12月底，被東京市長後藤新平聘為該市規劃顧問，曾大力推動過紐約城市環境改革的美國著名歷史學家、社會活動家比爾德，致函基金會顧問福斯迪克，請求為東京的醫療衛生事務，尤其希望為美國聖公會（Episcopal Church in the United States）在東京支持的聖路加國際醫院（St. Luke's International Hospital）提供資助，強調這是基金會慈善事務進入日本、提供在地人道和國際主義服務的一個絕佳機會。然而，在基金會高層看來，自十九世紀中葉以來日本緊隨德國醫學的發展步伐，早在1886年就創辦了包括東京帝國大學醫學院在內的一批著名醫校，培養了大批優質的本土醫生；此時該國醫療的可獲得性已遠遠超過大多數西歐國家，並有望趕上美國。所以，衛生部主管羅斯和基金會主席文森特於1923年2月6日分別回覆比爾德，說資助醫院非基金會關注的範圍，希望得到日本政府正式邀請，與其就公共衛生事務而展開合作。[1]

1923年9月1日，日本爆發「關東大地震」、東京、橫濱遭到了巨大破壞，罹難人數估計在十萬至十四萬人之間。損失之慘重，如在東京的美國聖公會主持的聖路加國際醫院幾乎被完全摧毀，樓房倒塌、只能在帳篷裡診治傷病患者。由於基金會的宗旨，設定在盡力提升醫學高等教育水準和推動公共衛生事

1 "Charles A. Beard to Fosdick, the Tokyo Institute for Municipal research, December 29, 1922," "George E. Vincent to Beard, February 6, 1923," "Wickliffe Rose to Beard, February 6, 1923," folder 353, box 56, series 2, record group 5, IHB, RFA-ARC.

務，救災被認為應由紅十字會負責；以至於儘管基金會對於此次災情，沒有直接施加援手，洛克菲勒個人則通過美國紅十字會提供了一筆捐贈，用於重建帝國東京大學圖書館，協和更是迅速捐贈了一大批食品、衣物、救護設備和器材，接納了八名來自日本研究機構學者訪學，使之研究不至於因災情而中斷。11月13日，剛由東京市長接手內務大臣的後藤新平致函文森特，說鑑於基金會在英、法、德、加拿大等國的出色工作，對於城市的恢復和重建，積累了豐富的經驗，讓他毫不懷疑日本在經歷如此巨大災難之後，也能得到同樣的慷慨資助。他寫此信的目的，是請基金會盡快派代表前來日本，重點考察在醫學教育和公共衛生領域方面的合作事務。[2]

12月18日，文森特致函後藤新平，表示基金會將盡快派遣代表前往日本；21日基金會醫學教育主管的皮爾斯（Richard Mills Pearce, 1874-1930）致函胡恆德，談到了基金會對即將到來的日本之行一些考量；說日本方面希望基金會資助東京帝國大學醫學院，可就地震現場損毀報告來看，該院除了生理學，生理化學和病理學系遭到一些破壞之外，其他系科的破壞並不嚴重。再考慮到該院與此時也能影響日本醫療事務的慶應義塾大學（Keio University）附屬的北里研究所（Kitsato Institute）存在著激烈競爭關係，皮爾斯認為從長遠角度來看，應當資助東京帝國大學重建遭到嚴重損毀的三個系科。如果與此項重建沒有太多關係，那麼皮爾斯說看不出基金會應為北里研究所提供資助的理由。皮爾斯不主張基金會再資助東京的其他醫療設施，重點還是應放在醫學教育方面，希望胡恆德參與此次訪問日本，說：「這可能會在遠東增加您作為基金會代表的重要性。」[3]

1924年1月初，此前給基金會發出官方邀請的山本內閣全體辭職，1月7日

2　The Rockefeller Foundation: *The Rockefeller Foundation Annual Report* 1923, p. 7, 19; "George E. Vincent to Doctor R. B. Tessler, Domestic and Foreign Mission of the Protestant Episcopal Church, New York City, September 11, 1923," "Viscount S. Goto, Minster of Home Affairs to George E. Vincent, Tokyo, November 13, 1923," folder 353, box 56, series 2, record group 5, IHB, RFA-ARC.

3　"Viscount S. Goto, Minster of Home Affairs to George E. Vincent, Tokyo, November 13, 1923," "George E. Vincent to Viscount Goto, December 18, 1923," "Teusler to George E. Vincent, December 19, 1923," "Richard M. Pearce to H.S. Houghton, December 21, 1923," folder 353, box 56, series 2, record group 5, IHB, RFA-ARC.

以前樞密院議長清浦奎吾任首相的清浦內閣成立，原來的內務大臣後藤新平被水野連太郎取代。10日，文森特就致函日本駐美公使，稱為了避免公眾以為基金會試圖向日本當局施加壓力，如果新內閣認為還有邀請基金會代表訪問的必要，請再給他們發一個正式邀請函。[4] 4月22日，新內閣發出了邀請，5月12日至6月25日，蘭安生遂在基金會的派遣之下，對日本進行了實地考察。他了解到此時該國共有1,151個醫療機構、167,650張病床，平均每三百三十八人就有一張病床，死亡率為22.7 ‰，嬰兒死亡率為183‰。就像日本人自己也意識到的：儘管相比於英格蘭、威爾士，其人均醫生，衛生費用都高出了不少，死亡率卻沒有相應降下來；原因在於他們太看重與西方競爭，將資金都投入到實驗室和大學附屬醫院，致力於精深學術研究而忽略了公共衛生，諸如東京下町區那樣的城市貧民窟，就是霍亂、痢疾、肺結核等傳染病不斷蔓延的溫床。[5]

蘭安生完成了此次調查之後，海塞爾也來到了東京，並帶來了紐約基金會的指示，即對日本資助不能超過一萬美元。這讓蘭安生感到須提升海塞爾對此行重要性的認識，與日本官員商議，撰寫了一封論及在該國合作開辦一家公共衛生專業培訓機構，大力推進公共衛生事務的信件。蘭安生後來回憶道：海塞爾帶著這封信件，與其一起到他們下榻的帝國飯店對面的公園散步，閱後驚訝地意識到日本行政當局對事情的分析、把握及英語表達能力很強，從此「再沒有提及這一萬美元的限制。」[6] 此信是由日本內務省中央衛生處處長山田准次郎在6月11日所寫，談及了日本缺乏訓練有素的公共衛生專業人士，也沒有相應的專業訓練機構之窘迫，期望與基金會進行一項有成效的合作，使之成為日本公共衛生教育和立法的歷史轉捩點。可能真正打動海塞爾的，是信中說如果沒有基金會的協助，日本推動公共衛生事務肯定會遇到很多困難，國際化的合

4　"George E. Vincent to Mr. Ambassador, January 10, 1924," folder 353, box 56, series 2, record group 5, IHB, RFA-ARC; J. B. Grant, *The Reminiscences of Doctor John B, Grant, Oral History Research Office*, p. 391.

5　"Pertinent Data Relating to General Public Health Survey of Japan May 12-June 24, 1924," "Dr J. Yamada, Director the Central Sanitary Bureau to Victor Heiser, June 11, 1924," folder 353, box 56, series 2, record group 5, IHB, RFA-ARC.

6　J. B. Grant, *The Reminiscences of Doctor John B, Grant, Oral History Research Office*, p. 410.

作將會加速此項發展，並證明「基金會正努力促進人類福祉的善意。」[7]

6月21日、23日、24日及7月26日，他們兩人與內務省中央衛生局舉行了會議。日方期望基金會資助成立一所公共衛生學校，並提供運營費用；兩人表示基金會雖同意資助，但運營費用須由日本政府承擔。他們說更希望成立一個衛生實驗示範區，願意在第一年提供不包括人員工資在內的所有費用，第二年遞減到80%，直到五年後由日本方面完全接手。[8] 不過，由於日本政府內部官僚主義的相互掣肘，最終被付諸於實施的，只有基金會每年為不到十位日本學者提供赴美獎學金。逮至1930年，日本內政部長又致函基金會，希望能夠資助其創辦一個公共衛生研究所，雖得到了衛生部的批准，並於1931年12月提交董事會審議，然由於此時的「九一八」事變，以及經濟大蕭條後的財政緊縮，此資助協議方才被無限期地推遲下來。不過，在1931-1932年期間，基金會除繼續給日本學者提供赴美獎學金之外，另外還為聖路加國際醫院護校、東北帝國大學（Tohoku Imperial University）和慶應義塾大學，提供了總共50,393.90美元的資助。[9]

就與日本學者的交流來看，基金會也曾採取過頗為積極和正面的態度。早在1922年初，協和與由日本南滿洲鐵道株式會社支持，設立在奉天的滿洲醫科大學，達成了雙方互派教授訪學的協定。當年5月、11月，彼此各自派出兩名教授，來到對方學校進行短期合作研究。[10] 翌年3月由基金會資助，日本派遣了重要的六位醫學專家，對美、加的醫療和公共衛生機構進行了為期兩個月的考察。這六人都可視為日本醫學教育方面的領軍人物，在國際學術界都受到廣泛的尊敬。他們是即東京帝國大學內科教授、天皇御醫的三浦金之助；東京帝

7 "Dr J. Yamada, Director the Central Sanitary Bureau to Victor Heiser, June 11, 1924," folder 353, box 56, series 2, record group 5, IHB, RFA-ARC.

8 "conference between the Central Sanitary Bureau of the Japanese, Home Department and the International Health Board, RF, Tokyo, June21, 1924," "Third Conference-Japanese sanitary Authorities & IHB, Tokyo-July 26, 1924," folder 353, box 56, series 2, record group 5, IHB, RFA-ARC.

9 J. B. Grant, *The Reminiscences of Doctor John B, Grant, Oral History Research Office*, pp. 444-445, *The Rockefeller Foundation Annual Report,* 1931, pp. 11-13, 1932, pp. 12-15.

10 黑田源次，《滿洲醫科大學二十二年史（昭和十一年十月）》，滿洲醫科大學，第二歷史檔案館教育部檔案，全宗號5，案卷號：2152（2）。

國大學病理學教授、傳染病研究所所長長與又郎；東京慈善醫院和醫學院的首席外科教授高木喜寬、九州帝國大學醫學院院長、寄生蟲學家宮入慶之介；京都帝國大學病理學教授藤浪鑑和606的發明者之一，也是慶應義塾大學醫學教授秦佐八郎。讓美國輿論感到歡欣鼓舞的，是迄今為止一直受德國影響的日本醫學界，首次向德國之外的國家派出了一個如此重要的高階醫療考察團。[11]

協和也很看重日本學者的研究水準，曾嘗試推動相關中國學者前往日本研究機構進修，期望以加強彼此的學術聯繫。1926年底，時任東南大學生物系教授陳楨期望在醫社資助之下，前往東京帝國大學理學部教授，著名動物學家谷津直秀處訪學一年。陳楨畢業於金陵大學，後獲得清華庚款赴美留學，曾在康乃爾大學農學系進修，並在哥倫比亞大學動物學系取得了碩士學位，主要研究金魚的遺傳及其變異。與之相同，谷津也留學於哥倫比亞大學，獲得了博士學位，並還得到過基金會的資助，在美國一些頂級研究機構訪問和工作過，受到了美國同行的高度評價。儘管後來不知什麼原因，陳楨沒有去成日本，但顧臨的態度則相當明確，在致函醫社科學教育顧問祁天錫的信函中，提出應鼓勵中國學者前往日本大學訪問，進行彼此都能獲得收益的合作研究，並認為至少在其已經領先於西方的寄生蟲研究方面能有更多收穫。顧臨說這樣也可以幫助西方世界了解到在其他國家雖尚未得到足夠重視，卻已由日本學者完成的一些重要研究成果。[12]

除此之外，協和還接受了一些來自滿洲醫科大學的日籍研究生，有些人由此再申請去美國進修的資助。1931年4月25日，病理學系教授卡什（J. R. Cash）致函顧臨，談及對在該校進修半年多的小北博士的印象，說此人是他教學生涯中遇到過最努力，最認真之人，勤勤懇懇，認認真真，對研究有著超凡的熱情。不過，卡什說由於他的前期訓練不夠，知識準備有限，故沒有取得更多的學術成果。至於協和是否應給予進一步的資助，卡什認為自己沒能力判斷日本人的特性，無法給出確切的意見，只是說該學生的英語閱讀、寫作和理解力，比其在國外遇到的大多數日本人要好得多，在美國不會遇到太多學習和生

11　"Medicine: A Japanese Commission," *Times*, Saturday, Mar. 24, 1923, http://content.time.com/time/subscriber/article/0, 33009, 727021, 00.html

12　"Greene to N. Gist Gee, November 29, 1926," Fellowships General, January-April 1927, folder 1090, box 48, series 1, record group, 4, CMB. Inc. RFA-ARC.

活上的語言障礙。[13] 1931年「九一八」事變之後，中國社會雖彌漫著強烈的反日情緒，日本貨物受到了大力抵制，但在協和進修的日本學者卻沒有受到多少影響。1932年2月4日，顧臨報告說，儘管北平街上已經很少能看到日本人，然在該校進修的一位年輕日本學者，與中國同事們的關係非常融洽，沒有遭受到什麼不快。[14]

此時中日之間的緊張關係，讓顧臨擔心一些日本學者就此不敢前來協和進修，故提議增加50%的訪學資助，即從原來每年一萬美元增至一萬五千美元。[15] 如果深究顧臨的動機，雖有其民族主義的一面，即想讓日本學界更多了解到美國醫學教育的偉大成就；另一方面則還期望美國、日本學者，以及在中國的留日與留學歐美之人，通過協和的訪學平臺而「更加緊密團結在一起，並最終建立一些良好的合作關係。」[16] 職是之故，協和不但大幅增加了訂購日本學術期刊的經費，且彼此在專業層面上還有一些原始研究資料的交換。1932年年底，東京帝國大學病理學教授、傳染病研究所所長與又郎致函顧臨，提供了他在日本就癌症發病率的田野調查資料，希望能與中國的情況做些比較。協和則與之分享了學生們此時在定縣鄉村衛生實驗蒐集到的資料，說是在接診的八千個病例中，約有1%被診斷為某種腫瘤，並告訴日本學者：這其中許多肯定已是無法治療、只能採取保守療法的晚期病例，在邊遠地區的患者應當更多。[17]

「九一八」事變之後的國際關係大背景，是日、美兩國從合作、競爭，逐漸轉向了對抗和衝突。事變發生後的第三天，即9月21日，中國政府正式請求

---

13 “J. R. Cash to R. S. Greene, Copies sent to Dr. Carter, 4-25-31,” 北京協和醫學院檔案室，外國人人事檔案，數位索卷號：0071。

14 “Greene to Mason, February 4, 1932,” “Greene to Mason, February 4, 1932,” folder 906, box 125, series 1, record group, 4, CMB. IncRAF-RAC

15 “Letter from Mr. Greene to Dr. Carter regarding appropriation made for fellowship for study in the PUMC, February 26, 1932,” “Greene to Carter, September 13, 1932,” 北京協和醫學院檔案室藏，文書檔案，數位索卷號：0071。

16 “Greene to Carter, September 13, 1932,” 北京協和醫學院檔案室藏，文書檔案，數位索卷號：0071

17 “RSG to Dr. Alan Gregg, China Medical Board, Inc, New York, N.Y. January 17, 1933,” 北京協和醫學院檔案室藏，文書檔案，數位索卷號：0186。

國聯干預日本對東北的侵略，得到了國聯行政院的積極回應，並著手下一步的協調事務。日本方面表示反對，希望作為非國聯成員的美國，出面調解此次中日衝突。日本政府發言人聲稱，不少美國主要政府首腦有在遠東就職的經歷，較「那些從未離開過歐洲的國聯官員」更熟悉亞洲事務，自然更有調解此次中日衝突的能力。[18] 指的就是時任美國總統胡佛曾在中國開灤煤礦任職、國務卿史汀生擔任過菲律賓總督、助理國務卿卡斯爾（William R. Castlem, 1878-1963）則擔任過駐日大使，都與日本有過密切交往。此外，史汀生還曾於1929年12月聯合英、法、意等國，主張用和平方法解決國際爭端，並在當年7月24日簽訂的《非戰公約》（*Pact of Paris or Kellogg-Briand Pact*）基礎之上，調停過張學良與蘇俄之間爆發的「中東路事件」。[19]

史汀生於10月9日致電國聯，敦促「運用其所有之壓力與權威」解決中日衝突，這表明美國期望通過國聯來解決此次衝突。當月16日、11月17日，美國駐日內瓦總領事、駐英大使應邀參加了國聯在日內瓦、以及巴黎舉行的相關會議，此後但凡國聯關於討論中日衝突的會議，美國都派代表出席。1932年1月3日，日本占領錦州，東北全境徹底淪陷，從而讓美國政府大失所望，不顧英、法等國仍然首鼠兩端、進退無據，決定站出來在外交及道德方面對日本進行抵制。1月7日，史汀生同時向中、日兩國政府提出照會，謂凡違反《非戰公約》而訂立之條約與協定，及由此而造成之事實上之局面，損害美國條約上之權利，包括中國之主權獨立或領土與行政完整以及開放門戶政策者，美國政府皆不能承認。這即基於「不法行為不產生權利」的原則，不承認以武力造成的國際領土變更，即時人所稱的「史汀生主義」（Stimson Doctrine）。[20]

國聯行政院於1月21日迫於各方壓力，成立了由英、美、法、德、意等五國代表組成調查團前往東北實地考察，也就是英國侯爵李頓率領的調查團。該團於4月21日抵達瀋陽，9月4日完成了調查報告書，不承認日本占領東北的合

---

18 Egbert Swenson, "Japan Rejects League's Terms to Fix Peace," *The Chicago Daily Tribune*, Oct. 19, 1931, p. 1.

19 〈史汀生斥蘇俄無理：因止當勸告反被認為不友誼，法報謂俄已反悔簽非戰公約〉，《禦侮宣傳報》，第10期（1929），頁2-3。

20 John W. Wheeler-Bennett，〈史汀生主義〉（Stimson Doctrine），原載*Bulletin of Internal Affairs*，轉引自崔志德譯，《國際現象畫報》，第1卷，第8期（1932），頁10-12。

法性，並於10月2日在東京、南京和日內瓦將之同時發表。國聯行政院隨即進入到辯論環節，有報道說中國代表顧維鈞與日本代表松岡洋右，儘管兩人在會場上彬彬有禮，不失外交風度；立場卻是針鋒相對、互不退讓。就像在11月21日討論李頓報告的會議上，兩人唇槍舌劍，現場記者說反到看見了更多美國的身影。因為顧維鈞留學於哥倫比亞大學，松岡留學於俄勒岡大學，兩人有著幾乎相同的留美背景。於是也就有前者聲稱日方占領東北，致使美國主導簽訂的《非戰公約》無效，並還進而準備對美戰爭；後者則辯護說是其自衛，日軍之所以要占領東北，如同當年美國和墨西哥之間爆發的戰爭那樣，美軍入駐是為了保護德克薩斯的僑民而非侵略和掠奪。[21]

1933年2月24日，國聯大會以四十二票贊成，日本一票反對，通過了十九國委員會關於接受《李頓調查團報告書》的決議，重申不承認偽滿洲國，尊重中國的主權完整，並期望由此維持東北亞的和平。3月28日，日本政府以抗議該報告書為由，宣布退出國際聯盟，本已緊張的局勢又進一步升溫。此時讓日本對美國頗為不滿的，是作為非國聯成員國的美國參加了國聯主持，即前述由拉西曼負責的對華經濟重建計畫，認為是其試圖削弱日本在華影響的重要之舉。7月15日，美國又不顧日本政府的反對，派代表出席了國聯召開的對華技術合作特別委員會在巴黎舉行的會議，聲稱贊成該委員會秉持完全國際化和非政治的參與原則，並表示願意參與此行動而成為其中的一員。[22] 日本政府的反制措施，是於21日發表宣言，聲稱這是國聯一貫堅持和持續進行的排日行動。及至27日，日本政府致函國聯秘書長，指責被派往中國的國聯負責官員拉西曼，一貫堅持反日立場，如果傷害到其在華權益，他們將採取堅決的抵制行

21 Clarence K. Streit, "League Hears Clash of China and Japan: Our Actions Cited: Koo Retorts to Matsuoka's," Cable to *The New York Times*, *The New York Times*, Nov. 22, 1932, p. 1.

22 893. 50A/ 37: Telegram, "the Secretary of State to the Acting Secretary of State, London, July 15, 1933-9 P.M.," 893. 50A/40: "Telegram, The Ambassador in France（Straus）to the Acting Secretary of State（ Paris, July 18, 1933-5 p.m., received July 18-4: 52 p.m.）," John G. Reid, Louis E. Gates, Edwin S. Costrell, *Foreign Relations of the United States Diplomatic Papers, 1933, The Far East*, Vol. III, Washington: United States Government Printing Office, 1949, pp. 497-499; "League Committee Plans aid to China: Names Delegate to Supervise Technical Assistance to Be," Wireless to *The New York Times*. *The New York Times*, July 19, 1933, p. 6.

動。[23]

「九一八事變」之後美國率先對華提供了首筆貸款，讓美日關係又進一步惡化。即1933年5月初，以政府財長及行政院副院長身分出訪歐美各國的宋子文先期抵達華盛頓，與包括華盛頓總統在內的美國政府要員，深入討論了如何加強兩國經濟合作、美國援助和提高中國海軍防禦能力等問題。會談結束之後，雙方達成的一項最重要協定，是美國提供給中國購買其棉花、小麥，總數五千萬美元的貸款，由中國國家統稅作為擔保，五年內還清，即史稱的「棉麥大借款」（The Cotton & Wheat Loan）。按照國民政府的說法，其時中國方才經過1931年的長江中下游地區的大洪水，餓殍遍野、百業蕭條、人心浮動；另外加上日軍日益逼近平津，國家財政陷入絕境，債券跌至最低點，金融停滯，經濟處在頻臨崩潰的邊緣；美國此時表示願意提供鉅額借款，就像雪中送炭，猶如給垂死的中國經濟注入了一劑強心針，致使「國內公債因此飛漲，交易所兩次停拍，高起十元以上，市面感受興奮，金融藉以穩定。」[24]

該借款簽約的消息於6月4日向外宣布，7月25日，日本駐美大使館武富參贊在與美國國務院遠東司主管霍恩貝克（Stanley Kuhl Hornbeck, 1883-1966）會晤時，就此舉行了頗為坦率的交談。日本方面談及中日關係趨於白熱化，故期望美國政府務必保證此款項不能用來加劇彼此之間的對抗和衝突。美方則表白說南京已保證將之限於購買美國棉花和小麥，絕對不會用於政治或軍事用途。日本政府顯然不相信美方的承諾，8月10日，日本駐美大使致函美國國務卿，就此對華技術援助及貸款事務提出了正式抗議。8月18日，美國駐日大使向國務院發回了自己的觀察，聲稱在日本政府看來，蔣介石主張對日本妥協，宋子文對日強硬，並認為來自外國的援助和貸款，增加了中國反日的決心和勇氣；並還相信那個給中國提供貸款的大國一定別有用心，因為長期以來其認為

---

23 "Tokyo on Help to China, Joint Political Control by Powers, Rajchman Appointment criticized, Tokyo, July 20," "*North China Daily News*, July 21, 1933, p. 18; "Tokyo Opposes Dr. Rajchman, Political Activities in China Objective able, Tokyo, July 27," *North China Daily News*, August 2, 1933, p. 162.

24 〈宋前財長報告美棉麥貸款及意退還庚款經過〉，《中央銀行月報》，第3卷，第2期（1934），頁332；鄭會欣，〈1933年的中美棉麥借款〉，《歷史研究》，1988年第5期，頁128-137。

自己在華有特殊利益，故應當擁有「至高無上的影響」，而該國的介入一定會影響到日本的在華政策的實施。[25]

第二節 戰地救護

「九一八」事變之後，在一片「救亡圖存」的口號動員之下，中國社會群情激奮，人心沸騰。1931年9月21日北平全市學生佩紗誌哀，大規模的抗議示威遊行一觸即發。為了避免動盪，市府急忙召集各大學校校長及軍警參加的座談會，議決由北大校長蔣夢麟出面勸導學生不必停課，「且對於主要科目，由教員勸導學生，切實用功，以求教育救國之意」。[26]七天之後（29日）的北平，仍然舉行了主要由學生參加的大規模抗議示威遊行，人數據說超過二十萬。協和學生與另外幾所在北平的學校，屬南路遊行隊伍，由天安門出發，「經前門南行至珠市口，折西經驛馬大街至宣武門」。[27]當天，激進人士籌劃成立全市教育文化界聯盟（League of Educational and Cultural）呼籲協和師生踴躍參加；協和教授會執行委員會則提出應避免加入此類政治團體的提案。雖華人教授占有絕大多數，投票時卻除一位華人教授投了反對票之外，其餘都是贊同票。該決議稿則由病理學教授林宗楊主筆，病理學教胡正祥簽署。[28]

顧臨隨即就此事與胡適通了電話，通報了教授會之所以做出這樣的決議，是認為協和乃科學及人文教育機構，理應保持大學專心治學的傳統，以避免過多捲入現實政治事務；協和不應像第一次世界大戰爆發之時，重蹈德國教授發

---

25 "Memorandum by the Chief of the Division of Far Eastern Affairs（Hornbeck ）of a Conversation with the Counselor of the Japanese's Embassy（Taketomi）Washington July 25, 1933,"893. 48/794, "Memorandum by the Secretary of State, Washington, August 10, 1933," 893. 51/5813, "the Ambassador in Japan（Grew）to the Secretary of State, No. 502, Tokyo, August 18, 1933, Received September 1" Foreign Relations, 1933. Vol. III, pp. 502, 508, 510-514.

26 〈全市教育界奮起救國義憤填膺莫不痛哭流涕，切實用功以示教育救國，全市學生佩紗誌哀〉，《京報》，1931年9月22日，第3260號，第6版。

27 〈北平市民抗議大會〉，《益世報》，1931年9月29日，第5525號，第2版。

28 "Memorandum, interviews: Dr. Hu Shin, Anti-Jap. League," 北京協和醫學院檔案室，中國人人事檔案，數位索卷號：1352。

表擁護戰爭宣言。胡適當即表示理解協和教授會的這一決議，過了一會他打電話給顧臨，說剛與蔣夢麟校長討論了此事，共同的意見是在該聯盟沒有決定下一步行動之前，協和最好不要做出任何官方回應；因為倘若回應，在此時民眾情緒很難被掌控的情況下，很容易會被過度解讀而引發政治紛爭。[29] 實際上不僅胡適，還有一些知識領袖都認為此時落後、貧窮的中國「沒有能力抵抗」，希望更多通過外交談判來解決中日之間的衝突，以爭取更多取得最終勝利的「準備時間」。就像陳寅恪在1937年「七七事變」後的7月14日，還認為現代戰爭勝敗繫於科學技術與器械軍力，而民氣士氣所補實微，私下裡對清華外文系教授吳宓說：「抵抗必亡國，屈服乃上策，保全華北，悉心備戰，將來或可逐漸恢復，至少中國尚可偏安苟存。一戰則全局覆沒，而中國永亡矣。」[30]

前面文字業已談及顧臨父親作為最早一批抵達日本的傳教士，曾被明治政府聘請作為推進日本高等教育的顧問，他自己在日本長大，說一口流利日語，對日本有相當親和的感情。1919年12月18日，即顧臨辭去美國駐漢口總領事，轉任醫社駐華代表一職不久，接受了日本讀賣新聞（Yomiuri Shimbun）社和帝國通訊社（The Imperial News Agency）駐華記者的採訪，談及未來將如何改善美日關係的問題。顧臨在當天日記中寫道：雖然在日美之間的對立中，自己會同情日本；但如果在中日之間發生糾紛，他和大多數美國人一樣，總是同情中國。[31] 鑑於此，顧臨對於日本其時侵略東北的態度，雖然主張美國應採取強硬措施，以抑制日本的侵略野心，盡可能避免戰爭爆發；但就中國當如何應對的問題上，與胡適、陳寅恪等人相同，認為中國需要更多時間建立現代意義上的民族國家，方才能夠與強大的日本相抗衡，故期望協和在這個動盪的時代裡保持正常教學秩序，避免因參與救亡運動而耽誤了課程和學術研究。[32]

---

29 "Memorandum, interviews: Dr. Hu Shin, Anti-Jap. League," 北京協和醫學院檔案室，中國人人事檔案，數位索卷號：1352。

30 「1937年7月14日」，《吳宓日記（1936-1938）》（北京：生活・讀書・新知三聯書店，1998），頁168。

31 "December 18, Thursday, 1919, Greene's diaries," 北京協和醫學院檔案室，外國人人事檔案，數位索卷號：0067。

32 Warren I. Cohen, *The Chinese Connection: Roger S. Greene, Thomas W. Lamont, George E. Sokolsky and American-East Asian Relations,* p. 199

此時教授會討論不參加「北平教育文化界聯盟」議案時，表決時唯有一位華人教授投下了反對票。相關資料雖沒有留下這位華裔教授的名字，但就此事的前後脈絡來看，大致可以推定為時任生理系主任的林可勝。就他的成長背景而言，不同於協和的其他華人教授，其出生在新加坡最著名的一位愛國華僑家中。父親林文慶畢業於愛丁堡大學醫學院，雖是職業醫生，卻熱衷於推動中國的社會和政治改革，辛亥之後曾短暫擔任過孫中山的機要秘書兼醫官，並還擔任過廈門大學第二任校長。在父親的影響之下，林可勝從小就有很強的民族認同意識，願意為中國的富強而獻身。第一次世界大戰爆發之後，正在愛丁堡大學讀書的林可勝應徵入伍，於1914-1915年期間派駐到法國的英國印度遠征軍擔任準尉軍醫。由於當時華人的社會地位太低，軍中那些印度大君的公子哥們根本不把他放在眼裡，很多時候拒絕聽從這個「中國佬」的指揮，使之民族自尊心受到了極大傷害，決心用實際行動證明華人的能力絕不遜色於其他族裔。

作為被最早提拔到系主任崗位上的華人教授，顧臨對林可勝充滿了期待，稱其是一位才華橫溢的年輕人，給學生和助教們帶來了很多啟發，同事關係也處理得相當和恰及順當；比較差不多同時走向協和重要崗位上的吳憲、胡正祥，顧臨說前者善於溝通、後者潛心學術，林可勝則有太多救國救民，參與公共事務的意願和熱情。[33] 1925年「五卅」慘案發生之後，北京學生遊行聲援上海工人罷工，在協和諸多華裔教師中，唯有他兩次與協和學生一起走上街頭，積極組織學生救護隊，幫助在示威活動中受傷的學生和市民。[34] 1927年，隨著北伐而興起的民族主義思潮中，協和華人員工開始注意維護自己的合法權益，如前述要求校方將之與美籍人士同等對待，都用美元支付薪酬的請願活動中，林可勝被視為那些抗議人士的領袖。在顧臨看來，原因或在於林可勝非中國國籍，拿的是英國海外屬民的護照；外國背景讓他更為敏感，也更容易受到他人的猜忌，故比一般中國人表現得更有愛國心。[35]

---

33 "Greene to Francis, January 24, 1926," Greene, Roger Sherman, 1881-1947, MS Am 1864, Houghton Library, Harvard College.

34 施彥（Shi Yan），〈林可勝與民國現代醫學的發展（1924-1949）〉（Robert K. S. Lim and the Development of Modern Medicine in Prebiblical China）（新加坡國立大學中文系博士論文，2013），頁56。

35 "Greene to Dick, May 31, 1927," "Greene, Roger Sherman, 1881-1947," MS Am 1864, Houghton

「九一八」事變爆發後，林可勝積極參與了由協和助教盧致德等人組建的戰地救護隊，治療送到北平的東北軍傷者及流亡同胞。再至翌年「12・8」淞滬戰爭期間，他親率由協和學生、醫師、看護組成的三十一人救護隊，乘車南下上海。啟程時，教授與身穿軍服的全體學生們整隊到車站致送，場面慷慨激昂。[36] 後來在1933年1月1日，日軍出兵山海關而進入熱河省，3月4日占領了省會承德，接著又分兵數路，攻向長城東部各主要關口，並進逼平津。9日，關麟徵率領的陸軍第25師與日軍接戰。雙方短兵相接，戰鬥慘烈，關麟徵自己都被槍榴彈炸傷五處，成為血人，送往協和救治。林可勝則組織了由協和醫師三十二人、四年級學生九十二人、護士十二人，社會服務人員一人，共五十四人的戰地救護隊，開赴前線，冒著炮火，進行救護，歷時十一周，治療傷兵七千四百八十六人，實施重傷手術一千三百三十例。[37]

雖則，協和官方沒有明確表態，但對於林可勝屢屢離開協和職守，參加戰地救護，還是默默地打開了暢行的綠燈。就像當年「五卅」運動時參加反英示威遊行，顧臨說胡恆德以一種寬宏大量，比任何人都能容忍林可勝身上的那種激進民族主義情緒。[38] 此外，中美雙方政府也還想通過協和，合作改善中國軍醫的窘迫狀況。1931年11月30日，美國駐華使館助理武官坦尼（Parker G. Tenney）致函蘭安生，希望能夠為其提供關於於中國軍醫情況，並說形勢緊急，請務必不要拖延。12月22日，蘭安生回覆坦尼，撰寫了長達十頁的報告，提供了軍中每個步兵團、騎兵團、炮兵旅配備的醫生、獸醫、藥劑師及救護人員的大致情況。[39] 翌年6月13日，蘭安生又來到美國駐華使館，向詹森轉達了中國方面希望美國派一位軍醫，擔任中國重組軍醫總監部的顧問。詹森將之呈

Library, Harvard College.

36 "Greene to Pearce, May 28, 1927," "Greene, Roger Sherman, 1881-1947," MS Am 1864, Houghton Library, Harvard College.

37 "P.U.M.C Medical Corps leaving for Chengteh tonight," *The Peiping Chronicle*, March 2, 1933, p. 1;〈北平協和醫院第二十五次報告書（1932年7月1日至1933年6月30日）〉，北京協和醫學院檔案室，文書檔案，數位索卷號：0479。

38 "Greene to Dick, May 31, 1927," "Greene, Roger Sherman, 1881-1947," MS Am 1864, Houghton Library, Harvard College.

39 "Parker G. Tenne to John B. Grant, November 30, 1931," Grant, John B. Grag-6, "Medical Conditions in China, 1931," folder 46, box 4, series601, record group 1, CMB. Inc., RFA-ARC.

報給國務院，28日得到了國務卿史汀生的回覆，說是他們就此事與戰爭部進行了商討，聲稱美國法律不允許現役軍醫領取外國政府津貼，退休或退職人士，則不在被禁止之列。[40]

1932年，國民政府成立軍醫總監部，劉瑞恒任總監、軍醫設計監理委員會主任委員，兼南京陸軍軍醫學校校長，林可勝又被延攬參與了該校由德日制改為英美制的事務。1937年6月，林可勝獲得協和為期一年的學術休假，準備前往歐洲訪學和參加學術會議；不幸隨即爆發了「七七事變」，中日全面開打，他和一對女兒正在北戴河度假。10月中旬他們全家乘輪船到了香港，原準備前往英國。此時在香港的蘭安生收到劉瑞恆的電報，請其轉告他籲請林可勝回國參加軍政部的醫療救護工作。蘭安生向他轉告劉瑞恆之邀請的同時，談及了胡恆德的擔心——即此時日軍已占領了北平，期望林可勝避免直接挑釁日軍，不要給協和招惹麻煩。蘭安生同意胡恆德的看法，勸林可勝謝絕劉瑞恆的請求，繼續自己的英格蘭之行。林可勝在與葛恩會晤時，堅持說他正在休假，可自主安排時間，決定將家人送回新加坡後，隨即返回南京為抗戰服務。葛恩說：林可勝有此反應是很自然的，問及其原訂休假期間所要進行的科研計畫時，他說回到南京後，希望就此事與胡恆德協商解決。[41]

林可勝於11月12日將家人送往新加坡，自己返回香港後，第二天即將啟程前往南京之時，他致函已在北平的蘭安生，稱自己無法回到日本占領的北方淪陷區了，因為其工作是為了四億中國人，而非僅僅是北方的一億人，並表示願意接受協和解聘他的決定，只是希望戰後能恢復原職。此外，他懇請蘭安生勸說胡恆德改變目前協和的政策，說在淪陷區裡培養出來的學生對自己的人民會有偏見，應允許協和人前往南京參加抗戰，為之保留原有職位。[42] 11月底，林可勝抵達了已能清楚聽到日軍炮聲的南京，臨危授命於中央衛生實驗處副處

40 “Nelson Trusler Johnson to Secretary of State, June 14, 1932,” “Peck to Secretary of State, June 23, 1932,” “Stimson to Nelson Trusler Johnson, June 28, 1932,” Records of Foreign Service Posts, Diplomatic Posts, China, Vol. 1659, RG 84. National Archive Ⅱ.

41 “Interviews: ECL, November 30, 1937,” folder 891, box 123, record group 2B9, CMB. Inc., RFA-ARC.

42 “Bobby to JB, Hotel Cecil, Hong Kong, November 12, 1937,” folder 891, box 123, record group, 2B9, CMB. Inc., RFA-ARC.

長，負責規劃紅十字會救援前線傷兵的工作。待南京即將失守時，他又組織和指揮了向漢口轉移撤退傷患、醫護人員以及設備。12月6日，從南京抵達漢口的林可勝成立了中國紅十字救護委員會（後更名為中國紅十字會救護總隊部，the Chinese Red Cross Medical Relief Corps），隨即得到上海中國紅十字總會的正式認可，林可勝擔任了隸屬於該會的救護總隊隊長。

林可勝的組織能力頗強，短短的二十六天時間裡，即到12月31日，彙集了六百餘醫護人員，組成三十七個醫療、醫護、X光隊，分派華北、華中、華南各戰場，先後為一萬餘傷病員提供了包紮、手術等醫療救護。至1941年2月，林可勝的救護總隊已有四個醫務大隊、十二個醫務中隊，共轄一百四十二個醫務隊，還擁有了配屬一百八十六輛汽車的運輸隊，若干修理所及加油站。[43] 當然，國軍最初的戰地救護，非但乏善可陳，且還慘不忍睹。前述1933年3月的古北口戰役時，腹部、胸部和腦臚受傷的重傷者多遺棄在前方，收治到醫院的傷兵，除部分凍傷之外，多數為機關槍所傷，四肢中彈，不肯施大手術，致殘廢者不少。[44] 至1937年11月淞滬會戰之時，即使最精銳的中央軍野戰醫院，也能聽到「看護兵不會裹傷」的抱怨。[45] 按照此時主持戰地看護的周美玉回憶，醫院的救護兵不乏八、九歲的孩子，傷兵們睡在只鋪有稻草的泥地上，衣服上的蝨子如用烙鐵燙過，紛紛掉落在地，數量之多得用掃把清理，故每天都會因痢疾、傷寒而死百餘人。[46]

鑑於此，遷至長沙的林可勝在1938年6月與衛生署合辦了戰時衛生人員訓練所，後轉移到祁陽，於1939年春再遷至貴陽圖雲關，並相繼在陝西、江西、湖北、四川、湖南建立了五個衛生訓練分所。各所的人員一是來自戰區兵站或後方醫院的醫護人員的學員大隊，一般培訓一至三個月，再回原單位；另一是招收的初中畢業及高中肄業學生，學制為八年，分為軍醫、軍護、檢驗等班的學生大隊。訓練所的辦學條件之艱苦，時人說包括主任林可勝在內的所有人

43　林可勝，〈救護總隊工作述要〉，《中國紅十字會會務通訊》，第4期（1941），頁3。

44　〈康莊傷兵醫院視察記〉，《實報》，1933年4月13日，第3版。

45　冰瑩輯，〈湖南婦女服務團戰地的一周〉，《抗戰（漢口）》，第1卷，第13期（1937），頁204。

46　張朋園、羅久蓉，《周美玉先生訪問紀錄》，頁54-57；沈詩萱，〈海外歸來的周美玉〉，《家》，第5期（1946），頁6-7。

員，住在臨時搭起的草棚內，睡著雙層鋪，下面則是高低不平的泥地，鋪頂蓋著草席，下雨時，屋外大雨，床上小雨；如果不幸遇到連日下雨，山溝水灌入宿舍，氾濫成災。周美玉回憶道：為了補充糧食與給養不足，醫院分給每位學生一塊地，種菜、養豬、養羊，自力更生，補充些營養。正是經過這種培訓之後，醫護人員的品質有了較大提高，一個指標是此前看護兵的軍銜，通常在準尉一上士之間；此時受訓畢業之後即可以授銜中尉。[47]

周美玉還回憶道：在整個八年抗戰期間，林可勝麾下的衛生訓練所共培訓出四萬餘名醫護人員；[48] 就各戰時衛生訓練所來看，準確一點的統計，是從1938-1944年間的受訓人員為13,848人。[49] 需要說明的是，各訓練所之所以有這樣可觀的培訓成就，端賴一些來自上海、南京、北平、長沙、漢口、天津各地的醫生，極大改變了戰前西南地區醫療資源的匱乏和窘迫。按照林可勝的估計，當時全國共有六千餘名受過現代西式醫學教育的醫生，加入各個戰地救護隊或紅十字會所屬醫院的，達到了一千二百名，意味著醫生是當年投入戰事人數最多的一個專業技術群體。[50] 讓林可勝等頗感欣慰的，是他麾下有三十九位或畢業於協和，或曾在協和工作過之人。作為訓練所的領導和教學骨幹的，除前述主管軍事護理的周美玉之外，還有訓練所主任盧致德（1924屆）、醫務股主任榮獨山（1929屆），以及分別主持內科、外科、X光科指導的周壽愷（1933屆）、張先林（1933屆）、汪凱熙（1934屆）、楊文達（1937屆）等。[51]

除此之外，還有一些協和人參加了戰地救護隊，擔任了領導職務。1938年7月18日，林可勝致函紐約醫社負責人羅炳生的信中，特意提到了派往中共控制區的延安，由女性醫護人員組成的第29醫護隊及隊長江兆菊。[52] 作為協和

47 張朋園、羅久蓉，《周美玉先生訪問紀錄》，頁63。

48 張朋園、羅久蓉，《周美玉先生訪問紀錄》，頁76。

49 施彥，〈抗戰時期戰地醫護職業教育的發展：以戰時衛生人員訓練所（1938-1943年）為例〉，《職業技術教育》，第36期（2015），頁28。

50 費正清著，閻亞婷、熊文霞譯，《費正清中國回憶錄》（*China bound: A Fifty Tear Memoir*）（北京：中信出版集團，2017），頁266。

51 "Robert K.S. Lim to Lobenstine, August 15, 1942," folder 891, box 123, record group, 2B9, CMB. Inc., RFA-ARC.

52 "Robert K. S. Lim to Dr. Lobenstine, Kweiyang, Kweichow, China, 8th July 1939," folder 891, box

1932屆畢業生，江兆菊率隊抵達延安後，發現那裡的醫療狀況實在「太差」。不僅沒有包括電力在內的一切現代醫療所必須的設施之外，且醫護人員也沒有受過包括書寫病歷在內的現代醫療之必要訓練。所有的醫療救護所都在採光不足的窯洞裡，病人自帶爬滿蝨子行李，居住在擁擠的土炕上，致使斑疹傷寒盛行。江兆菊在延安工作了八個月，重建了二十二所窯洞醫院，讓每位病人都有了自己的床鋪，一切衣服被褥，皆由院中自備，並制定相應的護理規章和制度。此外，救護隊還培養了一批醫護人員，每天接診二百餘位病人，每月接生大約三十五位嬰兒。1938年7月，當陝甘寧邊區戰時兒童保育會成立時，宋慶齡、宋美齡等十三人當選為名譽理事，江兆菊與負責中共婦女工作的康克清、蔡暢等十七人則被選為理事。[53]

在那些內部傳閱的通信中，林可勝之所以格外強調協和的作用，目的還在於由此敦促紐約基金會、醫社積極行動起來。1939年6月18日，林可勝致函基金會遠東辦公室代表貝爾福（Marshall C. Balfour, 1896-1976），又一次談及倘若戰爭在太平洋地區爆發，他擔心協和是否還能繼續開辦下去，其開創的醫學教育和服務精神能否引領中國醫學教育發展的問題。在他看來：中國這些年來一直在與侵略者奮勇作戰，然美國則與所有反民主的侵略勢力，還處於「未宣戰」的狀態；當自由、民主的理想和生活方式受到挑戰之時，基金會、醫社就不能假裝中立而逃避責任，並認為基金會、醫社寧可在北平的協和被日軍關閉，損失幾百萬美元的投入（他用括弧注明，說這只是「暫時的——因為如果我們竭盡全力，我們就不會輸掉這場戰爭！」），也不要失去自己所代表的美好理想；否則，協和就像失去一個靈魂的人，沒有任何存在的意義那樣，信中的最後一句話可真是慷慨激昂、擲地有聲：「協和不僅應在科學領域，且還當在精神領域，保持自己所建立起來的領導地位；如果沒有這兩者，她的醫學研究和教育將變得毫無意義。」[54]

對於此時的醫社負責人的羅炳生而言，當然不是第一次讀到這樣激烈的文

123, record group, 2B9, CMB. Inc., RFA-ARC.

53 Wayne Soon, *Global Medicine in China: A Diasporic History*（Stanford University Press, 2020）, pp. 1-5.

54 "Robert K. S. Lim to Dr. M. C. Balfour, June 18, 1939," folder 891, box 123, record group, 2B9, CMB. Inc., RFA-ARC.

字。1936年12月1日，醫社代表胡美返回中國，會見了包括顏福慶、李廷安在內的許多醫界領袖，不得不給他寫了一封密信，傳達的就是這些人對協和的看法。胡美談及此時中日的綏遠之戰，中國方面表現出了不退縮的強硬姿態，並要求日軍撤出青島，這意味著不久的將來可能會發生更大規模的武裝衝突。胡美說驚訝地看到中國人的精神面貌發生了極大變化，很多人都支持政府不放棄一寸領土，或不能再滿足日本的額外索求。顏福慶、李廷安等人直截了當地問胡美：協和將何去何從？是否能像上海聖約翰大學那樣，遠離中國醫學教育的內在需求？他們告訴胡美，說當下國民政府在考慮醫學院發展計畫時，幾乎不將協和視為一所中國人自己開辦的大學；並舉例稱江西即將開辦一個新的醫學院，就不準備聘請協和人擔任校長。所以，兩人都認為儘管專心致志的學術理想十分重要，協和倘若不再刻意強調僅以此為目標，而非努力為這個國家做出一些無私犧牲和奉獻，不僅會讓他們感到失望，且還會給政府留下深深的負面印象。[55]

第三節 繼續「中國項目」

為了讓協和能繼續開辦，避免激怒日本人，醫社、協和對資助林可勝等採取了頗為謹慎態度；就衛生部主持的「中國項目」來看，戰事在華北大規模爆發之後，即刻面臨著如何繼續，怎樣調整的問題。畢竟，在1937年6月30日之前，該項目已在定縣、濟寧的農村實驗區，以及給南京的國民政府衛生署、醫學教育委員會、國立中央農業研究所等機構投入了394,875美元。當華北及南京、漢口迅速淪陷後，原來規劃不得不因戰事而暫時中止。如晏陽初領導下的平教會，此時轉向了「戰時鄉村建設運動」，並於10月中旬在武漢、長沙兩地，將流亡學生中招募的農民抗戰教育工作人員，組織為「使整個農村國防化」的專門培訓團。應徵者多數為大學生，志願參加沒有任何報酬的農民抗戰教育團，經過短期培訓和實習之後的六個分團，前往戰事尚未波及的湖南湘潭、湘鄉、岳陽等十二個縣的鄉村展開活動。當日軍於12月20日攻陷定縣之

55 "Edward H. Home to Dr. E. C. Lobenstine,, December 8, 1936," folder Criticism, 1933-1944, box 35, CMB Inc., RFA-ARC.

後，戰時鄉村建設運動所屬機構隨即撤出，開始向四川、貴州和雲南大後方轉移。[56]

與「中國項目」關係密切的那些院校及科研院所，受到戰爭衝擊更為嚴重。「七七事變」之前，全國共有一百一十四所職業學校、學院和大學，其中八十三所在日軍占領的淪陷區，此時只有六所照常開辦。至1939年前後，已有四十二所大專院校遷至內陸省分，如昆明、重慶、成都和貴陽等地，另外還有三十五所「下落不明」。那些得到過「中國項目」資助的中央大學、南開大學，不幸遭到日軍飛機轟炸，受到嚴重損壞。前者兩個實驗室、三幢學生樓被毀，圖書館、大禮堂被炸得殘缺不全，損失達一百萬美元；後者的秀山堂、芝琴樓全部炸毀，圖書館亦有部分炸毀，損失高達五百萬美元。當年11月，中央大學遷至重慶沙坪壩，南開與北大、清華，先在長沙，後遷到昆明而組成了「西南聯合大學」。同樣得到「中國項目」資助的九所教會大學，除三所留在淪陷區繼續維持之外，金陵、齊魯遷到了成都，棲身在華西協合大學的校園裡，再加以來自其他二十所大學的少數學生，在校學生人數增加了一倍多，住宿和教學擁擠不堪。[57]

在該項目推進過程中，南開經濟研究所主導成立的華北鄉村建設協進會，擔當了重要的組織、協調和領導角色。戰爭爆發之前，該所畢業了十二位碩士研究生，並獲得了基金會資助的12,125美元；天津淪陷之後，南開先遷往長沙，後至昆明，在近三千餘里的旅途中，學生們用學校發放的相當於二十美元的國幣作為旅費，一路上風餐露宿，歷經磨難而抵達了目的地。[58] 南開經濟所於1939年8月遷往重慶，由於當年招收了七位研究生，方才在沙坪壩的南開中學內重新開辦。何廉回憶道：此時該所僅有四位教授，指導不到十位研究生，

56　謝扶雅，〈中華平民教育促進會的農民抗戰教育團〉，《戰時民訓》，第11期（1938），頁2-5；*The Rockefeller Foundation Annual Report,* 1937, p. 360; The National Rural Service Training Institutes, National Council for Rural Reconstruction, Annual Report, 1937-1938, folder 109, box 11, series 601 China, record group 1, IHB, RFA-ARC.

57　"A wartime Survey of Chinese Campuses," folder 332, box 48, series 601, record group IVZB9, IHB. RFA-ARC.

58　*The Rockefeller Foundation Annual Report*, 1937, pp, 362-363; Grants from the Foundation: "The China Program in Time of War," folder 332, box 48, series 601, record group IVZB9, IHB. RFA-ARC.

其他教授不是從政，就是在昆明的西南聯大執教。由於運作經費只能依靠基金會提供的小額資助，該所僅能圍繞著當地的一些戰時經濟做基本研究，而無法再像戰前那樣進行廣泛和深入的實地調查。就如戰前該所出版了四種國內外影響極大的學術刊物，即《經濟週刊》、《南開指數年刊》、《政治經濟學報》、及英文《南開社會經濟季刊》，此時也由於經濟等方面的原因，只出版了英文季刊兩期。[59]

負責主持該項目的葛恩，希望能夠將之在西南地區繼續下去。1937年12月1日，其時南開、中央等平津和沿海大學已開始內遷，在上海的葛恩致函董事會，稱政府和各大學及研究機構都退縮到了內陸省分，中國與外部世界的聯繫將被切斷；失去沿海工商業城市的中國，如果想要堅持抗戰，必須在內陸農村建立起更為有效的經濟生產方式，從而更凸顯出該項目關注農村經濟重建的重要意義。當然，他意識到在戰時情況下，該項目已不能採取戰前集中在一、兩個實驗區裡的協調行動，而是需要由各機構在各自區域裡因地制宜、量力而行；並認為基金會的資助，應將參與各方盡可能地連結在一起，避免造成不必要延誤，即使到了戰後也能讓鄉村重建得到發展。[60] 實際上，葛恩接受了參加此項目中國方的一致看法，即此前的8月下旬，即在北平即將淪陷之時，華北鄉村建設協進會理事會就召開了緊急會議，討論未來將如何運作的問題。會議紀錄稱：所有與會之人都充分意識到：必須改變此前學院式的培訓策略，將之即刻轉到純粹為抗戰服務的軌道之上。[61]

日軍於1938年7月攻占了九江，該會不得不從漢口繼續西遷至貴陽，由南開經濟所教授方顯廷擔任了理事會秘書長，並更名為「中國鄉村建設協進會」。當年的年度報告聲稱：他們面臨當務之急一是盡快培訓一批田野工作人員，另一是與其他相關機構繼續開展一些技術合作。就具體實施來看，前者是

59　《何廉回憶錄》，頁217-218；徐紹清，〈訪南開經濟研究所〉，《民意（漢口）》，1941年第176期，頁6-7；〈南開大學經濟研究所工作近況〉，《圖書季刊》，1943年第1-2期，頁190-191。

60　"China Program, December 1, 1937," folder 332, box 48, series 601, record group IVZB9, IHB, RFA-ARC.

61　"National Council for Rural Reconstruction, Annual Report, 1937-1938," folder 112, box 11, series 601, record group 1, IHB., RF, RAC

與地方政府合作，為四川、湖南、湖北、江西等地，培養了二百零三位鄉村工作的專業人才；後者則是在貴陽以南的定番縣，在行政、農業、工程、衛生和行政等方面進行了一些改革試點。[62] 方顯廷回憶說，由於該地土匪橫行，甚至縣長都要隨身攜帶槍枝，同士兵們一起外出去剿匪；加上戰時人手短缺，財力、物力不足，這兩項舉措的實際效果都不很理想。[63] 所以，在當年10月12日該會的第一次執委會會議上，與會者問及他們是否還能得到基金會資助時，蘭安生的回答不那麼確定，說這將取決於理事會是否還有以往的領導力，並進而明確強調：「指的是貴會最初成立之時的那種領導力。」[64]

儘管如此，基金會至1938年年底已為該項目撥款948,648美元，1938-1939年度預算又是240,000美元，董事會就此提出了一個問題：即隨著戰爭仍在進行，該項目是否還能繼續，以及是否還應當投入如此巨額的款項。[65] 1939年5月19日，葛恩在給基金會的工作報告中，承認就過去兩年的執行情況而言，自己雖不能，也不會對所取得的成果而假裝感到滿意；但應當看到的是，那些曾對鄉村重建事務持有高度熱情的中國人，正彙集在總共有一億三千萬人口的內陸西南各省，準備繼續進行下去。他還指出流亡的重慶政府也正力圖改善該地區的落後經濟，計劃修建鐵路、公路等等，這也將成為中國戰後發展的一個重要部分。他說並非誇大其詞的，是在與這些中國人的接觸中，讓其深深感到儘管遇到了諸多困難，該項目卻仍然沒有被放棄，思想和信念還沒有泯滅。所以，他向董事會呼籲，就該項目致力於增加民眾福祉而言，「我們基金會對於那些願為鄉村人口進步而獻身的中國人，應毫無疑問繼續給予支持。」[66]

葛恩於1939年年底離開了中國，將該項目交由貝爾福（Marshall C.

---

62 "National Council for Rural Reconstruction, Second Annual Report, 1937-1938, November 11, 1938," folder 112, box 11, series 601, record group 1, IHB., RF, RAC.

63 方顯廷，《方顯廷回憶錄：一位中國經濟學家的七十自述》（北京：商務印書館有限公司，2006），頁104。

64 "Minutes of the First Executive Committee Meeting of the National Conical for Rural Reconstruction, October 12, 1938," folder 109, box 11, series 601, IHB., RF, RAC.

65 Norma S. Thompson, Secretary, 4/5/39, "Grants from the Foundation: The China Program in Time of War," folder 332, box 48, series 601, record group IVZB9, IHB. RFA-ARC.

66 "China Program, May 19, 1939," folder 332, box 48, series 601, record group IVZB9, IHB. RFA-ARC.

Balfour, 1896-1976）負責，考慮在重慶的國民政府此時不太可能提供配套資金，只能依賴地方政府出資支持，故他認為應當逐漸減少資助。他還進而指出在北平的燕京，此時已很難參與西南地區的相關事務，似可以停止對其的支持；南開經濟研究所還應列入繼續資助名單。至於晏陽初的平教會，由於一直未能提供完整的工作報告和財務報表，葛恩說雖感到「相當失望」，卻並不意味著自己反對繼續給該會予以資助。由於此時波蘭已被德軍占領，英國、法國不得不對德宣戰，蘇芬戰爭也正在開打，葛恩擔心歐洲戰事的進一步發展，會讓基金會擱置中國項目，把資金投入到大西洋彼岸那些更為緊迫的慈善救濟事務中。所以，葛恩保證自己將不斷提醒董事會，即使將資助重心轉向了歐洲，也應當繼續幫助中國人度過難關。好在，他說最近看到基金會副主席的來信，表明對中國的堅定支持態度，感到「沒有忘記我們的中國朋友」。[67]

1940年3月3-4日，遷至重慶的該會理事會舉行了連續兩天的會議，出席之人除何廉、晏陽初、顏福慶、方顯廷、吳文藻之外，還有來自北平的胡恆德、司徒雷登以及貝爾福，討論的主題是如何克服當前的困難，繼續有效推動該項目的運行。司徒雷登的態度倒頗積極，表示將繼續與理事會合作，並說希望看到燕京師生前來當時人所說的「自由中國」，即西南大後方來參加此鄉村社會重建運動。與之不同，胡恆德雖高度讚揚了當年在定縣時，協和與該會合作培養學生，將社會醫學融入到鄉村經濟和社會變革之中；不過，他指出鑑於戰爭已經爆發，此時尚在北平的協和已不大可能參與該會在西南地區展開的各項行動，並就此還提交了林宗揚簽署的教授會信函，表明期望退出此項運動的協和官方態度，說是為了避免成為理事會的「累贅」。糟糕的是，清華理事也表示了退出的願望，代表衛生署出席會議的金寶善則希望協和留在該會，繼續參與大後方醫療衛生的培訓事務。[68]

就後續發展來看，該會接下來似也沒有了太多活動，主要負責之人忙著各自手頭的事務。身為主席的何廉自1938年6月擔任了經濟部次長兼行政院政務

67 “Selskar M. Gunn to M. C. Balfour, December 12, 1939,” https://rockfound.rockarch.org/digital-library-listing/-/asset_publisher/yYxpQfeI4W8N/content/letter-from-selskar-m-gunn-to-marshall-c-balfour-1939-december-12.

68 “North China Council for Rural Reconstruction, Minutes of 1939-1940 Annual, March 3, & 4, 1940,” folder 112, box 14, series 601, IHB., RF., RAC.

處長，主管農業方面的行政工作，已沒有多少精力和時間處理會務。曾是燕京社會學系主任的吳文藻則在昆明，忙著籌辦雲南大學社會學系，年底又受邀到重慶的國防最高委員會擔任參事，負責研究邊疆的民族、宗教和教育問題。身為秘書長的方顯廷，在1939年2月4日貴陽遭到大轟炸之後，先到了定番，不久來到重慶，擔任了南開經濟所長。逮至1941年8月，他又在基金會的資助下，先在美國哈佛訪問，後在美國政府擔任首席經濟分析員，直到1944年1月27日才返回重慶。唯有平教會還堅持在鄉村，1940年9月，該會在民生輪船公司總經理盧作孚等社會賢達的幫助下，在重慶北碚歇馬場的高坑岩一片農田之上，創辦了中國鄉村建設育才院。該校主張師生們「布衣粗食」，宣示先要「農民化」，而後才能「化農民」，這就與當年的定縣、濟寧鄉村實驗區的活動頗為相似。[69]

此時與戰爭關係最密切的投入，是該項目對滇緬公路瘧疾控制研究的資助。此公路於1938年12月初步建成通車後，直到太平洋戰爭爆發，駝峰空中走廊開闢之前，是外部世界向中國輸送物資的唯一國際通道，戰略意義十分重要。築路之初彙聚起來的大量來自各地的工人、司機，成為瘧疾最常見的患者。原因在於天氣濕熱，工人們蝸居在路旁的小屋裡、司機們在車上過夜，所用蚊帳或由於網目過大、入口密合度不足，或使用僅能保護頭部而不被蚊子叮咬，軀幹常常不能得到有效遮蓋防護，致使該病的發病率達到全員的60%以上。1939年重慶國民政府電請美國方面派專家來華協助預防該病，至1940年2月27日，美國公共衛生局（U.S. Public Health Service）主管威廉姆斯（Louis L. Williams, Jr., 1889-1967），與已在印度進行瘧疾研究的斯威特（Dr. W.C. Sweet）從加爾各答抵達了雲南邊境的遮放。經過約兩周的田野調查，兩人在重慶會見了貝爾福及中方的衛生署官員，決定在遮放成立由基金會資助的「瘧疾研究所」。[70]

研究所之所以設立的遮放，原因在於這是此路段最重要的貨物中轉站。當時，經由緬甸運來的外國貨物，先由海運到仰光，再經過行程達三十六小時的

69　沙丘，〈新興的鄉村建設院〉，《中央週刊》，第8卷，第9期（1946），頁17；李靖東，〈新教育的搖籃：重慶鄉村建設學院〉，《新教育雜誌》，第1卷，第1期（1947），頁77-79。

70　*The Rockefeller Foundation Annual Report 1940*, p. 105.

火車，運送到緬北的臘戍，即用貨運汽車運到遮放，交由中國貨車而運往昆明。該鎮坐落在山谷之中，約兩千五百位居民，多是在此經商的漢人；周邊還有另外兩萬五千人，多是以農牧為生的傣族。該地海拔約在兩千五百到三千英尺之間，南北長約二十英里，許多小溪從山上流下來，當地民眾除了在山裡放牧小群牛羊之外，主要農作物是水稻、玉米、土豆等。[71]「瘧疾研究所」於1940年3月20日成立，延攬了在協和任教，從北平輾轉而來的馮蘭洲、周欽賢。所長及實驗室主任是斯威特，助理是馮蘭洲的三弟馮蘭濱，工作人員中有與馮蘭洲一起抵達、來自協和及湘雅的楊詩興，畢業於齊魯、曾在衛生署江寧鄉村實驗區任職的許世鉅等人。在對中方人員進行了六個月的培訓和指導之後，威廉姆斯隨即返回美國。馮蘭洲也於當年十月底返回北平。[72]

逮至年底，該研究所共有三名官員、兩名實驗室助理、一名翻譯、兩名捕蚊員、一名司機、一名實驗室學生，及一名為員工做飯的廚師，且也是那時大後方最具規模的一個傳染病研究所。進入十月之後，日軍增加了對該地的轟炸突襲，以至於研究人員白天幾乎無法在實驗室工作。儘管如此，在至1942年3月的一年時間，他們還是採集到了二十一種按蚊，其中有四種此前在中國尚未發現過，並解剖了十三種，共39,115只按蚊，僅在微小按蚊身上查到了陽性感染率為1.1%。再通過對人體的脾臟和血液檢查，報告發病率是：四百五十名當地居民中的28.7%（惡性57.4%）、外來的八十八名員工中的54.5%、八十四名司機中的66.6%。1942年1月之後，日軍大舉進攻緬甸，5月5日攻入滇西怒江邊惠通橋，致使該路被完全切斷。該所在此前的4月已遷移到重慶，除美籍所長之外，人事依舊，新加入者有剛從四川北碚江蘇醫學院畢業的兩位學生，並一直得到基金會的資助。至1944年底，基金會為該所提供了48,313.64美元。[73]

71　W. C. Sweet, "Semi-annual Report of Malaria Studies, Chefang, Yunnan, China, February 27 to December 31, 1940," folder 2726, box 218, series 601I, record group 5. 3, IHB. RFA-ARC.

72　W. C. Sweet, "Semi-annual Report of Malaria Studies, Chefang, Yunnan, China, February 27 to December 31, 1940," folder 2726, box 218, series 601I, record group 5. 3, IHB. RFA-ARC.

73　周欽賢，〈中國初期防瘧工作簡史〉，《中國寄生蟲學與寄生蟲病雜誌》，第20卷，第1期（2002年2月），頁63-64；*The Rockefeller Foundation Annual Report 1940,* p. 412; *The Rockefeller Foundation Annual Report 1941*, p. 366; *The Rockefeller Foundation Annual Report*

前述葛恩離開中國時，致函貝爾福說，希望考慮繼續資助當時中國三個最重要農業研究機構，即金陵大學、中央大學的農學院，以及中央農業實驗所；並認為農業現代化問題將會受到重慶國民政府的高度重視，因為此前推進的「中國項目」對公眾輿論已經產生了廣泛的影響。[74] 猶如曹規蕭隨，貝爾福也頗為重視在農業研究方面的資助。此時林可勝向他建議資助1935年獲耶魯博士，並還在英國倫敦大學研究院（Physiological Laboratory of the Department of Biology）進修過，時任武大教授高尚蔭對植物病毒學方面的研究。貝爾福就此質詢了中央農業實驗所所長謝家聲、金陵大學農學院院長章之汶的意見，得到了兩人的正面肯定。此時的武大在離成都約二百八十裡的樂山，高教授等人利用破舊的古廟、祠堂為教室、實驗室，因陋就簡。貝爾福決定自1939年起，給他提供為期三年，每年國幣一萬元的學術資助，高教授遂在有關原生動物生理學以及微生物固氮菌方面發表了多篇專題論文。[75]

就「中國項目」的逐年投入來看，1934年12月21日的董事會，最初議定三年內投入不超過一百萬美元，然至1938年的三年時間，就投入了960,624.60美元。後來到了1938年4月6日，董事會又投票決定，以三年為期繼續資助該項目，即當年投入二十七萬美272,600美元、下一年（1939-1940）投入了198,860美元，1940-1941年投入了135,000美元。[76] 接下來在1942-1943年、1943-1944年，1943-1945年的三年裡又分別投入了104,000美元、72,000美元、58,000美元。如果加上前述960,624.60美元，該項目總共投入了1,801,084.6美元。[77] 至

1943, p. 287; *The Rockefeller Foundation Annual Report 1944*, p. 300.

74 "Selskar M. Gunn to M. C. Balfour, December 12, 1939," https://rockfound.rockarch.org/digital-library-listing/-/asset_publisher/yYxpQfeI4W8N/content/letter-from-selskar-m-gunn-to-marshall-c-balfour-1939-december-12.

75 Balfour,"Biological Laboratory at Wu Han University, Grant No. 8, 1939," "M. C. Balfour to Dr. H. Z. Gaw, June 13, 1940," "H. Zanyin Gaw to Dr. S. M. Gunn, Oct 4, 1941," "Frank Blair Hanson to Dr. Wilson（professor Perry W. Wilson, College of Agriculture, University of Wisconsin, ）, October 6, 1941," folder 198, box 22, series 601, record group 1, IHB, RFA-ARC.

76 "China Program, May 19, 1939," folder 332, box 48, series 601, record group IVZB9, IHB. RFA-ARC.

77 "China Program, April 2, 1943," "China Program, April 5, 1944," folder 332, box 48, series 601, record group IVZB9, IHB. RFA-ARC.

於基金會集中在對農業研究方面的撥款，最值得關注的是金陵大學農學院。早在1925年就得到了基金會的資助，連續六年聘請來美國康乃爾大學著名教授擔任客座，培養了一批中國最重要的農學研究者。自1940年至1944年的財政年度裡，該項目為該系科撥款超過九千五百美元，差不多占到該院每年預算的十分之六，[78] 故該農學院也是那個時代大後方最有活力的學術研究機構。

作為國立研究機構的中央農業實驗所，也一直得到了該項目的資助，從而也能夠順利進行一些相關學術研究。1944年前的兩任所長——謝家聲與沈宗瀚曾在金陵農學院就讀和任教，這兩個機構的學術聯繫遂十分密切。1939年，該所先遷至四川榮昌，不久移至重慶北碚天生橋，負責協調大後方的所有國立農業研究機構，並在川、桂、黔、滇、鄂、湘各省，設立了擁有十五至三十五人編制的工作站。這些工作站的職責，是一方面進行農業技術推廣，另一方面做些相關科學研究。[79] 直至1943年底，該項目為這些工作提供了約九千美元的資助。[80] 1943年8月貝爾福撰寫的一份工作報告，聲稱他收到一份來自該所的報告，令人印象深刻地講述了科學對農業的作用，即他們通過推進改良作物品種計畫的成果，致使棉花、水稻較舊品種的產量，分別增加了15% 至40%，小麥則增加了15%至25%。加上政府對糧食生產的重視，去年小麥種植面積和產量均打破了過去十五年的紀錄，並預估當年春小麥產量比去年還會有所增加。[81]

78 N. C. Balfour, "China Program Grant in Aid fund, 1940-41," "China Program Grant in Aid fund, 1941-42," "China Program Grant in Aid fund, 1943-44," "China Program Grant in Aid fund, August 28, 1944," folder 474, box 23, series 1, IHB.RAF-RAC;〈私立金陵大學農學院概況〉，《中華農學會通訊》，第26期（1943），頁7。

79 沈宗瀚，〈中央協助西南各省農業工作之檢討〉，《農報》，第6卷，第4-6期（1941），頁56-58；馮澤芳，〈中央農業實驗所協助雲南省農業改進事業簡述〉，《西南實業通訊》，第2卷，第6期（1940），頁23-30。

80 "National Agricultural Research Burau, Chungking, 1939," "National Agricultural Research Burau, Chungking, 1940," "China Program Grant in Aid fund, National Agricultural research Burau, Ministry of Agriculture & Forestry, Chungking, Sze/ 1941-42," "China Program Grant in Aid fund, National Agricultural research Burau, Ministry of Agriculture & Forestry, Chungking, 1943-44," "China Program Grant in Aid fund, August 28, 1944," folder 474, box 23, series 1, record group5, IHB.RAF-RAC.

81 "Agricultural Progress in China," folder 481, box 23, series 1, record group5, IHB.RAF-RAC.

第四節 關閉協和

自1933年初長城抗戰爆發之後，熱河省被日軍占領，南京國民政府被迫與之簽訂《塘沽協定》，日軍開始對華北地區步步緊逼，試圖將之納入自己的控制範圍之內。動盪的時局不僅使在平津的國立大學考慮到遷校問題，就連在南京的中央大學總務處，在1935年11月冀東事變發生後，為準備撤離也打好了五百五十只大木箱，一旦形勢持續惡化就將付諸實施。此前的4月9日，美國駐南京總領事派克致函在北平的美國駐華公使詹森，談及他與剛從美國回來的司徒雷登所通的電話，得知鑑於華北地區形勢不斷惡化，該校在美的董事會擔心燕京是否還能繼續維持下去。在討論到遷校問題時，董事會提出了反對意見，歸納起來有兩點：一是搬運圖書設備需要很大一筆開銷；另一是不希望對日本人讓步，在其侵略行為面前表現出美國人的軟弱。然而，作為當時北平反日示威遊行運動的中心之一，讓校長司徒雷登感到煩心的是：不論當局的鎮壓，抑或民族主義的政治動員，都嚴重地影響到了燕京校園的學術自由和教學秩序。[82]

協和課程十分繁重，雖沒有多少學生參與了當時頻繁舉行的示威遊行，會嚴重幹擾正常的教學和科研秩序。當年6月1日，葛恩致函基金會主席馬森，說他最近看到報上所載日軍在華北調動的消息，與在南京的劉瑞恆，以及在北平的一位日本重要報刊的新聞記者討論此事，得到回覆是日軍肯定會很快占領平津及其周邊地區。葛恩擔心如果事態真是這樣演化，協和有美國背景，日軍倒不至於有太多為難，關鍵在定縣鄉村重建運動的「中國項目」可能就會受到很大影響，期望基金會按照協議條款，當下還是繼續給參加機構分期提供資助。[83] 看來協和內部對此也有很多討論，不得不辭去協和校長職務的顧臨返回美國途中，乘坐的郵輪於8月13日在神戶中轉時，會見了南滿醫科大學生理學

82 “Willys R. Peck to Nelson Trusler Johnson, April 9, 1935,” Vol. 1981, record group 84, Records of Foreign Service Posts, Consular Posts Nanking, China, National Archive II, College Park, Maryland, U.S. A.

83 “Gunn to Max Mason, June1, 1935,” https://rockfound.rockarch.org/digital-library-listing/-/asset_publisher/yYxpQfeI4W8N/content/letter-from-selskar-m-gunn-to-max-mason-1935-june-01?inheritRedirect=false.

系主任久野甯教授。此人在日本醫學界、學術界有相當影響，以研究人體出汗、體溫調節而著名，曾被提名為諾貝爾獎候選人，與關東軍上層關係密切，他告訴顧臨說，日軍今後在華北不會再有什麼激進行動了，並保證他們不會對協和造成任何威脅。[84]

顧臨雖有一定的日本情結，但毫無疑問地更眷戀著協和。日軍於1937年7月29日占領了北平，已退休在美國的顧臨於8月16日致函協和總務長布拉德菲爾德（Vergil Francis Bradfield, 1895-1953），說自己非常牽掛著協和，稱相對於不幸的上海，北平沒有發生什麼戰事，倒是一個明智之舉。在他看來：隨著日軍的到來，以及一些外國人和富裕華人的離開，對協和的主要影響體現在兩個方面：一是醫院的收入將有所下降；另一是獲取進口物資則更為困難。[85]當年11月，由華裔醫生、在協和任過教的美國教授，親華人士組成的美國援華會（China Aid Council）在紐約成立，即後來發展成為抗戰募集六千多萬美元的美國醫藥助華會（American Bureau for Medical Aid to China, ABMAC）的前身。首任主席是曾任基金會主席，此時仍是醫社及協和董事的文森特。及至1938年，由顧臨擔任主席的「美國不參與日本侵略委員會」（the American Committee for Non-Participation in Japanese Aggressions）成立，鼓吹對日本實行全面禁運，嚴防任何美國製造品用於侵華戰爭。[86]

就校園情況來看，日軍占領北平之後，協和沒有受到多少影響。1938年的年度報告對此有所陳述，稱儘管一些來自遙遠省分的學生未能按時到達北平，但學校仍於9月初如期開學。此時該校醫學生有一百零七人（與1937年持平）、護校生有三十九人、包括研究生（8位護理學研究生）在內的研究人員有一百一十人。[87] 不過，就大環境而言，協和已經感受到日軍的壓迫。1939年9月14日，胡恆德致函皮爾斯，說協和一名宗教和社會部門的成員被證實遭到

84 “Greene to Maxwell, August 13, 1, 1935,” 北京協和醫學院檔案室，外國人人事檔案，數位索卷號：0191。

85 “Roger S. Greene to Bradfield, August 16, 1937,” 北京協和醫學院檔案室藏，外國人人事檔案，數位索卷號：0189

86 “American Committee, Saturday, January 21, 1939,” 北京協和醫學院檔案室，外國人人事檔案，數位索卷號：0191。

87 *The Rockefeller Foundation Annual Report, 1938*, p. 198.

了槍殺，表明日本警察非常冷酷和嚴厲；擔心因為一些無意疏忽，致使協和陷入危險之中，故期望來自紐約董事會的信件，必須假定會先受到日本人審查，避免出現任何敏感內容。[88] 另外，曾在協和擔任客座，康乃爾大學病理學教授奧佩（Eugene Lindsay Opie, 1873-1971）返回美國後也向基金會報告，說有近六萬日本人移入北平，修築的房舍很多與協和毗鄰，並談及被日本控制的北平大學醫學院來了八位日本教授，他與一位新抵達的藥理學教授會面，此人既不會中文，也不會英文，認為只有三流水平。[89]

在當年的工作報告中，胡恆德詳細談及了協和面臨的困難，即由於一些師生前往了西南大後方，致使日軍對協和的管控日益嚴厲，華人師生如果想去外地旅行，必須事先得到占領當局的核准。當然，協和招生也受到了影響，來自南方的學生數量減少，女性申請人迅速增加。此外，日本人還限制了協和進口必須的藥品、器械，迫使其轉向購買更多日本製造品。最嚴重的困難，是協和得不到足額的燃煤供應，使之不得不小心翼翼地與日本周旋。胡恆德說：由於消毒、供暖和發電，協和每天至少需要三十八至四十噸燃煤，然日方只能提供三十五噸；在寫此份報告之時，他們只有十天或兩周不到的燃煤庫存。胡恆德說：這是協和生存鏈中最薄弱的一環，完全取決於日本軍事當局的善意和合作，然他對此卻沒有絲毫把握，不知道日軍未來會採取什麼限制性的動作。他最擔心的是：倘若日軍臨時起意，或出了其無法控制的意外，一旦停止了煤炭供應，協和只能停止消毒、供暖和發電，醫院也就無法正常運營，不得不讓病人們盡快離開。[90]

逮至1940年，可能由於日軍已經完全控制了北平，或協和師生該去西南大後方的均已離開，協和的境況看似得到了稍微改善。4月30日，胡恆德致函時任醫社主席的羅炳生，說在過去的幾個月裡，協和似乎得到了日軍比以往任何時候都多的照顧，燃煤供應不足已經得到了解決。[91] 另據負責協和安保的布拉

88 "H.S. Houghton to Miss A. M, Pearce, September 14, 1939," folder 908, box 125, CMB. Inc., RFA-ARC.

89 "Dr. E. L. Opie, September 28, 1939," folder Criticism, 1933-1944, box 35, CMB Inc. RFA-ARC.

90 Henry S. Houghton, "Annual Report to the Trustees, 1938-39," December 4, 1939, D. R. 304, 北京協和醫學院檔案室，文書檔案，數位索卷號：0797。

91 "Henry S. Houghton to Mr. Lobenstine, April 30, 1940," 北京協和醫學院檔案室，公文檔案，數

德菲爾德於6月24日撰寫的報告，說華北臨時政府對協和表示了善意，表示願意幫助協和申請免稅進口許可證；協和由此還獲准得到每天五十噸的燃煤，以及充足的麵粉和大米供應，這都表明協和與占領當局的「令人滿意的關係」。然而，此時的胡恆德卻與司徒雷登一起去了西南大後方，讓布拉德菲爾德頗為擔心，試圖予以阻止。他對胡恆德說：「司徒雷登在日軍的危險名單之中」，並說包括擔任教務長林宗揚、內科主任斯乃博（Isidore Snapper, 1889-1973）等都給他打了勸阻電話，擔心協和隨即就會遭到日軍的報復。[92]

對協和能否繼續下去的擔心，影響到紐約醫社、基金會高層對未來採取什麼措施的考量。1940年10月16日，羅炳生致函時任紐約洛克菲勒醫學研究所臨床研究員科恩（Alfred Einstein Cohn, 1879-1957），談及他們準備向協和選派美國客座教授時，樂觀地寫道：雖說日本占領北平之後給該校帶來了不少限制，造成了一定的物質匱乏，不過就目前情況來看，他相信日本尚不敢公開挑戰美國這個偉大的國家，否則，他們將完全失去在西半球的貿易，航運也將被限制在東方及其周邊沿海，經濟無法正常維持。就北平的情況來看，他估計即使美日兩國的外交關係出現更大分歧，甚至發生一些衝突，協和作為一個醫療機構，會在沒有遭受太多騷擾的情況下，仍可能得到正常運作的許可。羅炳生頗有信心地解釋說，原因就在於日本占領者十分重視其士兵和僑民在中國的醫療衛生境況，意識到協和的醫療條件和診治水準，能為治療這些並不受到尊重的勝利者或征服者們所罹患的疾病做出重大貢獻。[93]

此時日美關係正急驟惡化。羅炳生於10月初就已經從華盛頓的朋友處得知，美國政府將比以往任何時候都要強硬，準備進一步向日本施壓。[94] 實際情況也正是如此，羅斯福總統於當年11月第三次連任成功，外交政策方面不再有連任壓力，故接著此前6月、7月、9月美國政府對機床等多種工業高技術產

位索卷號：0797。

92 "June 24, 1940, Interview with Mr. Vergil F. Bradfield," folder 118, box 13, series 0, record group 1, CMB. Inc, RFA-ARC.

93 "Edwin C. Lobenstine to Alfred E. Cohn, October 16, 1940," folder 908, box 125, CMB. Inc., RFA-ARC.

94 "Edwin C. Lobenstine to Hu, October 2, 1940," folder 522, box 74, record group IV2B9, CMB. Inc, RAF-RAC.

品、廢鐵宣布的三次禁運之後，又於12月10日宣布對日進而實行鐵礦石、鋼、生鐵和鋼製品等戰略物質的大規模禁運，並還給中國提供了巨額貸款。此時日本則於9月22日公然侵占法屬印度支那北部之後，於當月27日又與德國、義大利正式簽署了《三國同盟條約》，成為軸心國的一員，從而導致美日關係進入到一個沒有最糟，只有更糟的險惡境況。然而，羅炳生在12月18日與到訪的斯乃博共進午餐時，得到的消息是說北平看上去還很平靜，當地的美國人比在美國的羅炳生等反倒對局勢沒有太多擔心。斯乃博甚至還對他說：協和及燕京部分美籍教授都認為，即使美日之間開戰，這兩個機構都不會被占領軍關閉。[95]

用後見之明來看，誰都知道日軍在1941年12月7日偷襲珍珠港，導致了太平洋戰爭的爆發；可在此六天前的12月1日，中國駐美大使胡適還對羅炳生說，美國政府對日本的態度非常強硬，未來將會發生什麼完全取決於日本如何行動；他在華盛頓的感覺是，美國不會採取任何措施挑起戰爭，日本恐怕也不敢這樣做，故以為戰爭不會馬上到來，並說這只是自己一個非常個人化的意見。[96] 然而，此時醫社高層已有些緊張，擔心萬一美日開戰，協和將面臨什麼樣的不幸，是否可以提前做些防範。此時還擔任協和董事的胡適，兩天後的12月3日與羅炳生又有一次通話，胡適還是認為華盛頓一切正常，沒有什麼事情可值得特別擔心，並估計日本可能還需要一段時間，方能對未來行動做出明確決策。羅炳生則傳達了醫社的一些相關討論，內容包括如果戰爭爆發，協和被迫關閉之後，醫社該怎麼向雇員們發放薪酬；以及如果這些人不得不滯留在北平，那麼最好對外聲稱自己與協和官方關係已經結束，可能就會更安全一些。[97]

在珍珠港事變之前，日軍對協和就已加強了管控。1935屆畢業於協和的張光壁此時擔任了男生宿舍的督管和非正式的助理紀錄員，經常被要求前往附近的警察局，報告在協和的美籍教授有無從事間諜，或反日行動。張光壁在兩年

95 "ECL, Interview preceding and during lunch with Dr. Snapper, December 18, 1940," folder Criticism, 1933-1944, box 35, CMB Inc. RFA-ARC.

96 "Dr. Hu Shih, 11: am, by telephone, December 1, 1941," folder 522, box 74, record group IV2B9, CMB. Inc, RAF-RAC.

97 "Dr. Hu Shih, 11: am, by telephone about noon, December 3, 1941," folder 522, box 74, record group IV2B9, CMB. Inc, RAF-RAC.

之後抵達成都不久寫道：如果他沒有什麼事情可報告的，日軍就要其發誓，保證說得都是實話，並願意「承擔一切後果」。又由於日本士兵認為夜晚燈火明亮的房屋是紅燈區，一些稍晚從圖書館自習回來的學生總受到他們的粗暴對待，致使協和不得不宣布在晚上十點關閉宿舍大門。如果有學生晚上沒有在宿舍過夜，必須事先請假及事後由他向警察報告，在日本當局那裡備案待查。一天，有學生沒有按時回來，校方四處尋找而沒有音信，只到四天後方才得知他被日本憲兵隊關審訊。協和經過疏通，該學生得到了釋放，卻受到了警方的不少折磨虐待。回到學校之後，他必須先清除身上的蝨子，方能再次入住學生宿舍，並要求定期向警察報告自己的活動。[98]

12月7日是個星期天，晚上所有學生都回到了宿舍，舉行了一場盛大的留聲機音樂會，最後演奏了柴科夫斯基的第六交響曲。播放者對大家說這是一首葬禮進行曲，誰想到第二天清晨八點，張光壁在宿舍裡就聽到上海電臺播報的新聞，說日本已向英美宣戰，所有美國人和英國人都被要求待在家裡而不得外出。此前已有一群日本士兵衝進協和校園和醫院，關閉了所有大門，並在大樓之間設置了警戒線，禁止人們出入。張光壁事後得知：日軍在每個病房門口布置了警衛，每個角落也派了哨兵。不過，他們卻像進入迷宮那樣進入了校園，甚至有士兵在大樓裡到處亂竄而找不到出口。他們接下來將保管員從家裡強行揪出來，帶到辦公樓裡打開了金庫和保險箱，沒收了裡面的所有現金和貴重物，其中包括若干枝獵槍、手槍。此外，在協和設有辦事處的中孚銀行經理也被逮捕，日軍將其與保管員一道押送至憲兵司令部，迫使其交待協和資金的存放所在及其數額。幾天後兩人才被交保釋放，並要求不准對外透露被關押期間的遭遇。[99]

好在，那天早上八點之前，護士長懷特塞德小姐（Miss Whiteside）和護校校長聶毓禪提前來到了學校。當士兵們衝進病區時，兩人成功地穩住了護士

98 "Report by Dr. Stephen Chang on PUMC, July 1943, Chengtu," https://rockfound.rockarch.org/digital-library-listing/-/asset_publisher/yYxpQfeI4W8N/content/letter-from-stephen-chang-to-claude-e-forkner-1943-july.

99 "Report by Dr. Stephen Chang on PUMC, July 1943, Chengtu," https://rockfound.rockarch.org/digital-library-listing/-/asset_publisher/yYxpQfeI4W8N/content/letter-from-stephen-chang-to-claude-e-forkner-1943-july.

和學生們的情緒，讓治療和預定的考試繼續進行。後來醫院院長王錫熾也成功地說服了日軍負責軍官，得到了進入病區的特別允許，致使本當進行的治療沒有受到太多影響。然而，此時門診已經關閉，醫院沒有繼續接收新的住院病人。在接下來的一周時間裡，將近九百名日軍傷兵送到協和醫院。日本人特別好面子，為了不讓老百姓看見皇軍受傷的慘象，傷兵都是在深夜送達，並將醫院臨近街道標示為天花傳染區，禁止華人窺探及隨意穿越通行。由於進駐了傷兵，醫院工作人員不久被允許進入病區正常工作。協董事會秘書福梅齡最初幾天還被允許進入辦公室，她乘機處理了一些不能落入日軍手裡的公文，並將所有可能帶來麻煩的文檔，偷偷帶到焚化爐裡銷燬。由於協和醫院被關閉，所在的第一區公所報告說，當月居民中病死人數比上年增加了一千多人。[100]

日軍接管醫院之後，除西門和醫院服務入口處的北門之外，其他門都被鎖了起來，以防閑人進入。門口站有哨兵，所有進出之人均須摘下帽子鞠躬、出示醫院身分證、經過徹底的搜身，否則不能通行。有次，一位戴著月經帶的護士被攔住，哨兵不懷好意地堅持令其將之取出，又羞又怕的女孩子大聲哭喊起來。所幸一位日本軍官正好路過這裡，了解情況之後，順手甩了哨兵一個耳光。糟糕的是，一些不良工友得到偽員警的支持，趾高氣昂，開始不服從管理。一天，主管衛生的赫斯特（Hirst）小姐看到有工人在工作時間裡違規吸煙，當場決定將之解僱；不意該工人轉身給了她一巴掌，打碎了她的眼鏡。醫院隨即報警，工人被帶到了警察局，結果是違規打人者不受任何處罰，赫斯特小姐被判冒犯而被罰款三百元。後來飲食部有位工人因患有慢性痢疾被總務處解僱，工人們舉行了靜坐罷工，可病人們需要用餐，負責主管前往協調而挨了打。對於此次的人身侵犯，協和當然不敢冒昧報警，只好息事寧人——然這種事情在其歷史上從未發生過。[101]

一個月後的1月19日，日軍通知協和院方當天停課，所有學生必須在三天

100 "Report by Dr. Stephen Chang on PUMC, July 1943, Chengtu," https://rockfound.rockarch.org/digital-library-listing/-/asset_publisher/yYxpQfeI4W8N/content/letter-from-stephen-chang-to-claude-e-forkner-1943-july.

101 "Report by Dr. Stephen Chang on PUMC, July 1943, Chengtu," https://rockfound.rockarch.org/digital-library-listing/-/asset_publisher/yYxpQfeI4W8N/content/letter-from-stephen-chang-to-claude-e-forkner-1943-july.

後，即不遲於21日離校，聲稱將於31日關閉包括醫療和護理專業的女生宿舍，男生宿舍也於2月7日關閉。於是校方決定畢業班提前畢業，雖沒有舉行畢業典禮，學生們在離校前都獲得了學位和文憑；除畢業證上有胡恆德的簽名之外，還收到了一張戴著學位帽和長袍的班級合影。[102] 日軍做事從來都非常仔細，要求離校之人交出進入協和的身份證，只允許帶走屬於個人生活和學習用品，否則將受到重罰。然而，這對於醫護和學生們來說，屬於自己的只有少許幾件隨身衣物，床鋪上所有被褥都由協和提供，離校意味著需要自己在外租房；故學生們離校時將不能帶走物品都包裹綑紮在身上，外面套一件大衣，臃臃腫腫地排隊離去。這些物品包括床上用品、廚房用具、藥物、體溫計等，稍不小心就會從衣服裡掉出來，路過日軍崗哨時每人都提心吊膽、小心翼翼。[103]

日軍原本打算讓醫院繼續開辦，醫校由於有美國背景則必須取締；華裔教授們表示了堅決的反對，聲稱二者缺一不可，遭到了日方拒絕，決定也關閉醫院。日方徵用了協和存放在天津銀行的二百萬美元，給員工們除發放了一月份的薪酬外，又另加一個月的薪酬作為遣散費，僅留下少部分發電廠和圖書館員，其餘人員均要求盡快離開。好在，那些醫療專業人士本是頂級人才，很容易在平津等地找到了合適的工作。一般工人則從事日工、小商小販、拉人力車或踩三輪。最窘迫的是那些擅長英文的文員，由其時教會學校已被臨時政府掌控，每週規定三小時的日語課程，幾乎沒有相關崗位可被聘用。[104] 至於一些年輕或資歷較淺的醫生，由於尚無太大名氣，不一定馬上能找到合適工作，故有人選擇了自己開業。前述1935屆畢業生張光壁，開了一家內科診所，利用了從協和帶出來的諸多器具，如顯微鏡、凳子、病床等。這全在於他有先之明，乘最初混亂之際，將一些用品「放在運煤的車裡，上面蓋著煤，從後院運出，沒有被日軍士兵發現。」[105]

---

102 This report was sent Mr. Debevoise, "Report on the Peiping Union Medical College, May 5, 1942," https://rockfound.rockarch.org/digital-library-listing/-/asset_publisher/yYxpQfeI4W8N/content/report-on-the-peking-union-medical-college.

103 曹瓊華口述，孔強生執筆，〈協和舊事・曹瓊華女士訪談〉，中國近代口述史學會編輯委員，《唐德剛與口述歷史：唐德剛教授逝世周年紀念文集》，頁169-170。

104 "Rec'd July 13, 1942, April 8, 1942," folder Criticism, 1933-1944, box 35, CMB Inc. RFA-ARC.

105 曹瓊華口述，孔強生執筆，〈協和舊事・曹瓊華女士訪談〉，《唐德剛與口述歷史：唐德剛

由於張光壁擔任男生宿舍督管等職，為報告學生動向，與日軍占領當局已有不少交集；加上其彈有一手好管風琴，幾乎每隔一天就被要求為日軍士兵彈奏。讓他感到奇怪的，是日軍總要他演奏「更近我主」（*Nearer My God to Thee*）的那首基督讚美詩。忍不住好奇，他問為何佔領軍對此曲情有獨鍾，得到回覆是每當美國船隻被擊沉之時，廣播電臺就會播送這首讚美詩，致使日軍士兵很受鼓舞，「因為他們相信所有的美國軍艦都被日軍擊沉了。」[106] 湊巧，有位日軍高級軍官很喜歡音樂，尤其愛聽管風琴演奏歐洲古典音樂，對張光壁頗為欣賞，也很照顧。後來張光壁由於收留了一些自願前往自由中國的燕京學生，將自己的診所作為一個中轉站，被日本憲兵疑為「共產黨」，將診所所有人都抓進了監獄。在監獄裡飽受虐待，張光壁渾身長滿了蝨子，骯髒不堪，那位愛好音樂的日軍高級軍官聽說之後，願意保他出去；卻遭到了張光壁的謝絕，聲稱「要保，就保所有人，而不能只保我一人。」[107]

當收到協和將限期關閉的命令時，張光壁被告知須在四個小時之內，提供一份其主管男生宿舍的物品清單。日軍讓他標示出價值，威脅說如果有損壞、遺失，讓他照價賠償。張光壁雖知道自己賠不起，仍然過高估價，希望戰後能讓他們交納更高的賠償。至於協和的著名專家們，之所以不敢輕易前往大後方，因為日本人從納粹那裡學到了一套連帶懲罰家人的懲治方法；[108] 於是想要離開之人，多是沒有家眷的年輕學生和護士們。鑑於日軍規定所有離開北平之人，都要辦理通行證；運作方法是找一個商鋪擔保，然後向所在警察局遞交申請，如果認為旅行理由是合理的，兩周內就可能獲得通行證。當然，在警察局倘若有熟人關照，可以在一天內就走完所有流程而獲得批准。最讓人憤慨

教授逝世周年紀念文集》，頁169-170。

106 “Report by Dr. Stephen Chang on PUMC, July 1943, Chengtu,” https://rockfound.rockarch.org/digital-library-listing/-/asset_publisher/yYxpQfeI4W8N/content/letter-from-stephen-chang-to-claude-e-forkner-1943-july.

107 曹瓊華口述，孔強生執筆，〈協和舊事・曹瓊華女士訪談〉，《唐德剛與口述歷史：唐德剛教授逝世周年紀念文集》，頁170。

108 “Rec’d July 13, 1942, April 8, 1942,” folder Criticism, 1933-1944, box 35, CMB Inc. RFA-ARC. “Report by Dr. Stephen Chang on PUMC, July 1943, Chengtu,” https://rockfound.rockarch.org/digital-library-listing/-/asset_publisher/yYxpQfeI4W8N/content/letter-from-stephen-chang-to-claude-e-forkner-1943-july.

的，是一位負責審核的偽警察十分可惡，對協和之人尤為嚴苛，總是千方百計地予以刁難。一位前往他那裡辦理通行證的協和學生，並沒有得罪他，卻挨了其狠狠的一個耳光。他厲聲訓斥學生們說：「你們協和人以前是美國人的走狗，現在就應當是日本人的走狗」。[109]

1月8日，即日軍尚未進入協和之時，胡恆德，以及總務主管博文（Bowen）就被扣押。他們先被帶到美國海軍陸戰隊的兵營，後來與司徒雷登一起先押至胡恆德家裡，最後移至外交部街45號的一個小院。七名看守日軍占用了前排住房（那裡有院裡唯一的洗澡間），囚犯們住在後院小屋，門口有一個將近七平方米的天井，水泥地面已經破碎。飯食則被要求與日本看守同樣，讓吃慣西餐的他們感到索然無味。[110] 當然，基金會一直與瑞士紅十字會聯繫，期望與日本商談僑民交換事宜，卻總是遭到拒絕。日本駐華公使館一等秘書的對外解釋是：協和、燕京作為美國在華影響力的象徵，「必須根除，並永遠不應重新開放。」[111] 司徒雷登後來回憶道：在其經歷的每次審訊中，日本軍方都感到迷惑不解的是：作為私立機構的協和、燕京，為何能持之以恆地從慈善、宗教的熱忱出發，如此投入地在華從事教育事業；認定「我們一定是美國政府的走狗，腐化中國青年的心靈，不利於大日本帝國的控制。」[112]

幸運的是，其時掌控協和的日軍軍官，並非個個青面獠牙，其中尚有良心未滅、不忘行善之人。前引1943年夏抵達成都的張光壁，撰寫關於協和被占領情況的那份報告中，特別提到暗地裡不斷給協和提供幫助的松橋中尉。此人畢業於東京帝國大學醫學院，「七七事變」後派駐北平，空閒時常到協和圖書館看書，並熱衷於參加協和舉辦的各種音樂會。1月8日，當日軍占領協和時，他正在圖書館裡悉心閱讀，聽到外面吵吵嚷嚷，遂出去詢問門口的士兵，得知日

---

109 “Report by Dr. Stephen Chang on PUMC, July 1943, Chengtu,” https://rockfound.rockarch.org/digital-library-listing/-/asset_publisher/yYxpQfeI4W8N/content/letter-from-stephen-chang-to-claude-e-forkner-1943-july.

110 司徒雷登著，程宗家譯、劉雪芬校，《在華五十五年：司徒雷登回憶錄》（*Flirty Years in China: the Memoirs of John Leighton Stuart, Missionary and Ambassadors*）（北京：北京出版社，1982），頁184。

111 “Edwin C. Lowenstein to Hu Shi, September 3, 1942,” folder 522, box 74, record group IV2B9, CMB. Inc, RAF-RAC.

112 司徒雷登，《在華五十五年：司徒雷登回憶錄》，頁133。

本已向美、英宣戰，原以為自己再無法來圖書館閱覽，故多拿了幾本書出門而去。回到住所後隨即接到上司電話，命令他負責接收協和圖書館。在他的統籌之下，協和的所有病歷、圖書，都存放在一個很少有人能夠進入的閣樓上，並有一位圖書館管理員做日常維護工作。後來在學生們離開時遇到了麻煩，他總是熱心地幫助疏通關係，讓學生們再次返回醫院，帶出更多衣物及其他個人物品。當然，上司給他發出了嚴厲警告，說如果總是向著中國人，要將之送上軍事法庭。[113]

第五節　重開護校

當協和被日軍關閉之後，醫社遂停止了對該校的撥款，在西南地區的協和董事會成員翁文灝、李廷安和周詒春等人，於2月28日聯名致函羅炳生，籲請醫社將此前用於協和的那筆款項，繼續資助在大後方西南地區的醫療教育事業，因為中美已是反抗日本擴張和侵略的緊密盟國。他們聲稱由於戰時通貨膨脹和生活所迫，許多醫學院教授們不得不從事私人開業，致使正常的醫學教學難以為繼，建議醫社在這樣三個方面提供資助：一、為那些公認擁有較高水準的教授們，提供一流醫學院的教席，支付的薪酬應能夠完全滿足生活的基本需求；二、設立醫學研究的專項資金，用於購買醫學文獻，為那些轉移到大後方的協和教師提供研究和教學補貼；三、除資助一所或更多幾所教學和科研高水準的醫學院之外，再資助一所可作為護理教育示範的護校。此外，為了便於與醫社的溝通，他們建議在大後方成立一個相關委員會，成員從具有領導能力的中、美兩國人士中選舉，委員會辦公室設在重慶，由董事會任命一位常駐代表處理日常事務。[114]

由於戰時交通困難，這封信直到5月29日才寄抵紐約；此前的4月16日羅炳

113 "Report by Dr. Stephen Chang on PUMC, July 1943, Chengtu," https://rockfound.rockarch.org/digital-library-listing/-/asset_publisher/yYxpQfeI4W8N/content/letter-from-stephen-chang-to-claude-e-forkner-1943-july.

114 "Dr. Wong Wen-hao to Mr. E. C. Lobenstine, Chairman, CMB, February 28, 1942, Chungking," folder 96, box 11, series 0, record group 2, Rockefeller foamily, RFA-ARC.

生從紐約也寄給翁文灝一封內容相同的信，看來雙方不約而同地都在考慮如何繼續醫社在華事業的問題。此時醫社對中國的情況不太了解，無專人負責西南大後方地區的工作，只是請在重慶的貝爾福作為代辦。羅炳生說隨著太平洋戰爭的爆發和美國參戰，他們越來越認識到對中國的支援，不但基於長期友誼；更重要的還是在與日本及其軸心國的共同戰爭中，兩國必須進一步加強團結，同仇敵愾而取得勝利。羅炳生稱讚在過去的五年裡，文明世界從中國對日軍侵略的英勇抵抗中獲益良多，由於華北淪陷，此時他們已無法與在北平的協和師生取得聯繫，希望國民政府衛生署和紅十字會提供協助，讓更多協和人來到西南地區，為取得戰爭勝利而做出貢獻。至於下一步的行動，羅炳生說將考慮有限度地在西南地區資助四到五個領先的醫學院，或重點資助一個醫學教育中心及相關機構，請翁文灝等提出可行性的具體建議。[115]

其時西南大後方的醫療中心有兩個，一個是在重慶歌樂山；另一個是在成都華西壩。前者是離重慶市區三十五公里的成渝公路上的一座小山，是一個鄉的名稱。1939年5月，重慶遭遇日軍狂轟濫炸，該地被劃為疏散區，順小路下行五公里就可到達學校、工廠、機關彙集的沙坪壩，還可抵達嘉陵江運輸碼頭的磁器口；周邊的山坳和小丘陵，散布著當地居民、疏散的機關，國民政府衛生署，及大後方規模最大，設備最好，由南京中央醫院改名而來的重慶中央醫院，作為遷移過來的上海醫學院的附屬教學醫院。此外，鄰近的相關機構還有中央衛生實驗院、國立藥專、中華醫學會、中央助產學校、中央護校等國立醫療衛生單位。[116] 後者圍繞著成都華西協合大學而形成，最先抵達的是南京中央大學醫學院，以及隨後遷來的齊魯醫學院，與該校醫科共同組成了一個「聯合醫院」，由中央大學醫學院院長戚壽南擔任總院長。這三家醫學院的學生，上課時錯峰使用華西協合的教室和實驗室，有些課程還是共同開設，並分享實驗室和圖書館。[117]

中央大學醫學院當年收到來自基金會的五千美元，被要求用作救濟資深教

115 "Edwin C. Lobenstine to Dr. Wong, April10- 16, 1942," folder 96, box 11, series 0, record group 2, Rockefeller foamily, RFA-ARC.

116 錢惠，〈抗戰時期的重慶歌樂山記事〉，《重慶醫藥》，第81卷，第6期（1999），頁1-2。

117 "College of Medicine National Central University, Chengdu, China," folder 678, box 56, series 601, record group, IV2B9, CMB, Inc, RFA-ARC.

授，而不能給年輕學者提供補貼；此外美國醫藥援華會雖承諾資助一萬五千美元，卻遲遲沒有到帳。[118] 正為經費一籌莫展的該院院長戚壽南得知醫社有意提供資助的消息後，於6月12日會同翁文灝、周貽春、劉瑞恆、李廷安一道聯名致電醫社，建議將對醫療中心的重點資助放在成都，理由是該地集中了三家當時中國最重要的醫學院，且華西協合大學又有較其他地方（尤其是相對於重慶）更為完備的實驗室和圖書館。六天之後，醫社董事會決定採取一個平衡策略，即總共撥款十五萬美元，在成都的中央大學醫學院和在重慶歌樂山的上海醫學院各得七萬五千美元。[119] 7月，中央大學醫學院搬離了擁擠不堪的華西校園，脫離三大學聯合醫院，獨立開辦了四川省公立醫院，年底又接管了步後街志成商高的校舍，辦學條件有了頗多改善，不僅設立了顯微鏡室、能容納二年級四十六位學生的解剖室；且還有了用作護士及四至六年級學生宿舍的一百九十間房屋。[120]

作為大後方最好的國立醫學院，地處重慶的中央大學醫學院此時共有教職員工二百五十五人，其中教授三十二人，學生二百八十三人。由於倉促遷移而來，能夠攜帶的醫療設備和圖書十分有限，戚壽南於9月25日在給醫社的回覆中，說該校就像一個「戰時嬰兒」，需要更多資金投入，並特別提及學生們只能得到每月二十元或四十元的生活補貼，一個雞蛋就要一元錢，由於營養不良、居住擁擠，二年級的四十二名醫學生中，已發現了十四個肺結核病例。[121] 至於1942年該校的財政狀況，戚壽南的申請報告說，年度預算總共為國幣495,360元，薪酬就用去了225,360元；儘管有四十萬元來自政府的撥款，1,377,076.98元的病人收費及捐助，虧空卻仍達到了386,860.99元。好在醫社隨即同意資助七萬五千美元，相當於國幣一百五十萬元，戚壽南說院方準備將之

---

118 “S. N. Cheer to Roger R. Greene, June 30, 1942,” folder 678, box 56, series 601, record group, IV2B9, CMB, Inc, RFA-ARC.

119 “Minutes of China Medical Board, INC, 6/18/1942,” folder 678, box 56, series 601, record group, IV2B9, CMB, Inc, RFA-ARC.

120 “College of Medicine National Central University, Chengdu, China,” folder 678, box 56, series 601, record group, IV2B9, CMB, Inc, RFA-ARC.

121 “answer to A. D. M. A. C. questionnaire, 9/ 11/42,” “report on the Medical College of National Central University for the Academic Year, 1941-1942,” folder 678, box 56, series 601, record group, IV2B9, CMB, Inc, RFA-ARC.

分為三部分：三分之一用於購買醫療器械和設備；另外三分之一用作醫院和護校的運營；還有三分之一則作為師生們的生活補貼。[122]

來到大後方的協和校友，是讓醫社持續提供資助的主要動力之一。前述翁文灝等於6月18日給羅炳生的電報中，就已經強調西南地區最重要的四所國立醫學院的院長都曾在協和任教，[123] 即除了1922至1934年曾是協和內科副教授，也是醫院內科主任的戚壽南之外；還有在重慶上海醫學院的顏福慶，1938年創辦的貴陽醫學院院長李宗恩，以及也曾遷移至該地的湘雅醫學院院長張孝騫。後來當戚壽南得到了資助，在回覆醫社的報告中，談及該校有十三位協和校友，算下來將近占到教授總數的三分之一；[124] 目的在於敦促醫社投入更多，用於資助在該地的協和師生。後來到了協和被日軍強行關閉後的1941年底，醫社就曾緊急撥款二萬五千美元，用作補助該校師生們前往西南地區的旅費。[125] 不過，看來有學生似乎沒有得到此項補貼，時任中央大學醫學院口腔學院院長黃子濂，曾致函協和1929屆畢業生，時任衛生署中央衛生實驗院院長的朱章賡，說他在洛陽遇到兩位協和學生，雖持有證明文件及學分表，卻均無旅費繼續前行。[126]

那時從北平輾轉遷往大後方，一路上舟車勞苦，長途跋涉，須經歷太多艱辛。按照黃子濂的說法，經濟方面最省亦需三千五百元或四千元，以飯食為例，「吃飯聞每頓廿元不飽，白米飯每小碗二元，雞蛋每只一元，其他可想而知。」[127] 更危險則還可能遇到日本人的盤查、圍堵，以及散兵游勇的騷擾和戕害。協和護校校長聶毓禪於1943年春從北平啟程，途中遇到幾位熟人同行，

122 "S. N. Cheer to Wong Wen-hao, September 10, 1942," folder 1159, box 159, record group IV2B9, CMB, Inc. RFA-ARC.

123 "Dr. Wong Wen-hao to Mr. E. C. Lobenstine, Chairman, CMB, February 28, 1942, Chungking," folder 96, box 11, series 0, record group 2, Rockefeller foamily, RFA-ARC.

124 "Staff Member National Central University, formerly connected with the PUMC," folder 678, box 56, series 601, record group, IV2B9, CMB, Inc, RFA-ARC.

125 "Edwin C. Lobenstine to dear Dr. Wong, June 25, 1942," folder 1159, box 159, series 601 E, record group 10. 1, CMB. Inc, RFA-ARC. 144621. "Edwin C. Lobenstine to dear Dr. Wong, June 25, 1942," folder 1159, box 159, series 601 E, record group 10. 1, CMB. Inc, RFA-ARC.

126 〈抄黃子濂函〉，中國第二歷史檔案館，國民政府教育部檔案，索卷號：5-15180-0043。

127 〈抄黃子濂函〉，中國第二歷史檔案館，國民政府教育部檔案，索卷號：5-15180-0043。

先乘火車到了商丘，改坐人力架子車到淪陷區與國統區分界的界首，然後乘火車到達西安。與其同行的三弟則不幸被國軍士兵殺害，她後來回憶說：此情此景，慘不忍睹。由於人生地不熟，只能趕緊買了一身新裝和棺槨，將靈柩運到西安而將其安葬，「從淪陷區北平到達國民黨的陪都重慶，共走了兩個月之久！」[128] 逮至1943年1月9日的統計是，自太平洋戰爭爆發以來，抵達西南地區的協和教師二十三人、護校畢業生十人、研究助理七人、在校生十六人（醫學生十三人、護校生三人），總共為三十九人，分布在重慶、成都、貴陽和昆明。[129]

實際上，在1937年「七七事變」後，已有相當一批協和教授，如前面已經提及的林可勝、周美玉、李宗恩、張孝騫等，從淪陷區來到了大後方。1941年3月21曰，一份由協和校友會貴陽支部編撰的出版物，聲稱此時來到大後方的協和人，有七十八位醫校畢業生、三十五位護校畢業生，[130] 分別占自協和開辦以來兩校畢業生總人數的（252）30.9%、（134）26%。此前的1939年6月18日，林可勝在給貝爾福的信中，談及醫社提供資助，讓他們在西南地區開辦協和「分校」的可能性，理由是倘若戰爭在太平洋地區爆發，北平的協和將肯定會受到極大限制，其充滿活力的醫學教育和服務的開拓精神也會被削弱；並認為就像上次大戰那樣，許多諾貝爾獎獲得者都曾在自己國家的武裝部隊中服役——四年時間擱置了自己的研究項目，到戰後方才繼續進行。林可勝預計此次戰爭時間會更長，且將影響到整個世界，故醫社不必視協和為溫室裡的花朵或早產兒，應讓師生們在戰爭中為人類知識和福祉做出更大貢獻。[131]

在收到林可勝的這封信後，醫社於9月28日召開董事會，與會者認為這可能會造成撥款的困難，以及對基金會繼續資助「中國項目」產生不利影響，遂

128 聶毓禪，〈協和醫學院護士學校的變遷〉，收入政協北京市委員會文史資料研究委員會編，《話說老協和》（北京：文史出版社，1987），頁200。

129 “PUMC staffs and Students Arrived in Free China After Dec. 6. 1941,” 中國第二歷史檔案館，國民政府教育部，索卷號：5-15180-0017。

130 “Unison, No. 1, March 21, 1941,” Published by Kweiyang Branch of the PUMC Graduate Society, folder 945, box 129, series 1, record group 2B9, CMB. Inc, RFA-ARC.

131 “Robert K. S. Lim to Dr. M. C. Balfour, June 18, 1939,” folder 891, box 123, record group, 2B9, CMB. Inc., RFA-ARC.

沒有做出明確決議。[132] 後來到了1942年8月15日，北平協和業已被日軍關閉，人員四處離散，林可勝的預言已經成真，他又一次致函羅炳生，談及軍政部戰時衛生人員訓練所遇到的經費困難，以及戰時前線的需要，說想以協和的名義，創辦一所新醫學院護校，問醫社是否有可能提供資助。因為在過去的這些年裡，他們除了從美國醫藥助華會那裡獲得資助之外，基金會及醫社沒有提供分文，並隨函寄去了在他那裡工作的二十七位協和畢業生、以及十二位曾在協和任職的教師，總共三十九人的名單，及其所做的傑出貢獻。他說：這些人在過去的五年裡承受了極大犧牲，過著節衣縮食的生活，大多數人甚至不得不出售自己的衣服，仍然堅守著自己的工作崗位，故呼籲醫社即刻提供資助，就像母親認可自己兒子的價值那樣既合情又合理。[133]

羅炳生不久之前與胡適已經討論過這個問題。兩人於7月9日在華盛頓的大使酒店會談了一小時零十五分鐘，胡適同意醫社董事會決定不在西南重開一個獨立的新協和，而是重點資助在該地已經運作的醫學院，並認為在目前的條件之下，開辦一個完全由協和人掌管的醫學教育機構，不但不可能，且也困難重重。胡適說：因為一方面缺乏必要的設備和圖書資料，並不可能在很短的時間裡一蹴而就；另一方面則倘若該機構能夠獲得更多資助，一定程度上會顯得高高在上，可能招致其他機構的猜忌和排斥。[134] 三個月之後，即11月13日，兩人又一次見面，羅炳生記下了胡適對此議題的看法：即協和校友希望重開新協和，是一件非常自然的事情。每一所遷移到西南地區的大學都是如此，就像沒有帶來多少實驗室設備及圖書資料的北大也希望能夠重新恢復那樣；兩人最終達成的共識：是應當重點考慮如何將協和精神發揚光大，看看是否可以找到一種新方法，讓醫社對西南地區的資助，盡可能與協和的名聲連結起來。[135]

---

132 "Minutes of China Medical Board, Inc- September 28, 1939," folder 891, box 123, record group, 2B9, CMB. Inc., RFA-ARC.

133 "Robert K.S. Lim to Lobenstine, August 15, 1942," folder 891, box 123, record group, 2B9, CMB. Inc., RFA-ARC.

134 "Edwin C. Lobenstine to Hu Shi, July 9, 1942," folder 522, box 74, record group IV2B9, CMB. Inc, RF, ARC.

135 "Edwin C. Lobenstine to Hu Shi, Nov. 13, 1942," folder 522, box 74, record group IV2B9, CMB. Inc, RAF-RAC.

不同意在西南地區重開新協和的，還有在北平的福梅齡、及曾任協和外科主任的婁克斯（Harold H. Loucks, 1894-1982），兩人致函羅炳生，說在此地的大多數協和人認為，那些抵達西南地區協和校友們最好能夠加入現有的醫校，竭盡所能地加強當地的醫療救助，而不是煞費苦心地另行開辦一所新的協和。如果能夠培訓更多醫生，比保持協和的聲名更為重要。[136] 羅炳生由此回覆林可勝，說很高興地看到有那麼多在大後方效力的協和師生，關於醫社資助訓練所之事，他們已撥給以翁文灝為主席的協和戰時諮詢委員會（Wartime Advisory Committee）一筆專款，用於支持該校畢業生在西南地區的工作。鑑於該委員會被賦予了全責，醫社將尊重其對這筆款項的處理方式。委員會由翁文灝、周貽春、劉瑞恆，李廷安、朱章庚和戚壽南組成，他們決定把這筆款項分撥給上海醫學院、重慶中央醫院各三萬美元、湘雅、貴陽醫學院各一萬美元，中央大學醫學院一萬五千美元。[137]

儘管醫社高層有了明確的態度，但一些西南地區的協和校友們仍在努力。1943年1月3日，貝爾福在重慶參加了在該地幾乎所有協和校友領導人出席的會議。與會之人又提出是否應成立一個由醫社資助的研究機構，讓協和之名重現大後方的議題。李廷安特別強調創辦一個研究所，林可勝此時則表示了反對，認為這樣做的後果，會讓那些在現有醫學院校或機構中任職的協和校友紛紛離開，而他們本應與自己現在的同仁們精誠合作，努力成為那些機構的學術領軍人物。[138] 及至1月18日，1925年畢業，曾在協和內科任過職，時任協和校友會主席劉書萬致函翁文灝：說為了保有協和的名聲，吸引更多協和校友來到西南地區，他們還是強烈呼籲重新開辦新協和。劉書萬聲稱：在成都、重慶和貴陽的校友們看來，新協和的建築、薪酬、日常運行，算下來至少需要238,000美元，認為除醫社之外，這筆款項還可從協和病人及校友中募集。[139]

---

136 "Edwin C. Lobenstine.to Dr. Wong, November 19, 1942," folder 1159, box 159, record group IV2B9, CMB, Inc. RFA-ARC.

137 〈翁文灝致教育部，1943年3月26日〉，中國第二歷史檔案館國民政府教育部檔案，5-15180-0015。

138 "Report of the Chairman to the China Medical Board, Inc, May 19, 1943," folder 96, box 11, series 0, record group 2, Rockefeller Family, RFA-ARC.

139 "Chairman, National Executive Committee, PUMC Alumni Association to Dr. Wong Wen-hao,

貝爾福此時花了六周時間，造訪了西南各地，與不同意重新開辦新協和的翁文灝等人有過深入的交談。他告訴羅炳生說：翁文灝認為留在北平的協和教授，不會有多少人願意離開了，因為那裡的經濟狀況並沒有過於惡化，很多人在私人執業，或服務於實驗室，生活基本上都能得到保證，不太可能甘冒旅行風險和承受大後方的生活艱辛。的確，貝爾福得知此時逃出來的人不會太多，醫社為協和師生內遷提供兩萬五千美元的緊急撥款，只用了八千美元。[140] 正是綜合了這些因素，羅炳生於1月29日致函胡適：雖說翁文灝、周貽春等持反對態度，但鼓吹最有力的劉瑞恆、朱章賡和李廷安三人似乎鐵了心，不斷四處遊說，竭盡全力迫使醫社出手。對於來自這些人的壓力，羅炳生明確地告訴胡適：就目前的情況來看，醫社高層已經統一了認識，不認為這是當下一個可推進的明智之舉；原因之一也在於戰時的通貨膨脹，致使醫社在資金方面大為減少，已經完全不能支撐起像協和這樣一個醫學教育機構的運作。[141]

儘管無法重開一個新協和，但上述兩次校友會都討論了恢復協和護校的可能性。[142] 這也是考慮到相當數量的協和護校師生來到了大後方，故也得到了醫社的正面回應。1943年2月1日，曾在1930年代擔任過五年協和內科副教授的福克納（Claude E. Forkner, 1990-1992）取代貝爾福而被任命為醫社駐華代表。4月2日他乘飛機離開紐約，26日抵達德里，28日會見貝爾福之後，他致函羅炳生，稱鑑於重慶的歌樂山已有了一所護校，協和護校不應與之重疊，盡量避免設在同一城市；另外還有他不清楚國民政府教育部的態度，只能抵達重慶後，方能對此事提出自己的明確判斷。[143] 他於5月6日抵達了重慶，7月3日參

Chairman, Wartime Advisory Committee, Jun. 18, 1943," folder 1160, box 159, record group IV2B9, CMB, Inc. RFA-ARC.

140 "Marshall Balfour to Dear Mr. Lobenstine, January 30, 1943," folder 1160, box 159, record group IV2B9, CMB, Inc. RFA-ARC.

141 "Edwin C. Lobenstine to Hu Shi, January 29, 1943," folder 522, box 74, record group IV2B9, CMB. Inc, RAF-RAC.

142 "Marshall Balfour to Dear Mr. Lobenstine, January 30, 1943," "Report of the Chairman to the China Medical Board, Inc, May 19, 1943," folder 96, box 11, series 0, record group 2, Rockefeller Family, RFA-ARC.; folder 1160, box 159, record group IV2B9, CMB, Inc. RFA-ARC.

143 "Fokner to Lobenstine, April 28, 1943," folder 678, box 56, series 601, record group, IV2B9, CMB, Inc, RFA-ARC.

加了協和戰時委員會在重慶召開的會議，來自成都、重慶的與會者們，一致贊成重開協和護校，並認為如果使之隸屬於重慶的中央醫院、或成都的中央大學醫學院，估計獲得教育部批准的可能性極大。在此次會議上，除翁文灝、周貽春之外，其他與會者並不明確反對新開的這所護校，或可考慮設在重慶之外的另一個城市。[144]

在抵達後的近兩個月時間裡，福克納實地考察重慶、成都兩地，認為不論是重慶的中央醫院，抑或成都的中央大學醫學院，重開協和護校的條件都不理想。他向醫社報告，說重慶電力供應不足，供水更不理想，住宿也頗為擁擠，物價還高於成都；至於成都的中央大學醫學院，他遇到了幾位來自北平的協和護校學生，聽她們報怨說：該學院住宿條件同樣不好，一間宿舍住十二個人，且只有一張小桌子和一盞功率很低的電燈，圖書館基本上空空如也，沒有必要的教學參考資料。重要的是，由於收入太低，物價不斷上漲，醫生們生活困難，為了養家糊口，不得不將精力都放在了掙外快之上，病房巡診通常只用二十分鐘就匆匆結束，很少有超過一小時的；到了下午醫院裡就沒有了醫生，致使這幾位護校生都認為自己在這裡什麼都沒有學到。此外，畢業於協和護校的周美玉，以及此前的護校校長聶毓禪，也都認為該校不是重開護理學院的理想之地，故福克納傾向於將護校放在條件稍好一些，即住宿稍微寬敞、圖書資料頗為完備的華西協合校園之內。[145]

協和戰時委員會於7月9日又召開了一次會議，就護校所設地點問題展開了激烈的爭論。主張將之放在重慶歌樂山的翁文灝等人，說在2月23日委員會會議上就重開護校之事致電醫社之後，他與上海醫學院和中央醫院進行過非正式接觸，討論彼此合作的可能性，得到了熱烈的響應；現在突然改變地點，會讓重慶方面覺得委員會出爾反爾、言不守信。此外，儘管有些人同意將之設在成都，但就不與國立的中央大學醫學院合作，而將之設立在作為教會大學華西協合的校園裡，又有不少爭議。[146] 福克納後來向醫社解釋說：之所以不便和中

144 "Report of the Chairman to the meeting of the CMB. Inc, Jan. 28, 1944," folder 96, box 11, series 2, record group FG: III, CMB. Inc., RFA-ARC.

145 "Report of the Chairman to the meeting of the CMB. Inc, Jan. 28, 1944," folder 96, box 11, series 2, record group FG: III, CMB. Inc., RFA-ARC.

146 "Won Wen-hao to Dr. Edwin C. Lobenstine, October 13, 1943," folder 1160, box 159, record group

央大學醫學院合作，除了那裡學習和生活條件較差之外，還考慮到戚壽南不滿於1943年醫社僅資助了一萬五千美元，即前一年他們獲得了七萬五千美元的資助，這次減少幅度如此之大，感到很沒有面子，甚至情緒化地表示拒絕。只是他做了不少說服工作，戚壽南方纔接受了這筆款項，後來將之用來擴充了該校圖書館，卻給福克納留下了不快的心結，認為未來與此人並不好合作。[147]

由於福克納等人的堅持，也還由於那些被列舉出來的問題確實存在，讓反對意見無法一味堅持，與會者們最終同意將護校設在了成都的華西協合校園之內；接下來福克納與華西校方進行了一系列磋商，討論了包括宿舍、教室安排、財政資助、醫院實習等具體安排，進展得頗為順利。只是沒有想到消息傳出之後，引發了一些激進民族主義者們的不滿，認為護校不該設在教會大學，以及重慶之外的成都，並掀起了一場憤怒聲討的輿論風波。7月22曰，被任命為該校校長的聶毓禪收到了一份署名為「三青團支部」的手寫紙條，令其注意四點：一、在成都住洋房、與洋人來往，過舒服的西化生活，可在抗戰救國之時，不容你們如此享受；二、以為洋人拿錢給你們，就該聽洋主子的話，不服從中國政府的命令，就是犯了大罪；三、只同洋人來往，只聽洋人的話，忘記了政府、長官和自己的祖國；四、你們已受到了監視，恐怕不容易在成都立足，也許將來還會遇到人身不測，「不要以為洋人萬能，洋人能保護你們的身體嗎？」[148]

翁文灝雖從心裡不同意福克納等人的決定，但得知有這樣的威脅之後，頗為震驚和憤慨。他於8月17日致函羅炳生，聲稱這是一個令人不快的事件，感到十分抱歉，並說幾位本想去協和護校的女孩，由於收到了這類威脅信件，讓她們感到了極大不安，委員會將此事已上報給有關當局進行調查和處理。[149] 10月13日，翁文灝又致函羅炳生，再次談及此事，特別強調了國民政府對來自

IV2B9, CMB. Inc. RFA-ARC.

147 "Report of the Chairman to the meeting of the CMB. Inc, Jan. 28, 1944," folder 96, box 11, series 2, record group FG: III, CMB. Inc., RFA-ARC.

148 "Three Green Branch Party to Lady Members, July 22, 1943," folder 1160, box 159, record group IV2B9, CMB, Inc. RFA-ARC.

149 "Wong Wen-halo to Mr. Edwin C. Lowenstein, CMB, Chungking, August 17, 1943," folder 1160, box 159, record group IV2B9, CMB, Inc. RFA-ARC.

外國的援助，從來秉持一種熱烈歡迎的態度。在過去的這些年裡，基金會、醫社對協和的大力支持，以及戰時資助西南地區的醫學教育，這些慷慨之舉得到了所有中國人的讚賞，並期望羅炳生及醫社董事會，不要誤以為所有中國人都如此極端。翁文灝還談到與福克納的關係，說其工作熱情和直率值得肯定，只是就應在哪裡重開護校的地點，與委員會之間產生了一些誤解，實在令人遺憾。在翁文灝看來，此事背後的利益關係頗為複雜，有時需要一些耐心去化解，故期望知道醫社的看法，如果需要在委員會與福克納之間做些彌合工作，他願意盡力而為。[150]

在中國生活多年，又有傳教士身分的羅炳生，清楚地知道問題的癥結不在重慶，抑或在成都；關鍵在於護校的合作方是教會大學的華西協合，而非國立的上海大學、及中央大學醫學院，從而讓一部分擁有極端民族主義情緒的中國人感到受挫，把怨氣撒在協和護校的學生們身上。[151] 9月15日，協和護校如期順利開學，醫社資助了二十萬美元。由於聶毓禪得到了衛生署的警告，不能從國立醫療機構挖協和校友，該校只聘請了十二位全職教授，學生也均來自於教會大學的燕京（11人）、東吳（8人）、金陵（7人）、福建協和（3人）、齊魯（2人），原因在於該校還是照北平協和護校那樣用英文教學。每位學生須交納國幣一千三百五十元（學費100元、三年的服裝費1,000元，印刷費50元、押金200元）。每天門診裡為一百二十人次的華西協合醫院，提供了八十張實習病床（婦產科：40張，內科、外科分別20張），另加肺結核療養院還有二十五張可供實習的病床，兒科和傳染科則沒有實習床位。[152]

儘管教育部沒有頒發許可，但護校則一直維持了下來。相對而言，該校住宿和教學條件還是不錯的，宿舍和教室是一幢四層小樓，校長和教師住在四樓，學生宿舍在三樓，二樓是教室，一樓是餐廳和部分辦公室。三個同學一個房間，冬天自習室裡還有炭火盆，伙食免費，每人每天保證有一個雞蛋，並經

---

150 “Won Wen-hao to Dr. Edwin C. Lobenstine, October 13, 1943,” folder 1160, box 159, record group IV2B9, CMB. Inc. RFA-ARC.

151 “Edwin C Lobenstine to Mr. Rockefeller, February 14, 1944,” folder 96, box 11, series 0, record group 2, Rockefeller Family, RFA-ARC.

152 “Vere Nieh to Dr. Wong, January 16, 1944,” folder 1160, box 159, record group IV2B9, CMB. Inc. RFA-ARC.

常能夠吃到用瓦缽盛著的四川風味的回鍋肉，從而讓師生們很大程度上避開了那時很多人所經歷的飢寒交迫。[153] 按照重慶中央醫院的統計，由於戰時的營養不良，住宿擁擠，該市約百分之八十的學生不幸患上了肺結核，[154] 然幾年下來，協和護校卻沒有學生罹患該病，關鍵就在於她們能夠獲得基本的生活保障，生活條件要好得多。當然，戰時的匱乏和不安定，也讓該校難以有長足的發展，幾年以來規模無法擴大。就像福克納於1945年5月寫給醫社的報告，稱該校直到此時總共也只招收了五十餘名學生，管理者人數比學生還要多，由於運作費用太高，在每位學生身上居然要投入五千美元，讓他不能不懷疑該校是否還值得繼續辦下去。[155]

第六節 接濟傑出教授

1941年12月7日，日軍偷襲珍珠港之後，第二天就發起了「香港戰役」，十八天後，即12日耶誕節英國殖民當局宣布投降，港督、殖民政府及一萬多名守軍淪為戰俘；與此同時發起的「馬來戰役」、「新加坡戰役」，也相繼在2月15日以英軍投降而結束，被俘英軍達到十三萬人。接下來於5月7日結束的「菲律賓戰役」戰役，日軍同樣大獲全勝，七萬五千名美菲聯軍士兵被俘，其中包括一萬五千名美軍士兵。面對日軍的所向披靡，盟軍的初戰不利，顧臨於6月1日在《華盛頓郵報》上發表了一篇文章，談及在1937年的淞滬抗戰中，中國軍隊在上海居然抵抗強悍的日軍達了三個月之久；對比此次香港、新加坡、菲律賓戰役的失敗，中國人的抵抗意志值得格外稱道，給亞洲人民帶來了更多道德和心理力量。因為在他看來，過去五年裡西方雖一直稱讚他們的頑強抵抗，掌聲中卻顯現出一種居高臨下的傲慢；西方誤以為在美國或歐洲人的領導下，有了更好的組織，另外加上盎格魯—撒克遜人的戰鬥精神，中國人的抵抗

153 曹竹平、臧美玲，〈抗戰期間協和護校生活的回顧〉，頁251-252。

154 “E. C. Lobebstine to Lieutenant John D. Rockefeller, 3 rd, May 21, 1943,” folder 96, box 11, series 2, record group FG: III, CMB. Inc., RFA-ARC.

155 “Annual Report to China Medical Board, 1 May 1944-30- April 1945,” folder 97, box 11, series 0, record group 2, Rockefeller Family, RFA-ARC.

本可以做的更好一些。[156]

隨著美國參戰，推動了基金會資助政策有所轉變的，是那些在淪陷區被迫關閉的教會大學，不得不輾轉到西南地區重新開辦。就像1937年抗日戰爭爆發之後，被迫遷移至該地的國立、省立大學那樣，沒有教室、沒有設備，沒有圖書，需要更多資金投入，以維持最基本的教學運轉。以1942年10月8日在成都復校的燕京為例，實驗設備和圖書館只能依靠華西協合大學，由於附近的中小學生都疏散到了外縣，教室和校舍就租用了二十分鐘步行路程的華美中學及毗鄰的啟華小學。前者成了辦公、教學用房及女生宿舍，後者用作教員宿舍，附近的文廟是男生及單身男教員宿舍。就此窘迫，基金會早在1938年向中國基督教大學聯合會撥款三十二萬五千美元，作為對遷往西南地區的幾所外國私立大學和學院的緊急贈款；乃至1941、1943年，他們分別給華西協合、燕京、金陵、齊魯等九所教會大學撥款五萬、五萬八千美元。他們聲稱儘管維持戰前的資助額度已不可能，但還是願意支持這些大學繼續開辦下去。[157]

基金會自創辦以來，資助重心在醫學，以及與之相關的生物學、化學等自然科學的系科，即使資助經濟學、社會學，那也是直接參與社會經濟改革的實用性項目；對於人文學科及某些偏重國際關係研究則頗少關注。1942年1月21日，即珍珠港事變後的一個多月，哈佛教育系教授威爾遜（Howard E. Wilson, 1901-1966），以美國教育委員會（American Council on Education）的名義召集了一個會議，會後給基金會寄送了一份題為「遠東與美國教育」的報告。該報告的第一句話，稱在珍珠港事變之後，不僅意味著美日之間的戰爭，且還表明對於美國來說，太平洋與大西洋同等重要；遺憾的是美國人卻一點不了解該地區的歷史和文化，呼籲基金會推動美國大學研究東方文化，為贏得戰爭勝利而深入了解日本、中國。[158] 接下來在1943年1月4日，前述中國基督教教會大學聯合會也致函貝爾福，希望基金會資助遷至大後方的教會大學，幫助設立展開人文及社會科學意義上的「文化關係研究所」（institute of cultural

---

156 Roger S. Greene, "China's Record," Jun 1, 1942, *The Washington Post*, p. 9.

157 *The Rockefeller Foundation Annual Report*, 1941, p. 309; *The Rockefeller Foundation Annual Report,* 1943, pp. 243-245.

158 "The Far East and American Education, January 21, 1942," folder 172, box 10, series 4, record group Charles B. Fahs, RFA-ARC.

relations）。[159]

在這封信函中，呼籲者說或許這不在基金會的傳統資助範圍之內，但此舉可以鼓勵中國學者更多了解西方文明，加強友好國家之間的文化交流。由於此時基金會已沒有更多資金開闢新的捐贈項目，只能繼續「中國項目」以及在遮放的瘧疾預防研究，加上畢業於醫學院的貝爾福，對於如何資助人文及社會科學研究不甚了解。他收到此信後回覆說：自己會將之遞交給基金會人文部的主管，並說他在重慶時曾與任職於國務院文化關係司對華關係處，同時擔任美國駐華使館特別助理、新聞處主任的費正清會面，得知他們有這樣一個推動美中人文學科研究的合作計畫。貝爾福希望聯合會能聯繫費正清，與之進行溝通，很可能就會得到美國國務院的經濟支持。[160] 因為就費正清的情況來看，從哈佛歷史系畢業之後，曾以牛津大學羅德獎學金身分，於1932年初來華學習中國歷史，在北平生活過三年，與其時在清華人文學科任教的許多著名中國學者關係密切，且對加強美中之間就此層面上的學術交往抱有極大的熱情。[161]

不僅如此，作為前述那份「遠東與美國教育」報告撰寫人之一，費正清還曾有幸得到過基金會的資助。1933年他的羅德獎學金到期，前後兩次向哈佛—燕京申請資助而未果，使之在北平的留學生活遇到了嚴重的經濟困難，不得不前往離住所有一小時公共汽車行程的清華兼課。好在1934年4月他得到了基金會的兩千零五十美元，還外加旅行費用的資助，方纔可以從容地在中國各地考察旅行及完成了學業。[162] 1936年9月，費正清返回哈佛任教，1939年與日本史研究者賴肖爾（Edwin Oldfather Reischauer, 1910-1990）共同開設了遠東文化史的課程。再至11941年3月，基金會收到該校歷史系主任的信函，說費正清是美國在此年齡段中最優秀人才，應得到重點培養，1942年也許就能給其永久教職；鑑於在中國史研究的領域裡，有許多重要的日本學者，期望基金會資助費正清提高日語能力。基金會於3月24日批覆：從當年8月1日開始，為期六個

159 William P. Fenn to Balfour, January4, 1943," folder 463, box 22, series 1, record group Cox & Reece Investigations, RFA-ARC.

160 "Balfour to William P. Fenn, February 12, 1943," folder 463, box 22, series 1, record group Cox & Reece Investigations, RFA-ARC.

161 費正清，《費正清中國回憶錄》，頁42-152。

162 費正清，《費正清中國回憶錄》，頁132。

月，每月補貼兩百五十美元，外加報銷學費，旅行和其他必要費用，使他能夠在哈佛—燕京或其他被建議的地方進修日語。[163]

任職美國駐華大使館的費正清於1942年9月25日抵達重慶後，就此事與貝爾福有過多次會面和協商，希望由基金會出面來推動中美學術的高層交流。1943年5月7日，正在昆明西南聯大考察的費正清，提交給基金會高層的一份報告寫道：稱在他與前清華，此時是聯大教授們的交談之中，得知如果基金會要資助美國學者訪問中國，應當是最頂級，且也最有學術聲譽的學者。因為就像他的哈佛畢業好友，時任聯大法學院教授的錢端升所言，中國學者總好諂媚那些有名望之人，看重到訪學者的頭銜和名分；此時英國派往中國進行為期一年學術交流的著名學者：一是英國皇家學會會員、牛津大學欽定希臘古典學教授的陶德斯（Eric Robertson Dodds, 1893-1979）；另一位是來自劍橋大學的化學家，也是中國科學技術史研究者的李約瑟（Joseph Needham, 1900-1995）。鑑於此，費正清建議基金會資助哈佛歷史教授，美國社會史、城市史的創始人，即當年擔任美國歷史協會主席的施萊辛格（Arthur M. Schlesinger, 1882-1965）訪華。[164]

對於陶德斯、李約瑟的到訪，中國輿論稱讚為是近年來中西學術交流的一次最盛之舉，因為兩位學者都聲名顯耀，又來自於英國最有歷史、最有聲望的大學，一代表牛津精神，另一代表劍橋學風，並還有「一代表社會科學，一代表自然科學，一比較偏於古學，一比較偏於新學」。[165] 費正清則認為施萊辛格教授的學術聲望，足以與這兩位英國著名學者相媲美，因為他有足夠的學術影響力，且還容易理解他人，善於說服不同之人接受一些共同理念和價值觀。此外，費正清還告訴基金會，說戰事已經穩定下來，大後方的生活已沒有多少危險，當地生活條件對於英國學者來說，可能確有不少問題，只能當地有什

163 "Rockefeller Foundation Fellowship Filed: Humanities, no: A 41024, Type: Special, Name: J. K. Fairbank, March24, 1941," "Detail of Information, filed: humanities, No. A 41024, type: special, Name: J. K. Fairbank," folder 237, box 11, series 1, record group, Cox & Reece Investigations, RAF-RAC.

164 "J. K. Fairbank, Kunming May7, 1943," folder 237, box 11, series 1, record group Cox & Reece Investigations, RAF-RAC.

165 〈陶德斯、尼德漢〉，《圖書季刊》，第1-2期（1943），頁200。

麼，他們就用什麼、吃什麼；不像美國學者可以通過美國駐華大使館，獲得一些來自美國的生活用品和食物，飲食和居住方面不會遇到太多問題。費正清的安排，是請施萊辛格用四至六個月的時間，分別在昆明的西南聯大，以及重慶的中央大學講學，即考慮到這兩個學術機構關係密切，可以避免將時間花費在艱苦的旅行路途上。[166]

費正清在此份報告中，解釋了施萊辛格之所以是最佳人選的理由，就在於其是一位熱情的民主自由主義者，能夠有效地推動美國所強調和所應該重視的價值觀和理念，並是其鼓吹大力支持中國人文及社會科學的根本考量之所在。此前的1942年9月20-25日，費正清從印度經「駝峰」飛抵昆明，乘等待前往重慶的飛機之際，看望了當年在清華結識，此時在聯大任教的師友——即校務委員會常委兼主席梅貽琦、邏輯學家金嶽霖、經濟學家陳岱孫、英語系教授陳福田，以及聯大圖書館館長嚴文鬱、政治學家張奚若等人。教授們的生活窘迫狀況讓費正清感到吃驚，得知梅貽琦的每月薪資不到六百元，邀請了所有教職員工參加的歡迎他的那個晚宴，估計就花費了一千元。作為補償，費正清送給主人一瓶差不多兩公分半高，可治療瘧疾的阿的平藥片，市值約一千元。此外，他還探望了正在生病的嚴文鬱館長，得知其家在一個需要穿過補鞋匠攤位的頂樓上，除了自己身體不適之外，還要擔心三個孩子的吃飯問題，整天為生計而憂心忡忡。[167]

費正清得到的資訊是：鋼筆、手錶和照相機，在該地都成了投機買賣的搶手貨，一支派克鋼筆要價六千元，對於中國教授來說，送一隻鋼筆，價值就超過了他一年的工資。這當然是由於此時滇緬公路被切斷，所有外國商品都需要通過「駝峰」而空運至昆明，價格焉能不貴？再就是由於突然來到的大量淪陷區之人致使昆明成為當時中國生活指數最高的地區。1939年之時，昆明的米是三十元一石，上海最高只有二十元，重慶則不過十幾元。此外，當地的豬肉、豬油、每斤分別是一元、一元八角，火柴一盒一角，都貴於同時期的重慶、貴陽等地。[168] 身在成都的顧頡剛於1940年11月9日理髮後在日記中記有：「今日

166 “J. K. Fairbank, Kunming May7, 1943,” folder 237, box 11, series 1, record group Cox & Reece Investigations, RAF-RAC.

167 《費正清中國回憶錄》，頁220-221。

168 佶，〈調平昆明物價與房租〉，《今日評論》，第2卷，第8期（1939），頁115。

剃頭，貴至一元八角，可怕。」[169] 幾乎同時期的昆明，「理髮一次三元至四元」。[170] 此前的6月23日，顧頡剛在日記中還記有，說是由於旱災，成都的米價漲至八十元一石，並聽說昆明物價更高，一個雞蛋三角，豬肉每斤三元、雞每斤五元，大餐最廉者一客十元，看場電影需要三元。[171] 由此說來，費正清關於聯大教授生活困窘的報告，並非是為獲取資助及救濟的危言聳聽。

需要稍加說明的，是那些被認為傑出學者的教授，雖然生活頗為困窘，但肯定不是學者群中最困窘之人。1942年前後，在西南大後方的七十七所院校中，教育部審核通過的教授共有七百二十三人。當時的教授分為九級，薪資最高的每月為六百元，最低的每月為三百二十元。[172] 按照在聯大教授英文的吳宓日記記載，說十元錢能買兩斤牛肉，最高一級的教授月收入不過能買一百二十斤牛肉。[173] 國民政府教育部額外下撥了對教授的補助，其中一個重要舉措，是設立了三十位部聘教授。條件是在大學擔任教授十年以上，教學確有成績，先由各校提名，然後由教育部學術審議委員會討論，並須經過三分之二以上委員的投票通過。待遇是第三級教授（每月五百二十元）為基底，在此之上按月加發研究補助費四百元。[174] 吳宓有幸被評為部聘教授，從1942年12月起加薪35%，故能領到九百七十五元，[175] 大概能夠買到一百九十斤牛肉。當然與戰前相比，他們的收入差了很多。那時普通教授月薪大概為一百二十元，一元錢能買三斤牛肉，意味著能買三百六十斤牛肉。

此外，凡是傑出學者們偶爾還會得到若干來自不同管道的小額生活補助。1942年11月26日，吳宓領到了六百三十元，說是來自於國民政府對昆明國立各

169 「1940年11月9日」，《顧頡剛日記（1938-1942）》（新北：聯經出版事業公司，2000），第4卷，下冊，頁451。

170 心立，〈高漲之昆明物價〉，《浙贛月刊》，第1卷，第12期（1940），頁33。

171 「1940年6月23日」，《顧頡剛日記（1938-1942）》，第4卷，下冊，頁392。

172 〈三年來審議工作概況（1943年3月）〉，頁12，中國第二歷史檔案館，國民政府教育部檔案，全宗號五（1）案卷號1347。

173 「1942年1月20日」，《吳宓日記（1941-1942）》，頁237。

174 〈審議部聘教授辦法及人選〉、〈教育部學術審議委員會工作概況（1942. 3-1944. 11）〉，中國第二歷史檔案館，國民政府教育部檔案，全宗號五（1）案卷號1347。

175 「1942年1月25日」，《吳宓日記（1941-1942）》，頁246。

校教職員的補助救濟。[176] 此外，美國援華救濟委員會（United China relief）也不時提供救濟撥款，期望能夠幫助大學教授們稍微改善一下生活窘迫。當年8月18日，該會駐華辦事處主任艾德敷（Dwight W. Edwards, 1883-1967）通知中方，聲稱將為教授們提供二十萬美元的救濟款項——救濟範圍包括三個方面：一是教授們的醫療；二是家庭子女的教育；三是遭受到的轟炸損失、撤離損失、以及辭世後的喪葬費用。救濟對象包括教授本人、家人（包括只能依靠他們生活的父母）。再至11月19日，也有艾德敷參加的援助大學教職員委員會（Committee on Aid to University Faculties）在重慶舉行了第三次全委會會議，討論如何安排最近籌集到的四百萬美元的救濟款項，決定除了用於改善教授及其家庭生活之外，還應當資助教授們的學術研究及改善教學條件。[177]

與其他同樣進行大聲呼籲進行救濟的美國人不同，費正清在此前與貝爾福的交談中，以及提交的此份報告中，都特別強調了須由此來維護美國高倡的自由和民主價值。還是在昆明之時，他就致函基金會、國務院和白宮負責官員，聲稱華盛頓盛行一個有害的教條理念，認為當下最重要之事是與日本作戰，至於如何加強兩國之間的文化關係並不重要。費正清的看法恰恰相反，認為文化才是最應當關注的重心，理由是這能讓擁有不同文化的美中知識人團結在一起，兩國人民必須擁有相同的價值觀，方能進行長久和充分的合作。他聲稱那些此前在清華、此時在聯大任教的留美歸國人士，與力主加強大學黨化教育、更多推動政府控制的教育部長陳立夫關係緊張。費正清說：這是擁有權力和財政支持的國民黨的教育部，與決心維護美國傳統自由教學方式的教授之間的較量，後者只能通過廉價出售收藏的書籍和衣服來維持生活；如果不對他們實施救濟，「結果只有一個——營養不良、疾病、最終代表美國自由理想的教員士氣低落，走向消亡、離散和墮落。」[178]

176 「1942年11月26日」，《吳宓日記（1941-1942）》，頁416。

177 "Dwight W. Edwards to Mr. Wu Chun-sheng, August 18, 1942," "Committee on Aid to University Faculties, Minutes of the 3 rd., Meeting of the Central Committee held 3 P. M., November 19, 1942, at Dr. Rappa's Residence, Chungking."《美國援華會在華活動的文書（內有救濟中國大學教職員的計畫及會議錄（1942. 3-1949. 4）》，中國第二歷史檔案館，國民政府教育部檔案，索卷號：5-15179-0025、5-15179-0011。

178 《費正清中國回憶錄》，頁229。

對於費正清的此類提議，戰時就在中國西南地區的貝爾福則有不同意見。1943年2月11日，他從德里致函費正清，談及其建議基金會資助十二至二十四名中國留學生前往美國，認為其時美國已滯留了九百多位中國留學生，其中包括四十位或更多學醫的；然而，在中國最需要他們的時刻，除非乘坐飛機，卻很少有人願意冒險乘船回國。另外就費正清建議資助中國自由派教授訪美之事，他認為這是期望給中國人留下美好印象的一種公關行為，在當下美國大學都被高度動員服務於戰爭的情況下，如果需要基金會資助中國教授，必須滿足兩個條件：一是為戰爭做出努力；二是去學習該如何全力支持戰爭。[179] 至於費正清提出資助傑出學者的建議，貝爾福於8月22日致函基金會主席，說根據其在西南地區觀察，雖然情況不斷惡化，但他也看到有人刻意減輕體重，故懷疑所謂生活窘迫、營養不良的說法被誇大了。貝爾福聲稱：中學生的肺結核發病率倒是在增加，他們的生活條件要比大學要差很多，卻從來都沒有被考慮到列入資助範圍之內。[180]

貝爾福相信除遭受到洪水或乾旱之外，西南地區在正常年分的糧食生產，基本上可以做到自給自足，困難就在於運輸；各地的糧食供應狀況應好於被納粹占領的歐洲，且不存在如印度那樣大比例人口的長期營養不良。對於當下嚴重的通貨膨脹，民生困難，貝爾福認為那是由於政府的管理不善、腐敗盛行所致，並說自己聽到一些中國朋友私下裡抱怨：稱如果政府敢於槍斃數目不少於五十位將軍、商人和官員，經濟危機就可得到相當的化解，民眾生活狀況立馬就能得到明顯改善，只是蔣介石的國民政府沒有這個氣魄和膽量。重要的是，作為一個慈善機構，貝爾福懷疑基金會是否有那麼多資金用作此類救濟。畢竟，該地區在1940年已有一百三十二所大專院校，約五一六萬名學生，每年需要投入國幣五千八百萬元，再加上種種補貼，就已經達到一至兩億，相當於一千多萬美元，且都還只是臨時性的資助。所以，貝爾福的結論是即使基金會傾其所有，盡其所能，對於中國當下的情況，也只能治標不治本。[181]

---

179 "M. C. Balfour to Fairbank, February 11, 1943, Delhi, India," folder 461, box 22, series 1: record group digest files, record group Cox & Reece investigations, RFA-ARC.

180 "M. C. Balfour to Mr. Fosdick, August 22, 1943," folder 461, box 22, series 1: digest files, record group Cox & Reece investigations, RFA-ARC.

181 "M. C. Balfour to Mr. Fosdick, August 22, 1943," folder 461, box 22, series 1: digest files, record

還與費正清意見相左的，是貝爾福認為其很少談及中國大學當如何服務於眼前這場戰爭的問題，過多強調美國方面的投入和資助。前述2月11日在致費正清的信中，他聲稱出於坦率，不能不說出費正清迴避的話題，即他在西南各地考察時看到大學生及學者們，幾乎都將自己關在了校園裡，不太關心戰局的發展。可在他看來：徵召大學生服兵役是合理和明智的，不僅能讓軍隊獲得更多高素質的士兵，且還可以讓知識人更好地服務於這個國家，增強他們對國家興亡的責任感。然而，他了解到中國大學雖有醫學院畢業生（只有三分之一或更少）應徵入伍，可大多數人將之視為自己個人的不幸，並非心甘情願。他還以政府部會高官的子女，得到了委員長的批准，在美國繼續學習採礦工程為例，質問費正清道「您能想像美國的法律或社會風俗，會允許這樣一名研究工程之人，能夠在當下如此不關心自己的國家嗎？」[182] 貝爾福強調：戰爭讓美國頂級大學都動員了起來，其一百萬大學生中至少有一半人從軍服役，難道中國軍隊就不能徵召百分之十至十五的學術人才？

有此看法並非貝爾福一人，中國基督教大學聯合會（Associated Boards for Christian College in China）的執行秘書芬恩（William P. Fenn, 1902-1993）於當年5月24日致函貝爾福，表示同意其關於中國大學生從軍人數太少的說法，並說如果還想就此發表議論的話，應當注意到最近大學校園裡約有五十位大學生應徵入伍，不是去當兵而是充當英語翻譯。此外，他還聽說一些被徵召入伍的醫學院畢業生感到沮喪，覺得自己由此被荒廢了青春，不認為知識階級理應為國效力和獻身。[183] 浙大校長竺可楨在日記中同樣也記有：說自美國派出大批飛機及陸軍軍官來到中國，發現有些如看護兵、電機師等工作，本應中國人所能幹的，何勞彼萬里之遙而來，很不了解中國何以在後方囤積了如此之多的優秀青年人。更有一位來華訪問的美國教授明白表示：中國學制必須改革，以適應戰時之需要，聲稱「即使犧牲四分之一之大學生於疆場，而能使國家獨立，

group Cox & Reece investigations, RFA-ARC.

182 "M. C. Balfour to Fairbank, February 11, 1943, Delhi, India," folder 461, box 22, series 1: record group digest files, record group Cox & Reece investigations, RFA-ARC.

183 "William P. Fenn to Balfour, May 24, 1943," folder 461, box 22, series 1: record group digest files, record group Cox & Reece investigations, RFA-ARC.

失土恢復，民族自由，則亦值得，不然則失敗以後更有何建設可言？」[184]

竺可楨何以對此頗為敏感，原因或在於其公子竺津於1938年1月，即十六歲那年毅然投筆從戎，考入了陸軍步兵學校，經過六個月的速成訓練後而擔任了排長。在這篇日記中他將心比心地寫道：說近來有人謂美國軍事教官與翻譯員經過某地，見一批衣衫襤褸之壯丁被繩索連繫彳亍過市，教官問翻譯員這是什麼人。翻譯員以顏面攸關，回答是一批俘虜。竺可楨由此感慨地說：「大學生應是異日國家領袖，國家危急之秋，理應身先士卒，不能避難就易，我國則前方士卒均來自農家，而知識階級子弟入伍為兵者絕無僅有。」[185] 為了避免這種認知影響到基金會對中國學術機構的資助，曾任北京圖書館館長的袁同禮於4月3日致函貝爾福，說自己注意到他關於中國大學未能更多參與戰爭的批評，然這作為政府保存知識的一項政策，正確性雖有待於商榷，但實際上還是動員了許多學者為戰爭服務，如超過百分之九十以上的留學德國的工程師們都在戰爭部門工作，估計還會再做進一步的動員。[186]

從此後事態的發展來看，大概影響到國民政府高層的決策。1944年9月，日軍由湖南長驅直入，經廣西到達貴州邊境，重慶受到威脅，國民政府發表一系列文告，提出了「一寸河山一寸血，十萬青年十萬軍」的口號，大力動員學生參加青年軍，並效仿美國大學的做法，由教育部頒發相關政令，對服役的學生採取了諸如保留學籍、退伍後免試升學、減少學期、優先錄取等一系列優待辦法。10月31日，竺可楨在浙大主持了討論此事的校行政會議，認為學生們不但志願從軍固應鼓勵，「即留校者亦應學習與軍事有著之科目，以備異日向前後（方）做軍事工作。」[187] 然而，實際動員情況看上去並不理想，竺可楨感嘆地寫道：「大學生志願加入者仍寥寥，現代大學生世故甚深。」至11月4日，全校報名入伍者僅有四人，且均為女生。6日，他再次召開了全校學生大會，台下學生坐滿，他號召學生們憑良心做人，「不要觀望，現女生已有四人

184 「1944年7月1日」，《竺可楨日記》（上海：上海科技教育出版社，1990），第9卷，頁135-136.

185 「1944年7月1日」，《竺可楨日記》，第9卷，頁135-136.

186 “T. L. Yuan to Balfour, April 3, 1943,” folder 461, box 22, series 1: record group digest files, record group Cox & Reece investigations, RFA-ARC.

187 「1944年10月31日」，《竺可楨日記》，第9卷，頁213。

報名，而男生竟無一人，鬚眉未免減色云云。」[188]

只是經過反覆動員，浙大學生入伍人數至1945年2月2日達到了九十三人。竺可楨從駐紮在附近的青年軍201師師長戴之奇那裡了解到：在該師的7,780名新兵中，大學生占9%、高中占21%、初中占55%，其中浙大二人，交大三十四人，中大五十人；後來又進一步得知：在招收知識青年從軍的內地七個師中，體檢後淘汰一、二萬人，亦有逃走者，「故實際不足十萬人云。」[189] 如果相較於美國大學，彼此間的差距似很明顯。以耶魯為例，其十所學院在戰爭爆發後有七所被軍隊徵用，1943年還建立了一所空軍飛行學校，1944年的在校生只有565人。18,678名校友在軍中服役，犧牲了514人。竺可楨留學的母校哈佛，戰爭期間有近兩萬七千名校友在軍中服役，至1944年6月29日，普通學位課程應屆畢業生只有十九人。在戰爭爆發之初，竺可楨寫道：參戰僅四個半月，該校畢業生、教職員的犧牲人數，分別是十一人、三人；此外「該校教職員均放棄暑假為公服務，不支薪，一年改為三學期，學生於兩年半可以畢業。」1947年3月22日，重返哈佛的竺可楨又記下了在此次戰爭中該校共犧牲了校友、學生649人。[190]

188 「1944年11月1日」、「1944年11月4日」、「1944年11月6日」，《竺可楨日記》，第9卷，頁214-217。

189 「1945年2月2日」、「1945年3月3日」、「1945年3月28日」，《竺可楨日記》，第9卷，頁316、343、361。

190 「1944年4月6日」、「1947年3月22日」、《竺可楨日記》，第9卷，頁7；第10卷，頁402。

第九章

戰後恢復

第一節 人文學者

前述就接濟傑出學者的必要性問題，貝爾福曾向基金會主席福斯迪克解釋了自己的不同看法，認為其作為科學家的立場是嚴肅的，以不帶任何感情的「現實主義」來討論此事，堅信在最近一兩年內不會有多少中國傑出學者會因生活困難而辭世，並說隨著戰爭形勢的好轉，這些人的生活境況都正在得到逐漸改善。[1] 與之不同，費正清並非只考慮到當下的戰爭，認為美國方面不能僅關注如何應對眼前的危機；而是應將之放在了戰後中美兩國文化和學術如何交往的大框架之下，目的還在於進一步推動美國鼓吹的自由、民主和開放的理念。因為他熟悉的那些中國傑出學者，大多研究領域在人文學科，且還通過庚款而留學過美國，在中國青年知識人群中有廣泛的影響力和號召力。費正清說戰爭雖使得那些由美國人資助建造的教學樓和教學設備，不幸落入到日本人手中；然美國為這些人的留學投入了幾百萬美元，是這三十餘年中鉅額投資的僅剩部分，不能任之凋落飄零，必須由美國政府及基金會出面來加以保護和扶持。[2]

費正清的這一提議很快得到了白宮的正面回應。基金會社會科學部主任（Division of the Social Sciences）威利特（Joseph H. Willits, 1889-1979）於1943年5月17日接到了此時已在太平洋關係研究所（Institute of Pacific

1 "M. C. Balfour to Mr. Fosdick, August 22, 1943," folder 461, box 22, series 1: digest files, record group Cox & Reece investigations, RFA-ARC.

2 《費正清中國回憶錄》，頁229、255-256。

Relations）任職的卡特的電話；接下來他們在與卡特的見面中，得知時任羅斯福總統及經濟顧問的柯里（Lauchlin Bernard Currie, 1902-1993）邀請卡特等人，用了兩個多小時的時間，仔細討論了如何實施費正清關於資助估計總數約三百位中國教授及科學家的提議。柯里說美國政府只能資助其中的25%，參加會談的美國學術理事會（American Council of Learned Societies）執行秘書格雷夫斯（Mortimer Graves, 1893-1982）則建議其餘之人由基金會提供資助。卡特還告訴威利特，由於經濟凋敝、通貨膨脹嚴重，中國的權力正越來越多地落入到具有法西斯傾向的反美勢力手中，主張爭取自由和民主的團體受到嚴厲鎮壓。秉持強烈反美情緒的教育部長陳立夫，正在處心積慮地削減那些不「服從者」們的米貼和薪酬。[3]

卡特舉例說，如果胡適此時在中國，可能也會挨餓的；並說當美國援華救濟委員會表示願意伸出援手時，陳立夫的代言人致函重慶官方報紙，譴責那些渴望得到外國幫助之人是美國人的走狗。他們雖聲稱政府會關心學者們的生活，努力為教授們增加補貼和薪酬，實際上卻只給自己的跟隨者們提供了更多好處。威利特就此提出了三點擔心：首先，提供救濟並不在基金會的工作範圍之內，其從來只提供學術資助，不承擔救濟責任；其次，既然是學術資助，接受對象必須擁有最高標準的研究能力；再次，如果對這些「不服從者」提供救濟，可能會讓基金會捲入此時中國的政治糾紛之中。卡特則告訴威利特，為了確保被資助人的學術水準，他願意與格雷夫斯，及太平洋研究所秘書霍蘭德（William Lancelot Holland, 1907-2008）一起訪問重慶，確立合適人選的名單。談及基金會與國民政府的關係時，卡特說反美之人僅為陳立夫及部分將軍們；宋子文、孔祥熙、蔣介石和宋美齡等人頗為親美，當然前提是公開宣布此資助是用於學術研究而非生活救濟。[4]

美國國務院此時已與美國知識協會聯合會商定，準備將此計劃付諸於行動，並開始編制預算。11月3日，國務院向費正清發出了第1579號電報，要求

---

3 "Interviews: JHW, Edward C. Carter, Institute of Pacific Relations, New York, N. Y. Carter," "Interviews: JHW, May 21, 1943," folder 460, box 22, series 1: digest files, record group Cox & Reece investigations, RFA-ARC.

4 "Interviews: JHW, May 21, 1943," folder 460, box 22, series 1: digest files, record group Cox & Reece investigations, RFA-ARC.

他編列出一份「有潛力」或「傑出」的中國人文及社會科學的學者名單，盡快傳遞到華盛頓，以便進行審覈。為了能有廣泛的代表性，費正清先與史語所所長傅斯年、中基會董事兼幹事長任鴻雋，北京圖書館的袁同禮交換了意見，商定了提名原則、範圍和程序，後於14日在中基會辦公室舉行午餐會。與會者除任、袁兩人之外，費正清還邀請了何廉、中央大學教育長、武漢大學美學教授朱光潛，以及任鴻雋的夫人陳衡哲，議題就是提出一個各方都能接受的候選人名單。經過幾小時的認真磋商，與會者們初步確定了二十二位人選，其中聯大九人、史語所五人、中央大學兩人、武大兩人、南開經濟所一人，國立重慶大學一人、川大一人、中研院社會學所一人。學科分類則是：歷史學九人、經濟學三人、文學兩人、考古學兩人，生理學、哲學、教育學、法學、政治學和英語文學各一人。[5]

在這二十二人中，設定資助八千美元的「A」級有八人，資助七千美元的「B」級有十四位。儘管沒有北大、清華的教授與會，但費正清相信與會這些人都是公正的；他還特別叮囑，為了避免傷害這些學者的民族自尊心，並無端遭受那些以愛國為由而提出的道德譴責，切忌對那些入選之人使用「救濟」一詞。[6] 儘管貝爾福並不同意此舉，但主持基金會事務的福斯迪克卻認可了費正清的想法，希望能為這些受到國民政府反美勢力迫害的人文學者們做些什麼。因為他作為律師、公共事務活動人士，畢業於普林斯頓，深受校長威爾遜（Thomas Woodrow Wilson, 1856-1924）關於國際合作主義的影響；自1936年主持基金會以來，他也將更多注意力放在跨國文化和學術交流，而非此前僅關注全球醫學教育及公共衛生事務。再當1939年歐戰爆發後，他更矢志於幫助那些曾受到基金會資助的專業人士逃脫納粹的迫害；在被得到救助的三百零三位醫生、教授、作家和學者中，其中有六位已是，還有六位則是後來的諾貝爾獎

5　"J. K. Fairbank to Mr. Willys Peck（Division of Cultural Relations, Department of State）, November 17, 1943," "Panel of promising or outstanding Chinese Scholars in the social sciences and humanities, in response to the Department's telegram No. 1579 of November 3, 1943," folder 412, box 49, series 601, record group 1. 1, RFA-ARC.

6　"J. K. Fairbank to Mr. Willys Peck（Division of Cultural Relations, Department of State）, November 17, 1943," folder 412, box 49, series 601, record group 1. 1, RFA-ARC.

獲得者。[7]

基金會隨即就費正清提交的名單，質詢了自1923年抵達了中國，先後在東南大學、清華大學教授基礎英語、英語文學，此時回美國來申請基金會資助的溫德（Robert Winter, 1887-1987）。對於費正清提交的「B」類學者，由於那時都還是三十至四十歲的中生代學人，處在蓄勢待發的衝刺階段，如向達、徐仲舒、全漢昇、巫寶三等，溫德不很熟悉，表示了一般性的認可；對於「A」類的資深學者，由於不少人就是多年的同事，溫德的評價頗具針對性：如時任中央大學文學院院長的樓光來，稱其近十五年來的家庭問題使之身心交瘁，沒有多少重要的學術成果；還有聯大歷史系教授姚從吾，說其是一位出色的學者，由於留學柏林而未在英文世界生活過，英文不如德文，最好得到在中國的就地資助；再有聯大中文系教授聞一多，則稱其是位有能力的學者，處世為人都是中國式的，生活極窮困，好幾次為此而幾乎精神崩潰，由於當年留美時曾經歷過種族歧視，對外國人總是心存戒心，抱有強烈的民族主義情緒。[8]

溫德的評論並非總從學術出發，而是有相當鮮明的政治立場，尤其對那些與國民政府親近的學者多有微言批評。如被提名的聯大教育學教授汪懋祖，他說一位信得過的中國朋友的評價是：此人為了提升而甘願充當教育部的「走狗」，很可能就是政府安插在聯大監視那些自由派學者的線人，其之所以能夠被選中，是與會者們有意做給教育部部長陳立夫看的，表明他們並非只選擇政府不喜歡的學者；另外對於1927年獲得芝加哥大學博士學位，時任聯大歷史教授雷海宗，他則說是那些所選之人中最為優秀的——聰慧，勇敢，善於表達，其與太太，太太兄嫂，太太嫂子一大家子同住，日常生活方面受到大家的尊重，希望能給其赴美訪學一年的機會。[9] 在此後另一份評論中，他又進而讚揚雷海宗編寫的歷史教科書，沒有向國民政府的沙文主義妥協；並指出其雖可能有點過分推崇受到納粹吹捧的斯賓格勒（Oswald Spengler, 1880-1936），即撰寫《西方的沒落》的德國歷史學家，卻沒有認同和稱讚納粹的專制集權統

---

7 Raymond B. Fosdick, *Chronicle of a Generation, an Autobiography,* New York, Harper & Brothers, pp. 264-265.

8 "Winder, December 22, 1943," folder 412, box 49, series 601, record group 1. 1, RFA-ARC.

9 "Winder, December 22, 1943," folder 412, box 49, series 601, record group 1. 1, RFA-ARC.

治。[10]

為了引起基金會的重視，溫德強調了必須立刻提供資助的緊迫性。他列舉了費正清的名單上沒有的林徽因，說其不幸罹患了致命的肺結核，臥床達十八個月，沒有牛奶和任何營養品，有人還為此寫了上百首詩，將之描述成這場戰爭悲劇的女主人公，故必須立刻對其伸出援手。當然，溫德的政治譜系屬於美國左派，同樣將此次救助視為旨在戰後維護自由、民主的理想價值，而非只是單純意義上的中美兩國的學術交流。他聲稱名單上這些人不但對中西文明皆有同情的理解，且還具有充分表達此種理解的知性能力。他雖然不能確定戰後中國政治發展的走向，但如果能夠能建立一種各方和平協商的制度，那麼這些人對未來發展就有相當的影響力。尤其讓他看重的，是他們在講堂之外還能利用自己的學術能力影響民眾。就像他列舉了在「A」類名單中的聯大政治系教授張奚若、經濟學教授肖蘧，認為兩人都勇於向公眾宣傳美國文化精華，可考慮優先提供資助。[11]

同樣是美國左派的費正清，緊隨其後也進一步敦促福斯迪克，希望基金會能夠支持中國自由派學者爭取學術自由、言論自由的努力。他提出的理由仍然是只有一個不斷進步的現代化中國，願意走向民主選舉和協商對話，方可能成為美國正在為之奮鬥的世界中一個穩定力量，如果中國的未來不是自由民主政體，而是通過專制來維持統治，將對美國人推崇的生活方式構成嚴重威脅。此時讓他感到擔心的：是中國正愈來愈多受到蘇聯專制體制的影響，戰時營養不良和通貨膨脹又讓中國學者陷入貧寒，更多人不得不依賴於政府的薪酬和大米補貼，對邪惡勢力忍氣吞聲，逆來順受，這也讓腐敗的國民政府更容易維持自己的統治，導致了專制趨勢不斷加深。此外，在蔣介石的支持之下，教育部長陳立夫將教育不斷政治化，強制性地引入了思想檢查制度，雖然效果不大，卻抑制了民主勢力的發展，成功地將青年人引向了儒家傳統——就像當年的日本那樣，最終將走向對抗公民自由的軍國主義。[12]

10　"Winder, December 22, 1943," folder 412, box 49, series 601, record group 1. 1, RFA-ARC.

11　"Winder, December 22, 1943," folder 412, box 49, series 601, record group 1. 1, RFA-ARC.

12　J. K. Frinbank, "Memorandum for Dr. Fosdick, confidential, January 31, 1944," Rockefeller Foundation Program in Support of the Social Sciences and Humanities in China, folder 412, box 49, series 601, record group 1. 1, RFA-ARC.

費正清還進而告誡基金會，由於專制人物已經在政府部門掌權，必須謹慎審核候選者的資質，重點資助那些敢於批評政府，反對言論、出版和思想控制，主張社會改良和進步的人士和團體，以及受過現代社會科學訓練之人。這些持不同政見者，是美國的潛在朋友，對西方文明相對友善，理應得到美國的道義和物質支持。至於給中國留學生提供的資助，費正清稱他們中有一些人雖很聰明，卻有不少頗為自私的機會主義者，學術資格不能作為衡量的唯一標準；而要看他們來美國是否為了躲避戰爭，將來是否願意回國效力，是否願意將自己所學知識用來改變中國。費正清的結論是：基金會須特別考慮候選人的品格和精神狀態，重點幫助自由和進步的中國人，對抗日益增長的專制主義統治趨勢；並強調這符合美國的國家利益，即不僅僅是通常意義上的慈善捐贈，或救濟貧困，而是為了構建一個能夠成為美國可靠夥伴的新中國，到了戰後也不會與美國為敵——這對於美國人民的長期安全至關重要。[13]

費正清撰寫這份備忘錄的時間點，是1944年1月13日，此時中國學者中還沒有多少人公開批評國民政府的專制或獨裁；唯有中共在延安、重慶出版的《解放日報》、《新華日報》不遺餘力地鼓吹費正清心目中的自由、民主，並由此指責國民黨一黨專政的打壓和控制。如1943年7月4日，《新華日報》就以〈民主頌〉為標題發表社論，稱讚美國的國慶獨立日，使民主和科學在這個自由的新世界裡種下了根基，並說世界上每個善良而誠實的人都會感到喜悅，因為「它使一切受難的人感到溫暖，覺得這世界還有希望」。又如1943年3月13日、9月15日，《解放日報》也分別以〈抗戰與民主不可分離〉、〈民主第一〉為題發表社論，聲稱「我們心中充滿了對民主自由的憧憬，對人類光明前途的希望，我們心中也充滿了對法西斯主義的仇恨，要在全世界掃清這個毒素，當然也決不容許它的中國猖獗起來，以致將來再陷我民族於萬劫不復的地步。」[14] 此外，中共在自己控制的邊區，如陝甘寧、晉察冀等地還切實推行了一人一票的民主選舉。

---

13 J. K. Frinbank, "Memorandum for Dr. Fosdick, confidential, January 31, 1944," Rockefeller Foundation Program in Support of the Social Sciences and Humanities in China, folder 412, box 49, series 601, record group 1. 1, RFA-ARC.

14 〈民主第一〉，〈抗戰與民主不可分離：祝第二屆聯合國日〉，笑蜀編，《歷史的先聲：半個世紀前的莊嚴承諾》（汕頭：汕頭大學出版社，1999），頁50-56。

這樣的政治舉措，在當時中國知識界引起了相當大的反響，好評如潮。不過，或可被視為溫和自由主義的林語堂，則不這樣認為。當時不少人以為中共在其統治區域內採取民主的選舉制度，將有效地阻止國民黨的一黨專制和獨裁；[15] 然而在1943年9月—1944年3月，他用了六個月時間回國考察，返回紐約後與基金會高層會面，批評了那些在華的美國著名左派記者，如斯諾（Edgar Parks Snow, 1905-1972）、史沫特萊（Agnes Smedley, 1892-1950）、以及波蘭裔的蘇伊絲（Ilona Ralf Suess, 1896-?）等人撰寫的報道，嚴重誤導了美國民眾對中國局勢的看法。在他看來，這些左翼人士將批評矛頭過多地指向了國民政府，反倒對中共持有一相情願的浪漫幻想，並還列舉了一些中共沒有積極抗戰的事例。此外，他為陳立夫加強對大學控制做了一些辯解，聲稱是由於這些年裡中共影響不斷增加，大學校園裡左傾思潮盛行，政府不得已而為之。這就讓基金會高層不能不有所掂量：如果林語堂說的是對的，那麼就應當注意美國左派報導受到中共的蠱惑。[16]

相對於林語堂的政治立場中間偏右，時任雲南大學社會系教授費孝通的政治立場，或可認為中間偏左。1943年夏天，費孝通有幸獲得美國國務院對外文化關係司提供的訪學資助，前往哥倫比亞大學、芝加哥大學進行為期一年的學術訪問。10月8日，羅炳生與其會面，談及當時國民政府教育部的一項規定，即凡是前往美國訪學的學者，出發前必須到重慶的中央訓練團接受六個星期黨化培訓，方能拿到赴美護照。這本是一種極為無聊的思想控制，美方對此頗為反感，經過和教育部長陳立夫的多次交涉，遂將培訓時間減少至兩周。談及此話題時，費孝通卻似乎沒有太多反感，反倒說自己受到蔣介石兩次接見，感覺頗為輕鬆和愉快。羅炳生問是否需要在蔣介石面前謹言慎行，以防招惹不必要的麻煩，得到的回答是：「不需要，完全可以暢所欲言」。費孝通解釋道：國民政府中只有陳立夫對教授們不友善，處心積慮地想將聯大遷出昆明，就因為他認為該校有不少可被視為國民黨反對者的自由主義教授。[17]

15　周質平，〈林語堂的抗爭精神〉，《二十一世紀》，2012年2月號，總第1229期，頁110-112。

16　“Lia Yutang, 7, Interviews: JM, April 26, 1944,” folder 461, box 22, series 1, record group Cox & Reece Investigations, RFA-ARC.

17　“October 8, 1943, Dr. Fei-Hsiao-tung-3,” folder 215, box 23, series 601, record group 1, CMB. Inc. RF. ARC

1938年8月，費孝通在獲得英國倫敦大學經濟政治學院博士學位後啟程回國，11月就職於其在燕京時的老師吳文藻創辦和主持的雲南大學社會學系；後來吳文藻雖於1940年10月前往重慶，任職於蒙藏委員，但兩人的學術交往仍然十分密切。由於費孝通沒有在美國學習過，與美國學界的關係也不密切，在他確定將前往美國訪學後，吳文藻隨即致函在德里的貝爾福，說費孝通抵達美國之後，會先用三個月的時間完成其學術專著，期望基金會能代為之聯繫美國社會學同行，費孝通也可為他們提供一些關於中國研究的具體案例，希望該成果能在美國出版。[18] 就落實情況來看，費孝通在6月底抵達美國之後，先在哥倫比亞大學集中精力將曾由重慶商務出版過單行本的《祿村農田》翻譯成英文；並於8月5日-7日前往芝加哥大學參加了題為「不可征服的中國」的論壇，到會的有美國學者四十多人，中國學者有六人發表了演講，他依據自己對雲南楚雄祿村的調查，做了關於「某些社會問題」的報告，指出中國內地農村面臨最棘手的問題，是人多地少，產量低下，致使工商業難以發展。

由於基金會一直資助燕京、以及戰時雲南大學社會學，費孝通於9月30日致函基金會副主席阿普爾蓋特（Thomas Baird Appleget, 1893-1982），說在這三個月裡得到了哥大和在太平洋關係研究所的熱情接待，工作非常順利，將準備移師芝加哥大學繼續自己的工作。[19] 在抵達芝加哥大學後，費孝通翻譯了與學生張之毅在雲南農村調查後所撰寫的另外兩份報告──《易村手工業》、《玉村農業和商業》，後合成《雲南三村》一書，於1945年由芝加哥大學出版社出版。此外，他還努力與美國同行建立良好的學術關係，訪問了康乃爾、密西根、威斯康辛、明尼蘇達、哈佛等東部和中西部的名校，與多位美國同行進行了廣泛的學術交流。11月23日，費孝通致函威利特，說在與那些重要學者的會面過程中，他感受到美國學界已經形成了這樣一種共識，即在戰爭結束之後，中美兩國為加強理解而進行的學術合作至關重要。費孝通表示：儘管自己第一次來到美國，但覺得有責任尋找一些管道，以求中美學者們的這一共同願

18 "extract from letter dated the 4th of June from Dr. Wu Wen-tsao, Chungkin, to Dr. M.C. Balfour, Delhi June 4, 1943," folder 215, box 23, series 601, record group 1, CMB. Inc. RFA-ARC.

19 "Fei Hisao-tung to Mr. Appleget（ vice-president, RF）, September 30, 1943," folder 215, box 23, series 601, record group 1, CMB. Inc. RFA-ARC.

望能夠得以實現。[20]

兩個月之後，即1944年1月17日，費孝通致函吳文藻，說已向芝加哥大學社會科學學院接洽，期望他們派人前往中國考察社會學的研究及其發展狀況，看看彼此在哪些方面能夠合作，被該校東方學院主任，也是著名的埃及學家威爾遜（John Albert Wilson, 1899-1976）教授所接受。費孝通想請吳文藻出面與各方進一步溝通，接下來需要討論的問題有：一、如果美方同意派人前來中國，國民政府將有什麼樣的要求；二、美國國務院將在旅行及與中國方面聯繫方面提供什麼樣的支持；三、基金會能否提供實質性的財政支援。[21] 對於費孝通的建議，基金會方面由威利特於6月6日回函，說在戰爭和通貨膨脹的緊急情況下，基金會幾乎不可能大筆資助中國的社會科學研究；基於對中國的長期興趣，他們正在大力蒐集和研究一切可能有用的資訊，希望為戰後資助制定出若干更為健全的政策，故願意資助一些美國學者前往中國考察，提出的人選是芝加哥大學社會科學學院院長，也是研究墨西哥當地社會的人類學家雷德菲爾德（Robert Redfield, 1897-1958）。[22]

與此同時，基金會又向溫德質詢費孝通的學術資質，以及在中國學界的口碑。2月28日，溫德回覆說他從熟悉的朋友，即不論是中國人，抑或外國人那裡了解到，費孝通的人品很好，擁有極為敏銳的洞察力，對實際生活能夠做出及時應對，又絕不是僅熱衷於無用事實的蒐集者，無疑是此次美國國務院邀請來美訪問的中國教授中，擁有最豐富學術成果的一位。當然，溫德還談到了他的政治立場，說是頗為「圓滑和老練」，頗善於化解矛盾。溫德舉例說：他與也是此次赴美訪學的金岳霖教授，共同出席了前述在芝加哥舉行的那個論壇，兩人都坦率地批評了國民政府未能有效地控制通貨膨脹。金岳霖的態度格外激烈，被在美的國民政府外交部長宋子文得知。宋將兩人召至華盛頓，委婉地勸說有些批評政府的話，最好不要在外國人面前講。金岳霖非常反感，拉下臉來

20　"Fei Hsiao-tung to Dr. J. H. Willits, Nov, 23, 1943," folder 215, box 23, series 601, record group 1, CMB. Inc. RFA-ARC.

21　"Fei Hisao-tung to Wen-tsao, Wu, January 17, 1944," folder 216, box 23, series 601, record group 1, CMB. Inc., RFA-ARC.

22　"Telephone conversation with George E. Taylor, May 5, 1944," "Joseph H. Willits to Fei, June 6, 1944," folder 216, box 23, series 601, record group 1, CMB. Inc., RFA-ARC.

辯白說自己講得是實話；費孝通則打了圓場，說他們是大學教授而非外交官，天職是尋找和說出真相，有時難免不慎失言——這也讓宋子文有了面子，他們笑著握手告別而離開。[23]

最後不知是何原因，雷德菲爾德教授沒有訪華；而在1944-1945年度，基金會給燕大社會學系緊急撥款一萬五千美元（相當於國幣六十萬），資助吳文藻團隊關於藏地邊疆的研究。[24] 至於戰後對華教育的資助策略，費孝通建議基金會減少對教會學校的撥款，說自己就是教會學校培養出來的。在他看來，教會學校的學生多是富家子弟，生活條件優渥，難以抗拒急速惡化的墮落和腐敗，並舉例說圍繞著孔祥熙轉的那群人，大多畢業於教會學校。[25] 對於基金會來說，1943年5月曾資助哈佛—燕京學社十萬美元，作為給中國學者的生活補貼；此時則決定由美國大學出面，邀請一些中國學者赴美訪學。翌年1月11日，基金會人文部副主任馬歇爾（John Marshall, 1903-1980）致函相關美國大學校長，並附上了候選人名單，說將給有意聘任名單上中國學者的美國大學提供財務援助，以及他們來美往返路費、至少一年的生活費用和適當薪酬。需要注意的只有：各大學與中國學者，及中國教育部接洽商談時，請務必不要提及資助來自於洛克菲勒基金會。[26]

接下來在5月19日，董事會就此項目專門撥款六萬美元，用來資助將在年底抵達的中國學者，並進一步敦促與之相關的美國大學盡快做出決定。至6月底，基金會已經得知了一些大學準備邀請的中國學者名單：其中有芝加哥大學邀請的時任聯大中文系副教授陳夢家；布裡安瑪學院（Bryn Mawr College）邀請的陳夢家之妻，清華文學研究所畢業的趙蘿蕤；帕莫納學院（Pomona College）邀請的聯大語言學教授羅常培、哥倫比亞大學邀請的中央研究院副

23 Robert Winter, “Fei Hsaio Tung and Yunnan University, February 28, 1944,” folder 216, box 23, series 601, record group 1, CMB. Inc., RFA-ARC.

24 “M. C. Balfour to Wu, July 14, 1944,” folder 216, box 23, series 601, record group 1, CMB.Inc. RFA-ARC.

25 “October 8, 1943, Dr. Fei-Hsiao-tung-3,” folder 215, box 23, series 601, record group 1, CMB. Inc. RF. ARC

26 “John Marshall to David H Stevens, Jan. 11, 1944,” folder 412, box 49, series 601, record group 1. 1, RAF-RAC.

研究員，也是元史研究者的姚家積、雲南大學社會學副教授，研究中國法制史的瞿同祖，以及帕莫納學院奧伯林學院（Oberlin College）邀請的雷海宗。[27] 此外，加州大學希望邀請聯大哲學系教授馮友蘭，多倫多大學則準備邀請中央研究院史語所研究員，也是殷墟考古領導人的董作賓。這幾人當中除馮友蘭有過留美經歷之外，其他人均是中國本土培養出來的學者，並非都擁有反政府的激進左派立場，基本上可劃歸為那個年代的潛心學術之人，當然也都不是激進民族主義人士。

基金會為這些即將來美的人文學者，提供為期不超過十二個月的三千美元作為生活費，另外加上往返路費兩千五百美元；家眷一同前來，路費可翻倍為五千美元；家眷在中國，這筆路費則可用於留在當地家人的生活補貼，條件相當優渥。基金會希望作為邀請方的美國大學也能提供部分資助，因為這些學者們要在該校擔任相關中國文化的課程，有一定的教學工作量。如果學校同意被邀請的學者延期返國，接下來的費用則由該校自行支付。基金會倒不擔心這些人文學者們逾期不歸，因為這會讓他們很沒有面子。此外，由於各大學發出的邀請函中，沒有提及資助來自基金會，其中有些學者抵達美國後也不會知道背後的資助人。基金會認為這樣做，可以避免中國學者出境時遭受到審查的麻煩，因為國民政府不期望基金會參與其中。就在這封向貝爾福通報此事的函件中，馬歇爾說自己剛剛知道，對於美國國務院近期安排來美的另外六位學者，國民政府只要求每人聆聽兩小時的洗腦訓話，僅僅走了個過場就被放行出國。[28]

在這幾位被邀的中國學者之中，雷海宗說因為國家和學校的需要而無法成行，基金會收回了提供給邀請方奧伯林學院的八千美元；隨即在美國的法國漢學家伯希和（Paul Pelliot, 1878-1945）推薦了考古學家梁思永、李濟和在北平輔仁大學的歷史學家陳垣，後來也全都由於政治局勢動盪而不得不取消。好在被芝加哥大學邀請的陳夢家與妻子趙蘿蕤一道，於1944年11月18日抵達美國；在一年聘期結束之後，唯有他申請了延期，直到了1947年10月方才回國。說到

27 "John Marshall to Wilma Fairbank, June 23, 1944," folder 412, box 49, series 601, record group 1. 1, RFA-ARC.

28 "Marshall to Balfour, July 10, 1944," folder 613, box 49, series 601, record group 1. 1, RFA-ARC.

陳夢家此次訪學，在費正清最初提供的二十二位名單中原本沒有他的名字，後來由金岳霖和溫德推薦給基金會。溫德寫道：陳夢家和趙蘿蕤是戰前黃金時期，北平最卓越和最有潛力的青年學者；陳曾是最好的現代派詩人，治古文字學；趙蘿蕤則是他在清華講授現代詩課程時最好的學生，翻譯過包括最著名的美國現代詩人艾略特（Thomas Stearns Eliot, 1888-1965）的「荒原」（*The Waste Land*）、「燃燒的諾頓」（*Burnt Norton*）——這類被公認為最難懂的詩作。[29]

溫德說在離昆明七英里的村子裡見過這對夫婦，在那裡兩人和許多學者一樣，雖像農民似的「男耕女織」，卻也努力試圖維持「紳士」的風度，故期望「絕不能讓這種情況繼續下去。」[30] 此次芝加哥大學則聘陳夢家為副研究員，開設一門中國古文字學的課程，提供了為期九個月的七千七百美元的薪酬。在最初的一年裡，陳夢家在該校選修了一些考古學及古典文明的課程，陸續訪問了全美四十多家博物館，準備撰寫一部關於美國人所收藏中國古代青銅器目錄的專著。然而，一年過去之後，很多必須在美國進行的工作沒有完成，陳夢家想申請續聘一年，不幸未能獲得芝加哥大學的批准。此後，他只能依賴於哈佛—燕京和基金會的資助，在美國、加拿大和歐洲繼續蒐集資料和寫作。就基金會而言，不但為他提供了17,275美元的生活補貼；且還資助了一千六百五十美元的旅費，讓其如願前往加拿大、歐洲考察訪問。正是有了這樣的資助，陳夢家完成了一項開創性的研究成果——《美國所藏中國銅器集錄和中國銅器綜述》。[31]

第二節 最後一筆捐贈

29 "Winder, December 22, 1943," folder 412, box 49, series 601, record group 1. 1, RFA-ARC.

30 "Winder, December 22, 1943," folder 412, box 49, series 601, record group 1. 1, RFA-ARC.

31 "Grant in aid to The Harvard-Yanching institute, October 14, 1946," "Chen Meng-Chia to David H. Stevens, Oct 21, 1946," "David H. Stevens to whom it may convers, August 1, 1947," "Chen Meng-Chia to Stevens, Sep. 11, 1947," "Serge Elisseeff to DHS, September 29, 1948," folder 3142, box 309, series 601, record group 2, RFA-ARC.

1944年12月，盟軍已攻入德國境內，太平洋戰場上的美軍進入了菲律賓，中國遠征軍在滇西轉入了全面反攻，德、日法西斯和敗局已定，大戰將要結束的曙光在望。14日，醫社董事會任命了以康乃爾大學醫學院院長欣賽（Joseph Hinsey, 1901-1981）為主席的委員會，專門負責協調戰後協和重新在北平恢復開辦的事宜；翌年3月24日，在紐約的協和董事會成員開會，根據基金會及醫社的意見，做出了將在戰後重新開辦協和的決定，並開始著手準備。[32] 與之相應，在華的協和校董執委會也分別於1945年6月9日下午5點、6月13日上午12點，在重慶衛生署會議室召開了由周貽春主持的兩次會議。第一次會議參加之人有該會董事、校友，如金寶善、李宗恩、楊崇瑞、朱章賡、袁貽瑾、林可勝、聶毓禪、周美玉、沈克非等人；第二次會議則除上述這些人之外，考慮到與國民政府關係的問題，又邀請了教育部政務次長朱經農，常務次長杭立武與會，重點討論中國方面在戰後恢復中可能發揮哪些作用。[33]

重慶會議之後，成都的協和校友，如陳志潛、李廷安、聶毓禪、金寶善等於7月10日也召開了同一議題的會議，進一步對需要具體考慮的細節進行了討論。概括說來，與會之人討論的問題可歸納為兩點：（一）如何讓協和能更好地為中國科學醫學和醫學教育事業服務；（二）如果協和的教學樓被毀，需要重建的話，可在哪裡重新修築；以及除協和之外，醫社是否還應資助其他的中國醫校。就發表的議論來看，時任衛生署長的金寶善認為戰後協和應將每年招生名額增加至四十至五十人；周貽春則提出由於教育部規定國立醫學院一律實行六年制，唯獨協和仍然決定採行八年制，就需要金寶善向教育部說明情況，以免發生杯葛事件；楊崇瑞則希望能夠盡快恢復協和的研究生課程，培養更高質量的領導人才，並還需要將醫院病床的數量較戰前增加兩至三倍；陳志潛則認為由於目前還缺乏中文研究文獻，戰後重新開辦的協和仍然應堅持英語教學。當然，與會之人都認為戰後協和仍須繼續追求當年確定的教學、科研最高

32　"Memorandum of Planning for the Postwar Program of the China Medical Board, Inc., and the Peiping Union Medical College," folder 97, box 11, series 0, record group 2, CMB. Inc., RFA-ARC.

33　"Minutes of Two Meetings Called by Dr. Y. T. Tsur for Exchange of Views on the Future of the PUMC," "July 10, 1945 at Dr. T. A. Li's house, p. 5," folder 25, box 3, series 100, record group 1, CMB. Inc., RFA-ARC.

標準，力爭保持亞洲最優的學術聲譽。[34]

醫社駐華代表福克納提交了一份更為詳細關於戰後如何恢復的備忘錄，談及在1944年12月至1945年1月期間，國民政府調整了教育部高層人選，朱家驊替換了被基金會人士認為是極端民族主義分子的陳立夫而擔任了教育部部長。福克納認為朱家驊思想頗為開明，熱衷推動科學進步，渴望加強中外教育機構之間的友好關係。教育部常務次長杭立武也曾當面向他承諾，國民政府願意提供一切便利，幫助協和在戰後迅速得以恢復。至於戰後將如何發展，福克納提到需要特別改變的是協和校董事會，與醫社及基金會董事會那種疊床架屋的權力結構。因為就三者之間的運作關係而言，校董事會沒有多少實際權力，中國人將之稱為「橡皮圖章」。陳志潛曾致函福克納，談及何不將醫社董事會與協和董事會合併為一，從而減少中間層次的摩擦和阻力。福克納說：如果醫社再派駐華代表，中國人普遍不傾向於「老中國通」的回歸，因為擔心這些人無法適應戰後中國人自主及獨立意識高漲的新形勢。[35]

福克納的結論是：當戰後協和重新開辦之後，最終的權力倘若依然牢牢地掌握在基金會手中，而不將之轉交給醫社及協和自己，將會失去中國人全心全意參與的積極主動性。[36] 8月15日，日本向盟國無條件投降，在戰爭開始時就被日軍拘押的校長胡恆德、總務長博文（Trevor Bowen）和司徒雷登，兩天後獲得了自由。當天下午，胡恆德與博文從被拘押地釋放出來，徑直前往協和進行了勘查，看到包括醫學院和醫院病房所有的建築，雖都完好無損，但由於沒有適當維護，全破敗不堪；醫院收治了約七百名日軍傷患，到處都是廢棄物，沒有清掃而顯得髒亂不堪。實驗室裡設備和辦公樓的傢俱，有些被搬走，廚房器具丟失嚴重，與發電站一樣，都需要經過修繕之後，方能投入使用。糟糕的

34 "Minutes of Two Meetings Called by Dr. Y. T. Tsur for Exchange of Views on the Future of the PUMC," "July 10, 1945 at Dr. T. A. Li's house, p. 5," folder 25, box 3, series 100, record group 1, CMB. Inc., RFA-ARC.

35 "Memorandum of Planning for the Postwar Program of the China Medical Board, Inc., and the Peiping Union Medical College," folder 97, box 11, series 0, record group 2, CMB. Inc., RFA-ARC.

36 "Memorandum of Planning for the Postwar Program of the China Medical Board, Inc., and the Peiping Union Medical College," folder 97, box 11, series 0, record group 2, CMB. Inc., RFA-ARC.

是，一個院落被日軍改成了豬圈，毀壞情況十分嚴重。博文的探查報告寫道：儘管如此，協和的破壞程度還是要比當地許多機構好很多，原因在於占領者需要利用這些設施；值得慶倖的，是病歷室和圖書館所收藏的文獻，都被完好地保存了下來。[37]

博文隨即與占領當局進行了交涉，9月7日宣布正式接管了「協和」。日軍占領當局同意在傷患身體允許的情況下，將這些人全部轉移至北平的日軍及平民醫院，並承諾盡可能尋找丟失，以及送回被搬走的設備和器具。尤其是要找回美國著名人物肖像畫家瑟金特（John Singer Sargent, 1856-1929）於1917年繪製的老洛克菲勒之大型油畫，以及一些攝影器材、X光機、牛奶消毒器等。博文還與他們達成了協定，允許撤離日軍帶走隨身用品，如長統靴、制服、軍毯、大衣，及堆放在廚房的食物等。博文說看來日軍盡力履行了協議，其「值得信賴」的具體表現，是在一周之內除撤走了五百餘位傷患之外，還組織士兵進行了較為徹底的衛生大清掃，找到了包括那幅畫像在內的一些器具和用品，並將之安放到了原位。此外，日軍為履行承諾，在大門口設置了專門針對日本人的檢查哨，嚴厲處罰了一位試圖夾帶協和毯子、浴巾出門的日軍傷患。由於煤炭庫存只剩下了幾百噸（每噸五萬元法幣），博文不允許日軍繼續燒煤，除非他們自己另行運來。[38]

衛生清掃及日軍所有人員的撤離於9月30日（星期日）下午5點結束；10月17日，該校的護士樓、公衛樓及一些住宅，租給了此時開始負責調停國共內戰，即由馬歇爾將軍領導的軍事調處執行部，為期五個月。[39] 儘管如此，在華的協和中國董事對於復校已經迫不及待，想要自行遴選未來的院長，並商議在1946年2月13日在重慶召開特別提名會議。福斯迪克知悉此事之後，擔心生米煮成了熟飯，緊急與在成都、重慶的協和董事們協商，認為此舉雖無可厚非，

---

37 “Peiping Union Medical College is free again, October 1945,” folder 2094, box 309, series 601, record group 2-1945, CMB. Inc., RFA-ARC.

38 “from Trevor Bowen to China Medical Board, October 4, 1945,” 北京協和醫學院檔案室，文書檔案，數位索卷號：0546。

39 “Alfred Sao-ke Sze to Trevor Bowen, September 27, 1945,” “General K. E. Rockey, Commanding Third Amphibian Corps, U. S. Marines, October 17, 1945,” 北京協和醫學院檔案室，文書檔案，數位索卷號：0546。

但基金會內部還在協調過程之中，當下尚未形成共識，為避免爭議，最好將之擱置一段時間。[40] 紐約基金會董事會則已召開了多次會議，認為一個時代已經結束，由於沒有了傳統束縛，他們應當從過去的錯誤和經驗中吸取教訓，重新開始這項已經持續多年的偉大事業。董事會還討論了協和、醫社的管理體制是否需要大幅改變、是否需要加強博士生教育、是否繼續接收其他機構醫生的進修，以及如何繼續運作一個高水準的協和護校和醫院等問題。[41]

為了能夠更好地掌握情況，1946年1月16日的董事會會議同意派遣一個委員會前往中國進行實地考察。4月3日董事會撥款一萬五千美元，批准了由基金會副主席葛萊格負責，哈佛醫學院院長伯內爾（Charles Sidney Burwell, 1893-1967）及自當年4月1日替換福克納，擔任醫社駐華代表的婁克斯組成的委員會人選。5月15日，仨人從舊金山飛達上海，接下來訪問了南京、北平、成都、重慶和中共占領的張家口，於7月27日飛回了舊金山。在訪問過程中，委員會了解到此時中國有註冊醫師一萬二千人，理論上雖說每三萬七千五百人平均一位醫生，但其中一千二百位在上海，這意味著農村及邊遠地區尚無現代醫學的蹤影。全國有三十四所醫校，國立十二所，在校生兩千名左右，當年只有七百五十名畢業生。[42] 令人擔憂的是這些醫校的舊址受損嚴重。以回到長沙的湘雅為例，校園被毀，醫院雖在，卻已破敗不堪；由美國醫藥援華會援助的設備還在印度，另外戰爭結束也讓人們有了更多選擇，缺乏訓練有素的師資，何時重新恢復尚無確切時間表。[43]

委員會考察了一些醫院，感到情況更不容樂觀。如曾經在中國現代醫療體系中占有絕對地位，且主要在內陸中小城市的教會醫院，此時急速收縮停辦。一位美國差會負責人談及原因時，說此時在華支持了二十六名傳教士醫生，投

---

40 福梅齡，《美國中華醫學基金會和北京協和醫學院》，頁178-179。

41 "Planning Committee meeting held October 9, 1945," "A letter from Dr. Loucks to Amp, dated October 5, 1945," folder 25, box 3, series 100, record group 1, CMB, 1942-1944, RFA-ARC.

42 "Report of the Commission Sent by the Rockefeller Foundation to China to Study the Problem of The Development of Medicine and Public Health, Alan Gregg, M. D., Chairman, C. Sidney Burwell, MD. Harold H. Loucks, M. D.," folder 31, box 3, series 100, record group 1, CMB. Inc. RFA-ARC.

43 "Wednesday, May 22, 1946 Shanghai," folder 25, box 34, series 100, record group 1, CMB. Inc, RFA-ARC.

入經費居然比1936年支持的一百二十六人還要多。此外，國立大學的情況同樣令人堪憂。以留在北平的北大附屬醫院為例，一百八十張床位中有一百二十張病床投入了使用；該院有四位主管醫生，十四名正式護士、四十一名護校生、十七名護工和十名女工；醫院的日常運營費用則靠收費，醫護人員的薪酬來自北大。委員會考察後的評價是該院沒有基本的醫療秩序，髒亂不堪。直屬衛生署的中央醫院，是中國最好的國立醫院，此時在重慶歌樂山，正等待回遷南京。該院共有一百六十張床位，由於缺乏醫護人員，有一百張床位被空置。病人收費分為三等，分別是頭等每天法幣一千元、二等八百、三等五百，這還不包括醫藥和治療費用。委員會對該院的印象是設備簡陋，缺乏管理，病房既不乾淨也不整潔。[44]

在委員會看來，原因還在於不斷加劇的惡性通貨膨脹，讓醫護人員難以維持最低生計。如他們得知當時政府雇員的基本薪水是1939年5月的數額乘以160，到了6月則乘以300（南京和上海為380）。[45] 先看上海，儘管全職教授的薪酬是政府雇員的三倍，每月加上各種補貼，平均能拿到十六點五萬元的法幣，相當於每月八十美元。接下來看北大附屬醫院，主管醫生每月收入加上各種補貼，是基本工資的一百六十倍，相當於可以買十五隻雞的三十美元。最後則可看重慶歌樂山的中央醫院，護士每月基本薪水為八十元的法幣，乘上150，再加上四萬五千元法幣的補助，每月可收入五萬七千元的法幣。[46] 然而，當時重慶的米價，一市石（約118.4斤）的批發價是一萬七千四百元法幣，[47] 護士們的平均月薪差不多能買米三百八十餘斤左右；如果再考慮到其他日常生活必需品的驚人漲幅，這樣的一個收入，不論在上海、北平、抑或重慶，維持自身生計都很難，致使很多醫護人員不得不選擇私人執業，醫療秩序

44 "Interviews: AG, Friday, May 17, 1946, Shanghai," "Interviews: AG, Wednesday, June 5, 1946, Peiping," "Thursday, July 4, 1946, Crunching," folder 461, box 22, series 1, CMB. Inc. RFA-ARC.

45 "Report to Trustees of the Peiping Union Medical College from Miss Mary Ferguson, Secretary of the Trustees sent from Shanghai on March 13, 1946," folder 25, box 34, series 100, record group 1, CMB. Inc, RFA-ARC.

46 "Interviews: AG, Friday, May 17, 1946, Shanghai," "Interviews: AG, Wednesday, June 5, 1946, Peiping," "Thursday, July 4, 1946, Crunching," folder 461, box 22, series 1, CMB. Inc. RFA-ARC.

47 〈物價：重慶每週躉售物價表（35年1、2月）〉，《金融週刊》，第7卷，第6/7期（1946），頁36-37。

雜亂無章。[48]

此時在馬歇爾將軍主持的軍事調停之下，國共之間的戰事處於膠著狀態，打打停停，中共對未來局勢將產生何種影響，是委員會最關心的問題之一。不過，由於國民政府在戰後接收過程中，官員們大肆斂財，貪汙橫行，讓整個知識層極為失望，對中共倒沒有了多少惡感。委員會聽到對其唯一的差評，是代理北大校長傅斯年說，中共「連沉默的自由都不允許，更遑論言論自由了」。[49] 委員會到達北平之後，在1937年加入中共，時任其駐北平醫學代表馬海德（Shafick George Hatem, 1910-1988）的安排下，前往張家口進行了考察，見到了能說法語，時任中共晉察冀中央局書記、晉察冀軍區司令員兼政委的聶榮臻。從張家口回到北平之後，軍調部中共最高負責人葉劍英宴請了他們，希望了解客人們的訪問觀感，並順便告知除血清和疫苗之外，中共急需治療瘧疾、回歸熱和黑熱病的藥物。葛萊格感謝中共支付了他們此行的花費，在日記中寫道這次考察非常值得，雖無法做出最後結論，但還是意識到「國民政府對其看法也許是對的，只是不夠全面。」[50]

當委員會剛剛抵達上海時，官方牌價是一美元兌換兩千零二十元法幣，兩個月後離開時貶值到三千五百元法幣，風傳不久會躍升到五千元或更高；然1921年協和開辦之時，八角五分的墨西哥洋即可兌換一美元。他們在南京會見了行政院長兼最高經濟委員會委員長宋子文，焦慮地問及如何能使金融穩定下來，得到的回覆是匯率在年底將趨向穩定。糟糕的是，其時國民政府正積極整軍備戰，84%的預算都用到了軍事方面，教育只占4.5%。[51] 後來當葛萊格一行於5月28日與劉瑞恆、朱家驊共進午餐，談及教育部是否提供資助，重點建設幾所頂級國立醫校時，朱家驊回覆說：政府投入有限，其希望從非政府組織那

48 “Interviews: AG, Friday, May 17, 1946, Shanghai,” folder 461, box 22, series 1, CMB. Inc. RFA-ARC.

49 “Interviews: AG, Friday, June 7, 1946, Peiping,” folder 461, box 22, series 1, CMB. Inc. RFA-ARC.

50 “Friday, June 21, 1946, Peiping,” folder 461, box 22, series 1, CMB. Inc. RFA-ARC.

51 “Report to Trustees of the Peiping Union Medical College from Miss Mary Ferguson, Secretary of the Trustees sent from Shanghai on March 13, 1946,” folder 25, box 34, series 100, record group 1, CMB. Inc, RFA-ARC.

裡獲得基金。劉瑞恆接過了話頭，建議基金會考慮資助。這就像委員會此前在上海得知聯合國善後救濟總署（United Nations Relief and Rehabilitation Administration, UNRRA）除為重建南京中央醫院投入二十五萬美元之外，計畫還將為其他醫院、公共衛生機構提供五萬兩千張病床，即約七十萬美元的醫療器械及實驗室設備。[52]

儘管面前困難重重，但委員會提交給基金會的考察報告，仍然認為中國在醫學教育、公共衛生和預防醫學方面有極大需求，醫學教育作為傳遞人道主義理想和科學思想方法的一種手段，與其他任何形式的專業教育相比毫不遜色，並強調基金會此前投入了許多，致使洛克菲勒這個名字早已與中國醫學教育、預防醫學密切聯繫在一起，如果貿然撤出和中斷對華資助，將會帶來一系列不良後果。報告的結論是：幫助中國恢復協和的歷史重要性，即使不超過，也相等於基金會在其他任何國家進行的慈善事務。[53] 逮至9月4日，伯內爾致函福斯迪克，說估計其已讀過委員會的報告，他期望補充說明此次考察留下的最深印象，是很多中國人都為提高醫學教育而做出了相當大的個人犧牲，故特別強調基金會應幫助協和繼續追求最高水準的醫學教育，不要因為追求數量而降低了品質。在他看來，唯有受過紮實基礎醫學教育的學生，畢業後才能從容應對各種多變的惡劣環境，並也能更好地掌握醫學進步所帶來的各種最新治療方法。[54]

伯內爾之所以這樣說，目的在於消除福斯迪克的猶豫不決。早在7月27日，即委員會抵達舊金山之際，福斯迪克就致函葛萊格，說鑑於當下中國局勢的極不確定，誰也不能提出一個明確的行動方案，基金會將不得不按照無法控制的事態發展，以一種試探性的方式見機行事。[55] 10月21日，他又致函委員

52 “Saturday, May 18, 1946, Shanghai,” “Monday, May 28, 1946, Nanking,” folder 461, box 22, series 1, CMB. Inc. RFA-ARC.

53 “Report to Trustees of the Peiping Union Medical College from Miss Mary Ferguson, Secretary of the Trustees sent from Shanghai on March 13, 1946,” folder 25, box 34, series 100, record group 1, CMB. Inc, RFA-ARC.

54 “C. Sidney Burwell to Raymond B. Fosdick, September 4, 1946,” https://rockfound.rockarch.org/documents/20181/35639/Letter+from+C.+Sidney+Burwell+to+Raymond+B.+Fosdick%2C+1946+September+04.pdf/a8b57b11-d8a3-4c29-9718-2ac57bf6addc.

55 “Raymond B. Fosdick to Dr. Alan Gregg, July 27, 1946,” https://rockfound.rockarch.org/

會，稱自己用了一個星期的時間，聽取了不少專業人士的意見，並閱讀了大量相關資料來研究中國局勢，確信委員會報告中關於中國局勢的描述，及其結論之間存在著一道鴻溝。福斯迪克說在這份報告撰寫之時，中國的匯率尚是兩千五百八十法幣兌換一美元，此時官方牌價則到了三千三百五十法幣、黑市更在四千四百至六千法幣之間。福斯迪克說他質詢了在華有更多貿易份額的美孚、通用電氣公司（International General Electric Company）等四家重要企業，得知他們對未來的前景十分悲觀。所以，福斯迪克問道：您有何可靠保證，能讓這份恢復協和的方案能夠持續下去，且不再需要基金會進一步大筆投入，仍可使之保持較高科學和道德標準？[56]

五天之後的10月26日，葛萊格等人提供了一份對此次考察的補充報告，主張必須盡快調整基金會—醫社—協和的三方權力結構。因為在考察過程中，他們深深感到在過去的二十年裡，基金會雖每年給醫社撥款，並有時施加一些偶爾的干預，卻沒有提供太多信心或更多安全感；用金錢買不到，是讓協和的發展能夠激發出中美雙方都願意投入的熱情和忠誠。1941年戰爭爆發之後，在紐約的基金會和醫社，決策者最多就是主席、副主席的五六個人，能做之事似乎只是維持了「洛克菲勒」的一個名字。對於中國當下的局勢，這份報告認為不同於戰後歐洲，許多地區和國家，由於高度工業化和戰爭的嚴重損毀，經濟復蘇可能需要整整一代人的時間；中國經濟較為落後，本來工業化程度就很低，又沒有經過太多戰爭破壞，只要有了和平，加以內部交通的逐漸恢復，其恢復速度必將震驚世界。所以，他們呼籲基金會盡快放權，不必繼續以往每年給醫社、協和撥款的模式，也不必將決定協和未來發展的權力，集中到少數基金會的董事手中。[57]

為了將此設想付諸實施，委員會在包括此補充報告在內的兩份報告中，提出了一個所謂的最佳選項，即基金會撥付一筆最終款項，就此脫離與醫社、協

---

documents/20181/35639/Letter+from+Raymond+Fosdick+to+Alan+Gregg%2C+1946+July+27.pdf/0e6e9844-feb3-4f09-8e4d-88c7e6315b5e.

56 "Raymond B. Fosdick to Dr. Gregg, Dr. Loucks, Dr. Burwell, October 21, 1946," folder 459, box 22, record group, Cox & Reece Investigations, RFA-ARC.

57 "Supplement to report of China, 10-26-1946," folder 1005, box 139, China Communication, 1946, CMB FA065, RFA-ARC.

和的捐贈關係。如同1890年洛克菲勒決定重建由浸信會（Baptist church）創辦，曾在1886年因財政虧損而倒閉的老芝加哥大學那樣，由於發展走向正軌，擁有了足夠的社會信任，故他們在1910年12月撥付了最後一筆一千萬美元的捐贈，從此與該校解除了經濟依存關係，使之走向了多方籌款的發展道路。至此該校總共得到了老洛克菲勒資助的三千五百萬美元。[58] 在最初提交的議案中，委員會列舉了醫社於1928年獨立運作時，曾得到了基金會撥付的一千二百萬美元的永久基金；並提到當1940年洛克菲勒二世退休之時，表示可考慮給醫社提供一筆同樣數額的最後捐贈。在委員會看來，此時就是基金會兌現承諾的最好時機，這就如同當年老洛克菲勒處理與芝加哥大學的關係那樣，將所有權力都交還給醫社、協和，讓在地的中國董事們從此擔負起該校未來發展的所有責任。[59]

包括福斯迪克在內的大多數基金會董事，對此提議仍然心存頗多疑慮，不放心在如此動盪的歲月裡撥付該項鉅款，會有什麼樣不可預測的後果；好在洛克菲勒二世不忘當年承諾。在基金會於1947年1月16日召開的會議上，他面對一片反對意見，屢次用簡短的話語，巧妙地將討論拉回到基金會的最初目標，即在中國「發展一家獨立的機構，需要鼓勵並分配承擔的職責。」[60] 當然，洛克菲勒二世會前經過了質詢。如美國醫藥助華會執行主管史蒂文斯（Helen Kennedy Stevens, 1893-1975）在1946年11月1日致函其兒子洛克菲勒三世，說看到此時中國各主要衛生機構的領導人幾乎都畢業於協和，印象最深的則是他們的團體精神，深感欣慰中國在發展現代醫學過程中有這樣一個重要的機構。[61] 後來在1月9日，洛克菲勒二世又收到基金會副法律顧問韋伯（Vanderbilt Webb）的來函，得到的意見是當下中國雖通貨膨脹十分嚴重，未來局勢也不

58　Thomas Wakefield, *Story of the University of Chicago*（Chicago: University of Chicago press, 1925）, pp. 178-179;（美）羅恩・切爾諾，《洛克菲勒：罪惡與聖潔》，頁374。

59　"Report of the Commission Sent by the Rockefeller Foundation to China to Study the Problem of the Development of Medicine Abd Public Health, Alan Gregg, Chairman, Sidney Burwell, Harold H. Loucks," folder 31, box 3, series 100, record group 1, CMB. Inc. RF. ARC

60　福梅齡，《美國中華醫學基金會和北京協和醫學院》，頁182。

61　"Helen Kennedy Stevens（Executive director, American Bureau for Medical Aid to China Inc.）to Mr. Rockefeller, November 1, 1946," folder 111, box 3, record group III 20, CMB. Inc. RFA-ARC.

明朗；但基金會倘若放棄支持協和復校，將不僅嚴重影響到自己在華的聲譽，且還可能損害在世界其他地方的威信。[62]

此次會議形成了決議，即基金會最後一次給醫社撥款一千萬美元，就此退出中國事務，不再負責提供協和未來的經濟資助。[63] 自1915年以來的四十二年里，基金會至此總共資助醫社四千五百餘萬美元，為其所有全球慈善醫學教育資助中數額最大一筆的單個項目。此消息傳到了北平之後，當地中文報刊進行了廣泛報導，紛紛讚揚基金會多年來對華的慷慨資助。一篇頗有代表性的文字聲稱：基金會之所以強調是最後一筆捐款，「因為北平協和今後之新發展，必須有待該學院其他友人再有所助，基金會不能再有所助了。」[64] 此前1946年3月27日，在紐約召開的協和董事會年會上，胡適被選舉為該董事會主席；此時業已回到了北平擔任北大校長的他，先通過在華盛頓的施肇基對董事會的多年來的資助表示由衷感謝。後來等收到來自紐約的完整副本，他又致函醫社主席派克（Philo W. Parker, 1892-1981），說在華的董事會成員們為此感到振奮，基金會對協和所取得成就之評價，除讓他們感到欣慰之外，且還深深感到自己所肩負的榮光及責任。[65]

---

62 "Vanderbilt Webb to Mr. John D. Rockefeller, 3rd, from Mr. Webb, January 9, 1947," folder 111, box 13, record group, III20, CMB. Inc. RFA-ARC.

63 "Meeting of Thrusters of the Rockefeller Foundation, January 16, 1947," https://rockfound.rockarch.org/documents/20181/35639/Meeting+of+trustees+of+the+Rockefeller+Foundation.pdf/c91c68d5-15df-46c8-b263-d2de1105fee0; "Mr. Raymond B. Fosdick to Mr. Philo W. Parker, January 16, 1947," 北京協和醫學院檔案室，文書檔案，數位索卷號：0011；"China Medical Board and Peking Union Medical College, A Chronicle of Fruitful Collaboration, 1914-1951, Mary B. Ferguson," folder 33, box 3, record group IV2A32, CMB. Inc. RF. ARC; The Rockefeller Foundation, *The Rockefeller Foundation, Annual Report* 1947, p. 22

64 〈羅氏基金會捐款協助協和醫學院〉，《華北日報》，1947年1月26日，第3版。

65 "Hu Shih to Mr. Philo W. Parker, April 30, 1947," 北京協和醫學院檔案室藏，中國人人事檔案，數位索卷號：1352；「1947年3月6日」、「1947年3月7日」、「1947年3月8日」、「1947年3月10日」，《胡適日記全編》，第7冊，頁644-646。

第三節 勉力維持

1月29日，從基金會獨立出來的醫社董事會決定鑑於中國政治局勢的極不明朗，他們將不再資助除協和之外的其他相關學術事務，並確立了在紐約的醫學會與在北平的協和董事會之間的權責關係。即前者繼續持有協和的土地和建築物所有權，並為日常運作提供財政支援；後者制定教學計畫、設定課程、聘請教授，以及日常學術管理和預算控制。此前的1月28日，在北平的胡適就重新恢復協和招生之事致電紐約董事會，表示協和雖期望當年恢復學校招生，醫院開始接診病患；但如果軍調部還想繼續租用那些樓舍，他們會考慮推遲醫院重開時間，準備在那幾幢未被租用的大樓裡，先讓醫校開始著手當年的招生工作。[66] 不過，負責調停此時國共內戰的馬歇爾將軍於四周前，通過在華盛頓的副官，就軍調部準備繼續租用協和樓舍，與董事會進行了協商。醫社董事會同意了馬歇爾將軍的請求，認為如果真能促成中國走向和平，即使推遲協和復校也在所不惜，且還能極大緩解因燃煤、房屋維修及發電耗資過多而帶來的財政壓力。

不料，形勢惡化太快，1月29日，美國駐華大使館宣布結束與三人委員會及北平軍調部的關係，下令美方人員盡速撤退。南京國民政府於第二天宣布解散軍事三人小組和北平軍調部，2月7日首批美方人員、2月11日首批共方人員撤離，協和同時收到通知，說軍調部將於2月底全部撤離租用的房屋。3月6日，胡適與福梅齡、聶毓禪等搭乘美國軍機飛達上海，參加了協和董事會「提名委員會」的會議。會議在7-8日期間總共召開了三次，12日又開了一整天，十名在華董事中有八名出席了會議，經過反覆討論，議決於當年秋天恢復協和醫校、護校及醫院，並將醫社的中文名稱改為「中華醫學促進會（以下簡稱『醫學會』）」。[67] 參會的福梅齡在日記中寫道，她被那些華人董事們的認真負責精神所折服，說這些人是大學校長、銀行協會主席、善後救濟總署的醫務

66 "Agnes N. Pearce, Secretary, Minutes of third and Final Meeting of Joint Planning Committee held January 28, 1947, at 3: 30 P.M. in Room 6419, 49 West Street, New York," folder 459, box 22, series 1, record group Cox & Reece Investigations, RFA-ARC.

67 "Hu Shih to Mr. Philo W. Parker, April 30, 1947," 北京協和醫學院檔案室藏，中國人人事檔案，數位索卷號：1352。

主任及專家們，儘管諸事纏身，卻為討論協和未來發展而投入了三天的寶貴時間，「恐怕沒有幾個董事會的董事能做到這樣的！」[68]

此次董事會用了九個小時的時間，選舉李宗恩擔任協和院長。他曾於1915年考入英國格拉斯哥大學醫學院，1923年在倫敦大學衛生與熱帶病學院獲得熱帶病學和衛生學碩士學位後任職於協和。他之所以被董事會所看重，是其在抗戰期間受命籌辦國立貴陽醫學院。該學院從二十七間茅草屋開始，至1947年他離開時已有相當規模，教室、實驗室、學生宿舍、禮堂，及一百六十餘張病床，每天門診三百餘人的教學附屬醫院均已建成，並還有在校生一百三十五人、五十名護校生及助產士，五十六位教授中有二十五是全職。自1938年以來，該學院共有三百餘位畢業生，是當時西南地區一個頗為重要的醫學教育機構。[69] 此外在福克納於1944年3月離開中國之前，曾致函一些協和校友，問詢對戰後發展的意見時，李宗恩於6月14日撰寫了一份長達六頁的備忘錄，批評該校學生雖受到了嚴格的專業訓練，對中國社會和思想領域的貢獻卻尚未達到預期的高度；對協和未來的期望是更好地融入中國社會，為推動國家現代化而效力。[70]

董事會結束之後，胡適致函醫學會的信函中，稱讚李宗恩有做校長的經驗和能力，並表示「相信他的人格特質將為重新開放的機構定下高水準的基調。」[71] 3月31日，在貴陽的李宗恩得知此任命後，致電胡適而表示自己願意臨危受命，並於5月31日從貴陽飛抵了北平，開始著手處理復校事宜。然而，前述胡適的這封信中，談及自己在協和校園裡四處勘察，並未看到多少戰爭破壞的痕跡，建築物還仍然如三十年前那樣雄偉壯麗，圖書館的資料得到了完好保存，只是設備陳舊、病床損壞、以及房屋需要重新粉刷而已。胡適估計醫學

---

68 虞雲國、李維華編，《李宗恩先生編年事輯》，頁231。"Ferguson Diary," folder 401, box 57, CMB Inc, RFA-ARC.

69 虞雲國、李維華編，《李宗恩先生編年事輯》，頁226-230.

70 "Received from C. U. Lee in his letter dated June 14, 1944, criticisms, confidential, Memorandum of the CMB and the PUMC, June 14, 1944," folder 250, box 35, series 601, record group IV2B9, CMB. Inc., RFA-ARC.

71 "Hu Shih to Mr. Philo W. Parker, April 30, 1947," 北京協和醫學院檔案室藏，中國人人事檔案，數位索卷號：1352。

會高層一定會質疑在此時如此動盪的形勢之下，在地的華人協和董事倉促做出這一決定是否明智；為何不等到政治局勢稍微有些好轉，再考慮重新恢復的問題？胡適解釋說北平很多大學已恢復運作，有些還是在1946年秋季就已在原址開學上課了，有些則在積極籌備，最晚也不會拖到是年秋季。[72] 這也是由於戰後的中國百廢待興，重建需要大量專業化人材。

作為北平唯一尚未宣布何時才能重新開辦的重要教學機構，協和董事們都感到了空前的壓力。胡適在此信中還談及當1946年秋天日軍撤離協和校園之後，國民政府、協和校友及北平地方社會，就已經多次敦促協和盡快復校、盡快招生，以及醫院盡快開始收治病患，只是由於軍調部租用了該校一些建築，加上前述基金會於當年夏天派遣的考察委員會，致使事情拖延了下來。既然當下校園已被騰空，如果再不盡快復校，一定會讓各方感到失望。因為多年來人們一直批評協和的優渥生活條件，與中國現實社會格格不入，倘若等到一切恢復正常時復校，那麼就會讓其他學校、醫院在此惡劣條件下承擔了更多教學和診治的責任，「那麼以往對協和不能面對逆境的責難就有了事實基礎。」[73] 不久抵達北平後的李宗恩，隨即投入到緊鑼密鼓的復校工作，包括盤點校園基礎設施、維護動力在內等輔助設備、設立管理制度、聘請教職人員、編制新的預算等。

此時經協和董事會的批准，成都協和護校的五十位師生員工在聶毓禪的帶領之下，於4月20日離開成都而輾轉到了西安，一路風塵僕僕至六月中旬方才回到北平，10月1日就開始恢復上課。協和則於9月初在北平、上海舉行了首次招生，共招收了二十二名學生，並從上海的東南醫學院、北大醫學院和清華大學借來五名交換教授，在尚未完全修繕完工的教學大樓裡，於10月27日開始正式上課。[74] 此時協和校友多在平津行醫，所在人數最多的是由伍連德創辦，1918年10月正式開診的北京中央醫院。該院在1946年已屬私立，由於和南京中央醫院重名，改名為「中和醫院」。院長是協和1929屆畢業生，1940年留學回

72　"Hu Shih to Mr. Philo W. Parker, April 30, 1947," 北京協和醫學院檔案室藏，中國人人事檔案，數位索卷號：1352；《胡適日記全編》，第7冊，頁645-646。

73　"Hu Shih to Mr. Philo W. Parker, April 30, 1947," 北京協和醫學院檔案室藏，中國人人事檔案，數位索卷號：1352。

74　福梅齡，《美國中華醫學基金會和北京協和醫學院》，頁186。

國後任協和內科襄教授的鐘惠瀾。前述基金會於1946年夏派往中國考察的那個委員會，造訪該院時得知不少協和教授在此工作，相較於前一天到訪的北大附屬醫院，感覺該院的管理措施和清潔程度勝出不少，尤其是醫護人員們恪盡職守，幾乎沒有人在外面兼職掙錢，故認為這都歸功於當年協和的訓練有素。[75]

當協和醫院即將重開之際，該院的協和校友如謝志光、曾憲九等都一一回歸，唯有婦產科主任林巧稚的任命在此前出現了一點小波折。1945年1月29日，曾在1930年代擔任過協和藥理科主任，時任上海雷氏德醫學研究院（Henry Lester Institute of Medical Research in Shanghai）院長的伊博恩致函胡恆德，說其與在1922-1927年、1933-1935年兩次任教於協和，時任霍普金斯大學醫學院婦科系主任，並還擔任過美國醫學會婦產科分會（the American Association of Obstetricians and Gynecologists）主席的伊士曼（Nicholson Joseph Eastman, 1895-1973）談及林巧稚的職業前景；伊士曼認為她雖是一位很好的醫生，但缺乏研究的潛質和真正的科學思想，如果任命她擔任系科主任，可能就是一個錯誤。不過，伊博恩卻不贊同此評價，說自己很欣賞林巧稚，就其能力來看是值得任命的，並認可胡恆德此前之所言，即她完全有能力管理一個部門。[76]

1月31日，胡恆德也回函伊博恩，說自己並不同意伊士曼關於林巧稚研究能力的評價，認為值得聽取的意見，倒是與林巧稚共同工作過一年，自1936年擔任芝加哥大學藥理系主任的蓋林（Eugene M.K. Geiling, 1891-1971）教授對她的讚揚。[77] 接下來又在6月10日，已在北平的婁克斯致函醫學會秘書皮爾斯，談到林巧稚高尚的人品，說她從早忙到晚，家庭負擔雖很重，卻很願意幫助他人。[78] 此外，前述1946年夏基金會派往中國考察的委員會，造訪中和醫院時看到了婦產科主任林巧稚的診治，得知她的患者一半需要預約，且不少送到

75 "Thursday, June 6, 1946, Peiping," folder 45, box 64, record group 2B9, CMB Inc, RF.A-ARC.

76 "Excerpt Dr. Bernard to Dr. Houghton, Jan. 29, 1945," folder 45, box 64, record group 2B9, CMB Inc, RF. ARC

77 "Excerpt Dr. Houghton to Dr. Bernard Read, Jan. 31, 1946," folder 45, box 64, record group 2B9, CMB Inc, RFA-ARC.

78 "Excerpt Dr. Loucks to AMP, June 10, 1945," folder 45, box 64, record group 2B9, CMB Inc, RFA-ARC.

醫院就已經是被感染了的緊急病例，都能得到她的妥善處理，是他們在華所見到的最好醫生。此外，他們還得知她儘管收入不高，卻從不接受有豐厚額外酬金的出診，就是擔心延誤了院裡的工作。[79] 正是有同行們的這些好評，李宗恩於1948年6月3日致函林巧稚，聘其擔任協和婦產科主任，每月薪酬七百美元。[80] 差不多同時被任命協和系科主任的，還有內科張孝騫、生理系張錫鈞和放射科謝志光等人。[81]

李宗恩清楚地知道，民眾急切地盼望協和醫院盡快恢復對外接診，因為北平醫療機構實在匱乏。1948年3月23日，他致函美國國務院經濟合作署（Economic Cooperation Administration）中華救濟會（China Relief Mission）的官員，請求提供資金和設備，理由是此時北平醫院的門診和住院病人中，50%都是免費赤貧之人，如果通貨膨脹繼續惡化，那麼估計將有75%的病人交納的治療費用低於實際成本，然由於協和醫院至此尚未恢復，北平民眾實際上一直缺乏廉價或免費的醫療服務。[82] 不久，協和收到了該會的一筆現金資助，並還有行政院善後救濟總署撥發的二百五十張病床、X光診斷機、治療機，以及電冰箱、洗衣機等一批設備，醫院遂在5月1日順利開診。[83] 最初的診療只有內、外兩科，門診每天限定十五人，實施掛號預約制度。病房則設置在P樓（舊傳染病房）的兩個樓層，設有頭等病床（每床隔有玻璃屏風）六張、二等男、女病床十九張。治療費用包括了住院、伙食、治療、化驗等，頭等、二等、三等病房的收費，分別是每天法幣三百萬、一百八十萬、五萬，另外還有15%臨時放置的免費病床。[84]

---

79 "Thursday, June 6, 1946, Peiping," folder 250, box 35, series 601, record group IV2B9, CMB. Inc., RF.ARC.

80 "C. U. Lee to Khat'I Lim, June 3, 1948," folder 689, box 96, record group 2B9, CMB Inc, RFA-ARC.

81 瑪麗・布朗・布洛克，《洛克菲勒基金會與協和模式》，頁210。

82 "C. U. Lee to Mr. Arthur Calvin, China Relief Mission, C. U. Lee, Director, March 23, 1948," A., RG469 Records of U. S. Foreign Assistance Agencies, 1948-1961, Mission to China, United States China Relief Mission Distribution Division Subject Files, 1947-48, M-P, NWCH HM 1998 National Archive Ⅱ, The National Archives at College Park, Maryland, U.S. A.

83 "Report of the Director," 北京協和醫學院檔案室，文書檔案，數位索卷號：0799。

84 楊塵，〈五月話協和〉，《國立貴陽醫學院院刊》，復刊第12期（1948），頁3。

逮至1948年底，醫院開設了五個病房、三個門診部，病床增加到五十九張，收治率已經達到了95%以上。由於就診人數太多，醫院準備來年1月3日再增開一個病房，將病床數增加到一百二十五張，可這也只是達到了戰前病床數的35%。[85] 診治病人的統計：從1948年5月至1949年3月，門診掛號二萬九千四百一十六人，其中急診六百八十八人；住院一千六百八十二人、幼兒的病床占用率分別是71.2%、91.1%，其中普通病房的減費病人八百六十二人、免費病人四千餘人，醫院收入呈下降趨勢。[86] 隨著各項工作逐漸走向正常，住院醫師當年增加到二十四人、護士七十三人。至1949年4月8日，該校高級教學人員二十人，初級教學人員十五人，一、二年級的本科生、一、二、三年級的護校生，以及各類進修生，共有學生一百五十七人，其中男性七十人，女性八十七人；加上行政人員、秘書、事務員、技工、工友等，共有七百二十九人，然在戰前協和鼎盛之時的員工達到了一千五百多人。[87]

1946年7月底，即基金會派往中國考察的委員會返回美國時，在上海等地匯率尚在三千三百五十元法幣兌換一美元，至1947年3月增至一萬兩千元法幣兌換一美元，至1948年3月更是飆升到四萬法幣兌換一美元，增幅達到100%以上。[88] 如此不斷惡化的通貨膨脹，讓每月僅有固定工資的大學教授們生活極為清苦。1946年8月中旬，國民政府教育部就與美國援華會接洽資助之事，商談救濟南京、上海兩地專科以上學校的教授，救濟數額為教授十萬、副教授九萬、講師和助教八萬，職員七萬。[89] 年底，北大、清華兩校教授共約一百九十

85 “C. U. Lee to Mr. Parker, December 28, 1948,” 北京協和醫學院檔案室，英文檔案譯文，數位索卷號：0834

86 “C. U. Lee, Report of the Director, April 9, 1949,” 北京協和醫學院檔案室，文書檔案，數位索卷號：0799。

87 “March 24, 1948, C. U. Lee, Report of the Director, since March 12, 1947,” 北京協和醫學院檔案室，文書檔案，數位索卷號：0799；掃塵，〈五月話協和〉，《貴陽醫學院院刊》，復刊第12期（1948），頁3。

88 “March 24, 1948, C. U. Lee, Report of the Director, since March 12, 1947,” 北京協和醫學院檔案室，文書檔案，數位索卷號：0799。

89 〈請補發美援華會救濟書全由（1946年8月17日）〉，《美國援華會在華活動的文書（內有救濟中國大學教職員的計畫及會議錄（1942. 3-1949. 4）》，中國第二歷史檔案館國民政府教育部檔案，5-15179-0002。

餘人，聯名簽署要求增加生活補貼的請願書。他（她）們抱怨平津米價雖三倍於京滬，但教授們的待遇則相差於三倍，其薪酬甚至低於平津的國營生產事業單位。後經蔣介石核准，行政院承諾自12月起調整公教人員生活補助費，並保證平津同級基數十七萬，加倍數增至一千一百倍。[90] 儘管協和的薪酬，是其時北大等在平津其他高校的薪酬之兩倍，但對於許多員工來說，日子過得仍然十分拮据。[91]

國民政府於1948年8月19日宣布發行金圓券，規定一銀元兌換金圓券兩元、一美元兌換金圓券五元；這就像屋漏偏遇連夜雨，讓以美元為薪酬的協和員工，生活頓時陷入困境之中。一篇報導聲稱，一位在北平生活了三十年的一位傳教士，每月薪水兩百美元，太太每月一百六十美元，四個孩子，總共六口。此前儘管物價不斷高漲，但美元可在自由市場兌換，生活還過得去，有時物價還追不上匯率的上漲幅度。然而，此時美元與金圓券兌換之比被「釘死」，物價卻在狂漲。如燕京最低檔次的助教，每月薪酬五十美元，只能兌換兩百元金圓券，買三袋麵粉，「一家四口人無法生活。」[92] 10月6日，李宗恩致函在漢口一南京的胡適，告知北平物價狂漲，一袋麵粉1日還只是金圓券十八元、5日就到了二十二元五角，一天後更超過了四十元，且每小時還都在上漲。李宗恩說當務之急是立刻給員工增加補貼，如果獲得董事會批准，請即刻回電給他。胡適於10日致電紐約醫學會董事會，請即刻批准給員工們提供冬季生活補貼，其中50%用銀元支付。[93]

與之相應，學生們的生活條件大不如戰前。1947年11月前後的一篇報導，聲稱人們原以為協和學生的食宿條件還很優渥，遠遠超出一般院校；記者經過實地考察之後，發現情況並非如此。以住的條件來看，與戰前倒沒有太大變

90　〈平津教授請求加薪，建議書給呈主席政院和教部〉，《華北日報》，1946年12月10日，第3版；〈公教人員待遇調整〉，《華北日報》，1946年12月28日，第3版。

91　“Lee to Hu, August 30, 1947,” 北京協和醫學院檔案室藏，中國人人事檔案，數位索卷號：01352。

92　〈美元階級走揹運，匯率不變，物價將逼退洋人，協和、燕京經費都大成問題〉，《益世報》，1948年11月5日，第3版。

93　“Hu Shih, October 10, 1048,” 北京協和醫學院檔案室藏，中國人人事檔案，數位索卷號：01352。

化，仍然兩人一大間，水汀常開，設備齊全；吃的則是每人二小碟菜，一碟粉條，一碟是表面略帶肉丁的蔬菜，「不但談不上講究，即營養也說不上來，有時，自已出錢讓廚房煎一個雞蛋，那才算是營養一番，可是同學們又多半窮得很，常常身無半文，連陪女朋友逛街的勇氣都沒有。」[94] 相對戰前的護士待遇，那時的工友不但負責每天打掃宿舍衛生，還負責鋪床、疊被子、換床單、洗衣服，晚上掀開蓋被的一個外角（以上床方便）。此外，護士們的白制服、白皮鞋，也都由工友洗好、刷好後放在門外，早上起來穿上就可以上班。早點是稀飯、饅頭，加兩個雞蛋；午餐、晚餐是四菜一湯，菜隨時可以添加，饅頭、米飯自便；每天上午10點在病房裡還有一杯奶味可可，上夜班前則可到大夫飯廳吃夜餐，所有這些均為免費。[95]

此時協和的護士待遇，同樣一落千丈，且幾乎到了讓她們無法忍受的地步。1948年3-4月間，七十三位護士中有二十二位護士，即占護士總數的30%人參與了簽名請願行動、她們十分不滿院方準備在5月份提高住宿收費，聲稱此時物價普遍高漲，一般生活無不感受威脅，護士工作至關重要，本應由院方提供住宿便利而免收房租；更有不滿的是其他醫院提供護士制服，協和則讓護士們自行購買，且還不提供醫院其他宿舍都有的免費肥皂、手紙。此外，請願護士們也不滿洗衣房為醫生洗襪子、手絹、襯衣等，護士卻只被允許洗制服。這份請願書還聲稱護士們的工作辛苦，由於物價太高，多有營養不良者，故請醫院於每日上午十時增加點心若干，「如遇有護士患病，院方應予免費醫療。」[96] 不過，讓校方最頭痛的，是沒有更多經費購買，或者說有錢也買不到的煤。畢竟，戰前協和發電、供暖、消毒、洗滌，每年差不多用煤數量近萬噸，乃至有貧苦市民依賴拾其煤渣而生活；即使到了軍調部租住之時，冬季每天用煤仍維持在二十噸左右。[97]

94　〈醫院明春複業，醫師慕名而來〉、〈協和醫院復員兩年，僵臥古城中〉，《新民晚報》，1947年11月20日，北京協和醫學院檔案室藏，文書檔案，數位索卷號：0890

95　邵蓮英、邵桂英，〈我們的夜班護士生涯〉，《話說老協和》，頁268。

96　〈協和醫院住宿哲公樓護士職員請求改善宿費辦法暨同仁福利事項呈院長書〉，北京協和醫學院檔案室，文書檔案，數位索卷號：0698。

97　“Program for the current academic years,”〈協和醫院復員兩年，僵臥古城中〉，《新民晚報》，1946年11月20日，北京協和醫學院檔案室，文書檔案，數位索卷號：0890。

為了省煤起見，1946-1947年冬季，協和的三座大樓與大禮堂，關閉了暖氣，教室和辦公室、實驗室均集中於鍋爐的半壁供暖。李宗恩寫道：即使這樣節省，燃煤也用了近三分之一的經費，然在戰前則不超過十分之一。[98] 逮至1947-1948年冬季，協和購買了七千九百五十噸煤，每噸3.75美元，占總預算的29.5%。至3月底時雖已經用煤五千四百零六噸，鍋爐卻燒得僅能維持暖氣管不被凍裂，室內溫度只有華氏四十度，即攝氏四至五度左右。1948年3月底，李宗恩就已開始籌畫當年冬季的用煤問題。他以每噸十五美元的價格計算，希望將燒煤費用控制到當年總預算的18.5%，辦法是趁當時每噸煤的市價約十美元之際，大量買進而儲存起來。[99] 後來方才知道幸虧有了這點儲備，逮至10月19日的長春圍城戰結束，北平圍城即將開始之時，北平煤棧公會向社會局報告，稱所有存煤已被搶購一空，經其向門頭溝購運，然「該礦提出以糧易煤，而市內食糧不准出境，且食糧黑市過高，無法換煤，工人又因無糧飢餓，多有走散，產量銳減。」[100]

除了資助醫學會一千萬美元、重新恢復協和之外，基金會在此時重點討論了如何繼續戰爭期間對自由主義人文學者展開的資助。1946年6月，馬歇爾在丹佛會見了得到美國國務院資助訪美著名作家老舍、曹禺。這兩人那時有較明顯的自由主義傾向，政治立場即非「左」，又非「右」，可謂「中間」派人士。他們於3月4日從上海乘船啟程，抵達美國後一路訪問了耶魯大學、哥倫比亞大學、芝加哥大學和華盛頓大學，馬歇爾知道曹禺曾在清華跟隨溫德學習過法語，最初印象是覺得兩人的談吐感人，且顯示出用詞遣字的技巧——即使在英文方面也是如此。談話內容之一是曹禺建議基金會為中國作家提供話劇方面的赴美獎學金，馬歇爾表示可以考慮，希望得到一些候選人名單。隨後曹禺提出了兩位候選人：一是三十三歲的李恩傑，曾在《邊城故事》、《忠王李秀成》、《北京人》、《雷雨》等劇演出中負責舞臺美術設計；另一位是著名演員白楊。曹禺說：這兩位藝術家都能夠聽說和閱讀英語，並在中國頗有影

98　"Program for the current academic years,"〈協和醫院復員兩年，僵臥古城中〉，《新民晚報》，1946年11月20日，北京協和醫學院檔案室，文書檔案，數位索卷號：0729、0890。

99　"March 24, 1948, C. U. Lee, Report of the Director, since March 12, 1947," 北京協和醫學院檔案室，文書檔案，數位索卷號：0798。

100　〈北平煤荒〉，《大公報》，1948年10月20日，第3版。

響。[101]

及至10月5日，基金會人文部助理主管化士（Charles Burton Fahs, 1908-1980）與7月7日離開上海、剛回到哈佛任教的費正清，談及曹禺訪美一事。費正清也認為曹禺是一位溫和的自由主義劇作家，並告知說現代話劇主要集中在上海，雖說舞臺上有很多西方元素，但在知識分子中還是有很大影響，能夠產生書籍和期刊文字所無法達到的教化效果。此外，費正清還不失時機地強調，基金會應盡力為中國保留一小批自由派思想家，使之在此時國共內戰及威權政府的壓力下，能夠生存下去。他告訴化士說，這些自由派的學者們，主要集中在北大、清華，南開等其他學校的人數則不多。由於國民政府加緊了控制，他們正受到前所未有的政治和生活壓力，必須盡快予以搶救。不過，費正清還是那句老話，為了維護這些學者的民族自尊心，最好不由基金會出面，而是通過美國大學邀請他們訪美，並一定是非官方的，這樣可以避免國民政府教育部的審查。費正清說自己正積極推動哈佛與北大、清華建立這種交換訪問學者的聯繫。[102]

有此種想法之人，並非只有費正清一人。10月18日，化士在華盛頓會見了曾在濟南和戰時成都的齊魯任教，還擔任過美國駐華大使助理，此時負責聯合國在華的救濟和恢復事務的薩金特（Clyde Baily Sargent, 1909-1981）。薩金特告訴他，不論對於任何黨派，都會注意到文學作品在中國社會的重要意義，如魯迅、丁玲和老舍這樣的作家，比教授們的學術研究影響更大；即使是小說戲劇，只要針對社會普遍問題，就能引起人們的廣泛注意。薩金特強調：幫助那些自由主義的人文學者至關重要，因為他們既不是國民黨，也非共產黨的代言人，對美國的自由民主制度持有好感。[103] 24日，化士又會見了曾在1941年得

101 "Interviews: John Marshall, June, 1946," "A memorandum, Jun 28, 1946," folder 462, box 22, series1, record group Cox & Reece Investigations, RF, ARC.

102 "Interviews: CBF, John K. Fairbank, October 5, 1946," folder 462, Box 22, series 1, record group Cox & Reece Investigations, RF, ARC.

103 "Mr. Clyde Sargent, October 18, 1946, Washington, D. C. interviews: CBF," folder 462, box 22, series 1, record group Cox & Reece Investigations, RF, ARC. "Mr. Clyde Sargent, October 18, 1946, Washington, D. C. interviews: CBF," folder 462, box 22, series 1, record group Cox & Reece Investigations, RF, ARC.

到哈佛-燕京的資助而在北平訪學，學習研究中國古代文學及六朝歷史，戰爭爆發後被日軍扣押在山東濰縣集中營的赫芙（Elizabeth Huff, 1912-1987）。她擔心大多中國知識分子反對美國政府支持國民黨內戰，認為如果內戰爆發，中共將會獲得勝利。赫芙籲請基金會注意那些溫和派的自由主義者，並相信這些人不會與像激進人士那樣一味反對美國。[104]

化士進而問誰可以被認為是中國「知識分子的領導人物」，赫芙小姐沒有正面回答，只是說如果他去中國考察，可以就此質詢在輔仁大學負責出版漢學專業期刊《華裔學志》編輯秘書的方志彤，以及教育部平津區特派員的沈兼士。[105] 此外，自1942年1月起，任職於美國國務院文化關係司對華關係處，1945年5月派任美國駐華大使館文化參贊，也是費正清妻子的費慰梅（Wilma Cannon Fairbank, 1909-2002），於1947年1月5日在南京美國駐華使館致函化士，敦促基金會盡快派人前來中國考察，希望就此重新制定出一項資助人文學科的計畫。[106] 相對於費正清來說，費慰梅與中國左翼知識分子關係更為密切，且還有一批私交頗好的中共統戰人士。差不多一年之後，即在1948年3月1日，化士方致函此時回到美國，已不在國務院任職的費慰梅，稱其準備於4月6日離開紐約，先到香港，然後去廣州、上海、南京和北京進行考察，並表示基金會已有意為保存中國人文學科而提供資助。[107]

化士於啟程之前，在3月12日又致函費慰梅，稱已與在香港的著名左翼作家郭沫若、茅盾取得了聯繫，兩人希望基金會能夠為其著述譯成英文而提供資助，並願意與基金會合作。由於此時政治局勢驟變，中共即將取得政權，左翼知識分子可能會得到青睞，化士期望見到更多這一類型的作家，請費慰梅提供一些合適的人選。[108] 4月8日，費慰梅回覆化士，稱在過去的一兩年來，由於國

---

104 "CBF interview with Miss Huff, October 24, 1946," folder 461, box 22, series 1, record group Cox & Reece Investigations, RF, ARC.

105 "CBF interview with Miss Huff, October 24, 1946," folder 461, box 22, series 1, record group Cox & Reece Investigations, RF, ARC.

106 "Wilma Fairbank to Burton, Jan. 5, 1947," folder 462, box 22, series 1, record group Cox & Reece Investigations, RF, ARC.

107 "Charles B. Fahs to Wilma and John, March 1, 1948," folder 462, box 22, series 1, record group Cox & Reece Investigations, RF, ARC.

108 "Charles B. Fahs to Wilma Fairbank, March 12, 1948," folder 462, box 22, series 1, record group

共內戰的爆發，大多數與中共關係密切，具有文學領導地位的左翼人士都已抵達香港避難，如果想要在那裡與更多人見面，可通過在此地的左翼作家組成的中國作家協會（Chinese Literary Writers Association）去尋找。至於具體人選，費慰梅建議化士與時任香港《中國文摘》（*China Digest*）主編龔澎聯繫，說通過她就能見到很多在港的左翼作家。當然，費慰梅直言不諱地告訴化士，稱龔小姐是一名中共黨員，畢業於燕京，操一口流利英語，在戰時重慶贏得了不少外國記者的尊敬；此時在香港則負責編纂那份中共對外公關宣傳的刊物。[109]

化士在華行程大概用了兩個多月的時間，看到了更多國民政府即將失去政權的敗象，結束此次訪問之後，才抵達加州的化士就於6月26日不敢稍有拖延地致函基金會副主席史蒂文生（David H. Stevens, 1884-1980），說自己之所以急著寫這份信，是希望在返回紐約之前，請基金會高層先行考慮這樣兩個問題：一、當國民政府失敗之後，如何建立與中國新政權的學術聯繫，二、如何在中國社會科學、人文科學領域裡保留一些重要的學術資源。因為在中國的親眼所見，讓他可以確定中共即將取得政權，尤其是了解到教授和學生群體中已沒有多少人持中間立場，日趨分裂為左、右兩派，並都對美國持激烈批評態度。即一派認為美國支持了國民黨的內戰，另一派則認為美國沒有及時阻止共產主義的擴張，從而致使中美兩國舊有的學術連結正日趨瓦解。化士強調，如果基金會不盡快與新政權建立知識上的連繫，新中國完全倒向莫斯科很可能無法避免；並建議基金會可考慮緊急撥款十萬美元，再加上必要的行政費用，每年為五十位中國社會科學和人文學者提供研究經費。[110]

至於這項資助的具體條款，化士認為資助每位人選的時間可定為兩年，每月不超過五十美元，總數將是每位教授所在大學提供補助的兩倍；作為回報，基金會可要求獲得者不再接受兼職，教學工作量限定在每週六小時。化士還建議：選擇資助學者時，應考慮能力、需要和智力獨立性，允許將資助費用的一半，用於聘請助理、購買書籍和旅行等；另外剩餘部分——一萬美元或更

Cox & Reece Investigations, RF, ARC.

109 "Wilme Fairbank to Burton, Apr. 8, 1948," folder 462, box 22, series 1, record group Cox & Reece Investigations, RF, ARC.

110 "Letter from Charles B. Fahs to David H. Stevens, 1948 June 26," https://rockfound.rockarch.org/documents/20181/35639/pdf-letterfromfahs.pdf/0d1ff7a1-bc72-4ce1-a6a6-0b5ed9d3377b.

多——作為儲備金，由基金會酌情決定是否提供相應的出版補貼。如果該項目能夠得到批准，化士期望基金會聘請一位專職人員或顧問，條件是此人應與中國知識界關係密切，最低限度要求其每年能夠在中國工作四個月，以保證資助不被浪費或挪用。至於具體人選，他首先推薦了費慰梅，稱其在對華關係處及駐華使館的任職記錄都非常出色，且政治取向使她能夠有效地與左、右兩派學者們合作；第二位候選人則是幼年時跟隨任職於基督教青年會的父母來到中國，時任哥倫比亞大學中國史教授的威爾伯（Clarence Martin Wilbur, 1908-1997）。[111]

化士的此次考察，引發了中國方面的一些積極反應。1948年5月19日，清華校長梅貽琦致函基金會人文學部，請求考慮資助該校三項以五年為期的人文學科研究：一是雷海宗主持的近代中國百年歷史之研究；另一是社會學系教授吳景超主持的區域比較研究；還有是社會學系教授潘光旦主持的比較區域文化研究。清華校方就此籌集了兩萬美元，希望基金會能提供配套資助。此外，梅貽琦還想申請一萬美元的出版資助，舉出的例子是金岳霖教授的一部研究邏輯學的著述，因為沒有出版社願意接手而被擱置，並抱怨說：「由於當下匯率很不穩定，進口印刷紙受到了極大限制，幾乎沒有出版社願意印刷那些賣得不好的書。」[112] 9月9日，化士等人文學部成員與時任太平洋關係研究所的執行副主席的卡特面談，得到的建議也是基金會應在中共掌權之前行動起來，盡可能與那些在西方受過教育的中國學者保持密切的學術聯繫。[113]

儘管清華的這項申請未獲通過，[114] 化士於12月16日仍撰寫了一封只在基金會內部閱讀的通信，提出了期望能在華推進的五項人文研究資助項目：一、資助清華溫德的英文教學；二、資助燕京梅貽寶教授用英語講授的中國哲學；

---

111 "Letter from Charles B. Fahs to David H. Stevens, 1948 June 26," https://rockfound.rockarch.org/documents/20181/35639/pdf-letterfromfahs.pdf/0d1ff7a1-bc72-4ce1-a6a6-0b5ed9d3377b.

112 "Y. C. Mei to the Humanities Division, May 19, 1948," folder 416, box 50, series 601, record group 1, RF. ARC

113 "interviews: RFE, CBF, September 9, 1948, E. C.-Carter-China," folder 461, box 22, series 1, record group Cox & Reece Investigations, RFA-ARC.

114 "Charles B. Fahs to President Mei, August 20, 1948," folder 416, box 50, series 601, record group 1, RFA-ARC.

三、資助燕京擬在印度開辦的漢語教學課程；四、資助金陵大學購置中文和其他語言教學的電教設備；五、通過對華援助委員會（the China Aid Council Incorporated）、中國福利會（China Welfare Fund）資助中國作家協會翻譯一些重要的英語文學。[115] 1949年6月28日，化士又與即將離開美國、前往倫敦大學東方學系教授中文的老舍等人喝茶座談，提及如何與中共新政權建立學術聯繫的話題；老舍以郭沫若留學日本、茅盾留學俄國、巴金留學法國為例，認為最好的中國作家至少應在國外生活兩年，學好一門外語，了解一些異域文化，並高度評價基金會準備資助中國作家前往國外訪問的動議。鑑於此時美國駐華大使司徒雷登還留在南京，觀望美國能否與新政權建立外交關係，中共也沒有公開對外宣布向蘇俄「一邊倒」的決定，老舍頗為樂觀地告訴化士：儘管中共期望作家們前往蘇聯，但也不會反對他們去美國訪問。[116]

115 "Inter-office correspondence, December 16, 1948, Humanities Program in China," folder 379. box 17, series 1, record group Cox & Reece Investigations, RFA-ARC.

116 "Interviews: CBF, Tea with Mr. and Mrs.Cheng Lin-chuan, Lao She, and Mr. Chui, June 28, 1949," folder 466, box22, series 1, record group Cox & Reece Investigations, RFA-ARC.

第十章

新舊協和

第一節 收歸國有

在過去的那些年裡，基金會雖一直與執政的國民政府交往，盡量不參與中國內部的政治鬥爭，但對處於上升勢頭的中共則有相當的注意。早在1931年11月27日，即「九一八事變」後不久，民族主義情緒驟然高漲，蘭安生就致函海塞爾，大膽預言「十年內共產主義在中國得勢並非不可能。」在他看來，儘管中共已沒有五、六年前那樣得到莫斯科的積極支持，但作為一個本土力量每年都在增強，國民黨在江西的清剿未能取得太多成效，日本的侵略又極大削弱了其統治，這都讓莫斯科看到了更多參與中國事務的機會。蘭安生認為改良與革命正在激烈競爭，不幸的是後者比前者更為有效，也更能動員到年輕人的參與，部分原因是現有政治格局遭到了破壞，此外則還由於中國資產階級的過於短視，不久的將來就會證明兩者誰將勝出。真正讓蘭安生擔心的是，如果國民政府的改良遭到了失敗，主張革命的中共取得了成功，「中國成為蘇維埃共和國，將可能不祥地預示著另一個不同的世界。」[1]

逮至抗戰時期的國共合作，中共雖被國民政府承認為合法的政治力量，但在很多情況下還是彼此敵對，基金會自然盡可能避免與中共有更多連結。一個典型的事例，是基金會駐華代表貝爾福在1941年5月前後，收到了由新西蘭人艾黎（Rewi Alley, 1897-1987）於1938年5月所創建的中國工業合作協會（Chinese Industrial Cooperative）的資助申請。該組織本意是期望通過「合

1 "Grant to Heiser, November 27, 1931, Tain, en route Nanking to Peiping," folder 207, box 8, series 200E, record group: 10. 1, RFA-ARC.

作」的方式，將各地工人組織起來，開展紡織、藥棉、紗布、煤炭等生產。不過，考慮到該會得到了頗多中共領導人及左派人士的支持，艾黎又被認為是著名的親共人士，貝爾福沒有批准這項申請。在致葛恩的信中，他解釋說自己不能確定該會與中共有什麼關係，曾就此質詢時任美國聯合援華會會長杭立武，得到的回覆是該會有中共背景，儘管此時國共為了抗日而走到了一起，但兩黨之間仍然存在著深層矛盾，根本無法調和，唯一解決方式就是武力。貝爾福說：「這就部分解釋了為什麼我認為基金會應慎重對待該會申請的原因。」[2]

由於基金會高層大多來自美國東海岸的常春藤大學，政治立場雖不能說是左派，但基本上屬於中間偏左，幾乎沒有一位熱衷反共的極右人士，對於中共自然沒有太多意識形態方面的偏見。尤其到了日本投降之後，國府官員因接收淪陷區大批敵偽資產，快速腐敗而失去了民心，基金會對於中共更沒有太多惡感。前述1946年基金會派遣的醫學訪華團，5月29日中午受到宋子文的宴請，給葛萊格留下的深刻印象，是宋家的豪華官邸、精美佳餚，以及僕人們退出餐廳時極為恭敬的表情和姿態。他不無遺憾地寫道：國民政府極度腐敗，共產黨員儘管紀律嚴明，卻過於激進。[3] 6月11日，葛萊格致函福斯迪克，說他們決定前往共區考察幾天，目的在於顯示基金會的開放心態，表明將不介意為中共提供醫學教育方面的資助。葛萊格說：司徒雷登不相信莫斯科能夠控制中共，所有去過共區的美國人都談及到那裡人們的忠誠和良好紀律；讓他無法回答的問題只有：中共的廉潔和紀律，「在繁榮和權力之中到底能夠維持多久？」[4]

鑑於當時美國左派知識分子，雖普遍認可社會主義，卻太多人反對共產主義，7月2日抵達重慶的葛萊格，致函此前曾是美國外交官、此時擔任聯合國救濟和康復管理局遠東辦事處主任（the Far East Office of the United Nations Relief and Rehabilitation Administration）的小佛蘭克林・雷（Jefferson Franklin Ray, 1872-1967），說當下在中國發生的國共之爭的道德意涵，遠比簡潔概括

2　"M. C. Balfour to Selskar M. Gunn, May 6, 1941," folders 461, box 22, series 1: digest files, record group Cox & Reece investigations, RFA-ARC.

3　"Interviews: AG, Friday, May 17, 1946, Shanghai," "Interviews: AG, Monday, May 29, 1946, Nanking," folder 461, box 22, series 1, CMB. Inc. RFA-ARC.

4　"Alan Gregg to Ray, Tuesday, June 11, 1946," folder 15, box 2, series 601, record group 1, CMB. Inc, RFA.-ARC.

所能傳達的理念要複雜得多。葛萊格的解釋是：美國民眾之所以無法接受共產主義，因為那意味著消除自由競爭和市場經濟的資本主義；在中國由於沒有多少自由資本主義，採行共產主義的意義，更在於清除農村的封建保守勢力，推動社會的現代化變革。由此他認為美國政府幫助國民黨擊敗中共，引發了內戰，帶來巨大損失，既不可思議，又是一個大錯誤；如果大膽假設中共倘若獲得成功，擁有國家權力之後，肯定仍會保持對改善民眾公共福利的熱情，集中權力做一些有利的事情，相對於腐敗的國民政府，反倒可以「認為他們有很多值得讚揚之處」。[5]

前述與費正清等左派學者有廣泛接觸的化士，1948年4-5月間訪華後回到美國，於6月26日致函基金會副主席史蒂文生，不無好感地聲稱中國正在經歷著一場革命，南京國民政府處在崩潰邊緣，中美之間大部分舊有的知識紐帶毫無疑問地將被消解，由中共建立起來的新中國完全倒向莫斯科並非不可避免，基金會必須即刻與此時正在中國嶄露頭角的新知識群體建立聯繫。化士在這裡使用了一個英國諺語——「與野兔一起奔跑，與獵犬一起打獵」，說的是基金會應在國共雙方保持一種不偏不倚的中立，這樣就能夠做到魚與熊掌兼得，從而不致於最終喪失已在中國投入的一切。他建議基金會不僅要考慮資助在上海、香港那些與中共關係密切的左翼文化機構和文化人士，如果可能的話，還應派人直接與中共的醫療培訓機構取得聯繫，考慮向此時成為中共解放區的延安、張家口等地的白求恩醫院提供醫學書刊和專業培訓——因為基金會不可能一開始就給他們提供意識形態不同的人文或社會科學方面的書籍。[6]

在清華講授英文的溫德，由於薪酬來自基金會的資助，需要不定期地經常撰寫關於中國，尤其是關於北平知識界的情況彙報。作為清華著名左派教授，也是內戰即將開打之時就被國民黨特務暗殺的聞一多的多年好友，[7] 他對國民政府的專制統治深惡痛絕，報告中有不少對中共的讚譽之詞。如1947年1月

5　"Alan Gregg to Ray, July 2, 1946," folder 15, box 2, series 601, record group 1, CMB. Inc, RFA-ARC.

6　"Letter from Charles B. Fahs to David H. Stevens, 1948 June 26," https://rockfound.rockarch.org/documents/20181/35639/pdf-letterfromfahs.pdf/0d1ff7a1-bc72-4ce1-a6a6-0b5ed9d3377b.

7　"Robert Winter to Burton, September 3, 1948," folder 415, box 50, series 601, record group 1, CMB. Inc. RFA-ARC.

初，北平、上海、杭州等許多城市都爆發了抗議美軍士兵強姦北大女生沈崇的示威遊行，溫德於9日、12日連著兩封信，報告了此次大規模的騷動，說事情的真相並非當地一些外國人所說的盲目排外，而是青年學生們維護自身權益，反對的僅僅是美國政府。他還說就自己了解的情況而言，在這場騷動中沒有一位美國人受到了人身攻擊，青年學生的憤怒情緒一直在可控的理性範圍之內。另外，他從一位中國學者那裡得知，很多學生兩年前都還認為中共比國民政府更糟糕，一年前當他們回到北平之後，認為兩者差不多，此時則大多倒向了中共，城市下層民眾和農村更是如此。溫德相信國民政府不久就會敗北，政權很快將轉移到中共手中。[8]

溫德這些帶有強烈傾向性的報告，讓基金會高層中那些不那麼左的人士感到了不安，有人在其報告的簽名旁邊問了一句：「溫德是不是共產分子？」[9] 1948年12月16日，在一封基金會內部閱讀的通信中，化士為溫德做了辯護，認為此人只是不滿國民政府的統治，在這個意義上倒可以視他為共產主義的同情者；然就其自由主義理念及對文學藝術的愛好而言，又可以確定他在很長一段時間內都不可能接受共產黨人的強硬路線和專制制度。由此出發，化士談及了基金會在未來應重點關注那些擁有自由主義理念的知識群體，如中國作家協會就有不少左翼青年學生和知名共產黨人，任何建設性的事務都不可能無視他們的影響；並認為如果從長遠的角度來看，民主的命脈基於獨立、執著和批判性地探求新的思想，這些知識人肯定無法相容於任何形式的獨裁專制——中共的統治也不會例外。化士強調：如果基金會能與那些自由主義知識份子們保持有效聯繫，給他們提供相應的學術資助，就能確保中國「不會被永遠隔絕在鐵幕之後」。[10]

1948年12月13日，包圍北平的中共軍隊入駐頤和園、清華園、燕京大學，並在17日攻占了南苑機場，國民黨守軍只能依靠在東單、天壇臨時修建的機

---

8 “Robert Winter to Burton, January 9, 1947,” “Winter to Stevens, January 12, 1947,” folder 415, box 50, series 601, record group 1, CMB. Inc. RFA-ARC.

9 （美）伯特・斯特恩（Bert. Stern）著，馬小信、餘婉卉譯，《溫德先生：親歷中國六十年的傳奇教授》（北京：北京大學出版社，2016），頁299、315。

10 “Inter-office correspondence, December 16, 1948, Humanities Program in China,” folder 379, box 17, series1, record group Cox & Reece Investigations, RFA-ARC.

場，與外界保持聯繫和獲取補給。12月27日，在紐約舉行醫學會的特別董事會議，議決「在協和尚能有效的進行教學及醫院的業務情況，他們當繼續給予其財政援助。」[11] 接下來在1949年1月21日，北平國民黨守軍宣布「和平起義」，中共軍隊於1月31日接管北平的四十多天圍城時間裡，協和由於儲存了五千餘噸燃煤，儘管全城停水、停電，自己的發電廠和水井依然可正常運作，為病房和教室提供照明和供暖。戰爭造成的破壞，在於協和鄰近的東單，被國民黨守軍闢為臨時機場，為阻止飛機起降，中共軍隊的炮彈不時落在周邊，僅僅震碎了該校的一百多塊窗戶玻璃；此外圍城期間日用品價格飛漲，協和不得不每週發薪一次，讓工作人員免於挨餓。李宗恩感到欣慰的，是在那個兵凶戰危的艱難時刻，醫校沒有停課、醫院仍舊接診，這對於「穩定民心和鼓舞士氣極為重要。」[12]

2月3日，中共軍隊雖然開進了北平，直到四月之前中共官方既沒有派員造訪，也沒有發布任何政令，仍然允許協和自主運行。非官方管道傳來的消息，是他們頗為關注該校的醫學培養模式，並善意地提請校方注意保護設備和建築。鑑於此，醫校教學和治療工作按部就班，照常運作，唯一發生的變化是病人數量較以前有較多增加，病房都已經住滿，其中不少是身著軍裝的中共軍人。2月8日，護校給1945年在成都入學、1946年與護校一起返回北平，即剛完成學業的1948屆的三位護士頒發了畢業證書。[13] 其他一百多名醫校學生為了應對期末考試，仍然苦讀到深夜，放春假之前還集體前往西山郊遊野餐，整個教學內容和教學秩序都未受到檢查和衝擊。當局規定中國人可以到處行走，對於外國人倒有些限制。最主要的不便是出城門需要檢查通行證，卻沒有成立發放該證的辦公室，實際上是讓外人無法前往外地。此時還在擔任協和董事會秘書

---

11 “Cablegram from China Medical Board, December 27, 1948,” folder 334, box 47, CMB, Inc, RFA-ARC；〈中華醫學促進會董事和委員的延期年會紀錄（1949年11月14日）〉，北京協和醫學院檔案室，英文檔案譯文，數位索卷號：0834。

12 〈1948年12月28日，李宗恩給派克的信號（信上的住址是寫上海美孚洋行）〉，北京協和醫學院檔案室，文書檔案，數位索卷號：0710；“Lucks to P. W. Parker, December 28, 1948,” “Lucks to Miss Faye Whiteside, January 14, 1949,” 北京協和醫學院檔案室，文書檔案，數位索卷號：0605。

13 “Memorandum to the Board of Trustees, February 18, 1949,” folder 910, box 125, CMB, Inc, RFA-ARC；虞雲國、李維華編，《李宗恩先生編年事輯》，頁289。

的福梅齡認為：中共官方知道協和的價值，希望能夠繼續開辦下去。[14]

4月19日，溫德向基金會報告了北平知識界對中共的歡迎情形，以熟悉的清華好友梁思成和金岳霖為例，說從來沒見到過他們對一個政權的建立會如此興奮。如金岳霖來到他的房間，眉飛色舞、興高采烈，激動地揮舞著雙手，以一種極不哲學的口吻高聲說道：「這是中國歷史上一個最好的政府。」梁思成則積極參加了中共舉行的各種會議，畢恭畢敬，發言踴躍。在他們情緒的感染之下，溫德說自己也感到莫大的榮幸，因為其被當局允許繼續在清華任教。[15]與此多少有些不同，協和大多重量級學者都還保持著「不關心政治」的矜持。為了改變這種冷漠的狀態，中共於2月在該校秘密成立了支部，4月派出一位李宗恩的親屬擔任了支部書記，直到8月該組織才從地下走向公開。此時共有七位正式、四位候補黨員；按照部署，該校於2月成立了第一屆學生自治會；5月成立了工會和教授聯誼會。聯誼會主席由醫校教務長，兼生理科張錫鈞教授擔任，至9月還成立了「教職員聯合會執行委員會」，主席是內科主任張孝騫。[16]

那時尚未實行「黨的一元化」領導，工會成為協和最有權威的群眾組織。按照1950年6月頒布的《中華人民共和國工會法》規定，校方將工資總額的2%作為工會活動經費，相當於每年須撥付八千美元。[17] 作為工會與校方抗衡的典型事例，是此前1949年5月27日，美籍總務主管鮑恩為減少開支，解僱了十一名員工，然在中共和市工會的大力支持下，工會與校方交涉近兩個月，迫使院方不得不收回成命，重新安置這些原已決定解聘的員工。校董事會對此事的記錄是：院長為節省預算而採取此舉，決定按照服務六個月，給予被辭退工人十個月薪金的補償方法，然工人們接到解僱通知後，工會與校方舉行了多次會

14　"Letter Ferguson to Pearce, P306, March 11, 1949," folder 910, box 125, CMB, Inc, RFA-ARC；虞雲國、李維華編，《李宗恩先生編年事輯》，頁290。

15　"Robert Winter to Stevens, April 19, 1949," folder 416, box 50, series 601, record group 1, CMB. Inc. RFA-ARC.

16　鄒德馨，〈北平解放前後地下黨組織在協和〉、孫玉珊，〈人民政府接管協和醫學院的前前後後〉、《話說老協和》，頁456-463；〈校內新聞〉，《協醫週刊（1949年9月7日）》，北京協和醫學院檔案室，文書檔案，數位索卷號：0443。

17　"Minutes of the PUMC, Governance council, business Division, 1950-1951, July 3, 1950," 北京協和醫學院檔案室，文書檔案，數位索卷號：0759。

談。在此期間，區工會和總工會也派代表與會，雖還有新聞記者出席，卻避而不報導協和面臨的財政困難而不得已為之。[18] 通過這次交涉，作為院長的李宗恩意識到中共既缺乏管理的經驗，也沒有完整的制度和機構，做決策之時通常需要召開很多會議，在冗長的討論中耗費時間和精力，致使協和的運作不得不更為依靠對中共官方態度的猜測。[19]

從革命黨發展起來的中共，在思想動員方面總能駕輕就熟，得心應手，此次交涉之後他們隨即直接插手協和管理事務。在當局的要求之下，協和於1949年5月之後抽調了十多名教授組成了土改工作團，前往西北、四川、安徽等鄉村參加當地的土改運動，目的就在於提高他們的「思想覺悟」。7月10日，參加了由中共成都市委統戰部組織的西南土改工作二團，也是所謂的川西工作團的醫校教務長、生理系主任張錫鈞致函李宗恩，說其自5月28日離開北京後，先參加了一段時間的土改培訓，然後抵達大邑縣安仁、唐場兩個鄉鎮，目睹了被動員起來的民眾對該地著名鄉紳劉文彩家人的批鬥和清算，認為「經過土改的農村，比城市還要進步」，[20] 院長李宗恩則參加了湘鄂西土改分團，即曾是中共元帥賀龍創立的洪湖蘇區，說自己「學習了不少革命鬥爭史實，革命先烈的偉大氣節。」[21] 新學期開始後的9月8日，四位暑期參加東北參觀團的教授，在大禮堂舉行了公開演講，向聽眾介紹「老解放區」民眾當家作主的新氣象。[22]

可以看到這些動員宣傳初見成效的，是眾多協和師生踴躍參加了「開國大典」。一個頗為鮮明的對比，是此前2月3日中共軍隊舉行進入北平入城式時，

---

18 “The Director reported on the current difficulties with the Workers’ Union of the institution arising out of the discontinuance of the service of eleven men form the Industrial arena as of May 31 in preparation for the reduced personnel provided in the budget for 1949,” 北京協和醫學院檔案室，文書檔案，數位索卷號：0850。

19 “Letter Lee to Loucks, July 8, 1949,” folder 334, box 47, CMB, Inc, RFA-ARC；虞雲國、李維華編，《李宗恩先生編年事輯》，頁303。

20 〈致李宗恩，1949年7月10日〉，北京協和醫學院檔案室藏，中國人人事檔案，數位索卷號：0241。

21 虞雲國、李維華編，《李宗恩先生編年事輯》，頁362。

22 〈觀光東北〉，《協醫週刊》，第62卷，第3期，1949年9月7日，頁5，北京協和醫學院檔案室藏，文書檔案，數位索卷號：0443。

協和兩個班級四十多位學生，經過地下黨的反覆動員，也只有十多人舉著橫幅和標語走上了街頭。[23] 此次典禮即將舉行之際，即9月27日起由黨支部、教授會、講助會、住院醫師會，工會及醫護校學生會等組成了全校性的籌備機構，連夜在辦公樓、教學樓、圖書館及飯廳宿舍貼滿了巨幅慶祝標語，並還製作了遊行時的各色大小燈籠火把。逮至10月1日，三百餘名工人身穿統一趕製的藍色「列寧服」，打著標明協和工會的橫幅，先於上午十時出發；接下來一百餘名師生於十二時十五分出發，沿途歌唱，精神勃勃地來到了慶祝會場。第二天十一時，又有二百餘名工會工人，由秧歌隊領隊，配以鑼鼓，後跟救護車，慶祝隊伍路經米市大街、東四牌樓、馬市大街、王府井和東單牌樓。組織方就此的報導是：80%的同學參加了慶祝活動，張錫鈞教務長、聶毓禪校長「等都站到了學生的隊伍中，更鼓舞了同學的情緒。」[24]

就紐約醫學會高層掌握的情況來看，至少到5月份時就已知協和的教學培養模式將可能被迫改變。3月11日，在協和任職的福梅齡、婁克斯向在香港的基金會駐東亞代表的沃森，報告中共官方與李宗恩接觸，批評協和是一所耗費鉅資的「富人學校」，堅持將其八年制減少到五年制，目標是培養大量擁有實際診療能力的醫師，而非以往僅注重造就少數訓練有素的實驗室專家。5月3日，沃森將此資訊傳遞給皮爾斯，說自己雖不能確定是否屬實，但這些資訊與他最近從中國大陸方面聽到其他事情是相一致的。[25] 及至6月底，醫學院高層已經清楚知道中共正在積極推動協和的改變，雖未讓八年制的學生提前結業，但那只是暫時維持，等這些學生離開之後，新的政策是將協和改建成一所職業速成學校，更多招收進修生和舉辦短訓班。此外，醫院也只有門診和少數幾張病床提供給普遍民眾，大量接收的病患是軍人和中共官員。讓他們頗為在意的是院長李宗恩雖由協和董事會任命，但最終決策都還是要聽從中共官方的指

23　王台，《協和醫學院的灰暗年代（1949-1976）》，頁44-45，轉引自虞雲國、李維華編，《李宗恩先生編年事輯》，頁286。

24　柵，〈新中國誕生中的協和〉，《協醫週刊》，第62卷，第9期，1949年10月26日，頁8-9，北京協和醫學院檔案室藏，文書檔案，數位索卷號：0443。

25　“Robert Briggs Watson to Miss Agnes M. Pearce, 3 May 1949,” folder 495, box 23, series 1, record group1, CMB. Inc. RFA-ARC.

示。[26]

這樣一來，紐約的醫學會高層開始考慮是否還應繼續資助協和的問題。11月4日的董事會決定，鑑於美國國務院已表態應盡可能在教育和宗教方面維持與中國的關係，他們雖認為目前尚無必要停止對協和的繼續資助；但根據事態的發展，董事會將密切注意中共對協和施加的種種限制，如果該校無法如以往那樣繼續維持專業最高標準，董事會將決定隨即停止資助，並期望在中國之外尋找能夠代替協和的可行性醫學教育項目。[27] 為了避免不必要的政治麻煩，曾在上海經商，也是大紐約地區援華聯合會（the Greater New York Committee of United China Relief）主席希律（W. R. Herod）隨後致函基金會主席派克，說其得知李宗恩已謹慎地向中共做了通報，表明協和的資助來自醫學會，而非洛克菲勒個人，故建議採取一些法律措施，避免因中共可能認定協和接受了洛克菲勒所提供的贈款，對該校造成的無意或不當的剝奪及關閉；並鄭重建議如果協和尚未受到多少干擾，醫學會就應該繼續為之提供資助。[28]

1949年10月13日，福梅齡與醫院院長助理海思典（Miss Elisabeth Hirst）在天津乘輪船回國，準備來年春季返回北京。可半年後在兩人預期返回中國之際，醫學會於1950年4月27日召開董事會會議，就此問題進行了專門討論。被邀請列席會議的福梅齡先做了簡要情況說明，稱自己出生在中國，在美國已經沒有親人，北京就是她的家鄉，並有太多中國友人。此外，福梅齡還解釋說兩人持有效美國護照，以及北京當局允許再次返回的簽證，在她們離開之時，協和的中國教授們都希望兩人能夠盡快返回；如果不回去，可能會引起北京當局的懷疑，給協和施加更多壓力，並表示萬一出了什麼問題，她們兩人願意自負其責。當福梅齡結束陳述，被要求離開會議，董事們隨即進行了討論，認為中美兩國關係不斷惡化，協和很快可能就會被中共接管；如果那時該校還有美國雇員，可能會被作為人質而遭到扣押，迫使醫學會不得不出一大筆錢解救，故

26 “The China Medical Board,” folder 610, box 24, series 610, record group 1, CMB. Inc. RFA-ARC.

27 “Minutes of Adjourned Annual Meeting of Members and Trustees of China Medical Board, Inc, November 14, 1949,” 北京協和醫學院檔案室，文書檔案，數位索卷號：0792。

28 “W. R. Herod to Mr. Philo W. Parker, Charmin, CMB, April 27, 1950,” folder 493, box 74, series 0, record group IV2B9, CMB. Inc, RFA.-ARC.

決定說服福梅齡、海思典推遲返程，為保證自身安全，繼續留在美國。[29]

消息傳到協和，果不其然引起了一些忐忑不安。5月30日，在北京的婁克斯致函派克，說由於福梅齡等人未能如期返回，當地的中外人士風傳醫學會將關閉協和，並影響到師生們的整體士氣及實際運作。[30] 然而，到了7月初學期結束時，婁克斯又被董事會召回美國，同樣是擔心被中共扣為人質。接下來在董事會11月8日的會議召開之前，福梅齡、婁克斯努力遊說董事會同意他們返回中國；且為了不耽誤行程，兩人甚至預訂了11月27日從舊金山開往塘沽的輪船，估計會於12月底抵達，樂觀地想像將在北京和中國朋友一起歡度1951年的新年。誰能料到形勢發展太快，由中共軍隊改編而來的志願軍於10月19日入朝作戰，25日與聯合國軍首次接戰，故11月8日董事會用了兩個半小時，討論了相關局勢的發展，形成的共識是為協和提供資助的政策雖不改變，但福梅齡、婁克斯的返程計畫應被取消。婁克斯於第二天致函李宗恩，通報了會議決定，聲稱自己不願放棄返回的想法，但此時除接受現狀之外而別無選擇。[31]

進入12月之後，中美關係進一步惡化，美國商務部於2日宣布從次日起，對中國大陸、香港、澳門的出口實行全面的許可證制度；中國政府則於4日決定停止對美國、日本、加拿大、菲律賓等國的結匯輸出。由於所有到中國的海運都被叫停，協和在美購買的一批貨物滯留在加州，不知何時方能啟航，且還要支付保管費用。[32] 更糟糕的是，醫學會於1949-1950年度給協和撥款六十萬美元，節餘的95,810.68美元，以及1950-1951年度的六十萬美元，[33] 都存在了

---

29 "Excerpts from Minutes of Special Meeting of Members and Trustees of China Medical Board, Inc, June 1950," folder 1902, box 120, series 3, record group 1, CMB. Inc, RF. ARC; "excerpts from Minutes of Special Meeting of Numbers and Trustees of CMB, Inc, June 6, 1950, Miss Mary E. Ferguson and Miss Elisabeth Hirst," folder 493, box 70, series 0, record group IV2B9, CMB. Inc, RFA.-ARC.

30 "H. H. Lucks to Philo W. Parker, May 30, 1950," 北京協和醫學院檔案室，文書檔案，數位索卷號：0605。

31 "Letter Lee to Ferguson, July 4, 1950," "Letter Lee to Ferguson, July 4, 1950," "Letter Ferguson to Lee, July 18, 1950," "Letter Ferguson to Lee, October 18, 1950," "Letter Lee to Loucks, November 9, 1950," folder 400, box 57, CMB. Inc. RAF-RAC; 虞雲國、李維華編，《李宗恩先生編年事輯》，頁334-336。

32 "Letter Pearce to Lee, December 13, 1950," folder 336, box 48, CMB Inc, RFA-ARC.

33 〈總務長陳劍星之財務報告（1950年11月30日以前〉，北京協和醫學院檔案室，英文檔案譯

花旗銀行而被凍結，以致無法給在美的婁克斯、福梅齡等人支付薪酬。無奈之下，婁克斯等只能在華盛頓努力疏通關係，好在一些官員頗為同情協和及醫學會的窘境，但由於面對各種壓力，只是到了1951年1月17日前後方才初步同意部分解凍。更讓婁克斯擔心的，是聽說協和病房被部分作為軍用，接收了一些來自朝鮮戰場的傷員，這就使他們對美國政府的遊說更加困難，甚至「可能將使董事會停止給協和繼續撥款。」[34]

致使事態進一步演化，是當局決定先出手將協和收歸國有，避免由美國方面宣布中止資助而造成的尷尬。1月16日，《光明日報》刊發以〈停止接受美帝津貼，『協和』早有準備〉為題的報導，表明政府提前出手接收協和，粉碎了美帝圖謀停止資助的邪惡「陰謀」。[35] 四天之後，當局於20日在協和禮堂召開了慶祝大會，由衛生部、教育部的高官宣布將該校收歸國有的決定後，鄭重承諾「全體職工一律原職原薪留用，教學制度也予以維持。」新聞報道說上千人參加了此次慶祝大會，會場上口號不斷，群情激奮。院長李宗恩、董事長朱繼聖、工會副主席張錫鈞及一位學生會代表相繼登上講臺發言，慶祝協和從此割斷了與美帝國主義的所有聯繫，成為中國人自己的大學，由此回到了人民的懷抱；並表示他們「決心肅清美國帝國主義文化侵略的一切影響，加緊學習，改造思想。」[36] 23日清晨，醫學會收到了李宗恩發來不到十個詞的英文電報，按照字面可譯成的中文是：「參照51001號電報，協和國有化，1月20日。」[37]

此消息傳開之後，最感心碎之人是將自己的人生，幾乎都獻給協和的婁克

文，數位索卷號：0835。

34 “Lucks to C. U. Lee, January 17, 1951,” 北京協和醫學院檔案室，英文翻譯檔案，數位索卷號：0835。

35 李宗恩、張孝騫、瞿敬賢，〈停止接受美帝津貼「協和」早有準備〉，《光明日報》，1951年1月16日，第573期，第3版。

36 〈中央人民政府衛生部、昨接收協和醫學院、全體師生員工舉行慶祝大會〉，《光明日報》，1951年1月21日，第578期，第1版；新華社，〈中央人民政府衛生部 正式接收北京協和醫學院 該院師生員工千人集會歡欣慶祝〉，《人民日報》，1951年1月21日，第1版；〈中共衛生部接收醫學院，斷絕與美國一切關係〉，《星島日報》，1951年1月22日，folder 522, box 74, series 0, record group 2, Rockefeller Family, RFA-ARC.

37 福梅齡，《美國中華醫學基金會和北京協和醫學院》，頁209；虞雲國、李維華編，《李宗恩先生編年事輯》，頁354。

斯、福梅齡等。2月8日，婁克斯致函李宗恩，說寫此之信時心情十分沉重，頗感遺憾的是除那份簡短電報之外，沒有收到政府為何做此決定的文字解釋；他們原本已得到美國政府的核准，可向協和先行匯款七萬五千美元，就在銀行辦理轉帳手續之時，忽然傳來了協和被當局收歸國有的消息，許可證隨即被吊銷。在這封信的結尾之處，婁克斯滿懷深情地寫道：「我們的心永遠和你們在一起。請把這一祝願告訴所有的人。」[38] 2月15日，福梅齡則致函洛克菲勒二世，說這作為協和歷史新篇章的開始，儘管醫學會已無法參與，但其創辦協和的初心肯定不會被毀棄；無論他們是否能夠親眼目睹，協和終究會結出豐碩的果實。[39] 4月4日，洛克菲勒二世回覆福梅齡，說這可能是上帝用另一方式來實現基金會最初創辦協和的意圖，那就是最終要讓該校成為中國人自己的，並表示完全理解她此時此刻內心的痛楚，說就像一位被人奪走孩子的悲傷母親那樣。[40]

儘管與協和的連接被完全切斷，但醫學會的事業卻沒有停止。由於意識到中美關係將持續惡化，且資助協和日益困難，醫學會已在此前的1950年秋冬，派代表前往遠東的日本、台灣、香港、菲律賓，印尼、泰國、緬甸和錫蘭進行了考察。[41] 需要稍微提及的，由於前述戰時對重慶瘧疾研究所的資助，基金會早在太平洋戰爭結束後，就已派人造訪了台灣，將資助南京中央衛生實驗院的三分之二經費，投入到該地的防瘧事務之中。不過，隨著國民政府敗退台灣，中共取得全面勝利之後，基金會停止了這項資助。[42]用負責人貝爾福的話說，

---

38 "Letter Loucks to Lee, February 8, 1951," folder 336, box 48, CMB Inc, RFA-ARC；〈婁克斯致李宗恩〉，英文檔案譯文，數位索卷號：0835。

39 "Mary E. Ferguson to Rockefeller, February 15, 1951," folder 112, box 13, series 0, record group 2, Rockefeller Family, RFA-ARC.

40 "Rockefeller to Mary E. Ferguson, 604, Carla Way, Ls Jolla, California, April 4, 1951," folder 112, box 13, series 0, record group 2, Rockefeller Family, RFA-ARC.

41 "Report of the Future Program Committees of China Medical Board, Inc. June 7, 1951," folder 23, box 2, series 601, record group 1, CMB. Inc, RFA-ARC.

42 當1949年國民政府失去大陸後，期望能與中共維持關係的基金會就停止了此前對台灣瘧疾預防行動的撥款，命令參與其中的全部人員即刻撤離，並「將貴重器具撤走，若大型儀器未便攜帶則拆卸重要部分，使這些機具無法繼續使用。」（參見許峰源，《世界衛生組織與臺灣瘧疾的防治（1950-1972）》〔台北：國立政治大學出版社，2015〕，頁85）

如果還繼續在台灣的工作，他們就會被中共標籤為國民黨的支持者，從而影響到協和的未來。[43] 此時台灣抵達了一批協和校友，矢志將協和模式移植到該地。1951年3月3日，成立於2月24日的台灣協和校友會，致函醫學會高層，聲稱在此地的校友有七十餘人，認為既然醫學會已不可能資助協和，就應轉向資助在台灣協和校友集中的國防醫學中心和台灣大學醫學院。[44]

1951年10月中旬，婁克斯訪問了台灣，十天時間裡受到協和校友們的熱情接待，感激涕零，說自己完全被中國人特有的客套和善意所淹沒，主張醫學會即刻恢復對台灣協和校友的資助。[45] 然而，由於醫學會高層還是擔心北京協和的處境，對是否重新開闢對台灣醫學教育的資助，採取了閃躲規避的消極態度。只是考慮到台灣有相當一批協和校友，醫學會才頗為低調地支持了國防醫學院及台大護理學系 [46]。儘管台灣的蔣介石政府認為自己是唯一的中國合法政權，但在基金會高層來看，此項資助已不是此前在華事業的延續，而是將之列入到此時新開闢的東亞項目之中。後來在1955年4月的董事會會議上，醫學會還討論了既然已被逐出了中國，何不在會名中去除「中華」（China）一字。董事會的結論是儘管此時其在華事業遭到無情打擊和摧殘，但他們不相信中國人會心甘情願地永久地摒棄被共產政權剝奪的思想和行動自由，只要還有這樣的需求，似乎明智的做法是毋庸將「中華」刪除，故其名稱一直是「中華醫學

---

43 "letter from Dr. Balfour to Dr. Strode, February 25, 1949," folder 460, box 22, series 1, record group Cox & Reece Investigations, RFA-ARC.

44 "PUMC. Association of Taiwan, to the Chairman of CMB, 3 March, 1951," folder 198, box 28, record group 5, CMB. Inc, RFA-ARC.

45 Harold H. Loucks to Pearce, "Report on Taiwan, October 18, 1951," folder 1902, box 120, series 32, record group1, CMB. Inc. RFA-ARC。

46 "Letter from Cherter I. Barnard to John D. Rockefeller, Jr. Sept. 12, 1950," folder 3207, box 478, series 200, record group 2-1950, RFC-ARC; "Report of the Future Program Committees of China Medical Board, Inc. June 7, 1951," folder 23, box 2, series 2, record group 1, CMB. Inc. RFA-ARC; 楊翠華，〈美援對台灣的衛生計畫與醫療體制之型塑〉，《中央研究院近代史研究所集刊》，第62期（2008年12月），頁91-139；張淑卿，〈美式護理在台灣：國際援助與大學護理教育的開端〉，《近代中國婦女史研究》，第10期（2010年12月），頁125-174；郭世清，〈20世紀協和軍醫在台灣〉，《台灣醫學人文學刊》，第15-16卷（2015年9月），頁113-160；蔡篤堅、李孟智，〈源遠流長——談老協和醫學院對台灣現代護理教育發展之影響〉，《護理雜誌》，第64卷，第5期（2017年10月），頁102。

會」（China Medical Board）。[47]

第二節 思想改造

還是在1947年底至1948年初，負責基金會遠東事務的沃森與貝爾福談及中國政治局勢演化時，就國民政府可能崩潰，中共將要取得勝利，為了不放棄中國，基金會能否與新政權合作的話題交換了意見。沃森頗有信心，覺得應當有機會與中共合作；貝爾福則相當謹慎，聲稱如果讓其大膽猜測，會認為政府倘若由中國人自己掌控，則有這個可能；倘若由蘇聯幫助規劃或擔任顧問，答案就是否定的。[48] 實際歷史走向也大致如此。就在中共即將建政之際，即1949年6月30日，毛澤東發表〈論人民民主專政〉一文，宣布新政府的外交政策將向蘇聯「一邊倒」，接下來又在8月18日發表〈別了，司徒雷登〉一文，聲稱中共對外要堅決抵制美帝國主義的侵略行徑。與之相應的對內，是毛澤東提出了要對「那些近視的思想糊塗的自由主義或民主個人主義的中國人」，即那些對美國仍存有幻想的知識分子，「進行說服、爭取、教育和團結的工作，使他們站到人民方面來，不上帝國主義的當。」[49] 這當然包括了諸多曾在協和這類獲得外來資助的教育機構任職之人。

1949年11月以之前，協和員工們尚未感受到「思想改造」的政治壓力。暑假期間，一支該校醫療隊前往熱河等地考察，結束後在張家口的中共察哈爾軍區直屬醫院裡幫助工作，師生們與那些中共「老同志」及軍人們密切接觸，沒

47 這個項目包括資助香港（1所）、韓國（2所）、菲律賓（1所）、印尼（3所）、馬來西亞（1所）、緬甸（1所）、泰國（2所）的十三所醫院，另外還資助菲律賓、印尼、馬來西亞、緬甸計畫修建的六所醫院，並還資助了括哈佛公共衛生學院在內的十五所美國醫學院和護校，參與對這些遠東醫療機構和實施的人員培訓和技術支援。"Furfure policy and Program, CMB," folder 18, box 1, series 1, record group1, collection IV2A32, CMB. Inc. RFA-ARC.

48 "Robert Briggs Watson to Dr. M. C. Balfour, December 22, 1947," "M. C. Balfour to George, January 10, 1948," folder 464, box 22, series 1, record group Cox & Reece Investigations, RFA.-ARC.

49 毛澤東，〈別了，司徒雷登〉，《毛澤東選集》（北京：人民出版社，1964），第4卷，頁1500。

有多少齟齬之處。這些在基層一線的中共人士對協和頗感好奇，常常問及的一些話題是：「協和的經費來自哪裡？」「協和還有美國人嗎？他們怎麼樣？」「協和人怎樣看待共產黨？」甚至一位新參加中共的醫生還很親切地問道：「你們看到反美的文章宣傳，心裡有無異樣的感覺？」當學生們很謙遜地介紹了協和的情況後，聽眾們反倒覺得該校「裡外都不壞，實在好些方面可作為國內一般醫校醫院改進的目標。」[50] 1933屆協和畢業生、內科副主任的鄧家棟寫給校友們的一篇文章，也認為母校的舊有觀念和方針，雖有不少可以檢討之處；但百分之九十八的校友願意服務於國家的衛生機關、教育和科研事業，即可以自豪地聲稱：「私人開業的，屈指可數，這個百分比，較之其他任何醫校的都可無愧色。」[51]

即使就協和的美國資助進行公開討論時，最初的氣氛也不那麼緊張和嚴肅。協和的青年團支部成立於10月22日，11月3日召開了首次支部大會，全體團員及旁聽同學約四十人出席。應邀與會的青年團北京市工作委員會書記許立群，致辭時提出了三個請大家討論的問題：一、美帝與美資本家的關係；二、協和是否美帝在華百害中之一利；三、解放前後的協和對中國之影響（作用）有何不同？此前，中共宣傳部官員胡繩已在《人民日報》上刊發了〈美國「教育」中國學生的「友誼」〉一文，主旨是批判美國在華的教會學校，以及資助中國學生赴美留學的「險惡用心」。[52] 然而，在此次討論展開伊始，會議主持者接受了有同學提出最好能有人專門申述反面理由的建議，使得討論「始終處在生動、熱烈但又融洽歡笑的氣氛中，許多時候，全體都引起哄然笑聲。」團支部書記在最後總結時，用「不自覺或自覺地不可避免地」這類模糊的狀語，定義基金會、醫學會在華的所作所為，並強調絕大多數「協和人」都是愛國的，「都有決心去為人民服務。」[53]

50　宋怡，〈暑期下鄉工作同學雜感之一：張家口之行雜感〉，《協醫週刊》，第62卷，第12期，1949年11月16日，頁7，北京協和醫學院檔案室藏，文書檔案，數位索卷號：0443。

51　鄧家棟，〈獻給校友〉，《協醫週刊》，第62卷，第9期，1949年10月26日，頁3-4，北京協和醫學院檔案室藏，文書檔案，數位索卷號：0443。

52　胡繩，〈美國「教育」中國學生的「友誼」〉，《人民日報》，1949年9月3日，第6版。

53　國，〈青年團協和支部第一次大會旁聽記〉，《協醫週刊》，第62卷，第13期，1949年11月23日，頁5-6，北京協和醫學院檔案室藏，文書檔案，數位索卷號：0443。

10月19日，協和開始實施作為公共必修課的政治學習，時間是每週日上午三課時，主講人是時任華北大學教授的何思敬，除所有學生之外，李宗恩、張錫鈞、聶毓禪等學校高層管理人員每次必到。[54] 儘管如此，大多師生似乎仍未清醒認識到「美帝文化侵略」的危害性有哪些。在兩個多月後的耶誕節，還在協和外科就職的醫學會駐華代表婁克斯，請不少同學來到自己的住所聚餐，餐後熱烈遊戲，「師生同樂，極為融洽，興盡始散。」[55] 翌年4月23日，外科教授們舉行了「慶祝婁克斯教授在協和執教二十年的紀念會」，出席之人還有在天津任職的十一位校友。議程安排是：上午，外科同仁由婁克斯教授率領赴病房巡診，對四個病案作學術性質之詳盡探討；下午，各系科主任、院領導、百餘學生聚集在禮堂，先回顧了婁克斯這些年的工作，接下來聆聽八位學者就外科方面所做的論文報告，最後是婁克斯的致謝。現場報導說：「當我們三三五五的離開會場時，大家有一個共同的感覺，就是人生最大的光榮是像婁教授那樣為人民服務，為事業服務。」[56]

只是在1951年1月20日協和被收歸國有之後，「肅清美帝殘留下來的思想影響」，方成為該校最重要的政治任務。[57] 一篇文章舉例批評協和外科那次為慶祝婁克斯在華工作二十年紀念會上，痛斥「同學們送了好多禮物來博取他的歡心」；在中共的抗美援朝戰爭打響後，協和仍有人說：「拿了美國的錢，又要抗他，不是忘恩負義嗎？」甚至有人還說：「抗美就是砸飯碗！」這使得該文作者憤怒地寫道：「為了幾塊美金，我們就在政治上墮落到這種地步，這是多麼令人痛心哪！」[58] 鑑於官方認為即使自中央衛生部接收之後，協和教授對

54　雄，〈我們的公共必修科-政治大課〉，《協醫週刊》，第62卷，第12期，1949年11月16日，頁2，北京協和醫學院檔案室藏，文書檔案，數位索卷號：0443。

55　〈聖誕新年來臨，教授紛紛宴請同學〉，《協醫半月刊》，第62卷第16期，1950年1月21日，頁5，北京協和醫學院檔案室藏，文書檔案，數位索卷號：0444。

56　〈婁克斯教授執教二十年，舉行慶祝紀念會〉，《協醫半月刊》，第62卷第23期，1950年4月27日，頁4，北京協和醫學院檔案室藏，文書檔案，數位索卷號：0444；外科，〈婁克斯任本院外科教授二十周年紀念會略記〉，《協醫半月刊》，第62卷第25期，1950年5月25日，頁6-7，北京協和醫學院檔案室藏，文書檔案，數位索卷號：0444。

57　葉群，〈北京協和醫學院的新生〉（1951年），《人民日報》，1951年1月22日，第3版。

58　林訓生，〈協和醫學院回到了祖國的懷抱〉，《光明日報》，1951年6月10日，第715期，第3版。

美國文化侵略的本質，認識仍不夠深刻，全校遂於1月31日-2月2日，用三天時間集中政治學習。[59] 接下來學生會集體撰寫的〈美帝文化侵略在協和〉、教務長張錫鈞撰寫的〈思想報告〉，以及1934年畢業於協和，時任武漢大學醫學院院長周金黃撰寫的〈協和的一個問題：一個在校工作的校友的自我檢討〉，先後刊發在協和內部發行的《新協和》上，說是「從思想也要把美帝加給我們的毒害消除乾淨。」[60]

9月29日下午中共總理周恩來在中南海懷仁堂，向京津地區二十所高校的三千多名教師作了題為〈關於知識分子的改造問題〉的報告，內容就是要求知識分子敢於清算舊時代的影響，在立場、態度方面跟中共站到一起；緊接著各大學相繼成立分學委會，開始了大規模的教師思想改造運動。[61] 不到一個星期，協和校方成立了由十九位系科及護校領導組成的學習委員會，下面分若干基層學習小組。委員會主任由李宗恩擔任，副主任由當局派來的政委張之強擔任，要求各學習小組先聽報告，然後組織討論，每週學習兩次，每次二至三小時。討論問題有：民族立場、人民立場、階級立場的關係如何？為什麼三者是一致的而不是矛盾的，自己的立場有什麼變化；對敵、我、友的態度，過去和現在有了什麼不同？在敵我界限劃分中，為什麼中間態度是不可能的；自己思想上的主要毛病是什麼，根源何在？如何建立為人民服務的思想，怎樣才能全心全意地為人民服務等等。[62]

僅僅是學習、討論還是不夠的，當局進而要求知識分子們深度剖析自己的思想根源，積極投身到這場政治運動中去。11月30日，中共中央下發「關於在學校中進行思想改造和組織清理」的指示，要求更為徹底地在知識分子中清理

59　〈學生會對於三天集中學習的彙報〉，頁6；學生會，〈美帝文化侵略在協和〉，頁8-10，《新協和》，第3號，1951年4月20日，folder 937, box 128, Collection Harold H. Lucks Papers, RFA-ARC.

60　《新協和》，第3號，1951年4月20日，folder 937, box 128, Collection Harold H. Lucks Papers, RFA-ARC.

61　中共中央黨史研究室，〈中國共產黨歷史大事記：（1921年7月-2011年6月）之二〉，《人民日報》，2011年7月22日，第18版。

62　〈關於政治學習會議紀錄摘要（1951年10月3日）〉，北京協和醫學院檔案室，文書檔案，數位索卷號：0888。

「三美」（「親美」、「崇美」、「恐美」）思想。[63] 協和對政治一向淡漠，極為崇尚專業能力，令當局極為不滿，下決心予以整治；作為官方頂級宣傳媒體的《人民日報》於3月22日以「讀者來信」的方式，批評協和教授中有太多漠不關心「思想改造」運動之人，並具體指出基本上不讀黨報的人數至少占到二分之一，圖書館甚至連一份《人民日報》都不訂閱。一些教授、大夫們只曉得整天忙於專業學術研究、跑病房，治療病人，對於窗外之事不聞不問。個別教授認為參加此時的學習小組，是一件令人生厭的麻煩事，公開表示這浪費了許多寶貴的時間和精力，尤其是「上學期，當學生們要求分出一定時間學習政治的時候，教授們竟然不接受這一意見，（說）課程表上沒有規定一分鐘的政治學習時間。」[64]

作為回應，4月19日的《人民日報》刊發了協和醫學院的相關檢討，說看到那份「讀者來信」後，院方在3月23日組織了調查組，就披露的問題進行了考察，發現情況更為嚴重，調查了四十三個單位的八百四十八人之中，不讀報之人四百六十餘人，高達60%。其中有些人在空暇時間，除了專研業務書籍之外，居然熱衷於閱讀資產階級的文藝作品，如美國小說、英文雜誌、畫報及聖經，或者養魚、養鴿、聽唱片和聊天；有些人則用許多時間講究美容和打扮。這讓院方意識到：「單純技術觀點和資產階級的生活方式腐蝕著這些人的思想，他們不問政治的傾向是十分嚴重的。」就具體的整改措施而言，院方決定做到：一、建立讀報小組，以原學習小組為讀報組，並舉行不定期的時事測驗；二、設立讀報牌五處，對於報紙上的重大問題標圈重點；設立播音喇叭三處，按時組織工作人員收聽廣播；三、統一調整全院各單位報紙，做到最少平均十人有一份報紙；四、準備設立政治書報圖書館；五、每月作一次系統的時事報告。[65]

為了加強對運動的領導，軍委總政治部和北京市委商定，5月初派出由燕

63　袁克夫，〈清除資產階級腐朽思想、樹立工人階級的思想領導、京津高等學校決深入開展反貪汙運動〉，《人民日報》，1952年2月26日，第3版。

64　讀者來信，〈醫務工作者不應該忽視讀報〉、中國協和醫學院，〈協和醫學院關於忽視讀報工作的檢討〉，《人民日報》，1952年3月22日、4月19日，第2版。

65　中國協和醫學院，〈協和醫學院關於忽視讀報工作的檢討〉，《人民日報》，1952年4月19日，第2版。

京大學肄業，時任北京市委大學部部長的張大中為組長，曾在清華就讀，時任北京市委組織部學校支部工作科幹事彭珮雲，作為北京市長彭真聯絡員的工作組進駐協和。[66] 8日，張大中等在該校召開了由各系科領導的擴大會議，強調了協和的「思想改造」基本上是一個反帝的愛國運動，目的在於肅清美帝文化侵略影響；當天晚上又在禮堂召開了全院思想建設運動第二次動員大會。[67] 此時協和院落到處貼滿了標語、懸掛紅旗，擴音喇叭整天播報批判美帝的文章；月底一個針對協和的歷史，被稱之為「控訴美帝文化侵略罪行展覽會」按計劃開幕。籌備者聲稱，這個展覽會從四月份就開始籌備，採集了大量圖片和檔案，展室分為四個部分，每個部分的標題分別為「協和是美帝文化侵略的堡壘」、「揭穿帝國主義分子的假面具」、「美帝文化侵略的嚴重後果」及「新協和在成長」，一些此前的協和工友被組織者找來充當了解說員。[68]

在那個一片肅殺的時代，展覽內容難免誇大其詞。將顧臨期望「用一百萬美元來支持各大學」的設想，說成是陰謀將中國學生培養成美國「馴服工具」；蘭安生在各地進行的流行病學調查，說成是廣泛而深入地蒐集「政治、經濟、文化等各方面的情報」，福梅齡更被描繪成一位美國間諜，不時將在北平政治情勢發送給紐約的基金會。最駭人聽聞的，是前面已經提及展出大量對貧窮病患實施所謂人體醫實驗的「血腥罪行」。由於沒有一位協和的專業人士，此時願意站出來表態擁護或支持，對於這樣一種涉及醫學倫理的展覽內容，除了當時為做那些實驗而拍攝的一些資料照片之外，現場解說只是由兩位曾在協和總務打雜的工友承擔。[69] 至於主辦方撰寫的解說詞，不乏隨意上綱上

66 張之強，《我的一生》（自印本，出版單位不詳，2006），頁386。

67 節約檢查委員會，〈全院思想建設運動動員大會向全院發出肅清美帝文化侵略影響，改造舊協和，建設新協和的號召〉，《新協和（思想建設特刊第1期）》，第10期，中國協和醫學院節約檢查委員會宣傳組編，1952年5月9日，第1版。

68 〈『控訴美帝文化侵略罪行展覽會』正積極籌備中〉，《新協和（思想建設特刊第2期）》，第11期，中國協和醫學院節約檢查委員會宣傳級編，1952年5月12日出版，第2版。

69 本報記者，〈怵目驚心的罪證：記中國協和醫學院控訴美帝國主義罪行展覽會〉，《人民日報》，1952年6月10日，第3版。沈容，〈中國人民永遠忘記不了這筆血債（附圖片）：記中國協和醫學院控訴美帝國主義罪行展覽會〉、寒山，〈再記中國協和醫學院「控訴美帝國主義文化侵略罪行展覽會」（附編者按）〉，《光明日報》，1952年6月7日，第1074期，第3版、6月28日，第1095期，第3版。

線。如談及協和在抗戰之前給學生們提供的優渥生活條件，說到宿舍裡二十四小時的熱水供應，用餐時八人一桌，有魚有肉，甚至包括校方經常組織的週末和節假日的郊遊，讓許多人覺得校園和宿舍比在自己家裡還安逸，並由此質疑道：「住在這種環境裡，怎能想到深入廣大群眾，為人民服務呢？」[70]

在協和內部的批判，集中在「另一個惡毒的帝國主義分子前協和外科主任婁克斯」。這也是因為他兼任戰後醫學會駐華代表，為最後一位離開協和的美國人。從對他的控訴來看，婁克斯乃一位標準紳士，「教書負責，態度大方，言談幽默，舉止莊重，衣冠整齊，守時刻」。至於具體事例，如當每位實習大夫報到之時，他都會給新來之人送一條領帶；當住院總醫師結婚之時，贈二十元美元的紅包，並還時常請外科大夫們分批到家裡吃飯。前述外科為其舉辦二十年周年的慶祝會上，他在致謝時用「和藹的態度，慢慢的語調」說自己即將離開中國，最讓他懷念的「是學生對先生的景仰和友誼，這是中國學生的特質。」[71] 甚至回到美國之後，他還給此前的年輕外科同事寫信，關心其正撰寫一篇科研論文的進展情況，表示願意推薦發表。[72] 所有這些都被認為是小恩小惠，表明此人是一個極為狡猾的帝國主義分子，甚至近來稱道中共新政府、鼓吹中美友好的言論，也被說成妄圖以此「來博得中國人民對他的信任」之可惡罪證。[73]

逮至10月「思想改造」運動進入到了「洗澡」階段。據說最初被官方稱之謂「脫褲子，割尾巴」，意指在這場運動中每個人都要進行深刻的思想檢查，後來考慮到知識分子的耳朵嬌嫩，聽不慣「脫褲子」的說法，因此被改稱為

---

70 〈第三部、第二屋、第五，手段，講解詞〉，北京協和醫學院檔案室，文書檔案，數位索卷號：0075。

71 祝壽嵩，〈我的先生〉，《新協和》，創刊號，1951年2月20日，頁21-22，folder 937, box 128, Collection Harold H. Lucks Papers, RFA-ARC; 範度，〈婁克斯——披著紳士學者外衣的帝國主義分子〉，《新協和（思想建設特刊第1期）》中國協和醫學院節約檢查委員會宣傳級編，1952年5月9日出版，第2版；〈在群眾積極熱情幫助下，若干教授正準備作好檢討〉，《新協和（思想建設專刊第10期）》第19期，1952年6月4日，第1版。

72 曾憲九，〈我認識了婁克斯「學術」活動的真正目的〉，《新協和（思想建設專刊第5期）》，第14期，1952年5月14日，第2版。

73 範度，〈婁克斯——披著紳士學者外衣的帝國主義分子〉，《思想建設特刊》第1期，《新協和》中國協和醫學院節約檢查委員會宣傳級編，1952年5月9日，第2版。

「洗澡」。[74] 從字面上來看，這體現著最高層的一種恩惠，就像講究衛生，可以減少疾病那樣；就實際操作而言，需要檢查之人在大庭廣眾面前剖析「骯髒」思想，甚至還要求深入挖掘到「靈魂深處」；如果自己不願意檢查，或遺忘了什麼，立馬就會有積極分子指著鼻子，站起來揭發批判而毫不留情。激烈氛圍如其時《人民日報》、《光明日報》刊登的報導，說有清華學生在全校會議上痛批外文系某位擔任「英國小說」課程的教師，介紹19世紀英國批判現實主義作家狄更斯（Charles Dickens, 1812-1870）《大衛・考波菲爾》（*David Copperfield*）時，避而不講書中所描寫的英國工人階級遭受剝削壓迫的情形，反倒「對於小說中的戀愛故事卻很有興趣，給學生們介紹了十幾種資產階級的戀愛方式和一大堆有關戀愛問題的參考書。」[75]

1988年9月，著名學者楊絳撰寫的〈控訴大會〉一文，坦承自己就是當年那位在批判會上被直呼其名的倒楣教師，聲稱並不認識這位從未上過她的課之小女生，自然也不知道為何該女生會滿懷無比憤恨，當著數百位聽眾，言之鑿鑿，且又那麼不負責任的信口雌黃，揭發她在課堂上從未有過的言行。時過境遷，三十餘年後的楊絳用怨而不怒、哀而不傷的出色文筆，寫出了自己當年生不如死的現場感受：即此時人們的目光都集中到了她的身上，當走出大禮堂之時，就像剛從地獄出來的魔鬼，渾身散發著硫磺臭，還帶著熊熊火焰；人人都避得遠遠的。至於此次控訴帶來的心理陰影，楊絳說自己活像一頭被車輪碾傷的小動物，「血肉模糊的創口不是一下子就能癒合的。」[76] 她稍後創作的《洗澡》一書，述及遊學於英國倫敦大學、未取得學位的許彥成，突然醒悟了在此次運動中，夫妻吵架用英語都還須要通過「洗澡」，原因是被視為「洋奴」，

74　〈燕京大學「三反」運動進入新階段，繼續肅清美帝文化侵略的影響〉，《光明日報》，1952年2月18日，第965期，第3版。

75　〈清華大學在三反運動中，肅清資產階級腐朽思想收穫巨大，絕大多數教師卸下各種骯髒包袱受到同學尊敬與愛戴〉，《光明日報》，1952年3月18日，第994期，第3版；新華社，〈嚴格地和資產階級思想劃清界限，清華大學絕大部分教師已作了檢討〉，《人民日報》，1952年3月18日，第3版；本報記者鄭笑楓，〈資產階級思想向高等教育進攻的嚴重事實：清華大學反資產階級思想鬥爭的收穫〉，《光明日報》，1952年3月25日，第1001期，第3版。

76　楊絳，〈控訴大會（1988年9月）〉，《雜憶與雜寫》（北京：生活・讀書・新知三聯書店，2010），頁75-77。

讓他難以理解的是，「為什麼老把最壞的心思來冤我們呢？」[77]

協和的情況，同樣冷酷無情。當時規定根據與會人數的多少，問題多的人「洗大盆」，面對全校教職員工，有些問題的人「洗中盆」，面對幾個相關系科，沒有多少問題的人「洗小盆」，則要面對自己班級或系科。所謂「問題」，就是需要向黨和群眾坦白、交待和悔過之事。就協和「洗小盆」的情況來看，需要交待的問題如畢業於燕京家政系、時任營養部主任的周璿，當眾撕毀了司徒雷登在其結婚時的證語相片；還有公共衛生科的范琪大夫，檢查了自己心目中總認為美國第一，看不見祖國偉大的「洋奴」情結。[78] 如果轉身來看同樣都被視為「帝國主義文化侵略堡壘」的燕京，參加「洗小盆」的檢舉和批判的，有若干當局特別安插的非學生積極分子。如2月20日、3月4日，該校由許林擔任組長的第22小組，在女生宿舍召開會議，到會人數十四人，參加者有「徐奶奶」、「許老頭」等。控訴曾任歷史系教授的洪業的孩子連中國話都不會說，他的太太亦不太會說，故稱「他極看不起中國人，其實他自己就是中國人，典型的洋奴。」[79]

「洗中盆」需要更深入地挖掘資產階級思想根源，交待的問題則須聯繫到自己對新政權的態度，以及與美國友人的關係。5月12日晚上，協和的婦產科、小兒科、公共衛生科和眼科舉行了聯合控訴大會，1943年畢業於協和，產科大夫葉慧芳深刻檢討了自己在中共建政之後，收到世界衛生組織關於新生兒的身高、體重的質詢函件，毫不猶豫地接受了任務，甚至開夜車完成了資料統計。相反，當政府要求她抽時間為解放軍幹部治療，「我們就以為共產黨『侵略』到我們頭上來，拼命推卻。推不掉，才很不願意的接受了。」此外，她還坦白了自己在1950年夏盡力幫助好友潘士芬女士前往美國，很痛心將「一個細

---

77 楊絳，〈洗澡〉，《楊絳文集・小說卷》（北京：人民文學出版社，2014），頁393、420。

78 〈不是恩人而是敵人，營養部主任周璿撕毀司徒雷登憑證諳人的相片，決心改造自己為人民服務〉，《新協和（思想建設專刊第11期）》，第20期，1952年6月7日，第2版；〈范大夫決心去掉親美崇美思想〉，《新協和（思想建設專刊第13期）》，第22期，1952年6月12日，第2版。

79 〈揭露美帝在燕京文化侵略罪行（1951年2月21日）〉快報第1期、〈對美帝文化侵略罪行展覽之反映〉、〈22小組會議記錄（1952年3月4日）〉，〈「三反」改變了燕大的面貌，師生員工均獲很大進步〉，《新燕京》，燕京大學「三反」運動結束專號，1952年11月23日，第5期，第1版，北京大堂檔案館，燕京大學檔案，索卷號：YJ52010、YJ52045、YJ52061。

菌學工作者的前途葬送在美帝手中。」[80] 此外，1948年畢業於協和護校的楊英華痛哭流涕地控訴當初協和被收歸國有時，自己感到非常沮喪，認為沒有了前途；後來更不願意調到志願軍病房，因為這些人都是來休養的，無法提高護理技藝，故請求調至別的病房，遭到否絕後，「回去大哭了一場，自認『倒楣』」。[81]

相當部分被劃定為「洗中盆」之人，並非通過一、兩次檢討就能過關，主持者往往還會動員積極分子們對其進行嚴厲批判，深挖所謂「資產階級思想」、「洋奴買辦意識」的思想根源，動員廣大群眾來幫助「搓背」。護校校長聶毓禪於7月21日晚上，在大組會上做了檢討，雖痛心疾首地貶斥自己這多年以來，一直「忠心耿耿、死守美帝一套反動制度」；可黨組織和與會群眾卻認為她「暴露了一些事實，但真實思想情況較少，批判部分也有混亂生硬之處，這反映檢討者作檢討的心懷不夠主動。」[82] 後來到了8月5日晚，生理系、病理系和藥學大組群眾批判病理系主任胡正祥，聲討其一貫站在美帝國主義的反動立場上，敵視中國人民、敵視社會主義革命。證據是在抗戰結束之後，作為被國民政府教育部拉攏的學術精英，讓他掛名擔任了國民黨勵志社華北區主任，並參加了協和董事會推薦李宗恩擔任校長的會議，新政權成立後還蓄意向協和同事廣為散播「婁克斯親共左傾」的言論，試圖為美帝國主義的文化侵略塗脂抹粉。[83]

可憐的是那些「洗中盆」之人，本來沒有什麼太大的政治問題，可能就是因為一時交待、坦白不出來什麼，被積極分子們視為蓄意「頑固對抗」而受到

80　〈婦產、小兒、公共衛生、眼科、聯合控訴會，揭露美帝罪惡事實，引起對美帝無比仇恨〉，《新協和（思想建議專刊第4期）》，第13期，中國協和醫學院節約檢查委員會宣傳組編，1952年5月14日，第1版，〈葉惠芳、范琪兩大夫，檢討受到群眾歡迎〉，《新協和（思想建設專刊第13期）》，第22期，1952年6月12日，第2版。

81　〈志願軍病房護士長楊英華控訴，美帝文化侵略使我敵我不分，不愛志願軍〉，《新協和（思想建議特刊第9期）》，第18期，1952年5月24日，第1版。

82　〈聶校長初步檢討摘要〉，《新協和（思想建設特刊第33期）》，第42期，1952年7月23日，第1版。

83　〈胡正祥大夫為美帝忠心耿耿地執行文化侵略政策：檢討不老實，受到群眾嚴厲批評，群眾要求他痛下決心改造〉，《新協和（思想建設特刊第51期）》，第60期，1952年8月9日，第1版。

了嚴厲批判。1931年畢業於協和，公共衛生系教授兼教育長的裘祖源之所以被在全校點名批判，提醒他必須斬斷與「帝國主義分子的聯繫」，事情緣由在於6月23日、7月4日其兩次收到世界衛生組織寄來的資料，「一直沒有向政府報告，而是一聲不吭地收下了。」[84] 還有細菌學教授謝少文由於說過：「美國人沒有管我，日本人沒管我，共產黨為了要管我，我不自由，不服氣」，並拒絕參加「洗澡」而遭到了全校點名批判。6月10日，生理、細菌、寄生物三科大組舉行擴大會，雖經六小時的輪番攻擊，他卻仍然不願低頭服軟。被群眾檢舉出來的，是他平時所說「餓死也不參加工會」、「共產黨當家，人說共產黨好，我就偏偏挑剌」，甚至還有人揭發他在北平解放時說過：「什麼解放軍五百萬，一個原子彈就完蛋！」對於朝鮮戰爭，他則說：「愛情與戰爭都是不擇手段的」[85]

凡是「洗大盆」之人，需要交待的大概都有當局難以信任的歷史問題，即與國民政府或美國人的密切關係。內科主任張孝騫於1921年畢業於其時還是教會醫校的湘雅，與所謂「老牌帝國主義分子」胡美關係密切；及至1937-1947年間，曾代理、出任後遷至貴陽的國立湘雅醫學院院長，與國民政府教育部有著難以撇清的干係。在此次運動中，積極分子們緊緊盯住他與美國人的關係，逼著其老老實實交待如何打壓湘雅進步學生，以及為何在1947年重回協和的險惡動機。[86] 當然，校長李宗恩幾次檢討都未能順利「過關」，被進步群眾們揪住不放，被認為態度最不誠懇的頑固分子。[87] 一個被反覆提及的問題，是1950

84　〈裘大夫應警惕美帝國主義者的陰謀，徹底斬斷與「世界衛生組織」及帝國主義分子的一切聯繫〉，《新協和（思想建設特刊第26期）》，第35期，1952年7月11日，第1版。

85　〈謝少文大夫準備檢討〉，《新協和（思想建設專刊第13期）》，第23期，1952年6月13日，第1版；〈謝少文大夫準備檢討〉，《新協和（思想建設特刊第14期）》，1952年6月13日，第23期，第1版。

86　〈張孝騫大夫：不要抱住反動立場不肯放，必須端正態度檢討幾個問題〉、〈張孝騫大夫應老實徹底改造自己，否則，就是堅決的站在敵人立場〉、〈我們覺得張大夫初步檢討矛盾百出，暴露不夠〉，《新協和（思想建設特刊第30期）》，第39期，1952年7月19日，第2版；〈張大夫堅持美帝文化侵略政策及迫害進步學生的反動立場〉、〈為什麼在國民黨總崩潰前夕，張大夫離開湘雅，經過美國又回到協和？〉，《新協和（思想建設特刊第32期）》，第41期，1952年7月23日，第1版。

87　王台，《驚心動魄的「思想改造運動」》，頁386。

年朝鮮戰爭開打之後，軍委衛生部曾向協和借兩百五十張病床，準備成立治療軍隊傷病員的北京第二醫院；雖李宗恩等最後還是同意出借，在協商過程中卻有百般不情願。[88] 李宗恩則在全院大會上做了檢討，反覆說原因在於協和總共才只有三百五十張病床，出借了這些病床之後，他擔心無法滿足教學需要，從而影響到學生們的教學實習。[89]

李宗恩的檢討被視為「避重就輕」，讓當局和積極分子們很是不滿。醫校學生湯曉芙在大會上，以「李宗恩在勝利的中國人民面前遭到慘敗」為題，痛斥「解放三年來李宗恩堅持文化侵略據點，帶給祖國人民的危害」。[90] 從那些題目為〈李宗恩怎樣向羅克菲勒提供忠實的保證〉、〈李校長不要掩飾自己的本來面目〉、〈讀了派克給李宗恩的信，我進一步認識了美帝的陰險毒辣，堅決要求李宗恩放棄美帝立場，不要把自己粉飾成一個傀儡〉、〈我們認識了李宗恩是主動、積極地為美帝文化侵略政策服務的〉的聲討文章來看，他的問題顯然上綱上線到對當局的政治立場和態度。[91] 這裡需要稍做說明的，擁有高級職稱者，撰寫此類文章的只有兩位：一是時任外科副教授，一年後升為正教授的曾憲九，其文章的題目是〈李宗恩解放後在幕前幕後極力堅持所謂「協和標準及制度」的真正意圖何在？〉；另一是婦產科主任林巧稚教授，撰寫的兩篇文章題目分別是〈李宗恩，你的問題和我們的不一樣〉、〈我為什麼要與李宗恩的反動思想作鬥爭〉，[92] 內容是上面定調的「不認罪」。

88　張之強，《我的一生》，頁209。

89　〈李宗恩的檢查〉，《新協和（思想建設特刊第14期）》，1952年6月13日，第23期，第1版；李宗恩，〈我和協和醫學院：用批評和自我批評的方法開展思想改造運動〉，《人民日報》，1952年1月9日，第3版；李宗恩，〈我和協和醫學院〉，《光明日報》，1952年1月13日，第931期，第3版。

90　〈討論李宗恩校長檢討彙報會專刊〉，《新協和（思想建設特刊第52期）》，第61期，1952年8月11日，共5版。

91　《新協和（思想建設特刊第35期）》，第44期，1952年7月24日，第1版；《新協和（思想建設特刊第36期）》，第45期，1952年7月25日，第1-6版；《新協和（思想建設特刊第37期）》，第46期，1952年7月25日，第1版；《新協和（思想建設特刊第42期）》，第51期，1952年7月29日，第2版；《新協和（思想建設特刊第43期）》，第52期，1952年7月31日，第1版；《新協和（思想建設特刊第473期）》，第56期，1952年7月31日，第1版。

92　《新協和（思想建設特刊第51期）》，第51期，1952年8月9日，第1版；《新協和（思想建設特刊第43期）》，第52期，1952年7月31日，第1版；《新協和（思想建設特刊第56

最後一位離開協和的外籍教授，是瑞士裔德國醫生何博禮（Reinhard Hoeppli, 1893-1973），他於1951年9月底抵達新加坡之後，給醫學會撰寫了一系列現場目擊報告。作為一名醫學寄生蟲學家，他從1929年起就在協和任職，[93] 直到協和收歸國有，又因朝鮮戰爭而被軍隊接管，他的大部分職業生涯都在該院度過，在寄生蟲感染研究方面擁有較高的國際聲譽。讓他最為不滿的，是在天津啟航之前的兩小時，海關官員突然查扣了其隨身攜帶的二十盒病理標本，說此乃中國人民的財產而不能攜帶出國。他大力申辯，稱這是自己當年在海德堡、基爾和漢堡，從當學生、初級研究助理開始，直至協和後近三十餘年的學術積累，甚至在日本占領北平而關閉協和之時，都允許他將之隨身帶走，被視為其個人財產。結果當然是無人理睬，何博禮說這是自己職業生涯中最糟糕的事情，因為沒有了這些資料，抵達新加坡之後，一切工作都不得不從頭開始。[94]

何博禮滿腹怨氣，我們自然應排除其報告中那些諸如「共產豬玀」、「搶劫」等情緒化字眼，僅羅列一些可以進行查驗的所見所聞，重現當年那個熱火朝天、群情激奮的場面。他的記載是自協和收歸國有之後，外表看上去沒有什麼顯著變化，只不過在南門掛上了一個改名後的「中國協和醫學院」的木牌。可是如果要想進入校園，外面來人必須經過門衛的甄別，而非像以前那樣允許人們自由進出；協和員工需要出示貼有照片，蓋有公章的通行證。除了病房醫護人員還穿著白大褂之外，所有男男女女，不分老少都身著黃綠色的軍裝，或藍色或藍灰色的勞動服，戴著同樣的制式帽子。進入辦公樓之後，正面懸掛著的那幅老洛克菲勒的畫像，被毛澤東和史達林的畫像所取代，牆上貼滿了各色批評美國、基金會、醫學會及李宗恩等人的標語、大字報和漫畫。每週五是全院「政治學習」時間，圖書館閉館，教授們都要到會議室集中聽報告或討論。此外，校園裡會經常遇到巡邏士兵，甚至還有人會突然闖入辦公室進行盤查。[95]

期）》，第59期，1952年8月10日，第1版。

93　“Dr. Hoeppli to James R. Cash, Jan. 23, 1929,” 外國人人事檔案，數位索卷號：0022。

94　“R. Hoeppli to Loucks, Oct. 3, 1952,” folder 1, box 1, record group IV2A32, CMB. Inc. RFA.-ARC.

95　“R. Hoeppli to Loucks, Oct. 3, 1952,” folder 1, box 1, record group IV2A32, CMB. Inc. RFA.-

至於那些檢討會何以能有如此大的聲勢，何博禮給出的解釋是，如果遇到不積極參加者，就像他的繼任人馮蘭洲教授那樣，積極分子們一直會登門造訪，在其家裡從晚上九點開始，至凌晨一兩點方纔離去，分期分批地做所謂「耐心細緻的思想工作」，直到此人願意坦白交待為止。至於檢討內容，主要是本人對新政權的態度，但也鼓勵交待自己所受「資產階級腐朽思想和生活方式」的惡劣影響，兩性之間的非婚關係受到了頗多關注。一對年輕醫護被迫在群眾會議上坦白彼此間的非婚性關係，由於參加之人過於踴躍，致使一些人不得不在外面聽擴音器的播出。最令人何博禮感到不安的，是「考慮到在場那麼多年輕女孩、學生和技工，兩人交待的細節實在令人震驚。」一天下午，當何博禮去辦公室時，看到窗外雪地上有一片鮮紅的血跡，說是一位女護士跳窗後而留下的，並在後來得知這位護士沒有死亡，只是摔斷了幾根骨頭，失去了一隻眼睛；同事們讓他不要繼續追問，也不要去看那片血跡，就當此事沒有發生。[96]

何博禮詳細報告了一些個人的具體境遇，說林巧稚不僅醫術精良，且平易近人、親切和藹，包括很多外交人士的家眷都找她看病。一天，風傳有位受到嚴厲批判的婦產醫生，吞了大量安眠藥而企圖自殺，許多孕婦和病人打來電話，詢問何博禮自殺的是否為可敬可愛的林巧稚醫生，得到回覆說不是，從而讓很多人感到放心。還有內科副主任鄧家棟在日本人占領期間，免費給窮人看病，在北京民眾中有很好的口碑，此時擔任了中共高層領導的保健醫，就沒有受到此次運動的衝擊。又有已成為進步教授的教務長張錫鈞，何博禮說雖然其研究能力有限，但運動中表現十分積極，誠惶誠恐地自我檢討，似乎贏得了學生們的信任。至於馮蘭洲遇到的麻煩，何博禮說是黨組織和積極分子們認為只是態度不夠誠懇，要求繼續做深刻檢討，就能得到寬大處理。當何博禮離開之時，聽說他已承認了在1947年協和恢復開辦時，乘檢查設備之便，用化名將幾件物品帶回家裡，慶幸的是未將之出售，業已歸還協和，故沒有什麼可以坦白交待的了，估計不會受到什麼處罰。[97]

ARC.

96 "R. Hoeppli to H. H. Lucks, 22ad November 1952," folder 1, box 1, record group IV2A32, CMB. Inc. RFA.-ARC.

97 "R. Hoeppli to H. H. Lucks, 22ad November 1952," folder 1, box 1, record group IV2A32, CMB.

除此之外，何博禮也講述了那些尷尬之人的窘迫境遇，說在校外遇幾次到聶毓禪，看上去灰頭土臉，憔悴不堪，完全變了一個人；受到嚴厲批判的胡正祥，何博禮說由於他的人緣向來不太好，平時有些傲慢，不愛搭理人，連其助理都頗有怨言，甚至有人檢舉其與女助手私通，自然也沒有人相信他對新政權的認同。有一天，何博禮收到了婁克斯的來信，其中有些文字對胡夫人病情的問候，將之轉告給胡正祥，其顯得非常緊張，環顧四周，確認安全之後，方才說：「給婁克斯寫信時務必小心，他可是我們的敵人。」當問其「為何是敵人？」胡正祥有些尷尬，喃喃地說：「他當然不是戰犯，而是美國文化侵略的工具。」另外就前述與進步人士爭論，敢於批評中共缺點，甚至說美國好話的謝少文，自然遭受到了不少批判；當何博禮問他是否會效仿潛逃至香港的放射科許醫生，得到回覆是不會。謝少文表示自己只想去一個小學校裡安安靜靜地去教書，不必參加任何政治運動，當一位好醫生。讓何博禮感到欣慰的，是倔強和耿直的謝少文，反倒贏得不少人的尊敬，其中似乎包括一些中共黨員。

何博禮最擔心李宗恩的境遇，覺得當下他辭職最好，可知道這不會得到當局的允許，反而會遭到更多批判。何博禮說在街上見過曾是協和第一夫人的李太太，此時穿著樸素，灰頭土臉，顯然忙著為家庭和廚房購買。在何博禮看來，儘管李宗恩不得不公開批判基金會、醫學會，但在內心還有自己的想法。因為在協和收歸國有之初，何博禮有天前往他的辦公室，正好旁邊沒有別人，兩人談及時局，李宗恩帶著一絲慘笑說：「在中共當政之初，某種程度上確實是人民當家作主，現在則是一群暴民主政。」[98] 至於從早到晚的政治學習是否有效，何博禮質詢了馮蘭洲等人，回覆說對於他們這樣的中年人，此舉沒有多少用處；對於年輕人來說，不少人由此成了共產主義的信徒。當何博禮被當局強行要求必須參觀聯合國軍在朝鮮發動細菌戰的大型展覽後，他求證參與策劃此次展出的寄生蟲病學專家鐘惠瀾、馮蘭洲，兩人分別表示並不相信，只認為美軍可能有過細菌實驗；然在天寒地凍的朝鮮，作為細菌戰的細菌宿主，諸如蒼蠅、跳蚤、蚊子是難以在野外長期存活的。[99]

Inc. RFA.-ARC.

98 "R. Hoeppli to Miss Pearce, Oct. 21, 1952," "R. Hoeppli to H. H. Lucks, 10 December 1952," folder 1, box 1, record group IV2A32, CMB. Inc. RFA.-ARC.

99 "R. Hoeppli to H. H. Lucks, 10 December 1952," "R. Hoeppli to Mary E, Ferguson, 8 January

第四節　新的體制

此時美國國內的「麥肯錫主義」（McCarthyism）猖獗，由於一些協和畢業生參加了中共就朝鮮戰爭而組成的醫療隊，基金會正受到國會關於是否「親共」的全面調查；然中共對協和的「思想改造」，反倒為其辯護提供了最為有利的證據。1952年8月13日，福梅齡致函中國基督教大學聯合董事會的一份報告聲稱：在中共進入北平之後，協和近千名員工、學生中，中共黨員不過十二人，沒有一位擁有教師職稱的；及至1951年被中共接管前，協和畢業生中也沒有一位中共黨員。在福梅齡看來，這正是「協和模式」的成功之所在，因為該校一直強調「科學高於政治」。[100] 不久之後的另一份報告，作者又以此時當局的「洗腦」為例，指出之所以沒有一位協和教授被送到「黨校」去改造，並沒有往該校派駐蘇聯顧問，表明協和教授們的訓練有素，擁有高超的醫療技藝，致使那些最狂熱的領導人都不願意失去他們的技術服務。作者還預言：由於教授們接受過最嚴格科學訓練，協和將成為中共最難控制的一個高等教育機構。[101]

就當局這方面來看，自協和收歸國有之後，努力將之與其過去進行徹底的切割，稱回到中國人民手中、在中共領導下的「新協和」，一定會比得到美國津貼的「舊協和」辦得更好。[102] 1951年6月22日，協和董事會解散，設立了被軍管的校務管理委員會，並在1952年8月完全劃歸軍隊管理。逮至1953年春，中共軍方確定協和的首要任務，是為軍隊培養政治堅定、技術優良、身體健康

1953," "R. Hoeppli to H. H. Lucks, 17 January 1953," folder 1, box 1, record group IV2A32, CMB. Inc. RFA.-ARC; 虞雲國、李維華編，《李宗恩先生編年事輯》，頁379。

100 "Mary E, Ferguson to Mr. Chauncey Balknap（ United Board for Christian Colleges in China）August 13, 1952," folder 790, box 43, series 3, record group 1, CMB. Inc, RFA-ARC.

101 George W. Gray, "The Rockefeller Foundation, Confidential Monthly Report, for the information of the Trustees, No. 146, March 1, 1953," folder 112, box 13, series 0, record group2, CMB. Inc, RAF-RAC.

102 〈肅清美帝文化侵略影響，堅決擁護政務院決定，北京協和醫學院發表宣言，華東各教會學校宗教團體紛紛表示決心〉，《光明日報》，1951年1月4日，第561期，第3版；〈中央人民政府衛生部，昨接收協和醫學院，全體師生員工舉行慶祝大會〉，《光明日報》，1951年1月21日，第578期，第1版；葉群，〈北京協和醫學院的新生〉，《人民日報》，1951年1月22日，第3版。

的師資人才，基礎服從於臨床，臨床服從於需要，停辦了醫學院，所有在校生轉到軍醫大學習，護校也被撤銷。此時已是在協和負全責的政委張之強，說儘管引起了教授們的強烈不滿，但已經沒有人「敢直言反對」；他向總後勤部領導提出異議，希望能重新考慮此決定，「結果受到批評」。[103] 到了1954年，沒有本科生的協和開設了老幹部班，從全軍醫生中選拔出來六十六位學員，時間是一年半。[104] 截止到1956年7月，協和陸陸續續地抽調了包括聶毓禪在內的近一百五十位教授、醫生、實習生、畢業生和護士，充實到包括解放軍總醫院、軍事醫學科學院等軍隊醫院。

此時一個最大的學術轉向，是曾被認為東亞醫學教學和科研水準最高的協和，按照中共關於改革舊教育體制的指示，開始了「全面」向蘇聯學習的階段。首先，為了盡快掌握俄語，1953年共舉辦了七期、為期二十天的俄語速成和強化班，共有六百二十二名教師及進修生參加學習，並還有十二個系科組織展開了蘇聯醫學雜誌的翻譯工作；[105] 其次，1953年初成立了教研室，制定了教學大綱和教學方案，採用蘇聯的教科書，注重課堂講課、集體輔導、組織「包教包學的觀摩教學、評議會」，即將此前以個人為主的教學模式改變為集體主義的教學；再次，在教學內容上特別注重蘇聯醫學，如被他們看重的解剖學的「活質學說」，細菌學的免疫學，病理學的病因論，生理學的條件反射、大腦與內臟相關學說，以及臨床的各項「新療法」等也都予以介紹。此外，當局還派出包括林巧稚在內的各領域頂級學者，前往東北各醫科大學（瀋陽、長春、哈爾濱）及蘇聯學習參觀，「對原協和的教育方針、教學內容、教學方法和經驗均不屑一顧。」[106]

作為一種政治行為，通過行政命令強行推進，實施過程中難免生搬硬套，充斥著形式主義和教條主義。以當局於1952年6月17日發布關於推行無痛分娩

103 張之強，《我的一生》，頁211-212。

104 中國協和醫科大學編，《中國協和醫科大學校史1917-1987》（北京：北京科學技術出版社，1987），頁219。

105 中國協和醫科大學編，《中國協和醫科大學校史（1917-1987）》，頁49。

106 中國協和醫學院通訊組，〈中國協和醫學院總結一年來教學工作〉，《光明日報》，1953年10月23日，第1573期，第2版；中國協和醫科大學編，《中國協和醫科大學校史1917-1987》，頁48；虞雲國、李維華編，《李宗恩先生編年事輯》，頁403。

法的通知來看，最初動員林巧稚發聲支持，說分娩痛苦在「蘇聯先進的巴甫洛夫學說的指導下」已被徹底地解決了，呼籲「首都和全國的婦產科工作者們，一致的積極回應政府的號召，把無痛分娩法推廣到每一個角落裡去。」[107] 三年之後的1955年7月，此時林巧稚訪問過蘇聯，自己業已多次實施，可內心對於此分娩方法仍有不少保留，說每當有外賓到協和參觀訪問，但凡請她介紹婦產科推行蘇聯無痛分娩法的情形，以及要求到相關休養室參觀和現場觀摩時，「林大夫總覺得很難講話，總覺得理短。」[108] 只是到了1957年5月當局倡導「整風」，人們敢於暢所欲言之時，北京結核病院院長崔穀忱說：「在推行無痛分娩法時，效率被說成是90%以上，連蘇聯專家也有點不相信，既然是『無痛』，大夫告訴喊痛的產婦，這不叫痛，叫『酸』，因此，那時醫學界稱之為『無痛有酸分娩法』。」[109]

除此之外，許多畢業舊協和之人並不認為蘇聯醫學水準為世界領先，值得他們全力追隨。1956年，內科主任鄧家棟隨中共軍醫代表團赴蘇考察，近四十位團員主要來自協和及軍事醫學院的醫學專家，留下的總體印象是其研究所組織完善，研究工作與臨床緊密結合，工作秩序井然；然就他的專業——臨床血液學來看，認為研究水準不如預想的那麼高。鄧家棟寫道：「交談中，我們覺得他們的臨床專家對國外的資訊不夠了解，可能與他們缺乏和外界交流的機會有關。」[110] 張之強也回憶說：蘇聯的醫學水準完全不比過去的協和高，只是在當時強大的政治壓力下，照搬蘇聯的一套，「這引起協和教授們的強烈不滿，但又不敢直言反對。」[111] 還能作為佐證的，是英國生化學家、諾貝爾獎得主錢恩（E. B Chain, 1906-1979）於1961年春應邀訪華，在與當時中國科學界和醫學界的頂級學者交談時，錢恩說在很多醫學研究的高端領域裡，近四十

---

107 林巧稚，〈推行蘇聯先進的無痛分娩法是我們當前最光榮的政治任務〉，《光明日報》，1952年11月16日，第1236期，第3版。

108 張天來，〈科學思想上的新階段的開始：林巧稚大夫談學習「聯共（布）黨史」的收穫〉，《光明日報》，1955年7月19日，第2198期，第3版。

109 〈九三學社繼續座談「鳴」「放」問題，對衛生工作、人事安排等提出批評〉，《光明日報》，1957年5月3日，第2841期，第1版。

110 劉德培、劉謙主編，《鄧家棟畫傳》（北京：中國協和醫科大學出版社，2007），頁78。

111 張之強，《我的一生》，頁212。

多年來俄國人的貢獻，要麼完全空白，要麼非常平庸，得到了在座許多中國學者的贊同。[112]

1956年3月，協和回歸衛生部領導，不再隸屬於軍隊，並將「北京協和醫學院」改為「中國協和醫學院」。原因在於此時中共提出了「向科學進軍」的口號，希望「在不太長的時期內，趕上世界先進科學水準。」[113] 到了8月，衛生部為加強醫學科學研究力量，將在北京的「中央衛生研究院」更名為「中國醫學科學院」。[114] 該院的前身是南京國民政府的中央衛生實驗院，1950年10月與在北京的分院合併，有了「中央」這樣一個名頭。1954年，該院有八個研究單位，除南京的寄生蟲、海南島的的瘧疾研究這兩個分支機構之外，其餘六個都在北京，有專業人士二百零七人，其中副研究員以上的高級研究員三十人，此外還聘請了相關大學及研究所的兼職專家十三人。[115] 作為對官方號召的響應，該院在1956年2月23日至25日期間，舉行了建院以來的首次學術研討會，提交論文三十篇，參加者有在京的醫學人士和蘇聯專家三百多人。[116] 官方高調報導了此次會議，稱讚「這就是為提高我國醫學水準而努力的具體表現。」[117]

該機構是學習蘇聯計劃體制的產物，要點在於舉國意義上的「中央性」和「計劃性」，所謂「集中力量辦大事」。[118] 一篇代表官方意志的《建康報》

---

112 E. B Chain,"Report on Visit to China April 25 th to June 2nd 1961," Advisory Council on Scientific Policy S. P., Foreign Office Files China, 1949-1980, FO 371 /158432, p. 3; 中文翻譯可參閱（英）錢恩，〈訪華報告〉，張民軍、程力譯注，《中國科技史雜誌》，第37卷，第1期（2016），頁48-63。

113 周恩來，〈關於知識分子問題的報告（1956年1月14日，在中國共產黨中央委員會召開的關於知識分子問題的會議上），《光明日報》，1956年1月30日，第2391期，第2版，本報記者，〈掃除向科學進軍的思想障礙〉，《光明日報》，1956年2月25日，第2415期，第1版。

114 〈衛生部決定加強醫學科學研究力量，原中央衛生研究院更名為中國醫學科學院〉，《健康報》，1956年8月5日，第1版。

115 沈其震，〈中央衛生研究院成立四年來的工作概況〉，《科學通報》，1954年10月號，頁33。

116 〈中央衛生研究院舉行第一次學術論文報告會〉，《健康報》，1956年3月2日，第1版。

117 〈向科學進軍〉，《健康報》，1956年3月2日，第1版。

118 George C. Guins, "The Academy of Sciences of the U.S.S.R.," *The Russian Review,* Vol. 12, No. 4（Oct. 1953）, pp. 269-278.

社論，聲稱在國民政府統治時期，各種研究機構殘缺不全、設備簡陋和人力分散。由此導致的後果是雖不可否認仍有不少科學家懷有濃厚科學研究興趣；卻由於得不到政府的支持，只好各自為政，按照自己興趣去做一些細小的科學研究工作。該文作者認為那是一種小手工業方式進行的，支離破碎，註定會脫節於整個社會的要求和人民的需要，難以取得重大成就。此時中國農業走向了集體化，工業又被納入到計劃經濟體制，該社論呼籲醫學研究者們：「必須認識醫學科學研究工作，是一個集體任務，是要發揮全體科學家的智慧和力量，才能有所成就。」[119] 中共最高領導層又於當年12月批准了〈1956年至1967年科學技術發展遠景規劃〉，強調科學研究必須按照黨的指示，統一思想和統一意志：「用最大力量來加強中國科學院，使它成為領導全國提高科學水準、培養新生力量的火車頭。」[120]

儘管該院標明「中國」，卻與另外三個在北京醫學科研機構，如協和、軍事醫學科學院、中醫研究院相比，在學術資質上尚不具備統籌和領導全國科學醫學研究的影響力，且人手也不夠。更名後的當年10月，他們一次性接收了一百三十多位來自各地醫藥學院和綜合大學的畢業生，以及九十多名中專畢業生，新聞報導說：「一年中有這麼多人湧入一個醫學科學的研究機構，在我國醫學科學史上是空前的。」[121] 由此反倒說明，該院沒有幾位資深的重量級學者，主要由中青年學者構成。就其學術地位來看，先以1948年南京國民政府評選的中央研究院院士為例，醫學組的七人都不在該院；比對1955年6月成立的中國科學院學部，醫學界十六人中，名列其中只有該院院長沈其震。他雖於1931年獲日本東京帝國大學醫學院醫學博士學位，但自1937年就在漢口參加了新四軍、到延安後又擔任中共軍委衛生部第一副部長，或可認為是一位醫學行政管理人士，並沒有多少研究經歷和像樣的研究成果，更沒有全國性的學術影響力。

1957年3月20日，時任中國科學院院長的郭沫若，在政協第二屆全國委員會第三次全體會議上，談及醫學研究在「中央性」和「計劃性」方面存在的問

119 〈迅速開展科學的研究工作〉，《健康報》，1956年3月30日，第1版。

120 〈一九五六——一九六七年科學技術發展遠景規劃（修正草案）〉，參見「中華人民共和國科學技術部網站」http://www.most.gov.cn/ztzl/gjzcqgy/zcqgylshg/200508/t20050831_24440.htm。

121 朱錫瑩，〈醫學科學戰線上的生力軍〉，《健康報》，1956年10月9日，第1版。

題，坦承：「中國醫學科學院現在已有十五個所（系），雖然作了不少工作，但領導骨幹和設備都不足。」[122] 此時當局大致決定了將協和與該院合併，負責統籌和領導全國醫學精深研究工作，被政協任命為醫藥衛生組組長的李宗恩，遂於3月18日做了題為〈有計劃有組織地向科學進軍〉的表態。他說：「向科學進軍的首要條件，必須密切各個科學部門、各個單位之間的聯繫，加強統一領導，注意恰當地安排目前的利益和長遠的利益。」有趣的是，這個發言在《人民日報》上刊發之後，被在美國的婁克斯看到。為了知曉協和的近況，他將剪報轉寄給此時正在紐約住院治療的胡適，希望能幫其將之譯成英文。胡適看過之後，回覆說發言稿談及的話題，與中共一向主張「科學是集體事業」的立場相一致，認為類似這樣「陳詞濫調」的口號性表態文章，實在不值得花時間去翻譯和閱讀。[123]

就此後發生的一些重大事情來看，李宗恩的這一表態言不由衷。5月初開始了所謂的「鳴放」，即當局鼓勵人們可大膽提意見的「整風」運動。響應號召的李宗恩，直言不諱地批評了這些年裡，「協和整天在忙亂，工作沒有制度，抓不住重點」；聲稱每個系科設專職政治協理員或秘書，都是中共黨員，雖是醫學外行，卻什麼事情都要管，對老教授很不尊重、也從不信任，尤其在「在選拔幹部方面不重才只重德的宗派情緒也很嚴重。」[124] 接下來從6月上旬開始的「反右」政治運動，即最高領導層通過所謂的「引蛇出洞」，對那些暢所欲言之人進行嚴苛的政治清算；李宗恩被羅列了一個最大罪名，說是抓住一些暫時或局部的缺點開始向黨進攻，聲稱此時協和「沒有美國人辦的時候好，原因是共產黨領導得不好」。最晚從6月底開始，直到10月初李宗恩經歷了十多次被官方稱之為「辯論會」，實際上應當是「批鬥會」。因為當時被定性為「右派」者，不允許為自己辯護，只能在一片的聲討中老老實實地向黨和人民

122 〈郭沫若在政協第二屆全國委員會第三次全體會議上的發言〉，《人民日報》，1957年3月20日，第3版。

123 〈有計劃有組織地向科學進軍：李宗恩談醫學界向科學進軍中的幾個問題〉，“Harold H. Loucks to Hu Shih, May 20, 1957,” “Hu Shih to Loucks, May 23, 1957,” folder 522, box 74, record group IV2B9, CMB. Inc. ARF-ARC；虞雲國、李維華編，《李宗恩先生編年事輯》，頁427-428。

124 虞雲國、李維華編，《李宗恩先生編年事輯》，頁430-434。

「低頭認罪」。[125]

如果北大師生總人數的7%被劃成了「右派」，教職員的比率高於學生，接近10%，教授中的比例則更高；[126]那麼協和師生中被劃成「右派」的比例大致在5%左右，且多是中青年，如1947年招收學生的比例幾乎達到了10%。[127]至於為何「舊協和」之人的比例不高，原因之一或如前述基金會認為的「協和標準」，一直堅持「學術超越政治」的校園氛圍，學者們多埋頭於專業而心無旁騖。就如在是年5月下旬，當北大、人大、清華的「鳴放」運動如火如荼，協和仍被說成是一片「死氣沉沉，看不到放，聽不到鳴」，《光明日報》點名批評該校處在春天還未到來的「晚冬季」。[128]協和黨委就此不得不召開了六次的教授座談會，動員大家給黨提意見。從李宗恩之所以遭逢此厄運來看，鬱結可能在此前的「思想改造運動」，即他對林巧稚私下所發「牢騷」，抱怨當局刻意排斥「協和模式」，可自己早已不做一線臨床和科研，此時回不去放棄多年的熱帶病學研究專業。他說：「這一輩子就完了，誰讓我這樣？還不是共產黨嗎？」[129]

中共對李宗恩的處理，是撤銷了其包括協和醫學院院長在內的所有職務，並於1958年6月將之「下放」到昆明醫學院。[130]從「眼不見，心不煩」的角度來看，1958年春中共發動了所謂的「大躍進」運動，被撤職和下放可能反倒讓

---

125 〈李宗恩從章伯鈞手中接受聖旨兵符　協和圍攻「醫藥界統帥」〉，《人民日報》，1957年7月25日，第3版；〈協和教授員工深入開展反右派鬥爭，決不容許右派分子李宗恩蒙混過關〉，《健康報》，1957年7月30日，第557期，第1版；〈從美帝文化侵略堡壘變成人民醫療機構，協和醫學院解放後在醫療、教學、研究和建設等方面已經起了根本變化〉，《人民日報》，1957年8月20日，第4版；新華社，〈兩個月的說理鬥爭，十幾次大小辯論會：協和醫學院專家教授駁倒李宗恩〉，《人民日報》，1957年10月6日，第3版。

126 〈調動一切積極因素為四個現代化服務北京市一批錯劃為右派的同志得到改正〉，《人民日報》，1979年2月3日，第4版；《北京大學紀事（1898-1997）》（北京：北京大學出版社，1998），上冊，頁527、890。

127 王台，《協和的政治運動（1951-1976）》，頁32-40。

128 〈協和醫學院看不到鳴放，群眾反映，領導還在築牆，要求「扶植微言，結束協和的晚冬季」〉，《光明日報》，1957年5月20日，第2858期，第1版。

129 林巧稚，〈我為什麼要與李宗恩的反動思想作鬥爭〉，《新協和（思想建設特刊第56期）》，第59期，1952年8月10日，第1版。

130 虞雲國、李維華編，《李宗恩先生編年事輯》，頁481-482。

李宗恩得到了某種解脫。因為接下來出現的種種怪像、亂象，如果還在院長職位上，一定會讓他更加痛心疾首、欲哭無淚。如1958年元旦，《人民日報》發表了題為〈乘風破浪〉的社論，聲稱要用十五年左右的時間，在鋼鐵和其他重工業產品的產量方面趕上和超過英國；再用二十年到三十年的時間，在經濟上趕上並且超過美國。[131] 3月11日，協和召開了全校動員大會，鼓吹一定要從以往的「協和標準」中完全解放出來，大力開展在醫學科學方面的「大躍進」。第二天下午（12日），一批赴上海學習參觀的教授們回到北京，當晚在副教授以上人員參加的座談會上介紹了參觀情況；再至第三天（13日），全院開始了比賽書寫大字報的熱潮，到了晚上就已貼出九萬餘張大字報，張錫鈞教授一人寫了一百六十多張。[132]。

這些大字報號稱「向黨交心　向群眾交心」，內容無非批判「舊協和」，表示踴躍參與大躍進的決心和熱情。接下來院方用了四周時間召開了務虛會議，發動群眾就科學研究中的「舊協和」及「新協和」的爭議而進行辯論。首場辯論於5月29日正式開始，結果自然是作為「舊協和」的反方很快偃旗息鼓，「新協和」的正方取得了壓倒性的優勢。得勝一方的基本看法，是「科學沒有什麼神秘性，我們要破除迷信，學問多了，成了名了，有時反而成為包袱而顧慮重重。」為了能夠真正做到大張旗鼓，積極分子們想到了大搞群眾運動，組織「七一」、「十一」和「元旦」三大戰役，每個戰役目標明確，要將「醫學科學理論研究推向新的高潮！」[133] 對於「舊協和」特別注重的「國際水準」，積極分子們認為只要「六億人民承認了，外國不承認，也不要緊」；並強調說：「對待國際水準中的『厚西薄中』『厚美輕蘇』的現象，實際上是立場問題，必須予以徹底批判。」[134]

131　〈乘風破浪〉，《人民日報》，1958年1月1日，第1版。

132　熊世琦，〈向黨交心　向群眾交心，中國醫學科學院教授、專家紛紛貼出大字報〉，《光明日報》，1958年3月15日，第3152期，第2版；林巧稚，〈向黨交心〉，《光明日報》，1958年3月22日，第3159期，第2版。

133　〈大搞群眾運動，把醫學科學理論研究推向新的高潮！〉，《中國醫學科學院》，1960年6月23日，第2版。

134　〈揭穿科學研究中的資產階級本質，明確科學必須為生產大躍進服務〉，《中國醫學科學院》，1958年6月4日，第2版。

積極分子們的口號是「要癌症低頭、叫高血壓讓路」，[135] 強調「土洋結合」，以及「集中優勢兵力，打破院、所界線、組織大協作，實行大兵團作戰。」[136] 6月6日下午，院方召開了十八個相關科系單位，持續四小時的腫瘤綜合研究座談會，與會議之人以「十分計畫，十二分措施，廿四分熱情」，決定利用中醫中藥，先以子宮頸癌、乳腺癌、肝癌、消化道癌、肺癌、鼻咽癌及白血病為重點攻堅對象，並最後一致贊同病理系提出在「五年內制服腫瘤」的倡議。[137] 第二天全院就由群眾設定了十九個醫學研究攻關重點，成立了十一個綜合研究小組；12日又召開了全院的「獻計獻寶」大會，目的在於集思廣益，發動大家想辦法、提建議，五天時間裡得到各種回饋意見六千餘條。引人矚目的，是勞動衛生研究所提出一年內趕上國際水準，就勞動生理和疲勞研究的這兩個方面，分別要在一年半和三年內趕上美英；外科表示要在三至五年內全面趕上，並超過英美的外科技術水準。婦產科表示要在最近半年內，解決國內外都未能解決的新生嬰兒皮膚感染問題，三年內制服妊娠中毒。[138]

最親民的一項改進，是「新協和」努力建構「全心全意為人民服務，醫院如同家庭」的新型醫患關係。[139] 當時工人的年薪平均為六百一十元，[140] 看一次協和門診，各種費用平均約一元八角，住院平均每天七元一角九分，如果住一個月的醫院，少則三、二百元，多則二、三千元，不但普遍民眾住不起，就是收入較多之人也負擔不起。統計資料顯示，當年3月份四百一十五位住院病人中，除去絕大多數有公費醫療和勞保補助之外，不欠費的只有三人。此時協和開設了四十張簡易病床，允許病人自帶伙食，衣物，以減輕經濟條件較差患者的負擔。就在簡易病床開放的第一天，五位新入院的病人要求住到該病房；

135 懷菁，〈割掉奴隸尾巴〉，《光明日報》，1958年6月25日，第3253期，第2版。

136 中國醫學科學院青年制服腫瘤突擊隊，〈我們是制服腫瘤戰線上的尖兵〉，《人民日報》，1958年10月18日，第6版。

137 〈口號後面是行動，規劃下面是措施　五十餘教授座談腫瘤綜合研究〉，《中國醫學科學院》，1958年6月7日，第1版。

138 〈破迷信、插紅旗、訂規劃、搞革新，中國醫學科學院壯志凌雲、幹勁衝天〉，《健康報》，1958年6月25日，第4版。

139 〈徐運北付部長在我院全體人員上的報告摘要，衛生工作必須大力改革，堅決貫徹黨的總路線〉，《中國醫學科學院》，1958年6月7日，第1版。

140 周靜宇，〈誰說人民的生活水準降低了〉，《人民日報》，1957年8月3日，第4版。

不少科系於還準備根據患者病情和經濟條件，設立家庭病房，到患者家中去治療。6月3日，該院採行了二十四小時的門診制，三班倒的科主任、教授親臨診室，以求徹底解決被民眾詬病多年的掛號難，期望能為患者提供最大便利。新聞報導說：「當夜來到北京的癌症患者，用不著等到第二天，就可以立即到腫瘤醫院就診。」[141]

加強「中西醫結合」的力度，是此時「大躍進」的重要舉措之一。早在1954年，就有四位知名中醫師被請進了協和醫院，但那只是作為敷衍意義上的例行公事，沒有發揮什麼作用。此時，院內除專門聘請和參加協作的具有豐富經驗的中醫師外，還配備了脫產學習中醫的醫師九名（其中教授、副教授兩人），並創辦了中醫科，額外指定了八位西醫師學習中醫的治療技藝。從當年開始，全院掀起了西醫學中醫的群眾運動，七十多位醫生參加過脫產和半脫產的中醫班學習，一百多名護士參加了中醫基本知識學習班，全院有90%的護士學習過針灸。9月20日，院方聘請三十六位據說是有卓越貢獻的中醫師、土專家、青年衛生工作者為特約研究員，稱作「捕鼠專家、蛇醫、種植農藥、氣功專家」，最年輕的方纔二十一歲，由這些人來大力推動所謂柳枝接骨、中藥治療治癒肝硬化、治療食道癌、氣功療法等等。新聞報導說：協和外科採用中醫方法治療闌尾炎，「已經治療了80多例，除個別有特殊情況採用手術外，全部用中醫方法不開刀就治好。」[142]

與全國上下盲目熱捧的「人有多大膽、地有多大產」相呼應，院方自然不免大力表彰診療方面 「多快好省」的先進典型。一篇報導說：婦產科過去做簡單的全部子宮切除手術，平均需要兩小時半，此時將部分子宮切除術縮短為

141 〈中國醫學科學院在總路線的光輝照耀下，砍掉迷信美英的奴隸思想，面向病人，面向實際，敢作敢為〉，《人民日報》，1958年6月8日，第2版；〈破迷信、插紅旗、訂規劃、搞革新，中國醫學科學院壯志凌雲、幹勁衝天〉，《健康報》，1958年6月25日，第4版。

142 〈中西結合　土洋並舉，並讓中國醫學科學跨上千里馬：36位中醫、土專家作為我院特約研究員〉，《中國醫學科學院》，1958年9月27日，第1版；〈36位中醫師、土專家和青年衛生工作者，受聘為醫學科學院特約研究員〉，《光明日報》，1958年9月22日，第3342期，第5版；〈醫學科學院組織西醫學習中醫雙管齊下，派出去當學生　請進來作老師，部分西醫經三個月離職學習已對祖國醫學產生濃厚興趣〉，《光明日報》，1958年12月12日，第3423期，第3版；董炳琨，〈中西醫結合改變了協和醫院的面貌（附圖片）〉，《光明日報》，1961年3月24日，第4241期，第2版。

一小時半；速度更快的，是施行一個部分子宮切除術，僅一小時十五分鐘就結束了；結紮輸卵管手術，以前一般在產後六至二十小時內進行，此時改進到產後二至三小時內進行；「皮膚切口由絲線縫合改為腸線皮下縫合，病人不必等待五天後拆線，出院日可以提早三天，已試行三例而效果良好。」[143] 多少有些誇張的，是環衛系十九位員工於9月8日參觀了天津郊區的江郊新立村人民公社。該公社有七萬餘人，不久前接待過毛澤東的到訪。那裡的社員告訴協和到訪者，說該村決心苦戰三年，將所有住宅建成別墅式樓房，樓上樓下，電燈電話，每戶（指父母子女兩代一起生活）不少於三間房，吃飯穿衣不花錢，出行都騎自行車，並還要做到每天有牛奶、雞蛋和肉類，勞動一年，夠吃三百年，期望能「活三百歲」。[144]

當年也可被稱為「全民大煉鋼鐵年」，被納入史冊的是當局號召全國煉鋼一千零七十萬噸，攤派到各地之後，分配給北京市的任務是二十萬噸，高等學校的任務是一萬噸；協和院方則聲稱在12月10日前將實現出鋼七百噸的「宏偉目標」，實際情況是至10月20日出鋼十五噸，25日達到了三十七噸。[145] 這背後的故事毋庸繼續展開，因為無非是將各自家裡的廢鐵蒐集起來，送到在院內空地上臨時搭建的簡陋小高爐，煉出來只是質地酥鬆，有很多「氣孔」的一堆堆的廢渣。至於哪些人才是滿懷豪情的積極分子，院方承認較少有老專家願意出面附和，反倒是在青年研究人員集中的科室裡，思想解放徹底、迷信掃除得乾淨——如勞動衛生研究所之所以那麼雄心勃勃，就在於「那裡多是青年研究人員，提出了『組組插紅旗、全所滿堂紅』的口號。」[146] 病理學系的黨員、團員及部分青年群眾十一人，成立了所謂「腫瘤突擊隊」，被官方稱之為攻克科學難關的「尖兵」，各主要科系的進步青年隨之跟進，也都紛紛成立了類似

143 〈婦產科加強配合改進操作，縮短手術時間和術後住院日〉，《中國醫學科學院》，1958年6月7日，第4版。

144 〈農民兄弟向醫務工作提出新任務，我們要活三百歲〉，《中國醫學科學院》，1958年10月9日，第4版。

145 〈為七百噸鋼而戰〉，《中國醫學科學院》，1958年10月23日，第1版。

146 〈破迷信、插紅旗、訂規劃、搞革新，中國醫學科學院壯志凌雲、幹勁衝天〉，《健康報》，1958年6月25日，第4版。

的青年突擊隊。[147]

與之相應，「舊協和」嚴格奉行的醫療層級，此時被視為必須徹底清除的「等級森嚴」之陋習。一篇批判文章稱：此前上級大夫的話是金口玉言，即使是錯誤的，下級醫生也不能提出反對意見。結果造成醫師職級越高，越脫離病人的實際。那些幸運榮升到講座教授之人，高高在上，埋頭於「高深理論」和個人研究，即使下來查房，總以外國文獻套病人實際，「甚至擺出權威架子，無端訓斥下級醫師，弄得下級醫師噤若寒蟬。」[148] 同樣作為一項整改的政績，是走在最前面的腦系科決定：自10月初將所有高級醫師下放到門診和病房，讓護士擔負起醫師的部分常規治療工作，如打針、輸血、輸液、穿刺等，此外，該系還鼓勵醫師利用一切機會做護理工作，如遇到開飯時間，給病人餵飯的不僅有護士，也有醫師。這篇報導稱讚該系以黨組織為核心，在治療過程中不能只由專家說了算，青年們在集體討論中也可以提出新的療法和建設性意見，有些老教授「過去慣於用『薑是老的辣』這句話去訓斥青年，現在再也聽不到這句話了。」[149]

此時被遭到點名批判的，以當年「舊協和」的學者為最多。北京醫院內分泌科主任劉士豪，被批判為總是沉溺在自己曾是「協和優等生，研究工作做得多，論文多，學問大」的光榮之中而不能自拔，看不到群眾在科學研究中的力量。[150] 的確，他作為「舊協和」的首位華人內科教授，該校教授委員會於1941年10月14日討論這項任命時，說在過去的十六年裡，其已成為成熟且經驗豐富的臨床醫師，擁有頗為精湛的實驗室技藝。[151] 另外，被全國點名批判的

147 〈我們是制服腫瘤戰線上的尖兵〉，《人民日報》，1958年10月18日，第6版。

148 〈為遊擊習氣恢復名譽以後——協和腦系科大破資產階級傳統經過〉，《中國醫學科學院》，1958年12月29日，第1版。

149 郭少軍、熊世琦，〈大破「權威」和「等級制」協和醫院腦系科的全面大躍進〉，《人民日報》，1958年11月10日，第6版；陸羽，〈衝擊資產階級法權的鬥爭〉、黃惠芬、李子學，〈群眾大破資產階級法權，協和醫院腦系科樹起紅旗〉，《光明日報》，1958年11月14日，第3395期，第3版。

150 金孜琴，〈堅決打破資產階級醫學權威——批判劉士豪壟斷科學壓制青年〉，《健康報》，1958年9月19日，第9版。

151 “Minutes of the Peiping Union Medical College, October 14, 1941, Governing Council Educational Division,” folder 639, box 90, record group V2B9, CMB Inc. ARF-ARC.

醫學權威，還有1932年畢業的張慶松、1934年畢業的黃楨祥。羅列的錯誤是兩人均公開反對二十四小時門診，以及一窩蜂地讓阿貓阿狗，即那些不具備資質的人去做精深的醫學科學研究。[152] 尤其是張慶松，令當局大為不滿的是其居然質疑針灸治癒聾啞人的新聞報導，說那是不可能的、是胡鬧，一口咬定「治好的不是真聾，是假聾。」[153] 最慘的是在《人民日報》上刊發自我檢討的馮蘭洲，承認走「資本主義的路」，只做感興趣的課題，沒有重點「研究危害人民健康最嚴重的寄生蟲病。」[154]

第五節 重提「舊協和」

紐約醫學會很惦念協和，一直想了解收歸國有之後的情況。1956年5月，先有澳大利亞神經學家，且還是收藏中國古代藝術品的權威人士的倫納考克斯（Leonard Cox, 1894-1976）訪問北京、上海和南京的醫療機構，撰寫的報告談及一些年輕中國醫生仍希望前往英語國家深造，各機構在熱帶醫學領域裡的研究頗為活躍。[155] 年底，又有二十位該國醫生受邀訪華，其中有悉尼大學公共衛生與熱帶醫學院（School of Public Health and Tropical Medicine University of Sydney）院長福特（Edward Ford, 1902-1986）。他回國後在《科學》（*Science*）雜誌上發表訪華觀感。婁克斯於翌年4月11日讀到了這篇文章，立即致函福特，說他們自1951年1月後已沒有了協和的消息，請方便時寫些訪問該校所留下的印象。6月24日，福特回覆婁克斯，說考察了協和醫院的病房、放射科和病理科，了解到病人來自全國各地，感覺該院的臨床水準與歐美第一

---

152 〈黨委擴大會上大破資產階級權威，張慶松、黃楨祥、吳光受到批判〉，《中國醫學科學院》，1958年10月19日，第1版；病毒系，〈黃禎祥是什麼樣的權威？〉，《光明日報》，1958年11月3日，第3384期，第3版。

153 〈揭發張慶松的資產階級惡劣行為，中國醫學科學院協和醫院　耳鼻喉科〉，《光明日報》，1958年11月3日，第3384期，第3版。

154 〈放棄資本主義的路，走社會主義的路〉，《人民日報》，1958年10月28日，第6版。

155 "Australian Physicians Plan Visit to Chinese Mainland," *Science*, 29（Mar. 1957）, p. 591, folder 200, box 28, record group 5, CMB. Inc, RF. ARC; The Eider View, "Chinese Medical today," *The Medical Journal of Australia*（Oct. 12. 1957）, p. 554

流的教學醫院不相上下，且「其中大部分教授有在英美留學、進修的經驗。」[156]

福特談到該醫學院自1953年已經不招本科生，此時只從事進修人員的培訓，接收來自於全國三十四所醫學院畢業後的進修生，與其他中國醫學院的情況相似，教授們的教學負擔很重，沒有太多時間和精力從事研究。[157] 8月2日，婁克斯回覆福特，對其來信表示感謝，說很高興協和校友還能維持該校最初創立時的傳統，並告訴他醫學會仍還訂閱那些重要的醫學期刊，此時存放在紐約，倘若哪一天兩國關係正常化，就能將之即刻發往北京。[158] 另外當年10月，美國康復醫學奠基人臘斯克（Howard A Rusk, 1901-1989）也致函醫學會，說自己去年經芬蘭前往蘇聯的途中，遇到了兩位曾是老朋友，不久前訪問過中國的芬蘭教授，得知儘管中共官方這些年裡一直高調譴責美國，但兩人會見過一些曾在協和學習和工作的中國醫學專家，了解他們中很多人仍很懷念當年的雅禮、基金會、醫學會和舊協和，表示從內心深處感謝美國人曾為發展中國醫學高等教育所做出的貢獻，並說兩人在訪問期間，在那些重要研究機構裡「沒有聽到一句批評美國的壞話」。[159]

當年「舊協和」留下最重要的遺產是「協和標準」，如福特、臘斯克雖看到協和醫院的治療水準並未明顯降低，但也認為醫學教育和研究基本停滯。實際上，早在協和被收歸國有之初，解剖學教授張鋆雖曾撰文表示支持，但又聲稱如果政府真想將「新協和」辦得比美國人更好，「希望不降低教學標準」。他說：協和過去的成就，很大原因是確立了最高教學標準，尤其是確立預科標準之後而獲得的。協和學生經過三年預科之後，打下了較強的數理化基礎，然後是五年醫學本科，接受醫學的高深理論，最終養成師資人才。張鋆由此呼籲當局能夠沿用協和成規，繼續維持原有教學標準，不要讓教學人員承擔過度醫

156 "Harold H. Loucks to Edward Ford, April 11, 1957," "Ford to Lucks, June 24, 1957," folder 200, box 28, record group 5, CMB. Inc, RAF-RAC.

157 "Ford to Lucks, June 24, 1957," folder 200, box 28, record group 5, CMB. Inc, RAF-RAC.

158 "Lucks to professor Ford, August 2, 1957," folder 200, box 28, record group 5, CMB. Inc, RAF-RAC.

159 "Excerpts from article entitled Doctors as Diplomats by Dr. Howard A Rusk, Institute of Internal Education New Bulletin, October 1957," folder 200, box 28, record group 5, CMB. Inc, RAF-RAC.

療事務，認為：「協和過去的一點成績，是因為工作人員在教學之餘潛心研究，把研究成果刊布在國內外各種雜誌，贏得國際地位。」[160] 可在一年之後的「思想改造」運動中，這種讚揚「協和標準」的說法受到了嚴厲批判，遂有張鋆在1951年6月16日以「批判『協和標準』『天才教育』」為題，在群眾大組中做了深刻檢討。[161]

前述1951年9月離開中國的何博禮，向醫學會報告了由於參加太多的政治學習，「協和標準」較過去降低了許多，說自己與李宗恩當面交談，李本人承認這是事實，認為隨著政治學習告一段落，一切還會照舊，教授們可以重回實驗室或病房，「協和標準」自然就會恢復。何博禮說還聽到留在北京的一些外國人，也感覺到由於政治運動的衝擊，醫院的服務質量難以保證，對協和醫院的好感也在減少。[162] 的確自1952年以後，醫院診治的病患已經多是軍隊幹部，至1956年幾乎占到住院、門診、急診人數的二分之一。至於教學質量，為落實1950年8月全國第一屆衛生工作會議關於預防為主的決議，協和轉向培訓當時迫切需要的公共衛生護士，導致公共衛生護士班人數一下子比過去增招了四到五倍。有記載說：「由於教學人員不足，公共衛生護士也擔當了實習教學工作。」[163] 到了1953年春，作為全軍醫療衛生幹部的進修學院，協和舉辦了來自全國各地、不同崗位，醫學基礎知識參差不齊的各種訓練班，最低程度有些只是高小畢業，僅能講授最基本的醫療知識。[164]

1952年協和招收了最後一屆本科生，雖有不少來自燕京、協和護校、以及清華生物系，卻還有部分是政治可靠，基礎知識較差的軍人；加以入學之後就趕上了連日的政治運動，整天忙著參加政治學習和批判別人，當轉向正規學習之後，有些同學學習態度不嚴肅，學習紀律鬆懈，上課遲到早退，有時弄得不

160 張鋆，〈對於政務院處理接受美國津貼的文化教育機關方針的決定及此項決定實施後有關協和的希望〉，《協醫半月刊》，第63卷第8期，1951年1月20日，頁1，北京協和醫學院檔案室藏，文書檔案，數位索卷號：0444。

161 〈批判「協和標準」「天才教育」〉《新協和（思想建設專刊第16期）》，第25期，1952年6月18日，第3版。

162 "R. Hoeppli to H. H. Lucks, 17 January 1953," folder 1, box 1, record group IV2A32, CMB. Inc. RAF-RAC; 虞雲國、李維華編，《李宗恩先生編年事輯》，頁379-380。

163 中國協和醫科大學編，《中國協和醫科大學校史1917-1987》，頁45。

164 中國協和醫科大學編，《中國協和醫科大學校史1917-1987》，頁48。

能準時開課，上課時隨意說笑和打瞌睡。官方報導說：有些學生不愛護學習工具，解剖用的屍體由於沒有保養而被損害，學神經學用的腦模型被弄得殘缺不全，顯微鏡的鏡頭竟然在牆角找到。尤其是在此前政治運動中被批判的對象，都是那些擔任專業課程的教授，致使一些同學不尊重教員，給教員亂起外號，課堂上亂遞條子，常常打斷教員講課，有時教員下課後，裝一口袋紙條回去。這些紙條上寫有「你講的太次了」、「你毫無準備講的亂七八糟」、「以後沒有準備，別來講課」，等一些非常不禮貌的詞句。當然，軍人入學的態度雖可能會好些，但有的基礎實在太差，在顯微鏡下察看細胞都不會。[165]

在「舊協和」的二十二年裡，總共培養了大約三百一十位畢業生；然在1951年收歸國有之後，至1959年6月「新協和」培養了包括醫學生、研究生、進修生、護校生，以及各種培訓班在內，總共五千三百八十五人。[166] 這個數字將近是「舊協和」的十七倍，品質自然不敢稍有恭維。當1956年協和回歸衛生部之後，協和隨即在文化水準、年齡、待遇等方面，對招收教育程度偏低的在職幹部、工農學生設定了許多專業限制；並在1957年乾脆取消了工作過一些年份、政治更為可靠的調幹生考試。為了保證能夠「向科學進軍」，校方請求衛生部同意他們不再開辦幹部進修班，而是通過嚴格入學考試，直接招收程度相對好些的高中畢業生。[167] 此外，同時期當局撥發給協和的科研經費，只是全院經費的10％。[168] 職是之故，前述1961年4月至6月間訪華的英國諾貝爾獎獲得者錢恩，訪問了包括協和在內的科研機構，感到震驚的是許多重量級研究人員，在西方都可以視為出類拔萃之人，雖擁有頗高的智力和學術水準，然與其研究的原創性卻形成了較大的反差——即其從事的「科研題目多是低水準，且還是應用性的研究。」[169]

---

165 中國協和醫學院通訊組，〈中國協和醫學院總結一年來教學工作〉，《光明日報》，1953年10月23日，第1573期，第2版。

166 〈歡慶偉大祖國建國十周年，實現醫學科學的更大躍進〉，《中國醫學科學院》，1959年9月20日，第10版。

167 季鐘樸（衛生部醫學教育司司長），〈破除迷信，解放思想，使醫學教育跨上千里馬〉，《健康報》，1958年6月21日，第625期，第2版。

168 〈協和醫學院看不到鳴放，群眾反映，領導還在築牆，要求「植微言，結束協和的晚冬季」〉，《光明日報》，1957年5月20日，第2858期，第1版。

169 E. B Chain, “Report on Visit to China April 25 the June 2nd, 1961,” p. 2, Foreign Office Files

1957年5月14日，國務院規劃委員會批准成立中央衛生研究院和北京協和醫學院的協調合作委員會，主任是衛生部副部長崔義田，排在第一的副主任是李宗恩、第二位是中央衛生研究院院長的沈其震，希望這兩個機構合而為一。經過一段時間的磋商，衛生部於11月25日發文核准兩個機構的合併，稱之為「中國醫學科學院」（以下簡稱醫科院），確定為此乃全國醫學研究的最高殿堂，下設十三個研究所和四個附屬醫院，不再招生和承擔教學任務，全力進行所謂國家重大醫學科研項目的研究。[170] 此時李宗恩已被打成「右派」，讓黨委書記張之強頗為犯愁的，是選誰來擔任院長。他後來回憶道：由於併入許多不同機構，協和在該院領導層的影響已經夠大，導致一些非協和之人的不服氣，聲稱：「協和雖是原來的廟，但早已不是原來的神了！」意指那些來自「協和」之人，並非全都是「舊協和」的班底。為了減少矛盾和避免衝突，他建議院長可從「外邊調入進來」，這樣「工作起來就能會比較超脫一些」，並由此推薦了時任上海醫學院副院長的黃家駟。[171]

黃家駟於1933年畢業於協和，1933年7月被聘為協和助理住院醫師，年薪七百元，一年後又被聘為外科常駐助理，年薪增至一千元，並享有免費住宿、水電、洗衣等額外福利。1935年6月28日，外科主任婁克斯對黃家駟的工作，給予總體「滿意」的評價。當時協和對住院醫師的評價分為三類：「卓越」、「滿意」和「不滿意」；崗位是一年一聘，婁克斯建議院方「繼續聘任」；並寫下了這樣幾行的具體評語：即工作態度良好、誠實、可靠，雖專業在同事中不是最突出的，卻是自己這些來遇到頗滿意的一位助理住院醫師，缺點是沉默寡言，不愛說話，與同事們相處得有些彆扭。[172] 然而，黃家駟當年卻毅然辭去了在協和的工作，執教於顏福慶任院長的國立上海醫學院；後來談及原因是他知道住院醫生的職位，自己可能無緣獲得，「將要被一個同班的同學搶去」，想想還是去了上海尋求更好的職業發展。[173]

China（1949-1980）, Marlborough Adam Matthew Digital Ltd, FO 371/158432.

170 中國協和醫科大學編，《中國協和醫科大學校史（1917-1987）》，頁52-53。

171 張之強，《我的一生》，頁223。

172 "Greene to Huang Chia-Szu, May 1, 1934,"〈有關的工作簽定（保密）〉，北京協和醫學院檔案室藏，中國人人事檔案，數位索卷號：1347。

173 黃家駟，〈克服個人英雄主義，樹立為人民服務的思想〉，《醫務生活》，1952年第3期，

相對於此時其他能夠被醫學專業同僚認可的人選，黃家駟的學術資質相當耀眼。具體說來，1940年他考取了清華官費赴美留學，是二十位錄取者中唯一學醫的，每月得到了一百美元的生活補貼。翌年10月23日，他來到美國密西根大學（University of Michigan），師從胸外科及肺結核手術創始人之一的亞歷山大（John Alexander, 1891-1954）教授，於1943年獲得了碩士學位後，又通過了美國外科專家的論證考試。此時正值戰爭時期，作為得到專業認可的胸外科醫師，美軍醫院願為他提供了一份月薪三千美元的工作合同。[174] 尤其重要的是在1950年後，他的政治表現完全可被劃歸「積極進步」一類，即在朝鮮戰爭開打後，他率先報名參加上海市志願醫療手術隊，擔任總隊長兼第二大隊大隊長。再為了響應「學習蘇聯」的號召，他從零開始學習俄語，兩年後翻譯了蘇聯學者撰寫的《胸部外科學》；1955年又當選了中國科學院首批學部委員，參與主持制訂了《全國十二年科學技術發展規劃》。

畢業於協和，又在美國著名醫學院深造過，黃家駟清楚知道基於實驗室的科學研究，對於提升臨床醫療診治水準的重要性。1958年9月19日，黃家駟被衛生部正式任命為醫科院院長，來到北京上任後認真調查各所的研究課題和工作情況，提出「尖端問題也必須進行研究。這是關係到目前任務和明天任務的問題。」[175] 在他的積極推動之下，衛生部同意在原協和基礎之上設置一所學制較長、品質較高的醫科大學，並於1959年4月中旬成立籌備委員會，黃家駟為主任，兩位副主任中有一位就是當年積極鼓吹「協和標準」，後又不得不在「思想改造」做當眾檢討的解剖學教授張鋆。接下來該委員會對有關校名、學制、培養目標、課程設置、校址等問題進行了專門討論，擬訂出《中國醫學科學院關於籌辦「中國醫學院」的初步方案》。三個月後的6月30日，該報告經教育部、國務院的批准，同意成立一所八年學制的醫學院，定名為「中國醫科大學」。

作為一位「舊協和」的資深學者，曾在抗戰時期擔任過湘雅醫學院院長的

頁11。

174 Song Wan, MD, FRCS, and Anthony P. C. Yim, MD, FRCS, "Jia-Si Huang: A Surgeon and Something More," *Ann Thora Surg*, 2006, Vol. 82, pp. 1147-1151.

175 中國醫學科學院、中國協和醫科大學編，《外科醫生黃家駟》（北京：中國協和醫科大學出版社，2006），頁78。

張孝騫無疑發揮了重要作用。在1957年「反右」之前的「鳴放」過程中，在當局號召給黨提意見的口號感召之下，他大膽以〈中國協和醫學院應恢復醫學生教育〉為題而投書高層，詳細闡述「從速開辦幾處年限較長、學生較少、基礎課程較好、教學品質較高的醫學教育中心」，對未來高等醫學教育發展的重要意義。與此同時，張孝騫還公開批評1950年代後的醫學教育過於忽視基礎理論，培養出來的學生缺乏研究能力的現象；[176] 並還涉及當時外行領導內行的普遍情況，說自己雖是內科主任，卻沒有權力決定下屬的聘任和去留。據曾是毛澤東私下醫生的李志綏回憶：「反右」開始後，張孝騫每天惶惶不可終日，請其向毛澤東說情。當李志綏見到毛澤東談及此事，或念及舊誼，即1920年初毛澤東曾在雅禮主辦過《新湖南》，與楊開慧的第一個兒子在湘雅出生；或可能也是念及張孝騫還擔任了高層的醫療保健，毛澤東說：「他是個書呆子，讓人利用了」，[177] 幸運地逃過了一劫。

與中共最高領導人毛澤東的教育理念相衝突的，莫過於「舊協和」的八年學制。時任醫科院副院長，也是該院黨委副書記的薛公綽，1936年畢業於清華生物系，1938年1月加入八路軍後前往延安，在衛生學校擔任生理學教員。1941年，他受到了毛澤東的親切接見，當問及在延安創辦的中國醫學大學的學制，薛公綽回答說：他們最初設想是八個月到一年，其時是一年半到兩年，如果條件允許的話，打算讓少數學生延長三、四年畢業。毛澤東聽後很不以為然，說：「我覺得時間也不必太長，培養出來的學生，總以能解決實際問題好。」[178] 然而，協和人對這樣一個長學制卻情有獨鍾，張鋆在1957年「反右」運動之前的「鳴放」中發言也指出：稱過去醫學院的學制是六年、七年，蘇聯也是六年，此時中國壓縮到五年；另外一位教授表示贊同，說由於學制短、課程多，各科講義精簡得像濃縮的魚肝油一樣，致使「學生認識問題很局限，思考能力低。」[179]

176 〈協和醫學院看不到鳴放，群眾反映，領導還在築牆，要求「扶植微言，結束協和的晚冬季」〉，《光明日報》，1957年5月20日，第2858期，第1版。

177 虞雲國、李維華編，《李宗恩先生編年事輯》，頁460。

178 薛公綽，〈永遠在毛澤東同志的教導下奮勇前進——紀念毛澤東同志誕辰一百周年〉，收入守仁主編，《薛公綽紀念集》（北京：北京科學出版社，2008），頁113。

179 〈醫學教育和醫學科學研究工作中的問題：醫學界六十多位教授、專家發表意見〉，《人民

對於沒有接受過系統科學訓練的毛澤東來說，不太了解在所有高等教育系科中，醫學教育年限之所以最長，課目最多，自然科學訓練要求更為全面，因為涉及到人的生命，必須精益求精。1926年畢業於當時中國最頂級的理工大學——上海南洋大學，時任中共中央宣傳部長的陸定一於1959年春入住協和，在治療過程中經常聽到醫生們希望恢復八年制協和醫學院的意見，引起了高度重視。張之強回憶道：陸定一兩次將他召來，在病房裡討論此事，印象是陸定一較為傾向恢復協和，並希望他能在醫科院黨委內部吹風，聽聽大家的意見。張之強隨即召開了常委會，傳達了陸定一的指示，隨即出現了激烈爭論。大力支持者自然是黃家駟，強烈反對者是曾在延安工作過的薛公綽、沈其震；只是後來得到了副院長白希清的同意，[180] 在常委會上形成了五比二多數而通過。說來說去，白希清與「舊協和」還是有些淵源，即其1930年畢業於奉天醫科專門學校、1933年至1935年留學英國，回國後曾在協和短期擔任過講師，1945年在東北參加中共。

持正面贊同態度的中共高層，看來有國務院總理周恩來、書記處書記鄧小平，以及北京市長彭真。周恩來曾向張之強詢問過恢復舊協和的情況，指示說協和曾是世界有名的學校，恢復該校不能單純從業務技術方面來看，還要注意其曾對醫學界和在國際上都是有影響的。彭真則指出：協和可以按舊協和的標準來辦，即「不僅規章制度、傳統作風，就連大夫、護士、職工的服裝樣式都要按舊協和的樣式，有什麼不好？」[181] 鑑於此，黃家駟等更有底氣，在用人方面頗鍾情於協和校友。在1959年9月初舉行的中國醫科大學成立及新生開學典禮上，他高調稱讚「我們許多老教授過去在八年制的協和醫學院積累有豐富的教學經驗」。[182] 時任該校教務長的章央芬回憶道，黃家駟曾「親自聘選舊

日報》，1957年5月16日，第6版；張鋆，〈幫助黨辦好醫學教育〉，《健康報》，1957年6月4日，第7版。

180 張之強，《我的一生》，頁225-226。

181 張之強，《我的一生》，頁299-314。

182 〈衛生部李德全部長的指示〉，〈中國醫科大學舉行成立和開學典禮大會〉、〈黃家駟院長在中國醫科大學成立及一九五九年開學典禮大會上的講話〉，《中國醫學科學院》，1959年9月10日，第1版、第3版。

協和畢業生或長期在舊協和工作的教授作為醫大的教研室主任。」[183] 實際上，這恐怕也是萬不得已。因為黃家駟此前在上海醫學院院長任上時，不斷提醒在該院任職的協和校友，說：「這裡最好不要常提『協和』，免得『上醫』的人聽了，以為我們在鬧小圈子。」[184]

有了「舊協和」作為楷模，中國醫科大學在招生、課程設置和科研方向都有了相應的轉變和調整。此前招生政策，是須向農村和邊遠地區傾斜，強調注意那些來自最貧窮人群的「階級出身」；此時則根據考試分數高低而決定錄取；故1959-1964年期間招收的學生，多來自於京、滬、津、寧等大城市，出身於工農家庭的只占到5%。[185] 此外，該校在全國範圍率先確立了「導師制」，首批二十位六年級的學生於1961年9月進入臨床學習階段，按照「舊協和」醫學臨床教學巡診模式，由導師帶領學生圍繞病人治療進行檢查討論。具體實施則是教授們隨時提問，啟發思考，並引導學生討論疾病的發生、發展、診斷、治療和預防、預後等問題。[186] 重要的是，協和還逐步恢復了此前已被撤銷的循環、呼吸、腫瘤、內分泌、胸內、胸外，小兒、精神、皮膚等科系及實驗室，使該校重新成為系科齊全的綜合性臨床教學基地；同時還全面恢復住院醫生培訓制度，實行二十四小時負責制，從而保證了教學醫院的師資力量和業務水準。[187]

對「舊協和」最具象徵性的認可，莫過於1962年2月由該校教授討論而成，被命名為〈舊協和醫學院教學工作經驗初步總結〉的文稿。這是由黃家駟主持，教務長章央芬籌畫，邀請了張孝騫、劉士豪、林巧稚和張慶松等一批當年在「舊協和」任教的教授參加，為期七天會議的討論結果。該文稿提出了被認為是「舊協和」立身的「三基、三嚴」原則——即教學方面注重基礎理論、

183 章央芬，《自豪的回憶》（北京：華夏出版社，2004），頁173。

184 黃家駟，〈克服個人英雄主義，樹立為人民服務的思想〉，《醫務生活》，1952年第3期，頁11。

185 中國醫科大學六年級革命同學，〈醫大校門為誰開？〉，《人民日報》，1968年2月24日，第4版。

186 朱彬，〈當大夫之前——中國醫科大學六年級教學見聞〉，《人民日報》，1962年6月3日，第2版。

187 章央芬，《自豪的回憶》，頁94。

基本知識、基本技能；科研方面強調嚴肅的態度、嚴格的要求、嚴密的方法。針對建國後學習蘇聯，參考蘇式的教學大綱和教材，文稿也肯定了「舊協和」用英文原版教材，基本不用教學大綱和講義的教學模式。另外就「舊協和」規定七十分方為及格分數來看，雖仍決定按照衛生部核定的六十分的及格線，但文稿認為可參照「舊協和」兩門課不及格的只補考一次，有一門補考不及格就留級的慣例。[188] 該文稿提交給了該校黨委，經過反覆修改之後，遂於四月份通過定稿，成為官方正式文件而下發到各個系科遵照執行。

不過，高層於1965年又發起了「把醫療衛生的重點放到農村去」的運動，按照衛生部要求，當局於2月初從包括醫科院在內的近十家醫院中抽派專家，其中有黃家駟、張孝騫、林巧稚等人，組成了十二個農村巡迴醫療隊，前往北京郊區和湖南農村。[189] 黃家駟率領的醫療隊於2月12日乘火車出發，開赴湖南湘陰縣。[190] 抵達之後，他們除開展了日常診療工作之外，還舉辦了一個半農半讀醫學班。教室和學生宿舍設在一所鄉村的農業中學裡，招收的三十多位學生來自附近二十多個鄉村，百分之百的貧農下中農子女，教育程度一般是初中畢業或肄業，也有少數高中畢業和高小畢業。該班學制定為定為兩年，學生農忙回社隊生產，農閒來校學習，每年學習和勞動的時間各占一半，規劃是經過兩年培訓，學位們能夠治療農村中許多常見疾病。[191] 據黃家駟的日記講述，

---

188 中國協和醫科大學編，《中國協和醫科大學校史1917-1987》，頁62-65、73-94；章央芬，《自豪的回憶》，頁94。

189 〈促進衛生隊伍的革命化　更好地為工農兵健康服務〉，《光明日報》，1965年2月15日，第5643期，第1版。

190 〈我院第一批農村巡迴醫療隊出發〉，《中國醫學科學院》，1965年2月16日，第1版；〈為農民群眾防病治病　促進衛生隊伍革命化（附圖片）北京農村巡迴醫療隊在農村〉，《光明日報》，1965年4月5日，第5692期，第2版。

191 新華社，〈積極採用革命措施熱心培養農村醫生，中國醫學科學院下鄉巡迴醫療隊開辦半農半讀醫學班〉，《人民日報》，1965年5月10日，第2版；〈中國醫學科學院巡迴醫療隊在中共嶽陽地委領導下，舉辦半農半讀醫學班培養農村醫生（附圖片），黃家駟院長等根據少而精原則安排教學計畫和教學內容並親自授課〉，《光明日報》，1965年5月11日，第5728期，第3版；黃家駟，〈我們有信心辦好半農半讀醫學班，中國醫學科學院院長、中國醫科大學校長〉，《光明日報》，1965年5月11日，第5728期，第3版；〈中國醫學科學院巡迴醫療隊幫助農村醫務人員提高醫療技術水準〉，《人民日報》，1965年7月27日，第2版；黃家駟，〈要下農村，醫療衛生工作要面向農村！〉，《人民日報》，1965年8月4日，第3版。

他的課上內容很通俗，用許多農村的事物來作比較，如講細胞的分化，就用到農村集體勞動生產的分工。他屢次問學生們懂不懂，都說懂了，可問那個小學畢業的女生，發現實際上她並沒有聽懂。[192]

反觀「舊協和」當年，農村醫療雖不是關注重點，卻早在1930年就資助和參與了定縣鄉村重建運動——如前述基金會國際衛生部和協和公共衛生系資助陳志潛、周美玉等人，在該地設立醫療站、培養鄉村護士，以及大力改善農村公共衛生等事務。至1949年中共獲勝指日可待，基金會高層焦慮地揣測未來將向何處發展時，晏陽初於2月2日致函派克，說雖很難確定中共對平民教育運動的態度，但從某些事情可以看出一點端倪，即當年在定縣時，他接待過中共派來的考察人士，說要將此運動經驗帶到其占領的紅區試行；前述戰後基金會派出考察中國醫學狀況的考察團，從中共占領的張家口回來後也對他說：考察團在當地看到了與定縣鄉村衛生計畫的幾乎一模一樣之翻版，這在國民政府統治區內根本無法實施。晏陽初則強調自己開創的平民教育運動是超越政治和超越黨派的，實行過程中必須擁有決策和行動的自由；如果「自由」被剝奪了，這個運動即沒有了意義，「就像中國的一句成語，『寧為玉碎，不為瓦全』。」[193]

當1966年史無前例的「文化大革命」爆發之後，與協和相關的醫學會乃至基金會的「死灰復燃」受到了更為強烈的衝擊。8月20日前後，北京各大中小學「停課鬧革命」，醫大教授們遭受了令人痛不欲生的嚴酷批鬥，「協和醫院」被認為是「帝國主義侵略」的遺續殘留而改名為「反帝醫院」。[194] 11月，見諸於官方報刊的大批判文章，如題目為〈學制要縮短，教育要革命〉、〈從洛克菲勒到中國赫魯雪夫〉、〈醫大校門為誰開〉等等，再至1976年7月4日《人民日報》刊發最後一篇批判文章的題目是〈不許鄧小平翻案復辟〉，作

192 〈黃家駟日記、筆記、書信摘抄〉，《中國科技史料》，第7卷，第3期（1986），頁32-35。

193 "Letter from Y. C. James Yen to Gerard Swope, 1949 February 02," https://rockfound.rockarch.org/documents/20181/35639/pdf-lettertoswope.pdf/020a991e-4af5-4611-930b-3e69a7044f20.

194 〈無產階級文化大革命浪潮席捲首都街道，「紅衛兵」猛烈衝擊資產階級的風俗習慣廣大革命群眾最熱烈最堅決地支持「紅衛兵」的造反精神和革命行動〉，《光明日報》，1966年8月23日，第6191期，第6版。

者單位署名雖從「反帝醫院」改成「首都醫院」，但內容還是怒斥「舊協和」的不斷捲土重來，揮之不去。[195] 這就猶如「野火燒不盡，春風吹又生」，表明儘管經歷了長達十餘年來的嚴厲整肅，包括「舊協和」在內的基金會在華事業，卻一直未離中國而遠去；原因或在於「給予」與「獲取」、「施惠」與「受惠」的不斷交互換位，或者說外來與在地之間從未停止的攜手並行，致使基金會標榜的「在世界造福全人類」，方才不只是一個機構、一個國家乃至一個文化的專屬口號，而是人類都能分享和共有的寶貴精神財富——誰又能否認在地、本土學者、社會和文化就此所做出的重要貢獻和犧牲？！

195 中國醫科大學革命委員會，〈徹底批判中國赫魯雪夫推行的八年制〉，《人民日報》，1967年12月17日，第5版；中國醫科大學紅小兵，〈從洛克菲勒到中國赫魯雪夫〉，《人民日報》，1968年2月24日，第4版；中國醫科大學六年級革命同學，〈醫大校門為誰開？〉，《人民日報》，1968年2月24日，第4版；新華社記者攝，〈北京反帝醫院「六・二六」門診部和病房的醫務人員，同前來就診的貧下中農一起認真學習上海市關於「赤腳醫生」的調查報告，狠狠批判中國赫魯雪夫及其代理人所推行的修正主義醫療衛生路線（圖片）〉，《光明日報》，1968年9月21日，第6949期，第3版；駐北京反帝醫院工人、解放軍毛澤東思想宣傳隊，〈團結起來，爭取更大勝利〉，《光明日報》，1969年6月10日，第7211期，第2版；北京反帝醫院　反修兵、向東，〈劉少奇是帝國主義侵略的辯護士〉，《光明日報》，1969年8月25日，第7287期，第4版。

結語

「我欲仁，斯仁至矣」

第一節　「中」「外」之間的苦澀磨合

由於文化背景、成長過程、工作性質、責任擔當、乃至個人脾性的不同，參與基金會在華事業的那些「中」、「外」之人，相互之間的交往並非總是順風順水，通常經過了一個艱難的磨合過程。具體案例如顧臨於1930年5月12日致函蘭安生，談及與基金會相關的在華外人，倘若太認真、積極，想幹一番事業，總會得罪一些當地權力人物，使他們的利益受損，建議不要太在意那些人的敵視。顧臨告訴蘭安生，說自己與林可勝曾討論過這個問題，倆人都認為這種情況頗為普遍，每個想要有所作為之人，華人如顏福慶、劉瑞恆、林宗揚、伍連德等；外人如胡美、胡恆德和他自己，都聽到不少來自當地的批評，只不過由於名聲沒有此時的蘭安生那樣為眾人所知而被忽略了。[1] 此後，又由於個性原因與在地華人之間關係處得頗為緊張的，是前述1943年被醫學會派往中國擔任駐華代表的福克納，其在康乃爾大學醫學院任教，此前在協和工作過五年，由於與金寶善等人的關係頗為密切，此前還曾被美國國務院準備選派前往中國的三十位專家中的一位。[2]

此次福克納的在華使命，是負責協調處理基金會對華的所有資助，他於1943年5月6日抵達重慶，6月1日正式履行職責開始，直至1945年5月結束此項使命，兩年多時間裡經手了一百餘萬美元的鉅款；這筆錢給誰不給誰，給多給

1　"Greene to Grant, May 12, 1930," 北京協和醫學院檔案室藏，文書檔案，數位索卷號：0130。

2　"Edwin C. Lobenstein to Hu Shi, January 27, 1943," folder 522, box 74, record group IV2B9, CMB. Inc, RAF-RAC.

少，難免不幾家歡喜幾家愁，加上太多時候他對看不慣的事情，總是口無遮攔、直言不諱，很快就被拱到了批評的風口浪尖。在任職後不到兩個月的時間，就引發了衛生署署長劉恆瑞、重慶中央醫院院長沈克非等人的頗多不滿。在給紐約醫學會的信函中，他們抱怨福克納在一次面對中外聽眾的公開演講中，直言不諱地批評了重慶藥品市場居然能夠隨意銷售來自美國資助的磺胺嘧啶，認為由於國民政府的主管官員們的腐敗，致使如此重要的戰略藥品流入到了投機商人們的手中，成為牟利的黑市緊俏商品。[3] 畢竟，該藥作為一種廣效抗細菌藥，能夠較為有效地防止傷口感染，當時主要是用來在戰場上對傷員們進行急救處置，由於產能有限，需求極大，在美國被列為最緊俏的戰爭管制物質之一，不得進入市場自由買賣。

接下來福克納又因決定將協和護校的復校放在了成都華西協合，而未按照其所說「歌樂山集團」（Koloshan group）的意願，即當局期望放在國立的重慶中央醫院或中央大學醫學院，惹惱了一批人。這當然意味著無法獲得二十萬美元，致使那些心懷不滿之人批評他持有一種令人厭惡的傲慢態度，過於一意孤行、固執己見，稱「其言行疏遠了許多中國人的感情」。[4] 針對一些中文報刊的相應批評，福克納不得不為自己辯解。1943年7月28日，他致函重慶的中國官方主辦的《三民週報》，說協和護校的復校之所以沒有放在重慶，原因之一在於政府規定該地不得開辦新學校，成都則沒有這樣的限制。另外就那些指責他一意孤行，重建護校卻未遵從官方指示的說法，他反駁說此時中美作為戰時盟國，除了共同抗日之外，兩國政府還努力推動更多文化和學術交往，將協和護校復校之事提升到美國方面的頤指氣使，說是對中國官方意見的不尊重，可能會傷害到中美兩國人民之間的良好關係，且只有讓日本方面最為開心。[5]

與此同時，福克納致函紐約醫學會高層，報告了自己在履行職責時所遇到的重重阻力，坦承所有這些都讓他感到沮喪和委屈，原因在於有些中國官員過

---

3 "Report of the Chairman to the meeting of the CMB. Inc, Jan. 28, 1944," folder 96, box 11, series 2, record group FG: III, CMB. Inc., RAF-RAC.

4 "Report of the Chairman to the meeting of the CMB. Inc, Jan. 28, 1944," folder 96, box 11, series 2, record group FG: III, CMB. Inc., RAF-RAC

5 "Claude E. Forkner, Director, CMB to Chang Won-po, July 28, 1943," folder 1160, box 159, record group IV2B9, CMB. Inc.RAF-RAC.

於敏感、過於自大，對任何批評都心懷忌恨，誤以為這些背後都還藏著美國人的別有用心，或居心叵測。在這封信函中，他談及了之前的醫學會駐華代貝爾福遭到了同樣的批評，也由於其在處理資金撥發和監察運用時的一板一眼。在福克納看來，倘若一切都按照美國人的原則和理想行事，不學會在中國社會盛行的各種妥協變通，就可能會被認為是有意維持已廢除了的治外法權。福克納聲稱這種盲目排外情緒（或許過分強調民族主義）正在重慶蔓延，致使他們這些外國人不論承擔何種使命，很容易就會受到懷疑和批評，那些曾在外國生活或外國機構工作多年的中國人對此反應尤其激烈。讓他感到這裡有一個奇怪的矛盾現象，即中國需要基金會的資助，基金會也願意提供資助，然而中國官方卻頗為反感基金會對資金運用，所設定的一些必須達到的門坎和行為準則。[6]

自1898年抵達中國傳教，直到1937年才返回美國的羅炳生，對中國的面子文化及民族主義情緒，比福克納體會更深，故他拜託協和戰時董事會成員，時任經濟部長的翁文灝出面協調福克納與劉瑞恆等人的關係。羅炳生強調，福克納沒有意識到即使在戰爭期間，貪汙和腐敗也是不可避免，毫無思想準備，有些理想化中國的現實；此外還由於他一直認為自己是中國人民的真正朋友，對於中國同行的批評，過於直接、急躁和坦誠，沒有把自己當作客人。至於為何堅持協和護校放在華西協合，羅炳生說沒有理由認為福克納偏向教會大學，此乃基於他認定那是可以獲得成功的地方。不久，翁文灝的電報聲稱：「兩人的關係得到了改善，雙方願意繼續合作。」福克納也致函說，他與「歌樂山集團」的矛盾已經得到了緩解。[7] 1944年5月18日，羅炳生又就此事與胡適通電話，得到的建議是看來福克納得罪了不少中國人，原因不能都歸咎於劉瑞恆等人不願接受批評。[8]

胡適建議羅炳生找機會勸告福克納，讓他從自己方面找些原因，改進溝通方法，具體說來就是掌握如此鉅款的分發大權之人，說話和行事需要非常謙遜

---

6 "CEF to E. C. Lobenstine, October 10, 1943, confidential," folder 461, box 22, series 1: digest files, record group Cox & Reece investigations, RAF-RAC.

7 "Report of the Chairman to the meeting of the CMB. Inc, Jan. 28, 1944," folder 96, box 11, series 2, record group FG: III, CMB. Inc., RAF-RAC.

8 "Dr. Hu Shih（by telephone, May 18, 1944," folder 522, box 74, record group IV2B9, CMB. Inc, RAF-RAC.

和格外謹慎，不能過於直截了當。[9] 處於權力邊緣，時任貴陽醫學院院長的李宗恩沒有捲入這場紛爭，他對福克納倒有相當好感。畢竟，1943年11月27-30日，福克納訪問該院時的印象頗好；後來李宗恩在重慶、成都與福克納進行了多次交談，彼此有一定的了解。當1943年5月貴陽醫學院籌劃擴充校舍時，曾向醫學會申請五萬美元建築資助，得到了福克納的鼎力支持。在寫給董事會的報告中，福克納聲稱該院不僅工作很出色，且還有了長遠規劃，毫無疑問值得提供幫助和鼓勵。這筆款項得到了董事會和國民政府教育部的批准，額度為六萬美元。[10] 鑑於此，李宗恩受福克納之托，於1944年6月14日致函羅納生，說此人正直而熱情，富有民主精神和公正態度，其坦誠態度引發了一些誤解，原因在於作為外國人的他很難適應中國複雜的人際關係，「有些事，連我們中國人自己都搞不明白。」[11]

如果說福克納與一些中方在地人士的矛盾，帶有鮮明的個人印跡；那麼此時中方與基金會、醫社之間的學術合作，存在著一個更深層的結構性矛盾和衝突。前面已經提及自20世紀初以來的「床邊醫學」轉向了「實驗室醫學」，一流醫生們的治療水準，已不再是僅聽取病人們的講述，然後根據多年經驗而做出的診斷，而是通過如聽診器、顯微鏡、X光機、心電圖等一系列不斷精進的醫療儀器，獲取對疾病更為客觀、理性，且更為體系化的分析和認知。相對而言，美國正經歷著人口快速增長、以及都市化和工業化急驟擴張的進步主義時代，那些在此發展過程中，如洛克菲勒、卡內基（Andrew Carnegie, 1835-1919）、摩根（John Pierpont Morgan, 1837-1913）一批攫取了鉅額財富的工商業大享，注入巨資打造了如哈佛、霍普金斯、哥倫比亞、芝加哥、布朗等美國一流，以及隨後又成為世界一流的研究性大學，從而將美國推到了全球實驗室

9 "Dr. Hu Shih by telephone, May 18, 1944," folder 522, box 74, record group IV2B9, CMB. Inc, RAF-RAC.

10 "Minutes of China Medical Board, February 9, 1944," folder 685A, box 96, CMB Inc. RFA-ARC; 虞雲國、李維華編，《李宗恩先生編年事輯》，頁178-200。

11 "Received from C. U. Lee in his letter dated June 14, 1944, criticisms, confidential, Memorandum of the CMB and the PUMC, June 14, 1944," folder 250, box 35, series 601, record group IV2B9, CMB. Inc., RF.ARC；虞雲國、李維華編，《李宗恩先生編年事輯》，頁178-200。

醫學發展的最前沿。[12]

1914年至1915年間基金會派遣兩個高層醫學訪華考察團成員，如前哈佛校長艾略特、芝加哥校長裘德遜，霍普金斯公共衛生學院院長韋爾奇，以及基金會秘書福克納爾都是實驗室醫學的鼓吹者、提倡者和踐行者。他們之所以極力主張投入巨資，在華創辦一所最高水準的研究型醫學院，即認為中國文化缺乏邏輯思辨精神，不熱衷於精深的自然科學研究，期望由此引進發端於西方的科學理性。1933年，當葛萊格首次訪問協和後興奮地寫道：這是西方送給中國人最好的一件禮物，該校不僅惠及中國的高等醫學教育；且還促進了其生物學、物理學、化學、農學及社會科學等系科的同步發展。葛萊格更是樂觀地認為：隨著時間的發展，在這個擁有世界最多人口的國家裡發展西方醫學，總有一天會證明該項目的巨大歷史意義——因為協和作為東亞的醫學中心，是醫學科學的領跑者和楷模，激勵著中外醫生將之辦成培訓東方各國醫學人才的理想之地。[13]

雖則，基金會進入中國最初之時的北洋政府，如在中央的袁世凱、徐世昌，在地方的譚延闓等人，只要能夠得到資助就很滿足了，對於創辦協和持大力支持的態度；然而，對於有些主管對外關係或教育事務，即那些曾在歐洲留學過的官員來說，希望醫學會的資助能夠更快產生效用，大力解決中國當下缺醫少藥、疾病叢生，即這類嚴重窒礙經濟發展的問題。如後來成為美國著名中國歷史學家，曾在1920-1925年期間任醫社副主席的富路得（Carrington Goodrtch, 1894-1986），1923年2月22日與曾先後在美國密西根、耶魯留學，時任北洋外交總長的王正廷談及基金會在華事務的話題，得知其認為在北京創辦一所頂級醫學院並非明智之舉，而是希望他們能將這筆巨資資助諸如齊魯、湘雅那些已經運轉多年的醫療教育機構。王正廷給出的理由，是推動醫學教育就像推動民主政體那樣，此時中國尚未做好接受共和政府的準備，故只能接受北洋政府的專制腐敗統治，那些受到最好醫學教育的醫生，不一定能為當時的

12　Christopher Lawrence, *Rockefeller Money, The Laboratory and Medicine in Edinburgh 1919-1930*, University of Rochester Pres, 2005, pp. 4-89.

13　Mary B. Ferguson, *China Medical Board and Peking Union Medical College, A Chronicle of Fruitful Collaboration, 1914-1951*, p. 179, folder 33, box 3, record group IV2A32, CMB. Inc. ARF-ARC.

中國社會所認可。[14]

在中國學術界內部，更是總在爭論是否應積極支持矢志探索未知的「純科學」；抑或應重點資助能夠解決現實問題的「應用科學」。1937年4月17日，時任國民政府行政院秘書長的翁文灝致函胡適，談及中基會庚款應如何設定資助方向問題時，強調該會資助的教育項目必須能夠「實用」，如果不能供給國家所需要的人才，滿足社會經濟發展需要，則該項目就為虛設；並還聲稱資助倘若「努力造就事實上不能效力之人才，而使之另走不當之道路以擾亂治安，尤為非常可惜」。[15] 一個月後，胡適回信表示對此不能認同，多少還帶有一點反駁意味，聲稱當下中基會所應資助的，似仍在當時中國社會不在意的純理論科學，以及培養各領域的領袖人才，並說儘管近年來中國大學在純粹科學方面稍有生色，但人才尚甚缺乏，成績更談不上，期望「中央研究院、北大、中基會一類的機關，此時還應該繼續注重為國家培養基本需要人才，不必趕在人前面去求眼前的『實用』。無用之用，知之者希，若吾輩不圖，國家將來必蒙其禍。」[16]

此前在1935年前後葛恩啟動「中國項目」時，國際衛生部的資助重點轉向鄉村重建運動，希望能將科學技術用來切實改善民眾生活，尤其是解決農村日益貧困化的棘手問題，表明基金會內部開始注意到推進「應用科學」的問題。當年的年度報告，聲稱基金會之所以將重心轉移到了定縣，是考慮到中國農村尚未受到太多外來文化的衝擊，保持著原有的淳樸、勤勞和良善，為了避免不加選擇地接受工業生活及西方文化的不良部分，需要通過學習科學文化、提高人民的能力和素質來進行甄別和篩選，從而保有他們自己的偉大文明。[17] 當然，正如前面已經談及，將師生派往鄉村實驗區的大學，除燕京、南開、清華和金陵之外，醫學院系統中只有協和，這也多少改變了一點關於該校「脫離實際」的刻板印象。此前的1933年6月4日，應邀出席畢業典禮的晏陽初，說自己不認可關於協和優渥的學習和生活條件，致使學生們不願意服務於社會的批評

14 "Thursday, February 22, 1923, Diary of L. Carrington Goodrtch, for the year, 1923," 北京協和醫學院檔案室，外國人人事檔案，數位索卷號：0071。

15 〈翁文灝致胡適（1937年4月17日）〉，《胡適來往書信選》，中冊，頁354。

16 〈胡適致翁文灝（1937年5月17日）〉，《胡適來往書信選》，中冊，頁357-358。

17 *The Rockefeller Foundation Annual Report,* 1935, pp. 52, 322.

意見；認為正是由於接受了高水準的醫學教育，協和學生才有更廣闊的視野及更多改造中國社會的知識。[18]

國民政府教育部於1930年代中期之後，每年都派出專門人員，前往各校進行巡視，他們一直敦促協和必須擴大招生、縮短學制，以及增加中文教學。然而，這都被協和校方以各種理由而搪塞過去，目的在於努力維持「高精尖」的既有辦學方向。這當然不是說協和不能改變，而是其不願意改變。就如前述顧臨於1933年3月24日寫給葛恩的一封信中，談及對同是中基會董事會成員貝克的看法時，清楚表明了自己對「純科學」的看法，認為這對中國未來的發展是不可或缺的。[19] 再至1936年前後，醫社的收益大面積虧損，撥發經費也相應減少，協和遇到了空前的財政困難。此時國民政府表示如果協和教學模式能做相應調整，願意分期資助總額共五萬元的財政補貼，然校方將之提交到教授會進行討論，相當多與會者們擔心由此會受到政府控制和干預而予以謝絕。[20] 校長胡恆德回覆國民政府教育部說：協和不願意拿其科學和教育標準，換取這筆不到該校每年預算2%的資助。[21]

到了1949年中共建政，以及協和被收歸國有之後，直至1979年「改革開放」醫大恢復八年制招生之時，近二十年的時間裡該校再沒有一屆受過完整科研訓練的醫學畢業生；主要任務是培養面向農村、基層，以及專注治療和預防疾病的速成醫務工作者。伴隨著這一歷史性的轉變，當局確頗為有效地緩解了1949年之前中國普遍存在著的疾病叢生、缺醫少藥的窘迫。如前述臘斯克於1957年10月遇到了兩位芬蘭醫學領袖，他被告知中共可能是中國有史以來最好地解決了貧困、改善居民公共衛生的政府，代價卻是民眾失去了自由而獲得了

18 "Science and Humanity" turn that into practical "Humanized Science" for China. "PUMC Baccalaureate address by Mr. Y. C. James Yen, Last Sunday morning at the Baccalaureate Service in the PUMC Auditorium," 北京協和醫學院檔案室，文書檔案，數位索卷號：0640。

19 "Greene to Gunn, March 24, 1933," 北京協和醫學院檔案室藏，文書檔案，數位索卷號：0197。

20 Mary B. Ferguson, *China Medical Board and Peking Union Medical College, A Chronicle of Fruitful Collaboration, 1914-1951*, p. 115, folder 33, box 3, record group IV2A32, CMB. Inc. ARF-ARC.

21 瑪麗・布朗・布洛克，《洛克菲勒基金會與協和模式》，頁128。

健康。[22] 統計數據表明：1950年中國人平均壽命是三十五歲，1960年是三十六歲（36.32），1970年達到了六十一歲（61.74）；1949年全國只有兩千六百六十家醫院，1960年在此基礎之上增加了三千五百八十家醫院（鎮級及以上）——十年中上升了140%。至1970年代末，各地還建立了農村合作醫療體系、衛生中心，並在公社、大隊培訓被稱之為「赤腳醫生」的輔助醫療人員。[23]

前面已經談及作為中國醫學教育最高殿堂校長的黃家駟，在湖南農村創辦了鄉村衛生學校，為那些小學或初中畢業生們講授醫療基礎課程，且還有一批學生懵懵懂懂，不知所云。此外，作為當時婦產科領域裡的首席領軍人物，該校副校長林巧稚，同樣也花費不少時間，在農村從事最基本的醫療服務。她於1965年4月底從北京來到了湖南湘陰關公潭農村，出診時拿根拐杖走在泥濘的田埂上，一步三滑，一摔一身泥。手術室只有一間簡單的房子，她們動手糊了頂棚、刷牆，用紗布糊紗窗，把屋子拾掇得乾淨、明亮；沒有消毒器械，就用蒸籠代替，晚上手術在手電筒和煤油燈的燈光下進行。林巧稚寫道：兩隻藥箱，架一塊板，是婦科檢查床，「為一千三百多個婦產科病人作了檢查。」就其個人成長經歷來看，在城市長大的林巧稚對農村有頗多隔膜，坦承自己十多歲時，在廈門鼓浪嶼老家，跟隨家人到過農村，夜裡在坑窪不平的地裡摸黑行走，不小心一腳踩進了糞坑，致使「第二天一早，我就急急回到了城裡。農村給我留下一個很壞的印象」。[24]

如果細說起來，舊協和曾一直希望她向精深科學研究領域發展，爭取獲得傲人的學術成就。1931年3月前後，畢業兩年，在協和婦產科擔任住院醫的林巧稚致函系主任馬士敦，抱怨沒有受到重視，聲稱「在協和沒有女性的容身之處」。馬士敦年輕時曾在林巧稚的家鄉，即廈門鼓浪嶼附近傳教行醫，與其時尚不善北京官話的林巧稚，除用英文對話之外，還經常用閩南話進行溝通。馬士敦頗為欣賞林巧稚，在接到這封信後先請示了顧臨，後回覆說協和對其十分

22 Howard A Rusk, "Health Work in China, Physicians say Communists There Make Gains in Fighting Disease, Oct. 25, 1959," folder 200, box 28, record group 5, CMB. Inc, RAF-RAC.

23 Michelle Rehshaw, "The Evolution of the Hospital in Twentieth-Century China," Bridie Andrews and Mary, *Medical Transitions in Twentieth-Century China*, Indiana University Press, 2014, p. 327.

24 林巧稚，〈從玻璃窗到廣闊的天地〉，《人民日報》，1965年9月28日，第6版。

器重，將會進一步考慮對她的培養問題。當年7月1日，林巧稚的年薪就被確定為一千五百元，並提供免費食宿。[25] 接下來又有如前述1933年、1939年她兩次有幸得到協和資助，前往英國、美國頂級醫學研究機構進修。1933年1月，當她還在歐洲訪學之時，劉瑞恆致函顧臨，希望讓她接手北平助產學校校長，也就是不做科研而從事行政。顧臨則回覆說，這要讓林巧稚自己決定，協和不做任何阻攔。當林巧稚接到質詢電報後，隨即回電表示「謝絕」。[26]

1933年初夏，正在定縣負責鄉村建設運動醫療衛生事務的陳志潛致函顧臨，想請才從歐洲學習和考察回來的林巧稚前往該地主持節育一事，並強調導致其時中國農村普遍貧困的原因之一是人口過剩，此地可以讓林巧稚有更多實踐機會。顧臨則與馬士敦商量後，回覆說儘管節育問題對於中國農村擺脫貧困至關重要，但由於當時醫學界還沒有真正找到切實有效的避孕措施，實際推行起來將會遇到很多困難，很可能就是無用功，並影響到林巧稚未來事業發展的前景。顧臨傳遞了馬士敦的看法，稱關於避孕是否可行，需要更多地依靠科學發現、發明新的藥物，不能單純憑藉著解決農村問題的良好願望。此時林巧稚已升至為助理醫師，年薪從兩千七百元增至三千兩百元，專心研究妊娠絨毛膜癌等治療問題。一年後，北平市政醫院聘請林巧稚擔任產科顧問，得到了顧臨、馬士敦的同意，條件是非她不可的危重病例，否則就不要對其有所驚動。當然，接送由該院派出汽車，質詢不收任何費用，手術費則按各自50%的份額分配。[27]

1966年「文革」爆發之後，林巧稚雖受到了衝擊，被發落到打掃廁所，清洗樓道，但在1969年就被「解放」，是最早一批恢復了原來工作的協和專業人士。1970年秋冬之際，由毛澤東親自邀請，曾在1937年刊發表最早介紹中共崛起，即《紅星照耀中國》（*Red Star over China*）一書的作者斯諾（Edgar

25 “J. Preston Maxwell to Kha Ti Lim, March 9 th 1931,” 北京協和醫學院檔案室，中國人人事檔案，數位索卷號：2025。

26 “Green to Liu, January 1, 1933,” “Green to Liu, March 14, 1933,” “Green to Lim Kha-ti, February 2, 1933,” 北京協和醫學院檔案室，中國人人事檔案，數位索卷號：2025。

27 “Dr. Cheng to Greene, June 24, 1933,” “Shisan C. Fang to Greene, June 6, 1934,” “Dr. S. T. Wang to Dr. Eastman, June 15, 1934,” 北京協和醫學院檔案室，中國人人事檔案，數位索卷號：2025。

Snow, 1905-1972）訪問了林巧稚，記下了她為1965年被派往湖南農村而感到驕傲，因為訓練的一些助產士和赤腳醫生，成為負責宣傳和落實計劃生育的主要力量。[28] 如果想要理解林巧稚此時的心境，還需要回到那個具體的歷史語境之中。即1971年秋隨基辛格訪華的《紐約時報》資深記者雷斯頓（James Reston, 1909-1905）因闌尾炎手術而入住了其時名稱還是「反帝醫院」的協和，在專為西方外交官及家人治療的病區，門口書寫著毛澤東語錄，大意是「要掃除一切害人蟲，全無敵」。其時該校教授的平均月工資為一百三十元，相當於六十五美元，沒有人進行科學研究，主要工作是培訓赤腳醫生，上課之前須背誦一段毛澤東語錄。[29]

好在，此時中美關係的堅冰正在逐漸融化，就在雷斯頓住院期間，病區門口那條毛澤東詩詞被拆除，該院名稱從「反帝醫院」改為「首都醫院」。翌年秋天，自協和被收歸國有之後，中國第一個醫學代表團訪問美國，其中兩人有協和背景，一是代表團團長吳蔚然，另一是林巧稚。在訪問的二十多天的時間裡，代表團到訪了六個城市，走訪了許多研究機構、大學和學術團體，並參加了由全美心肺研究所在華盛頓舉行的醫學討論會。[30] 美國同行對這位「優秀的婦產科醫生」，即此時已經七十一歲的林巧稚的印象，是儘管她對腫瘤的常規治療方法瞭如指掌，但對於最新的醫學發展趨勢茫然無所知。畢竟，此時世界頂級的醫學發展，已經從林巧稚那個年代的細胞生物學，快速進步到探索基因層面上的分子生物學，中國醫學與之相差了整整一個代際。現場報道記有：當林巧稚在華盛頓看到現代醫學獲得了如此巨大進步，震驚之餘而只是囁嚅說了句：「儘管我們沒有發現那麼多新事物（在醫學方面），卻為人民提供了服務。」[31]

---

28 "The Population Crisis Committee, Mary Boccaccio to Miss Ellis, July 28, 1971," folder 451, box 64, CMB. Inc, RAF-RAC.

29 James Reston, "Now, About My Operation in Peking," *The New York Times*, July 26, 1971, pp. 1-6.

30 〈應邀前往美國、加拿大、法國進行友好訪問，吳蔚然率中華醫學會醫學代表團離京〉、〈中華醫學會醫學代表團到達紐約〉、〈中國醫學代表團繼續在華盛頓訪問〉、〈我醫學代表團訪問多倫多〉，《光明日報》，1972年10月11日，第8430期，第3版；10月14日，第8433期，第3版；10月17日，第8436期，第3版；11月9日，第8459期，第4版。

31 "China's doctors on tour-their impressions of the U.S. health scene what U.S. medical men thought of them," *Medical World News*, 1972, 12; Stuart Auerbach, "China Doctors Take Look at U.S.

林巧稚給人的印象是表裡如一，當時這樣說可能也就是真心這樣想的。曾就讀於燕京，中共占領北平後而前往馬尼拉，其時在哈佛公共衛生學院任教的黃女士（Dr. Stella Yen Wong）參與接待了此次訪美的中國醫學代表團，認識了林巧稚。黃女士出生在北京一個顯赫的家庭，父兄與國民政府關係密切，此時父親已經辭世，哥哥在被當局監禁之中，母親生活過得異常艱難，全靠黃女士的匯款度日生活。1975年春，黃女士持旅遊簽證，隨一個旅遊團抵達北京，下榻於北京飯店。由於當時尚在「文革」後期，政治氛圍仍然相當肅殺，為了不造成太多驚擾，黃女士先去了林巧稚所住的協和家屬區，請其提供幫助。林巧稚見到她後，頗為吃驚，不顧自己的安危，冒著風險將她帶到了母親所住的地方。這位母親見到久別的女兒，最初居然沒有認出來人是誰，當她說出自己的名字，母女倆抱頭痛哭。回到美國之後，黃女士致函婁克斯，稱讚林巧稚的人品，說其一直懷念著當年在協和任教的美國教授，還公開承認自己曾經是一位基督徒。[32]

自1977年起，中國進入了「改革開放」新時期，福梅齡率先以個人身分於當年10月訪問了北京，儘管「協和」尚未得到公開承認，她卻受到了黃家駟、林巧稚等人的熱情接待。[33] 接下來中國恢復了高考，醫大自1978年開始招收研究生，並開始籌劃來年招收八年制的本科生。[34] 當年4月25日，婁克斯將此消息報告給了在美國的協和校友會（Yu Wang Fu Association），還提及該校新招收的醫預科將先在北大生物系就讀。[35] 與此同時，醫學會與中國政府就協和收歸國有的補償問題舉行會談，醫學會最初要價9,368,28美元，後來做了妥協，於1979年5月達成協議，同意中國政府補償3,659,952美元，其中相差五百多萬美元。[36] 接下來黃家駟於當年率中國科協代表團訪問美國，談及了醫學會恢復

Medicine," *The Washington Post,* Oct 14, 1972, p. 2.

32 "Dr. Stella Yen Wong to Harold, May 5, 1975," folder 1-2, box 1, record group IV2A32, CMB. Inc, RAF-RAC.

33 "Mary Ferguson to friends, April 15, 1978," folder 1910, box 121, series 3, record group 1, CMB. Inc, RAF-RAC.

34 新華社，〈八年制的中國首都醫科大學招生〉，《人民日報》，1979年8月23日，第3版。

35 "Loucks to Dear Fellow Members of the Yu Wang Fu Association, April 25, 1978," folder 1910, box 121, series 3, record group 1, CMB. Inc, RAF-RAC.

36 瑪麗・布朗・布洛克，《洛克菲勒基金會與協和模式》，頁178。

對華資助及訪華事宜。醫學會提出的條件是：一、不投資於建築、裝備或設備，僅資助教學、訓練和研究；二、須對重點醫學院考察過後，方能確定資助項目；三、為了「抬高身分」，希望由衛生部出面邀請他們。[37]

自1950年後最先訪華的基金會官方人士，是衛生科學部主任（Health Sciences）、著名的熱帶病學家、血吸蟲病專家瓦倫（Kenneth S. Warren, 1929-1996, parasitology）一行。1980年2月29日到3月10日，他們先後訪問了北京、成都和上海，由於不適應氣候變化，代表團幾乎每人都生了病，致使考察日程未能按原計劃進行，並於3月15日提前離開上海。在離開前與相關單位座談時，他們建議在向西方學習過程中，不要把不健康的東西引進來。如他們在上海街頭看到了可口可樂的廣告，一再對中方專業人士說，「可口可樂在西方也漸漸不受歡迎了，因為我們發現它對人們，特別是小孩的身體發育很不利」。[38] 緊接著，醫學會主席維斯柯（William Clarke Wescoe, 1920-2004）等也應中國衛生部邀請，於3月22日抵達北京，二十多天時間裡訪問了北京、上海等地。[39] 最可視為中美學術交往一個新篇章的重要開始，是國務院副總理姬鵬飛接見代表團時，對醫學會「資助我國發展醫學教育和科研事業所作出的努力表示讚賞」。[40]

對於此時中國醫學的發展而言，此次醫學會代表團建議上海、北京那些正大規模擴建和改造的重點醫院，不要單純強調進口大設備、精密儀器，應加強科學管理，提高管理水準和工作效率。如在訪問上海著名的中山醫院時，他們

---

37 "W. Clarke Wesco, Patrick A Ongley, to Huang chia-ssu, December 17, 1979,"〈中華醫學基金會自費訪華事（79）醫辦字819號，1979年12月31日〉；〈中華醫學基金會自費訪華事（79）醫辦字819號，1979年12月31日〉，北京協和醫學院檔案室，紙質外事檔案，案卷號：41。

38 "Sheldon J. Segal to Dear Professor Huang, December 5, 1979," "Kerr L White to Dear Professor Huang, January 8, 1980,"〈接待美國洛克菲勒基金會衛生科學部主任瓦倫博士一行訪華總結（80）4，1980年3月24日〉，北京協和醫學院檔案室，紙質外事檔案，案卷號：41。

39 〈接待美國洛氏基金會衛生科學部代表團（1980年1月）〉，北京協和醫學院檔案室，紙質外事檔案，案卷號：41。

40 衛生部、外交部，〈請姬鵬飛副總理會見美國中華醫學基金會主席維斯柯一行的請示與具體安排（80）衛字第20號，譚雲鶴、浦壽昌簽發，1980年3月24日〉，北京協和醫學院檔案室，紙質外事檔案，案卷號：41；〈姬鵬飛會見美中華醫學基金會主席〉，《人民日報》，1980年3月28日，第4版。

「覺得儀器真多，條件很好，稱國外許多發明創造，也不一定都靠貴重儀器搞出來的。必須發揮現有的人力、物力，利用現有條件做更多工作。」[41] 當然，就醫學會對華資助一事，中方設定的談判策略，是「不卑不亢，既要獲得實利，又要不失國家利益和尊嚴。」[42] 結果商定自1980年開始，醫學會為原協和，即此時的首都醫科大學設立師資培訓、科研和圖書資料三項合作基金，雙方為每項工作各出二十五萬美元；另提供單項科研資助兩年，每年五萬美元；圖書資助五年，每年三萬美元；並還為該校二十七位學者出國進修提供了獎學金。此外，醫學會還為維修舊協和老建築管道提供五十五萬美元。[43] 這也或可視為標誌著中國醫學研究最尖端的部分，經歷了半個多世紀風風雨雨，又回到了最初強調精深科學研究及最高教學標準的那個原點。

第二節 那些參與之人的悲愴命運

令人不勝唏噓的，是基金會在華事業聚集了一大批倜儻非常的「中」「外」人士，就像傑出之人多有不幸的人生那樣，一些人遭受不公對待，一些人被時代捉弄和摧殘，更有些人剛直不阿、至死不渝。先說不公對待，前述1933至1934年期間，顧臨因壓縮在協和的基督教課程，不滿削減預算，與洛克菲勒二世父子的關係緊張，不得不在醫學會高層示意下提出辭呈。儘管中方董事們強力挽留，但他仍於1935年6月1日告別了由其一手創辦，傾注頗多心血的協和。顧臨此時已是五十四歲，對於此次被迫離職，心灰意冷、身心疲憊。在接下來的歲月裡，回到美國的他處在半退休狀態，作為一個職業意見提供者——議會遊說人，始終關心著中美關係及協和的發展。對於那些指責協和過

41 上海衛生局外事處，〈美國中華醫學基金會主席維斯柯等在滬活動的情況，1980年4月22日〉，第30期，北京協和醫學院檔案室，紙質外事檔案，案卷號：41。

42 〈關於「中華醫學基金會」資助問題的請示報告（80），醫辦字331，1980年4月23日〉，北京協和醫學院檔案室，紙質外事檔案，案卷號：41。

43 外事處，〈接待洛克菲勒基金會付（副）總裁和盧凱能〉、〈中華醫學基金會主席維斯柯訪華（1979年12月至1980年4月）〉、〈關於「中華醫學基金會」資助問題的請示報告（80），醫辦字331，1980年4月23日〉，北京協和醫學院檔案室，紙質外事檔案，案卷號：41；中國協和醫科大學編，《中國協和醫科大學校史1917-1987》，頁193-104。

於精英化而不能適應中國實際的說法，他辯解道自己當然知道中國當時需要大量醫生，前提卻是需要為培養這些醫生先訓練出一批高品質的教師。[44]

1947年3月27日，顧臨因病辭世，著名學者任鴻雋在《觀察》雜誌上刊發了專文表示哀悼，國民政府也頒發政令，對其「明令褒揚，用彰賢哲」。[45] 此外，由胡適擔任主席的協和董事會7月7日做出決議，表彰他在擔任協和代理校長期間，矢志於堅持最高學術和科學標準，讓協和能與國外最好醫學院比肩而立，並還說他最早意識到協和須參與中國醫學教育發展的重要性，在1929年向國民政府註冊的決策過程中發揮了積極推動作用。[46] 不過，逮至1950年協和收歸國有，該校被標籤為「美帝國主義文化侵略堡壘」，顧臨也就「對號入座」地被列為試圖干涉中國內政的帝國主義分子。如1964年前後，當局組織專人翻譯了協和檔案室所藏的相關英文檔案，羅列了一些顧臨談及協和與國民政府關係的言說，特別標明此人是「罪名昭著」的帝國主義分子。[47] 接下來「文革」爆發後的1967年7月，紅衛兵們重新刊發的那份題為〈血淚斑斑的舊協和〉的小冊子，點名他處心積慮地加緊文化侵略，以取得對中國人民「精神上的支配」。[48]

與基金會在華事業關係密切而受到不公對待的，還有1951年前後在麥肯錫主義（McCarthyism）興起之時，受到美國行政當局政治審查的費正清。當年8月23日，前美國共產黨員，也曾是蘇聯間諜的布登茲（Louis F. Budenz, 1891-1972）向參議院內部安全委員會，指控費正清與「親共」左派學術機構——太平洋學會（Institute of Pacific Relations, IPR）關係密切。的確，費正清多次接受著基金會資助，並參加了太平洋學會的學術活動。如前述1934年4月在北平留學，1942年回到哈佛後獲得的資助，再至1945年至1951年期間，他又以學習

44　*Chinese Connection: Roger S. Greene, Thomas W. Lamon*t, pp. 197-198..George E. Sokolsky and American-East Asian Relations（Studies of the East Asian Institute, Columbia University Press（June 1978）pp. 197-198.

45　任鴻雋，〈追念顧臨先生〉，《觀察》，1947年5月，頁12；〈國民政府令（1947年10月15日）〉，《國民政府公報》，卷2958，南京：國民政府文官處，1947年10月12日，第1版。

46　〈協和董事會關於顧臨去世時的決議（1947年7月7日）〉，北京協和醫學院檔案室，文書檔案，數位索卷號：0079。

47　〈負責人工作信件（二）自27年起至今7年止〉，北京協和醫學院，案卷號：703。

48　醫大紅旗公社鬥批改籌備組，〈血淚斑斑的舊協和〉，1967年7月，頁8。

中文及出版《中國對西方的反應》（*China's Response to the West*）一書為由，分別得到基金會資助的兩千五百、兩千八百美元。[49] 持自由主義立場的費正清，在此時段刊發的文章中對中共有不少讚美之詞，並還不遺餘力地批評了美國政府支持國民政府的對華政策；此外夫婦兩人與中共黨員及左派人士，如前述的龔澎、郭沫若、茅盾、周揚、丁玲等人頗多交往，遂被麥肯錫主義者們扣上了親共的「紅帽子」。

好在，費正清任教於私立教育機構，又是左派雲集的哈佛大學，沒有受到太多危及職業的政治刁難，生活也沒有受到多少影響，只是此時他得到古根海姆獎學金（Guggenheim Fellowship），擬於當年9月前往日本研究遠東歷史，由於所謂「親共」指控的影響，導致美國國務院遲遲不給其發放入境日本的許可證。在參議院司法委員會舉行的聽證過程中，費正清聲稱檢視這些年自己的發表和演講，說那只是一些被蓄意挑選出其中關於共產主義的段落，作為一種「不平衡」的選擇，就像「看著自己的闌尾切除術那樣」，非其對共產主義的全面表述，且還「忽略了許多其他問題」。重要的是，由於得到了哈佛校方從上到下的堅定支持，費正清說攻擊他的機會主義者如同所有的施虐者一樣，專門挑選那些看上去膽怯且更容易受害者之人，溫文儒雅的綏靖只能使之更加肆無忌憚，只有通過「猛烈反擊和強大抵抗而方能阻止他們」。1952年8月14日，美國國務院終於給費正清發放了前往日本的許可，結束了近一年的審查。[50]

麥肯錫主義者們對基金會的攻擊，始於民主黨資深參議員考克斯（E. E. Cox, 1880-1952）於1951年8月1日在國會發表的演說，指責基金會的兩代人，在中國投入了四千五百萬美元，資助了那些不斷滋生共產主義溫床的大學，致使一批激進師生由此成為共產黨人，並還參加了朝鮮戰爭，面對美國孩子在戰

49 "John K. Fairbank: excerpts from writings and speeches, 1946-1950," folder 399, box 40, record group III 20, RAF-RAC;《費正清中國回憶錄》，頁381-405。

50 "JKF to Mr. Roger F. Evans, The Rockefeller Foundation, October 24, 1951," "Passport for Professor Fairbank Gets Clearanfe-trip blocked by Army Last year, Aug. 15," "A circular to Friends concerning the Fairbanks trip to Japan（in conclusion of a similar letter of October 5, 1951）August 20, 1952," folder 399, box 40, record group III 20, RAF-RAC.

場上的傷亡，基金會的資助難辭其咎。[51] 逮至1952年，著名右派作家約瑟夫森（Emanuel M. Josephson, 1895-1961）出版了《「國際主義者」的洛克菲勒：統治世界的人》（*Rockefeller "Internationalist": The Man Who Misrules the World*）一書，尖銳地批評了基金會當年與法本（IG Farben）等納粹德國公司、美國左派的太平洋關係研究所，及與蘇俄的密切關係，他們之所以選擇了中國而非印度及其他地區，原因就在於覬覦那裡的巨大商業利益。該書強調：洛克菲勒集團作為世界上迄今已知的最大商業帝國，其崛起是二十世紀重大的政治事件；伴隨著馬克思主義的廣泛傳播，該基金會得到了人們的廣泛認可，牢牢地掌握住了影響人類未來發展的法則。[52]

1952年4月，眾議院成立了由考克斯領導調查委員會（Investigate Tax-Exempt Foundations and Comparable Organizations, or just the Cox Committee Investigation），對「教育和慈善基金會以及其他相關機構」進行調查，基金會隨即收到了要求其申報是否將免稅慈善捐贈，用於資助左派反美及顛覆活動的調查文書。與此同時，右派報刊加緊了對基金會的抨擊，一篇題為「看看我們的基金會」的文字，稱在美國共產黨成立之初，基金來自於蘇俄從沙皇那裡沒收的黃金珠寶，後來則是其印製的假幣；此時則來自如福特，洛克菲勒，卡內基等基金會，說他們為共產主義分子設立了一些巨大的資金蓄水池。[53] 調查表第五條，質問基金會是否「應為中國教授和學生轉向共產主義承擔責任?」[54] 洛克菲勒三世的辯護陳述，強調他們為包括中國在內的世界九十多個國家和地區提供資助，總額超過八億美元，從來都是盡力排除政治考量，只考慮資助那些在科學研究和教育事務方面最為緊迫、最有能力，以及最有希望成

---

51 "Congressional Record-Appendix, Agust1, A5047, Investigation of Certain Educational and Philanthropic Foundations, Speech of Hon, E. E. Cox, of Georgia, in the house of representatives, Wednesday, August 1, 1951," "Miss Rhind to Mr. Barnard, October 18, 1951, Cox Resolution re Investigation of Foundations," folder 399, box 40, record group III 20, RAF-RAC.

52 Emanuel M. Josephson, "Rockefeller 'Internationalist', 1952," folder 897, box 53, series 3, record group 1, RAF-RAC.

53 William fulton, "Let's Look at our Foundations," *American Legation Magazine*, August 1952, folder 399, box 40, record group III 20, RAF-RAC.

54 "Dean Rusk to Mr. Rockefeller, October 7, 1952," folder 399, box 40, record group III 20, RAF-RAC.

功的機構和個人。[55]

在美國麥肯錫主義猖獗之時，大洋彼岸的中國正值當局發動「思想改造」的政治運動之際；可當1954年前後麥肯錫主義灰飛煙滅之日，中國又經歷了「反右」、「文革」的浩劫，本書提及數十位在地及本土的有名有姓之人物，幾乎沒有誰能逃脫了那些連綿不絕的政治迫害。這裡且不論眾所周知的費孝通、陳志濳等被打成大右派，老舍、陳夢家等在「文革」中不甘受辱而自盡，顏福慶病危之際被家人送往親手創辦的上海中山醫院就診，卻被認為是「反動分子」而拒絕收治；最不可解的是那些在1949年後率先公開批評基金會之人，居然也難逃被政治局勢的整肅和批判的厄運。如《文匯報》副總編輯兼駐北京辦事處主任的浦熙修於1951年3月18日，在香港《大公報》，率先刊發了題為〈協和被收歸國有之後〉的英文報導，稱「協和是美帝國主義在精神上麻痺中國人的最理想場所」；[56] 然在1957年她卻被「偉大領袖」點名而被打成了「右派」，後在「文革」中受到了更為殘酷的批判。就像「早知今日，何必當初」，此類人或可認為受到了時代的捉弄和摧殘。

還有前述1951年10月出席協和首次共青團支部會議，受邀與會的北京市工作委員會書記的許立群，最先向學生們提出應討論「協和與美帝侵略」關係的問題，「文革」期間在中共理論刊物《紅旗》雜誌副總編的任上，被收監關押長達八年半之久。不可思議的荒誕，是時任中共宣傳部長陸定一、國家主席劉少奇、以及後來一度在1970年代中期恢復工作，擔任國務院副總理的鄧小平，只因為持一種實用主義的溫和態度，略微放寬了對「舊協和」的八年制，注重精深醫學研究的壓制，從而沒有逃脫其內部極端勢力的窮追猛打。1967-1976年期間，中共官方最主要喉舌的《人民日報》刊發了如〈徹底批判中國赫魯雪夫推行的八年制〉、〈從洛克菲勒到中國赫魯雪夫〉，以及〈不許鄧小平翻案復辟〉等文章，指責這些中共高級領導人認可了「舊協和」的經驗，充當了美

55 "Draft of Statement by John D. Rockefeller, 3 Rd, before the Cox committee, August 3, 1954," folder 424, box 44, Rockefeller family Public Relations Department papers, Series 1-9, CN: FA789A, RAF-RAC.

56 香港《大公報》，1951年3月18日，Pu His-Hsiu（浦熙修），"PUMC after Take-over," folder 495, box 23, series 1, record group 1, CMB. Inc. RFA-ARC.

帝國主義文化侵略的「辯護士」。[57] 更為乖謬的則是自1951年擔任協和軍代表，在該校收歸國有後的首任黨委書記張之強的起伏人生。

張之強在1939年參加中共八路軍前，於1935年考入北京師範大學教育系，學生期間路過協和，聽說此乃「全國醫療水準最高的醫院，但因為它是美帝在中國辦的醫院，情感上總有些不舒服。」[58] 當1949年中共占領南京之後，時任二野軍政大學第一縱隊政委的他因患肺結核，入住曾是國民政府屬下規模最大、設備最完善的中央醫院，不久轉到協和，看到該院醫生與醫生，醫生與護士之間用英語對話，病房很安靜，整潔，聽不到大聲說話和走路的聲音，感到與「南京中央醫院有明顯的不同。」在他就任協和政委之後，與前述最後一位離開的外籍教授何博禮有過交談，後者稱他雖是一位嚴竣的共產黨人，看上去卻仍然是一個「正派人」，言談舉止得體，待人彬彬有禮。[59] 當然，在隨後一系列殘酷的政治運動，用他自己的話說「整過人」，卻也被人整。文革期間則因為「小腿被打傷，在床上躺了兩年」。[60] 1975年他在衛生部副部長、衛生部黨的核心小組成員任上，積極參加了對鄧小平等人「右傾反案風」的討伐，後受到一年多的停職審查。

當然，最受到那個瘋狂時代捉弄和摧殘的，還是那些在一場接一場的政治運動中荒廢了學業的青年學生。當1951年前後「思想改造」運動展開之時，協和共有醫學生、護校生，以及進修生、實習生近三百人。[61] 何博禮對中國學生向有好感，認為智商、好奇心和勤奮，都在他所教過的歐美學生的中等水準以上，研究生則在思想創新方面，屬於世界上最好的學生，卻由於熱火朝天的政治運動，專業學習都被停止。讓他感到格外驚訝的，是此前曾那麼富有同情心、刻苦學習和聰明可愛的青年男女，此時卻變得如此狂熱、衝動和冷酷，常常有意或無意地在精神上折磨那些可憐的老師們，並從此施虐過程中獲得了快

57　中國醫科大學革命委員會，〈徹底批判中國赫魯雪夫推行的八年制〉、中國醫科大學紅小兵，〈從洛克菲勒到中國赫魯雪夫〉，首都醫院大批判組，〈不許鄧小平翻案復辟〉，《人民日報》，1967年12月17日，第5版；1968年2月24日，第4版；1976年7月4日，第3版。

58　張之強，《我的一生》，頁200。

59　"R. Hoeppli to Loucks, Oct. 3, 1952," folder 1, box 1, record group IV2A32, CMB. Inc. RFA. ARC.

60　張之強，《我的一生》，頁223。

61　中國協和醫科大學編，《中國協和醫科大學校史1917-1987》，頁44。

感和滿足。何博禮的解釋是：對很多學生來說，政治學習不但更有意思，且還比學習各種條蟲的生活史更為容易，由此也可以解釋為何大多學生擁護，甚至狂熱地支持新政權，並如此積極地投身於其中。最後他頗為悲傷地寫道：學生們畢竟是將自己寶貴時間耗費在與其將來發展無關的事務，且還是在完全不同領域裡的政治活動。[62]

何博禮看到的只是一個片斷，直到1977年「改革開放」之前，陸續進入到協和的青年學生有著同樣的境遇。1965年2月16日，有報道說該校一百五十位學生，加上部分研究生、工作人員和教師，到北京東城區一個清潔隊參加掏糞勞動，稱在工人的引導下，分組領取糞桶，穿街走巷，挨家挨戶，不怕髒和累，急著多裝多背，幹了整整一天。有點讓人費解的，這些本是學醫的專業人士，理應知道清潔衛生的重要性，對可能高度致病的「糞便」，居然不採取必要的專業防護措施，說「有的同學在勞動中，糞水濺在衣服上，頭髮上、脖子裡，或灑到鞋襪上也毫不在意。有的同學當糞水濺在嘴邊時，也沒有用手帕去擦和吐唾沫，有的同學在掏糞時，看到糞勺使用不便，就毫不猶豫地下手幹。」[63] 至於這些學生後來的命運，報導稱90%左右都被分配了到邊疆或基層。為了不至於後繼無人，校長黃家駟在1972年下半年經過反覆努力，最後驚動了周恩來，方才創辦了一個主要招收原該校學生的進修班，讓這些快要枯萎的苗子得以「復蘇了」。[64]

最後談談那些為基金會在華事業殉道的中國教授，首先說在「思想改造」運動中受到嚴厲批判，後又在「反右」運動中被打成「右派」，並於1958年9月中旬被放逐到雲南昆明的李宗恩。羅織在他身上的所謂「反黨罪行」，概括起來無非是「妄想篡奪醫藥界領導權，企圖以資本主義醫學教育方向代替社會主義醫學教育方向」。[65] 實際上，作為校長的李宗恩只是希望擁有更多關於學

62 “R. Hoeppli to H. H. Lucks, 17 January 1953,” folder 1, box 1, record group IV2A32, CMB. Inc. RAF-RAC; 虞雲國、李維華編，《李宗恩先生編年事輯》，頁379-380。

63 〈掏掉舊思想換來新風尚〉，《中國醫學科學院》，1965年2月16日，第2版。

64 張巨林，〈蟬精竭慮搶救人才：回憶黃家駟教授愛惜人才的一件事〉，《中國科技史料》，第7卷，第3期（1986），頁29。

65 新華社，〈兩個月的說理鬥爭　十幾次大小辯論會：協和醫學院專家教授駁倒李宗恩〉，《人民日報》，1957年10月6日，第3版。

術方面的人事調動權、財務支配權和行政管理權，然據毛澤東私人醫生李志綏的回憶，毛澤東聽到此話後，不屑地評論說打了這麼多年的仗，死了那麼多的人，「共產黨才從國民黨手裡奪來這三權，他們要爭這三權，談何容易。」[66] 1962年春，已被放逐到雲南昆明醫學院的他，突然身體出現了嚴重不適，血管硬化，影響到心臟和腎臟功能。知道來日不多，他給曾是協和好友的林宗揚、孫邦藻、胡正祥寫下了絕筆信，聲稱這些年來雖有很多事情並不明白，但自己「無悔無怨」。[67] 然在這三人之中，胡正祥後又因不堪「文革」的屈辱，憤然用剪刀自殺，隨後妻子也自我了斷，寓所竟被紅衛兵占據而成為造反總部。

另一位也被打成全國著名的「右派」，是與基金會、醫學會及協和關係密切，時任衛生部技術室主任、北京醫學院衛生系主任兼教授，第二屆全國政協委員等職的金寶善。1957年春，當局鼓勵知識人積極「鳴放」，也就是後來人們已熟知的「陽謀」及「引蛇出洞」，受到《人民日報》表彰的金寶善積極給黨提意見，說自己一位在邊疆防疫站負責勞動衛生的學生，帶了兩位助手，可在該防疫站成立勞動衛生股時，身為共青團員的助手當了股長，實際工作卻都由普通群眾的他來做，甚至連總結都要他來寫，就因為此人平時不太注意向黨組織靠攏。[68] 不料在初夏當局開始大舉「反右」之時，金寶善的「罪名」是否定黨的領導，說什麼衛生部領導是清一色的中共黨員，沒有專家，不懂業務，並認為他們的領導水準遠遠不如國民政府統治的時代。[69] 當局號召：「金寶善這個右派分子惡毒地向黨進攻，是個屬於階級鬥爭的問題，希望全體衛生工作同志勇敢的站起來，站穩立場，劃清界線，擦亮眼睛，和右派分子進行無情的、不可調和的鬥爭！」[70]

在中共即將占領北平之前，醫學會知道倘若中共取得政權，除了如胡適那

66　虞雲國、李維華編，《李宗恩先生編年事輯》，頁379-380。

67　虞雲國、李維華編，《李宗恩先生編年事輯》，頁496-498。

68　本報記者，〈衝破「齊放」和「爭鳴」的障礙——記九三學社的兩次座談會〉，《人民日報》，1957年5月1日。

69　〈中華醫學會常務理事會擴大會議，揭發批判金寶善的錯誤言論〉，《光明日報》，1957年7月26日，第2925期，第1版。

70　章次公，〈駁斥右派分子金寶善的謬論〉，《光明日報》，1957年8月26日，第2956期，第3版。

些反共學者之外，其他一些「最優秀的人都計畫留下來，大多數人都會喜迎這種變化 」。[71] 果然在1948年12月中旬，作為中央研究院院士的李宗恩，沒有像胡適、陳寅恪等人那樣，謝絕登上蔣介石派來撤離到南方的飛機，而是毅然選擇留在了協和。與之稍有不同的，金寶善於1948年赴美國擔任聯合國善後救濟總署兒童急救基金會醫藥總顧問，1949年在香港曾觀望和猶豫是否應當回國。1949年12月23日，在北京的婁克斯致函美國國際兒童緊急基金會（United Nationals International Children's Emergency Fund）負責人，也是著名胸腔外科學者和美國左派教授埃洛塞爾（Dr. Leo Eloesser, 1881-1976），請他勸金寶善返回北京，說如果以中國人的身分回國，金寶善可為自己國家工作，加上熟悉聯合國兒童基金會的宗旨和計畫，他就能在北京做出更多有益的貢獻。[72] 於是在1950年3月，金寶善毅然攜眷返回北京，受到了當局的熱烈歡迎。

在那個「山嶽崩塌，春秋迭代」之際，「離開」，抑或「歸來」的選擇，雖不一定事關個人的「生」與「死」；但一定涉及其「成」與「敗」，或「榮」與「辱」。就像協和1937屆畢業生盧觀全於1949年在英國考察，興奮地聽聞新政權的成立，認為中共不可能比國民黨更差，本可留在香港，卻執意回到廣州中央醫院擔任泌尿外科主任。只是到了朝鮮戰爭爆發，反美和排外情緒驟然高漲，加上可能會被派往戰場，經不住協和護校畢業的妻子「日夜勸說」，很不情願地接受香港九龍醫院的邀請，不久任職於瑪麗醫院，還擔任了香港大學的兼職教授而成為一代名師。[73] 由此反觀金寶善，婁克斯在北京遇到他時，意識到此時中共決定自力更生，不在意來自外國的救濟援助，很惋惜其沒有得到自己先前預想的那般重用。1950年五月初，金寶善參加了西南地區的土改，六月去了四川鄉下，八月底方才回到北京。他就此發表的「學習感

71 "E.C. Carter-China, September 9, 1948," "Luncheon, Interviews: JHW, October 25, 1948," folder 459, box 22, series 1, record group Cox & Reece Investigations, RFA, ARC.

72 "Loucks to Dr. Leo Eloesser, United Nationals International Children's Emergency Fund, 405 East 42 a street, New York 17, December 23, 1949," "Loucks to Dr. Leo Eloesser, United Nationals International Children's Emergency Fund, March 8, 1950," "Loucks to Dr. Leo Loesser, United Nationals International Children's Emergency Fund, May 24, 1950," 北京協和醫學院檔案室，文書檔案，數位索卷號，0605。

73 曹瓊華口述，孔強生執筆，〈協和舊事・曹瓊華女士訪談〉，中國近代口述史學會編輯委員，《唐德剛與口述歷史：唐德剛教授逝世周年紀念文集》，頁173。

言」，聲稱相對當下這個偉大的時代，自己感到慚愧和渺小，決心「今後站穩立場，樹立為人民服務的觀點」。[74]

歷史學不能假設，後人雖無法推斷如果金寶善沒有聽從婁克斯等人的勸說，留在香港或在海外其他地方找份工作，會有什麼不一樣的人生。不過，周美玉的選擇卻可做為一種參照或比較。自1948年9月1日至1949年7月1日，基金會給她提供了為期十個月的資助，讓其前往麻省理工及哥倫比亞大學進修。逮至學業結束時，國民政府的統治在大陸已經土崩瓦解，她任職的國防醫學院從上海江灣倉皇遷至台北，教師多人住在一個大禮堂，如果有家眷，中間掛一布幔作為擋隔。此外，教室裡沒有桌椅，需要每位學生自帶木板和小凳課，實習醫院在兩英里之外，單程步行需要20-30分鐘。由於條件太艱苦，1949年5月該校共有一百七十位學生，其中八位因不適而很快返回了大陸，另外還有三人因生活和衛生條件差，不幸罹患了肺結核。6月30日，周美玉已在香港，基金會方面與之見面，得知其擔心倘若局勢繼續惡化，在台北的該校可能不復存在，並表示如果協和此時有合適位置，她或願意考慮重返北平。[75]

由於母親已經先行抵達臺北，在香港的周美玉最終沒有選擇返回北平而去了台灣。9月28日，她在致基金會的信中，稱讓她感到驚訝的，是儘管政治前景極不明朗，遇到了種種困難，但已經在臺灣的國防醫學院的同仁們仍都在努力工作。校方在校園裡修建一些臨時板房，以解決學生們住宿擁擠的問題。當時台灣採行的日式管理制度，醫院每個科室都有自己的病房、手術室和護理人員，護理主管在各科室的領導之下；醫學院最缺乏的是各系科的中間層，即副教授、講師和助教。糟糕的是，那時國軍招人有相當大的困難：一是台灣醫療教育資源本來就不多，另一是此時軍人的薪酬較公務員的薪酬少三分之一。周美玉還告訴基金會，說自己不太適應台灣的氣候，因為只有春夏，沒有秋冬，

74　金寶善，〈從土地改革工作談到衛生事業〉，《光明日報》，1951年9月15日，第812期，第2版。中央人民政府衛生部技術室主任金寶善，〈我的思想變遷〉，《人民日報》，1951年12月25日，第3版。

75　"Chow, Mei-Yu, May 26, 1948," except from letter #278, HHL-CUL, Postscript to above added 6/30/49," "Nursing School Report of national defense Medical Center, Taipei, Taiwan, China, Feb-Dec. 1949," folder 601E, box 341, record group10. 1, CMB. Inc, ARF-ARC.

炎熱常常讓人感到渾身無力。[76] 鑑於此，其時在澳門，也是負責基金會遠東事務的沃森於11月14日致函在北京的婁克斯，說考慮到一些人已從香港或台灣返回大陸，為周美玉的未來籌劃，他已與美國駐台北總領事談妥，如果協和願意將她招回，可將邀請函寄到該處，這樣就可以確保能送到周美玉的手中。[77]

人們常說「性格決定命運」，這也可以由此確證陳寅恪先生的那個著名的判斷——即每當風習紛亂變易之時，士大夫中有其賢者，常感受苦痛，終於消滅而後已；原因就在於不能隨機應變，見機行事而已。如果就此而言，聶毓禪的境遇頗為典型。1929年8月23日，顧臨致函愛格萊斯頓，談及校董事會決定資助聶毓禪前往美國進修，理由是此人為協和護校最優秀的學生，雖在醫院門診的服務不太令人滿意，但在北平衛生實驗區的工作則取得了很好的成績。[78] 五天後的8月28日，負責協和公共衛生事務的主管麥凱布（Anne McCabe）小姐致函基金會，介紹了聶毓禪的情況，說其志向一直在公共衛生事務，畢業後由於協和門診需要護士，派她去那裡頂班，再以此時父親辭世而影響了其情緒；一年後她回到了公共衛生領域，工作很有信心，也頗富主動性。麥凱布的總體印象是：聶毓禪來自一個傳統的保守家庭，信仰基督教，致力於改善中國人的福祉，如果能夠克服自身的一些弱點，將會成為一位優秀的領導者。[79]

聶毓禪於9月7日啟程前往北美，先在加拿大多倫多大學公共衛生護理系進修，麥凱布又專門給系主任羅素（E. Kathleen Russell, 1886-1964）寫了一封信，說她回到協和之後，可能會擔任部門主管，希望接待方多給予其一些相關行政管理方面的培訓。[80] 翌年3月24日，羅素向基金會報告了聶毓禪在該系進

76 “Chow, Mei-Yu to Miss M. Elizabeth Tennant, I.H. D. the Rockefeller Foundation, Sept 28, 1949,” folder 601E, box 341, record group10. 1, CMB. Inc, ARF-ARC.

77 “Robert Briggs Watson to Harold, 14 November 1949, File No, 150G/M634,” 北京協和醫學院檔案室，文書檔案，數位索卷號：0605。

78 “R. S. Greene to Miss Eggleston, August 23, 1929,” folder 747A, box 104, record group IV2B9, CMB, Inc, RFA-ARC.

79 “Anne McCabe to Miss Marry Beard（Assistant Director of Health Education, Rockefeller Foundation）, August 28 the, 1929,” folder 747A, box 104, record group IV2B9, CMB, Inc., RFA-ARC.

80 “Anne McCabe to Miss Russell, November 5, 1929,” folder 747A, box 104, record group IV2B9, CMB, Inc., RFA-ARC.

修的情況，稱她參與了所有的常規課程，是一位非常好的學生，聰明好學，為人友善，事實上她們自己的學生中沒有一人能擁有她這樣的才能和魅力。當然，羅素也指出了聶毓禪身上存在的不足之處，說可能是在其長成過程中業已形成的一種惰性思維，即她習慣於機械地掌握課程內容，不太關注學術發展的未來趨勢。羅素說：如果她們不予以糾正，讓聶毓禪將之保留下來，她會為此而感到深深的內疚；故自己希望接下來盡量培養聶毓禪的批判思維能力，避免其陷入到在此所學方法和程式化的奴隸性限制之中，不能有所創造和發揮。羅素最後說，聶毓禪已經意識到了這一點，並努力試圖加以改進。[81]

1936年至1938年期間，協和又資助聶毓禪赴美進修，在獲得密西根大學護理科碩士學位之後，她於1939年1月起擔任護校校長助理，年薪三千元，並於1940年11月擔任了護校的第四任，也是首位華人校長。在太平洋戰爭爆發之後，她於1943年春從北平前往西南大後方，當年9月15日協和護校在成都華西大學開學時，直到1946年6月中旬返回北平前也是該校校長。[82] 或由於個性耿直，過於追求完美，不能隨時妥協，給她帶來了頗多管理上的煩惱。1943年10月21日，福克納致函羅炳生，談及聶毓禪的工作時，稱其在處理問題時頗易激動，招致了許多不必要的對立。福克納說與之進行了多次溝通，她意識到了這是一個欠缺，表示今後要更好地控制自己的情緒。不過，福克納對她頗感同情，認為外部原因在於工作壓力太大，任務艱鉅；內在原因則是其弟弟在撤退到成都的路上，不幸被國民黨軍士兵槍殺，使之受到了很大打擊。畢竟，在福克納看來，聶毓禪是一位很有效率、十分坦誠和兢兢業業的管理者。[83]

就連個性耿直，且又是外國人的福克納，都有這樣的看法，那就更不用說比較在意人際關係的中國同事的感受。1944年3月18日、6月14日張光壁先後就其與聶毓禪的關係致函羅炳生、福克納。他首先肯定聶毓禪的能力、進取心，以及對任何人都沒有城府的優點，但也指出她不會變通，有些事情處理得過於

---

81 "Russell to Miss Margery K. Eggleston, March 24, 1930," folder 747A, box 104, record group IV2B9, CMB, Inc, RFA-ARC.

82 "Acting Director to Nieh Yu-chan, December 27, 1938," "Minutes of the PUMC, Governing Council Education Division, March 12, 1940," folder 747A, box 104, record group IV2B9, CMB, Inc, RFA-ARC.

83 "CEF: ECL #34, 10-21-43," folder 747A, box 104, record group IV2B9, CMB, Inc, RFA-ARC.

呆板。張光壁舉了一個例子，說聶毓禪總是不折不扣地恪守「協和標準」，堅持護士們必須統一按照當年協和護士的白帽、白大褂、白鞋和白襪子著裝，甚至在濕冷的成都冬天，室內沒有暖氣，有人好心建議應允許穿傳統棉鞋和溫暖長襪而被她否決，導致包括其自己在內的一些護士們不幸長了凍瘡。此外，張光壁還舉例說：一位齊魯大學教授的妻子此前曾是護士，婚後成為家庭主婦，此時由於生活困難而重操舊業，被華西醫學院附屬醫院聘用；一周之後，她向聶毓禪說情，稱孩子除週日之外，每天上學，能否允許她週日不排班，以便陪孩子去公園。不料被聶毓禪一口嗆回，說如果想多花時間照顧孩子，最好辭職在家。[84]

當然，這裡可能還因為醫生與護理之間的固有矛盾。1944年春，協和護校所在的華西大學醫學院的附屬醫院針對護士不足，準備招聘一些沒有受過專業訓練的護工來填補空缺，從而引發了聶毓禪的不滿。她覺得如此崇高的護理專業，豈能這麼不受尊重，並認為此舉勢必會降低醫療水準和影響協和護校的聲譽。於是，她與附屬醫院院長李廷安、張光壁發生了爭執，情急之中她用中文說出「胡來」，還敲著桌子指責道：「你們醫生對護理一竅不通，我必須給你們上一課。」李廷安急忙起身道歉，稱如果自己說錯了什麼，請予以原諒，可聶毓禪頭也沒回，抽身而去。[85] 倘若由此從性別的角度來看，聶毓禪與同仁們的不和，原因或還在於其一直爭取護校獨立運作，[86] 不願受到男性同事的太多節制。就像周美玉在抗戰爆發後從軍，努力爭取給護士授銜，故自1942年起護士最低軍銜是中尉，於軍醫最低的上尉相差一級。[87] 說到周美玉自己，當了

84 "Stephen Chang to Mr. Edwin Lobenstine, March 18, 1944, confidential," "Stephen Chang, Assistant to the Directory China Medical Board to Dr. Claude E. Forkner（CMB）, June 14, 1944," folder 747A, box 104, record group IV2B9, CMB, Inc, RFA-ARC.

85 "Li Ting-an,（ Executive Officer Administrative committee for the Nursing School）to Y. T. tsur, Finance Commissioner, Kewichow Provincial Government, Kweiyang, March 19, 1944," "Excerpt ECL: Dr. Wong Wen-Hao, 3-31-44," "Stephen Chang, Assistant to the Directory China Medical Board to Dr. Claude E. Forkner（CMB）, June 14, 1944," folder 613, box 86, record group IV2B9, CMB. Inc. RFA-ARC.

86 "Li Ting-an to Y. T. Tsur, March 19, 1944," folder 747A, box 104, record group IV2B9, CMB, Inc, RFA-ARC.

87 沈詩萱，〈海外歸來的周美玉〉，《家》，第5期（1946），頁6-7。

十七年的上校，到1956年方被晉升為少將；然同樣擔任系主任的男性，每位早都有了將級官階。

與聶毓禪沒有太多利害關係，時任四川省衛生實驗處處長，兼任華西醫學院公共衛生學教授的陳志潛對她倒有不同看法。1945年3月12日，他致函福克納而為聶毓禪辯護，說她在護校的工作，已經盡力做到最好，之所以引起了非議，原因在於她最初擔任校長時，護校隸屬於協和，很多事情不需要她親自操心；此時護校則是獨立機構，必須面對協和當年所要處理的一切問題，自然讓她倍感壓力、左右為難。在陳志潛看來，她的護校管理經驗僅限於與美國人的交往，難以勝任中國社會複雜的人際關係和權力運作模式。[88] 除此之外，與聶毓禪更沒有多少利害關係，多年的協和董事會董事，時任貴州財政廳長周詒春在當年8月25日也致函施肇基，說最近兩個月由於治療牙齒，一直近距離地觀察聶毓禪，深感其對工作格外認真，也特別注重維護協和的聲譽，並承認在過去的兩年裡，由於只聽傳聞而對她有不少誤解。周詒春認為，聶毓禪像福克納那樣，過於忠於職守，缺乏與人打交道的經驗，相信她回到北平後就會不那麼容易激動。[89]

聶毓禪的個性耿直，恐怕只在工作方面如此，作為終身未婚，將自己一生都獻給護理事業的第一代中國職業女性，她在日常生活中平易近人，和藹可親。學生們回憶，週末晚上她通常會請學生來到住所，此時的她能歌善舞、活潑詼諧，和學生們說說唱唱，親如一家。不過，1950年之後這種剛直不阿、敢於直言的個性，不論是誰都會被上綱上線到「反黨」、「反社會主義」，並肯定要受到十分殘酷的政治打壓。就聶毓禪的境遇的而言，早在「思想改造」運動中，她被定性為「美帝國主義在舊協和的代理人」而遭到了嚴厲批判；1956年「反胡風」時，她又被當作「反革命」隔離審查了七個月，從此無人還敢接近她。[90] 後來到了1957年「反右」時，她批評了當局的「黨天下」，質疑建國

---

88 “Excerpt Dr. C. C. Chen to Dr. Fokner, March 12, 1945,” folder 747A, box 104, record group IV2B9, CMB, Inc, RFA-ARC. 1

89 “Y. T. Tsur to Dr. Sze, August 25, 1945,” folder 747A, box 104, record group IV2B9, CMB, Inc, RFA-ARC.

90 李毓秀，〈記聶毓禪（二）〉、〈記聶毓禪〉，《中華護理雜誌》，第23卷，第9期、第10期（1988），頁513-514、577-578。

以後的歷次政治運動，反對科學技術方面「一邊倒」地學習蘇聯。尤其被認為最不可被接受的，是她在小組會上捶胸跺腳地把自己比做「白毛女」，喊道「我要說，我要說，但又不准我說」，被官方認為「徹底顯露出她仇恨新社會的可憎的猙獰面目」。[91]

聶毓禪被打成「右派」之後，儘管隨即下放到安徽省立醫院勞動改造，「文革」中被造反派惡意揪鬥，在「平反」後撰寫的回憶文章中。竟然沒有一個字談及個人遭受的種種屈辱，而是坦承她對1949年後的每次運動雖都不甚理解，但重視它們的意義，且自己從中吸取到不少教益。可所有這一切最讓她痛心疾首的，是1953年春當局取消了協和護校招生，由此中止了其時中國唯一的高級護理教育。她說「我百思不解，深感痛心。在大動盪的歲月裡，無論什麼情況，都沒有動搖我堅定的意志，誰能料到我10年的掙扎卻成泡影，高級護校竟斷送在我的手中，實為終身以憾事。」[92] 當然，即使是在她人生的至暗時刻，並非總是那樣陰冷絕望，有時也有讓人頗感溫馨的片片花絮。1961年3月9日，在舊金山的富國銀行（Wells Fargo Bank and Union Trust Company）辦事人員致函醫學會，問詢是否有位名叫聶毓禪的雇員，曾於1948年在該行存了2576.90美元，希望能夠幫忙找到此人，發還這筆已經寄存了十多年的款項。

這筆款項正是她於1947年率中國護士學會代表團，到美國參加第九屆國際護士會會員國代表大會及會員代表大會後，返回中國時途經舊金山而存入的。醫學會收到此信之後，多次與聶毓禪聯繫，猶如泥牛入海，直到1964年3月6日方纔收到了她的回覆，了解到了一些情況。8月14日，醫學會又收到她的來信，得知其情況正逐漸改善，參加了中華護士學會當年在北京舉行的學術年會，及第十八屆全國會員代表大會。[93] 這也是因為接受她下放的安徽省立醫院

91　〈社會主義學院反右派的又一仗，張軫、聶毓禪低頭認罪〉，《光明日報》，1958年1月7日，第3088期，第3版。

92　聶毓禪，〈協和醫學院護士學校的變遷〉，《回憶老協和》，頁204-205。

93　“Agnes M. Pearce to Mr. N. P. Goodman, Assistant Vice President,” “Agnes M. Pearce to ells Fargo Bank and Union Trust Company, 4 Montgomery Street, San Francisco 20, California, March 6, 1964,” “March 6, 1961, N. P. Goodman to CMB,” “Agnes M. Pearce to Nieh, May 13, 1964,” “Agnes M. Pearce to Nieh, August 18, 1964,” folder 747A, box 104, record group IV2B9, CMB. Inc, RAF-RAC.

院長，是一位頗有同情心的「老革命」，經過充分考察之後，認為聶毓禪的工作積極，為人真誠，且極富正義感，並非是一個蓄意與政府為敵的「反動分子」，很快為她摘掉了「右派」帽子，賦予負責醫院護理工作的重任，又使其順利地當選了中華護士學會安徽省分會的理事長。[94] 當然，這只是暴風雨到來之前的暫時寧靜，接下來爆發的「文革」，年邁體弱，孤苦伶仃，本已退休回到北京而準備頤養天年的她，卻被造反派揪回合肥進行了嚴厲批鬥，罪名就是對協和專業理想的「死不改悔」；即後來凡有同理心之人都稱讚的「至死不渝」；或中國傳統精神「雖九死其猶未悔」的執著和堅貞。

第三節 那個「科學無國界」的高尚夢想

基金會決定在華推進醫學教育事務，也就是本書書名所說「邁向智識世界主義」之啟動，正值美國「進步主義」處在一個鼎盛時期，推崇科學和專業發展早已成為知識界的主流，尤其相對於自19世紀下半葉以來民族主義強勢崛起的歐洲諸國，美國學界仍在義無反顧地堅持「科學無國界」的理念和原則。就像第一次大戰爆之後，德國入侵比利時，包括德國科學領袖，也是量子力學創始人普朗克（Max Karl Ernst Ludwig Planck, 1858-1947）、X射線發現者，1901年首屆諾貝爾物理學獎獲得者倫琴（Wilhelm Conrad Röntgen, 1845-1923）在內的九十三位科學家和知識人簽署了為德國戰爭罪行辯解的《告文明世界宣言》（*Manifesto of the Ninety-Three or To the Civilized World*）。作為回應，英國化學協會經過長時間的討論，兩年後刪除了所有德國名譽成員的名字；英國皇家學會和巴黎科學院雖沒有採取任何行動，但將「敵國僑民」除名的呼聲受到了諸多學者的支持。逮至此次大戰結束之後，英、法協約國科學家又屢次拒絕德國、奧地利等同盟國同行參加專業學術會議，「智識世界主義」遭到前所未有的冷遇和擱置。[95]

94　繆宜琴，〈耿耿忠心、錚錚鐵骨：訪護理教育、護理行政管理專家聶毓禪〉，《實用護理雜誌》，第4卷，第1期（1988），頁2-3。

95　Robert Fox, *Science without Frontiers, Cosmopolitanism and National interests in the World of Learning, 1870-1940*（Corvallis: Oregon State University Press, 2016）, pp. 66-68.

一個頗為典型的案例，是當時被認為物理學、化學最高端的索爾維會議，20世紀初由比利時實業家索爾維（Ernest Solvay, 1838-1922）創立，每三年在布魯塞爾召開一屆。1911年、1913年的兩屆物理學會的會議，德國科學家既是領導者，又是主要參會者；1921年再次舉行時，除了沒有簽署上述那份《告文明世界宣言》的愛因斯坦之外，其他著名的世界級德國物理學家都沒有被邀請。同樣，1922年第一屆、1925年的兩屆世界化學會議也沒有德國學者的身影；故1925年又一屆化學會議舉行之時，美國化學協會主席，時任伊利諾大學香檳分校資深教授的諾伊斯（William A. Noyes, 1857-1941）在會上發出了向戰敗國同行敞開大門的呼籲。此外，參加在劍橋舉行的國際天文學會（International Astronomical Union IAU）年會的美國耶魯大學天文學資深教授布朗（Ernest William Brown, 1866-1938），坦率直言如果該會不修改那些限制性條款，美國代表團將拒絕參加今後召開的相關會議。[96]

前述在基金會高層任職的哈佛，芝加哥大學的前校長艾略特、裘德遜，以及霍普金斯公共衛生學院創始人韋爾奇等作為科學界的領軍人物，在其時學術越來越多地受到金錢控制，事事聽命於國家的極端年代，十分期望能夠將協和打造成一個超越「國族」、「宗教」和「區域」的科學共同體。1918年5月3日，在上海出版的《大陸報》的一篇社論，以基金會此時決定在華投入其海外最大一筆捐款，聲稱自美國參戰以來的德國輿論，總是指責美國人心懷貪婪的商業利益而捲入歐洲戰事，然而可以進行鮮明對比的，是在德國的世界規模最大軍火企業克虜伯（Krupp），利用尖端科學製造的大炮，摧毀文明；基金會與之不同，至1917年以來已在包括十二個美國州在內的三十七個國家和地區提供了慈善醫學教育及公共衛生資助，在從委內瑞拉到中國的世界範圍內，為基督教文明增添了光彩。這篇評論反唇相譏道：就德國人對美國「唯物主義」的指責來看，居然將開創這種「純粹利他主義」的事業留給了這位世界上最富有的資本家。[97]

進入1920年代之後，基金會大規模地資助了歐洲戰後學術的恢復，尤其對

96 Robert Fox, *Science without Frontiers, Cosmopolitanism and National interests in the World of Learning, 1870-1940*, pp. 77-79.

97 "Work for the Rockefeller Foundation," *The Chinese Press*, May 3, 1918, p. 6.

於當時經濟完全崩潰的魏瑪德國，馬克大幅貶值而如同廢紙，包括陷入困境的普朗克，以及後起量子力學新秀海森堡（Werner Heisenberg, 1901-1976）等人，都得到基金會提供的生活和科研補貼，從而得以度過難關。1925年度有幸獲得資助的歐洲科學家一百三十五人中，德國人占了三十人，蘇聯人則占了二十二人。1926年基金會的年度報告闡釋此理念時，列舉了英國啟蒙思想家培根（Francis Bacon, 1561-1626）於1624年所著的《新大西島》（*The New Atlantis*）一書。作為這位偉大啟蒙思想家的最後一部著作，培根杜撰了一群無畏的航海家，經歷暴風雨之後來到了一個不為人知的小島，創辦了一所致力於科技研究的發展和應用，由一群睿智哲人共同管理的科學殿堂——「所羅門學院」。就像在基金會高層任職的那些頂級學者那樣，他們大力推崇對外探求，目的卻並非為了黃金、白銀或珠寶，也不是試圖獲取絲綢、香料，而是為了追求上帝創造的知識。[98]

由此回過頭來看基金會在華事業重點資助的協和，「科學無國界」的共同理想深植在其發展的過程之中。1924年該校校刊發刊詞寫道：本校教職員工有將近十國之人，學生中有五國之人；再以校內同人，無種族之歧，無國界之別，一視同仁，不分軒輊，苦心焦思，悉致力於濟世之學，並由此認為「是故吾校同人之生活，實含有大合作，大同盟之精神，即本刊之出，亦將以為人類互助之先聲，世界大同之預兆，又豈徒宣示我一校內之狀況而已哉。」[99] 的確，從該校聘請的外籍教授來看，之所以願意不遠萬里來到中國，除了追求更好的專業前景之外，還有相當一批人懷有深厚的中國情懷，如培根所稱將精深科學研究造福於那些陌生和遙遠的人們。作為一個具體的實踐，是前述在該校於1950年代初被收歸國有，最後一位離開協和的外籍教授何博禮，曾任職於德國漢堡的伯恩哈德·諾希特熱帶醫學研究所（Bernhard Nocht Institute for Tropical Medicine），並參加了該所於1920年代年重點研究瘧疾預防和治療，以及如何有效降低奎寧副作用的工作。

當1927年年底醫學會向他伸出橄欖枝，希望其能夠擔任協和寄生蟲系教職

98　*The Rockefeller Foundation Annual Report*, 1926, p. 51.

99　The Unison, 1924, "Publications, Yearbook-the Unison 1924," p. 6, folder 954, box 132, record group IV2B9, CMB. Inc. RFA-ARC.

時，在很大程度也是看中了此人對中國抱有頗多熱情。校方得知除抽時間學習中文之外，他還盡可能結交一批前往該所訪問和進修的中國學者，與一些研究熱帶病學的協和學者關係密切。鑑於漢堡熱帶醫學研究所已給了他終身職位，協和開出的待遇自然也相當優渥，即從1929年12月1日起，擔任寄生蟲系主任，為期四年，年薪一萬元，相當於四千五百美元，並提供從歐洲或美國前往中國的旅費。[100] 當然，其時中國還不是醫學研究的中心，來自各國的學者雖各有自己的考量，反而也更能體現協和「科學無國界」之包容。如1932年8月一位尼拉醫學院（College of Medicine in Manila）生物化學講師申請協和訪學，此人畢業於菲律賓大學（University of the Philippines），並已擔任此項教職六年，原本想去美國耶魯進修，由於費用昂貴而選擇協和。畢竟，如果申請得到獲准，將能得到協和提供每月兩百元的補貼，足夠使他在北平過上體面的生活。[101]

後來又有1933年12月30日，印度藥物學家穆克吉（Bishnupada Mukerjee, 1903-1979）受協和邀請而抵達北平。他之所以接受醫社的資助，因為感興趣於本土藥物的開發，而中國有豐富的本土藥物資源，當時協和也有以中草藥研究麻黃素而聞名於世的陳克恢。穆克吉抵達之後，先暫時居住在語言學校，後在協和附近找到了一家德國寄宿公寓，每月獲得該校提供的生活補貼一百一十五元，主要合作對像是藥理系主任萬代克（Harry B. Van Dyke, 1895-1971）教授。[102] 穆克吉在北平的工作了大概三、四個月的時間，收穫頗豐，接下來又得到基金會的資助，前往日本、美國進行了相關的合作研究，並於1937年回到印度，先後任職於印度公共衛生研究所（National Institute for Medical Research）等重要研究機構，是那個時代印度藥物學的領軍人物。另外對於一批來自如暹羅、日本、菲律賓和韓國等國的學生和訪問學者，協和盡

100 “Margery K. Eggleston to Dr. Alan Gregg, December 6. 1926,” “Appointment of Dr. Hoeppli, October 3, 1928,” 北京協和醫學院檔案室，外國人人事檔案，數位索卷號：0022。

101 “Greene to Cater, November 1, 1932,” “W. S. Carter to R. S. Greene, January 18, 1933,” “W. S. Carter to A Gregg, August 19, 1932, Fellows at PUMC from Ear Eastern Countries,” 北京協和醫學院檔案室，公文檔案，數位索卷號：0071。

102 “Greene to Gunn, January 4, 1934,” 北京協和醫學院檔案室，外國人人事檔案，數位索卷號：0196。

可能在生活上提供便利，如宿舍提供中餐，與他們習慣的口味相近，每天只須六角五分，如果是西餐，則要一元。[103]

自1933年，當納粹取得了政權之後，開始大規模地對猶太人進行種族迫害，一些猶太醫生輾轉流散到中國。其時國聯與國民政府聯繫，期望收留被納粹驅逐的約二百名猶太醫生，衛生署長劉瑞恆徵求上海醫界意見之後而婉拒，理由是外籍醫師已充斥上海，若再驟增二百餘人，將影響到中國醫界的生計。這當然也遭到一些中國醫生的批評，認為「對於此種窮無所歸之弱小民族，固不可使其侵及國人之權利，但他方面則不能不稍表同情，而另設他法以安置之地。」[104] 不過，對於這些流亡而來的猶太醫生，協和則敞開了接受之門。顧臨於1933年8月4日致函葛萊格，談及有些紐約慈善人士組織了一個基金會，募集到了十五萬美元，致函近十五所美國大學，說願意為他們聘請的猶太訪問者提供資助。條件是為期一年，他們為每人提供兩千美元，大學再配套提供同等數額的款項。顧臨擔心這些猶太教授訪問結束後，相關學術機構再從哪裡籌措資金的問題——因為此時美國也正才緩慢走出1930年代初的經濟大蕭條，致使很多大學不得不為節省開支而裁減雇員。[105]

協和也有這類猶太學者。1932年10月27日，協和教授委員會通過給畢業於維也納大學醫學院，在法蘭克福大學（Psychiatric and Neurological Department, University of Frankfurt）從事精神病學研究的亞力山德爾（Leo Alexander, 1905-1985）為期五個月的訪問資助，每月津貼三百元，職級是榮譽講師。亞力山德爾的研究方向是有關慢性腸道感染、胎兒感染、槍傷對腦部的影響，其於1933年3月抵達後，與腦系科同仁一起進行了合作研究，並擔當了二年級學生的基礎課，向學生們展示了七百多張從德國帶來的病理幻燈片。協和腦系科主任高度評價了亞力山德爾對神經系統、解剖學和組織病理學的訓練功底，稱其實驗室能力令人讚賞，在協和獲得的臨床經驗，又進一步完善了其對神經病理學的

103 “Henry S. Houghton to Dr. E. C. Cort, September 4, 1923,” 北京協和醫學院檔案室藏，文書檔案，數位索卷號：0021。

104 宋國賓，〈猶籍醫師來華問題〉，《中華醫學雜誌》，第20卷第1期（1934），頁9。

105 “Greene to Dr. Gregg, August 14, 1933,” 北京協和醫學院檔案室藏，文書檔案，數位索卷號：0186。

理解。[106] 只是當其在華訪學即將結束之時，已經掌握全國政權的納粹，反猶政策愈演愈烈，要求在政府機構任職的所有非雅利安學者必須辦理退休手續，身為猶太人的亞力山德爾無法回到法蘭克福，想前往美國找份工作。

得知亞力山德爾的窘迫，協和的一些重要學者紛紛伸出了援手，幫助聯繫相關的美國學術機構。7月18日，解剖學系的步達生致函美國國家研究理事會（National Research Council），談及其在協和的工作將於8月15日到期，詢問該機構能否為亞力山德爾提供獎學金，使之能夠前往美國任職。[107] 顧臨也於26日致函葛萊格，請醫學會動用一些關係，幫助亞力山德爾尋找一份能夠維持其生活的工作，否則的話，他將無法獲得進入美國的簽證。至於報酬，顧臨說只要是份工作就行，亞力山德爾已表示願意拿美國醫生的最低薪水，有機構願意收留即可；只是到醫學院擔任教師不太適合，因為他的英文不夠流利。[108] 經過多方聯繫，最終坐落在麻塞諸塞州伍斯特市的伍斯特州立醫院（Worcester State Hospital）有了較為積極的回應。該院創辦於1830年，是美國最著名的精神病院之一，院長布萊恩（William A. Bryan, 1883-1944）教授在回覆信中這樣說，鑑於經濟大蕭條之後，美國各地失業人士太多，工作很不好找，他手下聘請的兩位女博士，拿得薪水還沒有在院裡打掃衛生的女清潔工高。[109]

對於亞力山德爾的研究資質，布萊恩院長表示滿意，只是醫院預算已經降到了極限，他們沒有更多的資金，表示如果其願意只接受食宿，院方可以通過工作「補貼」的方式提供一個崗位。這意味著當他抵達之後，只能與數百名員工一起住在醫院提供的宿舍，每天接受最普通的伙食，此外再無其他待遇。不過，布萊恩院長在信中結尾處承諾：倘若經濟狀況一旦好轉，醫院在幾秒鐘內

106 "Committee of Professor, October 27, 1932," "Leo Alexander to Greene, 31. 12. 1932," "R. S. Lyman to Greene, July 24, 1933," 北京協和醫學院檔案室藏，外國人人事檔案，數位索卷號：0006。

107 "Arthur P. Black to National Research Council, July 18, 1933," 北京協和醫學院檔案室藏，外國人人事檔案，數位索卷號：0006。

108 "Green to Gregg, July 26, 1933," 北京協和醫學院檔案室藏，外國人人事檔案，數位索卷號：0006。

109 "William A. Bryan to Richard S. Lyman, September 28, 1933," 北京協和醫學院檔案室藏，外國人人事檔案，數位索卷號：0006。

就會給他增加津貼。[110] 亞力山德爾接到信之後，想都沒想就接受了邀請，協和方面遂疏通天津美國總領事，幫助他迅速獲得了一份前往美國的非配額移民簽證。[111] 半年後在美國已站穩腳跟的亞力山德爾致函顧臨，說在北平的回憶是自己人生中最有趣、最刺激，也是最愉快的一段經歷，他永遠懷念協和給他提供的一切。[112] 在隨後的那些年裡，亞力山德爾去了哈佛、杜克大學醫學院任教，並在二戰期間前往歐洲戰場擔任少校醫學調查員，戰後參加了紐倫堡審判，負責調查納粹在達豪集中營中對猶太人進行的醫學實驗。

除此之外，協和還招收了猶太難民學生。1939年2月，出生於維也納、奧地利國籍，也是維也納醫學院醫學系（the medical Department of the University in Vienna）五年級學生的博克（Rudolf Bock, 1915-？）致函協和招生委員會，說由於其祖父是猶太人，按照納粹當局的規定，自1938年11月1日起他就不得進入學校的教學大樓，無法完成學業。此時，他已經流落到日本東京，希望接下來能夠進入協和，並聲稱自己精通法語、拉丁語和英語，儘管尚未參加維也納醫學院醫學系的眼科、皮膚科和衛生科考試，以及五個月的臨床實習，卻已學完了該院的所有課程，並通過了相應的考試。2月14日，協和招生委員會主席吳憲回覆說，就其學習經歷來看，通過協和的專業招生考試應當不會有什麼問題；只是他們要求學生須有一定的中文能力，除非他能在九月入學之前達到錄取標準，不然的話，吳憲建議其報考香港或新加坡大學醫學院，那裡不需要考查學生的中文能力，全英文教學，可能更合適他的情況。[113]

博克於2月23日寫下了回覆，坦稱若在九月之前讓自己的中文達到標準，

110 "William A. Bryan to Richard S. Lyman, September 28, 1933," 北京協和醫學院檔案室藏，外國人人事檔案，數位索卷號：0006。

111 "Alexander to Greene, November 2, 1933," "R.S. Lyman to Dieuaide, November 1, 1933," "Dieuaide to Mr. F. P. Lockhart, November 2, 1933," "Greene to F. P. Lockhart, November 2, 1933," 北京協和醫學院檔案室藏，外國人人事檔案，數位索卷號：0006。

112 "Alexander to R. S. Greene, April 25, 1934," 北京協和醫學院檔案室藏，外國人人事檔案，數位索卷號：0006。

113 "Rudolf H. Bock, November 11, 1938," "Bock to Dr Wu Hsien（Chairman Committee on Admission）February 5, 1939," "Dr Wu Hsien（Chairman Committee on Admission）to Bock, Feb. 14, 1939," "E. C. Lim to Rudolf H. Bock, Feb. 14, 1939," 北京協和醫學院檔案室藏，外國人人事檔案，數位索卷號：0036。

會相當困難，並說香港或新加坡不適合於他：一是因為那裡的費用過高，二是由於其有家人在美國，協和在紐約州註冊，獲得該校學位之後，他就可直接前往美國就業。當然也還由於他的叔叔居住在北平，可以負擔其住宿和學習費用，故懇請協和招生委員從人道的角度出發，對那些處在困境之中的人伸出援手，因為進入協和是他未來能有發展的唯一機會。[114] 2月28日、3月21日，醫學院院長林宗揚兩次致函博克，說作為特例，招生委員會準備免除其的入學考試，並允許在被錄取之前，交納每月約三十美元的費用，讓他入住學生宿舍。[115] 4月16日，博克抵達了北平之後，埋頭強化中文，於9月初被協和錄取為四年級學生。校方同意其雖可免修一些醫學課程，中文課程卻不能鬆懈。[116] 逮至1940年7月，有了一個「博儒陀」中文名字的博克，通過了協和的所有考試而擔任了住院醫，獲得了免費食宿和每年補貼兩百五十元；一年後補貼增至七百元。[117]

歷史學家們通常認為冷戰肇始於1947年，致使世界不幸被劃分為以美國為首的西方，對抗以蘇聯為首的東方。由於沒有獲得保加利亞、蘇聯的簽證，基金會於是年訪問了除這兩個國家之外的主要歐洲國家。面對眼前兩個意識形態陣營的形成，冷戰的鐵幕已經拉下，基金會的年度報告不無遺憾地寫道：眼前的世界就像歐洲十六世紀的宗教戰爭，因不同教派之間的紛爭，導致了國家意識形態的衝突，希望能夠有所做為，以消除人們之間的政治紛爭，尋找一個安寧祥和的學術烏托邦——即使這從一開始就被認為是愚蠢的；可在基金會高層看來，所謂「資產階級數學」或「資本主義醫學」的說法沒有任何意義，因為數學公式的真偽不取決於緯度或經度，青黴素對疾病的有效性，不關乎任何意

114 "Peter C. Krefeld, to Dean PUMC C. E. Lim, Feb. 27, 1939," 北京協和醫學院檔案室藏，外國人人事檔案，數位索卷號：0036。

115 "Dean of the Medical College to Mr. Bock, February 28, 1939," "Chong-yang Lim to Bock March 21, 1939," 北京協和醫學院檔案室藏，外國人人事檔案，數位索卷號：0036。

116 "Bock to Chong-yang Lim, April 9, 1939," "Mary E. Ferguson to Rudolf Bock, September 12, 1939," "Mary E. Ferguson to Rudolf Bock, December 13, 1939," 北京協和醫學院檔案室藏，外國人人事檔案，數位索卷號：0036。

117 "Houghton to Bock, June 17, 1940," "Houghton to Bock, May 1, 1941," "Mr. Bock- Assistant Resident Ophthalmologist, April 15, 1941," "Henry S. Houghton, acting Director to Bock, May1, 1941," 北京協和醫學院檔案室藏，外國人人事檔案，數位索卷號：0036。

識形態立場——就像此時蘇聯正計畫修復被戰爭毀壞的天文臺，倘若將其天文學家與世界其他國家的科學家隔離開來，該國的天文學還能得到發展嗎？這份年度報告斷言：「將思想和文化生活拘禁在國界圍牆之內註定是貧乏的。」[118]

1950年代以降，屬於蘇聯社會主義陣營的中國大陸，所謂「資產階級數學」、「資本主義醫學」業已甚囂塵上，與西方學術界的交流基本斷絕；然1957年訪問中國的《柳葉刀》（*The Lancet*）主編福克斯（T. F. Fox）在考察了京滬主要醫療機構，回到英國之後撰文聲稱中國醫學界對歐美同行頗有好感。讓他感到驚訝的，是當時十五份醫學期刊，或用中文、或用英文，卻沒有一份用俄文出版。福克斯認為由於許多學術領軍人物者都曾留學過歐美，中國學者與「我們的交流沒有障礙，彼此的事業在精神上密切相聯。」[119] 實際情況也的確如此，即使在「文化大革命」那個最極端的年代，前面提過自1956年就擔任了協和外科主任曾憲九，雖被戴上具有嚴重「崇美思想」的高帽，但在接受激進群眾大批判之時，居然無所畏懼地宣示：「我確實認為美國的科學發達，醫學技術高超。科學是沒有國界的。」[120] 這自然不排除是因為他擁有豐富的臨床經驗，對當局還有一些無法被替代的利用價值。如1975年3月中共總理周恩來病重期間，仍然受命擔當了主刀而為其實施了結腸癌手切除術。

另一方面也表明他的內心認知此時有所轉變。曾憲九於1932年從武昌文華中學畢業後，考入燕京醫預科，1935年3月畢業時得到僅授予全年級最優秀兩名學生的金鑰匙獎。當他轉入協和時，遞交的是燕京生物系主任博愛理（Alice M. Boring, 1883-1995）的推薦信，稱他是一位謙謙紳士，雖不喜參加一般活動，但功課非常好，是班上最好的學生。[121] 後來當協和被收歸國有之後，相對於李宗恩等，曾憲九屬努力爭取「進步」的學者。在1952年的「思想改造」運動中，他寫過〈我認識了婁克斯「學術」活動的真正目的〉一文，揭發婁克斯回到美國後，連續給其寫了兩封信，希望他能夠「繼續著過去協和外

---

118 The Rockefeller Foundation, *The Rockefeller Foundation, Annual Report 1947,* pp. 11-17.

119 T. F. Fox, "The New China, Some Medical Impressions," *The Lancet*, Nov. 23, 1957, p. 1057.

120 鐘守先（協和醫院外科主任），《憶我的恩師曾憲九教授》，http://www.pumch.cn/Item/11768.aspx。

121 "Boning to the Admissions Committee, PUMC, March 25, 1935," 北京協和醫學院檔案室，中國人人事檔案，數位索卷號：2950。

科的誠實與好奇的傳統」，叮囑不要中斷了中美之間的學術交往。此外，他還交待了婁克斯「露骨」地聲稱：「因為國際間的猜疑，使遠東為陰魂陰雲所籠罩，不過他相信終會有一天人類可以和平共處，追求真理與學術」，以及「無論在何時何地，外科同人將永遠與他的心同在。」在經歷了這些年裡太多嚴酷的政治運動之後，此時的他敢這樣堅持「科學無國界」，想必經過了一番痛苦的思想掙紮，重新迴歸了自己的原本學者之初心。

最後讓我們再回到本書的書名——「邁向智識世界主義」。基金會主席福迪斯克於1952年談及為何要在全球推動慈善醫學教育事業時，認為「現代醫學是把全人類聯繫在一起的一個紐帶，它跨越意識形態和領土邊界。現代醫學是人類團結起來的集結點，是全人類社會最終實現和諧的基石。」[122] 不過，這只是從理想的角度來說，事實却幷不盡然。畢竟，20世紀的歷史已表明：如果不對康德所說的那個「目的王國」（Kingdom of Ends）心存敬畏，不能按照適用於每個人的普遍法則行事，即使看上去極為高尚的醫生職業，也可能墮落如納粹集中營裡那些肆意戕害無辜的「死亡天使」。鑒於此，其時「中」「外」人士參與的這項事業，最值得濃墨重彩之處，應是矢志於超越不同政治意識形態、不同國家和不同種族之間的激烈對抗，力求建構一些能被所有人共用、共有和分享的「全球知識網路」、「全球社區」和「全球化時代的人類理想」。[123] 那麼由此返觀今天這個躁動不安的苦難世界，談所謂「邁向智識世界主義」的話題，雖仍然那麼遙不可及；但就我們個人而言，作為一種智識的自我完善和道德提昇，卻又不能輕言放棄一因為孔子早已說過：「仁遠乎哉？我欲仁，斯仁至矣！」

---

122 福梅齡：《美國中華醫學基金會和北京協和醫學院》，頁2。

123 Akira Iriye, Global Community: *The Role of International Organizations in the Making of the Contemporary World* ,Berkeley, 2002; Bruce Mazlish, *The Idea of Humanity in a Global Era* ,Basingstoke, 2009.

後記

拙稿完成之後，當然最期望能夠在中國大陸用簡體字出版，這倒不僅僅由於是作者的所在之地，更重要的還在於自1914年以來洛克菲勒基金會的在華事業，除抗戰爭結束後短暫支持過台灣的抗瘧工作之外，直到1951年被迫撤離前，絕大部分資助都投入到了這裡。鑑於迄今為止史學界尚未發現確鑿證據，也沒有多少精深學術研究，能夠證明這些精心規劃、長時間的巨大投入，為「帝國主義文化侵略」的心懷不軌、居心叵測；那麼就「知恩圖報」來看，對於這項20世紀規模最大、持續時間最長，且還有那麼多在地、本土華人獻身其中的跨國慈善醫學教育之研究，倘若無法在中國大陸出版，在地學者情何以堪？

作者相信這大概不是最高領導層的旨意。官僚體制最積重難返的弊端，即下面總處心積慮地揣測聖意，層層加碼，搞一刀切。據出版社的友人告知，當下但凡涉及到中美關係、談及1949年以後歷史的研究，在大陸都被列為必須報備的重大選題，從而致使獲得批准出版的可能性微乎其微。可以作為驗證的，是作者於2017年參加了復旦大學召開的題為「冷戰時期的美國與東亞社會」之學術工作坊，與會者還有另外十六位來自中國大陸、日本、美國的學者。儘管會議主旨是「促進不同文明間的交流與對話」，卻因為內容涉及到「美國」、「冷戰」，論文集經過兩年政治審查而最終仍未獲通過。

這恐怕不是個例，作者還曾聽到過有位在京頂級大學歷史系任教的中年學者抱怨，由於研究方向是「中美關係」，就因出版太難而影響到自己職稱的升等。此外也讓作者沮喪的，是拙稿完成後還曾聯繫了香港某大學出版社，不料當編輯聽說此專題後，連書稿都沒有看就一口回絕。原因是如果此稿在大陸無法出版，意味著也無法通過郵寄進入，只能在海外發售，香港民眾的學術購買力有限，一般很難超過銷售三千本而不至於虧損的底線。面對如此重重關山，作者只能轉而垂詢台灣的聯經出版公司，立刻得到了正面回應；隨即寄去了部分文稿，很快通過了編輯委員會的初審，接下來安排了兩位專家進行匿名評審。

三個月之後，編委會轉來了兩份專業、認真，充滿善意的評審意見，讓作者獲益匪淺。其中有一篇格外令人感動的，是此專家列出了一份表格，指出了拙稿的近百個錯誤，並詳細標明了在第幾章、第幾頁、第幾節、第幾行；其中有作者粗心大意，輸入錯誤、不甚了解，完全無知，更還有不少計算數據的錯誤。作者也曾擔任過這類評審，深知此乃為他人作嫁衣，自己並非有太多收益；對於拙稿四十餘萬字的認真審核，肯定耗費了該專家大量時間。概言之，這種為了共同學術理想，一絲不苟的精神，作者心裡還真猶如一股暖流湧入，由衷地表示最誠摯的尊敬、感激；並也為聯經甘願擔當「給所有人的中國史」之出版重鎮鼓掌叫好。

儘管如此，作者還是相信拙稿最終能在中國大陸用簡體字出版。歷史的經驗昭示我們：「三十年河東、三十年河西」，中美兩個大國之間不可能一直仇視，也不可能永遠敵對。就在美國總統尼克森於1972年訪華之後，中美兩國二十餘年的隔絕逐漸解凍，最早一批來華訪問的美國要人，即有作為洛克菲勒家族第三代的戴維·洛克菲勒（David Rockefeller, 1915-2017）。他當時擔任大通曼哈頓銀行董事長，1973年6月抵達北京後除受到國務院總理周恩來、外交部長喬冠華等高層的接見之外，他還訪問了北京大學，及此時改名為「首都醫院」的協和醫院。這就如此研究開創者之一的布洛克教授所言：洛克菲勒基金會的在華事務能否被認可，一向就是兩國關係的晴雨錶、風向標，故作者殷切地期待雙方關係有所改善的那一天能夠早日到來。

中英對照表

American Standard Oil Co. 美孚石油公司

American Century 美國世紀

The China Medical Missionary Association 醫務傳教士協會

Balfour, Marshall C. 貝爾福

Black, Davidson 步達生

Buck, Pearl 賽珍珠

Burton, Ernest DeWitt 伯頓

Buttrick, Wallace 巴特里克

China Medical Board（CMB）中華醫學會

Cochrane, Thomas 科齡

Coolidge, Charles Allerton 柯立芝（1866-1953）

Cruickshank, Ernest William Henderson 克魯克山克

Cultural hegemony 文化霸權

Dunlap, Albert Menzo 鄧祿普

Edwin Rogers, Embree 恩布里

Eliot, Charles William 艾略特

Eradication of Hookworm Disease 清除鉤蟲病運動

Fahs, Charles Burton 化士

Fairbank, John King 費正清

Fairbank, Wilma Cannon 費慰梅

Ferguson, Mary Esther 福梅齡

Ferguson, John Calvin 福開森

Harvard Medical School of China（HMSC）上海哈佛醫學院

Heise, Victor Georger 海塞爾
Hobart, Alice Tisdale 霍巴特
Hodgman, Gertrude 胡智敏
Hoeppli, Reinhard 何博禮
Houghton, Henry Spencer 胡恆德
Hunan-Yale Medical Association 湘雅醫學會
Hume, Edward Hicks 胡美
Gates, Frederick Taylor 蓋茨
Gee, Nathaniel Gist 祁天錫
Grant, John Black 蘭安生
Gregg, Alan 葛萊格
Greene, Roger Sherman 顧臨
Greene, Jerome D. 格林
Goodrich, Luther Carrington 傅路德
Gunn, Selekar Michael 葛恩
Ingram, Ruth 盈路得
International Health Commission（IHC）洛克菲勒國際衛生委員會
International Health Bord（IHB）洛克菲勒國際衛生委員部
Judson, Harry Pratt 裘德遜
Ker, John Glasgow 嘉約翰
The League of Nations Health Organization（LNHO）國際聯盟
Libby, William Herbert 利比
Lobenstine, Edwin Carlyle 羅炳生
Loucks, Harold H. 婁克斯
Luce, Henry Robinson 盧斯
Luce, Henry Winters 路思義
Marx, Karl Heinrich 馬克思
Maxwell, John Preston 馬士敦
The Medical Missionary Association of China 博醫會
Mott, John R.穆德

The McCarthy Era 麥肯錫時代
North China Council for Rural Reconstruction 華北農村建設協進會
Orientalism 東方主義
Pasteur Institute 巴斯德研究所
Peking Union Medical College 北京協和醫學院
Peabody, France Weld 畢巴禮
Pott, Francis Lister Hawks 卜舫濟
Rajchman, Ludwig 拉西曼
Raymond Blaine, Fosdick 斯迪克
Reinsch, Paul Samuel 芮恩施
Rockefeller Foundation 洛克菲勒基金會
Rockefeller Archive Center 洛克菲勒檔案中心
Rockefeller Sanitary Commission 洛克菲勒衛生委員會
Rockefeller, John Davison Jr. 洛克菲勒二世
Rockefeller, John D. III 洛克菲勒二世
Robert Howard Hodgkin 霍奇金
Robert-Koch-Institute 科赫研究所
Russell, Bertrand Arthur William 羅素
Štampar, Andrija 斯丹巴
Stuart, John Leighton 司徒雷登
St. John's University 上海聖約翰大學
Timothy, Richard 李提摩太
Vincent, George Edgar 文森特
Wayland Academy 杭州蕙蘭中學
Western-centrism 西方中心主義
Welch, William Henry 韋爾奇
Winter, Robert 溫德
Wolf, Anna Dryden 沃安娜
Yale-China Association 雅禮協會
Yong Men' Christian Association（Y. M. C. A） 基督教青年會

參考文獻

檔案

吉林省檔案館：民政司檔案。

北京市檔案館：警察局檔案。

北京大學檔案館：燕京大學檔案。

北京中國第一歷史檔案館：趙爾巽檔案全宗。

南京中國第二歷史檔案館，國民政府教育部檔案。

北京協和醫學院檔案室：

　　中國人人事檔案

　　外國人人事檔案

　　公文檔案

　　紙質外事檔案

　　協和董事會檔案資料，紙本卷225

　　紙質檔案，中文部二十年度存卷

　　〈血淚斑斑的舊協和〉

　　《中國醫學科學院》

　　《新協和（思想建設特刊第51期）》

Houghton Library, Harvard College: Roger Sherman Greene papers.

National Archive II, College Park, Maryland, U.S. A: Records of Foreign Service Posts, Consular Posts Nanking, China.

Rockefeller Foundation Archive- Center Rockefeller Archive Center, Sleepy Hollow, NY. U.S.A:

　　China Medical Board, Inc, Historical Record.

　　Rockefeller Family Archives.

International Health Division/International Health Board.
School of Oriental and African Studies Library, SOAS University of London（School of Oriental and African Studies）: CWM China-North Reports.
Yale Divinity Library: China Records Project: Miscellaneous Personal Papers Collection, Archives and Manuscripts.

史籍

〈毛詩序〉，（清）阮元校刻，《十三經註疏》，北京：中華書局，2009。
（古希臘）希羅多德著，王以鑄譯，《歷史》，北京：商務印書館，2009。
司馬遷，《史記・太史公自序》，北京：中華書局，2011，第120卷，第4冊。
〈孟子・萬章下〉，（清）焦循，《孟子正義》，南京：鳳凰出版社，2015。
《魏源全集》，長沙：嶽麓書社，2004，第7冊。

報刊

《人民日報》
《大公報》
《大學生言論》
《三三醫報》
《上海總商會月報》
《上海畫報》
《光明日報》
《申報》
《今日評論》
《文化與教育》
《中山醫報》
《中西醫學報》
《中西醫藥》

《中外評論》
《中央日報》
《中央夜報》
《中央銀行月報》
《中央週刊》
《中國青年》
《中學生》
《中華農學會通訊》
《中華醫學雜誌》
《中華護理雜誌》
《中華周報》
《中國紅十字會會務通訊》
《日新治療》
《四川學報》
《全民報》
《五九月刊》
《西南實業通訊》
《世界日報》
《北辰雜誌》
《史地學報》
《江蘇教育行政月報》
《同仁醫學》
《青年月刊》
《京報》
《京報副刊》
《清華週刊》
《真光》
《益智叢錄》
《首都學生》
《民國日報》

《民言報》
《民間》
《星洲日報》
《益世報》
《社會學界》
《社會月刊》
《地球》
《地理學報》
《青年月刊》
《青年進步》
《村治》
《婦女雜誌》
《家》
《新中華畫報》
《新北辰》
《新生命》
《新同德》
《新月》
《新民晚報》
《新科學》
《新教育評論》
《新教育雜誌》
《努力週報》
《真理與生命》
《金大農專》
《金融週刊》
《南風》
《抗戰》
《玲瓏》
《順天時報》

《教育文化消息》
《教育與民眾》
《青島教育》
《重慶醫藥》
《建國月刊》
《國光影訊》
《國立北京政法大學滬案特刊》
《國立貴陽醫學院院刊》
《國民政府公報》
《國際公報》
《國際現象畫報》
《國醫導報》
《國衡半月刊》
《科學》
《科學通報》
《浙贛月刊》
《崇善月報》
《燕大友聲》
《燕京新聞》
《財政月刊》
《財政部財務日刊》
《紹興醫藥學報星期增刊》
《現代評論》
《現代醫藥》
《時代電影》
《時事月報》
《時事旬報》
《時時周報》
《時兆月報》
《健康報》

《博物學雜誌》
《勞工月刊》
《娛樂》
《農報》
《農村經濟》
《禦侮宣傳報》
《晨報》
《晨報副刊》
《學部官報》
《學生雜誌》
《實用護理雜誌》
《實報》
《實報半月刊》
《華北日報》
《華年》
《華商紗廠聯合會季刊》
《華報》
《電聲》
《論語》
《興華》
《萬國公報》
《廣濟醫刊》
《衛生半月刊》
《衛生月刊》
《戰時民訓》
《圖書季刊》
《嶺南學生界》
《醫文摘要》
《醫界指南》
《醫事月刊》

《醫學與藥學》
《醫務生活》
《醫藥評論》
《醫藥學》
《觀察》
《嚮導週報》
《藝文雜誌》
The Baltimore Sun
The Chinese Press
The China Medical Missionary Journal
Chinese Public Opinion
Harper's Magazine
Los Angeles Times
Life
Millard's Review
The Missionary Herald
New Series
The North-china Daily News
The North China Daily New York Times
Peking Gazette
Peking Daily News
The Peking Leader
Science
The Shanghai Times
Times
The Washington Post

日記

《竺可楨日記》，上海：上海科技教育出版社，1990，第9卷。
〈黃家駟日記、筆記、書信摘抄〉，《中國科技史料》，第7卷，第3期（1986），頁32-35。
《吳宓日記（1936-1938）》，北京：生活・讀書・新知三聯書店，1998。
吳宓著，吳學昭整理，《吳宓自編年譜（1994-1920）》，北京：生活・讀書・新知三聯書店，1995。
曹伯言整理，《胡適日記全編（1928-1930）》，合肥：安徽教育出版社，2001，第3冊、第5冊。
顧頡剛，《顧頡剛日記（1938-1942）》，新北：聯經出版事業公司，2000，第4卷，下冊。
嚴偉修、秦錫田等纂，《南匯縣續志風俗志一》，卷8，1926年刊本。

回憶錄

王力，《龍蟲並雕齋瑣語》，北京：商務印書館，2002。
方顯廷，《方顯廷回憶錄：一位中國經濟學家的七十自述》，北京：商務印書館有限公司，2006。
吳英愷，《醫務生活六十年：吳英愷回憶錄（1927-1987）》，上海：上海科學技術出版社，1990。
章央芬，《自豪的回憶》》，北京：華夏出版社，2004。
郭沫若，《少年時代反正前後（1910-1911）》，北京：人民文學出版社，1979。
陶希聖，《潮流與點滴》，台北：傳記文學出版社，1964。
曹瓊華口述，孔強生執筆，〈協和舊事・ 曹瓊華女士訪談〉，中國近代口述史學會編輯委員會編，《唐德剛與口述歷史：唐德剛教授逝世周年紀念文集》，台北：遠流出版社，2010。
張之強，《我的一生》，自印本，出版單位不詳，2006。

張國燾，《我的回憶》，香港：東方出版社，2004。
張中行，《負暄瑣話》，北京：中華書局，2006。
蔣夢麟，《西潮與新潮》，北京，團結出版社，2004。
楊絳，〈控訴大會（1988年9月）〉，《雜憶與雜寫》（北京：生活・讀書・新知三聯書店，2010。
陳志潛，《中國農村的醫學：我的回憶錄》，成都：四川人民出版社，1998。
錢穆，〈果育學校〉，《八十憶雙親、師友雜憶》，北京：生活・讀書・新知三聯書店，2005。
聶毓禪，〈協和醫學院護士學校的變遷〉，政協北京市委員會文史資料研究委員會編，《話說老協和》，北京：文史出版社，1987。
（美）司徒雷登（ John Leighton Stuart）著，程宗家譯、劉雪芬校，《在華五十五年：司徒雷登回憶錄》（*Flirty Years in China: the Memoirs of John Leighton Stuart, Missionary and Ambassadors*），北京：北京出版社，1982。
（英）伍海德（Woodhead, H. G. W.）著，張珂、陳巧萍、虞文心、陳靜譯，《我在中國的記者生涯，1902-1933》，北京：線裝書局，2013。
何廉（Franklin Ho）著，朱佑慈等譯，《何廉回憶錄》，北京：中國文史出版社，1988。
朱友漁（Andrew Yu-Yue Tsu），《朱友漁自傳》（*Friend of Fishermen*），香港：香港文藝出版社，1972。
（美）李提摩太（Timothy Richard）著，李憲堂、侯林莉譯，《親歷晚清四十五年：李提摩太在華回憶錄》（*Forty-five Years in China*），天津：天津人民出版社，2005。
Benison, Saul, *The Reminiscences of Dr. John B. Grant,* Columbia University Oral History Project, Oral History Research Office, Columbia University, 1961.
Frederick Taylor Gates, *Chapters in My Life*, New York: Free Press, 1977.
Heiser, Victor G., *An American Doctor's Odyssey: Adventures in Forty-Five Countries*. Norton & Co Inc, 1936.
Wu Lien-Teh, *Plague Fighter, The Autobiography of a Modern Chinese Physician*, W. Heffer & Sons LTD, Cambridge, 1959.

史料集

上海社會科學院歷史研究所編，《五卅運動史料》，上海：上海人民出版社，1986，第2卷。
王學珍等編，《北京大學紀事（1898-1997）》，北京：北京大學出版社，1998，上冊。
毛澤東，《毛澤東選集》，北京：人民出版社，1964，第4卷。
中國社會科學院，《胡適來往書信選》，北京：中華書局，1979，中冊。
李景漢，《北平郊外之鄉村家庭》，上海：商務印書館，1929。
新晨報，《北京各大學的狀況》，北平：新晨報印刷部，1929年初版，1930年增訂再版。
胡頌平編，《胡適年譜長編》，新北：聯經出版事業公司，1984，第3冊。
笑蜀編，《歷史的先聲：半個世紀前的莊嚴承諾》，汕頭：汕頭大學出版社，1999。
沈雲龍主編，《蘇聯陰謀文證彙編（民國十七年）》，近代中國史料叢刊三編第四十一輯，台北：文海出版社影印，1985。
蔡和森，《蔡和森文集》，長沙：湖南人民出版社，1979。
張國忱，《蘇聯概觀及中蘇外交述要》，出版者不詳，1933。
馮和法編，《中國農村經濟資料》，上海：黎明書局，1933。
薛公綽，〈永遠在毛澤東同志的教導下奮勇前進——紀念毛澤東同志誕辰一百周年〉，收入守仁主編，《薛公綽紀念集》，北京：北京科學出版社，2008。
蔣天樞，《陳寅恪先生編年事輯》，上海：上海古籍出版社，1981。
鄭大華編，《胡適全集》，合肥：安徽教育出版社，2003，第37卷。
虞雲國、李維華編，《李宗恩先生編年事輯》，波士頓美亞出版社，2019。
（英）錢恩（E. B Chain），〈訪華報告〉（Report on Visit to China April 25 th to June 2nd 1961, Advisory Council on Scientific Policy S. P., Foreign Office Files China, 1949-1980, FO 371 /158432, p. 3），張民軍、程力譯注，《中國科技史雜誌》，第37卷，第1期，2016，頁48-63。
“The Oxford and Cambridge University Scheme, From Educational Review, April

1909," The American- Canadian Commission Constituted, *Report on Christian education in China, its present status and problems*, An Address by Prof. Ernest. D. Burton, University of Chicago Oriental Educational Investigation Commission, Recent Appeals in Great Britain, Committees of Christian Education of China, No. 156, Fifth Avenue, New York, 1910.

Balme, Harold, *China and Modern Medicine: A study in medical missionary development.* United Council for Missionary Education Edinburgh House, a Eaton gate, S, W. I, 1921.

Hu Shih, 1927. "China and Christianity," *Forum*, 78: 1（1927.7）: 1-2.

Peter Duus, "Science and Salvation in China: The Life and Work of W. A. P. Martin（1827-1916）," Kwang-Ching Liu, *American Missionaries in China*, Papers from Harvard Seminars, the East Asian Research Center Harvard university, 1966.

PUMC ed. 1922. *Addresses & Papers, Education Ceremonies and Medical Conference.* Peking Union Medical College, September 15-22, 1921. Peking: PUMC.

Records of The Department of State Relation to Internal Affairs of China, 1910-29 Roll 123, 893.40 Social Matters; 983.401 People; 893.402 Language; 893.403 Fine Arts; 893.404 Religion, Church; 893.405 Fine Arts; 893.404 Manners and Customs; 893.406 Amusements, Sports, Recreation), National Archives Microfilm Publications Microcopy No.329, the National Archives National Archives and Records Service Central Services Administration, Washington: 1960.

Rockefeller Sanitary Commission for the Eradication of Hookworm Disease, *Hookworm infection in Foreign Countries*, Washington, D.C., Offices of the commission, 1911.

專書

王台，《協和醫學院的灰暗年代（1949-1976）》，自印本，出版時間和地點不詳。

王治心，《中國基督教史綱》，上海：上海古籍出版社，2004。

王國維著，劉寅生、袁英光編，《王國維全集・書信》，北京：中華書局，1984。

中國醫學科學院、中國協和醫科大學編，《外科醫生黃家駟》，北京：中國協和醫科大學出版社，2006。

中國協和醫科大學編，《中國協和醫科大學校史1917-1987》，北京：北京科學技術出版社，1987。

許峰源，《世界衛生組織與臺灣瘧疾的防治（1950-1972）》，台北：國立政治大學出版社，2015。

李玉貞，《國民黨與共產國際，1919-1927》，北京：人民出版社，2012。

吳翎君，《美孚石油公司在中國（1870-1933）》，台北：稻鄉出版社，2001。

吳翎君，《美國大企業與近代中國的國際化》，新北：聯經出版事業公司，2012。

施彥，〈林可勝與民國現代醫學的發展（1924-1949）〉（博士論文），新加坡國立大學中文系，2013。

陳寅恪，〈李唐氏族之推測後記〉，《金明館叢稿二編》，上海：上海古籍出版社，1980。

陳懷宇，《在西方發現陳寅恪：中國近代人文學的東方學與西學背景》，北京：北京師範大學出版社，2013。

張清平，《林巧稚傳》。北京：團結出版社，2012。

張力，《國際合作在中國：國際聯盟角色的考察，1919-1946》，台北：中央研究院近代史所，1999。

馬秋莎，《改變中國：洛克菲勒基金會在華百年》，桂林：廣西師範大學出版社，2013。

楊絳，〈洗澡〉，《楊絳文集・小說卷》，北京：人民文學出版社，2014。

楊翠華，《中基會對科學的贊助》，台北：中央研究院近代史研究所，1991。
費孝通，《文化與文化自覺》，北京：群言出版社，2010。
費孝通，〈初訪美國〉，《美國人的性格》，北京：聯合出版公司，2018。
蘇雲峰，《從清華學堂到清華大學：1911-1929》，北京：生活・讀書・新知三聯書店，2001。
錢益民、顏志淵，《顏福慶傳》，上海：復旦大學出版社，2007。
錢鍾書，《談藝錄》，北京：生活・讀書・新知三聯書店，2003。
劉泱泱主編，《湖南通史》（近代卷），長沙：湖南出版社，1994。
劉似錦編，《劉瑞恆博士與中國醫藥及衛生事業》，台北：臺灣商務印書館，1989。
劉德培、劉謙編，《鄧家棟畫傳》，北京：中國協和醫科大學出版社，2007。
（德）於爾根・奧斯特哈默著，強朝暉、劉鳳譯，《世界的演變：19世紀史》，北京：社會科學文獻出版社，2016。
（美）伯特・斯特恩（Bert. Stern）著，馬小信、餘婉卉譯，《溫德先生：親歷中國六十年的傳奇教授》，北京：北京大學出版社，2016。
（德）尼采著，黃明嘉譯，〈你為何要寫呢？〉，《快樂的科學》，上海：華東師範大學，2007。
馬泰士著，張仕章譯，《穆德傳》，上海：青年協會書局，1935。
（美）羅恩・切爾諾（Rom Chernow）著，王鵬譯，《洛克菲勒：罪惡與聖潔》（*The life of john D. Rockefellers, Sr.*），北京：文化出版社，2007。
（美）約翰・博耶（John W. Boyer）著，和靜、梁璐璐譯，《反思與超越：芝加哥大學發展史》（*A history the University of Chicago*），北京：生活・讀書・新知三聯書店，2018。
（德）海涅著，孫坤榮譯，《論德國》，南昌：江西教育出版社，2016。
（美）菲利普・韋斯特（Philip West）著，程龍譯，《燕京大學與中西關係1916-1952》（*Yenching University and Sino-Western Relations, 1916-1952*），北京：北京師範大學出版社，2019。
（美）亨利・詹姆斯（Henry Japes）著，朱建迅、趙倩、任曉偉、秦楠譯，《締造了哈佛：查爾斯W艾略特傳》（*Charles W. Eliot, President of Harvard University, 1869-1909*），桂林：廣西師範大學出版社，2017。

（日）神田喜一郎著，高野雪、初曉波、高野哲次譯，《敦煌學五十年》，北京：北京大學出版社，2004。

（美）福梅齡（Mary E. Ferguson）著，閆海英、蔣育紅譯，《美國中華醫學基金會和北京協和醫學院》，北京：中國協和醫科大學出版社，2014。

（美）約翰・M・巴里（Berry, J・M）著，鍾揚、趙佳媛、劉念譯，《大流感：最致命瘟疫的史詩》（*The Great Influenza: The Story of the Deadliest Plague in History*），上海：上海科技教育出版社，2008。

（美）約翰・齊默樂曼・鮑爾斯（John Z. Bowers）著，蔣育紅、張麟、吳東譯，《中國宮殿裡的西方醫學》（*Western Medicine in a Chinese Palace: Peking Union Medical College, 1917-1951*），北京：中國協和醫科大學出版社，2014。

（美）約翰・布萊登（John Bryden）著，沈耳、劉亦覺譯，《為失敗而戰：納粹情報機關如何幫助盟軍取得勝利》，杭州：浙江大學出版社，2016。

（德）愛克曼輯錄，吳象嬰、潘嶽、消芸譯，《歌德談話錄》，上海：上海社會科學出版社，2001。

（日）實藤惠秀著，譚汝謙、林啟彥譯，《中國人留學日本史》，北京：生活・讀書・新知三聯書店，1983。

（美）瑪麗・布朗・布洛克（Mary Brown Bullock）著，張力軍、魏柯玲譯，《洛克菲勒基金會與協和模式》（*An American transplant: the Rockefeller Foundation and Peking Union Medical College*），北京：中國協和醫科大學出版社，2014。

瑪麗・布朗・布洛克著，韓邦凱、魏柯玲譯，《油王：洛克菲勒在中國》（*The Oil Prince's Legacy: Rockefeller philanthropy in China*），北京：商務印書館，2014。

（德）漢斯-烏爾裡希・韋勒著，邢來順譯，《德意志帝國》，西寧：青海人民出版社，2009。

Arnove, Robert F., *Philanthropy and Cultural Imperialism: The Foundations at Home and Abroad,* Indiana University Press, 1982.

Balinska（Marta）, *A Life for Humanity - Ludwik Rajchman 1881-1965*, Budapest, New York, CEU Presse, 1998.

Berman, Edward H., *The Influence of the Carnegie, Ford and Rockefeller Foundation in American Foreign Policy: Ideology and Philanthropy,* State University of New York Press, 1984.

Bremner, Robert H., *American Philanthropy*, University of Chicago Press, 1988.

Brown, Richard E., *Rockefeller Medicine Men: Medicine and Capitalism in American,* University of California Press, 1979.

Choa, G. H., *"Heal the Sick" Was their Motto: The Protestant Medical Missionaries in China,* Hong Kong: Chinese University Press, 1990.

Cohen, Warren I, *The Chinese Connection: Roger S. Greene, Thomas W. Lamont George E. Sokolsky and American-East Asian Relations*, Studies of the East Asian Institute. New York: Columbia University Press, 1978.

Cunningham, Andrew &Perry Williams, *The laboratory revolution in medicine,* Cambridge University Press, 2002.

Davenport, Horaacew, *Robert Kho-seng Lim, 1897-1969*, National academy of sciences, Washington D.c., 1980.

Farlyn, John, *To Cast Out Disease: A History of the International Health Division of the Rockefeller Foundation（1913-1915）*, Oxford: Oxford University Press, 2004.

Ferguson, Mary E., *China Medical Board and Peking Union Medical College: A chronicle of fruitful collaboration 1914-1951*. New York: China Medical Board of New York. 1970.

Forner, Sean A., *German Intellectuals and the Challenge of Democratic Renewal: Culture and Politics After 1945*, Cambridge: Cambridge University Press, 2014.

Fox, Robert, *Science without Frontiers, Cosmopolitanism and National interests in the World of Learning, 1870-1940*, Corvallis: Oregon State University Press, 2016.

Goodall, Norman, *A History of the London Missionary Society, 1895-1945*, Geoffrey Cumberlege, Oxford University press, 1954.

Hobart, Alice Tisdale, *Oil for the Lamps of China*, Indianapolis: The Bobbs-Merrill company, 1933.

Iriye, Akia, *Cultural Internationalism and world Order*, Baltimore: Johns Hopkins University Press, 1997.

LaFeber, Walter, *The New Empire: An Interpretation of American Expansion, 1860-1898*, Ithaca, N.Y., Cornell University Press, 1967.

Lindeman, Eduard C., *Wealth and Culture: A Study of One Hundred Foundations and Community Trusts and Their Operations During the Decade 1921-1931*, Piscataway: Transaction Publishers, Inc, 1988.

Liu, Kwang-Ching, *American Missionaries in China: Papers from Harvard Seminars*, Harvard University Press, 1966.

Owen, David, *English Philanthropy, 1660-1960,* Harvard University press, 1964.

Palmer, Steven, *Launching Global Health: The Caribbean Odyssey of the Rockefeller Foundation*, Michigan: University of Michigan Press, 2010.

Penman, Leigh T. I., *The Lost History of Cosmopolitanism: The Early Modern Origins of the Intellectual Ideal*, Bloomsbury Academic, 2020.

Rosenberg, Emily S., *Spreading the American Dream: American Economic and Cultural Expansion, 1890-1945*, New York: Hill and Wang, 1982.

Seim, David L., *Rockefeller Philanthropy and Modern Social Science,* London: Routledge Ltd, 2013.

Shavit, David, *The United States in Asia: A Historical Dictionary*, New York: Greenwood Press, 1990.

Soma, Hewa, *Colonialism, tropical disease and imperial medicine: Rockefeller philanthropy in Sri Lanka*, Lanham, MD, University Press of America, 1995.

Soon, Wayne, *Global Medicine in China: A Diasporic History*, Stanford University Press, 2020.

Starr, Paul, *The Social Transformation of American Medicine: The Rise of a Sovereign Profession and the Making of a Vast Industry*, New York, Basic Books, 1987.

Wakefield, Thomas, *Story of the University of Chicago,* Chicago: University of Chicago press, 1925.

Wheatley, Steven, "New Introduction," *The Story of the Rockefeller Foundation*,

Routledge, 2017.

Yu-Ming, Shaw, *An American Missionary in China: John Leighton Stuart and Chinese-American Relations*, Harvard East Asian Monographs, No. 158, Cambridge: Harvard University Press, 1993.

論文

丁蕾，〈日本近代醫療團體同仁會〉，《中華醫史雜誌》，第34卷第2期，2004年4月，頁99-103。

王建偉，〈20世紀20年代國民黨『反帝』口號評析〉，《安徽史學》，2010年第2期，頁26-32。

王輯思，〈對美國研究的幾點淺見〉，《現代國際關係》，2010年第7期，北京：中國現代國際關係研究院，頁2-4。

方立（中共中央政策研究室），〈美國對外文化中的政治因素（一）：美國「文化外交」的歷史面目〉，《高校理論戰線》，1994年第3期，頁69-71。

尼文斯，〈不做卡彪雷特家的人，也不做蒙塔求家的人〉，收入何新等譯，《美國歷史協會主席演說集（1949-1960）》，商務印書館1963年版，頁267；Allam Nevins, "Not Capulets, Not Monatgus," *The American Historical Review*, Vol. 65, Issue 2, January 1960, pp. 253-270.

杜麗紅，〈制度擴散與在地化：蘭安生（John B. Grant）在北京的公共衛生試驗，1921-1925〉，《中央研究院近代史研究所集刊》，期86，2014年12月，頁1-47。

李天綱，〈全球——地方化的漢學：對「中國禮儀之爭」研究的回顧與反思〉，《北京行政學院學報》，2020年第3期，頁116-122。

余敏玲，〈蔣介石與聯俄政策之再思〉，《中央研究院近代史研究所集刊》，期34，2000年12月，頁49-87。

胡成，〈中日對抗與公共衛生事務領導權的較量——對南滿洲鐵路、港口中心城市的觀察1901-1911〉，《近代史研究》，2011年第1期，頁31-46。

——，〈上海禁娼與在華西人的道德焦慮：以上海進德會為中心的觀察（1918-1924）〉，《新史學》，卷22，期1，2011年3月，頁61-105。

——，〈「在地化」與「本土化」—顧臨、胡適及協和的醫學精英教育（1921-1937）〉，《漢學研究》，卷37，期2，2019年6月，頁263-391。

——，〈「後現代」之後的史學長時段：關於超越「新文化史研究」的回顧性反思〉，《史林》，2020年第1期，頁68-78。

——，〈「中國話語」抑或「超越中西」：史學應拒絕研究中的史學應摒棄研究中的「民族驕矜之氣」〉，《思想》，期40，2020年6月，頁307-322。

祝平一，〈藥醫不死病，佛度有緣人：明、清的醫療市場、醫學知識與醫學關係〉，《中央研究院近代史所集刊》，期68，2000年6月，頁1-50。

周質平，〈林語堂的抗爭精神〉，《二十一世紀》，2012年2月號，頁110-112。

周欽賢，〈中國初期防瘧工作簡史〉，《中國寄生蟲學與寄生蟲病雜誌》，卷20，期1，2002年2月，頁63-64。

施彥，〈抗戰時期戰地醫護職業教育的發展：以戰時衛生人員訓練所（1938-1943年）為例〉，《職業技術教育》，期36，2015，頁28。

高晞，〈「解剖學」中文譯名的由來與確定：以德貞《全體通考》為中心〉，《歷史研究》，2008年第6期，頁80-104。

高嵩，〈「混合雜交論」視野下的中西文化碰撞與融合：評馬秋莎《改變中國：洛克菲勒基金會在華百年》〉，《近代史研究》，2014年第1期，頁151-159。

章清，〈自由主義與「反帝」意識的內存緊張〉，《二十一世紀》，1995年2月號，頁45-49。

曹麗娟，〈人體解剖在近代中國的實施〉，《中華醫史雜誌》，卷24，期3，1994，頁154-157。

曹育，〈最早在國內從事生物化學研究的女學者——吳嚴彩韻〉，《中國科技史料》（*China Historical Materials of Science and Technology*），卷16，期4，1995，頁35-44。

徐松岩，〈希羅多德Historia諸問題芻議〉，《史學史研究》，2014年第3期，頁67-72。

梁加農，"Mary Brown Bullock, The Oil Prince's Legacy: Rockefeller Philanthropy in China,"《近代史所研究集刊》，期87，2005年3月，頁191-195。

張大慶，〈中國現代醫學初建時期的布局：洛克菲勒基金會的影響〉，《自然科學史研究》，2009年第2期，頁137-155。

張德超，〈祖國醫學對鉤蟲病的認識與治療〉，《江西中醫藥》，1960年第5期，頁10-11。

張淑卿，〈美式護理在台灣：國際援助與大學護理教育的開端〉，《近代中國婦女史研究》，期18，2010年12月，頁125-174。

習五一，〈蘇聯『陰謀』文證〈致駐華武官訓令〉辨偽 〉，《歷史研究》，1985年第2期，頁181-192。

鄭會欣，〈1933年的中美棉麥借款〉，《歷史研究》，1988年第5期，頁128-137。

劉士永、郭世清，〈林可勝（1897-1969）：暗聲晦影的中研院院士與國防醫學院院長〉，《臺灣史研究》，卷19，期4，2012年12月，頁141-205。

中華全國中醫協會內科學會，〈鉤蟲病〉，《北京中醫雜誌》，1993年第1期，頁58-59。

劉燁昕、田淼，〈洛克菲勒基金會衛生防治經驗在中國的移植及困境：萍鄉煤礦鉤蟲病防治項目研究〉，《自然科學史研究》，卷41，期1，2002年2月，頁92-114。

劉其奎、劉敏州譯注，〈近代日本對華文化事業〉，《史林》，1988年第2期，頁156-166。

劉芳，〈燕京大學：近代中國醫學預科教育的典範〉，《南京醫科大學學報（社會科學版）》，2016年第2期，頁151-154。

夏媛媛、張大慶，〈曇花一現的中國哈佛醫學院〉，《中國科技史雜誌》（*The Chinese Journal for the History of Science and Technology*），卷31，期1，2010，頁55-69。

楊念群，〈蘭安生模式與民國初年北京生死控制空間的轉換〉，《社會學研究》，1999年第4期，頁98-113。

趙曉陽，〈美國學生海外志願傳教運動與中華基督教學生立志傳道團〉，《宗教學研究》，2008年第3期，頁210-211。

趙懷英，〈基督教青年會的起源：與北美協會的「世界服務」〉，《美國研究》，2010年第2期，頁95-133。

資中筠，〈洛克菲勒基金會與中國〉，《美國研究》，1996年第1期，頁58-89。

錢鍾書，〈詩可以怨〉，《文學評論》，1981年第1期，頁16。

甄橙，〈美國傳教士與中國早期的西醫護理學（1880-1930年）〉，《自然科學史研究》（*Studies in the History of Natural Sciences*），卷25，期4，2006年10月，頁355-364。

Ackert, James E., "Some Influences of the American Hookworm," *The American Midland Naturalist*, Vol. 47, No. 3, May 1952, pp. 749-751.

Baick, John S., "Cracks in the Foundation: Frederick T. Gates, the Rockefeller Foundation, and the China Medical Board," *The Journal of the Gilded Age and Progressive Era*, Vol. 3, No. 1, Jan. 2004, pp. 59-89.

Bates, M. Searle, "The Theology of American Missionaries in China, 1900-1950," John King Fairbank ed., *The Missionary Enterprise in China and America Cambridge,* Massachusetts: Harvard University Press, 1974, pp. 135-136.

Bowers, John Z., "Imperialism and Medical Education in China," *Bulletin of the History of Medicine*, Vol. 48, No. 4, Winter 1974, pp. 449-464.

Brinkley, Garland L., "The Economic Impact of Disease in the American South, 1860-1940," *The Journal of Economic History*, Vol. 55, No. 2, Jun., 1995, pp. 371-373.

Bullock, Mary Brown, "China Medical Board and Peking Union Medical College. A Chronicle of Fruitful Collaboration, 1914-1951. by Mary E. Ferguson; Western Medicine in a Chinese Palace. Peking Union Medical College, 1917-1951 by John Z. Bowers," *The Journal of Asian Studies,* Vol. 32, No. 4, Aug. 1973, pp. 689-691.

Chen, Kaiyi, "Quality Versus Quantity: The Rockefeller Foundation and Nurses' Training in China," *The Journal of American-East Asian Relations*, Vol. 5, No. 1, Spring 1996, pp. 77-104.

Ernst, Waltraud "Beyond East and West. From the History of Colonial Medicine to a

Social History of Medicine (s) in South Asia," *Social History of Medicine*, Vol. 20, No. 3, 2007, pp. 505-524.

Fairbank, J. K., "An American Transplant: The Rockefeller Foundation and Peking Union Medical College by Mary Brown Bullock," *The China Quarterly,* No. 89, Mar. 1982, pp. 125-126.

Farley, John, "Colonialism, Tropical Disease, and Imperial Medicine: Rockefeller Philanthropy in John Z. Bowers "Imperialism and Medical Education in China," *Bulletin of the History of Medicine,* Vol. 48, No. 4, Winter 1974, pp. 449-464.

Hu Cheng and Jiang Yuhong, "The Persistent 'Old Peking Union Medical College' in the Mao Era," *Journal of American-East Asian Relations*, Vol. 25, 2018, pp. 235-262.

Hunt, Michael H., "East Asia in Henry Luce's 'American Century'," *Diplomatic History,* Spring 1999, Vol. 23, No. 2, Spring 1999, pp. 321-353.

Luce, Henry R., "The American Century," *Diplomatic History*, Vol. 23, No. 2, Spring 1999, pp. 168-169.

Palmer, Steven, "Migrant Clinics and Hookworm Science: Peripheral Origins of International Health, 1840-1920," *Bulletin of the History of Medicine*, Vol. 83, No 4, Winter, 2009, pp. 676-709.

Sri Lanka (review)," *Bulletin of the History of Medicine*, Vol. 70, No. 4, Winter 1996, pp. 723-724.

Stiles, C.W., "Early History, in part esoteric, of the hookworm (Uncinariasis) campaign in our Southern United States," *Journal of Parasitology*, Vol. 25, No. 4, August 1939, pp. 283-308.

Walters, Raymond, "The Story of the Rockefeller Foundation by Raymond B. Fosdick: Funds and Foundations: Their Policies Past and Present by Abraham Flexner Review," *The American Historical Review*, Vol. 58, No. 1, Oct. 1952, pp. 123-125.

White, Donald W., "The 'American Century' in World History, "*Journal of World History,* Vol. 3, No. 1, Spring 1992, pp. 105- 127.

Yuan1, Ling and Zhengyu Jin, "Paul C. Hodges and the Early Development of

Radiology in China," *American Journal of Roentgenology*, Vol. 213, 2019, pp. 742-745.

網絡資源

王汎森，〈人的消失？——二十世紀史學的一種反思〉，http://www.aisixiang.com/data/110165.html。

Nuremberg Code, https://en.wikipedia.org/wiki/Nuremberg_Code.

"Declaration of Helsinki," https://en.wikipedia.org/wiki/Declaration_of_Helsink.

The Rockefeller Foundation, *The Rockefeller Foundation Annual Report*（1914-1950）, https://www.rockefellerfoundation.org/annual-reports/.

"Chinese National Association of the Mass Education Movement, 12/31/28," https://rockfound.rockarch.org/documents/20181/35639/pdf-minutes.pdf/6f93ed7e-b987-4b99-a144-4238923035db.

Gunn, Selskar M., "China and the Rockefeller Foundation, January 23, 1934, Shanghai," pp. 1-5, https://rockfound.rockarch.org/documents/20181/35639/pdf-rockefellerfn.pdf/dc3dd188-7cff-4a7c-b56b-fd381989bcb9.

"Raymond B. Fosdick to Dr. Alan Gregg, July 27, 1946," https://rockfound.rockarch.org/documents/20181/35639/Letter+from+Raymond+Fosdick+to+Alan+Gregg%2C+1946+July+27.pdf/0e6e9844-feb3-4f09-8e4d-88c7e6315b5e.

〈一九五六——一九六七年科學技術發展遠景規劃（修正草案）〉，參見「中華人民共和國科學技術部網站」，http://www.most.gov.cn/ztzl/gjzcqgy/zcqgylshg/200508/t20050831_24440.htm。

"Letter from Y. C. James Yen to Gerard Swope, 1949 February 02," https://rockfound.rockarch.org/documents/20181/35639/pdf-lettertoswope.pdf/020a991e-4af5-4611-930b-3e69a7044f20.

鐘守先（協和醫院外科主任），《憶我的恩師曾憲九教授》，http://www.pumch.cn/Item/11768.aspx.

日本外務省外交史料館：各國ニ於ケル醫學及醫術関係雜件／中國ノ部，

https://www.jacar.archives.go.jp/aj/meta/listPhoto?LANG=default&BID=F2006092117055161030&ID=M2006092117055161031&REFCODE=B04012774300.

索引

三劃

四劃

五劃

六劃

七劃

西方 13–14, 23, 25, 36–37, 39–41, 43–44, 47–48, 54–55, 57–59, 61–64, 71, 74–76, 80, 85, 90–91, 95, 99, 101, 103, 113–114, 118, 128–129, 137, 168, 173, 178, 213, 233–234, 248, 258, 265, 278, 296, 311, 316, 325, 334, 336, 345, 348, 362, 371, 373, 416, 418, 430, 432, 458, 461, 506, 519–520, 524, 526, 529, 549–550

八劃

九劃

十劃

十一劃

十二劃

十三劃

十四劃

十五劃

十六劃

十七劃

十八劃

十九劃

二十劃

二十一劃

邁向智識世界主義：洛克菲勒基金會在中國（1914-1966）

2024年3月初版　　定價：新臺幣850元

著　者　胡　成
叢書主編　沙淑芬
校　對　王中奇
內文排版　菩薩蠻
封面設計　沈佳德

出版者　聯經出版事業股份有限公司
地址　新北市汐止區大同路一段369號1樓
叢書主編電話　(02)86925588轉5310
台北聯經書房　台北市新生南路三段94號
電話　(02)23620308
郵政劃撥帳戶第0100559-3號
郵撥電話　(02)23620308
印刷者　世和印製企業有限公司
總經銷　聯合發行股份有限公司
發行所　新北市新店區寶橋路235巷6弄6號2樓
電話　(02)29178022

副總編輯　陳逸華
總編輯　涂豐恩
總經理　陳芝宇
社長　羅國俊
發行人　林載爵

行政院新聞局出版事業登記證局版臺業字第0130號

本書如有缺頁，破損，倒裝請寄回台北聯經書房更換。　ISBN 978-957-08-7307-8 (平裝)
聯經網址：www.linkingbooks.com.tw
電子信箱：linking@udngroup.com

國家圖書館出版品預行編目資料

邁向智識世界主義：洛克菲勒基金會在中國（1914-1966）/
胡成著．初版．新北市．聯經．2024年3月．592面．17×23公分
ISBN 978-957-08-7307-8（精裝）

1.CST：洛克菲勒（Rockefeller, John Davison, 1839-1937）
2.CST：洛克菲勒基金會 3.CST：公益社會 4.CST：社會福利
5.CST：中國

547.952 113002534